KB124499

체계론적 관점에서의

Katherine M. Hertlein · Nancy Gambescia · Gerald R. Weeks 편저

안미옥 · 최지원 · 양지연 공역

성 치료

Systemic Sex Therapy

3rd Edition

학지사

역자 서문

"방 안에 코끼리가 있다(There is an elephant in the room)."라는 서양 속담이 있다. 모를 수 없고 외면할 수도 없는 사실을 애써 못 본 척하며 피하고 있다는 뜻이다. 인간은 수용할 수 없다고 여겨지는 자신의 자아를 다양한 형태로 방어하며 사는 존재이기에 분명히 있음에도 없는 것처럼 여기고 살아가려고 하는 것 같다. 인간을 논할 때 가장 분명하고도 공통적인 사실은 모든 인간에게는 생의 시작과 마지막이 있다는 점일 것이다. 그러나 아이러니하게도 인간은 바로 이 삶의 시작점과 마지막 점을 논하는 것을 가장 다루기 어려운 주제로 보고 있다. 구태여 엘리자베스 퀴블러-로스(Elisabeth Kübler-Ross)를 언급하지 않는다 해도 죽음과 죽어 감, 상실과 애도에 대한 주제를 망설이는 것이 인간이고 이 주제에 대한 직면이 절대 쉽지 않다는 것을 많은 상담자가 공감하고 있다. 이와 더불어 삶의 시작인 성(sex)에 대한 주제 역시 직면을 회피해 왔던 거대한 코끼리이다. 최근 상실과 애도에 대한 상담 훈련이 심화되면서 서서히 이 코끼리에 대한 인정과 이를 어떻게 다룰 것인가 하는 점이 자리를 찾아가는 것으로 보인다. 그런데 생명의 시작이 될 수 있는 성에 대한 대화는 아직도 버겁고 은밀하고 그래서 왜곡되며 인간과 인간관계에 많은 고통을 야기하고 있다. DSM-5에만 해도 성도착, 성 기능 문제, 성불편증 등 20개의 하위 범주에서 성과 관련된 주제를 3개나 다루고 있지만 여전히 어색한 주제가 성이다(DSM-5-TR이 출간되었지만 원서 3판이 나온 시점을 기준으로 이 책에서는 DSM-5를 따른다).

커플 상담에 있어서 성을 다룬다고 하는 것이 얼마나 기본적이고 중요한 문제인가? 하지만 감히 문을 열기 두려웠던 주제가 성이었다. 그래서 내담자들의 호소문제를 듣지 못했고, 들어도 인식하지 못했고, 인식해도 모른 척하는 경우가 많았다. 성 문제를 다룰 적절한 언어 자체도 제대로 학습하지 못한 채 성장한 것은 비단 내담자뿐 아니라 상담자이기도 했기 때문일 것이다. 커플 치료사는 성과 관련된 이슈를 또 다른 전문가, 성 치료만을 하는 전문가나 비뇨기과 의사에게 의뢰하곤 했다. 그러나 인간의 삶과 고통을 이해하는 데 체계론적 접근이 필요하다면 성과 관련된 문제 역시 체계론적 접근이 절실하다.

그런 의미에서 이 책을 번역하게 되어 기쁘다. 이 책은 커플 치료와 성 치료의 통합을 시도했으며 이에 대한 커플 치료사들의 반응은 뜨거웠다. 성생활에 미치는 영향력을 개인, 원가족, 커플, 사회로 나누어서 다룸으로써 성을 메타체계론적으로 접근하고 있다. 개인이 가지고 있는 생물학적·심리학적인 측면과 성장 과정에서 경험한 성에 대한 인식, 커플 관계에서 발생한 성경험의 이력, 그리고 사회 문화적 맥락을 함께 읽어 나가고 있다. 이런 점에서 커플·가족 치료사에게 기존의 친숙한 접근을 확장할 수 있는 다리를 만들었다고 볼 수 있다. 또한 정신질환과 성, 동성 커플과 성, 노년기의 성, 지나친 성욕으로 고통을 받는 사람들에 대하여, 외도와 성, 문화와 성 등에 관해 통합적이고 체계론적인 관점에서 다루고 있으며 치료를 위한 기술을 제공하고 있다.

아마 독자들은 그동안 실천해 온 커플 치료의 기본들이 어떻게 성 치료에 녹아들어 있는지 쉽게 발견할 수 있을 것이다. 반면 생소한 단어와 개념이 낯설게 다가올 수도 있다. 성은 인간사회의 근간을 이룸에도 그 어떤 개념보다도 발화와 소통이 제약되었고 왜곡된 부분이 많았기에 역자들 역시 적절한 표현을 찾아내는 것이 쉽지 않았다.

아직은 망설여지는 주제인 성 치료에 대한 도서를 번역하고 출판할 수 있도록 격려해 주신 학지사 김진환 사장님과 의료 용어를 포함한 생소한 용어와 어려운 표현을 차분하고 꼼꼼하게 검토하며 교정을 해 주신 김지예 선생님께 감사드린다.

비록 이 첫걸음이 작을지라도 앞으로 부부 치료 분야에 큰 역동을 불어올 기반이 되기를 기대한다.

2024년 9월
역자 일동

🕊 편저자 서문

🔑 책의 목적

왜 우리는 『체계론적 관점에서의 성 치료』의 3판을 쓰게 되었을까? 메타체계접근 (Intersystem Approach)은 성적 친밀도 문제에 대해 체계론적이면서 통합적인 모델을 제공 하여, 대인관계 치료와 성 치료 분야에서 패러다임 변화를 일으킨 바 있다. 초판은 모든 주 요 성 기능 장애에 메타체계접근을 적용한 편집본이라 볼 수 있고, 2판은 새로운 연구를 통 해 이 체계론적 패러다임의 적용을 개선하는 데 도움이 되었다. 이 책은 미국과 유럽에서 커 플·가족 치료 프로그램 및 성 치료 발전을 촉진하는 많은 기관에서 널리 사용해 왔다. 우리 는 다시 한번 동료와 편집자로부터 이 인기 있는 책의 3판을 출판하도록 권유받았다. 이번에 는 각 분야 전문가가 참여하여 기존 장을 보완하거나 우리 사회 변화에 대한 적절한 대응을 하기 위해 복잡성과 포괄성을 높이는 내용으로 추가 작성했다. 이번 3판은 성 기능 장애에 대한 DSM의 변화, 새로운 연구 및 처리 기술 등의 변화를 반영하고 있다.

대상 독자층

임상 중심의 전문가와 다양한 수준의 교육, 경험이 있는 심리치료 전문가들이 이 책에 관 심을 표현해 왔다. 이들은 커플, 가족 및 성 치료 분야의 대학원생이나 대학원 졸업생, 대인 관계 문제, 성 문제에 대한 지식 범위를 넓히고자 하는 개인 심리 상담사까지 다양하다. 그 들은 보다 포괄적인 관점을 갖게 되고, 이를 통해 모든 내담자의 체계를 보는 데 관심을 표 명할 것이며, 임상 양상에 관계없이 보다 통합적인 치료의 가능성을 높일 수 있을 것이다.

이론적 틀

『체계론적 관점에서의 성 치료』3판은 가장 복잡한 성과 친밀성 문제를 적합하게 다루기 위한 통합적이고 포괄적인 접근법이다. 이는 문제에 대한 이해를 개인 중심적인 시각에서 벗어나, 보다 큰 범위로 이해할 수 있도록 확장한다. 체계론적 틀은 여러 신체적 영역과 행동적 영역의 상호작용을 동시에 인식할 수 있다. 독자들이 일단 새로운 관점의 틀을 만나는 순간, 메타체계접근은 내담자의 체계를 바라볼 때 새로운 대안을 많이 갖게 된다. 이런 과정이 꽤 어려운 일처럼 들리겠지만 독자는 문제의 모든 측면을 해결하는 데 필요한 도구를 빠르게 습득하게 될 것이다. 우리의 독특한 접근은 개인을 한 단위로 보기보다 파트너를 개입시키는 커플을 대상으로 작업한다. 만약 파트너가 없더라도 이 이론의 맥락에서 개인을 보면 원인이 되는 요소와 치료 대안에 대해 더 큰 통찰력을 얻을 수 있다. 가장 중요한 것은 심리치료에 대한 우리의 관점 틀이 생물심리사회적 모델의 관점을 능가하는 것인데, 그 이유는 원가족으로부터의 문화와 영향력, 상황적 스트레스, 관계와 환경 같은 맥락적 현실을 포함하는 독특한 접근이기 때문이다. 이 틀은 성적인 문제와 관련된 체계, 그리고 이러한 체계가 어떻게 상호작용하는지에 더 초점을 맞추거나 집중한다. 이는 다른 이론적 관점과 신체적·심리적 치료 개입을 수용할 수 있을 만큼 충분히 광범위하다. 따라서 치료자는 자신이 선호하는 치료적 이론 접근과 기술을 포기하는 것이 아니라 오히려 더 큰 치료적 틀에 통합할 것을 요구받는다.

포함하는 영역

메타체계접근은 개인 문제, 생물학적·심리학적 문제, 관계 문제, 각 파트너에 대한 원가족의 영향, 종교, 문화, 스트레스 요인 등과 같은 더 큰 맥락적 요인 등 다양한 영역을 동시에 고려한다. 이 접근법의 목적은 문제의 생성 및 유지와 관련된 모든 요소를 다루기 위해 가능한 한 어려움에 대한 포괄적인 이해를 하고자 하는 것이다.

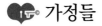 가정들

우리의 주요 가정 중 하나는 많은 성 기능 장애가 대인관계의 어려움을 반영한다는 것이다. 이 기본적인 가정은 이 책에서 강조되는 성 치료에 많은 함의를 가지고 있다. 일부는 다음과 같다.

- 성 문제는 종종 의사소통 부족에서부터 깊이 있는 친밀성 문제에 이르기까지 다양한 수준의 대인관계 문제를 반영한다.
- 커플의 문제를 해결하는 것은 많은 성 문제를 해결하는 데 필수적이다.
- 커플이 무의식적으로 주고받는 영향은 더욱 만족스러운 성적 관계를 발전시키는 것을 방해하거나 막을 수 있다.
- 한 파트너의 성 문제는 다른 파트너의 성적 및/또는 대인관계 문제를 '감추기'도 한다.
- 부부는 성 문제를 해결하려 하면서 동시에 그것을 유지하는 데 기여하기도 한다.
- 집에서 수행되는 과제들은 상호적으로 이루어질 수 있도록 디자인되었다. '증상이 있는 파트너'뿐만 아니라 각 파트너가 존중을 받고, 다중 수준에서 그들의 관계를 향상시키는 치료를 받을 수 있다.
- 성 문제는 커플 문제를 악화시킬 수도 있고, 커플에게 새로운 도전을 제시할 수도 있다.

우리는 『체계론적 관점에서의 성 치료』 3판은 다른 성 치료 내용에서는 볼 수 없는 몇 가지 고유한 기능을 제공한다고 믿는다. 첫째, 연동된 행동 체계로서의 커플은 치료의 한 단위로 간주된다. 둘째, 이 책은 병인과 치료 모두에서 개인, 커플, 맥락 및 세대 간 요인을 고려하는 메타 틀 작업을 사용한다. 셋째, 성적 증상과 관계적 증상을 동시에 치료하므로 치료를 분리해서 할 필요가 없다.

성 치료 분야의 발진은 주로 수십 년 동안 의료 분야에서 존재했다. 새로운 치료 전략과 기술로 이어지는 이론 개발은 사실상 존재하지 않았다. 이 책은 새로운 이론적 틀을 제공할 뿐만 아니라 성 문제를 이해하고 치료하는 임상적 혁신을 독려한다. 우리는 기법을 기술하며 구현에 대해 논의하고, 기법의 사용을 조명하는 사례 자료를 제공하고 있다.

각 장별 형식

성 기능 장애를 다룬 이 책의 각 장은 앞에서 언급한 다양한 영역 내에서 문제를 일으킬 수 있는 요인을 설명하고 어떤 요인이 문제를 일으키거나 지원하는지에 따라 치료를 논의하는 메타체계접근과 일치하는 표준 형식을 따른다. 저자들은 이 개요를 자신의 이론적 접근 방식과 창의적으로 엮었다. 우리는 그들의 표현 방식이 특별하다고 생각한다. 각 장은 내담자들이 힘들어하거나 변화가 필요한 상황의 장애에 대한 정의나 설명으로 시작한다. 메타체계접근을 사용할 때 평가는 치료를 규정한다. 치료의 단계, 치료 기술, 기술의 구현 및 기술 구현 방법의 예에 초점을 맞추어 치료의 처음부터 끝까지 임상가를 데려가는 것이 중요하다. 또한 치료를 지원하는 연구에 대한 간략한 검토와 가능한 경우 향후 개발 방향을 제공한다.

이전 판과의 차이점

독자들은 이전 판과의 중요한 변경 사항과 차이점을 확인할 수 있다. 『정신질환의 진단 및 통계 편람 5판(Diagnostic and Statistical Manual of Mental Disorders, Fifth Edition: DSM-5)』(2013)에서는 남성과 여성의 욕구 부족을 두 가지 다른 분류로 나누고 여성의 성적 관심과 흥분장애를 결합했다. 우리는 이 책에서 여성의 성적 관심과 흥분장애에 대해 하나의 장을 할애한다. 이 장은 여성의 욕구 부족과 여성의 각성 어려움을 대체했다. 성 및 노화, 기술, 섹슈얼리티에 대한 문화적 영향, 외도에 대한 새로운 장을 추가했다. 성적 행동 조절 장애라는 주제는 여러 방면에서 논란의 여지가 있긴 하지만, 우리는 이 책에서 다른 관점을 제시했다. 이는 누군가를 안심시킬 수도 있고, 다른 누군가를 도발시킬 수도 있다. 우리는 이 책이 성 치료에 관한 모든 문헌을 이론적인 면에서 가장 포괄적으로 포함한다고 확신한다. 결론적으로 병인학적 요인에 대한 이해가 크게 확장되어 보다 포괄적인 치료 계획을 세울 수 있을 것이다.

9

 차례

제 **1** 장

성 치료에 대한 체계론적 접근법

···Systemic Sex Therapy···

제**1**장

성 치료에 대한 체계론적 접근법

Stephen J. Betchen · Nancy Gambescia

 서론

이 책에서 다루고 있는 체계론적 접근 치료는 '메타체계접근(intersystem approach)'[1]이라고 하는 독특한 통합 체계 이론에 기초하고 있다. 메타체계접근의 철학적 토대는 변증법적 메타이론에서 나왔다(Bopp & Weeks, 1984; Weeks, 1977, 1986). 변증법적 메타이론이란 체계와 체계 사이에서 변화의 과정이 어떻게 발생하는지를 설명하는 이론이다. 이 이론의 기본 구조를 공식화하기 시작했던 사람은 윅스(Weeks, 1987, 2005)인데, 지금도 계속 개념을 추가하며 정교하게 다듬어 가고 있다(Weeks & Gambescia, 2000, 2002). 메타체계접근은 다양한 행동체계와 이에 따라 심리치료들이 개발한 독특한 원칙과 기술을 통합하며 끊임없이 발전하고 있다(Norcross, 2005; Weeks & Cross, 2004). 기본적으로 통합 심리치료는 포괄적인 진단이나 문제와 치료법에 대한 설명을 해 줄 수 있는 명확한 틀을 가지고 있다(Van Kaam, 1969).[2]

통합의 개념은 커플 · 가족 치료 분야에 결코 새로운 것이 아니다(Gurman & Fraenkel,

---

1 역자 주: 원저의 intersystem approach는 '메타체계접근'이라 칭한다.
2 통합은 특정 상황에 적용되는 이론적인 접근법을 임시로 선택하는 절충주의의 실천과는 다르다. 절충주의는 직관적인 경향이 있는 반면, 통합적 접근은 기초 이론이 있다.

2002; Lebow, 1997). 왜냐하면 가족구조를 다루다 보면 접하게 되는 복잡한 주제에 접근하는 체계론적 방식과 일치하기 때문이다(Stricker & Gold, 1996). 통합 접근법은 이미 놀이 치료 (Green et al., 2015), 사회복지(Yerushalmi, 2018), 커플 치료(예: Lebow, 2014; Morissette, 2012 참조)와 커플 치료 슈퍼비전(Betchen, 1995) 등에서 사용되어 왔다. 커플 치료에 다양한 치료 법의 통합적 접근을 한 훌륭한 사례들은 『커플 치료의 임상 핸드북(The Clinical Handbook of Couple Therapy)』(Gurman, Lebow, & Snyder, 2015)의 5판에서 찾아볼 수 있다.

커플 치료와 성 치료의 통합이 미비했던 역사

생물심리사회적 접근은 성 치료의 기법에 관한 많은 정보를 제공하고 있다(Berry, 2012; Denman, 2004; Meana & Jones, 2011). 동시에 생물심리사회적 접근에 대한 정의는 매우 광범 위하다. 즉, 심리치료의 광범위한 개입뿐만 아니라 의학적 정보를 바탕으로 한 개입의 중요 성까지 포함하고 있다(Berry & Berry, 2013). 생물심리사회적 접근은 성 치료 기법에 대한 정보 를 제공하면서 더욱 보편화되어 가고 있다(Berry, 2012; Denman, 2004; Meana & Jones, 2011). 생 물심리사회적 접근의 세 가지 주요 분야는 생물학적, 심리적, 사회적 관점이다.

일부 생물심리사회적 접근은 성 기능 장애 치료에서 커플 역동과 만족도에 특별한 관심 을 주었다. 노년층을 대상으로 했던 치료에서 노화가 성생활에 미치는 영향뿐만 아니라 커플의 역동성과 의사소통 패턴의 요소들을 중요한 치료 자료로 포함했다(Bitzer, Platano, Tschudin, & Alder, 2008). 강박적인 성행위를 다루는 생물심리사회적 접근은 문제 행위를 평 가하고 치료하는 데 있어서 "가족 친밀감의 역기능, 애착, 대인관계, 사회학습, 문화적 규범 에서 비롯된 성적 갈등 등"을 내담자의 역경과 애착의 과거사와 더불어 특정한 심리 영역 에 포함하고 있다(Coleman et al., 2018, pp. 5-6). 조기사정 치료를 위한 생물심리사회적 접근 에는 커플과 관련된 사회적 이슈에 대한 만족도가 포함되기도 했다(Mrdjenovich, Bischof, & Menichello, 2004). 존스(Jones), 다 실바(Da Silva), 솔로스키(Soloski)가 제안했던 성학적 모델 (Sexological model, 2011)은 커플의 성생활에 대한 브론펜브레너(Bronfenbrenner)의 생태학 적 체계(연대기 포함)를 다루는 것에 중점을 두고 있으며, 오히려 파트너, 생물학적 배경, 원 가족 문제에 대한 강조는 훨씬 적게 다루고 있다.

메타체계접근은 매우 복잡하고, 고도로 발달한 생물심리사회적 접근의 특별한 적용 분 야이다. 원가족뿐만 아니라 커플과 관련된 문제들이 구체적으로 윤곽이 드러나는 영역이 있다. 예를 들어, 조기사정을 다루는 모델은 성에 대해 어릴 적 받은 메시지에 약간의 관심은 두지만, 원가족 이슈에는 특별한 관심을 두지 않고 커플의 문제를 사회적 범주 안에 둔다 (Mrdjenovich, Bischof, & Menichello, 2004). 마지막으로, 많은 개입법이 구체적이지 못하다. 다시 말하지만, 조기사정의 예만 보더라도 성적인 지식과 경험의 이력을 둘러싼 요인들이 '성 치료(sex therapy)'와 함께 다루어져야 하는데, 너무 개괄적인 개입이기에 신뢰가 가지 않는다.

역사적으로 볼 때, 메타체계접근은 통합적 접근으로서 성 치료의 생물심리사회적 접근론이 등장하기 이전에 이미 성 치료와 커플 치료의 조합을 강조했다(Weeks & Hof, 1987). 커플 치료와 성 치료가 친밀감과 섹슈얼리티와 관련된 관계 문제에 집중한다는 점을 고려하면 이론적으로나 실질적으로 통합될 것이라 기대하게 될 것이다. 그러나 성 치료는 커플·가족 치료와 평행선을 이루며 별도의 규율과 치료 방식으로 성장했다. 이제 두 분야가 서서히 겹치는 징후들이 보이지만 아직은 이들의 교차점은 작고 일관성도 부족하다(Gurman, 2008). 이 두 분야가 분리되면서 다음과 같은 결과가 나타났다.

- 전통적인 성 치료는 비체계론적이거나 개인 지향적이다.
- 성 과학에 관한 연구와 실천을 결합한 이론이 부족하다.
- 전문가 자격을 위한 통합 훈련이 부족하다.
- 성 치료와 커플 치료의 통합이 부족하다.

전통적 성 치료는 비체계론적이다

가족 및 커플 치료 분야는 치료에 대한 체계론적 접근 방식을 수용해 왔지만, 성 치료 분야에서는 전통적으로 기본적인 체계론적 이론의 틀이 부재해 왔다. 예를 들어, 마스터스와 존슨(Masters & Johnson, 1966, 1970)은 성적 반응과 성 기능 장애 치료에 대한 생리학적 설명을 제공했지만 개인보다는 커플이 치료의 단위였음에도 불구하고 체계적으로 접근을 하지 않았다. (내담자의) 파트너는 내담자 체계로 여겨지지 않았다. 오히려 치료의 기본 단위는 개인이었으며, 문제는 증상을 보이는 개인에게만 있는 것으로 여겨졌다. 이와 같이 표면적으로 증상이 없는 파트너는 증상이 있는 파트너에게 초점을 맞춘 과제를 수행하면서 치료사를 보조하는 역할을 하는 경우가 많았다. 몇 년 후, 카플란(Kaplan, 1974)은 전통적인 정신역동과 이보다는 현대적인 행동 접근법 사이의 격차를 해소하려고 시도했다. 비록 카플란 (1974)이 성적 만족을 증진하는 데 있어 관계 갈등을 해결하는 것이 중요하다는 것을 인식했지만, 그녀의 접근 방식은 체계론적이거나 진정한 의미에서의 통합은 아니었다. 실제로 카플란의 접근 방식은 개인 지향적인 행동 및 정신역동적 관점에서 성적 증상에 초점을 맞추기 위해 관계 문제를 회피한 '우회(bypass)' 기법을 사용했다. 로피콜로와 로피콜로(LoPiccolo & LoPiccolo, 1978)는 그들의 성 치료 접근법에 상호 책임의 요소를 포함했고, 이것은 현재 체계론적 성 치료로 알려진 것의 한 측면에 가깝다. 그들은 성 기능 장애의 상호적 성격을 인식했고, 따라서 커플을 하나의 단위로 취급했다. 불행하게도, 그들의 접근 방식은 통합 이론보다는 여러 아이디어에 의해 이루어졌다.

다음 세대의 성 치료 모델은 의학, 인지, 행동 및 정신역동적 접근에 더 큰 중점을 두고 있다. 따라서 이러한 모델은 체계론적이고 통합적인 이론적 틀에 기여하지 못했다(Leiblum, 2007; Leiblum & Rosen, 1988, 2000). 현재 성 치료 분야는 인지·행동 이론이 지배하고 있으며, 이어서 성 문제에 대한 의료적 접근이 이 분야를 주도하고 있다.

메타체계접근은 성 치료 분야에서 가장 큰 패러다임 변화를 가져왔지만 아직 보편화되지 않았다. 메타체계접근의 틀은 내담자 체계의 여러 영역을 동시에 고려한다. 체계론적이고 전적으로 통합된 이 이론은 성 치료와 개인이나 커플, 가족의 문제를 치료하는 데 활용되어 왔다. 더 나아가, 이 이론은 체계론적이기 때문에 개인·커플·가족 치료의 양상을 자연스럽게 넘나든다. 메타체계접근의 적용은 발기장애(Weeks & Gambescia, 2000), 성욕장애(Weeks & Gambescia, 2002), 외도(Weeks, Gambescia, & Jenkins, 2003) 및 성 치료(Hertlein, Weeks, & Gambescia, 2015; Weeks, Gambescia, & Hertlein, 2016) 등을 중점적으로 다루는 주요 전문 문헌들에서 다루어졌다.

성 과학, 연구 및 실습을 결합한 이론의 부족

인간의 섹슈얼리티(human sexuality)와 성 치료 분야의 또 다른 주요 문제는 이론과 이론에 입각한 연구가 부족하다는 점이다. 이는 출판된 논문 대부분이 데이터에 관한 것이기 때문에 성 치료에서 이론 기반 또는 이론 중심 연구가 제공되지 못했다는 것을 의미한다. 1998년, 『성 연구 저널(The Journal of Sex Research)』은 이론을 다룬 특별호에서 이 문제를 강조했다. 이 특별호에는 인간의 섹슈얼리티에 관한 여러 가지 미니이론(mini-theories)이 발표되긴 했지만 성 치료에 관한 것은 매우 적었고 통합적 관점을 제시하려 시도했던 것은 하나도 없었다.

『성 및 커플 치료의 통합: 임상가이드(Integrating sex and marital therapy: A clinical guide)』(1987)라는 책에서 윅스(Weeks)와 호프(Hof)는 성 및 커플 치료의 통합의 필요성을 인식하고

최소한의 내용들을 포함하고 있다. 이 책은 다양한 성 관련 문제를 치료하는 데 통합적 접근이 어떻게 사용될 수 있는지를 보여 주는 최초의 책이었다. 성 치료를 심리치료의 다른 분야로 통합해야 한다고 주장하는 이론가들도 있었다. 비더만(Wiederman, 1998)은 『성 연구 저널』에서 인간의 섹슈얼리티는 성 치료 개념, 치료 접근법과 함께 연구는 심리학, 정신의학, 사회사업, 간호학, 기타 건강관리 및 사회과학의 광범위한 분야 안으로 통합되어야 한다고 주장했다.

전문가 자격에 중점을 둔 통합 훈련의 부족

커플 치료사와 성 치료사가 소속되어 있는 전문 기관의 훈련 기준은 불필요하게 세분화되어 있다. 예를 들어, 미국결혼가족치료협회(American Association for Marriage and Family Therapy: AAMFT)와 ACA(American Counseling Association: AAMFT)와 같은 조직은 인간의 섹슈얼리티, 성학(sexology) 또는 성 치료 분야의 훈련을 최소한으로 요구하고 있다. COAMFTE (Commission on Accreditation for Marriage and Family Therapy Education, 2017)는 프로그램 요건에 특정 수준의 섹슈얼리티에 관한 훈련이 명시되어 있지 않다. 가장 최근에 업데이트된 인증기준을 보면, 인간의 섹슈얼리티는 전 생애 생물심리사회적 건강과 발달의 하위 범주에 속해 있을 뿐이다. 이 과정은 매우 광범위한 주제를 다루고 있는데, 인간의 섹슈얼리티는 아주 작은 부분으로만 다루어지고 있다.

간단히 말해서, 앞서 언급한 AAMFT나 ACA 두 기관은 공인된 프로그램의 일부로 커플 치료 훈련에 대한 기준을 세웠지만, 기본적으로 성 기능 장애에 대처하기 위해 적절한 훈련을 제공하고 있지 않다는 것이다. 개인이나 커플, 가족 문제와 관련 있는 섹슈얼리티와 관련된 주제를 평가하고 치료할 수 있는 커플 · 가족 치료사와 전문 상담사의 준비가 미흡한 안타까운 상황이다. 이러한 상황은 AASECT의 경우도 별반 다르지 않다. AASECT(American Association of Sexuality Educaters, Counselors and Therapists, 2014)는 미국성교육자상담치료협회로서는 성 치료사 인증을 제공하는 유일한 기관이다. 하지만 이 기관 역시 성 치료사 자격을 취득하기 위한 기준으로 지원자가 대학원 과정에서 커플에 관한 몇 가지 교육을 받아야 하는 정도만을 요구하고 있다. 만약 대학원 과정을 이수하지 않았다면 커플 및 체계 이론과 실습에 대한 최소한의 훈련을 이수하여 성 치료사 자격증을 취득할 수 있다.

우리의 경험상 많은 AASECT 인증 성 치료사, 특히 수년 동안 인증을 받은 사람들은 커플과 작업하는 방법에 대한 체계론적인 훈련을 받지 않았거나, 커플 치료에 대한 집중적인 훈련을 받지 않았다. 또한 AASECT 슈퍼바이저는 성 치료의 경험이 풍부한 치료사여야 하지만, 반드시 커플 및 가족 체계, 체계 이론 및 체계론적 치료에 대한 실무 지식을 갖추어야 하는 것은 아니다(American Association of Sexuality Educators, Counselors and Therapists, 2014). www.aasect.org/aasect-certification을 참조하라.

요약하면 커플 및 성 치료에 대한 수련기준에 대해 관련 학회나 기관은 '기타' 분야의 훈련 정도로 제안하고 성 치료 교육과정이나 자격증 기준에 대한 상당한 수준의 훈련을 요구하지 않고 있다. 반면, 이들은 각자의 분야에 대한 수련기준은 매우 엄격하게 정해 놓았다. 또한 이 두 학회의 학술대회에 참석해 본 사람이라면 두 분야의 소통이 얼마나 적은지 알 수 있다. 이상적인 성 치료사가 되기 위해서는 개인 치료, 커플 치료, 성 치료, 가족 치료의 훈련을 받아야 한다.

성 치료와 커플 치료의 실천에 있어서 통합 부족

역사적으로 커플 치료 및 성 치료 이론의 부실한 통합, 체계론적 성 치료에 대한 메타이론의 부재, 단편적인 훈련, 양분된 교육 프로그램, 분리된 전문가 조직 등의 결과로 인해 성 치료 및 커플 치료의 실제 실습은 종종 다른 전문가들에 의해서 진행되곤 했다. 우리는 출판물, 교육, 슈퍼비전에서 커플 치료와 성 치료를 통합하는 접근 방식을 제공함으로써 이러한 어려움을 해결하려고 노력했다. 성적인 문제가 있는 커플을 성 문제만을 다루는 치료사에게 의뢰하는 것은 임상적으로 추천할 만하지 못하고, 반대로 성 문제를 다루던 치료사가 커플 치료가 필요하다며 내담자 커플을 커플 치료만 하는 치료사에게 보내는 것도 마찬가지이다. 아마도 의뢰한다는 자체가 이 커플이 가지고 있는 문제는 너무 복잡하고 심각하며 치료할 수 없다는 메시지가 될 수 있다. 그리고 내담자는 종종 절망감을 느끼고 소위 '전문가'에게 의뢰된다는 사실로 더욱 비관적인 태도를 취할 것이다. 통합되지 못한 채 단편적으로 난무하는 개입법들은 '치료'에 대한 비현실적인 기대를 불러오기도 한다. 커플은 자신들의 문제가 성의 문제이거나 커플의 문제이기 때문에 전문가만 만나면 해결될 것이라고 해석하기 쉽다. 더욱이 그들이 치료를 받고자 하는 치료사는 이미 그 커플의 문제를 알고 있고 관련 문제들의 관계를 확고히 할 수 있는 위치에 있다. 성적 만족과 관계적 만족은 서로에게 영향을 미치고 영향을 받는다. 마찬가지로, 성적 불만과 관계적 불만은 서로를 지속시킨다. 성적인 이슈는 관계에 내재되어 있고 관계적 관심사는 성적으로 표현된다. 이 영역들은 이렇게 상호 연관되어 있는데 왜 별도로 다루려고 하는 것인가?

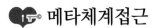 메타체계접근

커플 치료와 성 치료는 모두 통합적인 틀, 체계론적 관점, 그리고 치료하기 위한 조합된 기술이 있어야 한다. 메타체계접근은 모든 행동 체계가 상호작용하며 인간의 행동과 치료를 개념화하는 주요 행동 영역을 활용한다는 메타이론적 입장에서 생성되었다. 메타이론은 이론에 대한 이론이며, 종종 인식론의 한 분야로 여겨진다. 메타이론은 몇 가지 규칙과 원칙을 제시하고 더 큰 관점에서 행동을 이해하고 다룰 수 있도록 하는 통합 개념의 필요성을 제안한다. 메타체계접근은 우리가 살고 있는 더 큰 체계뿐만 아니라 개인, 커플 및 가족 체계에도 주의를 기울인다. 이 체계는 다음 5개의 행동 영역을 통합하고 있다.

- 개인의 생물학적 · 의학적 영역
- 개인의 심리학적 영역
- 관계적 영역: 2인 관계 또는 커플 역동
- 원가족 영역: 세대 간 주고받는 영향(패턴, 가치관, 애착 유형 등)
- 상황적 영역: 사회, 문화, 역사, 종교, 물리적 환경

많은 프로그램에서 이 책의 이전 판을 사용하고 있으며 이어지는 개정판도 사용하고 있는 것으로 보아, 많은 성 치료사 및 커플 치료사가 이 패러다임을 수용하고 있음을 알 수 있다.

메타체계접근의 주요 영역들

개인의 생물학적 · 의학적 영역　커플은 각자 시간과 함께 변화하는 자신만의 고유한 생물학적이고 의학적인 문제들을 커플 관계에 가져오게 된다. 치료사는 생물학적 요인과 의학적 문제, 그리고 그것이 커플의 성관계에 미치는 영향을 고려해야 한다. 예를 들어, 발기부전을 치료할 때 심혈관 질환이나 처방약과 같이 잠재적으로 발기부전에 영향을 미치는 의학적 문제가 있는지 평가하는 것이 좋다. 예를 들어, 치료사는 내담자가 복용하고 있는 약과 복용량, 약물의 작용과 치료 기간에 대한 정보를 가지고 있어야 한다. 생물학적 문제가 각 파트너의 성적 기능에 미치는 영향의 또 다른 예는 발기부전이 있는 남성과 갱년기 증상이 있는 여성의 경우이다. 이런 경우 신체적 문제와 더불어 심리적 · 관계적 요소들도 다루어야 한다.

개인의 심리학적 영역   치료사는 각 파트너의 심리상태, 성격 특성이나 성격장애, 기타 정신병리학, 지능, 기질, 발달 단계, 결핍, 태도, 가치, 방어기제 등을 평가한다. 섹슈얼리티는 개인의 심리상태라고 하는 독특한 렌즈를 통해 학습되고 표현된다. 예를 들어, 우울증을 앓고 있는 사람은 성행위에 대한 욕구를 느끼지 못할 것이고, 특히 우울증이 어떤 식으로든 관계와 관련이 있다면 더더욱 그럴 것이다. 성에 대한 개인의 신념은 특정한 성행위에 대한 죄책감을 유발하여 성적 반응을 억제하는 방식으로 습득되었을 수도 있다.

관계적 영역: 2인 관계 또는 커플 역동   각 파트너가 관계에 어떻게 영향을 미치는지 평가하는 것도 중요하지만, 메타체계접근은 엄청난 비약을 하면서 커플 간에 이러한 개별적인 영향이 어떻게 발현되는지를 다루고 파트너들이 갈등, 의사소통, 친밀감, 역할 등과 같은 문제를 관리하는 방식에 영향을 미침으로써 해결한다(Weeks & Fefe, 2014). 이런 관점에서 볼 때, 커플은 엄밀히 말해서 개인 상담의 관점에서 보았던 두 사람의 합 그 이상이다. 관계의 모든 측면은 파트너에게 서로 영향을 미치는 상호 체계의 일부로 모든 수준에서 영향을 미친다. 그래서 커플 상호작용은 복잡한 연동체계를 형성하고 이를 통해서 메타체계의 다른 영역까지 힘을 전달한다. 비록 체계를 보는 치료사들이 커플을 연동체계로 개념화하도록 훈련받았지만, 이렇게 커플 관계를 탐색하는 것은 사라질 수도 있다. 만약 파트너 중 한 명에게는 명확하게 정의된 문제가 보이고 다른 파트너는 그렇지 않은 경우 무증상 파트너가 이 문제에 기여한 것을 간과하기 쉽다. 예를 들어, 아내는 성욕이 명백히 결여되어 있고 남편은 적절한 성욕이 있는 경우를 생각해 보자. 비록 남편이 무증상이라고 하지만 남편의 행동이 아내로 하여금 성욕을 억제하게 하는 중요한 요인일 수도 있다.

원가족 영역: 세대 간 주고받는 영향(패턴, 가치관, 애착 유형 등)   인간은 가족 안에서 관계와 섹슈얼리티에 대해 배운다. 섹슈얼리티에 대해 내재화된 메시지들은 명백하거나 은밀할 수 있으며 이러한 메시지들은 친밀한 관계에서 표현된다. 예를 들어, 섹슈얼리티에 대해 공개적으로 논의하지 않는 가정이 있다고 하자. 이 가정에서 자란 아이들은 섹슈얼리티에 대한 언급이 원칙적으로 해서는 안 되는 것이고 그렇기 때문에 나쁜 것이라고 결론지을 수 있다. 그렇기 때문에 섹슈얼리티에 대해 향후 표현하거나 논의하는 것은 최소화되는 경우가 많다. 이 아이들이 성인이 되고 성적인 감정을 느끼기 시작하게 되면 어려움을 겪을 수 있다. 그렇게 되면 그들은 자신이 성적 감정을 갖는 것이 '나쁘다'고 스스로에게 말함으로써 자존감에 영향을 미치고, 이는 필연적으로 관계에 영향을 미칠 수 있다. 일부 부모는 성적 행동에 대해

노골적으로 비난하며, 아이들이 성인이 되어 친밀한 관계를 맺어 나갈 때 내적 갈등을 야기하게 된다. 치료사는 관계 및 성에 대한 가계도를 통해 가족력에 대한 정보를 평가할 수 있다(Belouse et al., 2012; Berman, 1999; Berman & Hof, 1987; DeMaria, Weeks, & Twist, 2017 참조).

상황적 영역: 사회, 문화, 종교, 역사, 물리적 환경   섹슈얼리티는 한 사람의 문화(Hall & Graham, 2012; Hall, 2016)와 인종, 민족, 사회 · 경제적 지위, 물리적 환경, 상황적 스트레스

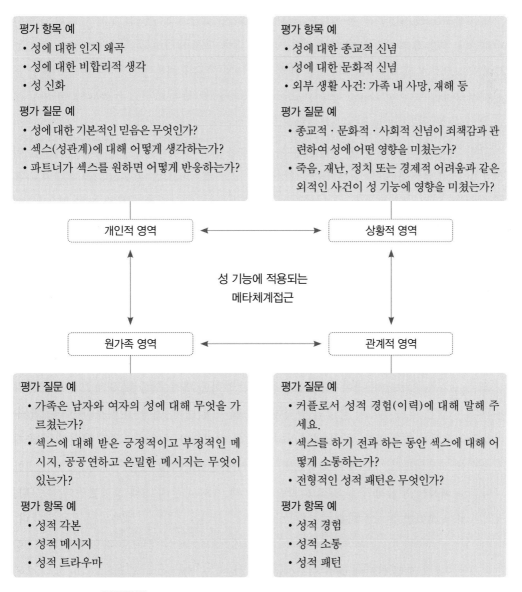

그림 1-1 성 치료의 네 가지 주요 체계와 예를 보여 주는 메타체계접근

요인 등의 다른 요소들을 통해 관찰된다. 커플은 성적 신념, 기대, 선호, 행동이 그들의 성장 배경에서 어떻게 형성되어 왔는지 이해할 수 있도록 도움을 받는다. 그들이 자란 문화와 역사(즉, 시대적 · 세대적 영향)는 각각의 파트너에게 심리적으로 내재되어 있고 커플 관계에서 표현된다. 이러한 외부적 영향은 사람의 관습, 섹슈얼리티 및 성적 표현에 대한 가치관을 형성한다. 규범이 변화함에 따라 커플은 문화와 현대 사회가 커플로서의 의사 결정, 가치 및 행동에 어느 정도 영향을 미쳤는지 이해하기 위해 노력해야 한다. 스트레스, 재정, 자연 재해와 인공 재해와 같은 다른 상황적 또는 맥락적 요인들 또한 성적 즐거움을 방해할 수 있다.

요컨대, 메타체계접근은 성 기능에 영향을 미칠 수 있는 5개 영역을 모두 통합하도록 설계되었다. 통합적 관점은 평가 단계에서 커플에 관한 사례 개념화와 함께 시작된다. 치료는 사례 공식화를 통해 이루어진다. 치료 계획에는 특정 커플에 대한 모든 관련 영역의 원인 요소를 통합한다. 치료의 시행은 포괄적이고 유연하며 다른 치료 단위를 포함할 수 있지만, 대개 커플과 다양한 기법 및 양식을 포함한다.

[그림 1-1]은 네 가지 주요 영역(개인 영역은 생물학적 · 심리학적 요소를 통합했음)을 보여 주고 몇 가지 평가에 대한 아이디어를 제공한다. 치료 접근법은 각 영역의 평가 개념에서 추론할 수 있다. 이 예시가 절대적인 것은 아니다.

메타체계접근의 통합적 구성 양식

통합적 구성 양식은 다양한 행동 영역에 걸쳐 행동을 연결하거나 효과적인 이해를 도울 수 있는 임상 도구이다. 메타체계접근은 치료사가 동시에 관심을 두어야 하는 여러 영역(개인, 커플, 원가족, 외부 영향 등)이 있다. 통합적 구성 양식은 개인, 커플 및 원가족 영역에만 적용된다. 수많은 치료 접근이 각각의 영역에 적용될 수 있는데, 예를 들면 개인 영역에 인지 치료를 적용하는 것과 같다. 통합 개념은 특정한 한 영역에만 한정되는 것이 아니라 여러 가지 영역에 적용되므로 서로 다른 행동 영역을 보거나 연결하는 데 도움이 된다.

이전 판에서는 통합적 구성 양식의 기반이 된 세 가지 이론에 대해 설명했었다. 이 구성 양식은 매우 복잡한 문제를 다룰 수 있게 한다.

- 상호작용을 통한 변화에 대한 연구(Strong & Claiborn, 1982)
- 사랑의 삼각형 이론(Sternberg, 1986)

• 애착 이론(DeMaria, Weeks, & Twist, 2017)

상호작용을 통한 변화에 대한 연구

이 통합적 구성 양식은 메타체계접근 방식의 영역을 가로질러 서로 연결한다. 사회적 상호작용 이론은 크게 정신 내적 구성 요소와 상호작용 구성 요소의 두 가지 범주로 이루어져 있다.

정신 내적 구성 요소　해석(interpretation)은 사건, 행동 또는 문제에 대한 의미부여이다. 그런데 커플 간에는 파트너의 행동을 부정확하게 해석하거나 그 행동의 의도를 이해하지 못할 수 있다. 다른 사람의 행동에 대한 이해는 종종 이전의 경험과 학습 이력에 근거한다. 정의(definition)는 각 파트너가 관계를 설명하는 방법이다. 따라서 정의(의식적이든 무의식적이든)와 기대는 관계에 대한 자신의 관점에 침투하여 인식, 감정 및 행동에 영향을 미칠 수 있다. 만약 이러한 기대가 명확하지 않거나 무의식적이라면 커플 사이에 의사소통 문제나 갈등이 생길 수 있고, 그 후 커플이 기대에 대한 무언의 실망을 해결하는 것을 돕는 것은 치료사의 몫이 될 수 있다.

예측(prediction)이란 개념은 우리의 행동, 생각 또는 특정한 결과를 결정하려는 경향이 어느 정도 포함되어 있다. 예를 들어, 성 치료를 받는 커플은 실패를 예상하거나 예측하기 때문에 과제를 끝내지 못할 수도 있다. 만약 한 파트너가 과제를 회피한 적이 있다면, 상대방은 예측하기를 자신들이 계속 과제 수행을 안 할 경우, 치료의 진전도 없을 것이라 본다.

상호작용 구성 요소　상호작용의 세 가지 구성 요소인 일치성, 상호의존성, 귀인 전략은 관계의 체계론적 측면을 다룬다. 일치성이란 커플이 사물을 공유하거나 동의 또는 정의하는 방법을 말한다. 일치성이 높다는 것은 커플이 같은 방식으로 사물을 보는 경향이 있다는 것을 의미하고, 서로 다른 방식으로 사물을 보는 경향이 있다면 일치성이 낮은 것이다. 일치성은 행동의 일치 정도를 의미하기도 한다(예: 둘 다 자주 섹스를 원하거나 한쪽은 자주 섹스를 원하고 다른 한쪽은 그렇지 못한 경우). 상호작용 이론의 또 다른 개념인 **상호의존성**은 파트너가 상대방의 요구를 충족시키고 의존하고 신뢰하는 정도와 관련이 있다. 이것은 성적인 요구뿐만 아니라 상대방의 감정적인 요구도 충족도 포함한다. **귀인 전략**은 파트너가 사건에 의미를 부여하는 방식을 말한다. 특히 커플의 관계를 선형적으로 보느냐 순환적으로 보느냐

하는 것을 생각해 볼 수 있다. 선형적인 귀인 전략을 쓴다면 커플은 파트너의 행동이 자신을 자극한 요인이라고 본다. 예를 들어, 남편은 아내가 집안일 좀 하라고 요구해서 자신을 화나게 만들었다고 주장하는 것과 같다. 비난은 부정적인 선형 귀인의 특징이며 관계적 불만족과 높은 상관관계가 있다(Gottman, 1994). 순환 귀인 전략에서 파트너는 자신의 행동이 상대방에게 미치는 영향을 조사한다. 그들은 관계의 연동적 특성과 서로에 대한 상호적인 영향을 이해한다.

사랑의 삼각형 이론

사회심리학자인 스턴버그(Sternberg)는 사랑에는 헌신, 친밀감, 열정의 세 가지 사랑의 요소가 있으며, 이러한 각 구성 요소는 우리의 관계에서 서로 상호작용한다고 믿었다. 삼각형의 첫 번째 구성 요소인 헌신은 사랑의 인지적 요소, 즉 커플이 함께 있기를 원하는지에 대한 결정을 말한다. 두 번째 요소인 친밀감은 파트너가 서로에 대해 느끼는 가까움의 정도로 나타낸다. 여기에는 관계에 대한 신뢰의 정도, 상호 존중의 감정, 그리고 서로가 다른 파트너에게 가지는 유대감을 포함한다. 삼각형의 마지막 구성 요소는 열정이나 애정, 함께 있고 싶은 갈망, 커플 관계에서 나타나는 성적 매력이다. 앞에서 언급한 바와 같이, 이 세 가지 구성 요소가 개인, 커플 및 가족 내에서 어떻게 작용하는지 탐색할 수 있다(Sternberg, 1986).

애착 이론

또한 메타체계접근은 애착 이론, 특히 애착 유형을 통합적 구성 양식에 포함한다(DeMaria, Weeks, & Twist, 2017 참조). 사람 간의 감정적 유대의 패턴은 원가족에서 확립되어 삶의 동반자의 선택, 중요한 타인과의 관계, 자녀와의 유대관계 등 이후의 쌍방향 관계에서 고정된 상태로 유지되거나 수정될 수 있다.

주요 성 치료 문헌에는 사실상 애착 이론, 그중에서도 특히 애착 유형의 개념은 존재하지 않는 것으로 나타났다. 애착 유형은 특히 친밀한 관계에서 다른 사람과 어떻게 관계를 맺는지에 대한 핵심 변수이다. 관계에서 성적 표현은 신체적, 정신적, 정서적, 영적 등 다양한 수준에서 발생한다. 각 애착 유형에는 성적으로 관계를 맺는 몇 가지 예측 가능한 방법이 있다. 예를 들어, 회피성 애착 유형인 사람은 친밀감과 성을 분리하여 감정적인 거리를 두는 성적 환상을 하고 자위, 일회성 섹스, 캐주얼 섹스를 선호하고 친밀한 상대와 애정을 주고받는 것은 기피하는 경향이 있었다(Marsh, 2017).

통합적 구성 양식의 임상적 사용

통합적 구성 양식 중 어느 하나를 선택하더라도 그 구조가 영역 간 역동을 이해하는 데 도움이 되도록 설계되어 있음을 알 수 있다. 어느 곳에서든 구성 양식이 보이기 때문에 어떤 영역에서든 시작할 수 있다. 예를 들어, 파트너 관계는 서로에 대한 신의를 바탕으로 시작될 것이다. 파트너가 된다고 하는 것의 정의는 원가족이나 좀 더 큰 사회를 통해 배우게 된다. 만약 외도가 생기면, 파트너는 모든 사람이 바람을 피운다고 믿을지도 모른다. 이 외도의 경험은 신의에 대한 새로운 개인의 정의를 만들어 낼 것이다. 즉, 커플 관계에서 일어난 사건의 결과로 신의의 정의가 바뀌게 된다. 모든 파트너가 바람을 피우는 이 개념은 내면화(개인 영역)될 수 있으며 자녀에게 학습(세대 간 전수)되고, 자녀는 이를 내면화하여 관계에서 표현하게 된다. 예를 들어, 어떤 어머니는 자신의 역기능적인 경험으로 인하여 딸에게 모든 남자들이 바람을 피운다고 경고할 수 있다. 딸은 이성 관계에서 자신과 교제하고 있는 남자가 결국 바람을 피울 것이라고 생각하고 성적으로나 정서적으로 위축될 수 있다. 영역 전반에 걸친 의미를 이해하면 임상가의 관점이 넓어진다. 그 결과, 치료 중 커플에게 발생하는 문제들은 다른 관계, 원가족 또는 사건들과 개별적으로 해석되고 내면화된 특정 방식에서 유래될 수 있다. 나열된 모든 통합적 구성 양식에도 동일한 사항이 적용된다. 그런 다음, 치료사는 그 커플이 개인적인 경험, 친밀한 관계, 원가족, 그리고 더 큰 맥락에서 경험하거나 배운 것의 결과로 그들의 관계의 다른 측면을 이해하는 데 도움을 준다.

하나로 묶기: 통합 패러다임

성 치료 분야의 주요한 공백은 많은 성 치료 및 심리치료 양식이 이론적으로 통합되지 않았다는 것이다. 몇 가지 예외를 제외하고 이 분야에는 커플 및 성 치료, 의료 및 개인 치료와 같은 영역의 필수적인 이론적 통합이 부족하다. 본문에서 제안한 것과 같은 통합적 · 체계론적 패러다임 변화는 성 치료사들이 서로 다양한 영역 내에서 문제에 대한 이해를 확장하도록 장려하며, 이는 치료에 대한 통합적 접근과 성 기능 장애에 대한 보다 포괄적인 관점으로 이어진다.

메타체계접근의 사용은 치료사와 연구자가 인간 경험 전체에 관심을 가지고 여러 영역의 병인 및 개입을 고려하도록 권장한다. 메타체계접근은 진행 중인 작업이다. '완벽한' 이론 모델로서 제공되는 접근법이 있다면 이를 주의해야 한다. 심리치료에 대한 통합적 접근은 아직 초기 단계이다. 성 치료 분야 역시 상당히 초기 단계이다. 기본적인 틀이나 행동의 영역에 대해 확신하지만 통합적 구성 양식은 시간이 지남에 따라 확장되고 더욱 정교해질 것이다. 우리는 이 이론의 임상적 구현을 간절히 기대하고 있다. 얼마나 많은 치료사가 개인, 커플, 성 치료 및 가족 치료에 대해 잘 훈련을 받고 있는가? 치료에 대한 각 접근 방법에는 많은 지식과 다양한 치료 접근법, 기술이 있다. 대부분의 치료사는 기본적인 지식과 선호하는 치료 기술로 시작한다. 메타체계접근은 누구도 자신의 훈련을 희생할 것을 요구하지 않는다. 병리학과 치료의 측면에서 서로 다른 영역 및 그 영역과 관련된 모든 것을 사용하여 계속 추가하는 것이 목표이다. 결과는 문제를 분석하고 여러 부분을 동시에 처리하는 포괄적이고 통합적인 치료 접근법이다.

참고문헌

American Association of Sexuality Educators, Counselors and Therapists (2014). AASECT Therapist Supervisor. Retrieved from www.org/aasect-certified-sex-therapist-supervisor.

American Association of Sexuality Educators, Counselors and Therapists (2014). AASECT home page. Retrieved from www.aasect.org.

Belous, C., Timm, T., Chee, G., & Whitehead, M. (2012). Revisiting the sexual genogram. *The American Journal of Family Therapy, 40*, 281-296. doi: 10.1080/01926187.2011.627317.

Berman, E. (1999). Gender, sexuality, and romantic love genograms. In R. DeMaria, G. Weeks, & L. Hof (Eds.), *Focused genograms: Intergenerational assessment of individuals, couples, and families* (pp. 145-176). Brunner/Mazel.

Berman, E., & Hof, L. (1987). The sexual genogram-Assessing family-of-origin factors in the treatment of sexual dysfunction. In G. Weeks, & L. Hof (Eds.), *Integrating sex and marital therapy: A clinical guide* (pp. 37-56). W. W. Norton.

Berry, M. (2012). Historical revolutions in sex therapy: A critical examination of men's sexual dysfunctions and their treatment. *Journal of Sex & Marital Therapy, 39*(1), 21-39. doi: 10.1080/0092623X.2011.611218.

Berry, M. D., & Berry, P. D. (2013). Contemporary treatment of dysfunction: Reexamining the biopsychosocial model. *Journal of Sexual Medicine, 10*(11), 2627-2643. doi: 10.1111/

jsm.12273.

Betchen, S. (1995). An integrative, intersystemic approach to supervision of couple therapy. *The American Journal of Family Therapy, 23*(1), 48-58. doi: 10.1080/01926189508251335.

Bitzer, J., Platano, G., Tschudin, S., & Alder, J. (2008). Sexual counseling in elderly couples. *Journal of Sexual Medicine, 5*(9), 2027-2043. doi: 10.1111/j.1743-6109.2008.00926.x.

Bopp, M., & Weeks, G. (1984). Dialectic metatheory in family therapy. *Family Process, 23*, 49-61.

Coleman, E., Dickenson, J., Girard, A., Rider, N., & Candelario-Perez, L., et al. (2018). An integrative biopsychosocial and sex positive model of understanding and treatment of impulsive/compulsive sexual behavior. *Sexual Addiction & Compulsivity, 25*(1), 1-28.

Commission on Accreditation for Marriage and Family Therapy Education (2017). COAMFT educational guidelines. Retrieved from www.coamfte.org/documents/COAMFTE/2018%20COAMFTE%20Accreditation%20Standards%20Version%2012%20May.pdf.

DeMaria, R., Weeks, G., & Twist, M. (2017) (2nd ed.). (1999). *Focused genograms: Intergenerational assessment of individuals, couples, and families.* Routledge.

Denman, C. (2004). *Sexuality: A biopsychosocial approach.* Palgrave Macmillan.

Gottman, J. (1994). *What predicts divorce: The relationship between marital processes and marital outcomes.* Lawrence Erlbaum.

Green, E., Fazio-Griffith, L., Parson, J., & Hudspeth, F. (2015). Treating children with psychosis: An integrative play therapy approach. *International Journal of Play Therapy, 24*(3), 162-176. doi: 10.1037/a0039026.

Gurman, A. (2008). Integrative couple therapy: A depth-behavioral approach. In A. Gurman (Ed.), *Clinical handbook of couple therapy* (4th ed., pp. 383-423). Guilford Press.

Gurman, A., & Fraenkel, P. (2002). The history of couple therapy: A millennial review. *Family Process, 41*(2), 199-260. doi: 10.1111/j.1545-5300.2002.41204.x.

Gurman, A., Lebow, J., & Synder, D. (2015). *Clinical handbook of couple therapy.* Guilford Press.

Hall, K. (2016). Social trends and their impact on sexuality. In S. B. Levine, *Handbook of clinical sexuality for mental health professionals* (3rd ed.). London: Routledge, 20160113. VitalBook file, 389-392.

Hall, K., & Graham, C. (Eds.). (2012). *The cultural context of sexual pleasure and problems.* Routledge.

Hertlein, K. M., Weeks, G. R., & Gambescia, N. (Eds.) (2015). *Systemic sex therapy* (2nd ed.). Routledge.

Jones, K., Meneses Da Silva, A., & Soloski, K. (2011). Sexological Systems Theory: An ecological model and assessment approach for sex therapy. *Sexual and Relationship Therapy, 26*(2), 127-144. doi: 10.1080/14681994.2011.57468.

Kaplan, H. S. (1974). *The new sex therapy*. Brunner/Mazel.

Lebow, J. (1997). The integrative revolution in couple and family therapy. *Family Process, 36*(1), 1–17. doi: 10.1111/j.1545-5300.1997.00001.

Lebow, J. (2014). *Couple and family therapy: An integrative map of the territory*. American Psychological Association.

Leiblum, S. R. (Ed.). (2007). *Principles and practice of sex therapy* (4th ed.). Guilford Press.

Leiblum, S. R., & Rosen, R. C. (1988). *Sexual desire disorders*. Guilford Press.

Leiblum, S. R., & Rosen, R. C. (Eds.) (2000). *Principles and practice of sex therapy* (3rd ed.). Guilford Press.

LoPiccolo, J., & LoPiccolo, L. (Eds.) (1978). *Handbook of sex therapy*. Plenum.

Marsh, M. (2017). The sexuality focused genogram. In R. DeMaria, G. Weeks, & M. Twist, *Focused genograms* (2nd ed. pp. 217–248). Routledge.

Masters, W. H., & Johnson, V. (1966). *Human sexual response*. Little, Brown.

Masters, W. H., & Johnson, V. (1970). *Human sexual inadequacy*. Little, Brown.

Meana, M., & Jones, S. (2011). Developments and trends in sex therapy. *Advances in Psychosomatic Medicine, 31*, 57–71. doi: 10.1159/00032880.

Morrissette, P. (2012). Infidelity and revenge fantasies: An integrative couple therapy approach. *Journal of Couple & Relationship Therapy, 11*(2), 149–164. doi: 10.1080/15332691.2012.666500.

Mrdjenovich, A. J., Bischof, G. H., & Menichello, J. L. (2004). A biopsychosocial systems approach to premature ejaculation. *The Canadian Journal of Human Sexuality, 13*(1), 45–56. doi: 10.1002/14651858.CD008195/epdf/full.

Norcross, J. (2005). A primer on psychotherapy integration. In J. C. Norcross, & M. R. Goldfried (Eds.), *Handbook of psychotherapy integration* (2nd ed., pp. 3–23). Oxford University Press.

Sternberg, R. (1986). A triangular theory of love. *Psychological Review, 93*(2), 119–135. doi: 10.1037/0033-295X.93.2.119.

Stricker, G., & Gold, J. R. (1996). Psychotherapy integration: An assimilative, psychodynamic approach. *Clinical Psychology: Science and Practice, 3*(1), 47–58. doi: 10.1037/11436-005.

Strong, S., & Claiborn, C. (1982). *Change through interaction: Social psychological processes of counseling and psychotherapy*. Wiley.

Van Kaam, A. (1969). *Existential foundations of psychology*. Basic Books.

Weeks, G. (1977). Toward a dialectical approach to intervention. *Human Development, 20*, 277–292. doi: 10.1159/000271562.

Weeks, G. (1986). Individual-system dialectic. *American Journal of Family Therapy, 14*, 5–12. doi: 10.1080/01926188608250228.

Weeks, G. (1987). *Systematic treatment of inhibited sexual desire*. In G. Weeks & L. Hof (Eds.),

Integrating sex and marital therapy (pp. 183-201). Brunner/Mazel.

Weeks, G. (2005). The emergence of a new paradigm in sex therapy: Integration. *Sexual and Relationship Therapy, 20*(1), 89-103. doi: 10.1080/14681990412331333955.

Weeks, G., & Cross, C. (2004). The intersystem model of psychotherapy: An integrated systems approach. *Guidance and Counselling, 19*(2), 57-64.

Weeks, G., & Fife, S. (2014). *Couples in treatment.* Routledge.

Weeks, G., & Gambescia, N. (2000). *Erectile dysfunction: Integrating couple therapy, sex therapy, and medical treatment.* W. W. Norton.

Weeks, G., & Gambescia, N. (2002). *Hypoactive sexual desire: Integrating couple and sex therapy.* W. W. Norton.

Weeks, G., Gambescia, N., & Hertlein, K. (2016). *A clinician's guide to systemic sex therapy* (2nd ed.). Routledge.

Weeks, G., Gambescia, N., & Jenkins, R. (2003). *Treating infidelity.* W. W. Norton.

Weeks, G., & Hof, L. (Eds.) (1987). *Integrating sex and marital therapy: A clinical guide.* W. W. Norton.

Wiederman, M. (1998). The state of theory in sex therapy. *Journal of Sex Research, 35*(1), 88-99. doi: 10.1080/00224499809551919.

Yerushalmi, H. (2018). Relational focal therapy: An integrative psychodynamic approach. *Journal of Social Work Practice*, May, 1-13. doi: 10.1080/02650533.2018.1460586.

제 **2** 장

전문직으로서의 성 치료

당면 과제

···Systemic Sex Therapy···

제**2**장

전문직으로서의 성 치료

당면 과제

Peggy J. Kleinplatz

🫶 서론

이 장에서는 성 기능 장애의 의료화와 이에 대한 반응, 그리고 성 치료의 역사와 해당 분야의 최신 동향을 검토할 것이다. 성 치료사의 경력은 다양한 성 치료 기관, 성 치료사가 되기 위한 개인적 및 전문적 과정, 성 치료의 윤리적 원칙에 초점을 맞추어 설명할 것이다. 마지막으로 성 치료의 특수성(혹은 특수성의 결여)에 대한 논란이 있기 때문에 성 치료사 자격증이 필요한지에 대해 검토해 보고자 한다.

🫶 성 치료의 역사

20세기 전반에 걸쳐 성 치료가 발전하기 전까지 성적인 문제는 입 밖에 낼 수 없거나 종교, 철학, 그리고 약간의 의료 영역에 속했다. 성과 관련한 문제는 종종 '결혼 매뉴얼(marriage manuals)'에서 다루고 있었고 매뉴얼에는 얼마나 많은 섹스가 바람직한지, 어떤 유형이 적절한지, 그리고 무엇이 성을 구성하는지에 대한 실용적인 아이디어는 거의 없었다(Van de Velde, 1926). 그들이 내세운 모든 아이디어는 성학(sexology), 즉 섹슈얼리티에 관한 과학적 연구의 기초 없이 그 시대의 가치와 신념에 바탕을 두고 있었다. 게다가 섹슈얼리티(sexuality)는 정신분석 작업의 주요한 대상이었는데, 특정 문제를 치료하기보다는 인간의 발달 단계적 측면에서 다루었다. 정신분석은 실질적인 성격 변화를 목표로 한다는 장점이 있지만(Freud, 1917, 1963), 시간이 많이 걸리고, 가성비도 떨어지며, 성적 어려움이 발생하고 명시화되는 커플 관계나 사회라고 하는 맥락보다는 개인만을 다룬다는 한계가 있었다.

1940년대 후반과 1950년대 초, 킨제이와 그의 동료들(Kinsey et al., 1948, 1951)의 연구는 정상적인 성적 행동의 범위를 설명하고 분류하려고 시도함으로써 성학자들이 연구할 수 있는 대상의 범주에 혁명을 일으켰다. 킨제이의 작업은 많은 논란을 일으켰지만 그 인기는 마스터스와 존슨(Masters & Johnson, 1966)이 연구실에서 성적 반응의 생리학을 연구할 수 있는 길을 열었다. 그들은 흥분-고조-오르가슴-회복으로 구성된 '인간의 성 반응 주기'라고 부르는 4단계의 순서를 설명했다. 결과적으로 이 연구는 성 장애와 치료를 설명하는 마스터스와 존슨의 저서 『인간 성의 기능 부전(Human Sexual Insufficiency)』(1970)에 대한 기초를 마련하고 신뢰성을 제공했다. 이 획기적인 책은 본질적으로 성 치료 분야를 개척했다. 성적 문제의 정의는 주로 실험실에서 성관계를 갖는 피험자에게서 발견되는 생리적 기준에서 벗어나는 측면을 기반으로 한다. 마스터스와 존슨의 인간의 성 반응 주기 모델의 편차는 나중에 미국 정신의학회(American Psychiatric Association)의 『정신질환의 진단 및 통계 편람(Diagnostic and Statistical Manual of Mental Disorders, 이하 DSM)』의 다양한 버전에서 성 장애를 정의하는 기준으로 재조명되었다.

마스터스와 존슨이 명확히 한 기본 수칙과 개념에 더 주의를 기울이지 않고는 성 치료의 발전과 성 문제의 현황 및 치료를 이해하는 것이 불가능하다. 산부인과 의사인 마스터스는 성에 대한 과학적 연구, 특히 성 장애 치료에 관심을 갖게 되었다. 사회과학자 존슨은 치료 패러다임의 연구와 개발에 합류했다. 그들 작업의 기초는 의사인 마스터스의 훈련과 일치했다. 그들의 주요 가르침 중 하나는 성은 배뇨, 배변, 호흡과 같은 생물학적 기능이라는 것이었다(1986). 그들의 임상 연구 대부분은 '자연적인' 기능이 다시 작동할 수 있도록 성적 기능에 부과된 심리사회적 장애물(예: 무지, 두려움, 죄책감 및 수치심)을 제거하는 것을 목표로 했다. 그들은 성적 문제의 90%가 심리적인 것일 수 있고 나머지 10%는 신체적인 것일 수 있다고 밝혔다(현재 시대정신의 지배적인 담론이 뒤바뀌어 성 문제의 90%는 신체적인 것이며 10%만이 심인성이라는 것을 시사하지만, 심신 이원론은 우세하고 지속되고 있다).

마스터스와 존슨이 제안한 두 번째 주요 가르침은 증상이 있는 환자만이 아니라 관계가 치료의 초점이 되어야 한다는 것이다. 어떤 사람이 문제를 제기했든, 커플은 해결책을 찾기 위해 치료가 필요하다. 아이러니하게도 그들은 문제가 발생되고 유지되는 데 있어 관계의 중요성을 립서비스 정도로만 다룬 점에 대해서 비판을 받았다(Weeks, 2004, 2005). 대리인[1]을 치료 패러다임의 일부로 사용하는 것은 파트너의 교환이 가능하다는 의미가 되고, 다시 말해 이 모델이 증상을 개선하는 데 있어 커플 간의 **친밀감**과 **커플** 체계의 역할을 무시한다는 것을 보여 준다. 요컨대, 초기 개척자들은 커플의 협력에 대해 이야기했지만 개념화하거나 체계론적으로 개입하지는 않았다.

그들이 개발한 치료법은 성 기능 장애의 증상을 대상으로 하는 강력한 교육적 요소를 포함한 간단하고 행동 지향적인 커플 치료로 구성되었다. 마스터스와 존슨이 1970년에 처음 보고한 접근 방식의 성공은 성 치료에 대한 큰 관심을 불러일으켰고 향후 수십 년 동안 이 분야 전체의 기반을 마련했다. 불행히도 이러한 '성공'의 역설적 효과는 그들의 접근 방식이 근본적인 이론적 기초에 대한 적절한 고려 없이 널리 받아들여지게 되었고, 기초의 부족으로 인해 주요 가설들이 연구되지 않은 채로 남아 있게 되었다(예: Kleinplatz, 2001, 2012; Peterson, 2017; Wiederman, 1998).

1970년대와 1980년대에 마스터스와 존슨의 작업은 욕구, 성관계 중 심리적 자극, 그 이후의 만족과 같은 성적 반응의 주관적인 측면을 무시하고 결과의 데이터가 정통적이지 못해서 그들이 발견한 것을 해석하거나 반복하기 어렵다는 비판을 받기 시작했다(Kaplan, 1977, 1979; Lief, 1977; Zilbergeld & Ellison, 1980). 정신분석 훈련을 받은 헬렌 싱어 카플란(Helen Singer Kaplan)은 성적 반응을 방해하는 '즉각적(immediate)' 요인뿐만 아니라 성격과 대인관계에 영향을 미칠 수 있는 '원격적(remote)' 발달 요인도 평가해야 한다고 강조했다. 역설적이게도, 그녀는 역사적 요인의 역할에 대한 통찰력이 있었음에도 불구하고 저항이 심한 경우를 제외하면 근본적인 역학관계를 다루지 않고도 "다행히" 증상을 쉽게 교정할 수 있다고 강조했다(Kaplan, 1974). 1977년 카플란과 해럴드 리프(Harold Lief)는 욕구장애(desire disorders)를 특히 흔하고 성가신 것(vexing)으로 기술했다. 욕구장애는 성적 반응에 대한 생리학적 연구만으로 설명하기에는 너무 복잡하다.

그 후 몇 년 동안, 성 치료는 주로 간단하고 지시적인 커플 치료와 종종 심리교육과 '과제'를 사용하는 개인 치료로 이루어져 왔다. 성 치료는 역사적으로 성 기능 장애의 증상을 치료하는 데 매우 효과적이었는데, 마치 우울증과 불안을 심리치료의 가장 보편적인 문제

---

1 섹스파트너를 의미한다.

로 보는 것과 비슷하다. 이와 같이 성 치료는 치료 방법에 내재되어 있는 잘못 정의되고 제대로 탐색되지 않았던 가정들을 다루지 않은 채 크리넥스™(Kleenex™)가 화장지의 대명사가 된 것처럼 성을 다루는 심리 요법의 '크리넥스'가 되었다(Kleinplatz, 1996). 많은 성 치료사는 치료 패러다임을 명확히 하고 확장하며 통합하여 보다 광범위하고 심오한 문제, 특히 관계 및 체계론적 요인에 많은 관심을 기울이고 있다. 웍스(1977, 1994; Hertlein, Weeks, & Gambescia, 2015; Weeks & Hof, 1987)의 메타체계모델(Intersystem Model), 슈나크(Schnarch, 1991, 1997)의 시련 모델(Crucible Model), 메츠와 맥카시(Metz & McCarthy, 2005, 2011, 2012)의 성 치료의 생물학적 심리사회적 접근(Biopsychosocial Approach)이 있으며 최근에는 맥카시(McCarthy, Koman, & Cohn, 2018; McCarthy & McDonald, 2009)가 개정한 심리생물사회학적 접근(Psychobiosocial Approach), 오그던(Ogden, 2006, 2018)의 4차원의 수레바퀴 모델(4D Wheel: mind, body, heart, spirit), 클라인플라츠(Kleinplatz, 1996, 1998, 2004, 2007, 2010, 2014, 2017)와 마러(Mahrer, 1996, 2012)의 경험주의 모델도 많은 관심을 받고 있다.

🖤 이 분야의 최근 동향

1998년 3월 구연산 실데나필(Sildenafil citrate; '비아그라'의 일반적 이름)이 도입되면서 성 치료 및 커플 치료를 통합해야 할 필요성에 대한 관심이 갑자기 빛나가기 시작했다. 성 기능의 치료를 위한 약리적 개입에 대한 소개가 새로운 것은 아니었다. 그러나 투여의 용이성은 호기심 많고, 성에 부정적이며, 사회문화적인 환경과 이 선택권을 설명할 수 있는 이론이 상대적으로 약했던 상황 등이 결합되었기에 성적 문제에 대한 빠른 해결책으로 언론의 스포트라이트를 받기에 충분한 기회를 제공했다.

'비아그라의 순간'을 맥락에서 설명하는 데 도움이 되는 역사적 사건들이 있다. 포괄적인 성교육은 고사하고 성교육의 필요성조차 모호했던 우리 사회는 성 문제가 나머지 다른 인생의 문제와는 전혀 상관이 없는 것처럼 여기는 막강한 힘에 저항하지 못한 채 끌려왔다. 이는 마치 성적 문제를 가진 사람들, 그 주변 사회, 제약 업계, 임상가가 집단적으로 침묵으로 동의한 것과 같다. 즉, "인간에게 성적인 어려움이 존재할 수 있고 문제를 인식하고 '수정'을 필요로 하는 여러 맥락을 차단해 버립시다. 성 기능 장애의 증상은 그 증상 자체가 기저에 깔려 있는 근본적인 문제인 것으로 여기고 치료합시다. 섹스에 필요한 것은 단단한 음경(penis)이면 충분한 것처럼, 섹스(sex)는 곧 삽입행위(intercourse)이며 파트너의 공허한 영혼(spirits)을 돌볼 수 있는 유일한 방법인 것처럼 축 처진 음경이나 받쳐 줍시다. 생식기 (genitals)는 친밀한 관계를 이루지 못한 것에 대해 불만을 토로하고 있는 인간의 한 부분이 아니라 수리가 필요한 기계적인 물건처럼 여깁시다."라고 말이다.

치료 자체가 너무 고통스럽거나 번거로운 한, 그러한 합의는 비아그라 이전의 발기부전에 대한 생의학적(biomedical) 치료의 경우처럼 쉽지 않을 것이다. 1990년대 내내 나의 진료소(그리고 나의 많은 동료 진료소)는 '혈관 누혈(leaky blood vessels)' 진단을 받았다는 남성들로 가득했다(Kleinplatz, 2004). 당시 발기부전에 대한 주요 치료는 파파베린(papaverine), 펜톨라민(phentolamine), 프로스타글란딘(prostaglandin) E_1을 해면체에 주사하여 빠르고 견고하며 오래 지속되는 발기를 만드는 것이 주를 이뤘다[이 방법은 질산염과 잠재적으로 위험한 상호작용 때문에 5형 포스포디에스테라제(phosphodiesterase) 억제제(PDE-5 억제제)를 사용할 수 없는 많은 남성에게 여전히 사용되는 치료법이다]. 그러나 이 치료법의 인기는 음경에 주사를 주입해야 하는 불편함으로 인해 확산되지 못했는데(Althof et al., 1989; Althof & Turner, 1992; Irwin & Kata, 1994), 별로 유쾌하지 않았고 은밀하게 관리하기가 어려웠다[더구나 삽입으로 정의되는 성(sex)을 '자연스럽고 자발적'인 것으로 간주되는 신념 체계를 위반하게 된다. 나는 작은 파란색 알약이 시장에 출시됨과 정확히 동시에 이 '혈관 누혈'의 유행이 얼마나 빨리 사라졌는지 충격을 받았다(Kleinplatz, 2004). 주사 맞기보다 알약 삼키기가 훨씬 쉬웠던 것이다].

이러한 혁신을 개념화하는 데 필요한 이론적 근거도 없이 발기부전을 치료하기 위한 새롭고, 비교적 안전하고 효과적이며 거슬리지 않는 치료법의 손쉬운 이용에 성 치료 분야는 반응할 수밖에 없었다.

이 분야는 우리의 임상적 · 전문적 목표에 대해 불확실하면서도 이 새로운 선택(예: 새로운 개입, 부가적인 개입, 경쟁, 동맹, 진단 도구)을 다루는 방법을 결정하려고 확인하는 과정에서 비록 조용하지만 집단적 정체성 위기에 몰린 듯했다(Giami, 2000). 자신들이 자라서 어떤 사람이 되고 싶은지도 모르는데 동네에 새로 이사 온 아이를 어떤 식으로 대할지는 알겠는가?

쇼버와 라이블룸(Schover & Leiblum, 1994)은 성 치료가 점차 의료화되고 있다고 경고했다. 이 분야가 이론적 격차를 해소하기 오래전에 '비아그라의 순간'이 도래했다. 그동안 우리는 모든 해답을 가지고 있는 것처럼 행동하면서 심리치료의 실천 과학이 대답해야 할 근본적인 질문 파악을 등한시했다(Kleinplatz, 2003, 2012). 다음은 몇 가지 기본적인 질문이다. 섹슈얼리티(sexuality)란 무엇인가? 성적 경험을 어떻게 이해할 수 있을까? 성욕의 근거나 기원은 무엇인가? 왜 같은 것인데도 누구에게는 강력하게 에로틱하고, 누구에게는 혐오스럽고, 또 누구에게는 무관심하게 느껴져 냉담하게 되는 것일까? 모든 사람이 성적인 감정을 가질 수 있나? '정상적인' 성이란 무엇인가? '정상적인' 성과 '비정상적인/역기능적인' 성의 차이는 무엇이며 이러한 차이로부터 무엇을 배울 수 있을까? 최적의 성은 무엇인가? 우리는 어떤 종류의 성을 권장하고 싶은가? 성 문제를 어떻게 개념화할 수 있는가? 무언가를 성 문제로 정의하고 존재하게 하는 맥락은 무엇인가? 이러한 어려움은 개인, 커플 및 체계에 어떤 의미를 지니는가? 성 문제를 다룰 때 우리의 목표는 무엇인가? 우리만 유일하게 관심을 가지고 있던 시대에는 우리가 세웠던 가설을 무시해 버리는 것이 간단한 것이었지만 비아그라가 출시되면서 성 치료 실천의 기초가 되는 잠정원칙에 대한 검토를 하기에는 이미 시간이 많이 늦어졌다.

💙🔑 성 문제의 의료화

지난 20년 동안 기본적인 이론의 근거가 부족하여 '성 치료'가 성 기능 장애 및 성 장애 증상 중심의 치료로 점점 발전하게 되었다. 그에 따라 사람들은 당연히 관심을 두어야 할 남성과 여성의 고통에 대한 복잡한 심리적ㆍ체계론적ㆍ심리사회적 의미에 대한 관심을 잃어버렸다. 이런 무관심 속에서 성 치료의 의료화 증가는 비-성적(non-sex) 치료사에게 약물 처방의 초보적인 방법을 가르치기 위한 새로운 약리학적 치료, 새로운 조직 및 학회 형태로 등장하면서 약물 처방뿐 아니라 성 기능 장애에 대한 논의를 하며 마케팅을 했다. 미국의 TV, 잡지 및 기타 언론은 먼저 화이자(Pfizer)의 비아그라를 발표했고, 이후 릴리(Lilly)의 타다라필[tadalafil, 제품명 시알리스(Cialis)]과 바이어(Bayer)의 바데나필[vardenafil, 제품명 레비트라(Levitra)]이라는 PDE5 억제제를 소개했다. 각각의 광고는 시청자나 독자에게 "의사에게 문의하십시오."라고 권했다. 안타깝게도 2000년 이후로 점점 더 성에 대한 부정적인 분위기가 확산되면서 성 치료 교육에 대한 자금 지원이 삭감되었고, 심지어 의과대학에서 인간의 섹슈얼리티에 대한 기본적인 훈련과 그 문제를 다루는 일들이 감소했다(Bayer, Eckstrand, Knudsen, Koehler, Leibowitz, Tsai, & Feldman, 2017). 쉰델과 패리쉬(Shindel & Parish, 2013)는 많은 의과대학에서 현재는 이와 같은 교육이 '거의 또는 전무'하다고 말하고 있다.

미국과 캐나다의 의대생 대다수는 환자와 성에 대해 이야기하는 것을 불편해하거나, 준비가 되어 있지 않거나, 충분한 훈련을 받지 않았거나, 아니면 대부분의 경우 이 모든 것에 해당한다(Leonardi-Warren, Neff, Mancuso, Wenger, Galbraith, & Fink, 2016; Malhotra, Khurshid, Hendricks, & Mann, 2008; Shindel, Ando, Nelson, Breyer, Lue, & Smith, 2010; Wittenberg &

Gerber, 2009). 의사들은 LGBTQ 환자의 성 이력(sexual history)을 탐색할 준비는 더더욱 되어 있지 않다(Hayes, Blondeau, & Bing-You, 2015). 따라서 의사를 만나야 하는 환자는 자신들의 필요를 처리할 능력이 갖추어지지 않은 의사들을 만날 수밖에 없다. 제약 업계는 성학적(sexological)으로나 인간의 관계적인 측면은 거의 무시한 채 발기부전의 비뇨기학적 측면에 대해 의사들에게 가르치는 학회에 재정지원을 했다. 이는 발기부전의 90%가 생물학적 병인 때문이며, 10%만이 심인성(psychogenic) 또는 인간관계 문제라고 주장하는 담론의 마케팅과 매우 일치한다. 이와 같은 관점은 개인이나 대인관계 문제의 가능성을 깊이 탐구하기보다는 오히려 음경의 잘못을 탓하는 것을 선호하는 사람들과 커플에게 특히 매력적이었다. 따라서 약물, 산업, 임상가 그리고 사회적 담론은 한 남자가 붙임성이 있다거나 대인관계가 힘들다거나 하는 면은 무시한 채 환자의 성기만이 기능하는 상황을 만들어 낸다.

또한 1990년대 이후에는 성적인 어려움을 다루기 위해 인가되지 않은 약물 처방도 점점 늘어났다. 선택적 세로토닌 재흡수 억제제(SSRIs)가 조기사정 치료제로 점차 권장되었다. 원래 항우울제로 사용되었던 글락소스미스클라인(GlaxoSmithkline)의 파록세틴(PAXIL)과 같은 약물은 많은 환자에게 오르가슴을 줄이거나 예방하는 등 성욕과 성 반응에 부정적인 영향을 미치는 것으로 나타났다. SSRIs는 남성의 사정 속도를 느리게 하는 데 성공했기 때문에 조기 사정을 치료하기 위한 기존 성 치료법의 보조 또는 대체용으로 사용되었다(Althof, 2007; Waldinger, 2003). 또한 성도착 행동을 조절하기 위해 SSRIs는 항안드로겐제(anti-androgens)와 함께 사용된다.

비아그라가 일으킨 많은 관심은 여성에 해당하는 단어의 개발에 큰 관심을 불러일으켰고(Hartley, 2006), 임상 사전에 '여성 성 기능 장애(Female Sexual Dysfunction: FSD)'라는 새로운 문구를 도입했다. 제약회사들은 불확실한 FSD를 주제로 하는 생물의학적 담론의 토대를 마련하기 시작했고, FSD의 원인과 치료에 관한 한 가지 가설이 제안되었다. 첫 번째는 FSD의 역학 및 수리학적 가설로, 남성과 마찬가지로 여성도 생식기로 흐르는 혈액이 더 많이 필요하다는 것이다. 2004년, 화이자는 실데나필(Sildenafil)이 여성에 미치는 영향에 대한 8년간의 연구 끝에 남성과 달리 여성이 너무 복잡하다고 주장하면서 비아그라의 추가 임상실험을 중단했다(Harris, 2004). 그 이후로 호르몬 가설이 도입되었다(Hartley, 2006; Moynihan & Mintzes, 2010). 소위 '전문가'들은 여기저기의 미디어에서 욕망과 결핍이 테스토스테론 수치의 직접적인 결과인 것처럼 말했다. 2004년 12월, 프록터앤갬블(Proctor & Gamble)에서 여성의 낮은 성욕을 위해 제안된 테스토스테론 패치인 인트린사(Intrinsa)의 승인을 신청했을 때 FDA가 만장일치로 거부한 것은 일반 대중에게 놀라운 일이었다. 그 직후 발표된 두 연구는 안드로겐 수치와 여성의 성욕 사이의 상관관계가 **없음**을 확인했다(Davis, Davison, Donath, & Bell, 2005; Wierman, Basson, Davis, Khosla, Miller, Rosner, & Santoro, 2006). 그 후 팔라틴 테크놀로지스(Palatin Technologies)가 비강 스프레이 브레멜라노티드(Bremelanotide)에 대한 임상 실험에 착수하면서 뇌에 욕망이 있다는 생각이 대중화되었고, 베링거인겔하임(Boehringer-Ingelheim)은 잠재적 욕망제인 플리반세린(Flibanserin)에 대한 FDA의 승인을 요청했으나 FDA는 두 번이나 이를 거부했다. 그러나 세 번째 시도와 제조사로부터 논란이 많은 '받은 대로 돌려준다(even the score)'[2] 캠페인 이후, 현재 애디(Addyi®)로 판매되고 있는 플리반세린은 2015년 미국에서 승인되었다. 이후 세 차례 후속 검토 및 메타 분석(Gao et al., 2015; Jaspers et al., 2016; Robinson et al., 2016)에서 제조사[현재 스프라우트 제약회사(Sprout Pharmaceuticals)]가 약속한 대로 매달 0.5건의 성행동(sexual events) 만족도를 높인다는 효과조차 없는 것으로 밝혀졌다. 흥미로운 것은 애디의 매출이 계속 부진해 2019년 재도입과 브랜드 변경을 약속했던 마케팅 접근을 철회했다는 점이다. 막대한 잠재적 이익 규모를 감안할 때 신약은 아직 준비 중이지만 현재 의약품 해결책을 모색하는 것에는 많은 의문점이 남아 있다. 성 문제에 대한 생물의학적 개입은 질 입구에 주입된 보톡스를 질염 치료를 위한 확장제와 함께 사용하는 데에도 초점이 맞춰져 있다(Pacik, 2010).

　이러한 각각의 새로운 생물의학적 개입으로 인해 어려움이 발생하고 고착되어 문제가 있는 것으로 인식되는 시스템이 아니라 지목된 환자의 증상이 치료의 목표가 되었다는 점을 주목해 볼 필요가 있다. 이는 마스터스와 존슨의 성 치료의 본질과 초점에 대한 본래의 공식을 완전히 뒤집는 것을 의미했다.

　일반적으로 제약 산업의 후원으로 설립된 새로운 전문기관들은 의사, 특히 산부인과 전문의와 비뇨기과 전문의에게 성 기능 장애 치료에 대한 지속적인 교육을 제공한다(다음 참조). 의사가 성 기능 장애 환자를 종합적으로 치료해야 하는 훈련을 받아야 할 필요성이 크지만(Frank, Coughlin, & Elon, 2008; Moser, 1999; Shindel et al., 2010), 대부분의 경우 성 기능 장애의 높은 유병률과 주의 요구의 필요성, 증상 평가를 위한 체크리스트, 약리학적 정보에 초점을 맞췄다. 문제가 발생하는 심리적·대인관계적 맥락은 대부분 간과되었다.

　1998년, 어윈 골드스타인[Irwin Goldstein; 구연산 실데나필을 최초로 도입(1998)한 비뇨기과 의사]은 국제여성성건강연구학회(The International Society for the Study of Women's Sexual

---

2　역자 주: 여성의 성 건강 평등을 위해 '여성의 성 기능 장애 치료에 관해 공정한 대우를 받아야 한다'고 믿는 여성들이 '받은 대로 돌려준다' 운동을 했고, 그 결과로 플리반세린의 FDA 승인을 이끌어 냈다.

Health: ISSWSH)를 설립했는데, 구성원들은 성 치료사로 훈련받고 인증받은 임상가가 아닌 주로 의사들이었다. 1982년 국제발기부전연구회(The International Society for Impotence Research)가 설립되면서 이후 명칭이 바뀌었고 현재는 국제성의학회(The International Society for Sexual Medicine: ISSM)로 알려져 있다. 회원 대다수가 비뇨기과 전문의이다. 새로운 학술지들이 등장했고 특히 『성의학 저널(Sexuality Medical Journal)』(ISSM에서 발행)도 창간되었다. 2013년에는 『성의학(Sexual Medicine)』 『성의학 비평(Sexual Medicine Reviews)』 『최신 성 건강 보고서(Current Sexual Health Reports)』 등 성 문제의 의학적 측면에 초점을 맞춘 세 개의 의학 관련 학술지가 발간되기 시작했다. 이와는 대조적으로, 2000년 『성교육과 치료 저널(Journal of Sex Education and Therapy)』의 안타까운 폐간은 1990년대 이후 이 분야가 단편화되고 있음을 잘 보여 준다.

💊🗝 의료화에 대한 대응

성 치료의 의료화가 심화되면서 이에 대한 저항과 반발도 계속해서 증가했다. 1990년대 초, 사회학자들(예: Irvine, 1990; Jeffries, 1990; Reiss, 1990)은 성 치료 분야를 비판하기 시작했다. 그들은 문제가 발생하고, 유지되고, 다루어지는 사회적 환경을 바꾸려 하지 않고 내담자의 문제를 일대일로만 치료함으로써 임상가들이 기능 부전의 상태를 유지한 채 문제가 있는 규범에 적응하게 하여 이익을 얻고 있다고 주장했다. 이후 몇 년 동안 성 치료사들도 암묵적이며 미약하게 시작되었던 우리의 가설을 공개적으로 다루며 기존의 접근에 의문을 제기했다(Kleinplatz, 1996, 2003, 1998; 2012; Schnarch, 1991; Tiefer, 1991, 1996, 2001, 2012; Weeks & Hof, 1987). 이렇게 취약하기만 했던 기반은 제약 업계가 환원주의적이고 생물의학적인 모델을 중심으로 협력하게 만들었고 이에 따라 임상가나 일반인에게 성 기능 장애 치료제를 쉽게 판매하고 '구매 자격'을 획득할 수 있게 해 주었다.

2000년, 점점 더 의료화되는 성 문제와 섹슈얼리티의 의료화에 대응하여 레오노르 티퍼르(Leonore Tiefer)의 지도하에 성학자들이 연합하여 성적인 어려움을 개념화하기 위한 대체 진단 틀을 제시했다. 여성 성 문제에 대한 새로운 비전을 위한 실무그룹(Alperstein et al., 2002)은 여성(후에 남성도 포함)의 모든 성 문제를 사회문화적·정치적·경제적 요인, 파트너와의 관계 문제, 심리적·의학적 요인의 관점에서 평가할 것을 권고했다. 인간의 섹슈얼리티를 평가하고 다루는 다차원적 접근에 대한 요구는 일부 분야에서 호의적이었지만(예:

Ogden, 2006, 2018), 다른 일부에서는 퇴행적이고 시대에 뒤떨어지며 여성주의적이라며 거부되었다.

이러한 추세로 인해 이 분야는 점점 더 세분화되고 있다(Kleinplatz, 2003, 2012). 성적 문제에 대한 도움의 요구는 계속되고 있지만, 내담자나 환자에게 제공되는 서비스의 성격은 훈련을 받은 임상가의 유형에 따라 달라지는 경우가 많다. 이것은 우연의 문제가 아니라 의료 보험(또는 보험의 부재)의 문제일 가능성이, 미국에서는 특히 많다. 많은 건강 보험이 소비자들에게 커플 치료에 대한 보상을 해 주지 않는다는 것은 특히 안타까운 일이다. '경험 기반 치료(empirically supported treatments)'와 '우수사례'에 대해 점점 더 강조하는 것이 타당해 보이지만, 성 기능 장애 증상을 줄이는 데 가장 확실한 효과를 내는 가장 편리한 치료는 섹슈얼리티처럼 복잡한 분야에서 환자에게 최선의 이익이 아닐 수도 있다. 약물치료 연구는 효과적인 결과에 대한 기준이 개인 또는 커플 치료에 대한 연구보다 '제한적이고 일차원적'일 때 인상적인 결과를 보여 줄 수 있다(Heiman, 2002, p. 74). 그러나 대부분의 커플은 '삽입할 수 있을 만큼 단단한 발기' 이상을 추구하거나 '성관계를 방해하는 질경련'이 없는 성관계 그 이상을 원한다. 그들은 성관계 중 파트너와의 유대감과 그 이후의 상호 만족감을 원한다(Kleinplatz, 2010, 2011, 2017; Kleinplatz et al., 2018).

현재 성적 문제와 고민에 대한 치료는 단편적으로 진행되는 경우가 많아 보다 풍부한 패러다임과 종합적인 임상 치료가 필요하다. 수십 년 동안 학제 간 훈련에 대한 요구가 있었지만(Moser, 1983와 비교), 많은 제도적 장벽, 실제 또는 인식된 영역 전쟁, 일관성 있고 다차원적인 이론적 틀의 부재로 전반적인 관리가 저해되었다. 최근 몇 년간 성적 문제의 증상에 대한 관심 증가는 임상가에게 성에 대한 담론을 넓히고, 남성과 여성이 성적인 존재로서, 파트너로서 진정으로 노력하는 것이 무엇인지, 그리고 우리가 그들이 목표를 달성하도록 도울 수 있는 방법을 재고할 수 있는 놀라운 기회를 제공하고 있다.

🫀 성 치료 전문가 협회

북미에서 가장 오래된 주요 성학 단체는 1957년에 설립된 성 과학 연구 협회(www.sexscience.org)로 성 치료뿐만 아니라 광범위한 성학에 중점을 두고 있다. 다학제로 이루어진 회원은 약 700명으로 주로 교육계에 있는 성학자로 구성되어 있다. 성 치료 및 연구 협회(www.sstarnet.org)는 1975년에 설립되었으며, 성 문제와 치료에 중점을 둔 약 275명의 성 치료사 및 연구원으로 구성되어 비교적 안정적으로 회원을 보유하고 있다. 성 치료사에 대한 주요 국제 인증 기관은 미국에 기반을 둔 미국성교육자상담치료협회(AASECT, www.aasect. org)이다. AASECT는 1967년에 설립되었으며 현재 약 2,800명의 회원이 있으며, 대부분이 성 치료사 자격을 인증받았다. 또한 캐나다에서 가장 인구가 많은 온타리오주의 성 치료사는 1975년에 설립된 온타리오 성 치료 및 상담 심사 위원회(BESTCO)의 인증을 받을 수 있다 (www.BESTCO.info 참조). BESTCO가 인증한 성 치료사는 35명에서 40명 정도이다. 그들의 교육, 평가 및 인증 모델은 온타리오주 이외의 지역에서는 인정되지 않지만, 아마도 이 분야의 표준으로 설정할 가치가 있다(다음 절 참조). 앞서 언급한 바와 같이 ISSWH와 ISSM은 대부분 남성 또는 여성 환자의 성 장애를 치료할 수 있지만 성 치료사로 훈련받지 않았거나 성 치료사로 확인되지 않은 의사들로 구성되어 있다.

성 치료사가 되기 위한 개인적이고 전문적인 과정

많은 학생이 성 치료사가 되는 과정에 대해 궁금해한다. 어떤 사람들은 코스모(Cosmo)나 유튜브(YouTube) 토크쇼에 자주 등장하는, 매우 매력적인 분야일 것으로 생각한다. 다른 사람들은 성 치료사가 되기 위해서는 성의 즐거움에 대한 심오한 평가가 필요하다고 생각한다. 현실은 그렇게 명료하지도 단순하지도 않다. 성 치료사가 되려면 먼저 개인 치료와 커플 치료에 능숙해야 한다. 즉, 성 치료사가 되는 과정은 심리치료 자체에 대한 사전 훈련과 전문 지식을 기반으로 한다. 심리치료 경험이 있는 사람(최소한 AASECT 또는 BESTCO의 인증을 받고자 하는 경우 다음에 설명된 대로 해당 지역에서 자격증을 소지한 사람)만이 성 치료 훈련을 받을 자격이 주어진다. 이를 위해서는 일반적으로 임상 심리, 사회복지, 커플·가족 치료 또는 의학과 같은 심리치료사의 권한을 부여하는 분야의 대학원 또는 박사 수준의 교육이 필요하다(예를 들어, 지역구 및 승인 가능성에 따라 상담 대학원 학위 등 다른 방법도 가능하다).

심리치료를 할 수 있는 자격을 갖추는 것과 자격증 외에도 예비 성 치료사들은 성학에 대한 기본 지식과 성 치료에 대한 심화 훈련이 필요하다. AASECT(http://aasect.org/certification. asp 참조)는 성 교육자, 상담사 및 치료사로 인증된 후보자가 자격증을 취득하기 위해 성학의 역사, 성 연구 및 문헌적 지식, 성 반응의 해부학 및 생리학과, 성적 가치와 표현에 영향을 미치는 발달적·사회문화적·의학적 요인, 성 역할, 관계 문제, 성병 및 예방 문제, 성학대 및 그 결과, 성적 취향, 성소수자 등을 포함하는 최소 90시간의 기본 과정을 이수해야 한다. 또한 예비 성 치료사는 성적 문제와 치료 시 대처법에 대해 최소 60시간의 대학원 과정도 이수해야 한다. 무엇보다도 여기에는 DSM에서 제시한 성 기능 장애, 성별 불쾌감(gender dysphoria), 성욕장애(paraphilia)에 대한 지식뿐 아니라 개인과 커플이 성 치료사를 찾게 되는 일반적인 문제(예: 성적 욕구 차이, 성관계에 대한 실망, '유대감' 결여), 성 문제의 주요 정신 내적·대인관계적·심리사회적·기질적 원인, 성 문제와 관련된 평가, 진단 및 임상적 개입(즉, 심리치료 및 의학)의 이론 및 방법, 커플 치료나 체계론적 성 치료의 모델 및 방법, 다른 의료 전문가인 일반 의사 또는 전문가와의 협업에서 성 치료사의 역할에 대한 지식, 성 치료 및 결과 평가 기법에 대한 윤리적 문제와 의사 결정 등이 포함된다. 또한 성 치료사는 다른 임상가의 개입(예: 우울증, 당뇨병, 심혈관 질환, 암 등에 대한 처치)이 어떻게 성적 문제에 영향을 미치거나 유발하는지 또는 악화하는지 이해할 필요가 있다. 나의 치료는 종종 개인 치료나 커플 치료 시 치료사들의 적절치 못한 조치로 복잡해지고 초점을 잃은 것들을 골라내는 데 많은 에너지를 쓸 때가 있다. 오늘날 성 치료사의 역할은 종종 성적 문제나 우려를 연구할 시간이 줄어든 다른 의료 전문가들과 함께 내담자를 위해 노력하는 능력을 점점 더 필요로 한다. 성 치료사는 다른 체계에서 성소수자들을 위해 활동하기도 한다.

교육적 정보 외에도, 성 치료사는 다양한 내담자와의 성 치료 실천을 위해 슈퍼비전(직접 관찰, 음성 녹음, 영상 녹화를 통해) 하에 수년간의 임상 훈련(일반적으로 대학원 수준)을 마쳐야 한다. 여기에는 개인·커플, 때때로 집단 치료, 남성·여성·성소수자를 대상으로 한 치료, 광범위한 DSM 장애 및 기타 성 문제를 다루는 법에 대해 배우는 것이 포함된다.

AASECT와 BESTCO는 인증된 모든 회원이 성적 가치에 대한 개인적 성찰과 명료화 과정에 참여할 것을 요구한다. 성적 태도 재평가(Sexual Attitude Reassessment: SAR) 워크숍은 일반적으로 주말에 진행되며, 참가자는 성적 행동의 다양성과 복잡성에 대한 자신의 감정, 태도 및 이전에 검증되지 않은 신념을 확인해야 한다. SAR은 훈련된 지도자가 주도하는 소규모 그룹으로 구성된 경험적 학습 과정을 통해 참가자들이 자신의 섹슈얼리티 및 성학에 대한 철학을 인식하도록 장려한다. 치료사는 자신의 개인적이고 직업적인 한계뿐만 아니라 그들이 잘 봉사하기에 이상적으로 적합하지 않을 수 있는 상황이나 내담자의 유형을 인식할 필요가 있다.

이러한 요구 사항 외에도 BESTCO는 성 치료사 자격을 얻기 위해 매년 2회, 2일씩 총 3년간의 임상 훈련, 슈퍼비전 및 회의에 참석해야 한다. 이후 모든 회의에 참석하는 것은 자격 유지를 위한 필수 요건이다. 많은 성 치료 문헌에는 '생물심리사회적 접근법'이 언급되어 있다. 불행하게도 이것은 대개 구두로만 사용된다(McCarthy, Koman, & Cohn, 2018; McCarthy

& McDonald, 2009). 그에 반해 BESTCO 회의는 진정한 학제 간 회의로서 상호 존중과 협력의 정신, 상호 학습 경험 및 전문 지식의 남다른 분위기를 조성하는 것이 특징이다. BESTCO의 모든 회원은 미국 커플·가족 치료사 협회(American Association of Maritary and Family Therapists)의 정회원이어야 하며, 3년의 견습 기간에 들어가기 전에 자신의 커플 치료에 대한 역량을 문서화하고 입증해야 한다. BESTCO는 높은 수준의 커플 치료 기술과 상당한 학제 간 구성 요소로 인해 성 치료 협회 중에서도 독특하다. 주요 이론적 방향은 체계론적이지만 정신 역동적·경험적·인지적 행동 접근법도 있다. 또한 BESTCO는 성 치료사 자격을 받기 전에 적어도 한 가지 사례의 서면 요약 및 참고문헌 목록이 함께 BESTCO 전체 회원에게 제출되어야 하는 일련의 심사가 필요하다는 특징도 있다.

일부 실천가는 성 치료사가 아니라 성 상담가로 훈련받고 자격을 얻기도 한다. 주요 차이점은 성 상담이 보다 집중적인 심리치료보다는 시간 제한적인 문제(예: 피임 선택, 안전한 성관계, 성폭행 처리)를 해결하는 데 중점을 둔다는 것이다. 성 상담사는 심리치료 서비스보다는 가족 계획 연맹(Planned Parenthood)[3]과 같은 기관에 고용되거나 지역사회에서 간호사, 지도상담사 등으로 일하는 경향이 있다.

지난 5년 동안 AASECT와 BESTCO는 슈퍼비전 시간과 수련 기간을 늘렸다. 아이러니하게도, 인터넷은 성 치료사가 되고자 하는 사람이 그 가치가 의심스러운 온라인 연장 교육[CE]으로 학점 취득을 가능하게 했다. 현장에서 즉각적인 '자격'을 얻을 수 있다는 온라인 교육의 홍보는 어디서나 쉽게 볼 수 있고 성 치료 인증을 받기 위해 실제로 필요한 것이 무엇인지에 대한 새로운 생각을 불러일으키고 있다.

BESTCO는 2015년 빅토리아 윈터튼(Victoria Winterton) 의학 박사가 위원장을 맡은 학제 간 위원회를 소집하여 성 치료의 핵심 기능을 설명함으로써 이러한 도전에 대응하기 시작했다. 최종 문서(준비 중)는 훈련생이 인증된 성 치료사가 될 준비가 되었는지 평가하기 위한 향후 모니터링 및 검사 절차에 사용된다. 처음부터 이 위원회에서 활동한 저자는 임상 실습에 필요한 필수 기술과 기본 지식을 파악하는 것이 어렵고 복잡하다는 사실에 충격을 받았다. 우리가 강조하는 것은 개입보다 사정이다. 훈련생이 중요하다고 생각하는 요소를 더 깊이 탐구하기 위한 일관된 이론적 근거를 분명히 할 수 있다면 그에 따라 일관된 치료 접근 방식이 그 관점에서 나와야 한다. 아이러니하게도, 전문가들이 마치 이 분야에는 이론이 없는 것처럼

---

3 가족 계획 연맹은 1916년 산아제한을 목적으로 미국에서 설립된 비영리 단체이다.

행동할 때 우리는 평가와 임상 실습을 위한 이론적인 원칙들을 개발하고 그 결과로 얻은 도구가 이러한 격차를 해소해 가길 바라면서 성 치료 분야의 본질을 발견하는 일을 해 왔다.

💙☞ 성 치료의 윤리 원칙

성 치료사들은 각자의 규율에 대한 윤리 강령을 연구하고 따를 것으로 예상된다. AASECT 회원은 또한 성 치료사에 대한 조직의 윤리 강령을 준수해야 한다(http://aasect.org/ethics 참조). 진실성, 기밀성, 내담자의 자율성, 치료사-내담자 간의 권력 차이, 이중 관계와 같은 이슈는 매우 금기시되고 종종 감추고 싶은 감정을 공개해야만 하는 내담자의 취약성을 고려할 때 특히 성 치료에서 더 중요하다. 마찬가지로 가치관의 다양성, 성적 지향성, 성별, 인권 문제에 대한 감수성 등의 윤리 강령들은 모든 심리치료에서도 중요하지만 성 치료에서 추가적인 차원과 중요성을 지닌다.

일부 일반인은 성 치료가 언어치료만을 수반하는지 아니면 치료사와의 성적 접촉이 포함되는지 또는 치료사의 진료실에서 파트너와의 성적 접촉이 포함되는지 궁금해한다. 사실, 치료사와 내담자 사이의 어떠한 성적 접촉도 허용되지 않는다. 종종 커플이 집에서 공유하고 다음 회기 동안 논의할 과제(예: 감각 집중 훈련)가 내담자들에게는 주어지는 반면, 내담자가 상담사와 함께 성적인 활동에 참여하는 것은 비윤리적일 수 있다.

혼란 중의 일부는 마스터스와 존슨의 초기 연구에 있었던 성역할대리인을 둘러싼 선정적인 홍보 때문일 수 있다[2012년 영화 〈세션(The Sessions)〉은 1980년대 중증 장애인과 대리인 치료의 실제 사례를 그려 혼란과 논란이 다시 불거지기도 했다]. 마스터스와 존슨은 효과적인 치료를 위해서는 커플이 함께 참석해야 한다고 강하게 믿었고 개별적인 치료를 제공하는 것을 거부했다. 남성이 단독으로 치료를 받을 경우, 이들 내담자가 동반 과제를 수행할 수 있도록 대리인을 제공했다(독신 여성들은 자신의 성 치료 파트너를 찾을 수 있을 것으로 가정했다). 마스터스와 존슨은 법적 문제와 파장을 우려해 결국 대리인과의 작업을 포기했다. 비록 널리 퍼지지는 않았지만, 대리인과의 작업은 일부 성 치료의 보완적인 요소였다. 현재 국제 전문 성역할대리인 협회(International Professional. Surrogates Association: IPSA)는 성역할대리인을 훈련시키고 규율에 따라 통제하고 있다. 자세한 내용은 www.SurrogateTherapy.org을 참조할 수 있다. 이들은 성 치료사 및 그들의 내담자들과 함께 일하도록 훈련받았으며, 그들만의 고유한 윤리 강령을 가지고 있다. 그들은 성 치료사의 평가에 따라 내담자의 필요에 맞는 접촉만을 사용해야 한다. 치료사가 치료의 구성 요소로서 신체접촉을 사용하고 치료에 적합한 치료기준과 임상 목표의 관점에서 처방된 접촉의 사용을 정당화하는 것은 치료사의 의무이다.

성 치료는 독특한 양식인가? 전문가 자격증 발급 과정

성 치료는 독특한 접근 방식으로 성 치료사 자격을 유지해야 하는가 여부에 대한 논란이 계속되고 있다. 비닉과 미나(Binik & Meana, 2009)는 성 치료 자격증 폐지를 요구했는데, 그들은 성 치료의 이론적 근거가 미미하다고 주장했고, 따라서 어떤 분야에서든 전문적 발전의 기초인 성 치료에 대한 연구는 무의미하다고 주장했다. 이 점에 대해서는 논쟁의 여지가 거의 없다(Kleinplatz, 2003, 2012; Wiederman, 1998). 비닉과 미나는 성 기능 장애를 치료하는 데 사용되는 심리치료 기술은 성 치료에만 국한된 것이 아니라고 주장했다. 심리교육적 상담, 인지행동적 과업, 의사소통 기술 학습, 독서 치료와 같은 주요 개입은 다방면의 심리치료사들이 다양한 목적으로 광범위하게 사용한다. 성 치료사가 사용하는 기술은 성 치료에만 사용되지 않는다는 사실 또한 매우 확실하다. 그렇다면 무엇이 성 치료를 특별하게 만드는가? 비닉과 미나는 이제 특수성에 대한 환상을 버려야 할 때라고 말할 것이다. 성 치료를 독특하게 만드는 것은 훈련 과정에서 인간의 섹슈얼리티와 성학에 대한 지식을 반드시 습득해야 한다는 점이다. 안타깝게도 이러한 지식은 점점 더 얻기 어려워지고 성에 대한 부정확하고 오해의 소지가 있는 정보가 널리 퍼지고 있으며, 특히 인터넷에서는 더욱 그러하다. 북미에서는 성에 대한 공개적이고 활발한 토론(때로는 게시물)이 만연해 있으며, 역설적으로 개개인은 성적 어려움이 있을 때 점점 더 외로움을 느끼고 있다. TV, 인터넷 및 잡지에서 볼 수 있는 잘못된 정보는 계속해서 사람들을 놀라게 하고 성적 결함을 느끼게 한다(Kim & Ward, 2004; Kleinplatz, 2013; Ménard & Kleinplatz, 2008). 언론은 성적 만족에 있어 기술의 역할, 성적 흥분의 성별 차이, 성과 연령, 욕구의 정상적인 수준, 호르몬, 성적 지향 등에 대한 오해의 소지가 있는 이야기로 가득 차 있다. 무지와 신화가 결합된 결과, 두려움, 수치심, 부적절감이 생기고, 바로 이것이 우리 중 많은 사람이 계속해서 긴 대기자 명단에 오르는 이유이다. 불행히도 일반 대중에서 발견되는 지식의 부족은 임상가 사이에서도 동일하게 퍼져 있다. 우리 중 그 누구도 성을 부정적으로 여긴 문화에서 자란 결과로부터 자유롭지 않다. 이러한 영향에 대응하기 위해 인증된 성 치료사들은 앞서 언급한 인간 섹슈얼리티 연구 과정에 필수적으로 참여해야 하고 SAR에 참석해야 하는 것이다.

　이상적인 세계에서는 이러한 훈련 과정이 필요하지 않을 것이다. 그런 세상에서는 유년기와 청소년기에 성인의 성관계에 대비할 수 있도록 준비시켜 주어 성 문제에 대한 도움의 필요성을 다소 줄여 줄 것이다. 가정이나 학교에서의 성교육은 인터넷 성인물에 퍼져 있는, 재미있지만 허구적이며 터무니없는 성에 대한 이미지를 퇴치할 것이다. 또는 개인의 복지에 있어서 성의 중요한 역할을 감안할 때, 모든 심리학 및 의료 제공자는 자연스럽게 학부 및 대학원 교육과정에서 성학에 대한 상당한 훈련을 받은 다음, 내담자 또는 환자가 성적인 어려움에 대처할 수 있도록 도울 준비가 되어 있을 것이다. 하지만 이것은 현재 상황이 아닐 뿐만 아니라 최근 몇 년 동안 인간의 성에 대한 훈련이 감소하면서 의과대학 및 임상 심리학 프로그램에서 필요한 지식에 점점 더 접근하기 어렵게 되었다(Burnes, Singh, & Witherspoon, 2017; Miller & Byers, 2009, 2010). 이것은 우리가 인간의 섹슈얼리티와 그 문제를 더 알기 위해 정신 건강이나 의료 전문가에게 의존할 수 없다는 것을 의미한다. 제대로 훈련받지 못한 임상가는 치료를 통해 해결하는 것은 고사하고 내담자 또는 환자의 모든 복잡한 성적 문제 또는 우려에 응답하고 치료하는 데 편안하거나 능숙할 것이라고 기대할 수 없다.

　따라서 성 치료 자격증의 주요 목적은 여전히 내담자를 보호하는 것이다. 대부분의 공인된 성 치료사는 정신 건강 자격증을 가진 다른 의료 서비스 제공자들에 의해 생성된 피해자들을 치료하며 들었던 공포스러운 이야기들을 줄줄이 말할 수 있다. 성관계 중에 오르가슴에 도달할 수 없기 때문에 장기 치료가 필요하다는 말을 들은 여성, 심한 당뇨병을 제때 발견하지 못해 치료받지 못했던 남성이 발기부전의 원인이 어린 시절부터 있어 왔던 여성에 대한 두려움 때문이라고 치료받는 경우, 성적 흥분이 충분히 되지 않아서 질 윤활제를 써야 한다고 했지만 사실은 독설로 가득 찬 관계 때문에 건조해져 버린 질이 전하고자 하는 지혜에 귀를 기울여야 했던 경우, 성관계는 훨씬 더 복잡한 권력 역학관계의 전쟁터임에도 불구하고 '그냥 타협하라'는 말만 듣는 성욕의 불일치로 고통받는 커플, 난임 치료의 혹독함으로 마비된 자신을 발견할 때 '그냥 긴장을 풀라'는 말만 듣는 난임 부부 등 그 목록은 계속된다.

　더 무서운 것은 '성 치료사'가 일반적으로 등록된 직함이 아니기 때문에(북미에서는 플로리다주와 퀘벡주는 예외) 누구나 성 문제 치료에 대한 관심과 전문성을 홍보할 수 있으며, 심지어 성 치료사라고 주장할 수도 있다. 이 경우, 내담자 또는 환자는 임상가 주장에 부합하는 기술, 지식 또는 임상 훈련에 대한 확신이 없음에도 자신이 유능한 전문가의 손에 있다고 생각한다(그리고 물론, 때때로 성관계 치료 의지를 알리는 사람들은 전혀 임상가가 아니며 전혀 다른 서비스를 제공하는 경우도 있다). 따라서 비닉과 미나와 함께 결국 성 치료에서의 자격증이 불필요해지길 바라지만(Binik & Meana, 2009), 자격증은 무지하고 무능하고 비윤리적인 '의료 서비스' 제공자로부터 대중을 보호하기 위한 것이다.

결론

성 치료는 훌륭하고 깊은 의미를 가진 전문가의 삶을 제공한다. 성 치료사는 더 많은 성적 쾌락, 만족감, 친밀감을 원하는 내담자 또는 환자를 위해 서비스를 제공한다. 성적 욕구, 희망, 환상이 인간 존재의 핵심에 닿는다는 점을 감안할 때 성 치료는 매우 유익할 수 있다. 복잡한 성 문제를 심층적으로 다룰 수 있는 지식 기반, 기술, 훈련, 특히 편안함을 갖춘 개인·커플 치료사는 거의 없기 때문에 우리는 독특한 방식으로 대중에게 서비스를 제공한다. 더 중요한 것은, 성 치료사들은 성적 장애와 성 기능 장애를 완화시킬 뿐만 아니라 커플이 그들 자신의 성적 잠재력을 경험할 수 있도록 하기 위해 사람들이 가장 소중하고 암묵적인 꿈을 이룰 수 있도록 도울 수 있는 기회를 가지고 있다는 점이다(Kleinplatz, 1998, 2004, 2006, 2010, 2016; Kleinplatz, Paradis et al., 2018; Ménard et al., 2008).

참고 정보

공인 성 치료사를 찾으려면:
- 미국성교육자상담치료협회: www.AASECT.org
- 온타리오 성 치료 및 상담 심사위원회: www.BESTCO.info

주요 성학 협회 및 지속적인 교육의 기회:
- 미국성교육자상담치료협회: www.AASECT.org
- 캐나다 성 연구 포럼: www.csrf.ca
- 성 치료 및 연구 협회: www.sstarnet.org
- 영국 성 결혼 치료 협회: www.basrt.org.uk
- 성 과학 연구 협회(SSSSS): www.sexscience.org/

성 완구 및 성교육 비디오 배급업체:

- 여성의 손길 성 정보 센터: www.sexualityresources.com

- Come As You Are(장애인뿐만 아니라 신체장애인을 위한 성 완구 및 보조 도구에 특히 유용한 자료): www.comeasyouare.com

- 좋은 감촉: www.goodvibes.com

참고문헌

Alperstein, L., Ellison, C. R., Fishman, J. R., Hall, M., Handwerker, L., Hartley, H., Kaschak, E., Kleinplatz, P. J., Loe, M., Mamo, L., Tavris, C., & Tiefer, L. (2002). A new view of women's sexual problems. *Women and Therapy, 24*(1/2), 1-8. doi: 10.1300/J015v24n01_01.

Althof, S. E. (2007). Treatment of rapid ejaculation: Psychotherapy, pharmacotherapy, and combined therapy. In S. R. Leiblum (Ed.), *Principles and practice of sex therapy* (4th ed.) (pp. 212-240). Guilford Press.

Althof, S. E., & Turner, L. A. (1992). Pharmacological and vacuum pump techniques: Treatment methods and outcome. In R. Rosen & S. Leiblum (Eds.), *Erectile disorder: Assessment and treatment* (pp. 283-312). Guilford Press.

Althof, S. E., Turner, L. A., Levine, S. B., Risen, C., Kursh, E., & Bodner, D. (1989). Why do so many people drop out from auto-injection therapy for impotence? *Journal of Sex and Marital Therapy, 15*, 121-129.

American Psychiatric Association (2013). *Diagnostic and statistical manual of mental disorders* (5th ed.). Author.

Bayer, C. R., Eckstrand, K. L., Knudson, G., Koehler, J., Leibowitz, S., Tsai, P., & Feldman, J. L. (2017). Sexual health competencies for undergraduate medical education in North America. *The Journal of Sexual Medicine, 14*(4), 535-540. doi: 10.1016/j.jsxm.2017.01.017.

Binik, Y. M., & Meana, M. (2009). The future of sex therapy: Specialization or marginalization? *Archives of Sexual Behavior, 38*(6), *1016-1027.* doi: 10.1007/s10508-009-9475-9.

Burnes, T. R., Singh, A. A., & Witherspoon, R. G. (2017). *Graduate counseling psychology training in sex and sexuality: An exploratory analysis, 45*(4), 504-527.

Davis, S. R., Davison, S. L., Donath, S., & Bell, R. J. (2005). Circulating androgen levels and self-reported sexual function in women. *Journal of the American Medical Association, 294*(1), 91-96. doi: 10.1097/01.AOG.0000177770.40155.92.

Frank, E., Coughlin, S. S., & Elon, L. (2008). Sex-related knowledge, attitudes, and behaviors of U.S. medical students. *Obstetrics and Gynecology, 112*, 311-319. doi: 0.1097/AOG. 0b013e3181809645.

Freud, S. (1917/1963). Introductory lectures on psychoanalysis. *The Standard Edition of the Complete Psychological Works of Sigmund Freud*, Volumes XV and XVI (trans. James Strachey). Hogarth Press.

Gao, Z., Yang, D., Yu, L., & Cui, Y. (2015). Efficacy and safety of Flibanserin in women with hypoactive sexual desire disorder: A systematic review and meta-analysis. *Journal of Sexual Medicine, 12*(11), 2095-2104. doi: org/10.1111/jsm.13037.

Giami, A. (2000). Changing relations between medicine, psychology and sexuality: The case of male impotence. *Journal of Social Medicine, 37*, 263-272.

Goldstein, I., Lue, T., Padma-Nathan, H., Rosen, R., Steers, W., & Wicker, P. (1998). Oral sildenafil in the treatment of erectile dysfunction. *New England Journal of Medicine, 338*, 1397-1404.

Harris, G. (2004). Pfizer gives up testing Viagra on women. *New York Times*, February 28, Section C, page 1, column 5.

Hartley, H. (2006). The 'pinking' of Viagra culture: Drug industry efforts to create and repackage sex drugs for women. *Sexualities, 9*, 363-378. doi: 10.1177/1363460706065058.

Hayes, V., Blondeau, W., & Bing-You, R. G. (2015). Assessment of medical student and resident/ fellow knowledge, comfort, and training with sexual history taking in LGBTQ patients. *Family Medicine, 47*(5), 383-387.

Heiman, J. (2002). Sexual dysfunction: Overview of prevalence, etiological factors, and treatment. *Journal of Sex Research, 39*(1), 73-78. doi: 10.1080/00224490209552124.

Hertlein, K. M., Weeks, G. R., & Gambescia, N. (2015). *Systemic sex therapy*. Routledge.

Irvine, J. M. (1990). *Disorders of desire: Sex and gender in modern American sexology*. Temple University Press.

Irwin, M. B., & Kata, E. J. (1994). High attrition rate with intra-cavernous injection of prostaglandin E1 for impotency. *Urology, 43*, 84-87.

Jaspers, L., Feys, F., Bramer, W. M., Franco, O. H., Leusink, P., ETM L. (2016). Efficacy and safety of flibanserin for the treatment of hypoactive sexual desire disorder in women: A systematic review and metaanalysis. *Journal of the American Medical Association Internal Medicine, 176*(4), 453-462.

Jeffries, S. (1990). *Anticlimax: A feminist perspective on the sexual revolution*. The Women's Press.

Kaplan, H. S. (1974). *The new sex therapy*. Brunner/Mazel.

Kaplan, H. S. (1977). Hypoactive sexual desire. *Journal of Sex & Marital Therapy, 3*(1), 3-9.

Kaplan, H. S. (1979). *Disorders of sexual desire and other new concepts and techniques in sex therapy*. Brunner/Mazel.

Kim, J. L., & Ward, L. M. (2004). Pleasure reading: Associations between young women's sexual attitudes and their reading of contemporary women's magazines. *Psychology of Women Quarterly, 28*, 48-58. doi: 10.1111/j.1471-6402.2004.00122.x.

Kinsey, A. C., Pomeroy, W. B., & Martin, C. E. (1948). *Sexual behavior in the human male*. Saunders.

Kinsey, A. C., Pomeroy, W. B., Martin, C. E., & Gebhard, P. H. (1951). *Sexual behavior in the human female*. Saunders.

Kleinplatz, P. J. (1996). Transforming sex therapy: Integrating erotic potential. *The Humanistic Psychologist, 24*(2), 190-202.

Kleinplatz, P. J. (1998). Sex therapy for vaginismus: A review, critique and humanistic alternative. *Journal of Humanistic Psychology, 38*(2), 51-81.

Kleinplatz, P. J. (2002). On the outside looking in. *Women & Therapy, 24*(12), 123-132. doi: 10.1300/J015v24n01_15.

Kleinplatz, P. J. (2003). What's new in sex therapy: From stagnation to fragmentation. *Sex and Relationship Therapy, 18*(1), 95-106. doi: 10.1080/1468199031000061290.

Kleinplatz, P. J. (2004). Beyond sexual mechanics and hydraulics: Humanizing the discourse surrounding erectile dysfunction. *Journal of Humanistic Psychology, 44*(2), 215-242. doi: 10.1177/0022167804263130.

Kleinplatz, P. J. (2006). Learning from extraordinary lovers: Lessons from the edge. *Journal of Homosexuality, 50*(3/4), 325-348. doi: 10.1300/J082v50n02_16.

Kleinplatz, P. J. (2007). Coming out of the sex therapy closet: Using Experiential Psychotherapy with sexual problems and concerns. *American Journal of Psychotherapy, 61*(3), 333-348. doi: 10.1176/appi.psychotherapy.2007.61.3.333.

Kleinplatz, P. J. (2010). "Desire disorders" or opportunities for optimal erotic intimacy. In S. R. Leiblum (Ed.), *Treating sexual desire disorders: A clinical casebook* (pp. 92-113). Guilford Press.

Kleinplatz, P. J. (2011). Arousal and desire problems: Conceptual, research and clinical considerations or the more things change the more they stay the same. *Sexual and Relationship Therapy, 26*(1), 3-15. doi: 10.1080/14681994.2010.521493.

Kleinplatz, P. J. (2012). Advancing sex therapy or is that the best you can do? In P. J. Kleinplatz (Ed.), *New directions in sex therapy: Innovations and alternatives* (2nd ed.) (pp. xix-xxxvi). Routledge.

Kleinplatz, P. J. (2013). Three decades of sex: Reflections on sexuality and sexology. *Canadian*

Journal of Human Sexuality, 22(1), doi: 10.3138/cjhs.9371.

Kleinplatz, P. J. (2014). The Paraphilias: An Experiential approach to "dangerous" desires. In I. Binik and K. Hall (Eds.), *Principles and practice of sex therapy* (5th ed.) (pp. 195-218). Guilford Press.

Kleinplatz, P. J. (2016). Optimal erotic intimacy: Lessons from great lovers. In Levine, S., Althof, S., & Risen, C. (Eds.), *Handbook of clinical sexuality for mental health professionals (3rd Edition)*. (pp. 318-330). Routledge.

Kleinplatz, P. J. (2017). An Existential–Experiential Approach to Sex Therapy. In Z. Peterson (Ed.), *The Wiley handbook of sex therapy* (pp. 218-230). Wiley.

Kleinplatz, P. J. (2018). History of the treatment of female sexual dysfunction(s). *Annual Review of Clinical Psychology, 14*, 29-54.

Kleinplatz, P. J., Menard, A. D., Paquet, M. P., Paradis, N., Campbell, M., Zuccarini, D., & Mehak, L. (2009). The components of optimal sexuality: A portrait of "great sex." *Canadian Journal of Human Sexuality, 18*(1-2), 1-13.

Kleinplatz, P. J., Paradis, N., Charest, M., Lawless, S., Neufeld, M., Neufeld, R., et al. (2018). From sexual desire discrepancies to desirable sex: Creating the optimal connection. *Journal of Sex and Marital Therapy, 44*(5), 438-449. doi: 10.1080/0092623X.2017.1405309.

Leonardi-Warren, K., Neff, I., Mancuso, M., Wenger, B., Galbraith, M., & Fink, R. (2016). Sexual health: Exploring patient needs and healthcare provider comfort and knowledge. *Clinical Journal of Oncology Nursing, 20*(6), E162-E167.

Lief, H. I. (1977). Inhibited sexual desire. *Medical Aspects of Human Sexuality, 7*, 94-95.

Mahrer, A. R. (1996). *The complete guide to Experiential Psychotherapy*. Wiley.

Mahrer, A. R. (2012). Goodbye sex therapy, Hello undergoing my own transformation. In P. J. Kleinplatz (Ed.), *New Directions in Sex Therapy: Innovations and Alternatives* (2nd ed.) (pp. 231-252). Routledge.

Malhotra, S., Khurshid, A., Hendricks, K. A., & Mann, J. R. (2008). Medical school sexual health curriculum and training in the United States. *Journal of the National Medical Association, 100*, 1097-1106.

Masters, W. H., & Johnson, V. E. (1966). *Human sexual response*. Little, Brown.

Masters, W. H., & Johnson, V. E. (1970). *Human sexual inadequacy*. Bantam Books.

Masters, W. H., & Johnson, V. E. (1986). *Sex therapy on its twenty-fifth anniversary: Why it survives*. Masters and Johnson Institute.

McCarthy, B., Koman, C. A., & Cohn, D. (2018). A psychobiosocial model for assessment, treatment, and relapse prevention for female sexual interest/arousal disorder. *Sexual and Relationship Therapy, 33*(3), 353-363. doi: 10.1080/14681994.2018.1462492.

McCarthy, B., & McDonald, O. D. (2009). Psychobiosocial versus biomedical models of treatment: Semantics or substance. *Sex and Relationship Therapy, 24*, 30–37. doi: 10.1080/14681990802582055.

Menard, A. D., & Kleinplatz, P. J. (2008). Twenty-One Moves guaranteed to make his thighs go up in flames: Depictions of "Great Sex" in popular magazines. *Sexuality and Culture, 12*(1), 1–20. doi: 10.1007/s12119-007-9013-7.

Metz, M. E., & McCarthy, B. W. (2003). *Coping with premature ejaculation: How to overcome P.E., please your partner & have great sex.* New Harbinger.

Metz, M. E., & McCarthy, B. W. (2005). Erectile dysfunction: An integrative, biopsychosocial approach to evaluation, treatment, and relapse prevention. *Contemporary Sexuality, 39*(5), i–viii.

Metz, M. E., & McCarthy, B. W. (2011a). *Enduring desire: Your guide to lifelong intimacy.* Routledge.

Metz, M. E., & McCarthy, B. W. (2011b). The "Good Enough Sex" (GES) model: Perspective and clinical applications. In P. J. Kleinplatz (Ed.), *New directions in sex therapy: Innovations and alternatives* (2nd ed.) (pp. 213–230). Routledge.

Miller, S., & Byers, E. (2009). Psychologists' continuing education and training in sexuality. *Journal of Sex & Marital Therapy, 35*(3), 206–219. doi: 10.1080/00926230802716336.

Miller, S., & Byers, E. (2010). Psychologists' sexual education and training in graduate school. *Canadian Journal of Behavioural Science, 42*(2), 93–100. doi: 10.1037/a0018571.

Moser, C. (1983). A response to Reiss' "Trouble in Paradise." *Journal of Sex Research, 19*(2), 192–195.

Moser, C. (1999). *Health care without shame: A handbook for the sexually diverse and their caregivers.* Greenery Press.

Moynihan, R., & Mintzes, B. (2010). *Sex, lies and pharmaceuticals: How drug companies plan to profit from female sexual dysfunction.* Greystone Books.

Nicolson, P. (1993). Public values and private beliefs: Why do women refer themselves for sex therapy? In J. M. Ussher & C. D. Baker (Eds.), *Psychological perspectives on sexual problems: New directions in theory and practice* (pp. 56–76). Routledge.

Ogden, G. (2006). *The heart and soul of sex: Making the ISIS connection.* Boston, MA: Trumpeter.

Ogden, G. (2018). *Expanding the practice of sex therapy: The neuro update edition–An integrative model for exploring desire and intimacy* (2nd ed.). Routledge.

Pacik, P. T. (2010). When sex seems impossible: Stories of vaginismus and how you can achieve intimacy. Odyne Publishing.

Peterson, Z. D. (Ed.) (2017). *The Wiley handbook of sex therapy.* Wiley.

Reiss, I. L. (1990). *An end to shame: Shaping our next sexual revolution.* Prometheus Books.

Robinson, K., Cutler, J. B. R., & Carris, N. W. (2016). First Pharmacological Therapy for Hypoactive Sexual Desire Disorder in Premenopausal Women: Flibanserin. *Annals of Pharmacotherapy, 50*(2), 125-132.

Schnarch, D. (1991). *Constructing the sexual crucible: An integration of sexual and marital therapy.* Norton.

Schnarch, D. (1997). *Passionate marriage.* Norton.

Schover, L. R., & Leiblum, S. R. (1994). Commentary: The stagnation of sex therapy. *Journal of Psychology and Human Sexuality, 6*(3), 5-30.

Shindel, A. W., Ando, K. A., Nelson, C. J., Breyer, B. N., Lue, T. F., & Smith, J. F. (2010). Medical student sexuality: How sexual experience and sexuality training in S. and Canadian medical students' comfort in dealing with patients' sexuality in clinical practice. *Academic Medicine, 85*(8), 1321-1330. doi: 10.1097/ACM.0b013e3181e6c4a0.

Shindel, A. W., & Parish, S. J. (2013). Sexuality education in North American medical schools: Current status and future directions. *Journal of Sexual Medicine, 10*(1), 3-18. doi: 10.1111/j.1743-6109.2012.02987.x.

Tiefer, L. (1991). Historical, scientific, clinical & feminist criticisms of "The Human Sexual Response Cycle" model. *Annual Review of Sex Research, II*, 1-24. doi: 10.1080/10532528.1991.10559865.

Tiefer, L. (1996). The medicalization of sexuality: Conceptual, normative, and professional issues. *Annual Review of Sex Research, VII*, 252-282.

Tiefer, L. (2001). The selling of "female sexual dysfunction." *Journal of Sex & Marital Therapy, 27*(5), 625-628. doi: 10.1080/713846822.

Tiefer, L. (2012). The 'New View' campaign: A feminist critique of sex therapy and an alternate vision. In P. J. Kleinplatz (2012). (Ed.), *New directions in sex therapy: Innovations and alternatives* (2nd ed.) (pp. 21-36). Routledge.

Van de Velde, Th. H. (1926). *Ideal Marriage: Its Physiology and Technique.* Random House.

Waldinger, M. D. (2003). Rapid ejaculation. In S. B. Levine, C. B. Risen, & S. Althof (Eds.), *Handbook of clinical sexuality for mental health professionals* (pp. 257-274). Brunner-Routledge.

Weeks, G. (1977). Toward a dialectical approach to intervention. *Human Development, 20*, 277-292. doi: 10.1159/000271562.

Weeks, G. (1994). The intersystem model: An integrative approach to treatment. In G. Weeks & L. Hof (Eds.), *The marital-relationship therapy casebook: Theory and application of the intersystem model* (pp. 3-34). Brunner/Mazel.

Weeks, G. R. (2004, May). *Integration in Sex Therapy.* Presented as the opening plenary speaker at the European Sexology Conference, Brighton, England.

Weeks, G. R. (2005). The emergence of a new paradigm in sex therapy: integration. *Sexual and Relationship Therapy, 20*, 89-104. doi: 10.1111/j.1752-0606.

Weeks, G., & Hof, L. (Eds.) (1987). *Integrating sex and marital therapy: A clinical guide.* W. W. Norton.

Weeks, J. (1985). *Sexuality and its discontents.* Routledge.

Wiederman, M. (1998). The state of theory in sex therapy. *Journal of Sex Research, 35*(1), 88-99. doi: 10.1080/00224499809551919.

Wierman, M. E., Basson, R., Davis, S. R., Khosla, S., Miller, K. K., Rosner, W., & Santoro, N. (2006). Androgen therapy in women: An Endocrine Society Clinical Practice guideline. *Journal of Clinical Endocrinology & Metabolism, 91*(10), 3697-3710. doi: 10.1210/jc.2006-1121.

Wittenberg, A., & Gerber, J. (2009). Recommendations for improving sexual health curricula in medical schools: Results from a two-arm study collecting data from patients and medical students. *Journal of Sexual Medicine, 6*(2), 362-368. doi: 10.1111/j.1743-6109.2008.01046.x.

Zilbergeld, B., & Ellison, C. R. (1980). Desire discrepancies and arousal problems in sex therapy. In S. R. Leiblum & L. A. Pervin (Eds.), *Principles and practice of sex therapy* (pp. 65-101). Guilford Press.

제 **3** 장

모든 성 치료사가 알아야 할 사항

···Systemic Sex Therapy···

제3장
모든 성 치료사가 알아야 할 사항

Jane Ridley · Nancy Gambescia

 서론

　사회가 재검토와 재평가의 시기를 지나갈 때는 활력도 있지만 불안정함도 경험하게 된다. 많은 사람이 개인으로, 커플로, 가족으로 보다 건강하고 개선된 생활 방식을 찾기 위해 도움을 구하고 있다. 또한 사람들은 복잡한 성관계 방식과 성 정체성이 뚜렷해진 현재의 사회 속에서 자신의 위치를 찾고자 한다. 현재의 사회 변화는 내담자 개인의 체계를 훨씬 뛰어넘기 때문에 오늘날에는 더 많은 심리치료사에 대한 체계론적 훈련이 절실히 필요하다.

　서구 사회는 다문화, 다민족, 다종교적으로 혼성화되어 가는 상황에서 서로의 가족과 출신 문화에 대한 관심과 이해가 매우 중요하다. 급격한 문화적 변화로 인해 이전에는 사적이었거나 사실상 기밀이었던 개인 생활의 다양한 측면에 대해 좀 더 공개적으로 이야기할 수 있게 되었다. 여기에는 내담자의 핵심적인 성 정체성 및 성적 지향에 대한 질문 외에도 내담자의 삶에 대한 성 경험이나 학대 경험의 영향이 포함될 수 있다. 그러한 경험은 종종 개인에게 상처나 흉터 혹은 취약함을 느끼게 한다. 미투(Me too)의 목소리는 개인, 관계, 직장 문화에도 영향을 미친다. 사람들은 성희롱, 성폭행, 성학대에 대한 과거와 현재의 경험을 그 어느 때보다 많이 공유하고 있다.

　레즈비언, 게이, 양성애자, 트랜스젠더(LGBT)와 젠더 퀴어(전통적인 성차별에 얽매이지 않는 사람)들은 성 유동성의 복잡한 문제와 관련된 사회 속에서 태도의 중요한 변화를 모색하고 있다. 사실, 우리가 실제로 사용하는 바로 그 언어가 도전을 받고 있다. 예를 들어, '킹크(kink)[1]'라는 용어의 경우 이전에는 관례적이지 않다고 여겨졌던 모든 유형의 성적 행동을 설명하는 데 일반적으로 사용된다(Hall, 2018). 치료 관계의 맥락 안에서, 우리는 내담자 삶의 이러한 측면에 민감해야 한다. 좀 더 구체적으로 말하면, 치료사는 젠더(gender), 섹슈얼리티(sexuality), 그리고 관계가 취할 수 있는 형태에 대한 실무 지식을 가지고 있어야 한다. 여기에는 자신의 개인적 편견을 식별하고 해결하는 능력을 포함한다(Davies & Barker, 2015). 이 변화하는 환경에서 잘 훈련된 체계론적 치료사는 내담자가 자신만의 방향을 찾을 수 있는 '안전한 공간'을 제공해야 한다.

또한 치료사는 끊임없이 변화하는 기술의 세계, 심리치료, 신경 과학, 생물학 및 유전학의 의료화를 탐색할 수 있어야 한다. 이렇게 끊임없이 변화하는 세상에서 성 치료사는 탄력적이고 유연하며 새로운 학습에 적응할 수 있어야 하며 자신과 타인 사이의 확고한 경계를 유지해야 한다. 이러한 요구 사항은 학문적인 것뿐만 아니라 법적·윤리적·개인적 측면에서도 발생한다. 치료사의 개인적인 질문은 자기, 개입 동기, 자신의 성적 취향, 도덕적 및 사회적 규범, 편견 및 흥분과 같은 다양한 상황에서 발생할 수 있다. 새로운 생각, 느낌, 환상이 나타날 수 있으며, 이는 사람들의 현재 도덕적·윤리적 기준에 의문을 제기하기 때문에 혼란스러울 수 있다. 치료자는 스스로 슈퍼바이저와 동료들의 반응을 모니터링하고 공유할 수 있어야 한다. 내담자의 세계를 판단하지 않고 공감적으로 반응하는 법을 배우는 것은 중요한 경험이다. 호기심, 개방성, 그리고 편견 없이 배우려는 준비성은 성 치료사가 되기 위한 필수적인 측면 중 하나이다.

성 치료사는 또한 시민의 한 사람이기 때문에 점점 복잡해지는 개인적·도덕적·윤리적·치료적 딜레마를 일으키는 성적 행동과 관련된 전문가 협회의 윤리 강령에 의해 제약을 받는다. 자위, 성인물, 동성애 또는 혼전 성관계와 같은 성적 행동에 대한 윤리적·종교적·사회적 태도는 내담자를 돕기 위해 고려되는 '치료적 개입'과 상충될 수 있다. 또한 성 치료사는 강간이나 성적 학대를 신고하는 방법, 아동을 그루밍하려고 인터넷을 사용하는 것, 아동이 성적 대상이 된 자료를 다운로드하는 것 등과 같은 문제에 직면해 있다. 또한 치료사가 진단을 내리는 데 도움이 되도록 고안된 지침이 우려를 야기할 수 있다. 예를 들어,

---

1 역자 주: kink의 본래 사전적 의미는 '구부러진 것' '뒤틀린 성격' 등이며 성과 관련하여 일반적이지 않는 성적 취향이나 성적 행동을 의미로 사용된다.

DSM-5의 정확성에 대해서는 여전히 상당한 논쟁이 계속되고 있다(American Psychological Association, 2013).

논란의 여지가 덜한 것은, 성 치료사가 남성과 여성의 섹슈얼리티와 성 반응 주기의 해부학과 생리학에 대해 더 명확하게 이해해야 한다는 것이다. 생활 사건과 노화가 섹슈얼리티에 미치는 영향은 민족적 또는 종교적 관계뿐만 아니라 개인, 커플, 가족 또는 사회적 네트워크의 역사적 맥락에서 이해되어야 한다. 신체적·정신적 건강, 약물 또는 알코올 남용, 가정폭력, 이전의 성적·정서적 학대, 정신적 외상 경험은 모두 개인에게 영향을 미치며, 이는 다시 커플의 성생활에 영향을 미친다. 이러한 내담자의 체계를 고려한 작업을 하려면 전문 지식과 기술을 습득해야 한다. 성 치료에 대한 증거 기반 치료 접근 방식을 찾아야 한다는 압력이 계속되고 있다. 인지행동치료(CBT), 안구운동 둔감화 및 재처리 기법(Eye Movement Desensitization & Reprocessing, 이하 EMDR), 마음챙김 기반 치료법은 외상 경험을 효과적으로 표적화하고 치료할 수 있는 중요한 치료법으로 평가된다. 이와 같은 기법들이 잘 이해되고 성 치료와 통합될 필요가 있다.

기질적·개인적·관계적·사회적 요소 또는 환경적 요소 사이의 상호작용을 풀면 치료사는 거의 경계가 없이 얽힌 네트워크의 일부분처럼 느껴질 수 있다. 이러한 기술은 개인 또는 커플을 둘러싼 소셜 네트워크뿐만 아니라 성의 물리적 측면과 개인의 내부 및 외부의 심리 세계 사이의 복잡한 상호작용에 대한 인식에 좌우된다. 체계론적으로 생각하고 작업하는 것은 이 과정을 매우 용이하게 한다. 마음챙김에 초점을 맞춘 현재의 유용한 치료법은 이러한 복잡성에 대한 창의적인 반응으로 보인다(Brady, 2013; Burch & Penman, 2013).

지침 탐색하기

끊임없이 변화하는 환경 속에서 전문가에 대한 수요는 매우 크다. 또한 치료사는 점점 더 윤리적·법적 문제에 직면하고 있다. 성 치료사는 학습에 대한 지적인 개방성, 다양한 배경과 지향을 가진 개인과 공감할 수 있는 능력, 자신의 성별과 성적 성향에 대한 인식, 그리고 개인의 욕구, 편견, 정치적 입장이 다를 수 있음을 인정할 능력을 갖추어야 한다. 동시에 치료사는 내담자의 자율성을 존중할 수 있어야 한다. 영국과 미국에서는 각각 COSRT(College of Sexual and Relationship Therapists, 성과 인간관계 치료사를 위한 대학)와 AASECT(American Association for sexuality Educaters, Counselors and Therapists; 미국성교육자상담치료협회)에 윤리 강령이 명확하게 명시되어 있다(www.aasect.org). 두 전문 기관 모두 내담자의 자기 결정 권이 핵심 가치임을 명확히 하고 강조한다.

심리치료사를 위한 또 다른 지침은『정신질환의 진단 및 통계 편람』(DSM; American Psychiatric Association, 2013)이다. 이 지침에서 치료사는 정신과 진단에 대한 임상적 판단을 내려야 한다. 첫째, '임상적으로 유의미한 고통'이 성적인 어려움의 진단 및 치료에 중요한 것으로 재강조되었다. 이전에는 고통의 정도를 중요하게 다루지 않았었다. 예를 들어, 여성은 자신의 성에 대한 관심 부족으로 괴로워하지 않지만 파트너가 괴로워하는 경우 치료사는 어떤 판단을 내릴 것인가? 많은 선행연구가 고통의 정도에 주의를 기울이지 않았다는 점은 주목할 가치가 있다. 둘째, 임상적 판단의 중요성 또한 강조되는데, 예를 들어 임상가가 성 기능 장애 여부를 판단하기 위해 질문할 때 이에 걸맞은 충분한 관심과 지식을 가지고 있는가? 다른 특이사항이나 기여요인에 주의를 기울이지 않고 단순히 진단 기준에서 증상을 확인하는 것만으로는 충분하지 않다. 징후와 증상이 정상 범위를 벗어난 경우를 인식하기 위한 임상 훈련이 필요하다.

법적 의무가 있는 시민으로서의 성 치료사

성 치료사도 시민으로서, 앞서 언급한 바와 같이 아동에 관한 성적 학대 행위를 신고할 법률의 제약을 받고 있다. 아이들의 복지가 최우선이고 아이를 지키는 것이 모든 사람의 책임이기 때문에 치료사들이 이해하고 존중해야 할 법률에 따라 아이들은 이제 더 많은 법으로 보호받고 있다. 이들 중 일부는 피해자이든 학대자이든 심리치료를 받을 것이 확실하다. 예를 들어, 성 치료사는 국가와 주마다 다를 수 있는 성폭행의 정의를 알기 위해 법을 충분히 이해할 필요가 있다. 실제로 성폭행은 생각보다 정의하기 어렵다. 미국 법무부에 따르면 성폭행은 "피해자가 동의할 능력이 없는 상황을 포함하여 연방정부, 부족(tribal) 또는 주정부 법률이 규정한 모든 비동의적 성행위"이다(www.justice.gov/ovw/sexual-assault). 이와 같은 복잡한 법적 문제는 점점 성 치료사의 일상생활의 일부가 되고 있으며, 일정한 법적 책임을 지는 시민과 치료사가 되어야 함을 알아야 한다.

치료사의 회복탄력성과 내담자 반응

이렇게 끊임없이 변화하는 세상에서 성 치료사는 탄력적이고 유연하며 새로운 학습에 적응할 수 있어야 하며 자신의 판단, 편견, 정치적 의견에 의문을 제기할 준비가 되어 있어야 한다. 성에 대한 지식 증가와 다양한 성생활 방식 및 성행동의 다양성이 불가피한 측면은 훈련과 경험이 많은 치료사의 자기 인식에 대한 도전이다. 성 치료에 대한 지식을 더 많이 얻는 과정에서 불안한 생각, 감정, 환상이 나타날 수 있다. 강력한 성적인 생각이나 욕망을 수반하는 죄책감, 흥분 또는 수치심은 때로는 괴로울 정도로 얽혀 있을 수 있다. 이와 같은 것들은 압도적인 경험을 한 것처럼 느껴질 수 있다.

성 치료를 하는 과정의 일부는 내담자가 동시에 치료사에 대해 배우고 반응할 것이라는 것을 인정하는 것이다. 내담자는 치료사의 반응과 태도를 알아차리고 판단하며, 치료사에 대한 감정이나 환상을 가질 것이다. 치료사는 빠르게 내담자 체계의 일부가 되고 치료사에 대한 내담자의 인식은 치료 결과에 영향을 미칠 것이다. 내담자의 반응에 개방적인 것은 때때로 두려운 학습 경험이지만 위험을 무릅쓰고 이를 무시하게 된다.

치료에의 접근

역사적으로 성 치료와 관계 치료는 다양한 이론적 노선을 따라 발전해 왔다(Ridley, 2006). 최근에는 치료사들이 다양한 이론적 선택사항 중에서 각 특정 내담자에게 가장 적합한 접근법을 선택할 수 있는 통합적 접근법이 등장하고 있다. 크로우와 리들리(Crowe & Ridley, 2002)는 치료사가 왜, 언제, 어떤 접근법을 선택해야 하는지, 그리고 치료 중에 대체할 수 있는 개입법의 목록에서 이동하는 것이 유용할 수 있는지에 대한 지침을 제공하는 대체 개입의 단계를 설명한다. 윅스와 호프(Weeks & Hof, 1994, 1995)는 이러한 목적을 위해 메타체계접근을 사용했다. 생물학 및 유전학, 영상 및 인지 연구에 대한 새로운 지식의 영향이 증가하고 있으며, 정보가 보다 구체화됨에 따라 통합적이고 체계론적인 방법에 포함될 수 있다(Kraly, 2006).

치료사의 이론 사용에 대한 명확성, 그리고 이론들 사이를 이동할 수 있는 능력을 식별하는 것은 메타체계접근의 필수적인 기술이자 구성 요소이다(Weeks, Odell, & Methven, 2005).

이 책 전반에 걸쳐 메타체계접근은 개인의 성적 기능, 심리적 구성, 그리고 대인관계와 사회적 환경 간의 상호작용에 대한 영향을 평가할 때 사용된다. 이것은 크로우와 리들리(2002)의 평가 체계와 유사하다.

섹슈얼리티와 성적 행동: 사회규범의 변화

사회가 급격한 변화를 겪고 있다는 것을 인정하고 나면 규범의 개념은 점점 복잡해지며, 특히 특정한 개인, 커플, 가족에 초점을 맞출 때 더욱 복잡해질 것이다. 성적 행동이 가족의 가치와 사회적 또는 종교적 신념의 변화, 금기와 불안, 그리고 변화가 가져오는 스트레스에 의해 영향을 받는다는 것을 임상 경험은 보여 주고 있다. 내담자들은 표면적으로는 그들의 종교적 양육을 거부할 수 있지만, 거부한 습관, 관습, 신념 또는 금기와 같은 사회규범은 종종 그들의 심리에 깊숙이 스며들어 있어 여전히 행동에 영향을 미친다. 그래서 변화와 안정이 묘하게 뒤섞여 우리가 살고 있는 이 불확실한 세계에 공존하게 된다. 그러나 시간이 지남에 따라 동성 간의 행동에 대한 일반인들의 수용이 증가하는 등 섹슈얼리티에 대한 태도가 서서히 변화하고 있다(Mercer et al., 2013).

변화하는 규범과 사회에서 발생하는 모순을 설명하기 위해 1973년 미국 정신의학회(American Psychiatric Association)는 동성애를 더 이상 병리학적인 것으로 간주하지 않고 동성애를 '정상' 또는 적어도 이성애자만큼 정상적인 것으로 선언했다는 사실을 고려해 보자. 동성애의 범주는 DSM-II에서 삭제되었다(American Psychiatric Association, 1973). 동성애에 대한 이러한 재정의는 "법률, 민사상의 책임, 치료의 실천 자체의 권위를 약화시켰다."(Nichols & Shernoff, 2007, p. 393)

웰링스와 존슨(Wellings & Johnson, 2013)은 성행위 시작의 저연령화, 성적으로 활동적인 노인의 증가, 성과 출산 사이의 연결 약화를 포함하여 지난 세기에 걸친 성 규범의 주요 변화가 일어나고 있음을 보여 주었다. 그런가 하면 보다 최근의 연구에서는 미국 청소년의 성행위가 비교적 늦게 시작된다는 것을 밝혀냈다. 미국 청소년을 대상으로 한 전국적인 7개의 대규모 설문조사는 최근 몇 년 동안 성적 행동을 하고 있는 청소년이 감소한 것으로 평가했다(Abma & Martinez, 2017; Twenge & Park, 2017). 변화하는 사회규범의 또 다른 면은 「국민건강 및 행동 조사(National Survey of Sexual Health and Behavior)」에서 관찰된다(Herbenick et al., 2010). 이 연구에서, 최근 점점 더 많은 여성이 성적 행동에서 절정감에 도달했다고 보고하고 있다. 이 통계들이 일관성을 유지한다면, 여성의 절정감 빈도에 대한 새로운 규범이 생길 수 있다.

사회규범을 연구한 뉴포트(Newport, 1997)는 다음과 같이 썼다. "규범의 개념은 신비로운데, 왜냐하면 문화의 일부로 '그곳에' 존재하는 개념을 언급하지만 일반적으로 법과 달리 결코 공식적으로 기록되거나 성문화(成文化)되지 않는 개념이다."(p. 1) 사회규범을 논할 때, 행동에 대한 거부감이 있다고 해서 사람들이 그 행동을 자제한다는 뜻이 아니라는 것을 기억해야 한다. 간통은 영국에서 가장 널리 인용되는 이혼 사유 중 하나이다. 육체적 성 배타성은 남성보다 여성에게 더 중요할 수 있지만, 역설적으로 남성이 파트너가 자신에게 충실하기를 기대할 수 있다(Ridley 1999; Wellings, Field, Johnson, Wadsworth, & Bradshaw, 1994).

성소수자

킨제이와 그의 동료들(Kinsey et al., 1948, 1953)은 1938년과 1952년 사이에 미국에서 섹슈얼리티에 관한 자료를 최초로 연구하고 출판한 사람들 중 하나였으며, 성적 행동이 과학 연구에 적합할 수 있도록 그 길을 열었다. 논란의 여지가 있지만 킨제이의 보고서는 많은 관심을 불러일으켰고, 동성이나 이성에게 성적 행동, 생각, 감정이 항상 한결같지 않다는 것을 발견하면서 섹슈얼리티의 유동성을 입증했다. 앞서 언급했듯이, 동성애가 더 이상 정신 장애가 아니라는 반전이 일어난 것 역시 사회규범에 또 다른 큰 변화를 가져왔다.

영국에서는 성행위에 대한 인식의 변화를 기반으로 「시민 동반자법(The Civil Partnership Act, 2004)」이 제정되었고 게이와 레즈비언의 장기적 관계를 법적으로 수용하게 되었다. 이 법에 따르면 동성 커플은 동성 결혼을 등록할 수 있으며, 이성 커플과 거의 동일한 법적 효력, 권리, 의무를 가진다. 정부평등청(Government Equalities Office)에 따르면 잉글랜드와 웨일즈에서는 동성 결혼을 허용하는 「결혼(동성 커플)법」이 2013년 7월에 의회를 통과해 2014년에 시행됐다. 미국 대법원은 2015년 미국 전역에서 동성 결혼을 합법화하여 모든 주에서 동성 커플에게 결혼 증명서를 발급하도록 했다(Chappel, 2015). 동성 결혼의 합법화는 아마도 동성 관계를 수용하도록 사회규범을 변화시키는 가장 분명한 신호일 수 있다.

성적 규범에 관한 또 다른 논쟁의 영역은 특정 성행위를 할 수 있는 개인의 권리에 관한 것이다. 성인 간의 사적인 동의하에 항문 또는 구강 성 접촉을 허용하는 것에 대한 저항의 상당 부분은 교회나 관련 단체에서 비롯되는 경우가 많다. 미국과 영국의 자료에 따르면 이성애자 커플의 약 25%가 항문 성교를 한 적이 있으며, "아직 질 성교를 하지 않은 사람들의 비율이 증가함에 따라 에이즈의 위험을 줄이기 위한 전략으로서 구강 성기 접촉을 경험해 볼 수 있다."라고 보고했다(Wellings, Field, Johnson, Wadsworth, & Bradshaw, 1994, p. 157). "직장을 자극하는 것이 여성이 느끼는 절정감의 질을 높이고, 항문 섹스 중에 전립선에 기계적 자극을 받는 남성의 절정감 경험"을 설명할 수 있다는 점은 주목할 가치가 있다(Komisaruk, Beyer-Flores, & Whipple, 2006, pp. 7-8). 이것은 성행위의 여러 측면 중 하나이며 관련 규범이 복잡하고 정의하기 어려우며 경계가 모호해짐에 따라 끊임없이 변화한다는 것을 보여 준다(Popovic, 2005, 2006).

　전문가 조직들이 사회에서 인정하는 것과 상충된 의견을 보일 수 있다. 예를 들어, 미국정신의학회는 성도착증(paraphilias)을 "정상적인 성기를 가지고 신체적으로 성숙한 사람이 인간인 파트너와 서로 동의하에 생식기 자극이나 전희를 하는 것이 아닌 고통이나 장애를 야기하는 강렬하고 지속적인 성적 관심"으로 인해 "스트레스 또는 장애"를 발생시키는 것이라고 정의한다(American Psychiatric Association, 2013, p. 685). 그렇다면 임상적으로 중대한 고통이 없는 한 성도착증은 인간 행동의 정상적인 범위 내에 있다고 가정할 수 있는가?

인구의 고령화

　2030년까지 미국 인구의 거의 20%가 65세 이상이 될 것이다(Bradford & Meston, 2007). 전 세계적으로 가장 빠르게 증가하는 인구 집단은 60세 이상의 성인이다(World Health Organization, 2002). 많은 신화와 오해가 이 집단의 성적 욕구와 욕망을 이해하는 데 방해가 된다(Hodson & Skeen, 1994). 일부 속설과 달리 노인 커플의 성생활은 둔화될 수 있지만 노년기까지 계속될 것이다. 이것은 파트너의 존재 여부, 질병의 영향, 치료에 사용되는 약물과 같은 요인에 따라 달라질 수 있다. 통상적으로 일어나는 성적 변화는 남성과 여성에 미치는 영향이 조금씩 다르다.

　고령화에 관한 성적 규범은 앞서 언급한 통계 자료의 도움으로 점차 변화하고 있으며, 미국 노인들에게 재정적 · 정보적 지원을 제공하는 미국 퇴직자 협회(American Association of Retired Persons: AARP)와 같은 단체에 의해 섹슈얼리티와 노령화에 대한 정확한 정보가 제공되고 있다(www.aarp.org). 영국의 노인 자선단체인 '에이지 UK(Age UK)'는 노인들의 성생활에 대한 규범적인 나이와 관련된 성적 변화를 설명하고 올바른 기대치를 설정하는 정보 제공 웹페이지 '노년의 성생활(Sex in Later Life)'을 운영하고 있다(www.ageuk.org.uk 참조).

　성 치료사는 내담자의 편견과 잘못된 정보를 발견하고, 노화와 섹슈얼리티의 전형적인 변화에 대한 심리교육을 제공할 필요가 있다. 치료사는 노화에 대한 편견에 빠지지 않도록 조심해야 한다. 섹슈얼리티와 노화에 대한 신화, 노년기 성의 필요성에 대한 인식 부족은 치료 동맹에 해를 끼칠 수 있다.

성적 학대, 강간, 가정 폭력

1960년대까지 여성에 대한 성적 학대 경험이 미래의 성적 자아와 섹슈얼리티에 미치는 영향에 대해서는 거의 논의되지 않았다(Jehu, 1988). 성적 학대에 대한 인식이 높아지면서 종종 임상 경험을 통해서 남성을 대상으로 한 성적 학대에 대한 이슈도 논의할 수 있게 되었다. 규범을 논의하는 맥락에서 볼 때 이와 같은 현상은 무엇을 의미하는 것인가? 20세기까지 성적 학대는 가정에서 용인되는 양상으로 여겨졌는가? 강간과 가정폭력은 같은 범주에 속하는가? 이러한 딜레마는 성 치료사의 역할을 담당할 때 당면하는 것 중의 일부이며 해결하기 어려울 수 있다.

DSM-5(American Psychiatric Association, 2013)는 강간이 정신 장애가 아니라 범죄라고 명시했다(Allen, 2013). 아직도 일부 사람은 여전히 강간이 범죄라는 사실을 받아들이기 꺼려한다. 많은 사람이 권위를 가진 기관이나 가족을 신뢰할 수 없기 때문에 강간이나 폭력적 학대에 대한 개인적인 경험에 대해 침묵하고 있다. 영국에서는 성기 훼손이 불법이지만 여전히 일부 영국 문화 집단 내에서 행해지고 있으며, 종종 필요한 종교적 의식 또는 '할례 의식'으로 이해되어 치료자의 치료에 있어 깊은 도덕적 딜레마가 되고 있다. 1985년에 성기 훼손을 불법화하고 2003년과 2015년에 법의 범위를 확대했지만 최초로 기소되었던 것은 2019년 3월 8일이었는데, 런던의 올드 베일리(Old Bailey)에서 어머니가 딸의 성기를 훼손했던 사건이었다(Drearden, 2019).

티퍼(Tiefer, 2002)는 "학습 능력, 문화, 상상력을 이해하는 전문가보다는 신체 역학에 대해 많이 아는 전문가"(p. 134)에 의해 섹슈얼리티가 이해되고 운용되어 왔다는 점에 문제를 제기했다. 그녀는 성을 인간의 잠재력의 한 측면으로 이해하는 것을 선호하지만, 각기 다른 사회 속에서 사회 구성적으로 해석해야 한다고 보았다. 그녀는 또한 성이 음악이나 수학 같은 재능은 아닌지 모르겠다며 "모든 사람이 성에 대해 똑같은 재능을 가지고 있다고 주장하는 것은 기만된 민주주의"(p. 156)일 수 있다고 주장했다. 정상성에 대한 그녀의 견해는 도전적이며 충분히 생각해 볼 가치가 있다. 자신의 규범에 속하지 않는 내담자와 함께 일하는 성 치료사에게는 내담자를 존중하는 감수성이 필요하다.

🩵 성적 어려움의 개념화

미국 정신의학회의 『정신 장애 진단 및 통계 편람』(DSM)은 1952년 처음 출판된 이래 지속적으로 발전해 오고 있다. 성 기능 장애에 대한 기준은 규범과 새로운 과학적 연구를 모두 반영하며, 성적 장애에 대한 이해는 수년에 걸쳐 극적으로 변화되어 왔다(IsHak & Tobia, 2013). 초기 성 진단은 마스터스와 존슨(1966)이 제안하고 카플란(Kaplan, 1974)이 개선한 성적 반응의 선형 모델을 기반으로 한다. 후속 연구는 특히 여성의 성적 반응 단계 간의 엄격한 구분에 의문을 제기했다. DSM-5는 이전의 부정확한 부분을 수정하고 최신 연구를 바탕으로 성 진단을 개선하려고 시도했다(American Psychiatric Association, 2013). 여성의 경우 DSM-5가 성욕과 흥분장애를 결합해서 새로운 진단 범주인 여성 성적 관심/흥분장애(FSIAD)를 만들었다. 또 다른 진단인 성기-골반통증/삽입장애는 질경련(vaginismus; 질 삽입 시도 시 질 통증으로 인한 경련성 수축)과 성교통(dyspareunia; 성적 통증)이 결합되어 있다(American Psychiatric Association, 2013). 비닉, 미나, 버클리와 칼리페(Binik, Meana, Berkley, & Kalifé, 1999)는 성관계로 인한 통증이 성적인 문제와 관련 있는 것이 아니라 통증과 통증에 대한 공포와 더욱 관련이 있으며 이를 이해하는 방식으로 치료되어야 한다고 설득력 있게 주장한다. 성욕이 낮거나 부족한 남성의 경우 성욕감퇴장애(Hypoactive Sexual Desire Disorder: HSDD)라고 불리는데, 이제는 남성만을 위한 진단으로 구분되고 남성 HSDD로 분류된다. 남성 오르가슴 장애는 사정지연으로 변경되었고, '남성'이라는 형용사는 발기부전에서 제거되었으며, 조기사정은 변경되지 않았다. DSM-5의 성 기능 장애 분류에서 성교불쾌증은 삭제되었다. 마지막으로, 성혐오장애가 DSM-5의 성 기능 장애 분류에서 삭제되었다(American Psychiatric Association, 2013). DSM-5의 성 기능 장애에 대한 진단 기준의 변화에 대한 검토는 이스학과 토비아(IsHak & Tobia, 2013)를 참조하라.

일부 임상가와 연구자는 DSM 대신 국제질병분류(International Classification of Diseases: ICD)를 사용하는 것을 선호한다. ICD를 만든 세계보건기구(WHO)는 전 세계 대규모 다문화 인구의 표본을 사용한다. 많은 임상가와 연구자는 다가오는 ICD-11에서 제안된 변경 사항의 경우 많은 실험을 통해 나왔기에 DSM-5에서 제안된 변경 사항보다 타당할 것이라고 생각한다(American Psychiatric Association, 2013).

성 진단에 대한 명칭 변경과 논쟁은 성학 분야의 끊임없이 변화하는 경향과 기존의 실증적 연구를 바탕으로 성 문제를 보다 잘 설명하려는 노력에서 나온 것이다. 성 치료사는 성 기능 및 기능 장애의 발달 동향과 연구에 대한 최신 상태를 유지해야 한다. 내담자 또는 내담자 체계에 대한 철저한 평가와 정확한 진단이 필수적이다. 이는 치료 계획과 치료 방법을 선택하는 기준이 된다. 성 치료 분야의 초보자이거나 숙련된 치료사이지만 훈련을 더 받고 싶어 하는 사람에게 현재 논의는 혼란스럽기는 하지만 활력을 불어넣고 있다.

💙 성 반응 주기

인간의 성 반응 주기에 대한 마스터스와 존슨(1966)의 연구는 남성과 여성의 섹슈얼리티를 이해하는 데 이정표가 되었으며, 이는 후기 임상가와 연구자에 의해 발달되고 확립되었다. 그들은 성 치료가 수년 동안 나아갈 방향을 설정했다. 섹슈얼리티의 해부학과 생리학에 대한 이해가 필요하지만 지나친 강조로 인해 섹슈얼리티에 대한 기계적인 관점으로 이어졌다. 섹슈얼리티의 맥락과 복잡성에 집중하는 것은 이를 피하는 데 도움이 된다. 섹슈얼리티는 개인이나 커플이 살아가는 전체적인 환경과 분리될 수 없다. 그들의 사회 · 종교 · 윤리 · 지역사회 · 가족 체계, 개인을 구성하는 모든 요소는 섹슈얼리티에 대한 이해와 반응에 중요한 영향을 미칠 것이다.

4단계 성 반응 주기

마스터스와 존슨(1966)은 인간의 성 반응 주기를 흥분기(excitement phase), 고조기(plateau phase), 절정기(orgasmic phase), 쇠퇴기(resolution phase)의 네 가지 특정한 단계로 나누었다. 의미심장하게 그들은 이것을 "고조된 성적 긴장의 유한한 심인성 측면을 평가하기에는 부적합한, 순전히 임의적인 디자인"이라고 설명했다(1966, p. 7). 여성들이 "쇠퇴기 중 어느 지점에서나 오르가슴 경험을 재개할 수 있는 반응 잠재력"을 가진 것으로 묘사하며 이를 "멀티 오르가슴 표현"으로 설명한다(1966, p. 65). 남성과 여성의 차이를 알고 있지만, 남성과 여성의 성 반응 사이의 "차이가 아닌 유사성"을 발견하는 것에 열의를 다하다가 길을 잃은 것 같다(1966, p. 8). 남성과 여성의 성 반응에서 간과된 이러한 성별 차이는 나중에 바슨(Basson, 2007)과 리들리(Ridley, 1999)에 의해 다루어졌다. 한편, 피터슨과 하이드(Petersen & Hyde, 2011)는 우리가 이러한 차이에 너무 많은 관심을 주고 있다고 주장하기도 했다.

남성·여성의 유사점과 차이점

마스터스와 존슨(1966)은 4단계에 걸쳐 남성과 여성 모두에게 일어나는 두 가지 주요 생리학적 변화를 설명했다. 이러한 변화는 남녀 모두에서 유사한데, 신체의 각 부위로의 혈류량 증가[혈관 울혈(vasocongestion)] 및 절정감으로 이어지는 근육 긴장도 증가[근육 강직(myotonia)] 등이 그것이다. 남녀의 생식기 및 생식기 외 생리학적 변화는 순환 단계를 거치면서 확인되었다.

성차에 있어서 마스터스와 존슨(1966)은 비록 음핵과 음경이 해부학적으로 유사하지만 음핵은 음경만큼 직간접적인 자극에 빠르게 반응하지 않는다는 점을 강조하기 위해 노력을 아끼지 않았다. 또한 그들은 여성이 오르가슴을 달성하기 위해서는 음핵을 자극해야 한다고 지적했다. 질도 비슷한 강도로 연구되었다. 그들은 흥분이 계속됨에 따라 질벽에 윤활액이 나타나며 피부에 땀이 맺히는 것과 유사한 점을 발견했다. 이 윤활제는 삽입을 용이하게 하고 윤활되지 않아 생기는 질의 통증을 방지한다. 그들은 오르가슴에 오르는 것에 대한 여성의 두려움과 남성의 발기에 대한 두려움에는 두 성별에 대한 심리사회적 압박이 작용했다고 언급했다. 그들의 연구는 마침내 남성의 발기 및 사정 문제뿐만 아니라 여성의 성교 및 절정감과 관련된 문제를 확인했다. 이는 DSM−III(American Psychiatric Association, 1980)에서 범주로 자리잡았다. 이러한 구분은 성적 욕망의 심리적 차원에 주의를 기울이지 않고 성적 흥분의 의학적 및 생리학적 측면을 강조하면서 성 문제를 심각하게 받아들이는 이중 효과를 나타냈다.

성욕의 중요성

카플란(1974, 1995)은 성 생리학에 대한 마스터스와 존슨의 관심에 도전하고 성욕을 핵심 차원을 추가시켰다. 그녀는 자신의 임상 경험의 결과로 마스터스와 존슨이 성 반응 주기의 첫 번째 중요한 단계를 놓치고 성욕과 관련된 성적 문제들을 무시했다고 믿었다. 카플란의 연구 결과로 성욕감퇴장애가 DSM−III에 포함되었다(American Psychiatric Association, 1980). 남성의 경우 성욕의 상태 또는 결여가 진단의 초점으로 남아 있었지만, 결국 DSM−5가 새로운 진단인 FSIAD를 신설하면서 여성의 성욕 개념은 '관심'이라는 용어로 대체되었다(American Psychiatric Association, 2013). 이 합병 장애를 뒷받침하는 경험적 자료는 개발 초기 단계에 있다.

여성의 섹슈얼리티가 갖는 복잡성

여성의 섹슈얼리티가 갖는 복잡성에 대해 심도 있고 흥미로운 논쟁이 일어나고 있다. 베벌리 위플(Beverly Whipple)은 여성이 느끼는 오르가슴의 본질에 대한 자세한 연구를 수행했으며, 코미사룩, 베여-플로레스와 위플(Komisaruk, Beyer-Flores, & Whipple, 2006)에 가장 잘 요약되어 있다. 그들의 연구는 여성 오르가슴의 모든 측면에 대해 최초로 상세한 과학적 분석을 제공한다. 위플과 그의 동료들은 여성 오르가슴의 해부학과 생리학적 측면에 더 관심이 많았지만, 또 다른 연구자는 여성의 성욕과 섹슈얼리티의 본질에 더 관심이 많았다. 바슨(Basson, 2002, 2007), 바슨과 그의 동료들(Basson et al., 2003)은 성적 관심, 동기, 자극 및 쾌락에 중점을 두고 여성의 성적 본질을 재정립하고자 했다. 바슨이 개발한 비선형 모델은 여성이 중립적인 입장에서 성적 접촉을 한다고 가정한다. 여성들이 성행위를 마주하게 된 때에 편안한 수준의 친밀감을 경험하면 성적 활동, 성적 욕구에 대한 수용성, 그리고 필요에 따라 자극과 오르가슴의 단계로 전환할 수도 있다(Wylie & Mimoun, 2009). 남성과 여성은 이러한 성 반응의 단계를 상당히 다르게 경험한다.

이중 통제 모델

이중 통제 모델(The Dual Control Model)은 인간의 성 반응의 많은 변화를 이해하는 데 유용한 생물의학적 이론적 틀을 제공한다. 원래 이 모델은 조기사정 및 지연사정과 같은 남성의 성 조절 문제를 설명하기 위해 사용되었다(Bancroft & Janssen, 2000). 이론상으로, 두 개의 반대되는 체계는 성적 흥분을 통제하고 균형을 잡기 위해 끊임없이 투쟁한다. 성적 흥분 체계는 성적 흥분을 촉진하고 성적 억제 체계는 성적 흥분을 방해한다. 이후 여성을 대상으로 한 과학적 연구에서 연구자들은 남성의 경우 흥분이, 여성의 경우 억제가 훨씬 더 높다는 것을 발견했다(Bancroft, Graham, Janssen, & Sanders, 2009). 여성은 성 기능에 대한 신뢰 부족 및 우려와 관련된 억제 요인에 대해 표현할 가능성이 더 높다. 최종 결론을 도출하기 어렵지만, 흥분 체계에 대항하여 작동할 수 있는 억제 체계의 개념은 임상 경험을 통해 확실히 반향을 불러일으킬 것이다.

성에 대한 의학적 측면의 균형 유지

성의 신체적 · 의학적 측면을 지나치게 강조하는 것은 내담자와 실천가 모두에게 발생할 수 있다(Hart & Wellings, 2002; Tiefer, 2002). 성적 어려움을 질병이나 육체적인 문제로 볼 때, 일반적으로 의학적인 해결책을 찾는다. 성 심리치료의 메타체계접근에서 목표는 목전의 신체적이고 의학적인 문제를 넘어 영향을 미칠 수 있는 환경적 · 사회적 · 관계적 어려움을 고려하는 것이다. 임상 경험에 따르면 남성은 종종 사회적 문제나 관계 문제에 초점을 맞추기보다는 해결책으로 '약'을 선호한다. 비아그라 및 이와 유사한 성 관련 약물이 그러한 기회를 제공하여(Ashton, 2007), 많은 남성의 성생활을 개선시켰다. 경구약이 효과적이지 않을 경우 나중에 개인 또는 대인관계의 어려움이 나타나며, 경우에 따라서는 개인 또는 대인관계의 어려움을 노출시키기도 한다. 이 약은 발기 문제를 '해결할지'는 몰라도 끊어진 관계를 치유하는 데는 아무런 도움이 되지 않는다.

성욕이 낮은 여성을 위한 약을 찾는 노력은 2015년 미국 식품의약청(FDA)이 여성 성욕 증진을 위해 고안된 약을 최종 승인하는 것으로 이어졌다. 애디(Addyi®)라는 약물은 최근 여성들이 성적 욕망의 생물학적 측면을 다루기 위해 사용했지만 엇갈린 평가가 있다. 출시 전 연구 방법, 의심적인 효능 및 높은 부작용에 대해 상당한 논란이 있다(Jaspers et al., 2016).

제약회사가 약만 잘 쓰면 모든 성적 문제를 해결할 수 있다는 생각을 촉진하여 대중의 의견과 전문가의 의견을 조작하기 위해 재력을 사용하고 있다고 리드와 마티(Read & Mati, 2013)는 지적했다. 우울증, 당뇨병, 심장병과 같은 질병은 성생활을 포함한 삶의 질에 심각한 영향을 미칠 수 있다. 필수적인 약들은 병을 치료할 수 있지만 성 기능에 부정적인 영향을 미칠 수 있다. 이러한 상충되는 요소들 사이의 적절한 균형을 찾기 위해 내담자와 함께 협력하는 것은 각 내담자가 직면한 신체적 · 의학적 상태와 섹슈얼리티에 약물이 미칠 수도 있는 영향을 심각하게 고려할 수 있어야 한다. 일반적으로 치료사는 동료들과 긴밀히 협력해야 하며, 내담자가 가장 적절한 도움을 받을 수 있도록 협력적 접근법을 개발해야 한다.

결론

이 장에서는 많은 변화가 빠른 속도로 일어나고 있는 오늘날 사회의 유동적인 면을 강조했다. 성 치료사로서의 경력을 고려할 때, 초보자든 전문성을 추구하는 경험이 많은 실무자든 간에, 이 분야가 가져오는 개인적이고 전문적인 도전을 받아들일 수 있는지 자문해 보는 것이 좋을 것이다. 도움을 주고 싶어 하는 것만으로는 충분하지 않다. 자신의 가치 체계와 편견에 도전할 수 있는 광범위한 지식 기반을 습득해야만 한다. 새로운 지식이 습득됨에 따라, 성에 대한 이전의 오랜 믿음과 자신의 작업에서 표현되는 의식적이고 무의식적인 가정을 재검토해야 할 것이다. 또한 성 치료의 실천에는 새로운 경험에 대한 개방성, 치료 접근의 유연성, 확고한 윤리적 경계가 필요하다. 인터넷에서 제공되는 성적인 지식이나 성적인 행동에 대해 정보를 쉽게 얻을 수 있다는 것은 일반적으로 내담자가 '새로운 경험'을 하고 있다는 것을 의미한다. 이것은 내담자와 치료자 모두에게 불안감을 줄 수 있고, 특히 정상에서 벗어난 생각이나 이미지에 대한 내담자의 반응을 이해하는 능력을 시험할 수 있다. 슈퍼비전을 통해 자신의 감정과 성적 반응을 확인하는 것은 일상 업무의 일부가 될 것이다. 내담자의 내부 · 외부 세계, 내담자 체계, 최신 기술, 그리고 더 넓은 사회적 맥락 사이의 다층 상호작용을 이해한다는 것은 이전에 가지고 있던 관점을 제쳐 두어야 함을 의미할 수도 있다. 자신의 지식과 기술의 한계를 인정하는 것은 치료사가 필요할 때 조언을 구하거나 다른 치료사나 전문가와 상담하는 데 도움이 될 것이다.

무엇이 정상인지에 대한 태도에 의문을 제기하는 것, 자신과 생활 방식이 다른 사람들을 소중히 여기는 것, 좋은 연구와 증거에 기반한 실천을 통해 배우는 것, 아무리 복잡하더라도 법의 범위 내에서 실천하는 것, 동시에 의료 및 정신건강의학과 전문의와 지속적으로 협력하는 것이 성 치료사의 필수적인 요구 사항이다.

참고문헌

Abma, J., & Martinez, G. (2017). Sexual activity and contraceptive use among teenagers in the United States, 2011-2015. *National Health Statistics Reports, 104n*, 1-23.

Allen, F. (2013). *DSM-5 Confirms that rape is a crime, not a mental disorder.* Retrieved from www.psychologytoday.com/blog/dsm5-in-distress/201302/dsm-5-confirms-rape-is-crime-not-mental-disorder.

American Association for Sexuality Educators, Counselors and Therapists (2014). *Code of Ethics.* Retrieved from www.aasect.org/code-ethics.

American Association of Marriage and Family Therapy. (2015). *Code of Ethics.* Retrieved from www.aamft.org/imis15/content/legal_ethics/code_of_ethics.aspx.

American Psychiatric Association (1973). *Diagnostic and statistical manual of mental disorders* (2nd ed.). Author.

American Psychiatric Association (1980). *Diagnostic and statistical manual of mental disorders* (3rd ed.). Author.

American Psychiatric Association (2013). *Diagnostic and statistical manual of mental disorders* (5th ed.). Author.

Ashton, A. K. (2007). The new sexual pharmacology. In S. Lieblum (Eds.), *Principles and practice of sex therapy* (4th ed.) (pp. 509-541). Guilford Press.

Bancroft, J., Graham, C. A., Janssen, E., & Sanders, S. A. (2009). The dual control model: current status and future directions. *Journal of Sex Research, 46*(3), 121-142. doi: 10.1080/00224490902747222.

Bancroft, J., & Janssen, E. (2000). The dual control model of male sexual response: a theoretical approach to centrally mediated erectile dysfunction. *Neuroscience & Biobehavioral Reviews, 24*(5), 571-579.

Basson, R. (2002). Are our definitions of women's desire, arousal and sexual pain disorders too broad and our definition of orgasmic disorder too narrow? *Journal of Sex &Marital Therapy, 28*(4), 289-300. doi: 10.1080/00926230290001411.

Basson, R. (2007). Sexual desire/arousal disorders in women. In S. Lieblum (Eds.), *Principles and practice of sex therapy* (4th ed.) (pp. 84-123). Guilford Press.

Basson, R. et al. (2003). Definitions of women's sexual dysfunction reconsidered: Advocating expansion and revision. *Journal of Psychosomatic Obstetrics and Gynecology, 24*(4), 221-229. doi: 10.1503/cmaj.102017.

Binik, Y. M., Meana, M., Berkley, K., & Kalifé, S. (1999). The sexual pain disorders: Is the pain sexual or is the sex painful? *Annual Review of Sex Research, 10*(1), 210-235.

Bradford, A., & Meston, C. M. (2007). Senior sexual health: The effects of aging on sexuality. In L. VandeCreek, F. L. Peterson Jr., & J. W. Bley (Eds.), *Innovations in Clinical Practice: Focus on Sexual Health* (pp. 35-45). Professional Resource Press.

Brady, D. (2013). *Mindfulness, neurobiology, and gestalt therapy*. Burnley: Ravenswood Press.

Burch, V., & Penman, D. (2013). *Mindfulness for health (enhanced edition): A practical guide to relieving pain, reducing stress and restoring wellbeing*. Hachette/Piatkus.

Chappel, B. (2015). Supreme court declares same sex marriages legal in all 50 states. Retrieved from www.npr.org/sections/thetwo-way/2015/06/26/417717613/supreme-court-rules-all-states-must-allow-same-sex-marriages.

Civil Partnership Act (2004). Retrieved from www.equality-network.org/your-rights/civil-partnership/.

COSRT (College of Sexual and Relationship Therapy) (2012). *Code of Practice*. Retrieved from www.cosrt.org.uk/wp-content/uploads/2012/10/3_code_ethics_members.pdf.

Crowe, M., & Ridley, J. (2000). *Therapy with couples: A behavioral-systems approach to couple relationship and sexual problems.* John Wiley & Sons.

Davies, D., & Barker, M. J. (2015). Gender and sexuality diversity (GSD): Respecting differences. *The Psychotherapist, 60,* 16-17.

Government Equalities Office (2013). *Marriage (Same Sex Couples Act) Factsheet.* Retrieved from https://assets.publishing.service.gov.uk/government/uploads/system/uploads/attachment_data/file/306000/140423_M_SSC_Act_factsheet__web_version_.pdf.

Hall, P. (2018). *Understanding and treating sex and pornographic addiction.* Routledge.

Hart, G., & Wellings, K. (2002). Sexual behavior and its medicalization: In sickness and in health. *British Medical Journal, 324*(7342), 896-900. doi: 10.1136/bmj.324.7342.896.

Herbenick, D., Reece, M., Schick, V., Sanders, S. A., Dodge, B., & Fortenberry, J. D. (2010). Sexual behavior in the United States: Results from a national probability sample of men and women ages 14-94. *The Journal of Sexual Behavior, 7*(5), 255-265. doi: 10.1111/j.1743-6109.2010.02012.x.

Hodson, D. S., & Skeen, P. (1994). Sexuality and aging: The hammerlock of myths. *Journal of Applied Gerontology, 13*(3), 219-235. doi: 10.1177/073346489401300301.

IsHak, W. W., & Tobia, G. (2013). DSM-5 changes in diagnostic criteria of sexual dysfunctions. *Reproductive System and Sexual Disorders: Current Research, 2,* 122. doi: 10.4172/2161-038X.1000122.

Jaspers, L., Feys, F., Bramer, W. M., Franco, O. H., Leusink, P., & Laan, E. T. (2016). Efficacy and safety of flibanserin for the treatment of hypoactive sexual desire disorder in women: A systematic review and meta-Analysis. *Journal of the American Medical Association Internal Medicine, 176*(4), 453-462. doi: 10.1001/jamainternmed.2015.8565.

Jehu, D. (1988). *Beyond sexual abuse: Therapy with women who were childhood victims.* John Wiley & Sons.

Kaplan, H. S. (1995). *The sexual desire disorders: Dysfunctional regulation of sexual motivation.* Brunner/Mazel.

Kaplan, H. S. (1974). *The new sex therapy.* Routledge.

Kinsey, A. C. (Ed.). (1953). *Sexual behavior in the human female.* Indiana University Press.

Kinsey, A. C., Pomeroy, W. B., & Martin, C. E. (1948). *Sexual behavior in the human male.* WB Saunders.

Komisaruk, B. R., Beyer, C., & Whipple, B. (2006). *The science of orgasm* (Vol. 1). Johns Hopkins University Press.

Kraly, F. S. (2006). *Brain science and psychological disorders: Therapy, psychotropic drugs, and the brain.* W. W. Norton.

Masters, W. H., & Johnson, V. E. (1966). *Human sexual response.* Bantam Books.

Mercer, C. H. Tanton, C., Prah, P., Erens, B, & Sonneberg, P. et al. (2013). Changes in sexual attitudes and lifestyles in Britain through the life course and over time: findings from the National Surveys of Sexual Attitudes and Lifestyles (Natsal). *The Lancet, 382*(9907), 1781-1794. doi: 10.1016/S0140-6736(13)62035-8.

Newport, F. (1997). Sexual Norms: Where Does America Stand Today? *Gallup poll review from the poll editors.* The Gallup Organization. Retrieved from www.hi-ho.ne.jp/taku77/refer/sexnorm.htm.

Nichols, M., & Shernoff, M. (2007). Therapy with sexual minorities: Queering practice. In S. Lieblum (Eds.), *Principles and practice of sex therapy* (4th ed.) (pp. 379-415). Guilford Press.

Petersen, J. L., & Hyde, J. S. (2011). Gender differences in sexual attitudes and behaviors: A review of meta-analytic results and large datasets. *Journal of Sex Research, 48*(2-3), 149-165. doi: 10.1080/00224499.2011.551851.

Popovic, M. (2005). Intimacy and its relevance in human functioning. *Sexual and Relationship Therapy, 20*(1), 31-49. doi: 10.1080/14681990412331323992.

Popovic, M. (2006). Psychosexual diversity as the best representation of human normality across cultures. *Sexual and Relationship Therapy, 21*(02), 171-186. doi: 10.1080/14681990500358469.

Read, J., & Mati, E. (2013). Erectile dysfunction and the internet: Drug company manipulation of public and professional opinion. *Journal of Sex & Marital Therapy, 39*(6), 541-559. doi: 10.1080/0092623X.2012.736922.

Ridley, J. (1999). *Intimacy in crisis: Men and women in crisis through the life cycle and how to help.* Whurr Publishers.

Ridley, J. (2006). The subjectivity of the clinician in psychosexual therapy training. *Sexual and Relationship Therapy, 21*(3), 319-331.

Tiefer, L. (2002). Sexual behaviour and its medicalisation: Many (especially economic) forces promote medicalisation. *BMJ: British Medical Journal, 325*(7354), 45. doi: 10.1136/bmj.324.7342.896.

Twenge, J. M., & Park, H. (2017). The decline in adult activities among U.S. adolescents, 1976-2016. *Child Development.* doi: 10.1111/cdev.12930.

United States Department of Justice (2019). *Sexual assault.* Retrieved from www.justice.gov/ovw/sexual-assault.

Weeks, G., & Hof, L. (1994). *The marital relationship therapy casebook: Theory and application of the intersystem model.* Brunner/Mazel.

Weeks, G., & Hof, L. (1995). *Integrative solutions: Treating common problems in couples therapy.*

Brunner/Mazel.

Weeks, G. R., Odell, M., & Methven, S. (2005). *If only I had known: Avoiding common mistakes in couples therapy*. W. W. Norton & Co.

Wellings, K., Field, J., Johnson, A. M., Wadsworth, J., & Bradshaw, S. (1994). *Sexual behavior in Britain: The national survey of sexual attitudes and lifestyles*. Penguin Books.

Wellings, K., & Johnson, A. M. (2013). Framing sexual health research: adopting a broader perspective. *Lancet, 382*(9907), 1759-1762. doi:org/10.1016/S0140-6736(13)62378-8.

Wylie, K., & Mimoun, S. (2009). Sexual response models in women. *Maturitas, 63*(2), 112-115. doi: 10.1016/j.maturitas.2009.03.007.

제**4**장
- - - - - - -

남성성욕감퇴장애

· · · S y s t e m i c   S e x   T h e r a p y · · ·

제**4**장
남성성욕감퇴장애

Kathryn Hall

 서론

"식욕은 식사 시 발생한다(L'appetito vien mangiando)."

(P.C. 오래된 이탈리아 속담을 암송했던 내담자)

헬렌 싱어 카플란(Helen Singer Kaplan, 1979)과 해럴드 리프(Harold Lief, 1977)는 마스터스와 존슨(Masters & Johnson, 1966)이 설명한 인간의 성 반응 주기에 성욕의 단계를 추가했다. 그 이후 성욕은 단순히 성적 반응의 전제 단계가 아니라 그 자체로 복잡한 현상이라는 인식이 커지고 있다. 성욕은 동기 부여 상태, 생리적 반응, 정서적·인지적 상태 또는 이것들의 조합으로 다양하게 설명된다(Regan & Berscheid, 1996). 임상가와 연구자들은 이제 반응적 욕구와 자발적 욕구(Basson, 2001), 파트너와 함께 해소하고 싶은 성욕과 혼자 해소하고 싶은 성욕(Dosch, Rochat, Ghisletta, Favez, & Van der Linden, 2016), 그리고 욕구가 관계의 발전 단계에 따라 다르게 기능한다는 인식에 대해 논의하고 있다(Mark & Lasslo, 2018). 레빈(Levine, 1987)은 욕구란 성적 행동을 가져오는 에너지로, 성적 흥분에 선행할 뿐만 아니라 성행위 전반에 걸쳐 흥분을 동반한다고 설명했다. 레빈은 남성의 욕구는 상황적 단서, 상황적·관계적 요인, 스트레스 수준에 따라 좌우된다고 보았다. 남성의 성욕은 종종 여성의 욕구보다 강도와 빈도가 더 강하다는 주장들이 있는가 하면(Baumeister, Catanese, & Vohls, 2001), 비록 많은 유사점을 공유하지만(Janssen, McBride, Yarber, Hill, & Butler, 2008) 질적으로 다를 수 있다고 주장하는 사람들도 있다(Wallen, 2000).

성욕이 거의 없거나 전혀 없는 남성은 성욕감퇴장애(HSDD)로 진단될 수 있다. DSM-5(American Psychiatric Association, 2013)에 따르면 성욕감퇴장애를 진단하기 위해서는 다음 네 가지 조건이 충족되어야 한다.

1. 성적인 생각이나 환상이 부족하거나 없다.
2. 성욕이 없거나 부족하다.
3. (언급된 증상이) 6개월 이상 지속되어야 한다.
4. 임상적으로 유의미한 고통을 초래해야 한다.

흥미롭게도 이 질병의 심각도는 욕구의 부족이 아니라 장애가 일으키는 고통의 정도(경증, 중증도, 중증)에 따라 분류된다. 성욕감퇴장애는 '정상적인' 성욕의 기간에 따라 만성적 또는 후천적일 수 있다. 성욕감퇴장애는 일반화된 또는 상황적인 하위 유형으로 다시 분류된다. 후자는 특정 상황(예: 자위행위, 온라인 성인물, 혼외 관계)에서는 욕구를 경험하지만 다른 상황(예: 배우자 또는 장기간 파트너)에서는 욕구를 경험하지 않는 것을 나타낸다. 후천적 및 상황적 성욕감퇴장애는 일반적으로 장애의 가장 흔한 하위 유형으로 간주되며(Brotto, 2010; Maurice, 1999), 미나와 슈타이너(Meana & Steiner, 2014)는 성욕감퇴장애에 '숨겨진 성욕장애'라는 또 다른 의미를 부여했다. 이들은 자신이 헌신해야 할 관계의 범위를 벗어나고 파트너에게 비밀로 하거나 성행위에 대해 성적 관심이 높은 남성을 지칭하기 위해 '숨겨진 성욕장애'라는 용어를 만들었다. 후천적 및 상황적 성욕감퇴장애의 예로는 온라인 성인물에 대한 자위행위나 외도에 대한 선호가 있을 것이다. 맥카시와 맥도날드(McCarthy & McDonald, 2009)는 그들이 주목하는 1차(평생형) 성욕감퇴장애의 유사한 패턴을 다음과 같이 설명한다.

핵심 문제는 대개 성적인 비밀인데 빈도수에 따라 다음과 같이 정리할 수 있다. ① 특이한 흥분 패턴(성도착적 흥분은 덜 일반적임), ② 친밀한 관계에서의 섹스보다 자위를 선호, ③ 성적 외상을 제대로 처리하지 못한 경험, ④ 성적 지향에 대한 갈등에 관한 것이다(p. 59).

성행위, 특히 파트너와의 성행위는 욕구 이외의 요인(종교적 신념, 파트너 여부, 관계 요인, 건강)에 의해 영향을 받기 때문에 낮은 빈도의 성행위는 성욕감퇴장애의 진단적 징후로 간주되지 않는다.

최근 연구에서는 두 사람의 성행동과 단독 성행동이 서로 다른 성적·심리적 과정과 관련이 있다고 보고 있다. 두 사람의 성행동은 성욕뿐만 아니라 사랑을 표현하거나 친밀감을 향상시키거나 자존감을 높이고자 하는 욕구까지 포함할 수 있다. 단독 성행동은 성적 해소에 대한 동기 부여나 성적 좌절감을 줄이는 방법을 포함할 수 있을 뿐만 아니라 부정적인 감정에 대처하고 수면이나 긴장을 푸는 데 도움을 주는 것도 포함할 수 있다(Dosch, Rochat, Ghisletta, Faves & Van der Linden, 2016). 동성애자나 양성애자 남성의 낮은 성욕에 대해 알려진 것은 많지 않다. 대부분의 연구와 임상 보고서는 이성애자 남성을 대상으로 실시되었다.

유병률

역학 조사에서 놀라운 숫자의 남성이 낮은 성욕을 보고했다. 그러나 추정된 유병률은 인구의 3~41% 범위로 매우 다양하다(Brotto, 2010). 남성의 낮은 성욕의 전반적인 유병률은 보수적으로 잡아도 15%에서 25% 사이인 것으로 추정된다(Lewis et al., 2010; Meana & Steiner, 2014). 나이 든 남성이 성욕 부족의 문제를 더 보고하는 것으로 보아서 성욕의 부족은 나이와 분명히 관련이 있다(Eplov, Giraldi, Davidsen, Garde, & Kamper-Jorgensen, 2007; Fugl-Meyer & Sjogren Fugl-Meyer, 1999; Laumann, Paik & Rosen, 1999). 한 지역사회 표본에서 동성애자 남성의 성욕 문제 유병률(32.4%)은 이성애자 남성이 보고한 것과 유사했다(Peixoto & Nobre, 2016).

노인 남성의 발기부전의 유병률 증가(Rosen, Miner, & Wincze, 2014)는 성욕 감소와 관련이 있다(Corona et al., 2013). 건강(신체적, 심리적)과 파트너의 건강도 개인 및 관계 스트레스 요인이다(Christensen et al., 2011; Corona et al., 2004). 같은 국가나 문화권의 남성을 조사했을 때 욕구 문제에 대한 보고에서는 인종 간의 차이가 발견되지 않았다(Brotto, 2010). 성 경험에 문화적 차이가 있는지 여부는 방법론적 문제로 명확한 결론 도출이 어려운 탓에 교차 문화 연구가 극히 소수에 불과하여 명확하지 않다(Hall & Graham, 2014).

앞서 언급한 역학 조사의 대부분은 성욕 저하를 경험한 기간이나 그로 인한 고통을 구체적으로 다루지 않았으므로 욕구가 낮다고 보고한 남성이 실제로 성욕감퇴장애의 진단 기준을 충족하는지는 알 수 없다. 실제로 이 문제에 대한 치료를 받고자 하는 사람보다 많은 남성이 낮은 욕구를 호소하고 있다(Laumann, Glasser, Neves, & Moreira, 2009; Najman, Dunne, Boyle, Cook, & Purdie, 2003). 유병률 추정치가 성욕감퇴장애를 가진 남성의 실제 수를 크게 과장하고 있거나 수치심으로 인해 도움을 구하는 대신, 문제를 숨길 수도 있다고 추측할 수 있다. 또한 당초에 의사에게 성욕 문제를 밝혔다 하더라도 성 치료 클리닉에 의뢰할 가능성도 낮다(Kedde, Donker, Leusink, & Kruijer, 2011). 성 치료를 받으러 오는 남성들은 대개 파트너가 문제를 호소했기 때문이며, 따라서 임상 표본의 낮은 유병률이 남성의 낮은 성욕이 모든 관계에서 문제가 되는 것은 아니라는 사실을 반영하는 것일 수 있다. 또한 성욕이 낮은 남성일수록 관련 성 기능 장애를 겪을 가능성이 높아지고, 그 장애가 제기된 호소문제가 될 수 있다.

다른 성 기능 장애와의 공존

남성의 성욕 문제가 발기부전과 관련이 있다는 것은 오랫동안 알려져 왔으며 남성의 45% 이상이 두 가지 상태를 모두 보고한다(Fugl-Meyer & Fugl-Meyer, 2002; Segraves & Segraves, 1991). 퍼글–마이어(Fugl-Meyer)와 퍼글–마이어는 성적 관심이 낮은 남성도 조기사정(26%)을 겪었으며 이성 관계에서도 파트너의 성 기능 장애를 동시에 경험한다고 언급했다(파트너의 39%는 윤활장애, 24%는 오르가슴 장애). 압펠바움(Apfelbaum, 2000)은 파트너와의 성관계보다 단독 자위행위를 선호하는 특정 지루증 사례에서 성욕감퇴장애가 촉진 요인이라는 설득력 있는 사례를 제시했다. 남성의 성욕과 흥분·오르가슴 문제가 동시에 나타나기도 하지만, 남성에게 나타나는 성욕감퇴장애와 발기장애는 별개의 진단 범주를 나타낸다는 충분한 증거가 여전히 존재한다(Brotto, 2010).

병인학

개인의 생물학적 · 의학적 요인

고프로락틴혈증[hyperprolactinemia; 프로락틴(prolactin)의 과잉 수치]과 생식샘저하증

[hypogonadism; 테스토스테론(testosterone)의 낮은 수치]과 같은 일부 내분비 장애는 남성 성욕에 직접적이고 부정적인 영향을 미친다(Bancroft, 2009). 낮은 성욕을 유발할 수 있는 다른 질병 중 갑상선 기능 저하증(hypothyroidism), 심혈관 질환(cardiovascular disease), 암, 우울장애, 불안장애가 높은 순위를 차지한다(Clayton & Ramamurthy, 2008). 또한 이러한 문제 및 기타 문제를 치료하는 데 사용되는 약물도 성욕감퇴장애와 관련이 있을 수 있다. 특히 선택적 세로토닌 재흡수 억제제(SSRIs)는 남성의 욕구를 감소시키는 것으로 확인되었다(Clayton, 2013). 성욕감퇴장애 및 기타 성 기능 장애의 동반 질환을 고려할 때, 다른 성 기능(발기, 사정)에 부정적인 영향을 미치는 약물도 간접적으로 성욕을 감소시킬 것이라고 가정할 수 있다. 특정 물질이나 약물이 성욕 저하를 유발하는 것으로 알려지거나 추정되는 경우 진단은 성욕 저하가 아니라 해당 물질·약물에 의한 성 기능 장애이다. 낮은 욕구가 의학적 질환에 기인하는 경우 DSM-5(American Psychiatric Association, 2013)에 따라 성욕감퇴장애 진단이 내려지지 않는다. 그럼에도 불구하고 임상 실무에서는 신체적 요인과 심리적 요인의 기여도를 구분하기 어려운 경우가 많다. 욕구에 대한 신체적 위험 요소가 낮은 남성은 여전히 성 치료를 받을 것이다. 성욕감퇴장애는 생리적 조건에 기인하더라도 심리적·관계적 결과를 초래할 수밖에 없다. 따라서 심리적·관계적·생리학적 요소들이 서로 얽혀 상호 촉진된다.

테스토스테론

테스토스테론에 대한 처방이 급증한 것은 건강한 노년 남성의 성욕 저하의 원인을 테스토스테론 수치의 감소로 보고, 테스토스테론의 복용을 늘리면 된다는 잘못된 신념에 기인한 것이다(Baillargeon, Urban, Ottenbacher, Pierson, & Goodwin, 2013).

테스토스테론이 정상 또는 경계선 수준의 건강한 남성에게 테스토스테론을 투여하는 것이 성욕을 증가시킨다는 증거는 없다(Corona et al., 2014). 성욕은 성욕 해소 욕구(단독 성행위)나 파트너와의 성관계에 대한 욕구(두 사람 간의 성욕)를 포함한다는 것을 인정하는 것은 남성의 테스토스테론과 성욕에 대한 상충되는 주장을 이해하는 데 도움이 된다. 최근 성욕에 대한 종단 연구는 건강한 남성의 테스토스테론 수치와 파트너와의 성관계 사이의 연관성을 발견하지 못했다. 테스토스테론과 개인의 성행위에 대한 욕구 수준은 스트레스에 의해 조정되었다. 스트레스 수준이 높은 남성보다 스트레스가 낮다고 보고한 남성의 경우, 테스토스테론은 개인의 성행위에 대한 욕구와 더 긍정적인 상관관계가 있었다(Raisanen, Chadwick, Michalak, & van Anders, 2018). 파트너와의 성관계에 대한 욕구는 단일 호르몬의

작용만으로 설명하기 어렵고 매우 복잡한 것이다.

개인의 심리학적 요인

불안, 특히 신체 이미지에 자신이 없거나 성에 대한 부정확한 정보로 인한 불안은 성욕감퇴장애와 관련이 있을 수 있다(Weeks & Gambescia, 2015; Wiederman & Sarin, 2014). 우울증을 비롯한 여타의 정신 건강 문제는 생물학적 기반이 아니라 상황적 요인으로 인한 것일지라도 욕구 저하를 불러일으킬 수 있다(George, Norris, Nguyen, Masters, & Davis, 2014).

최근에는 파트너와의 성행위와 단독 성행위에 대한 욕구를 기반으로 애착 유형이 연구되고 있다. 회피형 애착 유형과 위협이나 부정적인 상황을 회피하려는 높은 동기는 남성의 욕구 저하와 관련이 있다(Dosch, Rochat, Ghisletta, Favez, & Van der Linden, 2016). 성욕에 대한 애착 유형의 영향은 동기 요인에 의해 조정될 수 있다. 불안정 애착 유형을 가진 남성은 정서적 친밀감을 형성하거나 재정립하기 위해 성관계를 추구할 수 있는 반면, 회피형 애착 유형을 가진 남성은 친밀한 관계의 유무에 상관없이 쾌락적 즐거움을 위해 성관계를 맺을 수 있다(Birnbaum, Weisberg, & Simpson, 2011; Mark & Lasslo, 2018).

기타 성 기능 장애   성욕 저하는 종종 다른 성적 장애로 인해 부차적으로 발생하거나 (Fugl-Meyer & Fugl-Meyer, 2002), 심지어 다른 성적 장애에 대한 걱정으로 인해 생긴 증상일 수도 있다. 예를 들어, 24세의 의대생인 브래드(Brad)는 전 여자 친구가 그의 조기사정을 조롱한 이후 자신의 성행위에 대해 걱정하기 시작했다. 브래드가 조기사정을 경험했다는 것이 진단적으로 분명하지 않았지만, 성적인 생각과 환상이 불안을 불러일으켜 자신은 성적으로 부적합한 파트너라는 생각이 욕구를 저하시켰다.

원가족 요인

아동 성학대   아동 성학대(Child Sexual Abuse: CSA)의 경험은 병리학적 요인의 개인적 요소에 적합할 수도 있다. 그러나 아동 성학대는 가족과 얽힌 아동의 삶의 맥락에서 발생하기 때문에 세대 간 요인의 범주에 포함하는 것이 중요하다. 아동 성학대의 영향은 학대에 대한 가족의 반응과 밀접한 관련이 있다(Lalor & McElvaney, 2010). 근친상간의 희생자가 되는 것이 보통이지만 남자아이들은 가족의 친구, 코치, 선생님, 그리고 기타 노인을 포함한 가족 외의 사람들에게 학대를 받는 경우가 더 많다(Stoltenborgh, van IJendoorn, Euser, & Bakermans-Kranenburg, 2011). 세대 간 성접촉이 범죄이긴 하지만 항상 학대로 경험되는 것은 아니며 아동 성학대가 성인기에 성 기능 장애를 필연적으로 초래하는 것도 아니다(Hall, 2017). 예를 들어, 칼(Carl)이 12세였을 때 19세인 그의 사촌이 자위하는 방법을 가르쳐 주었다. 칼은 그 경험에 감사했고, 몇 년 후 아내와 성적인 어려움을 겪었을 때 사촌이 자위하는 법을 가르쳐 준 것처럼 누군가가 그에게 성관계를 가르쳐 주길 바랐다. 한편, 마이크(Mike)는 15세 때 고등학교 레슬링 코치에게 성추행을 당했다. 그것은 마이크가 청소년기 내내 우울하고 자살 충동을 느끼게 한 충격적인 경험이었다. 몇 년 후 마이크는 아내를 매우 사랑했음에도 불구하고 아내를 향한 욕구가 매우 낮음을 경험했다. 자신의 성적 접근은 그 누구도 원치 않을 것이라는 생각을 견딜 수 없어서 그는 성욕 자체를 느끼지 못한다는 수준까지 성욕을 억제했던 것이다.

종교와 문화　전부는 아닐지라도, 대부분의 종교가 특정 성행위를 금지하거나 특정 성행위(보통 이성애, 부부간, 자녀를 갖기 위한 성행위)를 선호한다면, 가족이 그들의 종교적 규정을 해석하고 준수하는 정도는 추후 그들의 성적 반응에 영향을 미칠 것이다(Hall & Graham, 2012). 성에 대한 문화적 규정 위반으로 인한 부정적인 영향은 여성의 죄책감 및 성 기능 장애와 관련이 있다(Woo, Morshedian, Brotto, & Gorzalka, 2012). 남성도 마찬가지일 수 있다.

관계적 요인

관계 갈등　장기적인 관계에서 초기 단계의 성욕은 후기 단계와 다르게 경험된다(Mark & Lasslo, 2018). 일반적으로 흥분, 위험성 및 거리감 등으로 자극되는 욕구를 가족생활과 그에 수반되는 안정감과 친숙함이 감소시킬 수 있다는 이론이 있다(Morin, 1995; Perel, 2007). 그러나 남성은 종종 만성적이거나 반복되는 분노와 원한의 감정뿐만 아니라 관계 내에서의 높은 수준의 갈등이 파트너에 대한 욕구 부족의 원인이라고 언급했다(Corona et al., 2004; Mark & Lasslo, 2018). 임상 경험에 의하면, 남성은 자신이 가지고 있는 분노를 깨닫지 못하고, 그것이 자신의 욕구에 미치는 영향을 인지하지 못하는 경우가 많다. 관계 갈등과 관련된 상황에서 욕구의 상실은 상황에 따라 달라지며, 남성은 성적 관심을 위한 또 다른 출구(예: 온라인 포르노, 다른 파트너)를 찾을 수 있다.

관계 초기에 높은 수준의 매력과 성욕을 느꼈다면, 현재 파트너가 당신에게 성적 매력을 느끼는 감정만큼이나 장기적인 관계에서도 성욕 유지 가능성을 예측하게 한다(Murray, Milhausen, Graham, & Kuczynski, 2017). 파트너에 대한 긍정적인 인식도 성욕을 유지하는 데 도움이 될 수 있다. 예를 들어, 슈리어와 블러드(Shrier & Blood, 2016)는 파트너가 정서적으로 안정되어 있음을 인식하고 그 가치를 중요시한다면 파트너에 대한 남성의 욕구가 더 높아진다는 것을 발견했다. 파트너의 자율성과 지원에 대한 인식도 마찬가지인 것으로 보인다(Ferreira, Fraenkel, Narciso, & Novo, 2015).

스트레스는 남성과 여성의 성욕에 다르게 영향을 미치는 것으로 보인다. 인지된 스트레스는 여성의 성욕을 감소시켰지만, 남성에게는 반대로 파트너에 대한 성행위가 증가했다. 따라서 스트레스가 많은 시기는 이성 커플의 성욕에 역효과를 가져와 관계 갈등을 유발하거나 증가시킬 수 있다(Raisanen, Chadwick, Michalak & van Anders, 2018). 이렇게 임상 경험을 연구가 확인한 것이다.

일반적인 생활 스트레스 외에도 커플은 성에 대한 불안을 공유할 수도 있다. 커플은 표준적인 성적 각본(예: 남녀의 자세, 순서)이 더 이상 만족스럽지 않거나 심지어 전혀 만족스러운 적이 없었음에도 이 각본에 충실했을 것이다. 성적 각본에 대한 엄격한 준수(예: 남성이 주도권을 가져야 하고 남성은 전희가 필요하지 않다)는 특히 남성이 각본에 정의된 역할과 동일시되지 않는 경우(예: 남성다움, 지배적인; Katz & Farrow, 2000), 성욕 감소를 가져올 수 있다(Sanchez et al., 2005). 성적 단조로움은 장기적인 관계에서 낮은 성욕과 관련이 있는 것으로 밝혀졌다(Carvalho & Nobre, 2011). 분명히 해야 할 것은 단조로움이 장기적인 관계의 불가피한 결과가 아니며 관계 중 성욕이 감소하는 것이 반드시 남성에게 적용되는 것은 아니라는 것이다(Klusman, 2002; Murray & Milhausen, 2011). 관계의 지속 기간과 관련된 다른 요인은 성욕 감퇴의 원인이 될 수 있으며 남성보다 여성에게 더 큰 영향을 미칠 수 있다. 부당한 가사 분담, 양육 스트레스, 노화와 관련된 부정적인 신체 이미지 등은 남성보다 여성의 성욕에 더 큰 영향을 미칠 수 있다. 관계 만족도, 좋은 의사소통, 파트너에 대한 성적 끌림, 그리고 성과 관계를 최우선으로 생각하는 것은 모두 성적 만족과 장기적인 관계에서의 성욕 유지와 관련이 있다(Mark & Lasslo, 2018; Træen, Štulhofer, & Carvalheira, 2013).

파트너 성 기능 장애

남성성욕감퇴장애는 또한 파트너의 성 기능 장애로 인해 생길 수도 있다. 파트너가 성관계에 관심이 없다는 사실을 알게 되면 남성의 욕구는 당연히 감소한다(Murray, Milhausen, Graham, & Kuczynski, 2017). 성행위 중 통증이 있는 여성 파트너를 다치게 하고 싶지 않기 때문에 성욕을 잃을 수 있다(Bergeron, Rosen, & Pukall, 2014). 파트너에게 고통을 주지 않기 위한 바람은 만성 질환(Enzlin, 2014)이나 장애가 있는 파트너에게도 해당된다(Mona, Syme, & Cameron, 2014). 남성은 상대방이 무관심하거나 흥분하지 않거나 절정감에 도달하지 못하면 성에 대한 관심을 잃을 수 있다. 남성은 파트너를 기쁘게 하기를 원하며 남성의 욕구는 종종 그들이 줄 수 있는 즐거움에 달려 있다(Morgentaler, 2013).

평가

욕구가 낮은 남성에게 부여된 낙인은 다른 성 기능 장애나 성적 불만 뒤에 숨어 가려지기도 한다. 성 치료를 필요로 하는 모든 사례에서 성욕감퇴장애의 가능성을 조사해야 하지만, 특히 다음과 같은 상황이 관련될 수 있다.

- 커플 간의 결혼생활에서 성관계 빈도가 낮거나 아예 없는 경우
- 발기부전 및 사정지연 등 기타 남성 성 기능 장애
- 독신 남성이 연애에 어려움을 호소하는 경우

환자가 '그저 성욕이 없다'고 자가 진단을 하더라도 성욕감퇴장애를 진단하기 위해서는 철저한 평가가 필요하다. DSM-5(American Psychiatric Association, 2013)는 성욕이 부족한지, 또는 낮은 성욕이 스트레스나 기타 생활 조건(나이, 건강 상태)에 대한 예상된 반응인지 여부를 판단하기 위해 임상적 판단을 사용한다는 점을 명확히 명시하고 있다. 이를 위해서는 진단하는 임상가가 이러한 요인에 대한 연구를 인지하고 가정(예: 나이 든 남성이 욕구를 상실한다고 생각하는 것)에 의존하지 않아야 한다.

진단적 딜레마

성욕과 성적 동기　성욕과 성적 동기를 구분하는 것이 중요하다. 많은 남성, 심지어 욕구

가 낮은 남성에게도 성적 동기가 있다. 기본적으로 그들은 섹스를 하고 싶어 한다. 치료를 받는 대부분의 남성은 비록 그들의 파트너에게 끌려온 경우라도, 성적(sexual)이고 싶어 한다. 그 이유는 '나는 정상적인 사람이 되고 싶다' '나는 파트너를 실망시키거나 상처를 주고 싶지 않다' '성은 관계의 건강한 부분이다' 등이 포함될 수 있다. 욕구와 동기 부여의 차이는 '초콜릿 케이크를 갈망하는 것'과 '내 생일이므로 케이크 한 조각을 먹어야 한다'고 생각하는 것의 차이일 수 있다.

성욕 대 성적 흥분   실제로 흥분하지 않고 발기를 하지 못하면 성욕이 부족하다고 불평하는 남성들이 있다. 그런가 하면 성행위가 시작되기 전에 발기가 되어야 한다고 생각하는 남성들도 있다. 이것은 젊은 시절의 많은 남성에게 해당될 수 있지만 발기가 충분하지 않다고 반드시 욕구 저하를 나타내는 것은 아니다(Janssen, 2011). 성욕 문제를 평가할 때 남성과 그들의 파트너에게 연령에 따라 정상적인 성행위가 변화할 수 있다는 정보를 제공할 필요가 있다. 남성과 그들의 파트너는 이전에는 시각적 자극이나 상상이면 충분했던 것도 나이가 들면 발기를 위해 신체적 자극이 필요할 수 있다는 것을 아는 것이 좋다.

무성애자   무성애자와 만성 성욕감퇴장애는 전 세계적으로 많은 공통점을 지니지만, 이들의 구분되는 특징은 무성애자가 스트레스를 덜 받는다는 것이다. 무성애자는 매우 드물며 전체 인구의 약 1%를 차지하는 것으로 추정된다(Bogaert, 2004). 그러나 무성애자는 친밀한 관계에서 불화를 경험할 수 있기 때문에 관계의 고통을 성욕의 부족으로 오인하여 일부 무성애자를 성욕감퇴장애로 오진하게 만들 수 있다.

욕구의 불일치   성욕감퇴장애로 진단하기 위해서는 단순히 파트너의 욕구 수준보다 낮은 것이 아니라 욕구가 부족하거나 없어야 한다. 파트너 간의 욕구 수준 차이는 관계에서 많은 괴로움과 불화를 일으킬 수 있다. 욕구 수준 등 성 기능의 적절성에 대한 우려는 성 기능 저하와 걱정의 순환을 초래할 수 있다. 커플 사이의 욕구의 불일치는 일반적인 욕구 수준(그녀가 그보다 성관계를 더 자주 원한다)뿐만 아니라 특정한 경우(그녀는 오늘 밤 성관계를 원하지만 그는 원하지 않는다)에서도 흔히 나타난다. 진짜 남자라면 항상 성관계를 원한다는 신화는 관심 있는 파트너와 성관계를 원하지 않는 남성으로 하여금 부적절감을 느끼게 할 수 있다. 장기간의 헌신적인 관계에서 대부분의 성행위는 성관계를 원했던 사람이 성공적으로 그 행위를 시작했기 때문이다. 두 사람이 동시에 성관계를 원하지 않음으로 인한 개인의 스트레스나 관계의 스트레스는 자기 또는 타인에 대한 불합리한 기대(파트너는 항상 성에 관심을 가져야 한다), 관계 문제(힘의 불균형), 또는 불충분하거나 부적절한 시도(파트너가 성에 관심을 보이는 것을 알지 못함)로 나타날 수 있다. 무엇 때문에 성욕 저하가 일어나는가에 대한 표준적인 정의가 없기 때문에 불충분하거나 일관성이 없는 욕구를 구별하고 진단하기 위해서는 임상적 판단이 필수적이다.

평가 도구들

설문지는 때때로 평가 과정에 도움이 된다. 심층 임상 인터뷰를 대체하는 데 사용되어서는 안 되지만 인터뷰를 보완하거나 정보를 제공할 수 있다. '국제 발기 기능 지수(International Index of Erection Function: IIEF)'(Rosen, Cappelleri & Gendrano, 2002)는 남성의 발기 기능, 오르가슴 기능, 성욕, 삽입 만족도 및 전반적인 성적 만족도를 평가하는 검증된 척도이다. 이것은 공존하는 기능 장애가 있는지 여부를 결정하는 데 도움이 될 수 있으며, 임상가는 다른 기능 장애가 욕구 저하의 결과인지 또는 욕구의 악화에 기여했는지 여부를 판단하기 위해 후속 조치를 취할 수 있다. '여성 성 기능 지수(Female Sexual Function Indery: FSFI)'(Rosen et al., 2000)는 여성의 욕구뿐만 아니라 흥분, 윤활, 오르가슴, 만족 및 고통을 평가한다. 다시 말해, 여성 파트너가 성적인 문제를 동반하는지 여부와 이러한 문제가 성욕감퇴장애를 유발하는지 여부, 욕구가 거의 없는 파트너와 함께 있는 결과인지 아니면 성욕감퇴장애와 무관한지 여부를 판단하는 데 사용할 수 있다. '골롬복-러스터 성적 만족도 목록(Golombok-Rust Inventory of Sexual Satisfaction: GRISS)'(Rust & Golombok, 2007)은 이성 커플의 전반적인 성관계와 친밀한 관계의 질을 측정하는 지표로 사용될 수 있으며 보다 심층적인 탐구의 출발점을 제공할 수 있다. 성적 가계도는 섹슈얼리티, 남성성 및 이들의 교집합과 관련된 세대 간 역학 관계를 명확히 하는 도식화의 방법이다(Marsh, 2017).

성욕감퇴장애에 대한 어떤 종류의 평가가 되었든 의학적 평가가 포함되어야 한다. 의학적 평가가 그 사람이 건강하다는 것을 확인하는 것 외에 다른 어떤 것도 성취하지 못하더라도 그래도 무엇인가를 성취한 것이다. 많은 남성이 낮은 테스토스테론(T) 수치를 걱정하는 경우가 많은데, 환자의 의사가 수행하는 간단한 혈액 검사만으로도 걱정을 덜 수가 있으며, 아주 가끔은 문제를 발견할 수도 있다. 자유 테스토스테론(free T)이나 생물학적 활성이 있는 테스토스테론(bioavailable T)은 혈액을 통과하여 수용체와 결합할 수 있는 테스토스테론의 양을 나타내기 때문에 가장 많은 관심을 받고 있다(van Anders, 2012). 그러나 전체 T 수치의 추정치도 유용하다. 낮은 T 수치를 나타내는 예비 검사는 종종 반복 작업이 필요하다. 문제가 있는 경우 내분비 전문의에게 의뢰하여 추가 평가나 치료를 받아야 한다. T 수치가 정상인 남성에게 테스토스테론을 처방한다고 해서 성욕이 증가하지 않는다는 점에 유의해야 한다(Rajfer, 2000). 비뇨기과 전문의는 테스토스테론 결핍을 조사할 수 있으며 성 기능 장애에 부수적으로 욕구가 낮은 문제가 있는 경우 비뇨기과 전문의와 상담해야 할 수 있다. 예를 들어, 비뇨기과 전문의는 발기부전에 대한 생물학적 요인을 제거할 수 있다. 또한 환자의 주치의와 함께 약물 및 의학적 상태에 대한 잠재적 영향을 검토하여 성욕장애를 유발하는 경우에 어떤 약물을 수정하거나 변경할 수 있는지 결정할 수 있다.

임상 인터뷰   임상 인터뷰는 성욕감퇴장애 평가의 초석이 될 것이다. 초기 평가는 네 번의 만남이 수반되는 형식을 따르는 것이 좋다. 먼저, 커플을 함께 살펴보고, 커플을 각각 개별적으로 살펴본 다음, 다시 커플과 함께 평가에 대해 논의한다. 이러한 방법으로 관계 역학을 관찰하고 개인의 상세한 이력을 얻을 수 있을 뿐만 아니라 성과 관련한 비밀 여부를 조사할 수 있다. 그러나 환자는 치료사와의 처음 몇 번의 상담에서 성적인 비밀을 기꺼이 드러내지는 못한다. 평가는 치료 과정 동안 계속될 것이며 숙련된 치료사는 경계를 늦추지 않고 추가 공개 가능성을 열어 둘 것이다. 진행 중인 커플 치료에서는 개인 상담이 고려되어야 한다. 커플 치료의 맥락에서 개인 회기에 대한 중요한 주의사항은 개별 만남에 앞서 모든 당사자와의 기밀성에 대한 경계를 명확히 정립할 필요가 있다는 것이다.

첫 번째 회기에는 커플이 참석한다. 이것은 성욕 문제의 관계적 맥락을 강화한다. 이때 커플이 어떤 관계를 맺고 있는가를 보고 서로에 대한 친밀감, 적대감, 성적 끌림, 헌신 정도를 평가할 수 있다. 이 첫 번째 만남에서 성욕의 관계적 특성에 대한 교육을 제공할 수 있고 남성 파트너가 느낄 수 있는 수치심을 줄일 수 있다. 수치심을 줄이는 것이 치료의 목표일 수도 있지만, 커플과의 첫 만남부터 치료가 시작되기 때문에 평가와 분리하기 어렵다.

커플 회기에서는 관계의 역사를 살펴보고 두 사람이 함께 겪었던 성적 경험과 문제의 과정에 대한 자세한 탐구가 이루어져야 한다. 질문은 다음과 같다.

- 두 사람이 마지막으로 성관계를 가진 것은 언제였습니까?
- 왜 그때 성관계를 했나요?(예: 친밀감을 느껴서, 문제를 해결하고 싶어서, 임신을 원해서, 싸움을 피하기 위해서)
- (현재 회기까지의 시차를 감안할 때) 지난 6개월이 일반적인 현상입니까?(예: 성관계 빈도

3주에 한 번) 즉, 지난 6개월 동안 성관계 빈도는 대략 3주에 한 번 정도였습니까?

• 문제를 처음 알아차린 때는 언제입니까?(질문에 답변하는 사람에 따라 다를 수 있음)

• 그렇다면 문제를 해결하기 위해 어떤 노력을 했습니까?

• 마지막으로 성관계를 가졌던 상황에 대해 말해 주세요.

　－누가 성관계를 시작했는지, 어떻게 시작되었는지, 어떤 반응이 있었는지, 어떤 성적
　행동이 일어났는지, 한 명만 오르가슴을 느꼈나요, 두 명 모두 오르가슴을 느꼈나요?
　(이것이 전형적인 패턴인지 아니면 일반적인 패턴인지에 대해 질문하면, 커플이 성적 각본에
　얼마나 매여 있는지 판단할 수 있다.)

• 치료에 대한 기대나 목표는 무엇입니까? 치료가 성공한다면 당신의 성생활은 어떻게
될까요?

　개인 회기의 목표는 문제와 관련이 있을 수 있는 개인적 요인, 특히 성적 비밀을 평가하는
것은 물론, 개별 내담자가 파트너와 함께 논의하는 것이 어려웠을 수도 있는 현재의 성적 레
퍼토리에 대한 불만도 평가하는 것이다. 성적 비밀이 있는 경우 비밀의 낙인을 제거하고 공
개하며 치료의 일부로 만드는 것이 목표다. 각 개인은 당연히 개인 회기 중에 공개된 내용에
대한 비밀 유지를 기대하지만, 개인적으로 논의한 내용을 커플 치료에 통합하는 방법에 대
한 논의를 시작해야 한다. 지속적인 성적 또는 정서적으로 연루된 커플 외의 관계가 드러나
게 되면 커플 치료와 모순을 일으키므로 갈등이 해결되기를 기다려야 한다(예를 들면, 커플
외의 관계를 맺고 있는 사람은 그 관계를 정리해야 한다). 모든 경우에 커플 구성원 모두 개인 평
가 회기를 실시하기 전에 비밀 유지의 규칙을 이해해야 한다. 해당되는 사람들은 모두 초기
회기에서 통보된 사전 동의서에 서명하고 완료해야 한다.

　세대 간의 요인과 발달적 요인을 탐색하여 얻은 상세한 개인의 성 이력의 일부로서, 과거
및 기타 같은 시기에 여러 파트너와의 성관계에 대한 욕구, 환상, 자위, 성인물에 대한 욕구
뿐만 아니라 다른 상황에서의 욕구 수준[예: 파트너 교체(swinging), 파트너 없이 혼자 하는 섹스,
성관계에 있어 특정한 물건이나 행동에 집착하는 것, 피학적·가학적 성관계에 관심을 가지는 것을
조사해야 한다. 현재 파트너에 대한 신체적 매력의 결여는 특히 파트너가 신체의 특정 변화
(예: 질병, 장애, 심각한 체중 증가 또는 감소)를 겪었으면 별도로 논의하는 것이 가장 잘 탐색된
다. 개인 회기는 성행위 중 인지적인 면에 대한 자세한 질문을 하고 성욕을 방해할 수 있는
주의 산만이나 부정적인 생각을 평가하는 시간이다. 성 기능 장애를 가진 남성은 성적 문제
가 없는 남성보다 발기에 대한 걱정('나는 발기를 해야 하고 발기를 했으면 성공해야 한다'), 실패

에 대한 예상('이렇게 해 보았자 모두 소용없어'), 에로틱한 생각의 부족과 같은 부정적이고 혼란스러운 생각을 할 가능성이 더 높다(Nobre & Pinto-Gouvela, 2008).

　맥카시와 맥도날드(2009)는 성욕감퇴장애의 경우 성적 비밀이 있을 가능성을 언급하면서 지난날에 절정감을 경험한 횟수와 어떤 방법이었는지 질문할 것을 제안했다. 이것은 자위행위(얼마나 자주 자위를 합니까?), 공상 또는 페티시(fetish)와 같은 다른 종류의 성적 흥분에 대한 질문으로 이어질 수 있다(예: 자위행위를 할 때나 성적으로 공상할 때 어떤 생각을 합니까? 어떤 유형의 포르노 성인물이 관심을 끄나요? 어떤 웹사이트를 방문했습니까?). 이러한 질문들은 또한 성적 성향의 불일치에 대해 질문할 가능성을 열어 준다(예: 주로 다른 남성에게 끌리고 있는 남성이, 그러나 자기 아내에게 성적 매력을 느꼈으면 하고 바랄 수 있다). 동성애자나 양성애자 남성의 성욕장애에 대한 연구 부족은 동성 커플에 대한 경험적 기반의 평가 권고를 어렵게 만든다. 적어도 동성 관계에서 남성을 치료하는 이성애 치료사는 정상적이거나 이상적이거나 건강한 섹슈얼리티에 이성애 기준을 적용해서는 안 된다. 치료사는 동성애자 커뮤니티에 내재된 성적 행동과 태도의 차이를 인식하고 동성애자(및 기타 다른 종류의 성) 내담자로부터 기꺼이 배울 필요가 있다(Nichols, 2014).

　개인 회기에서 제기될 수 있는 다른 질문은 다음과 같다.

- 이러한 성적 관계는 다른 관계(성적 끌림, 친밀감, 관계 만족도에 대한 평가)와 어떤 면에서 다릅니까?
- 당신은 섹스할 때, 무슨 생각을 하고 있습니까? 어떤 생각이 떠오르나요?
- 예를 들어, 매력적인 사람을 보거나 온라인에서 성인물을 볼 때 얼마나 자주 성적인 생각을 하십니까?
- 당신은 절정감의 여부와 상관없이 혼자 있을 때 얼마나 자주 자위를 하거나 즐기나요?
- 파트너와 성관계를 하는 것보다 혼자서 성을 즐기는 것(자위행위)이 더 즐겁다고 생각하십니까? 그렇다면 그 이유는 무엇이라고 생각하십니까?

　자위, 공상, 성인물 사용에 관한 이러한 질문은 모두 개인이 그러한 활동에 관여하고 있다고 가정한다. 어떤 남자에게는 부정적인 평가를 받을까 봐 두려워하는 것을 인정하는 것보다 "아니요, 나는 성인물을 사용하지 않습니다."라고 말하는 잘못된 인식을 바로잡는 것이 더 쉽다.

🖤🗝 개입

　남성의 성욕장애는 복잡하다. 따라서 윅스와 감베시아(Weeks & Gambescia, 2015)가 주목한 바와 같이, 치료는 단기 계약에 기반한 모델을 따를 수 없으며 각 커플에 대해 포괄적이고 유연하게 맞춰져야 한다. 체계론적 성 치료의 목표는 성관계를 개선하는 것이므로 항상 성적인 증상이 치료의 주된 초점이 될 것이다. 그럼에도 불구하고, 병인적 요소(예: 관계적 갈등, 스트레스, 친밀감 문제)에 대한 동시 개입은 대부분의 성적 불만을 치료하는 데 거의 항상 필요한 부분이다. 관계의 어려움이 클 경우 성 치료를 시작하기 전에 커플 갈등이나 관계 갈등을 줄이는 것이 치료의 성공에 매우 중요하다. 생리적 요인이 성욕 문제를 일으키는 경우 의학적 개입이 동시에 필요할 수 있다.

　성욕감퇴장애에 특히 도움이 되는 성 치료 개입은 다음 중 일부 또는 전체를 포함한다.

• 스트레스 완화

　일반적으로 남성의 낮은 욕구는 낙인을 가져오는 경우가 많다는 점을 감안할 때, 첫 번째 치료 과제는 커플이 경험하고 있는 고통을 줄이고 양쪽 파트너에 대한 치료의 동기를 개선함으로써 치료에 대비하는 것이어야 한다. 커플에게 성욕과 성욕감퇴장애에 대해 교육하는 것이 중요할 때가 종종 있으며, 이는 낮은 성욕을 가진 남성을 쉽게 볼 수 있다는 사실을 강조한다. 평가에서 수집된 정보를 사용하고 문제를 재구성한다. 그러면 커플은 '그는 성 기능 장애가 있다'가 아니라 '우리는 해결해야 할 성적인 문제가 있다'는 것에 동의하게 된다. 마찬가지로 윅스와 감베시아는 발기장애 치료에 있어 재정의의 중요성을 논의했다(Weeks & Gambescia, 2000). 동기 강화 면접 기법(Miller & Rose, 2010)은 이 시점에서 치료에 매우 도움이 될 수 있다. 동기 강화 면접은 변화에 대한 준비성을 높이고 치료의 협력적 성격을 강조한다.

• 문제 행동 금지하기

　치료 초기에 성 치료사는 종종 문제가 있는 성행위(예: 삽입 성교)를 금지한다. 성욕감퇴장애의 경우, 치료에 명시된 경우를 제외하고 모든 성적 접촉이 금지된다. 이것은 성욕의 필요성을 줄여 주고 낮은 욕구를 가진 파트너가 성에 대한 욕구를 되찾으려는 시도를 멈추게 해 준다. 욕구는 현재 가지고 있지 않은 것에 대한 소망이며, '나는 성관계를 해야 한다'와 같은 의무는 욕망을 감소시킨다(Hall, 2004). 이것은 또한 그의 파트너가 느낄 수 있는 스트레스와 불안을 완화시켜 준다. 그렇지 않으면 파트너는 '우리가 오늘 밤에 섹스를 할 수 있을까?'라고 생각할 수 있다. 이것은 종종 반응 불안이라고 불린다.

- **감각 집중 훈련**

감각 집중에는 성적 기술, 의사소통 및 기쁨의 경험과 관련된 문제를 평가하고 수정하도록 고안된 일련의 체계화된 접촉 운동을 포함한다. 감각 집중 훈련은 현재에 머무르고 자신의 경험에 영향을 받을 수 있는 능력에 초점을 맞추어 수행에 대한 수요(파트너를 자극하거나 흥분시키는 것)를 줄이는 것을 목표로 한다는 점에 유의해야 한다(Weeks & Gambescia, 2016; Weiner & Avery-Clark, 2014). 커플은 먼저 비언어적 의사소통을 사용하여 자신이 진정으로 즐겼던 감촉을 표현하도록 권장받는다. 커플이 즐길 수 있었던 긍정적인 것에 중점을 두는데, 이것은 감각 집중 훈련의 질을 향상시킬 뿐만 아니라 상대방이 원하지 않는 감정으로 인해 경험했을지도 모르는 상처를 치유하는 데 도움이 된다. 치료사는 느린 속도로 수행하도록 훈련 기간을 의도적으로 맞춘다(성기로 접촉하지 않는 감각 집중 훈련 1단계는 2개월 동안 4~6회 발생할 수 있다). 그래서 욕구가 낮은 파트너가 부담을 느끼기보다 더 많은 활동을 원할 기회를 갖게 된다. 욕구는 즉시 충족되고 사라지는 감정이 아니라 즐길 수 있는 긍정적인 상태로 재구성된다.

- **긍정적인 기대, 호기심, 성적 관심을 향상시키는 능력**

감각 집중 훈련에 대해 기대감을 가지는 것 이외에도 커플이 성적 관심을 탐색하고 발전시키도록 격려함으로써 욕구를 다시 불러일으킬 수도 있다(McCarthy & Wald, 2015). 과제에는 성관계 서적이나 매뉴얼을 검색하거나, 섹스 토이, 속옷 등을 쇼핑하는 것(구매하지 않더라도)이 포함될 수 있다. 연습하는 동안 내담자는 "이것은 어떻게 될까요? 이 느낌은 어떤가요? 내가 이것을 좋아할까요?"라며 호기심을 보인다. 커플은 각자 성관계에 소개하고 싶은 것들에 대한 목록을 작성하고 이것은 치료 회기 중에 공유할 수 있다. 이 훈련으로 욕구가 증가될 뿐만 아니라, 이 시점에서 정체된 커플의 성행위를 개선할 수도 있다. 치료사는 커플의 개별 구성원이 공유하는 성적 관심을 정상화하고 존중하고 지지하는 방식으로 서로의 생각을 공유하도록 촉진한다.

• **미리 온도 올려놓기(simmering)**

기본적으로 물을 끓일 때 미리 온도를 올려놓은 냄비의 물이 더 빨리 끓는 데 효과적이다. 이 기술은 질버겔드와 엘리슨(Zilbergeld & Ellison, 1980)에 의해 처음 소개되었으며, 욕구가 낮은 사람에게 특히 적합하지만 파트너에게도 도움이 될 수 있다. 기본적으로 내담자는 종일 일어났던 모든 성적 감정에 주의를 기울이도록 권고된다. 그러고 나서 내담자는 본질적으로 "자신만의 청소년관람불가 등급 영화를 실행"(p. 312)하기 위해 공상을 더욱 발전시키도록 격려받는다. 몇 분 동안 이것을 한 다음, 이미지가 희미해지도록 한다. 나중에 이 공상을 회상하고 가능하면 하루에 여러 번 다시 해 보라고 권한다. 이 훈련을 성공적으로 완료한 후, 파트너와 공상을 나누고 파트너에게 성적인 활동을 시작할 것을 조언한다.

욕구를 가지기 쉬운 상태에 대한 변화에는 커플이 매일 추파 보내기, 서로 칭찬하기, 애정 어린 손길, 흔한 볼 키스보다 진한 키스, 낭만적인 문자 또는 이메일과 같이 작은 활동을 필요한 횟수만큼 하는 것이 포함된다. 이것은 관계의 전반적인 분위기를 개선하고 성관계로의 원활한 전환을 가능하게 한다. 본질적으로 이 성 치료 기법은 존 가트만(John Gottman)의 연구에 기반을 두고 있다. 가트만은 커플을 대상으로 한 일련의 종단 연구에서 행복한 커플이 5:1의 긍정적인 상호작용 행동과 부정적인 상호작용 행동이 있다는 것을 발견했다(Gottman, 1994).

• **인지행동치료(Cognitive Behavioral Theraphy: CBT)**

성욕을 방해할 수 있는 비합리적 사고에 직접적으로 도전하는 것은 성욕감퇴장애치료의 중요한 부분이다. 종종 이러한 도전은 내담자가 다시 생각하게 하여 행동을 바꾸게 하기에 충분하다. 몇 가지 일반적인 속설과 오해는 다음과 같다.

−욕구를 느꼈을 때만 섹스를 시작할 수 있다.
−남성은 성관계를 시작할 책임이 있다.
−남성은 항상 섹스할 준비가 되어 있으며 매력적이지 않거나 환영받지 못하는 파트너만 거절한다.
−발기는 욕구의 필수적인 표시이며, 발기의 부족은 욕구의 부족을 의미한다.

치료사는 이러한 많은 신화를 반박하는 문헌에 익숙해야 하지만 단순히 이유를 물어봄으로써 이러한 신념에 도전할 수도 있다. 종종 내담자는 이러한 신념을 성찰할 때, 신념이 비합리적이거나 시대에 뒤떨어진 생각에 근거하고 있다는 것을 이해하게 된다. 비합리적인 신념에 도전하는 것 외에도 내담자가 신념 체계의 변화로 인한 행동 변화를 돕기 위해 일부 코칭(예: 성욕을 느끼지는 않지만 파트너와 다시 성적으로 연결될 때라고 생각할 때 성관계를 유도하는 방법에 대한 코칭)이 필요할 수 있다.

성관계를 갖는 긍정적인 이유(친밀감 형성, 긍정적인 감정 표현)에 주의를 기울이는 것이 성욕을 높이는 것으로 나타났다. 연구 결과에 따르면 성관계를 갖는 긍정적인 이유에 초점을 맞추는 '과제'는 그 다음 주에 욕구와 성적 만족도를 증가시켰다(Muise, Boudreau, & Rosen, 2017).

• 인지적 재초점화, 마음챙김

욕구가 낮은 남성은 종종 성관계 중에 주의가 산만해지고 아무런 에로틱한 생각도 하지 않는다(Nobre & Pinto-Gouvela, 2008). 마음챙김을 가르치는 것은 남성이 성적 흥분에 대한 내적 및 외적 신호를 더 잘 인식하고 주의를 기울이는 데 도움이 될 수 있다. 내적 신호는 성적인 생각, 성적 흥분감, 사랑과 친밀감에 대한 긍정적인 감정일 수 있다. 외적 신호에는 파트너의 욕구의 징후 또는 파트너의 벗은 몸이나 잘 차려입은 몸과 같은 성적 신호가 포함될 수 있다(Brotto & Heiman, 2007; Dosch, Rochat, Ghisletta, Favez, & Van der Linden, 2016). 명상에 관심이 없는 내담자에게는 비판 없이 자신이 하고 있는 일과 경험하는 일에 집중하도록 지시하는 것으로 충분하다. 이 기술은 "나는 파트너의 살결을 어루만지고 있습니다. 파트너의 살결은 매끄럽고 나는 기분이 좋아집니다."라는 긍정적인 코멘트를 추가함으로써 향상될 수 있다. 남성의 생각이 육체적 친밀감을 즐기는 데 집중되면 높은 성욕을 경험할 가능성이 높아진다(Shrier & Blood, 2016).

• 우회함으로 욕망을 시동 걸기

성관계 행위에 성욕이 분명히 존재하지만 성행위에 선행하지 않는 경우('성관계를 하고 싶은 생각은 없지만 성행위를 할 때면 항상 즐기기에 왜 더 자주 성행위를 하고 싶지 않은지 의아하게 생각한다'), 커플은 먼저 욕구가 없는 상태일지라도 성관계를 함으로써 욕구가 '다시 발생할 수 있도록' 격려할 수 있다. 욕구가 반응적일 수 있다는 것을 설명하는 것은 유용하다. 즉, 욕구는 성관계 중에 경험하는 성적 흥분에 의해 촉발될 수 있다(Basson, 2001). 다양한 이유로 행해지는 성행위는 성적 흥분을 유발할 수 있어 종종 발생하는데, 이러한 흥분에 반응하여 성욕은 성적 자극을 지속하거나 증가시키려는 욕구로 나타난다. 먼저, 성관계를 한다는 생각은 일부 자위행위로 확장될 수 있다. 욕구가 낮은 파트너는 파트너와 성관계를 시작하기 전에 흥분하기 위해 공상을 사용할 수 있다[앞서 설명한 '미리 온도 올려놓기' 기술 참조]. 이것은 파트너가 욕구를 회복하는 데 도움이 될 것이다. 우선 인터넷이나 다른 형태의 성인물을 이용하여 욕구를 자극하는 차원에서 이 욕구의 격차를 좁히는 데 사용될 것인지, 아니면 과거에 파트너와 거리를 두기 위해 사용되었는지 여부를 판단해야 한다. 만약 그렇다면, 동일한 목적으로 다시 사용될 가능성이 높다(Mcarthy & McDonald, 2009). 이 경우, 커플은 에로티카(erotica)[1]는 함께 나누어야 하는 활동이며 결코 분리되어야 할 활동이 아니라는 충고를 받을 수 있다. 여기서 에로티카는 성인물에 비해 성에 대한 그래픽을 덜 묘사하고 있어, 파트너와 함께 볼 경우 성인물을 볼 때 발생할 수 있는 정서적 거리감이 줄어들 수 있다.

파트너에 대한 성적 끌림이 부족할 때 임상적 문제가 발생한다. 만약 부족한 성적 끌림이 중재될 수 있다면(예: 신발 도착증이 있는 남성은 그의 아내에게 하이힐을 신도록 설득할 수 있고, 그녀도 동의할 수 있음), 치료사는 커플이 이러한 변화를 협상하도록 도울 수 있다. 부족한 성적 끌림이 변화시킬 수 없는 신체적 특성(예: 나이) 때문이라면 이중 통제 모델(Bancroft & Janssen, 2000)이 개념적으로 도움이 된다. 기본적으로 이 이론은 남성이 성적 흥분과 성적 억제 신호를 동시에 경험한다고 가정한다. 흥분 신호의 수가 억제 요인의 수보다 많으면 성욕과 흥분이 일어난다. 성 치료는 흥분 신호의 균형을 개선하는 데 활용될 수 있다. 예를 들어, 잭(Jack)은 사랑스러운 또래 여성과 늦게 결혼했다. 그녀가 자신의 좋은 파트너라고 생각하지만 오랜 시간 동안 성적 경험이 성인물에 한정되어 있었기 때문에 아내의 희끗희끗한 음모와 그 나이 또래에 보이는 징후에 흥미를 잃었다. 그는 이러한 특징들에 집착하게 되었고 곧 그녀와의 성관계에 대한 욕구를 잃었다. 치료를 받는 동안 그는 자신이 좋아하는 긍정적인 신체적 특징, 만질 때 느끼는 감정, 아내에 대한 정서적 애착에 집중하는 법을 배웠고, 이는 그의 성욕과 성적 즐거움을 증가시켰다.

---

1 역자 주: 성애물이라고도 하며, 성을 다룬 문학이나 예술 작품을 뜻한다.

사례

더그(Doug)와 잰(Jan)은 더그의 성에 대한 관심 부족으로 낮은 성관계 빈도(두 달에 한 번)를 호소하며 치료를 받으러 왔다. 잰은 이 문제로 인해 매우 혼란스러웠고, 더그는 성관계 부족이 아니라 잰이 불행하다는 사실에 좌절하고 "내가 왜 이러는지 모르겠어. 미안해."라고 말했다. 성관계 빈도는 결혼 기간 동안 감소해 왔지만 지난 1년 반 동안 잰까지 놀랄 만큼 낮은 수준이 되었다.

잰과 더그는 결혼하여 (13년) 두 명의 학령기 자녀가 있다. 잰은 전업주부로, 더그와의 주말 나들이, 친구들과의 저녁 식사, 여행 계획 등 매우 활동적인 사교 일정을 가지고 있다. 더그는 이러한 노력에 감사하고 즐겼지만, 여전히 '섹스할 기분은 아니었다'고 말했다. 두 사람은 서로의 관계에 대해 '매우 좋다'고 말했다. 개인 회기에서 잰은 자신의 고통을 재차 강조하며 더그의 성적 무관심에 대한 혼란스러움을 보고했고, 더그는 자신의 관계에 대한 불만을 솔직하게 이야기하며 잰에 의해 통제되고, 소소한 것까지 간섭받으며 느끼는 굴욕스러운 감정을 표현했다. 한번은 잰이 식기 세척기 사용법에 대해 조언한 적이 있는데, 당시 더그는 "난 아무것도 제대로 할 수 없어!"라고 했던 일을 이야기했다. 더그는 섹스에 대해서도 이렇게 느낀다고 했다. 그는 잰이 원하는 대로 할 수밖에 없었고, 변화의 가능성은 보이지 않았다. 내가 왜 이러한 문제에 대해 잰에게 말하지 않았는지 묻자 더그는 잰의 감정을 상하게 하고 싶지 않다고 말했다. 그는 결혼 초기에 잠깐 바람을 피웠다고 했다. 잰이 아직 그 사실을 전혀 모르고 있었을 때 그녀에게 이혼을 요구했지만 잰이 심각한 우울 증세로 입원하자 이혼을 철회했다. 더그는 죄책감을 느꼈다. 그는 그 후 10년 동안 최고의 남편이 되기 위해 열심히 노력했다. 이로 인해 더그는 욕구를 억누르는 것 외에는 몇 년 동안 쌓인 작은 상처와 좌절을 해소할 길이 없었다. 하지만 그는 성적 배출구가 있었다. 그는 '행복한 마무리'를 제공하는 안마시술소의 단골 고객이었다. 그는 팁을 잘 주고 자신은 안마사가 가장 좋아하는 고객이라고 상상했다.

더그는 적어도 그들이 치료하는 동안, 안마시술소를 방문하지 않고 아내와의 성관계에 모든 관심을 집중하기로 동의했다. 성 치료는 더그와 잰이 더 유연하고 흥미진진한 성적 각본을 생각해 낼 수 있도록 돕는 데 초점을 맞췄다. 더그가 걱정했던 것처럼 잰은 성관계를 할 수 있는 올바른 방법이 있다고 느꼈고, 이것이 그들이 하고 있는 일이었다. 그녀가 관심을 갖는 변화로는 침대 위의 장미 꽃잎, 향이나 초 피우기, 낭만적인 음악 등이었다. 더그에게는 이들 중 어느 것도 의미가 없었다(불쾌하지도 않았지만 흥미롭지도 않았음). 잰은 성관계를 개선하는 데 많은 에너지를 쏟고 있었다. 더그는 비난받을까 두려워 새로운 것을 시작하는 것을 꺼렸다. 그들은 수년 전 적용했던 것을 실행했다. 잰은 노력했지만 더그의 반응 부족은 둘 다 성관계가 더 나아질 수 없다는 절망감을 느끼게 했다. 이것은 과거의 외도와 현재의 안마시술소 이용을 정당화했고, 더그가 자신의 분노를 표현하는 (수동적인) 방법이었다. 잰은 문제가 있다는 것을 알고 있었지만 그녀의 경직된 성적 태도는 성 자체가 문제가 아니라 더그가 문제라고 생각하게 했다. 그래서 성적 각본을 조금 수정해 달라고 요청했다. 여기에는 구강 성교와 성교를 위한 자세 변경, 성관계가 불가피하게 삽입으로 끝나지 않도록 성관계 시간 변경, 다양한 유형의 수동 자극 시도, 좀 더 낭만적이거나 분위기 있는 접촉 등이 포함된다. 더그와 잰은 이러한 훈련에 순응했지만 잰은 처음에 걱정과 불안을 가지고 접근했다. 더그는 계속 낮은 욕구와 씨름했고 훈련하는 동안 '나는 지금 성관계를 가져야 한다. 잰은 항상 참았어.'라며 죄책감을 느꼈다. 그는 흥분하는 데 어려움을 겪었고 치료 초기에는 절정감에 도달하지 못했다.

 개인 회기를 단독적으로 진행함으로써 잰은 '적절한' 성행위에 대한 고정관념에서 벗어날 수 있었고 더그에게는 치료가 진행됨에 따라 외도에 대한 자신의 죄책감, 더 나아가 안마시술소에 대한 죄책감을 다루는 데 도움이 되었다. 커플 회기는 잰의 현재 심리적 안정(분노를 견디고 새로운 것에 도전하는 것에 대한 불안에 대처할 수 있음)을 인정하면서 성에 대한 소통을 개선하고 분노를 처리하는 데 초점을 맞췄다. 회기 중 그들의 성적 각본을 수정하는 데 동의하면서 더그에게 집에서도 변화를 적용하도록 책임지게 함으로써 잰은 더그에게 만족감을 줄 수 있었고, 더그가 성적으로 더 긍정적으로 될 수 있는 기술과 자신감을 얻을 수 있게 되었다. 마음챙김 훈련은 더그가 실패나 비판에 대해 되새기기보다는 즐거운 육체적 감각에 집중하는 데 도움이 되었다. 진행은 더디었지만 결국 잰은 덜 불안해지고 더그는 성적으로 더 흥분되고 오르가슴을 느끼게 되었다. 일단 성 훈련이 더 이상 처방되지 않자, 성의 빈도는 다소 감소했지만, 더그는 기쁘게도 성관계가 그립고 아내와 성관계를 하고 싶어 한다는 것을 알게 되었다. 18개월간의 치료 끝에, 더그와 잰은 한 달에 두 번 정도 성관계를 갖는 것에 만족했고, 두 사람 모두 흥분과 절정감을 느꼈다. 더그는 안마시술소로 돌아가지 않았다. 더그와 잰은 성생활의 다양성을 유지하기 위한 자료를 제공받기 위해 성과 관련된 책을 구입했다.

🔑 치료 효과: 연구 및 향후 방향

최근에는 장기적인 관계에서 성욕 유지 연구에 대한 관심이 높아지고 있으며(Mark & Lasslo, 2018), 이러한 연구에서 수집된 정보는 현재 치료 옵션에 통합되고 있다(Muise, Boudreau, & Rosen, 2017과 비교). 저조한 남성의 욕구를 증가시키기 위해 배우고 사용할 수 있는 요소들이 무엇인가를 결정하기 위해서는 아직 연구가 필요하다.

욕구를 되찾을 수 있는 효과적인 약을 찾기 위해 수백만 달러를 썼음에도 불구하고, 아직까지 발견된 것은 없다. 사회신경내분비학(사회적 행동이 사회적 환경에서 호르몬에 미치는 영향에 대한 연구) 분야에서 엄격히 생물학적인 접근으로는 제시할 수 없는 해답을 제공할 수 있기를 바란다. 성에 관한 한, 성적 건강과 행복을 이해하고 개선하는 데 생물학적ㆍ관계적ㆍ정서적ㆍ문화적 맥락을 이해하고 개선하는 게 필수라는 인식이 확산되고 있다(Heiman, 2013; van Anders, 2012). 이러한 것들은 알약에서는 찾을 수 없는 것이다.

참고문헌

American Psychiatric Association (2013). *Diagnostic and Statistical Manual of Mental Disorders* (5th ed.). Author.

Apfelbaum, B. (2000). RE; a much-misunderstood syndrome. In S. Lieblum & R. Rosen (Eds.), *Principles and Practice of Sex Therapy* (2nd ed.). Guilford Press.

Baillargeon, J., Urban, R. J., Ottenbacher, K. J., Pierson, K. S., & Goodwin, J. S. (2013). Trends in Androgen prescribing in the United States, 2001 to 2011. *JAMA Internal Medicine, 173*(15), 1465-1466. doi: 10.1001/jamainternmed.2013.6895.

Bancroft, J. (2009). *Human Sexuality and Its Problems* (3rd ed.). London: Churchill Livingstone.

Bancroft, J., & Janssen, E. (2000). The dual control model of male sexual response: A theoretical approach to centrally mediated erectile dysfunction. *Neuroscience & Biobehavioral Reviews, 24*(5), 571-579. doi: 10.1016/S0149-7634(00)00024-5.

Basson, R. (2001). Using a different model for female sexual response to address women's problematic low sexual desire. *Journal of Sex and Marital Therapy, 27*, 395-403. doi: 10.1080/713846827.

Baumeister, R. F., Catanese, K. R., & Vohls, K. D. (2001). Is there a gender difference in strength of sex drive? Theoretical views, conceptual distinctions, and a review of relevant evidence.

Personality and Social Psychology Review, 5, 242-273. doi: 10.1207/S15327957PSPR0503_5.

Bergeron, S., Rosen, N. O., & Pukall, C. F. (2014). Genital pain in women and men: It can hurt more than your sex life. In Y. M. Binik & K. S. Hall (Eds.), *Principles and Practices of Sex Therapy*. Guilford Press.

Birnbaum, G. E., Weisberg, Y. J., & Simpson, J. A. (2011). Desire under attack: Attachment orientations and the effects of relationship threat on sexual motivations. *Journal of Social and Personal Relationships, 28*(4), 448-468. doi: 10.1177/0265407510381932.

Bogaert, A. F. (2004). Asexuality: Prevalence and associated factors in a national probability sample. *Journal of Sex Research, 41*, 279-287. doi: 10.1080/00224490409552235.

Brotto, L. A. (2010). The DSM diagnostic criteria for Hypoactive Sexual Desire Disorder in men. *Journal of Sexual Medicine, 7*, 2015-2030. doi: 10.1111/j.1743-6109.2010.01860.x.

Brotto, L. A., & Heiman, J. H. (2007). Mindfulness in sex therapy: Applications for women with sexual difficulties following gynecological cancer. *Sexual and Relationship Therapy, 22*(1), 3-11. doi: 10.1080/14681990601153298.

Carvalho, J., & Nobre, P. (2011). Biopsychosocial determinants of men's sexual desire: Testing an integrative model. *Journal of Sexual Medicine, 8*(3), 754-763.

Christensen, B. S., Grønbæk, M., Osler, M., Pedersen, B. V., Graugaard, C., & Frisch, M. (2011). Associations between physical and mental health problems and sexual dysfunctions in sexually active Danes. *Journal of Sexual Medicine, 8*, 1890-1902. doi: 10.1111/j.1743-6109.2010.02145.x.

Clayton, A. (2013). The impact of antidepressant-associated sexual dysfunction on treatment adherence in patients with major depressive disorder. *Current Psychiatry Reviews, 9*, 293-301. doi: 10.2174/15734005113096660007.

Clayton, A., & Ramamurthy, S. (2008). The impact of physical illness on sexual dysfunction. *Advances in Psychosomatic Medicine, 29*, 70-88. doi: 10.1159/000126625.

Corona, G., Isidori, A. M., Buvat, J., Aversa, A., Rastrelli, G., Hackett, G., ⋯ & Maggi, M. (2014). Testosterone supplementation and sexual function: A meta-analysis study. *Journal of Sexual Medicine, 11*(6), 1577-1592.

Corona, G., Mannucci, E., Petrone, L., Giommi, R., Mansani, R., Fei, L., ⋯ Maggi, M. (2004). Psycho-biological correlates of hypoactive sexual desire in patients with erectile dysfunction. *International Journal of Impotence Research, 16*, 275-281. doi: 10.1111/j.1743-6109.2010.01812.x.

Corona, G., Rastrelli, G., Ricca, V., Jannini, E. A., Vignozzi, L., Monami, M., ⋯ & Maggi, M. (2013). Risk factors associated with primary and secondary reduced libido in male patients with sexual dysfunction. *Journal of Sexual Medicine, 10*(4), 1074-1089. doi: 10.1111/jsm.12043.

Dosch, A., Rochat, L., Ghisletta, P., Favez, N., & Van der Linden. (2016). Psychological factors involved in sexual desire, sexual activity, and sexual satisfaction: A multi-factorial perspective. *Archives of Sexual Behavior, 45*, 2029-2045. doi: 10.1007/s10508-014-0467-z.

Drearden, L. (2009, Feb). FGM conviction: Mother of girl, 3, becomes first person found guilty of female genital mutilation in UK *The Independent*. Available at: www.independent.co.uk/news/uk/crime/fgm-first-uk-convictionmother-three-year-old-female-genital-mutilation-witchcraft-london-a8758641.html

Enzlin, P. (2014). Sexuality in the context of chronic illness. In Y. M. Binik & K. S. Hall (Eds.), *Principles and Practices of Sex Therapy*. Guilford Press.

Eplov, L., Giraldi, A., Davidsen, M., Garde, K., & Kamper-Jurgensen, F. (2007). Sexual desire in a nationally representative Danish population. *Journal of Sexual Medicine, 4*, 47-56. doi: 10.1111/j.1743-6109.2006.00396.x.

Ferreira, L. C., Fraenkel, P., Narciso, I., & Novo, R. (2015). Is committed desire intentional? A qualitative exploration of sexual desire and differentiation of self in couples. *Family Process, 54*(2), 308-326. doi: 10.1111/famp.12108.

Fugl-Meyer, A. R., & Fugl-Meyer, K. S. (2002). Sexual disabilities are not singularities. *International Journal of Impotence Research, 14*, 487-493. doi: 10.1038/sj.ijir.3900914.

Fugl-Meyer, A. R., & Sjogren Fugl-Meyer, K. (1999). Sexual disabilities, problems and satisfaction in 18-74 year old Swedes. *Scandinavian Journal of Sexology, 2*, 79-105. doi: 10.1176/appi.ajp.2008.08050714.

George, W. H., Norris, J., Nguyen, H. V., Masters, T., & Davis, K. C. (2014). Sexuality and health. In D. L. Tolman & L. M. Diamond (Eds.), *APA Handbook of Sexuality and Psychology*. APA Books.

Gottman, J. M. (1994). *What Predicts Divorce: The Relationship Between Marital Processes and Marital Outcomes*. Lawrence Erlbaum Associates.

Hall, K. (2004). *Reclaiming Your Sexual Self: How to Bring Desire Back into Your Life*. John Wiley and Sons.

Hall, K. S. (2017). Treating sexual problems in survivors of sexual trauma. In *The Wiley Handbook of Sex Therapy*, 389-406. John Wiley and Sons.

Hall, K. S., & Graham, C. (2012). Introduction. In K. S. Hall & C. A. Graham (Eds.), *The Cultural Context of Sexual Pleasure and Problems: Psychotherapy with Diverse Clients*. Routledge.

Hall, K. S., & Graham, C. A. (2014). Culturally sensitive sex therapy: The need for shared meanings in the treatment of sexual problems. In Y. M. Binik & K. S. Hall (Eds.), *Principles and Practices of Sex Therapy*. Guilford Press.

Heiman, J. (2013). Introduction. In D. L. Tolman & L. M. Diamond (Eds.), APA *Handbook of*

Sexuality and Psychology. APA Books.

Janssen, E. (2011). Sexual arousal in men: A review and conceptual analysis. *Hormones and Behavior, 59*, 708-716. doi: 10.1016/j.yhbeh.2011.03.004.

Janssen, E., McBride, K. R., Yarber, W., Hill, B. J., & Butler, S. M. (2008). Factors that influence sexual arousal in men: A focus group study. *Archives of Sexual Behavior, 37*, 252-265. doi: 10.1007/s10508-007-9245-5.

Kaplan, H. S. (1979). *Disorders of Sexual Desire.* Brunner Mazel.

Katz, J., & Farrow, S. (2000). Heterosexual adjustment among women and men with non-traditional gender identities: Testing predictions from self-verification theory. *Social Behavior and Personality: An International Journal, 28*(6), 613-620. doi: 10.2224/sbp.2000.28.6.613.

Kedde, H., Donker, G., Leusink, P., & Kruijer, H. (2011). The incidence of sexual dysfunction in patients attending Dutch general practitioners. *International Journal of Sexual Health, 23*(4), 269-277. doi: 10.1080/19317611. 2011.620686.

Klusmann, D. (2002). Sexual motivation and the duration of partnership. *Archives of Sexual Behavior, 31*(3), 275-287. doi: 10.1023/A:1015205020769.

Lalor, K., & McElvaney, R. (2010). Child sexual abuse, links to later sexual exploitation/high-risk sexual behavior, and prevention/treatment E.T. programs. *Trauma, Violence, & Abuse, 11*(4), 159-177. doi: 10.1177/1524838010378299.

Laumann, E. O., Glasser, D. B., Neves, R. C. S., & Moreira, D. C. J. (2009). GSSAB Investigators' Group: A population based survey of sexual activity, sexual problems and associated help-seeking behavior patterns in mature adults in the United States of America. *International Journal of Impotence Research, 21*, 171-178. doi: 10.1038/ijir.2009.7.

Laumann, E. O., Paik, A., & Rosen, R. (1999). Sexual dysfunction in the United States: Prevalence and predictors. *Journal of the American Medical Association, 281*, 537-544. doi: 10.1016/j.jsxm.2018.03.086.

Leif, H. (1977). Inhibited sexual desire. *Medical Aspects of Human Sexuality, 7*, 94-95.

Levine, S. B. (1987). More on the nature of sexual desire. *Journal of Sex & Marital Therapy, 13*, 35-44. doi: 10.1080/00926238708403877.

Lewis, R. W., Fugl-Meyer, K. S., Corona, G., Hayes, R. D., Laumann, E. O., Moreira, E. D., Jr., ··· Segraves, T. (2010). Definitions/epidemiology/risk factors for sexual dysfunction. *Journal of Sexual Medicine, 7*, 1598-1607. doi: 10.1111/j.1743-6109.2010.01778.x.

Mark, K. P., & Lasslo, J. A. (2018). Maintaining sexual desire in long-term relationships: A systematic review and conceptual model. *The Journal of Sex Research, 55*(4-5), 563-581. doi: 10.1080/00224499.2018.1437592.

Marsh, M. (2017). The sexuality focused genogram. In R. DeMaria, G. Weeks, & M. Twist,

Focused genograms (2nd ed., pp. 217-248). Routledge.

Masters, W., & Johnson, V. (1966). *Human sexual response.* Little Brown & Co.

Maurice, W. L. (1999). Low sexual desire in men and women. *Sexual Medicine in Primary Care.* Mosher, 159-191.

McCarthy, B., & McDonald, D. (2009). Assessment, treatment, and relapse prevention: male hypoactive sexual desire disorder. *Journal of Sex & Marital Therapy, 35,* 58-67. doi: 10.1080/00926230802525653.

McCarthy, B., & Wald, L. M. (2015). Strategies and techniques to directly address sexual desire problems. *Journal of Family Psychotherapy, 26*(4), 286-298. doi: 10.1080/08975353.2015.1097282.

Meana, M., & Steiner, E. T. (2014). Hidden disorder/hidden desire: Presentations of low sexual desire in men. In Y. M. Binik & K. S. Hall (Eds.), *Principles and Practice of Sex Therapy.* Guilford Press.

Miller, W. R., & Rose, G. S. (2010). Motivational interviewing in relational context. *American Psychologist, 65*(4), 298-299. doi: 10.1037/a0019487.

Mona, L. R., Syme, M. L., & Cameron, R. P. (2014). A disability-affirmative approach to sex therapy. In Y. M. Binik & K. S. Hall (Eds.), *Principles and Practices of Sex Therapy* (5th ed.). Guilford Press.

Morgentaler, A. (2013). *Why Men Fake It: The Totally Unexpected Truth about Men and Sex.* Henry Holt & Co.

Morin, J. (1995). *The Erotic Mind: Unlocking the Inner Sources of Sexual Passion and Fulfillment.* Harper Collins.

Muise, A., Boudreau, G. K., & Rosen, N. O. (2017). Seeking connection versus avoiding disappointment: An experimental manipulation of approach and avoidance sexual goals and the implications for desire and satisfaction. *The Journal of Sex Research, 54*(3), 296-307. doi: 10.1080/00224499.2016.1152455.

Murray, S. H., & Milhausen, R. R. (2012). Sexual desire and relationship duration in young men and women. *Journal of Sex & Marital Therapy, 38*(1), 28-40. doi: 10.1080/0092623X.2011.569637.

Murray, S. H., Milhausen, R. R., Graham, C. A., & Kuczynski, L. (2017). A qualitative exploration of factors that affect sexual desire among men aged 30 to 65 in long-term relationships. *The Journal of Sex Research, 54*(3), 319-330. doi: 10.1080/00224499.2016.1168352.

Najman, J. M., Dunne, M. P., Boyle, F. M., Cook, M. D. & Purdie, D. M. (2003). Sexual dysfunction in the Australian population. *Australian Family Physician, 32,* 951-954.

Nichols, M. (2014). Therapy with LGBTQ clients: Working with sex and gender variance from a Queer Theory perspective. In Y. M. Binik & K. S. Hall (Eds.), *Principles and Practices of Sex Therapy* (5th ed.) (pp. 309-333). Guilford Press.

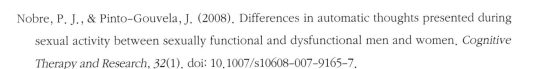

Nobre, P. J., & Pinto-Gouvela, J. (2008). Differences in automatic thoughts presented during sexual activity between sexually functional and dysfunctional men and women. *Cognitive Therapy and Research, 32*(1). doi: 10.1007/s10608-007-9165-7.

Peixoto, M. M., & Nobre, P. (2016). Personality traits, sexual problems and sexual orientation: An empirical study. *Journal of Sex and Marital Therapy, 43*(3), 199-213. doi: 10.1080/0092623X.2014.985352.

Perel, E. (2007). *Mating in captivity: Unlocking Erotic Intelligence.* Harper Perennial.

Raisanen, J. C., Chadwick, S. B., Michalak, N., & van Anders, S. M. (2018). Average associations between sexual desire, testosterone, and stress in women and men over time. *Archives of Sexual Behavior, 47*, 1613-1631. doi: 10.1007/s10508-018-1231-6.

Regan, P. C., & Berscheid, E. (1996). Beliefs about the state, goals and objects of sexual desire. *Journal of Sex & Marital Therapy, 22*, 110-120. doi: 10.1080/00926239608404915.

Rosen, R., Brown, C., Heiman, J., Leiblum, S., Meston, C., Shabsigh, R., D'Agostino, R., Jr. et al. (2000). The Female Sexual Function Index (FSFI): A multidimensional self-report instrument for the assessment of female sexual function. *Journal of Sex & Marital Therapy, 26*, 191-208.

Rosen, R. C., Cappelleri, J. C., & Gendrano, N. (2002). The international index of erectile function (IIEF): A state-ofthe-science review. *International Journal of Impotence Research, 14*, 226-244. doi: 10.1038/sj.ijir.3900857.

Rosen, R. C., Miner, M. M., & Wincze, J. P. (2014). Erectile dysfunction: Integration of medical and psychological approaches. In Y. M. Binik & K. S. Hall (Eds.), *Principles and Practices of Sex Therapy* (5th ed.) (pp. 61-88). Guilford Press.

Rust, J., & Golombok, S. (2007). *The Handbook of the Golombok Rust Inventory of Sexual Satisfaction(GRISS).* Pearson Assessment.

Sanchez, D. T., Crocker, J., & Boike, K. R. (2005). Doing gender in the bedroom: How investment in gender norms affects the sexual experience. *Personality and Social Psychology Bulletin, 31*, 1445-1455. doi: 10.1177/0146167205277333.

Segraves, K. B., & Segraves, K. R. T. (1991). Hypoactive sexual desire disorder: Prevalence and comorbidity in 906 subjects. *Journal of Sex & Marital Therapy, 17*, 55-58.

Shrier, L. A., & Blood, E. A. (2016). Momentary desire for sexual intercourse and momentary emotional intimacy associated with perceived relationship quality and physical intimacy in heterosexual emerging adult couples. *The Journal of Sex Research, 53*(8), 968-978. doi: 10.1080/00224499.2015.1092104.

Stoltenborgh, M., van IJzendoorn, M. H., Euser, E. M., & Bakermans-Kranenburg, M. J. (2011). A global perspective on child sexual abuse: Meta-analysis of prevalence around the world. *Child Maltreatment, 16*(2), 79-101. doi: 10.1177/1077559511403920.

Traen, B., Štulhofer, A., & Carvalheira, A. (2013). The associations among satisfaction with the division of housework, partner's perceived attractiveness, emotional intimacy, and sexual satisfaction in a sample of married or cohabiting Norwegian middle-class men. *Sexual and Relationship Therapy, 28*(3), 215-229. doi: 10.1080/14681994.2013.808323.

van Anders, S. M. (2012). Testosterone and sexual desire in healthy women and men. *Archives of Sexual Behavior, 41*(6), 1471-1484. doi: 10.1007/s10508-012-9946-2.

van Anders, S. M., Goldey, K. L., & Bell, S. N. (2014). Measurement of testosterone in human sexuality research: Methodological considerations. *Archives of Sexual Behavior, 43*(2), 231-250. doi: 10.1007/s10508-013-0123-z.

Wallen, K. (2000). Risky business: Social context and hormonal modulation of primate sexual drive. In K. Wallen & J. F. Schneider (Eds.), *Reproduction in Context: Social and Environmental Influences on Reproductive Physiology and Behavior* (pp. 289-323). Massachusetts Institute of Technology.

Weeks, G. R., & Gambescia, N. (2000). *Erectile Dysfunction: Integrating Couple Therapy, Sex Therapy, and Medical Treatment.* W. W. Norton.

Weeks, G. R., & Gambescia, N. (2015). Definition, Etiology, and Treatment of Absent/Low Desire in Women. In K. Hertlein, G. Weeks, & N. Gambescia (Eds.), *Systemic Sex Therapy.* Routledge/Taylor & Francis Group.

Weeks, G. R., & Gambescia, N. (2016). A systemic approach to sensate focus. In G. R. Weeks, S. T. Fife, & C. Peterson (Eds.), *Techniques for the couple therapist: Essential interventions from the experts.* Routledge.

Weiner, L., & Avery-Clark, C. (2014). Clarifying Masters and Johnson's sensate focus. *Sexual and Relationship Therapy,* (ahead of print), 1-13.

Wiederman, M. W., & Sarin, S. (2014). Body image and sexuality. In Y. M. Binik & K. S. Hall (Eds.), *Principles and Practices of Sex Therapy.* Guilford Press.

Woo, J. S. T., Morshedian, N., Brotto, L. A., & Gorzalka, B. B. (2012). Sex guilt mediates the relationship between religiosity and sexual desire in East Asian and Euro-Canadian college-aged women. *Archives of Sexual Behavior, 41*(6), 1485-1495. doi: 10.1007/s10508-012-9918-6.

World Health Organization (2002). The World health Report: 2002: Reducing the risks, promoting healthy life. World Health Organization. https://apps.who.int/iris/handle/10665/42510

Zilbergeld. B., & Ellison, C. R. (1980). Desire discrepancies and arousal problems in sex therapy. In S. R. Leiblum & L. A. Pervin (Eds.), *Principles and Practice of Sex Therapy* (pp. 65-101). Guilford Press.

제**5**장

발기장애의 체계론적 치료

··Systemic Sex Therapy··

제5장
발기장애의 체계론적 치료

Nancy Gambescia·Gerald R. Weeks

 서론

발기장애는 남성의 성적 흥분과 발기 능력을 지속적으로 억제하여 만족스러운 성적 경험을 하지 못하게 한다. 발기장애가 있는 남성은 성적 수행과 관련된 우울증 및 불안 증상(Yafi et al., 2016)뿐만 아니라 자존감 저하, 자신감 부족, 기타 고통스러운 감정적 증상 등을 자주 보고한다. 발기장애가 있는 남성의 파트너는 성관계의 어려움으로 인해 고민하게 되고 종종 성적 관심, 자신감 및 만족도가 저하되는 경험을 한다(Chevret, Jaudinot, Sullivan, Marrel, & De Gendre, 2004; Rubio-Aurioles et al., 2009). 시간이 지남에 따라 발기장애는 관계에 대한 불만과 성적 친밀감의 회피로 이어질 수 있다.

남성의 나이가 들어감에 따라 신체적 특성은 점차 임상적 문제에 영향을 미치지만 발기장애는 종종 심리적·관계적·맥락적 역동성 등 다양한 요소를 포함한다. 현재 발기장애에 대한 병인 및 치료를 포함하는 의학 중심의 연구가 가속화되고 있음에도 불구하고 발기장애의 심리치료에 대한 연구는 아직 진전되지 않고 있다. 기질적 원인과 심리적 원인이 결합된 경우, 특히 파트너가 관련되어 있을 때 성 치료와 약물치료를 함께 사용하면 최상의 결과를 얻을 수 있다. 이 책에서 사용된 메타체계접근은 발기장애의 평가 및 치료에 대한 포괄적인 접근 방식을 제공한다.

진단 기준

『정신질환의 진단 및 통계 편람 5판(DSM-5)』은 발기장애의 심리적 징후를 설명한다 (American Psychological Association, 2013). 다음 세 가지 진단 기준 중 적어도 하나는 대부분 의 성행위(75~100%) 시 경험된다. ① 성행위 중 발기가 현저히 어려움, ② 성행위가 끝날 때 까지 발기를 유지하는 데의 현저한 어려움, ③ 발기력의 현저한 감소 등이다. 또한 증상이 최 소 6개월 동안 지속된다. **평생형** 발기장애는 (성적 기능이 시작 된 이후로) 이 문제가 지속적으 로 나타나는 경우이며 드문 징후이다(American Psychiatric Association, 2013). **후천형** 발기장애 는 만족스러운 발기를 하던 남성이 경험하는 것으로 발기장애의 전형적인 형태이다. 후천 형 발기장애는 점진적이거나 갑작스럽게 발병한다. **일반형** 발기장애는 파트너와 함께이든 단독적으로든 모든 상황에서 전반적으로 발생한다. **상황형** 발기장애는 더 흔하게 일어나는 데 특정한 파트너, 특정한 상황 또는 특정한 자극에서만 발생한다.

DSM-5에서 **심각도**라는 용어는 앞서 언급한 증상에 대한 심리적 고통의 정도를 분류하기 위해 사용된다. 고통은 주관적인 현상이며 남성의 나이, 대인관계, 환경 및 기타 신체적, 심 리적 위험 요소의 맥락 안에서 함께 평가되어야 한다.

DSM-5에서 발기장애 진단을 지원하는 관련 특성에는 남성이 가지고 있는 잠재적 의학 문제, 파트너의 성적 상태 및 건강, 관계적 문제, 심리적 영향, 남성의 상황적 스트레스 요 인, 그리고 문화적 요소, 종교적 요소 및 기타 상황적 여러 요소 등이 포함되어 있다. 또한 증상은 주요 우울장애, 일반적으로 처방되는 약물, 물질 또는 약물 남용, 발기장애를 완전히 설명할 수 있는 또 다른 의학적 상태, 욕구의 부족 등의 다른 성 기능 장애에 의한 것이 아니 어야 한다(American Psychiatric Association, 2013).

유병률

역학 연구에 따르면 심혈관 질환, 당뇨병, 질병 치료에 사용되는 약물과 같은 잠재적인 동 반 질환(McCabe et al., 2016)으로 인해 나이가 들면서 발기장애가 점차 증가하는 것이 일관 되게 나타난다(Healya, Nourya, & Manginb, 2017). 그렇다고 발기장애가 노화의 필연적인 결 과는 아니다. 흡연, 비만 및 활동 부족과 같은 수정 가능한 생활 방식 요인도 기질적 발기장애의 유병률을 증가시킬 수 있다. 젊은 남성은 발기장애를 겪을 가능성이 가장 낮고 40세 미만 남성의 유병률은 1~10%이다. 70세 이상의 남성의 50%에서 100%가 발기장애가 있었다고 보고한다(Lewis et al., 2010). 유병률 통계는 심인성 발기장애와 기질적 발기장애를 구분하지 않는다. 또한 발기장애의 유병률은 이성애자와 동성애자에서 거의 비슷하지만 동성애자의 빈도가 다소 높다는 연구도 있다.

메타체계접근

메타체계접근은 이론에 근거하여 많은 치료 방식을 체계론적으로 통합한 광범위한 치료 틀이다. 이 접근 방식은 발기장애의 모든 측면을 살펴보는 데 필요한 관점과 치료에 필요한 도구를 제공한다. 병인학과 치료는 다음의 다섯 가지 특정 영역을 동시에 고려한다. ① 개인의 생물학적·의학적 영역, ② 개인의 심리학적 영역, ③ 관계적 영역, ④ 원가족 영역. ⑤ 사회, 문화, 종교, 물리적 환경 등의 상황적 영역이다. 메타체계접근은 발기 능력에만 초점을 맞추기보다는 남성이나 커플의 성적 만족을 달성하는 것을 목표로 하고 있다(Weeks & Gambescia, 2015 참조).

평가

개인의 생물학적·의학적 영역

기질적 병인학에서 발기장애의 발병은 일반적으로 점진적이며 지속 기간은 장기적이다(Montorsi et al., 2010). 갑작스럽거나 단기간에 발병하는 발기장애는 심인성 원인을 시사한다(Shamloul & Ghanem, 2013). 일반적으로 남자가 잠에서 깨어났을 때 강한 발기가 있다면 그 원인은 아마도 주로 심리적인 것이다(Segraves, Segraves, & Shoenberg, 1987). 병의 원인이 대체로 기질에서 온 경우라도 남성과 그의 파트너는 관계적 영향에 대해 논의하고, 대안 전략을 협상하고, 발기장애에 대한 다양한 치료법에 대해 결정하기 위해 도움이 필요하다(Weeks & Gambescia, 2000).

기질적 발기장애는 근본적인 심혈관 질환 및 의학적 개입이 필요한 기타 신체 질환에 대한 위험 지표로 간주된다(Burnett et al., 2018). 또한 변화 가능한 위험 요인과 발기장애 사이의 실증적으로 중요한 관계를 뒷받침하는 증거가 늘어나고 있다(Kloner & Schwartz, 2011). 따라서 평가의 첫 번째 요소에는 남성의 병력, 건강 상태, 체력, 질병, 장애, 가족병력 등이 포함된다. 파트너의 건강 상태도 평가의 생물학적 부분에서 고려된다.

　치료사는 다음과 같이 발기장애를 유발하거나 발기장애와 관련된 일반적인 건강 상태를 알아야 한다. 기질적 발기장애의 75~80%를 차지하는 당뇨병, 심장병, 고혈압으로 인한 **혈관 변화**, 페이로니병(Peyronie's disease)과 죽상동맥경화증(atherosclerosis)을 포함한 **구조적 이상**, 당뇨병과 생식샘저하증(고환에서 테스토스테론을 충분하게 생성할 수 없는 상태)을 포함한 **내분비 기능 장애**, 간, 신장, 호흡기, 심혈관 질환을 포함하여 일반적인 신체 쇠약을 일으키는 **전신 질환**, 항고혈압제, 항안드로겐제, 주요 신경안정제를 포함한 특정 유형의 **약물**이 사용될 경우 등이다. 선택적 세로토닌 재흡수 억제제를 복용하는 환자의 60%는 몇 가지 형태의 치료적 성 기능 장애를 보고한다(Healya, Nourya, & Mangin, 2017). 그 밖의 기질적인 영향으로는 알츠하이머병, 파킨슨병, 척추손상을 포함한 발기장애 관련 **신경질환**, 전립선에 대한 수술이나 방사선 치료로 인한 조직 손상을 일으키는 **의원성 인자**, 발기 과정에 관여하는 척추, 뇌, 혈관, 인대 또는 신경의 손상 등이 있다(Awad, Alsaid, Bessede, Droupy, & Benoit, 2011).

개인의 심리학적 영역

　발기장애에 대한 파트너의 반응은 현 상황을 완화하거나 악화시킬 수 있다. 남성에게 공포감은 성적으로 경험되고 일반적으로 수행 불안으로 나타난다. 수행 불안으로 인해 남성은 자신이 발기가 충분히 빠르지 않거나, 충분히 강하지 않거나, 충분히 지속되지 않는 것 같다고 인식하게 된다. 일단 발기장애를 단 한 번이라도 경험하게 되면, 이후에도 발기장애가 발생할까 염려되고 부정적인 사고가 점점 증가하게 되어 이후의 발기를 더 어렵게 만들고 자기 가치를 낮게 인식하게 된다. 또한 많은 남성이 어린 나이에 현재의 발기 능력의 기준으로 그들의 성 기능을 삼는 경향이 있다. 남성은 나이가 들어 감에 따라 발기 시간이 더 오래 걸릴 수 있으며, 이러한 사실을 성 기능의 자연스런 변화라기보다 성 기능의 문제로 오해할 수 있다.

　발기장애가 있는 남성은 일반적으로 우울, 불안, 낮은 자존감, 자신감 부족, 좋지 않은 신체 이미지, 경직된 성별의 이상적인 모습에 집착하는 것을 자주 경험한다(McMahon, 2014). 경험적 증거가 항상 심리적 상관관계와 발기장애 간의 쌍방향 인과관계를 나타내는 것은 아니지만 우리의 임상 관찰 결과, 앞서 언급한 증상이 발기장애의 결과뿐만 아니라 발기장애의 주요 원인이라는 것을 확인할 수 있다. 또한 조현병, 양극성장애를 앓고 있는 남성에게서 흥분 및 발기장애 문제가 많이 발생하고 있다(Waldinger, 2015).

　발기장애가 있는 남성은 또한 그들이 성적 상호작용의 결과를 통제할 수 있다는 확신이 부족하다고 보고한다. 이러한 위험 요소는 절망감과 자기 가치의 결여를 영속화한다(Abdo, Afif-Abdo, Otani, & Machado, 2008). 또한 그들은 발기장애에 대해 스스로를 비난하는 경향이 있으며 부정적인 성적 경험에 대해 일반적으로 자책하는 경향이 있다(Rowland, Kostelyka, & Tempela, 2016). 발기장애는 남성 성욕 저하 및 조기사정과 같은 다른 성 기능 장애로 인해 생기기도 하고 다른 장애를 유발시킬 수 있다. 치료사는 남성 또는 그의 파트너에게 다른 성적 문제가 있는지 평가하는 것 외에도 공개되지 않은 정서적 · 성적 외상, 성적 강박행동, 숨겨진 성욕장애 또는 외도에서 비롯된 성적 비밀에 주의를 기울여야 한다. 이러한 것들이 성 반응 주기의 모든 단계에서 방해요인이 될 수 있기 때문이다.

　남성에게 특정한 다른 심리적 위험 요소들은 개별적으로 또는 **공동**의 형식으로 탐구되어야 한다. 성관계를 할 때 불안해하는가? 너무 빨리 사정하는 것이 두려운가? 파트너의 성적 매력에 대한 조사도 필요하다. 파트너가 선호하는 흥분 패턴과 얼마나 유사한가? 치료사는 자위행위에 대한 환상, 선호도, 빈도 및 관행에 대해 질문해야 한다. 또한 성인물 사용 및 그를 자극하는 데 도움이 되는 다른 요소들에 대해 물어보라. 그의 파트너는 에로틱한 자극이 있다고 생각하는 성적인 활동에 참여하기로 동의하나? 마지막으로 그는 발기장애로 가장한 성욕 부족을 겪고 있는 것인가?

관계적 영역

　메타체계접근은 남성의 발기장애를 다룰 때 커플의 회복탄력성을 평가한다(Weeks & Fife, 2014). 긍정적인 관계 요소가 성적 문제의 영향을 완화할 수 있지만 발기장애를 경험하는 커플들은 종종 다양한 수준의 고통을 보고한다. 치료사는 일반적인 관계 역학, 강점, 약점, 의사소통 패턴, 성적 만족도, 갈등 해결 패턴 및 친밀한 관계를 갖는 커플의 능력을 평가한다. 문제에 대한 파트너의 반응과 그들이 어떻게 발기장애를 유발하거나 유지했는지 평가해야 한다. 예를 들어, 우리는 여성 대다수가 파트너의 발기장애에 공감과 연민을 나타내지만 비판적이거나, 화를 내거나, 상처받거나, 참을성이 없는 파트너는 남성의 불안을 가중시켜 문제를 악화시킬 수 있다는 것을 발견했다.

커플이 겪을 수 있는 다른 관계 문제와는 별개로 발기장애가 있는 남성은 파트너가 겪을 스트레스에 대해 걱정할 뿐만 아니라 자신의 성 수행 능력에 대한 불안도 짊어지고 있다 (Rowland & Kolba, 2018). 발기장애가 있는 남성의 파트너는 종종 자신들의 욕구가 부족함을 걱정하거나, 성욕의 감소, 성을 회피하고 싶은 마음 등 그들만의 성적 어려움을 가지고 있을 수 있다. 성에 대한 불만은 커플이 흥분과 쾌감을 느끼지 못해서라기보다 오히려 무엇이 잘못되면 어떻게 하나 하는 걱정에서 비롯된다. 이러한 성적 고통의 순환 패턴은 결국 관계 만족도를 낮추게 할 것이다.

발기장애의 관계 영향을 측정하는 또 다른 관점은 완경(폐경), 노화와 같이 연령과 관련된 지표이며 이것들이 커플 관계에 미치는 영향력을 보는 것이다. 파트너는 발달 단계가 비슷한가? 다른 단계에 있는가? 각 파트너의 개인적인 경험은 어느 정도 일치하는가? 양극화되는가? 예를 들어, 노년 남성은 테스토스테론 수치와 발기 회복력이 영향을 받을 수 있는 '남성 갱년기'의 신체적, 심리적 결과에 부담을 느낄 수 있다. 그가 갱년기나 그 이후를 겪고 있는 여성과 파트너 관계를 맺는다면 그들의 성적, 관계적 만족도에 상당한 영향을 미칠 수 있다. 자니니와 나피(Jannini & Nappi, 2017)는 '커플 일시 중지(couplepause)'라는 용어를 사용하여 발기장애가 복잡한 상황별 개발 환경에서 발생할 수 있으며, 양쪽에 지대한 영향을 미칠 수 있음을 강조했다.

커플이 치료에 참여하고 치료사가 과정을 안내하면 철저한 관계 평가가 유기적으로 이루어질 것이다. 앞서 언급했듯이, 성적 문제는 관계 역학에 포함되며 그 반대의 경우 각각 서로에게 영향을 미치게 된다. 치료사는 분노, 원한, 권력 다툼과 같은 별도의 관계적 위험 요소에 주의를 기울여야 한다. 이러한 문제는 커플의 성적 문제 경험을 유지하거나 악화시킬 것이기 때문이다.

연구에 따르면 성적 만족도와 관계 만족도는 밀접한 관련이 있으며 매개 변수로서의 의사소통 기능을 한다(Yoo, Bartle-Haring, Day, & Gangamma, 2013). 치료사는 커플에게 전반적인 관계와 성관계에 대한 만족도에 대해 직접 질문해야 한다. 또한 치료사는 성적인 선호에 대한 자기 공개와 토론이 나이 든 커플 사이에서도 가장 유용한 성적 의사소통 형태이기 때문에(Brown & Weigel, 2018), 성적 호불호에 대한 커플의 구체적인 의사소통 능력을 평가하고자 할 것이다(Gillespie, 2017). 마지막으로, 지속적인 성적 만족을 보고하는 커플은 빈번한 성행위, 다양한 성행위, 지속적인 오르가슴, 성행위를 위한 분위기, 성에 대한 의사소통 등을 경험한다(Frederick, Lever, Gillespie, & Garcia, 2016).

원가족 영역

애정, 사랑, 친밀감, 성 역할에 대한 지식의 대부분은 원가족에게서 공공연하게 또는 은밀하게 습득된다. 세대 간 학습의 과정을 통해 얻은 섹슈얼리티에 대한 메시지는 친밀감 및 섹슈얼리티에 대한 감정과 기대를 함께 가져온다. 많은 경우 가족 내 또는 체계론적인 교육 경로를 통해 정확한 성 정보를 획득하지 못하며, 잘못된 정보는 건강한 성 기능에 매우 해로울 수 있다. 실제로 발기장애 남성의 신념 체계에는 성적인 신화, 부정적 자동 사고, 성적 죄책감이 담겨 있는 경우가 많다. 잘못된 성적 정보는 종종 원가족 내에 비밀스런 유산으로 전달된다. 섹슈얼리티에 대한 의사소통의 부족은 성이란 말할 수 없는 것이며 따라서 잘못되거나 나쁘다는 강한 부정적인 메시지를 전달한다. 많은 가족이 가족 구성원의 임신, 낙태, 성적 학대, 외도 및 성적 취향에 대한 비밀을 가지고 있다. 각 개인은 가족에게 무슨 일이 일어났는지 알고 있지만 그 배경을 이해하지 못한다. 그들은 실제로 무슨 일이 일어났는지, 왜 특정 사건이 논의되지 않는지 이해할 수 없다. 성적 비밀, 무지, 내면화된 부정적인 성적 정보, 경계 위반, 가족 기능 장애, 성적 학대는 성 기능에 심각한 악영향을 미칠 수 있다. 애착 유형을 포함한 세대 간에 존재하는 위험 요소는 섹슈얼리티에 대한 다차원적 관점을 제공하는 성적 가계도를 사용하여 접근하고 분석할 수 있다(DeMaria, Weeks, & Twist, 2017).

일단 남성의 내면화된 신념 체계, 세대 간 역동, 성적 기대에 대해 명확히 이해하면 성적 편안함이 크게 개선되는 것을 볼 수 있다. 또한 발기장애에 대하여 파트너에게 내재해 있는 섹슈얼리티의 신념도 사랑, 친밀함, 성적 기대에 대한 신념을 깊이 반영하고 있다.

상황적 영역

섹슈얼리티는 사회문화적 규범, 신념, 선호, 관습, 가치관의 맥락 안에서 이해된다. 문화적 요인은 개인의 자기 도식과 성적 각본에 영향을 미치며 이는 성적 태도, 기대, 행동의 발달에 대한 지침을 제공한다(Aumer, 2014). 만약 성 파트너가 유사한 각본, 기대, 인식을 따른다면 그들의 고통은 상대적으로 낮아야 한다(Wiederman, 2005). 그러나 일반적으로 서로 중복되는 다양한 사회문화적 힘은 개인 내부와 파트너 간에 상충될 수 있어 성적 상호작용에 대한 의미를 부여하고 이해하는 데 어려움을 겪을 수 있다.

상황적 힘은 관계적 · 성적 만족에 영향을 미치며 커플에게 끊임없이 영향을 미친다. 치료사는 재정 및 직업적 스트레스와 같은 상황적 스트레스 요인 외에도 인종, 사회문화적 ·

종교적 신념과 관련된 지속적인 위험 요소를 평가할 것이다. 발기장애의 치료에서 효과적인 성 치료를 실천하기 위해 임상가는 남성과 그의 파트너에게 다양한 환경 문제의 의미를 파악하고 상황별 스트레스 요인의 근원을 이해하는 데 도움을 주어야 하며 민감하고 존중하는 태도로 친밀감에 대한 장벽을 해체하도록 노력해야 한다(Hall & Graham, 2014).

성 이력

발기장애에 대한 메타체계접근의 기초는 각 파트너의 종합적인 성 이력에 있다. 제시된 문제에 주의를 기울여 성적 증상의 원인과 결과에 대한 감정과 생각을 토론할 수 있도록 한다. 파트너에게 스스로 상황을 해결하기 위해 어떤 방법들을 써 보았는지 묻는 것이 도움이 된다. 이 질문은 그들이 종종 문제를 해결하려고 노력했지만, 실패하고 희망이 없다고 좌절하며 느낀 회의감을 논의할 수 있게 한다. 질적 정보와 양적 정보를 포함하여 첫 번째 성적 경험부터 시작해서 성적 타임라인에 대한 대화를 장려한다. 발기장애가 있는 남성과 파트너에게 다른 성적 문제가 있는지 항상 주의하라. 이들의 인지 도식 및 개인 도식과 관계 도식 간의 잠재적 연관성을 탐구한다(Masters, Casey, Wells, & Morrison, 2013).

커플이 감당할 수 있을 정도로 질문의 속도를 조절하고 응답을 명확히 하기 위해 일시 중지하는 등 질문에 있어 유연성은 필수적이다. 처음에는 개방형 질문이 유용하며 나중에는 문제에 대한 보다 구체적인 질문으로 발전할 것이다. 정확한 응답 수준을 높이고 불안을 줄이기 위해 질문의 기본 원칙을 명확히 한다. 많은 사람이 성행위 중 불안한 시기를 겪는데 언제 이런 일이 발생하는지와 같은 더 큰 맥락에서 정상화하여 문제를 해결하는 것이 유익하다. 어떤 성 이력이 있든 간에, 발기장애가 있는 성행위의 종류를 추적하는 것이 중요하다. 단독 성행위 중에 발생하는가, 성인물, 구강 성교, 항문 삽입 여부와 관계없이 발생하는가? 치료사가 항상 성교에만 초점을 맞추고 있다면 이 정보를 보지 못할 수도 있다.

초기 공동 회기 후에는 일반적으로 개인 회기를 통합하여 파트너가 있는 곳에서 논의하기 어려울 수 있는 내용을 다루는 것이 좋다. 개인 회기는 발기장애를 가진 남성에게 유용할 뿐만 아니라 파트너에게 상황을 악화시킬까 봐 보류하고 있을지도 모르는 욕구 불만이나 그 외의 사항을 설명하는 데도 유용하다. 치료사는 어느 쪽이든 비밀이 있다는 것을 발견할 위험이 있다. 치료에서 비밀을 다루는 방법에 대해 논의하는 것은 이 장의 범위를 벗어나는 일이지만, 경험이 많은 치료사는 그러한 상황에 적합한 절차를 마련하게 될 것이다. 자세한 내

용은 윅스, 감베시아와 젠킨스(Weeks, Gambscia, & Jenkins, 2003)를 참조하라.

🔑 치료

발기장애의 치료는 남성과 그의 파트너의 고유한 필요에 맞추어진다. 심리적 고통을 줄이고 자존감을 회복하며 삶의 질을 향상시키고 커플의 성 기능과 만족도를 높이는 것이 치료의 목표이다. 성과 친밀함에 대한 커플의 정의가 확대되고, 성적으로 즐거운 활동의 레퍼토리가 확장된다. 또한 치료는 남성과 그의 파트너가 의료적 선택을 할 시기와 방법, 생활양식의 수정, 발기장애에 기여하거나 그 결과로 발생하는 관계 문제를 다룰 수 있는 기회를 제공한다.

🔑 심리치료

메타체계접근은 여러 치료 방식을 통합하기 때문에 치료사는 개인 및 커플 체계를 함께 다루도록 적절하게 훈련되어야 하며 동시에 여러 가지 심리치료 방법을 사용할 수 있도록 유연해야 한다. 의학적 치료는 발기장애 치료를 위해 심리치료와 함께 사용되는 경우가 많으며, 심리치료나 의학적 치료를 단독으로 사용하는 것보다 통합적으로 접근하는 방식이 (처방이나 지시에) 따르는 정도와 성적 만족도를 향상시키는 데 더 성공적이다(Althof, 2006; Mobley, Khera, & Baum, 2017).

체계론적 사고 촉진하기

치료의 주요 목표는 원인에 관계없이 각 파트너가 성적 증상의 발달 및 유지에 대한 자신의 역할을 이해하고 친밀감과 성적 만족에 대한 장애물을 극복하도록 돕는 것이다. 치료사는 발기장애가 이전에 표현되거나 고려되지 않은 관계적 원인에 의해 발생할 수 있다는 것을 이해하도록 도와줌으로써 성적 발달과 관계 만족 사이의 연관성에 대한 논의에 커플을 참여시킨다. 반대로 발기장애를 경험하면 관계의 불만족으로 이어질 수 있다. 때로는 성욕의 부족이나 조기사정과 같은 기존 성적인 문제나 발기장애에 반응하는 문제가 치료 중에 나타날 수 있다. 발기장애가 발병하기 전과 발병하는 동안의 성관계에 대해 어떻게 느꼈는지, 그리고 현재 그가 가지고 있을 수 있는 다른 걱정들에 대해 토론하도록 커플을 도울 수 있다.

증상 재정의하기

재정의 기술은 남성과 그의 파트너가 증상의 인지적 또는 지각적 의미를 순수하게 개인주의적인 것에서 커플을 위한 기능을 수행하는 것으로 바꾸도록 돕는 방법이다. 재정의는 파트너가 성적인 증상을 한 개인의 문제로만 보지 않도록 도와준다. 치료사는 이 기술을 사용하는 데 있어 편안하고 경험이 있어야 하며 적절하게 사용하면 매우 유용할 수 있다. 예를 들어, 발기장애가 파트너 간에 감정적으로나 육체적으로 '안전하고 편안한' 거리를 유지하기 위한 방법으로 사용될 수 있다. 또한 불쾌하긴 하지만 개인 또는 파트너 간의 성적 친밀감에 대한 갈등을 피할 수 있는 방법을 제공할 수 있다. 커플은 성적인 증상이 그냥 일어난 것이 아니라 근본적인 관계 문제가 발기장애를 일으키고 유지되어 왔으며, 이러한 요인이 치료에서 밝혀지고 다뤄질 수 있다는 것을 이해하는 데 도움을 받을 수 있다. 궁극적으로, 이러한 요소를 이해하고 처리하면 해결이 가능하다고 믿을 수 있다(Weeks, Fife, & Peterson, 2016).

현실적인 기대 지지하기

발기장애 치료의 의료화로 인해 성 기능 장애가 순전히 신체적이며 약물만으로도 쉽게 고칠 수 있다는 개념이 생겨났다. 이러한 지나치게 단순화된 오해는 심리치료가 즉각적인 결과를 낳지 못하거나 심리치료를 따르지 않는 원인이 되는 비관론을 낳을 수 있다. 남성과 그의 파트너는 결국 발기부전이 여러 근본적인 원인이 있는 증상이라는 것을 이해하게 될 것이다. 치료사는 커플이 성적인 증상을 유지하는 잠재적인 위험 요소를 파악하고 수정할 수 있도록 도와주며 선호도, 연령, 신체적 능력에 따라 성적 즐거움에 대한 현실적인 기대를 형성하도록 돕는다. 이 과정에서 치료사는 규범적 섹슈얼리티에 대한 정확한 정보를 지속적으로 제공하거나 행동이나 언어를 통해 표현되는 비현실적 기대를 도전하는 상호작용을 한다. 측정 가능하고 꾸준한 발전을 가져오는 작은 성공을 반복 경험하며 낙관적인 태도를 가질 수 있도록 격려한다.

인지 변화시키기

발기장애를 다루는 커플은 일반적으로 성행위에 대해 집착하고 걱정한다. 또한 성행위 중에 발생하는 문제에 대한 예상과 자기 모니터링은 즐거움을 방해하고 발기장애를 지속시킬 수 있다. 다시 말해, 남성은 전체적인 성적 경험에 초점을 맞추는 것이 아니라 자신의 발기 능력에 지나치게 집중하는 것이다. 그러나 성적 어려움을 유발하는 것은 성적 불안만이 아니라, 이와 관련된 역기능적이고 파국적인 사고이다(예: '나는 다시 발기장애를 겪을 것이다' '파트너는 나를 떠날 것이다' '나는 남자가 아니다. 나는 실패자이다'). 여성 파트너는 종종 자신의 가치나 매력과 관련된 부정적인 인식을 경험하거나 발기장애에 대한 잘못된 견해를 가지고 있다(예: '그는 외도를 하고 있는 것이 틀림없다' '그가 동성애자일까?'). 치료사는 커플이 비합리적인 사고를 인식하고, 그것을 멈추고, 성관계와 관계에 대한 합리적 사고로 대체할 수 있도록 돕는다.

게다가 발기장애가 있는 남성은 성적 흥분을 방해하는 상황적 스트레스 요인이 얼마나 많은지 인식하지 못하면서 음경이 '제멋대로 군다'고 말한다. 인지적 재구성은 커플이 성행위를 넘어서 발기장애가 삶의 고통, 관계 문제, 그리고 아마도 생물학적 요인의 결과라는 복잡한 문제임을 이해하는 데 도움이 된다. 브로더와 골드만(Broder & Goldman, 2013)은 파국적 사고를 방해하고 치료 과정에서 각 파트너의 감정과 동기를 이해하는 데 도움이 되는 인지 단계 모델을 논한다. 그들은 커플이 보다 높은 수준의 성적 만족도와 관계 만족도에 도달할 때 얻을 수 있는 일련의 단계를 만들 수 있도록 돕는다. 각 단계는 감정과 행동에 대한 점진적인 통제를 가능하게 한다.

불안 완화하기

불안과 성 기능 장애 사이의 관계는 임상 문헌에 잘 기록되어 있다(Déttore, Pucciarelli, & Santarnecchi, 2013). 성적 불안은 매우 일반적이며 여러 가지 방법으로 나타날 수 있는데, 발기장애와 관련하여 특히 수행 불안과 반응 불안이라는 두 가지 형태가 피해를 준다. 앞서 언급했듯이 전자는 성관계가 예상될 때나 성관계 중에 나타난다. 예를 들어, 발기장애를 겪는 커플은 남성의 성기에 집중하고 즐거운 감각에 집중하기보다는 발기장애를 염려한다. 반응 불안은 상대방을 위해 자신이 현재 경험하고 있는 것보다 더 많은 욕구를 느껴야 한다고 생각하거나 욕구를 강요하는 신념이다. 인지 개입, 정신역동적 조언, 마음챙김 훈련, 심리교육은 성적 불안에 대한 인식과 감소를 촉진한다. 또한 파트너는 불안이 즐거움과 친밀감에 미치는 해로운 영향을 이해하는 법을 배운다.

신화적 믿음 교정하기

우리는 종종 커플이 규범적인 성 기능이 무엇인지 알지 못하고 내면화된 성적 오해에 이의도 제기하지 못한다는 것을 발견한다. 성에 대한 오해는 비현실적 성과를 오랫동안 기대하게 만들고 결국 실망과 성적 불만으로 이어진다. 그중에서도 특히 파괴적인 믿음은 성적 흥분이 자동적이어야 하며 감정, 욕구 및 선호도와 관련이 없어야 한다는 것이다. 또 다른 해로운 신화적 믿음은 자존감과 발기 능력과의 관계인데, 이는 일반적으로 성관계는 삽입과 오르가슴을 수반해야 한다는 생각에 기반하고 있다. 성 기능에 대한 정확한 정보는 이러한 오해를 검토하고 직접적으로 이의를 제기하는 데 사용되어야 한다. 성별 인식에 기반한 성적인 인지 왜곡으로는 여성이 성기 결합을 하지 않은 성행위보다 삽입 성교를 선호한다는 것이다. 다른 치료 전략과 함께 신화적 믿음을 교정하면 성적 불안과 인지 왜곡이 줄어들고 궁극적으로 성적 만족이 촉진된다.

의사소통 기술 강화하기

임상적으로, 우리는 종종 커플 각자의 삶의 스트레스, 걱정, 우려 등에 대한 감정표현을 어려워하는 경우가 많다는 것을 알게 된다. 그들은 문제를 인식하지 않거나 논의하지 않으면 사라질 것이라고 믿는 것 같다. 그들은 표현되지 않은 감정이 성적 즐거움을 방해할 수 있다는 것을 이해하지 못한다. 게다가 그들은 친밀감과 섹슈얼리티에 대한 내면화된 부정적인 메시지 때문에 성적 선호와 욕구를 논의하는 것을 창피해한다. 성적인 의사소통이 잘되지 않는 또 다른 요인은 정상적인 성 구조와 기능에 대한 이해 부족이다. 특히 발기장애와 관련하여 일부 커플은 그것에 대해 말하는 것이 증상을 악화시킬까 봐 두려워한다. 따라서 치료사는 성적인 증상과 관련된 근본적인 두려움과 불안감을 해소하기 위해 조심스럽게 도와야 한다. 게다가 많은 남성이 파트너의 진정한 지지를 굴욕적이거나 심각한 문제의 증거로 잘못 해석할 수 있다. 치료사의 역할은 특히 성적인 문제에 있어서 동기나 의도가 자주 오해를 받는다는 것을 언급하면서 그러한 잘못된 속성을 바로잡는 것이다.

성에 대한 명확한 의사소통이 성적 만족도와 전반적인 관계 만족도를 어떻게 향상시키는

지 설명할 필요가 있다. 치료사가 명확하고 직접적인 의사소통을 보여 주고 회기 중에 검증한다. 말하는 사람은 자신에게 정직하고 비판단적으로 말하고, 듣는 사람은 말하는 사람이 전달하고자 하는 내용과 감정의 톤을 반영하는 반영적 경청을 하도록 권장한다. 성적인 의사소통에서 치료사는 잘못된 정보를 수정하고 파트너가 사용하는 모호한 언어를 명확히 하며 상담 회기 및 가족 안에서 올바른 용어를 사용하기 위한 전략을 제공한다.

심리교육

추천 도서(독서 치료)와 기타 신뢰할 수 있는 인터넷 자료를 통해 상담 회기와 집에서 섹슈얼리티에 대한 정확한 정보를 논의할 수 있다. 커플은 이러한 자료를 사용하여 발기장애의 원인과 치료 및 섹슈얼리티에 관한 기타 사실적 정보를 이해할 수 있다. 저자는 신뢰할 수 있는 자료들이 성적 경험, 선호, 결과를 정상화할 수 있다는 것을 발견했다. 이 밖에도 커플이 한때 기피했던 진동기, 윤활제 등의 섹스 토이도 유용한 웹사이트를 통해 소개할 수 있다(Weeks, Gambescia, & Hertlein, 2016 참조). 치료사는 정보를 잘 알고, 편안하게, 성적 정보의 출처를 조언하고 검토할 수 있어야 한다. 심리교육은 의사소통을 강화하고, 설명할 수 있는 기회를 제공하고, 잘못된 믿음을 수정하고, 편안함을 증가시키고, 불안을 줄이고, 커플이 유익한 치료에 대해 충분한 정보를 얻어서 결정을 내릴 수 있도록 하기 때문에 발기장애 치료의 필수 요소이다(Gambescia & Weeks, 2006 참조).

과제

과제는 항상 성 치료의 특징이자 메타체계접근의 전략적 구성 요소이다. 많은 사람이 과제(역할극, 미션, 실험)라는 용어나 개념을 좋아하지 않지만, 집에서 하는 과제는 파트너가 회기에서 이미 배운 것을 강화하고 이러한 기술을 새로운 상황에 적용하는 등 수많은 유용한 기능을 제공한다. 궁극적으로, 과제는 부정적인 사고와 행동을 중단하는 구체적인 방법을 소개하고 실패보다는 점진적인 성공을 촉진함으로써 발기장애에 따른 불안과 불쾌감을 줄여 준다. 과제는 학습 경험을 치료실에서 가정으로 확장하여 치료 효과를 전체적으로 확대한다(Gambescia & Weeks, 2007 참조). 과제를 내주는 기술은 성 치료 문헌에서 과소 평가되어 왔다. 발기장애를 치료하는 데 사용되는 인지·행동 과제에는 심리교육, 독서 치료, 의사소통 기술 및 감각 집중 훈련과 같은 기본 구성 요소가 포함된다. 가정에서 성적 가계도

를 만들고 토론하는 것은 내면화된 잘못된 정보, 성적 각본과 관련된 기대, 가족 간의 친밀
감 패턴, 성적 흥분을 가로막는 기타 다른 장애 등을 밝힐 수 있다. 또한 웍스, 감베시아, 허
틀라인(Weeks, Gambescia, & Hertlein, 2016)은 감각 초점은 구조, 기능 및 실습의 세부적이고
체계론적인 적용을 검토했다. 비록 치료사가 리드하는 것은 분명하지만 과제를 구성하고
해체하는 것은 협력적인 과정이다.

성적 레퍼토리의 확대

발기장애를 가진 남성과 그의 파트너는 과거의 자기 패배적인 생각과 패턴에서 벗어나는
것이 어려울 수 있다. 치료의 목적은 커플이 당연시하고 있던 성적 해부학과 기능, 현실적
인 기대치에 대한 목표를 재설정할 수 있도록 돕는 것이다. 관심 수준은 개인적으로 그리고
파트너 간에 다를 수 있으며 성적 욕구가 항상 일치하지 않는다는 것을 커플은 배우게 된다.
더 나아가, 즐거운 성관계가 반드시 삽입 성교라는 하나의 목표에만 초점을 맞출 필요가 없
음을 알게 된다.

커플은 성 기능 장애의 발생을 인식하고 그들의 생각을 친밀한 관계로 다시 되돌리는 것
을 돕기 위해 성과 관련 없는 불화가 성 기능 장애에 기여하고 있는 것들에 대해 교육받는
다. (Anderson & Hamilton, 2015). 성적 교감을 방해하는 것을 해결하기 위해 마음챙김에 기
반한 감각과 수행 지향보다는 친밀한 접촉이 목표 그 자체가 되도록 권장한다. 이 접근법은
관계 만족에 매우 파괴적인 신체적 거리 두기의 고리를 막아 주는 역할을 한다. 점진적인 감
각 접촉 훈련과 마음챙김 기술은 남성과 그의 파트너가 방해나 판단을 받지 않고 그 순간에
에로틱한 접촉과 비에로틱한 접촉을 훈련하는 데 도움을 준다. 또한 마음챙김 개입은 공감,
연민, 애정 그리고 연결을 촉진할 수 있다. 슈테펜슨(Stephenson, 2016)은 성 기능 장애에 대
한 수많은 마음챙김 기반 치료의 기초가 되는 메커니즘에 대한 포괄적인 검토 자료를 제공
하고 있다.

재발 방지

재발은 치료의 한 부분으로, 부정적인 감정, 대인관계 갈등 및 사회적 스트레스 상황에서
특히 잘 발생한다. 스트레스가 성적 흥분에 부정적으로 연관됨을 확인하고 예상한다면 커
플이 좌절을 겪을 때 낙관적인 태도를 유지하는 데 도움이 될 것이다. 치료사는 재발을 유발

할 수 있는 다른 문제를 찾기 위해 노력할 때 습득한 인지행동기법을 사용하도록 커플을 상기시킬 수 있다. 치료를 너무 빨리 종결하면 차질이 발생할 수 있다. 또한 치료사가 치료 속도를 너무 빠르게 할 경우, 특히 과제와 관련한 진도를 너무 빠르게 나가면 실패할 가능성이 높아진다. 이렇게 실패한 경우, 치료사로 인한 문제로 여기기보다는 재발로 보기 쉽다. 치료 목표가 성공적으로 달성되었는지, 잠재적인 부수적 문제들도 해결되었는지, 부부가 필요에 따라 예정대로 향후 회기에 복귀할 계획이 있는지를 확인하고 종결을 결정해야 한다.

의학적 치료

기질적 병인이 의심될 경우, 남성은 가급적이면 파트너와 함께 의사를 만나야 한다. 일부 비뇨기과 의사는 성의학을 부전공으로 가지고 있다. 커플이 의학적 개입을 고려하고 있다면, 커플치료는 발기장애의 치료와 관련된 모든 이점과 위험을 검토하고 발기장애의 심각성을 줄일 수 있는 생활 방식 변화에 대해 논의할 수 있는 안전한 공간이다. 우리는 발기장애의 주요 원인이 생물학적 요인이라도 여전히 개인적·관계적 요인이 작용하고 있으며 이러한 요인은 비의료적 환경이나 치료를 통해서만 다룰 수 있다고 믿는다.

경구용 약물

포스포디에스테라아제 5형(이하 PDE5) 억제제는 발기장애의 1차 치료제이다(Rew & Heidelbaugh, 2016). 기본적으로 경구용 약물은 음경의 해면체(발기 조직)를 둘러싸고 있는 근육 조직을 이완시켜 성적 자극 동안 음경으로 가는 혈류를 증가시킨다. 경구용 약물은 성욕이나 욕구를 자극하지 않으며, 남성이 흥분했을 때 발기에 필요한 혈관 확장을 촉진시킨다. PDE5 억제제의 용량, 시작 및 작용 기간은 다양하다. 우리가 치료한 많은 커플은 이 사실을 모르고 있었다. 일부 남성의 경우 작용 시간이 짧은 경구용 약물이 더 효과적이다. 다른 사람에게는 작용 시간이 긴 약물이 성행위에 더 많은 기회를 제공할 수 있다. 경구용 약물을 고려할 때 원하는 빈도와 성적 능력을 고려해야 한다. 예를 들어, 나이 든 남성이 주말에 한 번만 성관계를 가질 계획이라면 일반적으로 작용 시간이 짧은 경구용 약물을 사용하는 것이 더 수월할 수 있다.

현재 미국 식품의약청(FDA)에서 승인한 PDE5 억제제는 네 가지이다(Patel & Bennett,

2016). 여기에는 실데나필[sildenafil, 제품명 비아그라(Viagra)], 바데나필(제품명 레비트라), 타다라필(제품명 시알리스), 아바나필[avanafil, 제품명 스텐드라(Stendra)]이 포함된다. 모두 비슷한 효능과 부작용이 있지만 시알리스가 가장 오래 지속된다. 일반적으로 경미하고 자주 나타나는 부작용은 두통, 얼굴과 목의 발적(홍조), 소화 불량, 코 막힘 등이다. 시알리스는 근육통과 요통을 유발할 수 있다. 음경지속발기증(지속적이고 일반적으로 통증이 오래 지속되는 발기)은 경구용 약물과 거의 관련이 없지만, 발생할 경우 의학적 처치가 필요하다. 질산염을 복용할 때 PDE5 억제제는 혈압이 안전하지 않은 수준으로 떨어질 수 있으므로 금지되어 있다. PDE5 억제제를 복용할 때 과다한 양의 알코올은 혈압 저하를 유발할 수 있으므로 피해야 한다. 기저 질환으로 인해 경구용 약물을 복용하는 남성의 최대 35%가 이 치료에 반응하지 않는다(Shamloul & Ghanem, 2013). 현재 비-PDE5(non-PDE5) 억제제와 같은 발기장애 치료를 위한 새로운 약물 치료법이 연구되고 있다(Patel & Bennett, 2016).

다음 발기장애 치료는 경구용 치료와 병행하거나 경구용 치료에 반응하지 않는 남성에게 단독으로 사용할 수 있다. 치료사는 커플이 정보를 얻고 우려를 표명할 수 있도록 발기장애를 치료하는 데 사용되는 특정 장비의 사용에 대해 논의하고 시연해야 한다. 사진, 디지털 이미지 및 설명은 온라인에서 쉽게 접근할 수 있다. 물론, 이러한 장치를 심리교육 목적으로 사용할 수 있다면 더 큰 도움이 될 것이다.

진공 압축기

수술 없이 진공 압축기는 투명한 플라스틱 실린더를 음경 위에 두고 실린더로부터 공기를 빼낸다. 실린더 내 기압이 감소하면 음경의 발기 조직으로 혈액을 끌어당겨 부기를 유발한다. 혈액은 진공 장치를 적용하기 전에 음경 밑부분에 위치한 조절 가능한 지혈대의 사용을 통해 갇히게 되며, 성관계 후에는 제거된다. 이 장치에 만족하는 일부 커플도 있지만, 특히 나이 든 커플은 효능에도 불구하고 절반 정도가 사용을 중단한다(McMahon, 2014).

지혈대

남성이 발기를 유지하는 데 어려움이 있을 경우 지혈대만으로도 발기성을 유지하는 데 도움이 된다. 흥분 및 절정감 단계에서 음경 축의 밑부분에 조절이 가능한 부드러운 루프 장치를 배치하여 음경의 혈액을 유지한다. 발기가 완전히 되면 장치를 조이고 성행위가 끝난

후 제거한다. 멍이 생길 수 있는 부작용이 있을 수 있으므로 지혈대를 장시간 사용해서는 안
된다.

음경해면체 내 주사요법

음경 주사는 발기장애 치료에 매우 효과적이고 안전하다. 한 가지 또는 다양한 조합의 혈
관확장제를 성관계 전에 작은 바늘로 음경의 발기 조직에 직접 주입한다. 발기는 성욕과는
무관하지만 즉각적이고 예측 가능하다. 개인에 따라 개별적인 투약 요법이 필요하다. 투여
방법에 대한 적절한 교육이 필요하다. 적절한 교육으로 예방할 수 있는 일반적인 부작용으
로 통증, 멍, 섬유증 등 몇 가지가 있다. 파트너의 부정적인 반응을 비롯한 여러 가지 이유로
중단 비율은 50%를 넘는다(Klaassen & Lewis, 2015).

요도 내 약물 삽입

성관계 약 15분 전에 얇은 플라스틱 도포기로 작은 알약을 음경 요도에 삽입한다. 알약
에는 요도에서 용해되고 발기 조직에 흡수되어 발기를 촉진하는 혈관확장제가 들어 있다.
이론적으로 발기는 1시간 동안 지속될 수 있지만, 앞서 언급한 주사보다 효능이 제한적이
며 삽입 후 작열감을 경험하는 남성도 많다. 성공률은 43%에서 69% 사이이다(Shamloul &
Ghanem, 2013). 불충분한 반응이나 부작용으로 많은 남성이 요도 내 치료를 중단한다.

음경보형물

발기장애에 대한 다른 치료가 성공적이지 못하면 인공 음경 삽입을 권장한다. 일반적으
로 수여자와 파트너는 만족도가 높다(Faller & Kohler, 2017). 일반적인 굴곡형(semi-rigid)과
팽창형(inflatable) 두 가지 유형이 있다. 각각의 방법에서 이러한 장치를 음경의 발기 조직에
수술을 통해 삽입하여 성행위를 할 수 있을 만큼 음경이 발기되도록 한다. 유연한 굴곡형 보
형물은 성관계나 휴식을 위해 다양한 위치로 조작할 수 있다. 음경은 항상 약간 세워져 있
고, 장치를 숨기기 어려울 수 있다. 팽창형 보형물은 하복부 또는 음낭의 저장소에 있는 체
액의 흐름을 제어하는 펌프를 작동시켜 보충하거나 배출할 수 있다. 이 장치는 발기를 원할
때 사용하고 음경 이완을 원할 때 수축시켜 외관상으로 표시가 덜 난다. 작동 부품이 많아서

오작동을 일으킬 수 있다. 음경보형물의 주요 단점은 유압 장치의 감염과 오작동이다(Faller & Kohler, 2017). 음경보형물을 한번 이식하면 발기 조직이 영구적으로 변화해 제거하면 발기가 불가능하다.

발기장애 치료 분야의 고무적인 의학적 발전

이 책의 마지막 출판 이후, 발기장애의 의학적 치료의 수많은 발전이 보고되었다. 치료사는 커플의 질문에 답하고 정보를 제공하기 위해 이러한 방법에 익숙해야 한다. 이 장에서 논의된 치료법은 발기장애에 대한 **회복적** 또는 **재생적** 의학 치료법이다. 북미 성의학회(North American Academy of Sexual Medicine)는 예비조사 결과가 고무적이었던 연구도 있지만 아직 이러한 기술을 승인하지 않았다. 의사들은 현재 성 기능 장애를 전문으로 하는 의료 행위에서 이를 사용하고 있다.

해면체 내 줄기세포 치료

줄기세포는 지방 조직과 골수와 같은 신체의 여러 부위에서 나온다. 이 세포는 손상된 조직을 회복시키고 재생시킬 수 있다고 여겨진다(Reed-Maldonado & Lue, 2016). 발기장애에 대한 줄기세포 치료는 개인의 줄기세포를 제거하고 주사를 통해 음경의 발기 조직에 이식하는 것이다. 치료 효과가 있다면 몇 달 동안 지속된다. 줄기세포 치료는 수십 년 동안 다른 의학 분야에서도 사용되어 왔지만 발기장애 치료에서는 초기 결과가 고무적이었다(Reed-Maldonado & Lue, 2016). 이 절차의 올바른 작동 방식과 전반적인 안전성에 대해 대답해야 할 많은 질문이 있다.

저강도 체외충격파치료

저강도 체외충격파치료(Low-intensity Extracorporeal Shock Wave Therapy, 이하 Li-ESWT)는 많은 의료 환경에서 사용되어 온 비수술 치료법이다. 충격파는 장치를 통해 손상된 조직이나 장기에 전달되어 치유를 촉진한다. 발기장애 치료에 사용되는 체외충격파치료는 시간을 두고 진행되는 간단한 진료 절차이다. 이론적으로 음파는 재생을 돕고 새로운 혈관을 생성하여 음경으로 가는 혈류를 증가시킨다. 치료의 목표는 발기장애가 있는 남성의 자연적인 발기 기능을 회복시키는 것이다. 이 시술은 경미한 발기장애가 있거나 경구용 약물을 동시에 복용하는 남성에게 더 도움이 될 수 있다(Rizk, Krieger, Kohn, & Pstuszak, 2018). 젊은 비뇨기과 전문의의 남성 건강 팀(Fode, Hatzichristodoulou, Serefoglu, Verze, & Albersen, 2017)에 따르면 효능에 대한 데이터는 현재까지 일관성이 없었다.

해면체 내 혈소판 풍부 혈장 치료법

발기장애 복구 주사 요법의 또 다른 유형은 혈소판 풍부 혈장(Platelet Rich Plasma: PRP) 치료법으로, 이는 상처 치유와 조직 재생을 촉진하기 위해 많은 의학적 환경에서 사용되며 다양한 수준의 성공을 거두고 있다. 기본적으로 개인의 혈액을 채취하여 원심분리하여 소량의 혈장에 부유하는 혈소판을 일정 농도로 추출한다. 혈소판은 치료에 중요한 역할을 하기 때문에 이 농축액은 음경 기능을 재생해야 한다. PRP 농축액은 음경의 발기 조직(해면체)에 주입되며 성장인자는 이론적으로 손상된 세포를 복구하고 새로운 세포의 생성을 자극할 수 있다(Matz, Pearlman, & Terleck, 2018). 주사 빈도는 발기 능력의 개선 정도에 따라 결정된다. 현재 PRP와 발기장애의 유익한 효과에 관한 경험적·과학적 데이터는 부족하다.

의료 치료의 중도 탈락

발기장애에 대한 효능에도 불구하고 플랜 B 치료는 종종 중단된다. 중도 탈락률은 진공 장치의 부담스러운 물류 문제가 많다는 것과 알약 및 주사 투여의 불쾌한 방법과 상관 있다. 제1안으로서 경구용 약물이 인기가 있지만 중단율도 약 50%로 놀라울 정도로 높다(Carvalheira, Pereira, Maroco, & Forjaz, 2012). 비효율성, 약물 보조로 인한 발기에 대한 수치심, 신체적 안전에 대한 두려움과 같은 다양한 요인으로 인해 PDE5 억제제가 중단될 수 있다. 발기장애 치료에 대한 결정을 내릴 때 관계 요인을 고려하고 다루어야 한다. 우리의 임상 경험은 성 기능을 개선하기 위한 치료를 추구함에도 불구하고 파트너의 성적 무관심과 같은 관계 요인이 치료를 포기하는 데 기여한다는 연구 결과를 뒷받침한다(Althof et al., 2010; Hong-Jun et al., 2016). 휴지기 후 성활동을 재개하면 커플이 유지하는 섬세하고 연약한 친밀감 항상성을 방해할 수 있다. 아마도 커플 중 한 명 또는 두 명 모두의 친밀감에 대한 두려움이 성적 친밀감에 대한 동기를 방해하거나 이전에 존재했던 다른 관계 문제들이 치료에 순응하지 못하는 데 영향을 미쳤을 것이다. 또한 경구용 약물을 사용하면 한쪽 또는 양쪽 파트너 모두가 원하는 것보다 더 많은 성관계를 맺어야 한다는 압박을 가하거나 기대하게 할 수 있다. 발기장애 증상에 대해 집중했던 것은 욕구 부족과 같은 '무증상' 파트너의 현재 명백한 기능 장애에 대한 커플의 관심을 분산시켰을 가능성도 있다. 커플은 발기장애의 증상과 그에 따른 수행 불안으로 인한 부담감이 커서 성적 만족을 얻고자 하는 동기가 낮았을 수 있다.

💬 결론

발기장애 치료에서 가장 시급한 문제는 발기장애를 의료화하여 일반적으로 의학적 해결책으로만 치료할 수 있는 신체적 어려움으로 간주된다는 점이다. 요약하면, 많은 남성이 다른 심리적 유발 요인과는 별개로 그들의 발기장애를 고치기 위한 약을 원하지만, 많은 경우 성 치료를 위한 약물과 다른 계획들을 중단한다. 우리가 치료한 대부분의 경우, 효과에도 불구하고 관계 문제가 치료 규정을 준수하지 않는 원인이 된다. 우리는 성 치료와 의학적 치료를 병행할 때 최상의 결과를 얻을 수 있다고 확신한다. 또한 모블리, 케라와 바움(Mobley, Khera, & Baum, 2017)이 주장하는 대로 파트너가 개입하는 것이 성 심리치료의 가장 성공적인 결과를 낳으리라는 것을 발견했다.

경구용 약물만 복용하는 남성과, 약과 함께 성 치료를 하는 남성을 비교 연구하는 경험적 연구가 부족해서 문헌은 임상과 두드러지는 차이를 보이고 있다. 이 가설이 경험적으로 해결될 때까지, 의학적 치료가 필요한 경우 약물치료와 성 치료를 병행하는 것을 강력히 제안한다. 우리는 성 관련 의약품을 생산하는 제약 회사가 효능에도 불구하고 왜 약물이 사용되지 못한 채 버려지는지에 대한 연구를 해야 한다고 생각한다. 아마도 모든 처방에는 '성 치료사와 상의하지 않고 사용하지 마십시오'와 같은 경고를 해야 할 것이다.

참고문헌

Abdo, C. H., Afif-Abdo, J., Otani, F., & Machado, A. C. (2008). Sexual satisfaction among patients with erectile dysfunction treated with counseling, sildenafil, or both. *Journal of Sexual Medicine*, 5(7), 1720-1726. doi: 10.1111/j.1743-6109.2008.00841.x.

Althof, S. E. (2006). Sexual therapy in the age of pharmacotherapy. *Annual Review of Sex Research, 17*, 1-16. doi: 10.1080/10532528.2006.10559839.

Althof, S., Rubio-Aurioles, E., Kingsberg, S., Haoyue, Z., & Wong, D. et al. (2010). Impact of Tadalafil Once Daily in Men With Erectile Dysfunction - Including a Report of the Partners' Evaluation. *Urology, 75*, 1358-1364. doi: 10.1016/j.urology.2009.11.066.

American Psychiatric Association (2013). *Diagnostic and Statistical Manual of Mental Disorders* (5th ed.). American Psychiatric Publishing. doi: 10.1176/appi.books.9780890425596.

Anderson, A., & Hamilton, L. D. (2015). Assessment of distraction from erotic stimuli by non-erotic interference. *Journal of Sex Research, 52*(3), 317-326. doi: 10.1080/00224499.2013.876608.

Aumer, K. (2014). The influence of culture and gender on sexual self-schemas and satisfaction in romantic relationships. *Sexual and Relationship Therapy, 29*(3), 280-292. doi: 10.1080/14681994.2014.890282.

Awad, A., Alsaid, B., Bessede, T., Droupy, S., & Benoit, G. (2011). Evolution in the concept of erection anatomy. *Surgical & Radiologic Anatomy, 33*(4), 301-312. doi: 10.1007/s00276-010-0707-4.

Broder, M. S., & Goldman, A. (2013). The role of maturity in the cognitions that govern love relationships and sexual satisfaction. *Journal of Rational-Emotive & Cognitive-Behavior Therapy, 31*(1), 75-83. doi: 10.1007/s10942-013-0159-y.

Brown, R. D., & Weigel, D. J. (2018). Exploring a context jewel model of sexual self-disclosure and sexual satisfaction. *The Journal of Sex Research, 55*(2), 201-213. doi: 10.1080/00224499.2017.1295299.

Burnett, A. L., Nehra, A., Breau, R. H., Culkin, D. J., Faraday, M. M., Hakim, L. S. … Shindel, A. W. (2018). Erectile dysfunction: AUA guideline. *The Journal of Urology, 18*, 43-100. doi: 10.1016/j.juro.2018.05.004.

Carvalheira, A. A., Pereira, N. M., Maroco, J., & Forjaz, V. (2012). Dropout in the treatment of erectile dysfunction with PDE5: a study on predictors and a qualitative analysis of reasons for discontinuation. *Journal of Sexual Medicine, 9*(9), 2361-2369. doi: 10.1111/j.1743-6109.2012.02787.x.

Chevret, M., Jaudinot, E., Sullivan, K., Marrel, A., & De Gendre, A. S. (2004). Impact of erectile dysfunction (ed.) on sexual life of female partners: Assessment with the Index of Sexual Life (ISL) questionnaire. *Journal of Sex and Marital Therapy, 30*(3), 157-172. doi: 10.1080/00926230490262366.

DeMaria, R., Weeks, G., & Twist, M. (2017). *Focused genograms: Intergenerational assessment of individuals, couples, and families, 2nd edition.* Brunner/Mazel.

Dettore, D., Pucciarelli, M., & Santarnecchi, E. (2013). Anxiety and female sexual functioning: An empirical study. *Journal of Sex and Marital Therapy, 39*(3), 216–240. doi: 10.1080/0092623X. 2011.606879.

Faller, M., & Kohler, T. (2017). The status of biofilms in penile implants. *Microorganisms, 5*(2), 19. doi: 10.3390/microorganisms5020019.

Frederick, D. A., Lever, J., Gillespie, B. J., & Garcia, J. R. (2016). What keeps passion alive? Sexual satisfaction is associated with sexual communication, mood setting, sexual variety, oral sex, orgasm, and sex frequency in a national U.S. study. *Journal of Sex Research, 54*(2), 186–201. doi: 10.1080/00224499.2015.1137854.

Gambescia, N., & Weeks, G. (2006). Erectile Dysfunction. In J. Fisher & W. O'Donohue (Eds.), *Practitioner's Guide to Evidence Based Psychotherapy*. Springer.

Gambescia, N., & Weeks, G. (2007). Sexual dysfunction. In N. Kazantizis, & L. L'Abate (Eds.), *Handbook of homework assignments in psychotherapy: Research, practice, and prevention* (pp. 351–368). Kluwer Academic Publishers.

Gillespie, B. J. (2017). Correlates of sexual frequency and sexual satisfaction among partnered older adults. *Journal of Sex and Marital Therapy, 43*(5), 403–423. doi: 10.1080/0092623X.

Hall, K. S., & Graham, C. A. (2014). Culturally sensitive sex therapy: The need for shared meanings in the treatment of sexual problems. In Y. M. Binik & K. S. Hall (Eds.), *Principles and Practices of Sex Therapy*. Guilford Press.

Healya, D., Noury, J. L., & Mangin, D. (2017). Enduring sexual dysfunction after treatment with antidepressants, 5α–reductase inhibitors and isotretinoin: 300 cases. *International Journal of Risk & Safety in Medicine*, 1–10. doi: 10.3233/JRS-180744.

Hong-Jun, L., Wen-Jun, B., Yu-Tian, D., Wen-Ping, X., Chia-Ning, W., et al. (2016). An analysis of treatment preferences and sexual quality of life outcomes in female partners of Chinese men with erectile dysfunction. *Asian Journal of Andrology, 18*, 773–779. doi: 10.4103/1008-682X.159719.

Jannini, E. A., & Nappi, R. E. (2017). Couplepause: A new paradigm in treating dysfunction during menopause and andropause. *Sexual Medicine Reviews, 6*(3), 384–395. doi: org/10.1016/j.sxmr.2017.11.002.

Klaassen, Z., & Lewis, R. (2015). Intracavernosal injection for the diagnosis, evaluation, and treatment of erectile dysfunction: A review. *Sexual Medicine Reviews, 3*(1), 11–23. doi: org/10.1002/smrj.35.

Kloner, R., & Schwartz, B. (2011). Clinical cardiology: Physician update: Erectile dysfunction and cardiovascular disease. *Circulation, 123*(1), 98–101. doi: 10.1161/CIRCULATIONAHA.110.984179.

Lewis, R. W., Fugl-Meyer, K. S., Corona, G., Hayes, R. D., Laumann, E. O ⋯ Segraves, T. (2010). Definitions/epidemiology/risk factors for sexual dysfunction. *Journal of Sexual Medicine,*

7(4pt2), 1598-1607. doi: 10.1111/j.1743-6109.2010.01778.

Masters, N. T., Casey, E., Wells, E. A., & Morrison, D. M. (2013). Sexual scripts among young heterosexually active men and women: Continuity and change. *Journal of Sex Research, 50*(5), 409-420. doi: 10.1080/00224499.2012.66110.

Matz, E. L., Pearlman, A. M., & Terlecki, R. P. (2018). Safety and feasibility of platelet rich fibrin matrix injections for treatment of common urologic conditions. *Investigative & Clinical Urology, 59*(1), 61-65. doi: 10.4111/icu.2018.59.1.61.

McCabe, M. P., Sharlip, I. D., Atalla, E., Balon, R., Fisher, A. D., Laumann, E. O. … Segraves, R. T. (2016). Definitions of sexual dysfunctions in women and men: A consensus statement from the fourth international consultation on sexual medicine. *The Journal of Sexual Medicine, 13*(2), 135-143. doi: org/10.1016/j.jsxm.2015.12.019.

McMahon, C. G. (2014). Erectile dysfunction. *Internal Medicine Journal, 44*(1), 18-26. doi: 10.1111/imj.12325.

Mobley, D. F, Khera, M., & Baum, N. (2017). Recent advances in the treatment of erectile dysfunction. *Postgraduate Medical Journal, 93*(1105), 679-685. doi: org/10.1136/postgradmedj-2016-34073.

Montorsi, F., Adaikan, G., Becher, E., Giuliano, F., & Khoury, S. (2010). Summary of the recommendations on sexual dysfunctions in men. *Journal of Sexual Medicine*, 7(11), 3572-3588. doi: 10.1111/j.1743-6109.2010.02062.x.

Patel, C. K., & Bennett, N. (2016). Advances in the treatment of erectile dysfunction: What's new and upcoming? *F1000 Research, 5*, 1-6. doi: 10.12688/f1000research.7885.1.

Rew, K. T., & Heidelbaugh, J. J. (2016). Erectile dysfunction. *American Family Physician*, 94(10), 820-827.

Reed-Maldonado, A. B., & Lue, T. F. (2016). The current status of stem-cell therapy in erectile dysfunction: A review. *World Journal of Men's Health, 34*(3), 155-164. doi: 10.5534/wjmh.2016.34.3.155.

Rizk, P. J., Krieger, J. R., Kohn, T. P., & Pstuszak, A. W. (2018). Low intensity shockwave therapy for erectile dysfunction. *Sexual Medicine Reviews, 18*, 30011-30018. doi: org/10.1016/j.sxmr.2018.01.002.

Rowland, D. L., & Kolba, T. N. (2018). The burden of sexual problems: Perceived effects on men's and women's sexual partners. *The Journal of Sex Research, 55*(2), 226-235. doi: org/10.1080/00224499.2017.1332153.

Rowland, D. L., Kostclyka, K. A., & Tempela, A. R. (2016). Attribution patterns in men with sexual problems: Analysis and implications for treatment. *Sexual & Relationship Therapy*, 31(2), 148-158.

Rubio-Aurioles, E., Kim, E. D., Rosen, R. C., Porst, H., Burns, P. et al. (2009). Impact on erectile function and sexual quality of life of couples: a double-blind, randomized, placebo-controlled trial of tadalafil taken once daily. *Journal of Sexual Medicine*, *6*, 1314–1323.

Segraves, K. A., Segraves, R. T., & Schoenberg, H. W. (1987). Use of sexual history to differentiate organic from psychogenic impotence. *Archives of Sexual Behavior*, *16*(2), 125–137.

Shamloul, R., & Ghanem, H. (2013). Erectile dysfunction. *The Lancet*, *381*(9861), 153–165. doi: 10.1016/S0140-6736(12)60520-0.

Shindel, A.,Vittinghoff, E., & Breyer, B. (2012). Erectile dysfunction and premature ejaculation in men who have sex with men. *Journal of Sexual Medicine*, *9*(2), 576–584. doi: 10.1111/j.1743-6109.2011.02585.x.

Simopoulos, E. F., & Trinidad, A. C. (2013). Male erectile dysfunction: integrating psychopharmacology and psychotherapy. *General Hospital Psychiatry*, *35*(1), 33–38. doi: 10.1016/j.genhosppsych.2012.08.008.

SMSNA. ED restorative (regenerative) therapies (shock waves, autologous platelet rich plasma, and stem cells). *SMSNA*. Retrieved from www.smsna.org/V1/images/SMSNA_Position_Statement_RE_Restorative_Therapies.pdf.

Stephenson, K. R. (2016). Mindfulness–based therapies for sexual dysfunction: A review of Potential theory-based mechanisms of change. *Mindfulness*, *8*(3), 3–19. doi: 10.1007/s12671-016-0652-3.

Vlachopoulos, C., Jackson, G., Stefanadis, C., & Montorsi, P. (2013). Erectile dysfunction in the cardiovascular patient. *European Heart Journal*, *34*, 2034–2046. doi: 10.1093/eurheartj/eht112.

Waldinger, M. (2015). Psychiatric disorders and sexual dysfunction. *Handbook of Clinical Neurology*, *130*, 469–489. doi: 10.1016/B978-0-444-63247-0.00027-4.

Weeks, G. R., & Fife, S. (2014). *Couples in treatment* (3rd ed.). Routledge.

Weeks, G. R., Fife, S. T., & Peterson, C. M. (Eds.) (2016). *Techniques for the couple therapist: Essential interventions from the experts*. W. W. Norton & Company.

Weeks, G. R., & Gambescia, N. (2000). *Erectile dysfunction: Integrating couple therapy, sex therapy and medical treatment*. W.W. Norton & Company.

Weeks, G. R., & Gambescia, N. (2015). Couple therapy and sexual problems. In A. Gurman, J. Lebow, & D. Snyder (Eds.). *Clinical handbook of couple therapy* (5th ed.). Guilford Press.

Weeks, G. R., Gambescia, N., & Hertlein, K. (2016). *A clinician's guide to systemic sex therapy* (2nd ed.). Routledge.

Weeks, G. R., Gambescia, N., Jenkins, R. (2003). *Treating infidelity*. W.W. Norton & Company.

Wiederman, M. (2005). The gendered nature of sexual scripts. *The Family Journal: Counseling and Therapy for Couples and Families*, *13*(4), 496–502. doi: 10.1177/1066480705278729.

Yafi, F. A., Jenkins, L., Albersen, M., Corona, G., & Isidori, A., et al. (2016). Erectile Dysfunction.

Nature Reviews Disease Primers, 4(2), 1-20. doi: 10.1038/nrdp. 2016.3.

Yoo, H., Bartle-Haring, S., Day, R., & Gangamma, R. (2013). Couple communication, emotional and sexual intimacy, and relationship satisfaction. *Journal of Sex and Marital Therapy, 40*(4), 275-293. doi: 10.1080/0092623X.2012.751072.

Young Academic Urologists Men's Health Group. Fode, M., Hatzichristodoulou, G., Serefoglu, E. C., Verze, P., & Albersen, M. (2017). Low-intensity shockwave therapy for erectile dysfunction: Is the evidence strong enough? *Nature Reviews Urology, 14*, 593-606. doi: 10.1038/nrurol.2017.119.

제 **6**장

조기사정 문제가 있는 커플을 위한
새로운 체계론적 치료 모델

갈등회복이론

··· S y s t e m i c   S e x   T h e r a p y ···

제**6**장

조기사정 문제가 있는 커플을 위한 새로운 체계론적 치료 모델

갈등회복이론

Stephen J. Betchen · Nancy Gambescia

 서론

지난 2판에서도 조기사정(Premature Ejaculation: PE)을 다루었지만 그 후에도 조기사정의 심리적 원인과 치료법을 알려 주는 경험적 연구는 아주 소수였다. 이와는 반대로 남성 오르가슴과 오르가슴 장애에 대한 의학적인 연구는 상당히 많이 이루어졌다. 수십 년 전에 사용되었던 심리치료 접근법(인지, 행동, 정신역학)은 아직도 주요 치료 방법이지만, 지금은 정신약리학도 추가되고 있다. 월딩어(Waldinger, 2016)는 조기사정의 심리적 측면에 대해 잘 설계되고 통제된 연구가 필요했던 사례를 다루었는데, 이 주제에 대한 흥미로운 글을 써 냈다. 그는 역사적으로 성관계 만족을 위해 남성이 발기를 오래 지속해야 한다는 압박이 많지 않았기 때문에 조기사정은 성적 문제로 여겨지지 않았을 수 있다고 설명한다(p. 134).

조기사정은 남자와 그의 파트너에게 흔히 있는 고통스러운 성적 문제이다. 조기사정을 하는 남성은 성적·관계적 불만족의 상황에 대해 자책하고, 조기사정이 없는 남성보다 전반적인 삶의 질이 낮다고 인식하는 경향이 있다(Rowland, Kostelyka, & Tempela, 2016). 그들은 파트너의 고통과 함께 그들 자신의 성적 불안과 외로움의 짐을 지고 있다(Rowland & Kolba, 2018). 실제 조기사정을 경험하는 남성의 여성 파트너는 사정이 빠르게 일어날 때 괴로워한다. 이러한 여성들은 성적 불안, 양질의 성적 경험 저하, 성적 관계에 대한 스트레스를 겪는다고 보고하고 있다(Verze, Arcaniolo, Imbimbo, Cai, & Venturino et al., 2018). 그들은 종종 남성이 성적 관계보다는 성적 행동에 더 몰두하고 있다고 보고한다.

이 장에서는 조기사정의 평가와 치료에 대한 기존 정보를 검토하면서 체계 지향 치료 방법인 갈등회복이론(Master Conflict Theory; Betchen & Davidson, 2018)을 개발하여 생각할 수 있는 병인적 요소의 목록과 즐거운 성행위의 가능성을 확장하고자 한다.

유병률

조기사정의 유병률은 보편적으로 합의된 정의의 부재, 방법론의 차이, 조기사정의 발생률에 대한 남성의 과소 또는 과대 보고 등과 같은 수많은 경험적 과제에 따라 일정하지 않은 경향이 있다. 주커만(Zuckerman, 2015)은 조기사정을 과소 보고하는 것이 장애에 대한 수치심과 당혹감 때문이라고 설명한다. 발기부전(Erectile Dysfunction: ED) 환자와 비교하면, 조기사정이 있는 사람은 자신의 증상을 의학적 상태나 관계 문제 등 외부 요인에 돌리기보다는 내면화하고 자기 책임으로 돌린다(Rowland, Mikolajczyk, Pinkston, Reed, & Lo, 2016). 그런가 하면, 조기사정에 대한 많은 연구는 부풀려진 결과를 보이기도 하는데, 지속적이 아니라 가끔씩 조기사정을 경험하는 남성들도 포함된 것이 오류의 일부 원인이다(Althof, Abdo, Dean, Hackett, McCabe, & McMahon et al., 2010). 셰어와 셰어(Shaeer & Shaeer, 2011)는 섹슈얼리티 문제는 너무 민감해서 직접적인 접촉을 통해 평가할 수 없음을 강조하면서 피험자들의 익명성을 효과적으로 보장하기 위해 글로벌 온라인 성적 조사(Global Online Sexual Survey: GOSS)를 활용했다.

조기사정은 국제적으로 20~30%의 비율로 가장 일반적인 남성 성 기능 장애(Namavar & Robati, 2011)이다(Andersson & Abdel-Hamid, 2011). 평생형 또는 획득형 조기사정을 가진 남성의 비율은 '8~10%에 가깝다'고 생각하는 사람도 있다(Serefoglu, 2013, p. 50). 제2차 국제성의학회(International Society of Sexual Medicine: ISSM) 조기사정 가이드라인 위원회는 평생형 조기사정의 유병률은 전체 인구의 4%를 초과하지 않는다고 판단했다(Althof et al., 2014). 이러한 결과는 사람들이 예상한 것보다 낮은 수치이다. 획득형 조기사정에 대한 유사한 데이터를 제공할 충분한 증거가 부족하다.

쉰델, 비팅호프와 브레이어(Shindel, Vittinghoff, & Breyer, 2012)는 남성과 성관계를 하는 남성(Men who have Sex with Men: MSM)을 대상으로 진행한 연구에서 "이들의 섹슈얼리티에 대한 평가를 위해 검증된 정량적 도구의 부족으로 인해" 이들의 성 기능 장애에 관한 정량적 연구가 부족하다고 보고했다(p. 576). 이들은 2,640명의 MSM을 대상으로 한 연구에서 조기사정은 연령대별로 일관성 있게 나타나고 있으며, 장애 원인도 어린 나이, 하부요로 증상(LUTS)[1], 적은 수의 성적 파트너 등으로 발기장애를 가진 이성애 남성과 유사하다는 사실을 밝혀냈다. 또한 MSM과 여성과 성관계를 하지 않는 남성에 대한 삽입 시간 기준이 확립되었다. 조기사정은 모든 남자와 그들의 파트너에게 매우 괴로운 일이기 때문에, 치료적 접근은 어떤 형태의 성적 표현에도 적용될 수 있도록 수정될 수 있다.

조기사정의 정의

DSM-5(American Psychiatric Association, 2013)는 조기사정을 "파트너와의 성 활동 중에 질 삽입 후 약 1분 이내 또는, 본인이 원하기 전에 발생하는 지속적이거나 반복적인 사정 패턴"으로 정의한다(p. 443). 이 장애는 최소 6개월 동안 모든 성행위 중에 나타났으며, 심각한 고통을 야기해야 하고, 비성적 정서 장애, 관계 문제, 물질 또는 의학적 상태의 결과가 아니어야 한다. DSM-5는 두 가지 주요 유형의 조기사정, 즉 태어나면서부터 문제를 가지고 있는 **평생형**(lifelong)인 경우와 정상적인 기능을 한 적도 있지만 후천적으로 발생한 **획득형**(acquired)인 경우로 구분한다.

다르게는 일반형 및 상황형, 심각도 정도에 따라 구분할 수도 있다. 성 파트너의 특성, 관계 역동, 취약성, 정신병적 동반 질환, 스트레스 요인, 문화적 · 종교적 요인, 의료적 요인, 연령, 유전적 요인, 약물 사용 등의 평가 과정에 포함된다(American Psychiatric Association, 2013).

월딩어와 슈바이처(Waldinger & Schweitzer, 2008)는 조기사정의 정의에 각 유형이 뚜렷한 임상 프로파일을 갖는 네 가지 하위 유형의 조기사정을 포함해야 한다고 가정했다. 이 정의는 5개국의 일반 인구를 대상으로 한 역학 조사의 결과였다. 이 분류는 조기사정의 과진단 위험을 줄이기 때문에 평생형/획득형 이분법보다 임상적으로 더 유용한 경우가 많다(Rajkumar & Kumaran, 2014).

---

1 역자 주: 빈뇨, 야뇨, 요실금 등 40대 이상 남성에게 자주 발생하는 배뇨 증상을 뜻한다.

- **평생형 조기사정**: 모든 파트너에게 있어 첫 성관계를 시작할 때부터 조기사정이 발생한다.
- **획득형 조기사정**: 조기사정이 남성의 인생의 어느 시점에 발생한다.
- **가변형 조기사정**: 조기사정이 일정하지 않고 산발적이지만 사정 과정의 가변성을 감안할 때 정상이다.
- **주관형 조기사정**: 문제가 있다고 생각되지만 진단 요건을 충족하지 않는 남성이다. 주관형 조기사정의 경우 남성은 조기사정이라고 생각하고 있을지 모르지만 정상적인 질 내 사정지연시간(Intravaginal Ejaculatory Latency Time: IELT)이 정상이고 사정을 조절할 능력을 가지고 있다.

'질 내 사정지연시간'이라는 용어는 연구에서 많이 사용되기 때문에 이해하는 것이 중요하다. 질 삽입의 순간부터 질 내 사정의 순간까지이다. 지연시간을 측정하는 가장 정확한 방법은 스톱워치를 사용하는 것이다. 이 측정법을 사용했을 때 남성이 질 삽입 후 1분 이내에 사정하면 조기사정으로 정의된다.

성 반응

마스터스와 존슨(1966)은 성 반응의 임상 관찰을 바탕으로 생리학적 성 반응 주기의 선형 모델을 최초로 기술했다. 이 주기의 첫 번째 단계(성적 만족 또는 흥분)에서는 음경(corpora cavernosa)의 발기 조직에 대한 혈액 공급이 증가하여 발기를 일으킨다. 카플란(1979)은 이후 이론적으로 심리적·육체적 흥분에 앞서 발생하는 욕구의 심리적 상태를 추가했다(이 단계는 신체적 각성의 이전이나 도중 및 이후에 발생하는 것으로 판단된다). 흥분이 격렬해지면서 고원기로 이어진다. 절정감은 성적인 흥분이 최고조에 달할 때 발생하는데, 이는 회음 근육과 생식기관의 리드미컬한 수축을 통해 성적 긴장이 방출되는 것이다.

오르가슴은 동시에 발생하는 두 가지 구성 요소인 방출과 사정으로 구성된다. 오르가슴의 첫 번째 단계에서 정액이 고환의 내부 구조를 통과하여 음경 요도의 뒤쪽에 모인다. 방출은 사정 불가피성(되돌릴 수 없는 지점)으로 특징지어진다. 아직 사정의 기미가 보이지 않아도 오르가슴은 멈출 수 없다. 두 번째 동시발생 단계인 사정은 보통 여러 번의 수축 후에 전체 사정물이 음경에서 사정되는 단계이다. 해결 상태는 신체가 정상으로 돌아옴에 따라 주기를 완료한다. 남성의 오르가슴 이후에는 일시적인 단계인 불응기가 연령에 따라 나타나는데, 이 시기는 자극이 있어도 음경이 반응하지 않는다.

　인간의 성적 반응은 신경생물학, 혈관학, 내분비학 등 기타 영향에 의해 매개되지만 공간적 한계로 인해 여기서 논의할 수 없다. 기본적으로 조기사정은 남성이 사정 불가피한 시점에서 성적 흥분을 완화 또는 정지할 수 없으며, 원하기 전에 오르가슴에 도달한 경우에 발생한다. 조기사정은 남성 성 반응 주기 중 오르가슴 단계의 장애로 간주된다. 오르가슴과 사정 생리학에 대한 자세한 논의는 알왈, 브레이어와 루(Alwaal, Breyer, & Lue, 2015)를 참조하라.

병인학

　지금까지 진행 중인 조기사정에 대한 임상 및 경험적 연구는 기질적(신체적) 요인과 정신적 요인의 두 가지 가능성을 시사한다. 조기사정을 이해하기 위한 하나의 접근법은 조기사정을 완전히 기질적 현상으로만 보는 극단이고 또 다른 극단은 완전히 심인성 현상으로 보는 것이다. 주로 신체적 병인이 있는 경우에도 이 질환은 남성과 그 파트너에게 매우 고통스러우며 보통 심인성 반응이 동반된다. 이 장에서는 개인·생물학, 개인·심리학, 관계학, 원가족, 상황·환경의 다섯 가지 주요 영역으로 여러 가지 병리학적 요인을 구분하여 살펴보고자 한다(Weeks & Gambescia, 2015).

개인의 생물학적·의학적 요인

　많은 문헌에 의하면 평생형 조기사정은 주로 신체의 병인학적 특성을 가지고 있기 때문에 문제 호소와 치료에 있어 상황적 조기사정과 상당히 다르다고 주장한다. 평생형 조기사정은 치료 성공률이 낙관적이지 않다. 이 경우 남성과 그의 파트너는 다루기 힘든 생리학적 상황에 적응할 수 있도록 도움을 받는다(Waldinger, 2016).

　신경학적　조기사정의 형태가 어찌되었든 유전적 소인을 이론적으로 설명할 수 있는 몇 가지 방법이 있다. 일반적으로 특정 형태의 세로토닌은 뇌 회로 전체에 걸쳐 사정을 억제하는 역할을 한다. 세로토닌 조절 장애는 일부 남성의 조기사정에 대한 유전적 영향을 설명할 수 있으며, 특정 세로토닌 재흡수 억제제가 질 내 사정지연시간을 연장할 수 있는 이유를 설명할 수 있다(Althof et al., 2014). 윌딩어(2016)는 인간이 조기사정에 노출되기 쉬운 다양한 신경생물학적 · 유전적 요인의 '동적' 상호작용이 있다고 제안한다(p. 140).

음경 과민증은 조기사정에서 또 다른 신경계 기반 병리학적 요인이다. 즉, "사정 반사를 유발하는 기관인 음경(귀두)의 민감성은 의심할 여지 없이 사정 방법, 그리고 조기사정의 형태에서 중요한 역할을 한다."(Jannini & Lenzi, 2013, p. 85) 조기사정에 대한 다른 신경학적 위험 요인에는 뇌혈관 질환, 외상성 뇌손상, 파킨슨병 및 간질이 포함된다(Abdel-Hamid, Abdel-Razek, & Anis, 2013).

호르몬적 요인   내분비계와 그것이 사정 과정에 미치는 영향에 대한 연구는 몇 가지 가치 있는 결과를 가져왔다. 코로나와 그의 동료들(Corona et al., 2011)은 갑상선 자극 호르몬, 프로락틴 및 테스토스테론 등 모든 호르몬 매개변수가 지연 시간 변화에 유의미하고 독립적으로 기여할 수 있음을 확인했다. 또한 그들은 조기사정과 사정지연이 단일 연속체의 양 끝임을 확인했다. 높은 테스토스테론 수치는 조기사정의 특징인 반면, 사정지연은 낮은 수준과 관련되어 있다. 제2형 당뇨병(El-Sakka, 2003)은 조기사정 발달의 요인으로 밝혀졌다.

성적 동반 질환   조기사정은 발기장애와 유의미한 상관관계가 있는 것으로 나타났다(Rowland et al., 2010). 실제로 팔머와 스투키(Palmer & Stuckey, 2008)에 의하면 발기 기능의 저하가 획득형 조기사정의 주요 원인이다. 발기부전을 피하려고 자극을 증가시키다가 의도하지 않게 조기사정이 유발된다. 또한 조기 오르가슴을 조절하려는 시도에서, 남성은 불안해지고 정신이 산란해지며, 성적 흥분에 집중하지 못해 결과적으로 발기부전을 겪게 된다. 마지막으로, 삽입 시도가 자주 실패하고, 성적 불안과 함께 파트너의 고통이 동반되면 조기사정은 만성 발기부전으로 악화될 수 있다. 조기사정과 발기장애 사이의 성적 동반 질환의 또 다른 경우는 욕구 부족이나 불편감 같은 성적 문제를 경험하는 파트너와 관련이 있다. 이런 상황에서 남성은 파트너의 고통을 덜어 주기 위해 자극을 서두르거나 흥분이 사라질 수 있다.

비뇨기과적 요인   비뇨 생식기 계통의 문제는 오랫동안 조기사정과 연관되어 왔다. 전립선 질환은 흔히 있는 상관관계이다. 리앙과 그의 동료들(Liang et al., 2010)은 만성 전립선염이 있는 남성에게서 높은 수준의 조기사정 유병률을 발견했다. 정계정맥류(고환의 비대해진 정맥)와 단발성 소변증(설명할 다른 증상이 없는 비자발적 배뇨)도 조기사정 발병의 위험 요인으로 밝혀졌다(Boonjindasup, Serefoglu, & Hellstrom, 2013).

물질 남용   조기사정은 특정 물질, 특히 아편제를 만성적으로 사용하거나 중단함으로써 발생할 수 있다. 약물 사용자는 아편제를 복용하여 조기사정이 완화되었는데, 약물 사용을 중단하면 조기사정이 재발될까 두렵다고 보고한 사용자들도 있다(Chekuri, Gerber, Brodie, & Krishnadas, 2012). 아라칼과 벤갈(Arackal & Benegal, 2007)은 알코올 의존형 남성들이 조기사정을 일으킬 수 있다는 것을 발견했다. 이들은 알코올 소비량이 최고의 예측 요인이라고 언급했다. 술을 많이 마실수록 위험이 높아진다. DSM-5에 따르면 음주를 멈춘 후에도 조기사정이 발생할 수 있다고 보고된 바 있다(American Psychiatric Association, 2013). 많은 알코올 중독자들은 알코올을 사용하여 조기사정을 피해 왔지만, 일단 음주 습관을 조정하면 조기사정이 자주 재발한다(Betchen, 2001, 2009).

개인의 심리학적 요인

또한 조기사정은 불안, 우울증, 당혹감과 죄책감에 대한 취약성, 사회공포증, 낮은 자신감, 부정적인 신체 이미지, 심리사회적 스트레스와 같은 개인의 정서적 문제의 원인 또는 결과일 수 있다(American Psychiatric Association, 2013; Rowland & Cooper, 2013). 대부분의 조기사정은 성적 불안이 문제를 야기한다. 성 경험의 부족, 특이한 자위 패턴 및 어린 나이가 조기사정과 관련이 있다는 임상 문헌이 있지만, 이러한 요인에 대한 경험적 검증은 문서화되지 않았다.

인지행동 성 학자들은 주로 행동주의 관점 및 사회학습 관점에서 조기사정을 보았다(Metz & McCarthy, 2003). 압도(Abdo, 2013)는 평생형 조기사정을 경험하는 일부 남성이 "데이트나 대인관계 기술뿐 아니라 관능적이고 성적인 생리학적인 면에 대한 구체적인 지식과 기술이 부족한 것 같다."라고 했다(p. 213). 우리는 성 경험이 거의 없거나 아예 없어서 조기사정으로 고생한 남성 몇 명을 치료해 왔다. 그 결과, 그들은 성적 흥분이 올라가고 있는 것을 인식할 수 없었고 자동 반사로 일어나는 사정을 통제하지 못했다.

정신분석학 이론에 따르면, 조기사정은 남성이 여성과 무의식적 갈등이 있을 때 생기는 것이다. 에이브러햄(Abraham, 1917, 1949)은 이 장애를 **조발성 사정**이라고 명명했는데, 어머니에 대해 가지는 가학적인 갈등을 억압한 것과 연결시키고 있다. 즉, 여성 파트너에게 자신이 소중히 여기는 것(정액)을 주고자 하는 욕망과 동시에 조기사정을 통한 복수를 하려고 한다는 것이다. 이 갈등은 "어린 시절 어머니가 자신을 괴롭혀서 사랑에 대해 실망하고 이 실망이 훗날 다시 반복되는 것으로 간주된다."(p. 297)

관계적 요인

파트너는 건강한 성생활을 만들기 위해 서로 협력해야 한다. 인지행동적 및 정신역동적 체계 치료사들은 조기사정, 특히 획득형 유형이 관계 문제의 징후가 될 수 있다고 믿는다. 권력이나 통제 투쟁, 의사소통의 어려움, 헌신에 대한 두려움, 친밀감에 대한 두려움, 성적 성과에 대한 비현실적인 기대 등을 들 수 있다(Abdo, 2013). 두 사람의 관계적 요인이 조기사정에 영향을 미치는 것은 물론이고 나아가 커플의 전반적인 관계에도 부정적인 영향을 미치는 것으로 밝혀졌다(Althof, 2013; Rajkumar & Kumaren, 2014).

파트너의 성적 요구가 다를 경우 권력이나 지배권 다툼이 벌어질 수 있다. 획득형 조기사정으로 고통을 받고 있는 남성이 오래 사귄 여자 친구가 자신의 성적 스타일에 비판적이 되자 커플 치료를 찾았다. 그녀는 '질 오르가슴'에 도달할 때까지 쉬지 않고 '빠르고 강하게' 성관계하는 것을 선호했다. 만약 그녀가 오르가슴에 도달하기 전에 남자 친구가 사정을 했다면, 그녀는 그를 과거의 연인과 비교하며 경멸하곤 했다. 남자 친구는 '빠른 섹스를 싫어했다.' 그는 곧 여자 친구의 요구에 신경을 덜 쓰게 되었고 결국 자신의 자동반사적 사정 통제하기를 포기했다. 파괴적인 통제 싸움이 나타났다.

효과적인 의사소통은 커플의 성생활에서 중요한 요소이다. 중년 남성의 아내는 남편에게 커플·성 치료를 받자고 했고 그러지 않으면 이혼할 것이라는 최후통첩을 했다. 남편은 성관계를 할 때 몇 초 동안만 사정을 지연시킬 수 있었는데, 획득형 유형인 것으로 밝혀졌다. 아내의 이혼 협박에 대한 분노와 상처를 달래고 겨우 속마음을 이야기하자 아내는 그에게 미안하다고 사과하며 조기사정이 그가 그녀에게 관심이 없다고 느끼게 만들었다고 말했다. 남편의 사정 조절은 곧 회복되었다.

조기사정은 부담과 불안이 야기된 성적 분위기에서 나타날 수 있다. 남편보다 스무 살 연하인 한 여성이 남편의 조기사정 때문에 커플·성 치료를 받기 위해 찾아왔다. 수년 동안 남편은 성적으로 잘 기능했지만, 나이 및 가치관 차이와 같은 다른 요인으로 인해 관계가 악화되기 시작하면서, 아내는 남편이 삽입한 후 몇 초 이상 버틸 수 없을 때까지 침대에서 점점 더 많은 것을 요구하게 되었다. 아내가 장시간 전희를 주장하자 그는 삽입 전에 한 번 이상 사정을 했다. 그의 탄탄한 발기는 아내에 대한 지속적인 매력 때문이었지만, 조기사정은 그가 받고 있는 엄청난 압박감의 표시였다.

원가족 요인

조기사정은 원가족에서 비롯된 내면화된 정서적 갈등의 증상인 것으로 밝혀졌다 (Betchen, 2010; Betchen & Davidson, 2018). 갈등은 세대 간 전수될 수 있으며 동일하거나 다른 증상으로 나타날 수 있다. 보웬(Bowen, 1978)은 이를 다세대 전수 과정이라고 불렀다. 보웬은 중요한 원가족 영향을 평가하기 위한 도구로 가계도 사용을 제안했다. 드마리아, 윅스와 블루머(DeMaria, Weeks, & Blumer, 2014)도 성의 영향력을 평가하기 위해 가계도를 사용했다(평가 참조).

평생형 조기사정을 가진 남성이 아내의 권유로 치료를 위해 내원했다. 그의 조기사정은 원가족에서 반복적으로 받은 잔혹하고 잘못된 메시지의 징후인 것으로 확인되었다. 그는 아버지와 형들로부터 '작은 성기'를 가졌다는 말을 들었다. 그의 아버지는 또한 언젠가 그가 여자를 만족시키는 데 어려움을 겪을 것이라고 말했다. 가족들로부터 이 충격적인 메시지를 들으며 성장한 그는 대학에 다닐 때까지 성관계를 시도하지 않았다. 그때까지도 그는 불안을 가라앉히기 위해 술이나 약물의 도움이 필요했다. 그가 결혼하고 약물 사용을 줄이자, 조기사정이 분명해졌다. 그의 조기사정은 열등감의 상징으로 여겨졌고 아내는 남편의 빠른 사정으로 '질 오르가슴에 이르지 못할' 때마다 이 열등감을 강화시켰다.

상황적 요인

조기사정은 지리적이고 문화적인 상황에 의존하는 증상이다(Namavar & Robati, 2011). 성 태도 및 행동에 대한 국제적 연구(Global Study of Sexual Attitudes and Behaviors: GSSAB) 자료를 활용한 연구에 따르면, 비유럽권 서부(27.4%), 중남미(28%), 동아시아(29.1%), 동남아시아(30.5%)의 비율은 비슷했고 북유럽(20.7%), 남유럽(21.5%)의 비율은 낮았다(Laumann et al., 2005). 그러나 중동 국가들의 조기사정 비율(12.4%)은 현저히 낮은 것으로 나타났다. 한 가지 가능한 설명은 귀두의 민감도를 실제로 감소시키는 절차인 포경수술이 이 지역의 유대인과 무슬림 남성들 사이에서 일반적이라는 것이다(Namavar & Robati, 2011). 그럼에도 불구하고, 스트레스와 같은 종교적, 문화적, 민족적 및 기타 환경적 변수들은 성적 행동에 영향을 미칠 수 있으므로 조기사정을 평가할 때 검토되어야 한다.

엄격한 종교적 가치관이나 도덕규범을 가진 가정에서 자라면 내적인 성적 갈등을 일으킬 수 있다. 성에 대한 부정적인 태도(예: 성은 더럽다)도 마찬가지일 수 있다. 우리는 성에 대해

한마디도 언급하지 않거나 부정적인 방식으로 언급하는 가정에서 자란 조기사정 남성을 치료했다. 커플 간의 성관계가 허용되더라도 청소년기에 받은 성에 대한 부정적인 메시지로 인해 성관계를 마음껏 즐기기 어렵게 만드는 경우가 많았다. 타협안으로 그들은 성관계(많은 경우 출산 때문에)가 허용되었지만 오르가슴의 즐거움을 피하기 위해 활동을 재촉했다.

파트너 간 성관계를 비교적 긍정적으로 장려하는 종교단체조차 그들의 규정으로 인해 성 기능 장애를 일으켜 조기사정 및 기타 성 기능 장애를 유발할 수 있다. 하시드계(Hassidic) 유대인들을 치료하면서, 우리는 대중문화 또는 매체로부터 격려됨과 동시에 혼전 성관계를 자제해야 한다는 개념이 사정 반사를 통제하지 못하는 중요한 요소라는 것을 발견했다. 문화적 맥락과 성적 쾌락에 대한 더 자세한 설명은 홀과 그라함(Hall & Graham, 2013)을 참조하라.

치료 모델

체계론적인 모델은 조기사정과 같은 성 기능 장애로 고통을 받는 커플에게 특히 효과적인 것으로 나타났다(Betchen, 2015; Betchen & Davidson, 2018). 여기에서 제안된 모델은 정신분석 갈등 이론(Freud, 1910, 1957)과 정신역동적 원가족 작업(Bowen, 1978)의 측면을 기본적인 성 치료 원칙 및 훈련과 결합한다(Kaplan, 1989). 이 접근법은 또한 조기사정에 대한 의학적 치료의 발전을 인정하지만, 의학적 치료도 근본적으로는 같은 심리적 문제를 지니고 있어 걱정스러울 수 있음을 보여 준다. 이 접근 방식의 목적은 커플들이 성 증상의 원인이 되는 원가족에 뿌리를 둔 무의식적 갈등을 발견하고 해결하도록 하는 것이다.

갈등은 주로 무의식적이고 내면화된 싸움 또는 균형이 맞지 않을 경우 관계적·성적 증상을 유발할 수 있는 이중성으로 정의된다. 예를 들어, 각 파트너가 성공 대 저항[success vs. sabotage; 즉, 크다 대 작다(big vs. small)]에 있어 갈등이 있는 경우(Betchen & Davidson, 2018), 각 파트너 중 한쪽은 목표를 달성하기를 원하고 다른 한쪽은 저항한다. 갈등이 불균형하거나 너무 많이 기울어지면 커플 체계의 항상성이 흐트러지고 증상이 나타날 수 있다. 이 경우 한 파트너가 너무 성공적이 되면 다른 파트너는 갈등의 균형을 재조정(예: 파트너의 성공을 방해)하거나 불균형을 확대(예: 성공에 대한 자신의 저항 수준 증가)하거나 관계를 종료(예: 새로 균형 잡힌 갈등의 불편함보다 상실을 선택)할 수 있다. 성공과 관련된 갈등이 왜 침실에 나타날 수 있는지 상상하기 어렵지 않다.

행동 성 치료 훈련(Kaplan, 1989)은 임상가의 재량에 따라 사용된다. 임상가가 커플이 행동 개입 없이 증상을 해결할 수 있다고 믿거나 근본적인 갈등의 깊이와 심각성을 고려할 때 부적절하다고 판단될 경우, 행동 성 치료 훈련은 불필요하다고 여겨질 수 있다. 훈련은 정신 역동적 작업과 동시에 시작되거나 특정 저항이 제거된 후에 수행될 수 있다.

의학적 평가는 일반적으로 필수적이지만 일부 조기사정 환자는 성 치료를 받기 전에 비뇨기과적 진단을 받는다. 이 문제는 모순을 나타내고 있는데, 조기사정을 가진 남성들은 수치스러워서 의학적인 도움을 피하는 경향이 있다(Shabsigh, 2006). 그러나 우리 사회는 심리적인 측면보다 의학적인 것에 훨씬 기울어져 있기 때문에 대부분의 남성은 성 기능 장애에 대한 의료적 치료를 먼저 찾는다. 성 치료(sex therapy)는 흔히 마지막 선택지로 인식된다.

평가

평가 과정은 보통 두 파트너가 모두 참석한 상태에서 수행된다. 첫 번째 질문은 무엇 때문에 치료를 받으러 왔는가이다. 각 파트너는 자신의 관점을 제시할 수 있도록 상대적으로 동등한 기회가 주어진다. 만약 한 파트너가 지배하려고 한다면, 치료사는 커플 치료의 핵심 요소인 치료의 균형을 유지하기 위해 부드럽게 개입한다.

각 파트너가 주요 불만 사항으로 인식하는 바를 명확히 파악한 후, 치료사가 상황을 이끌며 각 파트너에게 개인 및 관계 생활에 대한 일련의 질문을 하기 시작한다. 가계도는 치료사가 중요한 정보라고 생각하는 것을 기록하기 위한 평가 도구로 사용된다. 커플 생활에서 중요한 역할을 하는 성생활은 가족력의 영향이 크다. 가계도에는 각 파트너의 성 이력과 현재 성적 상태에 대한 성 검사가 포함되어 있다(DeMaria, Weeks, & Blumer, 2014). 평가는 커플 문제의 복잡성 정도와 협력 정도에 따라 1~2회기면 완료될 수 있다. 그러나 임상가는 언제든지 새로운 정보가 추가되거나 초기 가설을 조정할 수 있으므로 가계도 탐색은 계속된다.

의학적 · 약리학적 치료

평가 직후, 남성은 신체검사를 받아야 한다(최근에 받은 적이 없는 경우). 가급적이면 성 기능 장애에 대한 배경지식이 있는 비뇨기과 전문의가 검사를 수행해야 한다. 조기사정 치료를 위해 보편적으로 승인된 의약품은 아직 없지만, 많은 의사가 항우울제인 선택적 세로토닌 재흡수 억제제(SSRIs)에 의존하고 있다. 왜냐하면 사정지연이 이러한 항우울제의 부정적 효과로 발생한다고 알려져 있기 때문이다. 가장 일반적으로 사용되는 SSRIs는 파록세틴[paroxetine, 제품명 팍실(Paxil)], 플루옥세틴[fluoxetine, 제품명 프로작(Prozac)], 설트랄린[sertraline, 제품명 졸로푸트(Zoloft)], 시탈로프람[citalopram, 제품명 셀렉사(Celexa)]이다. SSRIs 요법을 장기간 사용하면 성욕장애, 발기부전, 성불감증, 체중 증가 및 수면장애를 유발할 수 있다. 현재 조기사정 치료법에 대한 자세한 내용은 거, 카도위츠와 시카(Gur, Kadowitz, & Sika, 2016)를 참조하라.

이러한 약물의 결과에 대한 최근 연구를 통해 월딩어(2013a)는 "의심의 여지 없이, 매일 SSRIs 치료가 사정을 지연시키는 데 효과적이다."라고 보고했다(p. 231). 월딩어는 SSRIs가 모든 남성에게 효과가 있다고 주장하지는 않았지만, 1~3주 기간 내에 조기사정 환자의 약 70~80%에서 적절한 사정지연이 발생한다고 보고했다.

다폭세틴[dapoxetine, 제품명 프릴리지(Priligy)]은 모든 형태의 조기사정에 대한 가장 효과적인 경구 치료제로 부상했다(Althof & McMahon, 2016; Jian, Wei, Ye, Li, & Wang, 2018). 다폭세틴은 세로토닌 재흡수 전달물질의 매우 강력한 억제제라는 점에서 다른 SSRIs와 유사하다. 또한 반감기가 짧기 때문에 조기사정의 주문형 치료제(an on-demand treatment)로 더 적합한 것으로 판단된다(Park, Park, Kim, Baek, & Lee et al., 2017). 다폭세틴은 장기간 작용하는 SSRIs와 달리 바람직하지 않은 성적 부작용 발생률이 낮고, 필요에 따라 복용하기 때문에 중단할 가능성이 낮다(McMahon et al., 2011). 무작위 대조 실험의 메타 분석에서, 다폭세틴은 조기사정 치료에서 위약(placebo)보다 훨씬 더 효과가 있는 것으로 밝혀졌다(Li, Liu, Wu, Fan, & Dong, 2018). 이 약은 안전하고 효과적인 것으로 여겨지고 있으며 더 이상의 실험은 필요없는 것으로 여겨진다. 조기사정의 치료는 50개국에서 승인받았다(Althof & McMahon, 2016). 안타깝게도, 미국 식품의약청(Food and Drug Administration: FDA)은 다폭세틴을 승인하지 않았으나 많은 남성이 그 효능 때문에 다른 나라를 통해 구입하고 있다. 한국에서는 다폭세틴 사용 중단에 대해 2년간의 연구 과정에 참가했던 사람 중 약값이 너무 비싸고 조기사정은 치료되지 않는 것이기에 성관계를 할 때마다 사용해야 한다는 이유로 중도 탈락을 하는 사람들이 있음을 관찰했던 소규모 연구가 있었다(Park et al., 2017). 문화적 요인에도 불구하고, 이 연구는 약물치료를 동반한 심리교육과 성 치료의 필요성을 강조한다.

트라마돌(tramadol)은 통증을 치료하는 데 흔히 사용되는 경구용 아편성 진통제이지만, 일반적인 부작용으로 사정이 지연되기도 한다. 초기에는 트라마돌 사용이 고무적이었지만 SSRIs에 비해 부작용은 많고 효능은 낮다(Gur, Kadowitz, & Sikka, 2016). 장기적인 결과와 내성에 대한 증거가 불충분하며, 이 약물의 사용자가 잠재적인 남용, 의존 및 중독에 노출될 수 있다는 우려도 있다(Palmer, 2009).

국소 연고와 스프레이는 평생형 조기사정 및 획득형 조기사정을 가진 남성의 사정을 지연시키는 데 효과적일 수 있다(Anaissie & Hellstrom, 2016). 이 마취제는 음경에 대한 민감도를 감소시킨다. 국소적인 치료는 거의 전신적인 부작용이 없으며 필요에 따라 사용할 수 있다. 이러한 마취제는 필요에 따라 사용할 수 있기 때문에 특히 매력적이다(Gur et al., 2016). 그러나 음경과 질의 무감각을 유발할 수 있다. 질이 무감각해지지 않도록 콘돔을 사용해야 한다(Rowland et al., 2010). 유럽에서는 리도카인-프릴로카인 스프레이의 적정량을 스프레이로 정확히 국소 부분에 도포한다. 포스트와 부리(Porst & Burri, 2018)는 가격과 편리한 사용법 때문에 인기 있는 치료제가 될 수 있다고 생각한다.

발기장애를 치료하고자 개발된 포스포디에스테라이제 5형 억제제(Phosphodieterase type 5: PDE-5)가 조기사정 치료에 사용되는 경우가 있다(Hellstrom, 2010). 앞서 언급한 바와 같이, 많은 조기사정 환자는 발기장애를 앓고 있다. 조기사정은 발기장애의 원인 또는 결과일 수 있다(Linton & Wylie, 2010). 여러 연구에서 획득형 조기사정 및 관련 발기장애를 가진 남성을 치료하는 데 PDE-5의 효능을 입증했지만, 발기장애가 없는 평생형 조기사정을 가진 남성을 치료하는 데에는 효과가 없었다(Palmer, 2009). 그러나 괴, 할리스, 데미트라스와 엑멕시오글루(Gökçe, Halis, Demirtas, & Ekmekcioglu, 2010)은 PDE-5가 사정지연시간을 연장시키며 음경 경직성 또한 사정 후에도 좋은 상태임을 발견했다. 그들은 연구 결과가 평생형 조기사정을 치료하기 위한 PDE-5의 사용을 지지한다고 했다. 아시마코파울로스, 미아노, 아그로, 베스파시아니와 스페라(Asimakopoulos, Miano, Agro, Vespasian, & Spera, 2012)는 PDE-5가 발기장애 없는 조기사정 환자에게 미치는 영향을 구체적으로 연구했다. 그들은 PDE-5가 단독 치료로 또는 다른 약물과 함께 사정지연시간을 향상시키는 데 도움이 된다는 것을 발견했다.

조기사정이 있는 남성 내담자에게 신체가 약물에 적응하기도 하고 약물과 관련된 성 문제가 발생할 수도 있으며 저절로 완화될 수도 있다는 정보가 제공되어야 한다. SSRIs의 경우에도 항상 그렇듯이, 약물 변경이 필요하거나 내담자가 부작용을 겪고 있는 경우 의학적 치료에 대해 논의하고 주의 깊게 살펴보아야 한다.

행동 연습

우리는 행동 연습을 위한 과제가 조기사정을 치료하는 데 도움이 된다는 것을 발견했다. 이 연습은 남성 혼자 할 수도 있고 파트너와 함께 수행할 수도 있다. 일반적으로 파트너가 참여하면 더 좋은 결과를 얻는다. 행동 연습의 첫 단계는 성적 반응과 절정감의 생리에 대한 심리교육이다. 남성과 그의 파트너는 절정감의 단계, 특히 사정이 불가피한 지점에 대해 이 해함으로써 사정 이전에 자극을 멈추는 방법을 배우게 된다. 추가적으로, 치료사는 남성 절 정감의 두 가지 단계, 방출과 사정에 대해 설명하며, 동시에 발생하지만 별개의 과정임을 설 명한다.

조기사정의 치료에는 감각이 형성될 때 감각에 대한 인식을 촉진하고 경험한 각성의 정 도를 조절하는 방법을 배우는 행동 기술이 포함된다. 남성과 그의 파트너는 궁극적으로 그 들이 각성과 절정감을 담당하고 있으며 이러한 과정이 자발적으로 일어날 필요가 없다는 것 을 알게 된다. 꾸준히 연습해 가며 남성과 파트너는 사정 전에 점점 더 오랜 기간 발기를 유 지하는 과정을 확인할 수 있다.

행동 연습의 첫 번째 단계는 치료 중에 했던 훈련을 '집'에서도 실시할 수 있도록 하는, 친 밀한 접촉을 포함하여 간단한 일련의 단계이다. 치료사들은 어루만지는 것과 이와 관련된 감정을 인식하는 것이 목표라고 조심스럽게 설명한다. 행동 연습은 커플이 준비되었을 때 신중하게 실시되어야 한다. 두 파트너 모두 이러한 경험을 견딜 수 있는 경우에만 신중하게 계획된, 허용 가능한 범위 안에서 접촉해야 한다. 감각적 접촉의 자극 수준과 속도는 남성과 그의 파트너의 수용 정도에 따라 높아진다. 결코 서두르면 안 된다. 이 연습의 목적은 시간 이 경과함에 따라 감각이 어떻게 변할 수 있는지 인식하는 것이다. 그들은 또한 유쾌하거나 유쾌하지 않을 수 있는 것에 초점을 맞추고 필요한 경우 파트너의 방향을 재조정하도록 지 시받는다. 이 순간에는 그 어떤 판단도 하지 않고 감각에 대한 마음챙김에 초점이 맞추어져 있다. 감각적 접촉은 성적 문제와 함께 자주 발생하는 회피의 순환을 방해하기 위한 것이다. 감각적 접촉 연습은 성적인 연습에 초점을 맞추기에 불안한 커플을 위한 입문 과정에 해당 될 수 있다.

다음의 연습은 평생형 발기장애보다 획득형 발기장애에 더 효과적이지만 조기사정의 모 든 경우에 사용할 수 있다. 이 연습법은 『체계적 관점에서의 성 치료를 위한 임상가 가이드 (A Clinician's Guide to Systemic Sex Therapy)』(Weeks, Gambescia, & Hertlein, 2016)에서 매우 자 세히 논의하고 있기 때문에 이 장에서는 자세히 설명하지 않겠다. 그 기술에는 ① 새로운 감 각 초점 기법, ② 정지-시작 기술, ③ 멈춤-늦추기 기법, ④ 쥐기 기법, ⑤ 질 멈춤 기법[2] 등

---

2 역자 주: 질 멈춤 기법이란 남성이 삽입하는 순간 여성이 질의 움직임을 멈추는 기법이다.

이 포함된다.

여기 언급된 행동 접근법의 효과성을 검증하기 위한 경험적 연구가 없다는 점은 분명히 해야 한다. 이 기술들은 임상적으로 사용되며 임상 논문에서 자주 논의된다. 대부분의 치료사는 많은 경우의 조기사정에 도움이 된다고 생각한다. 이 방법은 단독으로 사용할 수도 있고 치료와 병행할 수도 있다. 또한 이 장에서 설명하는 갈등회복이론(Master Conflict Therapy Model)에도 통합될 수 있다.

파트너 중 한 명이나 두 명 모두 연습을 거부하는 일은 매우 일반적이다. 많은 파트너가 연습을 수행하는 데 있어 협력하기를 거부하기도 하고, 연습할 시간이 거의 없기도 하고, 임상가의 지시에도 불구하고 독자적인 훈련을 하기도 한다. 임상가는 배정된 훈련에 대해 명확하고 상세하게 설명해야 한다. 커플이 과제의 시간, 장소, 빈도, 누가 시작하는지, 얼마나 시간이 걸리는지에 대해 합의하면 혼란을 피하고 의식적이거나 무의식적인 방해 공작을 미연에 방지할 수 있다. 임상가는 파트너가 연습 과정에서 이용당하고 있다는 느낌을 막기 위해 연습을 시작하기 전에 파트너가 만족하기를 원하는지에 대해 논의할 수 있다.

성 치료에 대한 행동적 접근은 마치 요리책을 읽는 것처럼 임상가가 훈련 배정을 용이하게 한다. 그러나 커플 간에는 자기 성찰 능력, 동기 수준, 저항 수준, 경험의 정도, 성적인 어려움의 정도가 다르기 때문에 제공된 연습 치료는 모든 커플에게 동일한 방식으로 적용되지 않고 일반적인 치료의 틀로 간주되어야 한다.

관계적 갈등의 발견

조기사정 증상을 초래할 수 있는 개인적인 갈등을 발견하기 위해 임상가는 상호작용 및 정신역동이라는 두 가지 수준에서 커플을 주의 깊게 검사해야 한다. 상호작용 측면에서 임상가는 커플의 상호작용 방식을 관찰하고 그들의 성적 증상을 나타내는 갈등과 충돌을 나타내는 모순된 패턴을 찾는다. 예를 들어, 치료 과정에서 남편이 조기사정을 제어하지 못하면 남편을 떠나겠다고 위협했던 아내가 있었다. 아내는 수년 동안 치료를 받자고 했으나 최근에야 남편이 수락했다. 여러 차례의 훈련을 시도한 후 남편은 익숙해지기 시작했지만 성공에 가까워질수록 아내의 협조는 줄어들었다. 이러한 모순된 행동은 '아내는 남편이 성적으로 더 잘 기능하기를 바라는가 아니면 원하지 않는가?'와 같은 질문을 제기한다. 이 모델의 이론에 따르면, 그 답은 '그녀는 남편이 성적으로 잘 기능하기를 바라고 동시에 남편이 조기사정을 통제하는 것을 원하지 않는다'는 것이다. 그녀는 남편이 몇 년 동안 치료를 회피하는 것을 허용했고, 남편이 좋아져 가고 있는 과정을 방해하고 있다. 남편에게도 같은 질문을 할 수 있다. 그는 치료를 받기 전 꽤 오랜 기간 지체했고, 본 궤도에 오르기 전 여러 번 훈련을 중단했다.

정신역동적 갈등의 발견

어떤 커플은 그들의 상호작용 방식이 그들의 조기사정에 기여하고 있다는 징후를 알고 있지만, 성 기능 장애의 원인이 되는 정신역동적 갈등에 대해 인식하고 있는 커플은 거의 없다. 임상가는 각 파트너의 원가족을 조사함으로써 커플이 그들의 갈등을 의식하는 것을 돕기 위해 가계도를 사용할 수 있다. 그 목적은 커플이 과거와 현재와의 관계, 그리고 갈등, 현재의 관계적 상호작용, 관련 조기사정 증상 사이에 존재하는 연관성을 살펴볼 수 있도록 돕는 것이다. 이 과정은 치료 과정 전체에 걸쳐 계속된다.

획득형 조기사정이 있는 남성 내담자의 가계도에는 그가 평생 동안 어떤 여성도 만족시키지 못했다는 것이 드러났다. 어머니는 그에게 매우 비판적이었고, 아버지는 아들을 위해 개입하기에는 너무 수동적인 사람이었다. 남성의 첫 번째 아내는 물질만능주의적인 여자였다. 그녀는 남편에게 끝없이 선물을 요구하고 수표도 발행해 달라고 했다. 내담자는 아내와 성적으로 잘 맞았지만 아내는 내담자가 더 이상 자기가 원하는 것을 다 해 주지 못하자 다른 남자를 만나 떠나갔고 이것은 내담자에게 트라우마가 되었다.

한 남성이 두 번째 아내의 요구에 따라 조기사정 치료를 위해 내원했는데, 아내는 회기 참석을 거부했다. 그는 아내를 잃고 또 한 번의 이혼을 겪을까 봐 너무 걱정이 되어서 치료를 받기로 결정했던 것이다. 남편이 성적으로 장애가 있을수록 아내는 점점 더 화를 내게 되었다. 그녀는 남편을 떠나지 않았지만 남편이 조기사정의 문제를 통제해 나가려 하자 아내는 남편에게 매력을 느끼지 못하며 성관계도 하고 싶지 않다고 했다. 그는 이에 대처하기 위해 약이 필요했다. 그가 스스로를 해칠지도 모른다는 우려도 있었다. 이 남성의 무의식의 일부는 사랑을 받고 싶어 했고 다른 일부는 거부되기를 원하는 것처럼 보였다. 이 역동성은 수용과 거부의 충돌을 나타내고 있다(Betchen & Davidson, 2018).

가계도의 도움으로 이 남성은 자신의 갈등 패턴을 그의 원가족으로 거슬러 올라가 찾을 수 있었다. 그는 곧 자신이 아버지의 다소 무력한 역할을 하고 어머니와 같은 거부적인 여성과 결혼했음을 깨달았다. 가계도를 통해 고등학교 때에도 이러한 갈등이 나타났던 것으로 보아 이 남성은 오랫동안 이 문제를 겪으며 그로 인해 많은 고통을 겪어 왔다는 것을 확인하는 데 도움이 되었다.

갈등 해결

갈등을 해결하기 위해서는 한쪽의 이득이 다른 한쪽의 손실을 의미한다는 사실을 양쪽 파트너 모두 받아들여야 한다. 파트너들은 이 개념을 좋아하지 않는 것 같고, 모든 것을 가질 수 있는 방법을 찾기 위해 많은 시간을 할애한다. 그들은 갈등이 명백해진 후에도 그렇게 한다. 사람들은 자신의 상황이 아무리 어렵더라도 변화를 두려워한다. 다른 삶의 방식을 선택할 수 있는 능력은 보통 파트너가 견딜 수 있는 불안의 정도와 좌절을 견딜 수 있는 능력에 달려 있다.

앞서 언급한 내담자는 자신이 두 번째 아내에게 학대를 받고 있다고 느꼈다. 그는 그녀가 다시는 그와 성관계를 하지 않을 것이라는 것을 잘 알고 있었다. 하지만 그는 그녀가 자신을 떠날까 봐 아내와 성관계를 시도하는 것을 두려워했다. 그는 아내에게 도전해서 다시 한번 이혼할 위험을 무릅쓰든지 아내의 조건에 따라 살든지 중요한 결정을 내려야 했다. 그는 어느 쪽이든 손해를 볼 것이라는 사실을 알고 있었다. 문제는 이익이 손해보다 클 것인가 하는 것이었다.

이른바 분화 과정을 거치는 동안 내담자는 아내와의 관계(자신을 있는 그대로 받아들여야 하는 요구)에서 당당해지기로 결정한다면 그는 아버지의 수동성이 어머니의 거절만큼이나 해로운 것이라는 것을 받아들여야 할 것이다. 그는 이것을 '어머니처럼 행동하는 것'으로 보기보다는 좀 더 남성적인 존재를 내면화하는 데 편안함을 느껴야 할 것이다. 결국 변화를 원하는지는 각 파트너의 선택이다. 임상가는 그들이 갈등이 어디에서 발생하는지를 발견하고, 그들의 선택사항들을 탐구하도록 도와야 한다. 만약 내담자가 자신의 조건에 따라 아내와 함께 지내기로 결정한다면, 그것은 그의 선택이다.

맺는말

치료의 성공 여부는 조기사정 증상의 완화에 달려 있다. 개인의 자아분화를 향상시키고 보다 기능적인 커플의 상호작용 방식이 성공의 전제조건인 경우가 많은데, 만약 조기사정이 유일하게 신체적인 문제로 드러나고 약물치료를 성공적으로 받는다면, 치료는 분명 간단할 것이다. 그러나 대부분의 경우 조기사정 증상은 정신역동적 갈등이 해소될 때까지 사라지지 않을 것이며, 이는 종종 시간이 더 오래 걸린다(Betchen & Davidson, 2018). 다른 경우에는 조기사정 증상이 완화되지만 근본적인 충돌은 다른 증상(즉, 증상 대체)을 유발하며, 이 경우 임상가는 커플에게 그들의 근본적인 문제가 지속되고 있음을 알려 주고 치료를 지속하도록 부드럽게 독려해야 한다. 그들은 또한 치료가 조기 종결되면 조기사정 증상이 재발할 수 있다는 것을 알아야 한다. 치료의 종결은 보통 커플과 임상가가 함께 결정 내린다. 종결 과정에 있어 치료를 완료하는 데 1회기 또는 여러 회기가 소요될 수 있다. 커플은 필요할 때 언제든지 치료를 다시 받을 수 있다는 것을 명심해야 한다.

향후 고려사항

최근 몇 년 동안 의학은 조기사정의 치료, 특히 많은 사람이 기질적으로 발생한다고 여기는 평생형 조기사정 치료에 상당한 발전을 이루었다. 조기사정을 치료하기 위해 특별히 개발된 최초의 약물인 다폭세틴은 다른 국가에서의 인기와 효능에도 불구하고 아직 FDA의 최종 승인을 받지 못했다.

연구원들은 조기사정을 치료하기 위해 비표준 약물의 사용을 계속 탐구하고 있지만, 연구 결과에 따르면 약물 사용을 중단한 이후 이 장애가 재발하는 것으로 일관되게 보고되고 있다. 이에 윌딩어(2013b)는 사정을 지연시킬 뿐만 아니라 부작용이 있어도 견딜 수 있는 신약을 계속 개발하는 것이 보다 현실적인 목표라고 제안했다.

약리학의 발전은 고무적이지만, 그것은 또한 조기사정을 치료하기 위해 의학적인 해결책에 너무 많이 의존하게 되는 위험성도 있다. 환자의 불편함을 완화시키기 위해 많은 의사는 환자의 관계적인 측면을 확인하지 않고 약을 처방하고 있다. 그 결과, 많은 환자는 문제가 되는 체계론적 역동과 관련된 성적 증세에 계속 시달리고 있다. 획득형 조기사정이 있는 사람은 관계적·심리적 원인에 의해 발생할 가능성이 높기 때문에 약리학적 접근법의 희생양이 될 수 있다. 숙련된 전문가와의 성 기능 치료는 그 어느 때보다도 약물치료법의 필수 조건이어야 한다.

여기에 제시된 모델은 성 기능 장애를 가진 커플들을 치료하기 위한 갈등 이론을 반영한 통합적이고 체계론적인 접근 방식이다. 이 방식은 커플 내면의 갈등을 드러내고, 갈등의 근원을 파악하며, 커플 갈등을 발생시킨 원가족들의 역기능적 영향을 구별하도록 돕는 것이 해결책이라고 주장한다. 조기사정과 같이 동반되는 성 증상의 완화는 이러한 과정의 부산물이 될 것으로 예상된다(Betchen & Davidson, 2018).

궁극적으로, 이 장은 임상가들이 조기사정을 겪는 커플을 치료함에 있어 폭넓게 접근해야 함을 요구한다. 특히 임상가들이 커플의 친밀감을 전반적으로 높이고 더 높은 수준의 성기능을 회복할 수 있도록 도울 수 있는 치료 방법들뿐만 아니라 이 장애의 이면에 있을 수 있는 원인 요인까지 고려하는 것이 중요하다.

참고문헌

Abdel-Hamid, I. A., Abdel-Razek, M. M., & Anis, T. (2013). Risk factors in premature ejaculation: The neurological risk factor and the local hypersensitivity. In E. Jannini, C. McMahon, & M. Waldinger (Eds.), *Premature ejaculation: From etiology to diagnosis and treatment* (pp. 167-185). Springer-Verlag.

Abdo, C. H. N. (2013). Treatment of premature ejaculation with cognitive therapy. In E. Jannini, C. McMahon, & M. Waldinger (Eds.), *Premature ejaculation: From etiology to diagnosis and treatment* (pp. 213-220). Springer-Verlag.

Abraham, K. (1917/1949). Ejaculatio praecox. In D. Bryan & A. Strachey (Trans.), *Selected papers of Karl Abraham*, (pp. 280-298). Hogarth Press and the Institute of Psychoanalysis.

Althof, S. (2013). Risk factors in premature ejaculation: The relational risk factor. In E. Jannini, C. McMahon, & M. Waldinger (Eds.), *Premature ejaculation: From etiology to diagnosis and treatment* (pp. 133-139). Springer-Verlag.

Althof, S., McMahon, C., Waldinger, M., Serefoglu, E. C., Shindel, A., Adaikan, G., … Becher, E. (2014). An update of the International Society for Sexual Medicine's Guidelines for the diagnosis and treatment of premature ejaculation (PE). *Journal of Sexual Medicine*, *11*, 1-31. doi: 10.1111/sjm.12504.

Althof, S., & McMahon, C. G. (2016). Contemporary management of disorders of male orgasm and ejaculation. *Urology*, *93*, 9-21. doi: 10.1016/j.urology.2016.02.018.

Althof, S. E., Abdo, C. H., Dean, J., Hackett, G., & McCabe, et al. (2010). *Journal of Sexual Medicine*, *7*(9), 2947-2969. doi: 10.1111/j.1743-6109.2010.01975.x.

American Psychiatric Association (2013). *Diagnostic and statistical manual of mental disorders* (5th ed.). Author.

Alwaal, A., Breyer, B., & Lue, T. (2015). Normal male sexual function: emphasis on orgasm and ejaculation. *Fertility and Sterility*, *104*(5), 1051-1060. doi: 10.1016/j.fertnstert.2015.08.033.

Anaissie, J., & Hellstrom, W. J. G. (2016). Clinical use of alprostadil topical cream in patients with erectile dysfunction: a review. *Research and Reports in Urology, 8*, 123-131. doi: 10.2147/RRU.S68560.

Andersson, K. E., & Abdel-Hamid, I. A. (2011). Therapeutic targets for premature ejaculation. *Maturitas, 70*, 26-33. doi: 10.1016/j.maturitas.2011.06.007.

Arackal, B. S., & Benegal, V. (2007). Prevalence of sexual dysfunction in male subjects with alcohol dependence. *Indian Journal of Psychiatry, 49*, 109-112. doi: 10.4103/0019-5545.33257.

Asimakopoulos, A., Miano, R., Agro, E. F., Vespasiani, G., & Spera, E. (2012). Does current scientific and clinical evidence support the use of phosphodiesterase type 5 inhibitors for the treatment of premature ejaculation? A systematic review and meta-analysis. *Journal of Sexual Medicine, 9*, 2404-2416. doi: 10.1111/jsm.2012.9.issue-9/issuetoc.

Betchen, S. (2001). Premature ejaculation as symptomatic of age difference in a husband and wife with underlying power and control conflicts. *Journal of Sex Education and Therapy, 26*(1), 34-44. doi: 10.1080/01614576.2001.11074380.

Betchen, S. (2009). Premature ejaculation: An integrative, intersystems approach for couples. In K. Hertlein, G. Weeks, & N. Gambescia (Eds.), *Systemic sex therapy* (pp. 131-152). Routledge.

Betchen, S. (2010). *Magnetic partners: Discover how the hidden conflict that once attracted you to each other is now driving you apart*. Free Press.

Betchen, S. (2015). Premature ejaculation: An integrative, intersystem approach for couples. In K. Hertlein, G. Weeks, & N. Gambescia (Eds.), *Systemic sex therapy* (2nd ed., pp. 90-106). Routledge.

Betchen, S., & Davidson, H. (2018). *Master conflict theory: A new model for practicing couples and sex therapy*. Routledge.

Boonjindasup, A. G., Serefoglu, E. C., & Hellstrom, W. J. G. (2013). Risk factors in premature ejaculation: The urological risk factor. In E. Jannini, C. McMahon, & M. Waldinger (Eds.), *Premature ejaculation: From etiology to diagnosis and treatment* (pp. 159-197). Springer-Verlag.

Bowen, M. (1978). *Family therapy in clinical practice*. Aronson.

Chekuri, V., Gerber, D., Brodie, A., & Krishnadas, R. (2012). Premature ejaculation and other sexual dysfunctions in opiate dependent men receiving methadone substitution. *Addictive Behaviors, 37*, 124-126. doi: 10.1016/j.addbeh.2011.08.005.Epub2011Aug.25.

Corona, G., Jannini, E. A., Lotti, F., Boddi, V., De Vita, G., Forti, G., ⋯ Maggi, M. (2011). Premature and delayed ejaculation: Two ends of a single continuum influenced by hormonal milieu. *International Journal of Andrology, 34*, 41-48. doi: 10.1111/j.1365-2605.2010.01059.x.

DeMaria, R., Weeks, G., & Blumer, M. (2014). *Focused genograms* (2nd ed.). Routledge.

El-Sakka, A. I. (2003). Premature ejaculation in non-insulin-dependent diabetic patients.

International Journal of Andrology, *26*, 329–334. doi: 10.1111/j.1365-2605.2003.00433.x.

Freud, S. (1910/1957). Five lectures on psycho-analysis. In J. Strachey (Ed. and Trans.), *The standard edition of the complete psychological works of Sigmund Freud* (Vol. 11, pp. 9-55). London: Hogarth Press and the Institute of Psychoanalysis.

Gökçe, A., F., Demirtas, A., & Ekmekcioglu, O. (2010). The effects of three phosphodiesterace type 5 inhibitors on ejaculation latency time in lifelong premature ejaculators: A double-bind laboratory setting study. *BJU International*, *107*, 1274-1277. doi: 10.1111/j.1464-410X.2010.09646.x.

Gur, S., Kadowitz, P. J., & Sikka, S. C. (2016). Current therapies for premature ejaculation. *Drug Discovery Today*, *21*(7), 1147-1154. doi: 10.1016/j.drudis.2016.05.004.

Hall, K., & Graham, C. (Eds.) (2013). *Cultural context of sexual pleasure and problems*. Routledge.

Hellstrom, W. J. G. (2010). Update of treatments for premature ejaculation. *International Journal of Clinical Practice*, *65*, 16-26. doi: 10.1111/jcp. 2010.65.issue-1/issuetoc.

Jannini, E. A., & Lenzi, A. (2013). Pathophysiology of acquired premature ejaculation. In E. Jannini, C. McMahon, & M. Waldinger (Eds.), *Premature ejaculation: From etiology to diagnosis and treatment* (pp. 81-97). Springer-Verlag.

Jian, Z., Wei, X.,Ye, D., Li, H., & Wang, K. (2018). Pharmacotherapy of premature ejaculation: a systematic review and network meta-analysis. *International Urology and Nephrology,* Sep 17. doi: 10.1007/s11255-018-1984-9.

Kaplan, H. S. (1979). *Disorders of sexual desire*. Brunner/Mazel.

Kaplan, H. S. (1989). *PE: How to overcome premature ejaculation*. Brunner/Mazel.

Laumann, E. O., Nicolosi, A., Glasser, D. B., Palik, A., Gingell, C., Moreira, E., & Wang, T. (2005). Sexual problems among women and men aged 40-80 years: Prevalence and correlates identified in the Global Study of Sexual Attitudes and Behaviors. *International Journal of Impotence*, *17*, 39-57.

Li, J., Liu, D., Wu, J., Fan, X., & Dong, Q. (2018). Dapoxetine for the treatment of premature ejaculation: a meta-analysis of randomized controlled trials with trial sequential analysis. *Annals of Saudi Medicine, 38*(5), 366-375. doi: 10.5144/0256-4947.2018.366.

Liang, C. Z, Hao, Z. Y., Li, H. J., Wang, Z. P., Xing, J. P., Hu, W. L., ··· Tai, S. (2010). Prevalence of premature ejaculation and its correlation with chronic prostatitis in Chinese men. *Urology*, *76*, 962-966. doi: 10.1016/j.urology.2010.01.061.

Linton, K., & Wylie, K. (2010). Recent advances in the treatment of premature ejaculation. *Drug Design, Development and Therapy*, *4*, 1-6.

Masters, W., & Johnson, V. (1966). *Human sexual response*. Little, Brown & Company.

McMahon, C., Althof, S., Kaufman, J., Buvat, J., Levine, S., Aquilina, J., ⋯ Porst, H. (2011). Efficacy and safety of dapoxetine for the treatment of premature ejaculation: Integrated analysis of results from five phase 3 trials. *Journal of Sexual Medicine*, *8*, 524-539. doi: 10.1111/j.1743-6109.2010.02097.x.

Metz, M., & McCarthy, B. (2003). *Coping with premature ejaculation: How to overcome PE, please your partner and have great sex*. New Harbinger Publications.

Namavar, M. R., & Robati, R. (2011). Removal of foreskin in remnants in circumcised adults for treatment of premature ejaculation. *Urology Annals*, *3*, 87-92. doi: 10.4103/0974-7796.82175.

Palmer, N. (2009). Tramadol for premature ejaculation. *Journal of Sexual Medicine*, *6*, 299. doi: 10.1111/j.1743-6109. 2008.00916.x/full.

Palmer, N., & Stuckey, B. G. A. (2008). Premature ejaculation: A clinical update. *Medical Journal of Australia*, *188*(11), 662-666.

Park, H., Park, N., Kim, T., Baek, S. R., & Lee, K. (2017). Discontinuation of dapoxetine treatment in patients with premature ejaculation: A 2-year prospective observational study. *Sexual Medicine*, *5*, 99-105.

Porst, H., & Burri, A. (2018). Novel treatment for premature ejaculation in the light of currently used therapies: A review. *Sexual Medicine Review*, July 26. doi: 10.1016/j.sxmr.2018.05.001.

Rajkumar, R. P., & Kumaran, A. K. (2014). The association of anxiety with the subtypes of premature ejaculation: A chart review. *Primary Care Companion CNS Disorders*, *16*(4), doi: 10.4088/PCC.14m01630.

Rowland, D., & Cooper, S. (2013). Risk factors for premature ejaculation: The intrapsychic risk factor. In E. Jannini, C. McMahon, & M. Waldinger (Eds.), *Premature ejaculation: From etiology to diagnosis and treatment* (pp. 99-109). Springer-Verlag.

Rowland, D. L., & Kolba, T. N. (2018). The burden of sexual problems: Perceived effects on men's and women's sexual partners. *The Journal of Sex Research*, *55*(2), 226-235. doi: 10.1080/00224499.2017.1332153.

Rowland, D. L., Kostelyka, K. A., & Tempela, A. R. (2016). Attribution patterns in men with sexual problems: analysis and implications for treatment. *Sexual & Relationship Therapy*, *31*(2), 148-158. doi: 10.1080/14681994.2015.1126669.

Rowland, D., McMahon, C., Abdo, C., Chen, J., Jannini, E., Waldinger, M., & Ahn, T. Y. (2010). Disorders of orgasm and ejaculation in men. *Journal of Sexual Medicine*, *7*, 1668-1686. doi: 10.1111/j.1743-6109.2010.01782.x.

Rowland, D. L., Mikolajczyk, L. C., Pinkston, D. M., Reed, H. M., & Lo, D. M. (2016). Attribution patterns in men who ejaculate before they desire: an internet survey. *Journal of Sexual Medicine*, *42*(5), 462-473. doi: 10.1080/0092623X.2015.1069432.

Serefoglu, E. C. (2013). Epidemiology of premature ejaculation. In E. Jannini, C. McMahon, & M. Waldinger (Eds.), *Premature ejaculation: From etiology to diagnosis and treatment* (pp. 45-52). Springer-Verlag.

Shabsigh, R. (2006). Diagnosing premature ejaculation: A review. *Journal of Sexual Medicine, 3,* 318-323. doi: 10.1111/j.1743-6109.2006.00307.x.

Shaeer, O., & Shaeer, K. (2011). The Global Online Sexuality Survey (GOSS). Ejaculatory function, penile anatomy, and contraception usage among Arab-speaking Internet users in the Middle East. *Journal of Sexual Medicine, 9,* 425-433. doi: 10.1111/j.1743-6109.02338.x.

Shindel, A. W., Vittinghoff, E., & Breyer, B. N. (2012). Erectile dysfunction and premature ejaculation in men who have sex with men. *Journal of Sexual Medicine, 9,* 576-584. doi: 10.1111/j1743-6109.2011.02585.x.

Verze, P., Arcaniolo, D., Imbimbo, C., Cai, T, Venturino, L., Spirito, L., ⋯ Mirone, V. (2018). General and sex profile of women with partner affected by premature ejaculation: results of a large observational, non-interventional, cross-sectional, epidemiological study (IPER-F). *Andrology.* doi: 10.1111/andr.12545.

Waldinger, M. (2013a). Treatment of premature ejaculation with selective serotonin re-uptake inhibitors. In E. Jannini, C. McMahon, & M. Waldinger (Eds.), *Premature ejaculation: From etiology to diagnosis and treatment* (pp. 229-240). Springer-Verlag.

Waldinger, M. (2013b). Future treatments of premature ejaculation. In E. Jannini, C. McMahon, & M. Waldinger (Eds.), *Premature ejaculation: From etiology to diagnosis and treatment* (pp. 359-369). Springer-Verlag.

Waldinger, M. D. (2016). Premature Ejaculation. In S. Levine, C. Risen, & S. Althof (Eds.), *Handbook of Clinical Sexuality for Mental Health Professionals*(3rd ed., pp. 134-149). Routledge.

Waldinger, M. D., & Schweitzer, D. H. (2008). The use of old and recent DSM definitions of premature ejaculation in observational studies: a contribution to the present debate for a new classification of PE in the DSM-5. *Journal of Sexual Medicine, 5,* 1079-1187. doi: 10.1111/j.1743-6109.2008.00789.x.

Weeks, G., & Gambescia, N. (2015). Couple therapy and sexual problems. In A. Gurman, J. Lebow, & D. Snyder (Eds.), *Clinical handbook of couple therapy* (5th ed). Guilford Press.

Zuckerman, Z. (2015, Jan.). Effects of premature ejaculation. Between US Sex Therapy Online Programs. Retrieved from betweenusclinic.com/premature-ejaculation-effects-of-premature-ejaculation/.

제**7**장

사정지연의 복잡한 병인학

평가 및 치료 영향

··Systemic Sex Therapy··

제**7**장

사정지연의 복잡한 병인학[1]

평가 및 치료 영향

Sallie Foley · Nancy Gambescia

 서론

사정지연(Delayed Ejaculation: DE)은 쉽게 알려지지 않은 드물게 발생하는 성 기능 장애이다. 사정지연은 오르가슴의 지연이나 부재로 개인적 · 관계적 고통을 초래한다. 사정지연을 앓고 있는 남성은 발기 상태를 유지하는 데 어려움은 거의 없지만 과도한 자극이 있어야 사정을 하거나 아예 사정하지 못하는 경우가 많다. 사정지연의 경우 발기는 성적 욕망의 지표가 아니다. 이 장애의 분류는 시간이 지남에 따라 상당히 변화하여 사정지연에 대한 정의 및 치료 방법에 대한 합의를 도출하는 데 어려움이 있었다. 예를 들어, 사정지연은 억제된 사정(inhibited ejaculation), 사정지체(retarded ejaculation), 사정불능(ejaculatory incompetence), 남성 오르가슴 장애(male orgasmic disorder), 사정장애(impaired ejaculation), 오르가슴 장애(impaired orgasm), 오르가슴 지연(delayed orgasm), 오르가슴 억제(inhibited orgasm), 무사정(anejaculation), 사정억제(ejaculatory inhibition)로 불린다(Abdel-Hamid & Ali, 2017). 모든 남성 성 기능 장애 중에서 사정지연에 대한 치료는 임상적 · 일화적 관찰에 가장 의존적이다.

---

1 살리 폴리(Sallie Foley)가 원작을 작성했고 2015년 및 현재 판에서 낸시 감베시아(Nancy Gambescia)에 의해 갱신되었다.

사정지연 치료에 사용할 수 있는 몇 가지 경험적 연구가 있지만 확실한 결론을 보여 주기에는 부족하다(Althof & McMahon, 2016).

💙 사정지연의 정의

『정신질환의 진단 및 통계 편람』의 5판(DSM-5)에 따르면 사정지연은 성적 자극이 충분하고 사정하려는 욕구가 있음에도 불구하고 남성이 성행위 중 사정을 할 수 없는 성 기능 장애를 말한다(American Psychiatric Association, 2013). 이 진단이 내려지려면 구체적으로 성관계의 75~100% 동안 사정이 현저히 지연되거나, 빈도가 낮거나, 사정이 없어야 한다. 사정의 지연은 남성에게 고통스러운 일이며 통제할 수 없는 영역인데도 임상 연구는 사정지연이 남성의 성관계와 그의 파트너에게 상당히 부정적인 영향을 미칠 수 있다는 충분한 증거가 보고되고 있다(Rowland & Kolba, 2018). 이것은 특히 커플이 임신을 원하고 있는 경우에 영향을 미친다.

다른 성 기능 장애와 마찬가지로 사정지연이 평생형인지 획득형인지 정확하게 확인하는 것이 중요하다. 평생형 사정지연은 극히 드물다. 대부분의 경우 정상적으로 기능을 하다가 획득형이 된다. 사정지연의 또 다른 구별은 일반형(모든 상황) 또는 상황형(특정 상황에서만 또는 특정 개인과 또는 별도의 성행위 중에 발생)이다. 사정지연 남성의 약 2.5%가 일반형에 해당한다(McMahon, 2013). 사정지연을 평가할 때, 이 장애를 앓고 있는 남성의 고통 수준이 경증, 중등도, 중증인지 여부를 결정하는 것도 중요하다(DSM-5는 고통 기준에 파트너를 포함하지 않는다). 사정지연의 관련 특성과 관련하여 DSM-5(American Psychiatric Association, 2013)에서는 이 장애를 유발할 수 있는 다섯 가지 일반적인 영역이 논의된다. 이러한 유발 요인은 사정지연에 대한 메타체계접근과 일치한다.

1. 파트너의 성적 문제 또는 파트너의 건강 상태와 같은 관계 문제
2. 의사소통이 원활하지 않거나 욕구가 일치하지 않는 등의 관계 요인
3. 성적 학대 이력이나 불안, 우울증, 상황적 스트레스 요인과 같은 기타 정신병적 동반 질환과 같은 개인의 취약성
4. 성적 활동을 억제하는 문화적 또는 종교적 요인, 성에 대한 부정적인 태도
5. 예후와 관련된 의학적 요인

DSM-5(American Psychiatric Association, 2013)에 제시되어 있는 내용에 따르면, 이 진단에 문제가 있음을 알 수 있다. 임상가는 성적 자극이 적절하고 충분한지, 남성의 흥분이 정상적이었는지를 판단해야 한다. 예를 들어, 사정지연이 상황적이거나 간헐적이고 성교를 시도하는 동안 파트너가 있는 경우에만 발생한다면 임상가는 문제에 대한 파트너의 반응과 사정지연을 초래한 대인관계 역동에 대해서도 다룰 것이다. DSM-5는 약물이나 약물 남용으로 인한 성 기능 장애에 대해 물질/약물 유발 성 기능 장애라고 하는 별도의 분류가 있으며 사정지연은 물질 또는 약물의 시작, 증가 또는 중단의 결과일 수 있다(American Psychiatry Association, 2013).

일부 임상가는 남성이 사정하기 전에 발기 상태를 유지하는 시간을 측정하는 것을 선호한다. 이 측정은 이성 교제 중에 얻어진다. 질 내 사정지연시간(IELT)이 22~25분을 초과할 때, 사정지연의 진단 기준으로 간주된다(Gray, Zillioux, Khourdaji, & Smith, 2018).

❤️🔑 오르가슴 생리학

사정지연을 이해하기 위해 남성 오르가슴의 생리학을 간략히 살펴보도록 하겠다. 남성 오르가슴의 두 단계인 방출과 사정을 이해하고 구별하는 것이 중요하다. 이러한 과정은 일반적으로 동시에 발생하지만, 실제로는 별도의 신경 경로에 의해 조절되는 활동이다(Althof & McMahon, 2016). 오르가슴 동안 방광에서 소변이 방출되는 것을 방지하기 위해 방광 경부의 요도를 폐쇄함으로써 물리적 · 심리적 자극 후에 방출이 시작된다. 정관(vas deferens), 정낭(seminal vesicles), 전립선(prostate), 사정관(ejaculatory ducts) 등의 내부 구조는 수축하고, 정낭액(정자, 정액, 전립선액)을 음경 요도에 침착시킨다. 남성은 사정의 불가피성을 경험한다. 따라서 오르가슴은 이미 진행 중이기 때문에 방출 단계에서 멈출 수 없다. 사정은 음경의 요도(penile urethra)를 통한 정액의 지속적인 움직임과 음경에서 액체를 배출하는 것을 포함한다. 골반 근육 조직의 수축은 사정을 가능하게 한다. 방출과 사정 과정에는 복잡한 중추신경계 활동, 척수에서 생식기 내부 및 외부 구조로의 적절한 신경 전달, 뇌 자극이 포함된다. 또한 세로토닌, 도파민, 노르에피네프린과 같은 신경전달물질도 사정의 생리학에 관여한다(Abdel-Hamid & Ali, 2017).

모든 심리적 상태, 당뇨병과 같은 의학적 질병, 주요 신경안정제와 같은 약물, 뇌 또는 생식기로의 신경 분포를 방해하는 수술 절차 등은 사정지연을 유발할 수 있다. 또한 사정지연은 노화와 관련이 있는데, 이는 음경 민감도 감소나 기타 연령과 관련된 질환이 동반될 가능성이 높기 때문일 것이다(Abdel-Hamid & Ali, 2017).

　오르가슴은 주로 뇌와 중추신경계에서 발생하는 신체적·정서적 과정으로 개인차가 크다. 남성이 사정하는 데 걸리는 시간은 일정하지 않으며 신체적·심리적 요인의 영향을 받는 것으로 여겨진다. 오르가슴은 일반적으로 사정과 관련이 있지만 오르가슴에 필수적인 조건은 아니다. 따라서 더 이상 전립선(정액을 생산하는 기관)이 없거나 척수가 손상된 남성의 경우라 할지라도 기분 좋은 오르가슴이 발생할 수 있다. 이러한 중요한 과정과 관련된 정신적·육체적 요인을 모두 이해하면 이러한 단계의 장애로서 사정 장애를 이해할 수 있다.

사정지연의 병인학

　사정지연의 원인은 일반적으로 개인의 심리적 요인, 관계 문제 및 경우에 따라 기질적 소인의 조합이다. 사정지연을 치료하는 임상가는 남성이 자신의 두려움, 불안, 실망감을 지니고 있더라도 그것을 커플의 문제로 접근할 필요가 있다. 페럴먼과 워터(Perelman & Watter, 2016)는 친밀감에 대한 두려움, 임신에 대한 우려, 숨겨진 성적 선호, 파트너에 대한 양가감정 또는 적대감, 성에 대해 주입된 잘못된 정보와 같은 사정지연과 관련된 몇 가지 병인학적 가정에 대해 논의했다. 이러한 두려움이나 걱정은 친밀한 파트너와 성적·관계적 만족도에 영향을 미칠 것이다. 사정지연을 경험하는 남성들은 성 기능에 대한 불안을 가지고 있으며 파트너의 만족 부족과 성적 문제가 관계에 미치는 영향에 대해 걱정한다(Rowland & Kolba, 2018). 결국 사정지연이 있는 사람들은 롤링 스톤스(Rolling Stones)의 노래처럼 '어떤 만족도 얻을 수 없다'고 느낀다. 또한 사정지연과 관련된 병인학적 요인을 평가할 때 항상 파트너의 반응을 고려할 필요가 있다. 경험적 자료의 부족, 원인에 대한 다양한 이론, 치료를 위한 다양한 알고리즘 등은 모두 성 기능 장애를 제대로 이해하지 못했으며 치료에 대한 절충적 접근이 필요하다는 것을 지적하고 있다(Sadowski, Butcher & Köhler, 2016).

　사정 없이 흥분만 일어나는 문제는 치료사와 내담자를 좌절시키는 두 가지 주류 문화 신화에 의해 더욱 복잡해진다. 첫 번째 오해는 많은 임상가가 사정지연을 치료하는 데 있어서 성 치료 기술을 추구하지 않는다는 것이다. 평생형(1차성) 사정지연은 실제로 드물지만 획득형 사정지연은 약물(예: 항우울제) 및 노령화와 관련된 문제로 인해 더 흔해지고 있다. 노화에 따라 만성질환이 증가하고 혈류, 음경의 민감성, 약물 사용량이 더 많이 변화한다(Di

Sante, 2016). 이는 간헐적 사정지연을 유발하거나 파트너의 친밀감과 관련된 사정의 어려움으로 이어질 수 있다.

치료사보다 내담자를 더 괴롭히는 또 다른 신화는 성행위 중에 더 오래 지속할 수 있는 남성이 충족의 기준점이 된다는 것이다(Zilbergeld, 1999). 사실 사정지연이 있는 남성의 파트너는 종종 불만족스럽고 좌절감을 느끼며 개인적으로 거부당하는 느낌을 받는다. 사정지연이 있는 남성의 경우 성 기능과 자아상이 모두 부적절할 수 있다(Robbins-Cherry, Hayter, Wylie, & Goldmeier, 2011). 좌절감과 낮은 자존감으로 인해 남성들은 성적 문제에 대해 이야기하는 것뿐만 아니라 성관계를 회피할 수도 있다. 많은 커플이 성적인 고민을 서로 논의하는 능력이 부족하여 문제를 해결하기보다는 회피로 이어져 도움을 받기까지 많은 세월이 흐를 수 있다.

페럴먼(2016, 2017, 2018)은 사정지연과 관련된 세 가지 자위 요인을 확인했다. ① 파트너의 자극으로 쉽게 재현할 수 없는 특이한 자위행위, ② 남성이 좋아하는 성적 환상과 실제 파트너라는 현실 사이의 차이, ③ 빈번한 자위행위 등이다. 페럴먼은 이러한 자위 문제에 대한 치료적 접근과 '성적 임계점 모델(sexual tipping point model)'이라고 불리는 다른 병인학적 요인을 권장하며, 이를 통해 성적 흥분을 촉진하거나 감소시키는 요소들을 인식하고 통제하도록 배운다. 자위 패턴은 사정지연의 원인이 되는 자기 자극 패턴으로 인해 바뀔 수 있다.

대체로 사정지연을 치료하는 것은 쉽지 않으며 복잡한 병인의 일부를 무시하는 것은 잘못된 것이다. 그러나 발기장애는 일부 사람에게는 성공적으로 치료될 수 있고 다른 경우에는 더 잘 관리할 수 있다. 커플 및 성 치료사는 치료가 통합되고 종합적일 것으로 기대해야 한다. 사정지연을 치료하는 가장 유용한 방법은 생물학적 · 관계적 · 심리적 · 사회적 · 세대 간 · 환경적 · 문화적 요소를 분리하기보다는 종합하는 것이다. 간단히 말해서, 이 책의 기반이 되는 메타체계접근을 활용하는 것이다(제1장 참조).

유병률

발기장애의 유병률을 추정하기 위한 연구 절차에는 일관된 정의가 없고 많은 차이가 있다. 그럼에도 불구하고 유병률은 매우 낮은 것으로 알려져 있다. 성적인 문제를 치료하는 대부분의 치료사는 사정지연을 경험하는 커플들을 만나겠지만, 이것은 일반적인 문제가 아니다. 일반적으로 사정지연의 유병률은 성적으로 활발한 남성의 1%(평생형 사정지연)에서

4%(획득형 사정지연)로 보고된다(Di Sante et al., 2016). 후천적 형태는 세로토닌 재흡수 억제제(SSRIs) 항우울제를 사용하는 남성과 노인에게 특히 흔하다(Di Sante et al., 1016). 또한 사정지연은 발기부전이나 낮은 성욕과 같은 다른 성 기능 장애와 함께 발생할 수 있기 때문에 보고되지 않을 수 있다. 사실, 압펠바움(Apfelbaum, 2000, 2001)은 사정지연이 종종 낮은 성적 욕망의 징후라고 믿었다.

메타체계접근

성 기능 장애를 평가하고 치료하기 위한 메타체계접근은 알려져 있거나 의심되는 원인과 후속 사정지연 치료를 해결하는 데 도움이 될 수 있다. 이 접근법은 개인의 생물학적·의학적 영역, 개인의 심리학적 영역, 관계적 영역, 원가족 영역, 상황적(예: 사회, 문화, 역사, 종교) 영역의 다섯 가지 구성 요소 또는 영역으로 구성된 틀을 가지고 있다. 치료사의 사례 공식화에는 병인 및 치료 모두에 대해 다섯 가지 영역으로 구성된 정보가 포함된다. 메타체계접근은 통합적이고, 임상의가 어떤 구성 요소도 소홀히 하지 않도록 방지하며, 체계론적인 구성과 개입을 보장하기 때문에 성 치료에서 특히 유용하다. 다음 절에서는 사정지연의 병인을 메타체계접근의 5개 영역 내에서 검증할 것이다.

개인의 생물학적 · 의학적 요인

앞서 언급한 바와 같이, 사정지연의 병인은 불분명하며 개인적, 생물학적, 심리적, 2인관계(dyadic relationship), 세대 간 복합적인 조합으로 여겨진다. 사정지연에는 여러 가지 생물학적 원인이 있다. 일부 연구자는 사정지연이 적어도 부분적으로는 구해면체 반사(bulbocavernous reflexes)가 느리고, 음경 민감성이 떨어지며, 음경 감각의 역치가 너무 높아서(조루와 반대) 발생한다는 가설을 세웠다(Di Sante et al., 2017). 골반 외상이나 수술로 인한 선천적 기형이나 이상이 있을 수도 있다. 사정지연은 또한 척수 손상, 다발성 경화증, 당뇨병, 낮은 테스토스테론 수치로 인해 발생할 수 있다. 또한 근치적 전립선 절제술(radical prostatectomy), 경요도 전립선 절제술(transurethral resection of the prostate), 방광 경부 수술(bladder neck surgery) 등의 일반적인 수술 절차는 절정감이나 사정지연과 관련이 있다(Gray, Zillioux, Khourdaji & Smith, 2018).

약물 사용은 종종 사정지연과 관련이 있다. 문제가 되는 약물에는 항콜린제, 항아드레날린제, 항고혈압제, 향정신성 약물, SSRIs 및 기타 항우울제, 항정신병제, 강박장애 치료와 관련된 약물이 포함되지만 이에 국한되지 않는다(Di Sante et al., 2016). 알코올과 발기장애가 체계론적으로 연구되지 않았지만 알코올은 사정지연을 유발하는 것으로 알려져 있다. 임상가는 인과 관계에 대한 경험 기반 연구가 부족하기 때문에 임상 사례 보고서에 의존한다. 추가적으로, 특히 노년층, 우울증을 앓거나 사정을 방해하는 선택적 세로토닌 재흡수 억제제(SSRIs)와 같은 약물을 복용하는 사람들에게서 유병률이 더 높다(Perelman, 2016).

개인의 심리학적 영역

심리치료 문헌은 병인학적 요인과 사정지연에 대한 새로운 경험 기반 정보를 제공하지 않는다. 심리치료사에게는 전형적인 평가와 치료 방식만 남아 있다. 몇 년 전, 압펠바움(2000, 2001)은 사정지연이 한 개인이 다른 사람과 함께 있을 때 자신의 감각 경험과 동떨어진 것에서 비롯된다는 이론을 주장했다. 남성은 자신을 통제할 수 없어 자신의 쾌락에만 관심을 기울인다. 게다가 파트너의 반응에 지나치게 신경을 쓴다. 압펠바움은 또한 사정지연이 실제로 성적 관심/흥분장애의 한 형태임을 시사했다. 특히 남성이 파트너와 절정감을 느끼지 않지만 자기 자극을 통해 절정감을 달성할 수 있는 경우에 그렇다. 그는 완전히 긴장을 풀거나 파트너와 상호작용하지 못하고 자신만의 자기 흥분(self-arousal)을 선호한다. 발기는 유지하지만, 자동적이고 만족스럽지 못하다. 또한 자신의 능력 부족에 대한 두려움이 있을 수 있는데, 이는 그 사람을 지나치게 목표 지향적으로 이끌게 한다.

남자의 사정지연이 상황에 따라 오르가슴을 느끼기 위해 자위를 할 수 있지만 파트너와 함께 오르가슴을 달성할 수 없다면, 그는 다른 사람 앞에서 통제력을 잃는 어려움을 겪거나 다른 사람에게 상처를 받거나 상처를 받는 것에 대한 두려움을 가질 수 있다고 가정할 수 있다(Hartmann & Waldinger, 2007). 성에 대한 불안은 특히 커플 간의 성적 의사소통이 원활하지 않을 경우 '효과적인 방법'(예: 독특한 자위 기술 및 환상)을 남용하게 되어 오히려 문제가 지속될 수 있으며, 이로 인해 강력하고 매우 좌절스러울 수 있다.

불안장애는 성 치료 및 관계 치료에서 특별한 어려움을 일으킨다. 반크로프트와 잰슨(Bancroft & Janssen, 2000)은 수행에 대한 두려움이나 수행 결과와 관련된 불안에서 중추 매개 불안과 관련된 발기부전 이론을 제안했다. 사정지연이 있는 사람은 유사한 문제를 경험하여 성적 반응이나 관계를 과도하게 통제할 수 있다(Baucom, Stanton, & Epstein, 2003). 임상의는 사정지연에서 불안의 역할을 기억해야 하며, '사정지연이 발생하기 이전부터 존재하고 있었을지도 모르는 불안이나 사정지연이 발생함으로써 발생한 불안이 기저에 있는가'라는 질문을 해야 한다. 50세 이상의 남성들이 종종 경험하는 간헐적 사정지연은 불안과 관계 스트레스를 증가시킬 수 있다(Foley, 2005).

마지막으로, 페럴먼(2018)은 사정지연이 있는 남성이 각성 억제와 관련하여 각성 정도를 조절하는 데 어려움이 있다고 가정했다. 그는 '성적 임계점 모델'을 주장하며 각성은 이분법적으로 볼 것이 아니라 끊임없이 자신의 각성 수준을 조절하는 과정으로 보아야 한다고 했다. 이 심리생물학적(psychobiological) 과정에 대한 임상적 이해는 사정지연을 평가할 때 고려해야 할 또 다른 병인학적 요인을 제공한다.

관계적 영역

관계적 영역은 종종 일반적 사정지연과 상황적 사정지연 모두에서 역할을 한다. 인과적 영향으로는 상호작용의 즐거움이 부족한 점, 권력을 얻기 위해 자제하고 있는 남성, 모호한 헌신, 파트너를 기쁘게 하는 것에 대한 과도한 우려, 필요한 의사소통의 어려움, 적절한 자극을 촉진하는 데 겪는 어려움, 환상 속의 파트너와 실제 파트너 간의 차이 등이 포함될 수 있다. 그들은 사정지연을 걱정하고 과보호적이어서 이 문제를 회피하거나 경시할 수 있다(Wittmann et al., 2014). 결국, 사정지연이 있는 남성과 그 파트너는 종종 성관계를 하는 데 괴로움과 불안을 느끼는 경우가 많으므로 삽입 성관계의 빈도가 낮다(Perelman & Watter, 2016).

사정지연이 있는 남성의 이성 파트너는 종종 사정을 용이하게 할 만큼 자신이 충분히 매력적이지 못하거나 숙련되지 못한 것에 대한 책임감을 느낀다(Robbins-Cherry, Hayter, Wylie, & Goldmeier, 2011). 두 사람 모두 실패와 부적절한 감정을 경험할 때, 퇴행적이고 관계악화 효과가 있을 수 있으며, 이는 커플의 성 회피로 이어질 수 있다. 때때로 사정지연이 있는 남자는 그의 파트너를 만족시키기 위해 절정감을 느끼는 척할 수 있다. 결과적으로, 성적 상호작용은 기계적이 되고, 단절되고, 즐거움은 없이 성과 지향적이 되고, 심각하며 재미가 없어진다(McCarthy & McCarthy, 1998). 커플의 성적 쾌락의 핵심인 에로티시즘(eroticism), 성적 쾌락, 친밀감, 상호성, 자발성이 없어지는 것이다.

2차 성 기능 장애는 성욕 억제 또는 발기부전으로 발생할 수 있다. 상황적 사정지연(또는 지속적 사정지연)은 침실 밖에서 경험하는 관계 불만과 문제로 인해 발생할 수 있다(Rosen, Heiman, Long, Fisher, & Sand, 2016). 관계에 대한 갈등을 겪는 남성은 오르가슴에 필요한 여유와 기분 좋은 감정을 경험하지 못할 수 있다(Weeks & Gambescia, 2015).

원가족 영역

세대 간 원인에는 성교육이 없었거나 잘못된 성교육, 지나치게 비판적이고 엄격한 종교적 정통성이 포함될 수 있다. 세대 간 원인에 대한 가설은 많으나 이 이론을 뒷받침할 실증적 자료는 없다(Hartmann & Waldinger, 2007). 자위행위를 하거나 성에 대해 호기심이 발각될 경우 성적 수치심을 느낀 초기 경험이 사정지연 문제를 일으킬 수 있다. 일부 남성은 부모가 너무 공격적이거나 또는 어떤 형태의 공격적 행동도 엄격히 제한했기 때문에 공격적인 행동에 대해 갈등을 느낀다고 보고한다. 이러한 남성은 파트너와의 성관계 중 '공격적'이거나 '이기적'이 되는 것에 대해 불안해할 수 있다(Hartmann & Waldinger, 2007). 남성은 실제남자가 매번 쉽게 사정한다는 생각부터 성관계는 스포츠이고 진짜 남자는 친밀감을 갖지 말고 분리되어야 한다는 생각에 이르기까지 온갖 정보와 성적 각본을 가질 수 있다. 트라우마가 있었다면 흥분과 공격성의 혼란 또는 즐거운 흥분과 수치심의 연관성을 포함하여 사정지연에서 나타날 수 있는 갈등을 만들 수 있다.

상황적 영역

문화와 사회화는 개인의 성적 정체성 형성에 기여하고 성적 기능에 영향을 미친다. 북미에서는 남성이 독립적이고 자급자족하며 파트너와 가족을 보호하도록 배운다. 광고 또한성행위에 대한 '강력한 남자' 이미지를 홍보하는 데에도 관련이 있다. 질버겔드(Zilbergeld, 1999)는 남성의 성에 대한 지배적인 이미지를 '판타지 모델'이라고 불렀고, 북미 문화는 음경을 '길이가 60센티미터나 되고 강철처럼 단단하며' 밤새 성관계가 지속될 수 있는 것으로 보기도 한다. 이 널리 퍼져 있는 문화 모델은 편협하며, 힘센 남성을 그들 자신의 감각, 파트너의 친밀감, 성적 반응의 겉모습과 느낌에 대한 진정한 이해를 연결하는 데 어려움을 겪는 불안한 연기자로 만들 수 있다. 이러한 특성을 강조하는 문화적 패러다임은 강력한 사회화 요인이다. 남성은 자신이 사정지연 문제가 있다는 것을 인정하는 것이 꺼려져서 도움을 구해야 하는 경우 훨씬 더 수치심을 느낄지도 모른다.

🖤 성 치료의 개방성과 안전성 확립

사정지연 평가는 개인 치료 또는 커플 치료에서 발생할 수 있다. 질문을 하고 문제에 대한 정보를 찾는 과정은 치료사와 내담자 사이의 상호작용 과정과 역학에 대해 치료사가 내담자에게 제공하는 정보와 관련이 있을 것이다(Weeks, Gambescia, & Hertlein, 2016). 치료를 시작할 때 치료사는 심리치료가 어떻게 진행되는지 설명하고 이 과정에 참여하는 내담자 또는 커플의 동의를 얻는다. 치료에 대한 경험적 해결책이 없는 경우, 임상가는 개인, 커플 및 세대 간 문제의 원인을 능숙하게 연결하는 데 의존해야 한다. 평가 과정을 시작할 때 고려해야 할 다른 일반적인 사항도 있다.

평가 질문을 완료하면 임상가는 내담자에게 성 치료사가 누구인지 명확히 알려 준다. 많은 사람은 성 치료사를 만났을 때 무엇을 접하게 될지 또는 성 치료 회기에서 어떤 일이 일어날지 모른다. 그런 다음, 임상가는 개인이나 커플이 어떻게 치료를 의뢰하게 되었는지, 성 치료나 심리치료를 받은 적이 있는지, 있다면 그 경험이 어떠했는지 질문한다. 특정 치료사를 선택하는 내담자의 추론 방식을 따르면 내담자가 자신의 상황을 평가하는 방법, '즉각적 치료' 또는 치료 속도에 대해 가질 수 있는 환상, 그리고 심리치료가 작동하는 방식에 대한 일반적인 인식 수준에 대한 정보를 제공할 것이다. 내담자가 성 치료의 가능성에 대해 알고 있었지만 시작하기까지 얼마나 기다렸는지 탐색하는 것이 유용하다.

내담자와 치료사의 성별에 대해 논의하고 이것이 치료사를 선택하는 데 중요한 고려사항이었는지 질문하는 것이 중요하다. 어떤 사람에게는 치료사의 성별이 중요한 문제가 아니다. 그러나 대부분의 내담자는 치료사의 성별이 성적 문제에 대해 이야기할 때 편안함에 미치는 영향에 대해 어떤 식으로든 영향을 받을 것이다. 내담자는 당혹스럽거나 그가 겪고 있는 일을 '절대 이해하지 못하기' 때문에 자신의 성적 문제를 여성과 논의하고 싶지 않다고 강하게 느낄 수 있다. 반대로 내담자는 남성 치료사가 내담자를 부적절하고 덜 남성적이라고 느끼게 만들기 때문에 여성과 대화하는 것이 더 쉽다고 느낄 수 있다. 실제로 65쌍의 커플을 남성, 여성, 혼성 치료팀(dual sex-therapy team)에 무작위로 배정하고 연구했지만 치료 결과에 유의미한 차이는 없었다(LoPiccolo, Heiman, Hogan, & Roberts, 1985). 그러나 치료사의 성별에 대한 편안함의 정도에 대해 초기에 문제가 있을 수 있다.

치료사는 때때로 내담자 또는 커플이 좌절감을 느끼거나 희망을 잃을 것이라고 예측할 수 있다. 치료사는 심지어 내담자 또는 커플이 너무 좌절해서 치료 중단을 고려하고 있다면 치료를 끝내기 전에 치료사에게 먼저 와서 이야기할 것을 요청할 수도 있다. 좌절과 절망에 대한 치료사의 예측과, 치료사와 실망스러운 문제에 대해서도 논의하도록 초대하는 것은 커플이 결국 성적 상호작용에서 벗어나지 않고 실망에 대해 서로 건설적으로 이야기하는 방법을 반영하는 병렬 과정을 진행하는 것이다.

평가에는 일반적으로 여러 회기가 소요되며 각 파트너와의 최소 한 회기 이상의 개인 회기를 포함한다. 개인 회기에서는 개인사, 사회 · 문화 · 종교적 영향, 파트너가 참석한 상태에서 제기하기 어려울 수 있는 우려 사항에 더 중점을 둘 수 있다.

사정지연의 치료

이 질병을 치료하기 위해 다양한 심리적 치료법이 제안되었지만 효능을 설명하는 자료는 제한적이다(Sadowski, Butcher, & Köhler, 2016). 그럼에도 불구하고 치료는 남성과 그의 파트너의 특정 임상 증상에 맞추어야 한다. 현재 사정지연에 사용할 수 있는 치료법에는 심리교육, 인지행동치료, 잠재적 갈등에 대한 통찰력 지향 탐구, 자위 재훈련, 마음챙김 및 커플 치료법이 포함되지만 이에 국한되지는 않는다.

보다 구체적으로, 인지행동치료는 과제[집에서 하는 게임(homeplay)이라고도 함]를 실행하는 것을 포함한다. 이러한 감각적인 접촉 과업은 커플이 친밀한 관계를 형성하고 친밀감이 발생할 수 있는 조건을 만드는 데 책임을 지도록 돕는다. 과제에 대한 자세한 내용은 감베시아와 윅스(Gambescia & Weeks, 2007)를 참조하라. 윅스와 감베시아(2016)는 과제 중에 일반적으로 사용되는 감각 집중 훈련에 대한 체계론적인 접근 방식을 논의했다. 감각 집중의 목적 중 하나는 사정을 억제하는 불안을 줄이는 것이다. 마음챙김에 기반한 감각 훈련 과제는 남성이 감각 인식과 능력을 향상시키는 데 도움이 된다(Brotto, 2018 참조). 통찰 지향적 전략은 자기 비난과 판단을 줄이고 자기 수용의 감정을 증가시킨다. 커플에 초점을 맞춘 전략은 커플 사이의 친밀감과 상호 관계를 증진할 뿐만 아니라 커플을 위한 성교육과 긍정적인 성적 상호작용을 촉진한다. 능력 향상, 자기 수용 및 상호성 증진의 전반적인 목표는 성공적인 사정지연 문제 해결의 기초이다. 이러한 접근법 중 일부 또는 전부를 메타체계접근으로 통합할 수 있다.

사정지연의 치료는 문제가 주로 성에 대한 잘못된 정보와 가벼운 불안의 결과이고 내담자가 보다 직접적인 자극과 쾌락에 대한 개인적인 집중과 같은 특정한 행동 변화를 일으킬 수 있는 경우 몇 달밖에 걸리지 않을 수 있다. 그러나 사정지연이 장기적 문제로 드러나고, '있는 그대로' 받아들이는 성격적 특성이 있는 경우, 변화에 저항하는 행동 수반 치료를 진행하는 경우가 많다. 이러한 경우 때때로 사정을 할 수 있지만, 사정지연이 간헐적으로 유지되기 때문에 오랜 기간 수용하고 '함께' 살아야 한다. 즉, 치료의 목적은 처음부터 일정한 방법으로 일정한 빈도로 사정하는 법을 배우는 것이라고 생각하기보다는 문제나 문제에 대한 인식 방식을 개선하는 것이어야 한다. 이 목표는 성관계가 어떻게 이루어지든 간에 두 파트너를 모두 만족시킬 수 있다는 생각과 일치한다.

🫀 생물학적 · 의학적 접근과 개인적 접근

치료에 대한 개별 접근법은 사정지연의 가능한 생물학적 및 유전적 전구체에 대한 주의를 포함한다. 현재 평생형 사정지연 또는 획득형 사정지연을 치료하는 미국 식품의약청(FDA)의 승인을 받은 약은 특별히 없다. 제한된 효능에도 불구하고 사정지연의 치료에 권장되는 많은 약물이 문헌에 보고되었다. 카베르골린(Cabergoline)[프로락틴(prolactin) 과잉 생산을 치료하는 데 사용]과 부프로피온(bupropion; 항우울제)은 가장 일반적으로 사용되는 두 가지 약물이다(Sadowski, Butcher, & Köhler, 2016).

사정지연이 적절한 감각 역치에 도달하지 않는 것과 관련이 있는 일부 사람에게는 효능의 증거가 제한적이지만 진동 자극을 사용함으로써 도움을 받을 수 있다(Sadowski, Butcher, & Köhler, 2016). 평생형 사정지연을 겪던 한 남성이 시연에 참석하여 배터리로 작동하는 작은 진동기구를 구입하고 진동기구 사용법을 배웠는데 위쪽 허벅지 안쪽, 회음부 및 음경 뿌리의 자극이 만족스럽다는 것을 발견했다. 그는 진동기구를 사용하여 혼자 자위하면서 절정감에 대한 감각 역치를 성공적으로 도달했다. 현재 파트너와 관계가 없기에 파트너와 성공적으로 사정을 할 수 있을지 판단하기 어렵다. 그는 성 치료사에게 '특이한 자위(idiosyncratic masturbation)[2]'에 대한 경고를 받았고 진동기구 없이 사정할 수 있는 자위하는 법을 배웠다.

개인이 사정지연을 유발할 수 있는 약물을 복용하는 경우 임상가는 치료 의사와 협력하여 약물 투여를 가능한 한 조정하거나 줄이는 것이 좋다. 예를 들어, 특정 SSRIs의 경우 복용량을 줄이거나 부작용이 적은 다른 약물로 전환하거나 적절한 경우 약물[예: 부프로피온

---

2 역자 주: 특이한 자위는 파트너가 대체해 줄 수 없는 자위행위이다.

(bupropion)]을 추가할 수 있는 가능성을 포함할 수 있다. 약물 복용, 약물 전환, 약물 추가를 위해서 팀워크, 호기심 많은 태도, 인내심이 필요하다는 점을 내담자에게 설명하는 것은 때로는 길고 좌절스러운 치료 과정을 내담자가 수용하는 데 중요하다.

사정지연이 있는 사람은 종종 발기부전을 경험할 수 있다. 이러한 경우 내담자는 발기부전 치료에 사용되는 약물을 사용하여 도움을 받을 수 있다. 발기부전은 없지만, 사정지연을 치료하면서 실데나필(sildenafil)[3]이나 타달라필(tadalafil)[4]과 같은 약물을 복용하여 긍정적인 플라시보 효과를 경험하는 내담자도 있다. 내담자가 치료를 받는 동안 인내심을 기르는 것은 쉬운 일이 아니며, 일부 내담자는 '무엇을 하고 있다'고 느낄 때 더 긍정적인 반응을 보인다. 이 접근법의 이점은 미국에서 흔히 볼 수 있는, 항상 약물치료를 선호하는 내담자의 생각이 포함될 수 있다는 단점과 비교하여 평가되어야 한다.

🫀🔑 감각 방어, 불안 치료 및 개인 치료

불안이나 강박증이 사정지연의 문제를 발생시키거나 더 심화시키는 데 중심적인 역할을 한다는 점에 주목한 후, 불안 감소 기술의 도입은 사정지연을 위한 성 치료의 중요한 부분이 되었다. 이러한 기법은 근본적으로 인지행동기법이며, 개인의 마음챙김과 호흡 기법, 점진적 이완, 감각 내성을 증가시키는 것으로 시작한다(Metz & McCarthy, 2007).

사정지연이 있는 많은 사람에게 감각 방어 문제가 있을 수 있는데, 이 경우 특정한 냄새, 맛, 소리, 촉각과 같은 정상적인 감각 입력이 압도적이고 불안감을 경험할 수 있다(Curtis, 2001). 예를 들어, 점액을 싫어하고 입을 벌리는 키스나 외음부와 질의 '축축한' 감각을 좋아하지 않는 사람은 정상적인 성생활에서 발생하는 습도나 미끄러움이 싫어서 파트너 앞에서 사정에 필요한 감각 역치에 도달하는 데 어려움을 겪을 수 있다. 이러한 경우 점진적인 둔감화를 통해 촉감과 습도뿐만 아니라 경험의 양이나 강도에 이르기까지 감각 내성을 높이는 기술을 가르쳐야 하며, 성과보다는 친밀감에 초점을 맞춰야 한다(Metz & McCarthy, 2007). 내담자는 더 이상의 성적인 요구 없이 다양한 유형의 키스를 탐색할 과제를 선택할 수 있어 입을 벌리고 하는 키스와 혀 탐색에 대한 내성을 높일 수 있다. 또는 성관계 중에 사정을 할 수

---

3 미국 화이자가 개발한 비뇨 생식기 의약품, 남성 발기부전 치료제이다.
4 미국 일라이 릴리 앤 컴퍼니(Eli Lilly and Company)가 개발한 발기부전 치료제이다.

없는 내담자는 파트너와 함께 샤워를 하며 성기를 탐색하고, 윤활제를 사용하고, 심지어 둘 다 샤워 중에 '온몸이 젖어 있는' 동안 음경을 문질러 보면서 '습도'와 '친밀감'의 감각을 연습할 수 있다.

자위의 유연성과 개인의 특성

앞서 언급한 바와 같이, 사정지연이 있는 많은 사람은 오랜 시간 동안 존재해 온 강하고 독특한 자위 패턴을 가지고 있다. 성 치료사는 교육 방법을 사용하여 융통성 없는 자위 패턴의 여부를 탐색하고 자가 자극 중에 서로 다른 위치와 서로 다른 강도의 접촉을 사용하고 다른 환상이나 시각화를 사용함으로써 자극이 천천히 확장할 수 있도록 격려한다. 이 기술은 사정지연이 파트너와 관련된 상황에 있을 때 특히 유용하지만 혼자 자위할 때는 유용하지 않다. 성 치료사는 자위하는 동안 유연성을 높이면 파트너의 접촉에 개방적이고 파트너의 흥분에 유연하게 반응하는 능력이 향상될 것이라고 설명했다. 내담자가 현재의 자위행위가 사정하는 유일한 방법이라고 생각할 수 있음을 임상가는 명심해야 한다. 내담자와 커플과의 협력 계획을 개발하는 것은 남성이 개별적으로 그리고 파트너와 함께 다양한 자위 패턴을 시도하도록 권장하는 가장 좋은 방법이다.

임상가들은 때때로 내담자가 파트너를 좋아하지 않아서 사정지연을 사용하여 자신의 몸이 자신을 대변하도록 하는 것을 발견하곤 한다. 어떤 경우에는 사정지연이 관계를 끝내기 위한 시작이 되어 내담자가 파트너에게 실제적인 성적 관심이 없다고 설명하도록 하여 결국 그 커플의 결별로 이어졌다. 그러나 어떤 커플은 이러한 인식을 사용하여 성적 관심이 없는 이유를 해결하고, 긍정적이고 흥미로운 관계를 만들기 위한 약속을 재정립했으며, 이것이 성관계에서 보다 긍정적인 상호작용으로 이어지기를 바라는 계기가 되었다.

외부 영향에 대한 인식 제고

성 치료는 일반적으로 내담자에게 영향을 미치는 외부 정보의 출처를 탐색하고 이 정보의 의미에 대한 새로운 관점을 장려함으로써 불안과 자기 비판을 줄여 준다. 종종 재정의하는 과정이 일어난다. 웍스(1994)는 실제 의도와 행동에 대한 현실적인 평가를 탐구하는 것이

사정지연과 같은 성적 행동의 의미에 대해 다른 결론을 도출하는 데 도움이 될 수 있다고 지적했다. 만약 자신을 '부적절하다' '회피한다' '돌보지 않는다' 또는 '더 이상 매력 없는 존재이다'라고 생각한다면, 사정지연이 이 사람에게 전달할 수 있는 다른 의미를 탐구하는 것이 도움이 될 것이다. 특히 치료사는 사정지연을 겪는 많은 사람이 매우 배려심이 많고 실제로 그들의 파트너에게 과도하게 반응하거나 주의를 기울이고 있다는 것을 내담자에게 상기시키는 것은 매우 중요하다. 그들은 자신의 성적 욕구로 공격적이거나 이기적이지 않으며 상대를 압도하지 않기 위해 최선을 다한다. 그들은 성교육의 부족으로 고통을 받고 성에 대해 자의식을 가질 수 있다. 그리고 그들은 수행해야 할 필요성을 느끼기 때문에 즐거움을 느끼지 못하고 너무 열심히 하는 것일 수도 있다. 내담자가 잘못된 세대 간 정보나 그가 주입한 사회적 기대에서 비롯되는 부정적인 믿음으로 인해 부담을 느낀 방식을 보기 시작할 수 있기를 바란다. 내담자는 성에 대해 매우 부정적인 세대 간 메시지를 생성하는 데 영향을 준 가족사를 이해하기 위해 치료법을 사용하여 이러한 통찰 지향을 발전시킬 수 있다. 일부 내담자는 성에 대해 더럽거나 부도덕하거나 수치스럽다는 초기의 메시지가 성적 상호작용에서 불안을 유발한다는 것을 깨닫는다. 때때로 그 통찰력에는 어린 시절 자위행위를 하다 붙잡힌 기억과 같이 성인을 불쾌하게 한 기억과 성적 쾌락에 대한 부정적인 감정을 유발하는 기억 등이 포함될 수 있다. 내담자는 자신의 성적 행동과 수행에 대해 배운 문화적 메시지, TV · 잡지 · 인터넷 등의 메시지, 즐거움보다 과업을 강조하는 메시지, 남성과 그의 성기 및 파트너와의 유대관계를 되돌아볼 수 있다. 그는 또한 자신의 문제에 대해 다른 사람에게 도움을 구하지 않기 위해 사회화되었다는 것을 인식할 수도 있다.

성 치료는 문제로 어려움을 겪은 개인의 슬픔과 상실에 대한 인식을 자극할 수 있다. 그가 슬퍼할 권리가 있고 성 기능 장애가 '아무도 위로해 주지 않는' 상실이라는 것을 이해하면 개방적이고 동맹적인 치료 환경을 만들 수 있다. 성 치료에서 성 기능에 대해 이야기하고, 슬퍼하고, 새로운 정보를 얻는 바로 그 과정은 수행 불안을 감소시키고 자존감을 높일 수 있다. 커플은 사정지연에 대응하는 성관계를 확립하는 데 필요한 기반인 '고칠 수 없는 문제'를 해결하기 위해 애도 작업에서 심리교육을 필요로 할 것이다(Foley, 2015).

커플을 위한 기술

사정지연이 있는 내담자에게 파트너가 있는 경우 가능한 한 그 파트너를 치료에 참여시키는 것이 중요하다. 파트너의 오해를 제거하고 문제의 존재에 대해 슬퍼하며 성공적인 상호작용 방법을 찾는 데 적극적으로 참여할 수 있는 기회가 필요할 것이다. 커플은 성 심리적 기술을 향상시키고 수행 압력을 줄이며 편안함과 재미를 높이기 위해 과제를 완료함으로써 도움을 받을 것이다(Metz & McCarthy, 2007). 치료사는 긴장을 풀고 함께 즐길 수 있는 커플에게 그들 관계의 다른 부분으로부터 '역량 빌려 오기(borrowing competencies)' 개념을 도입함으로써 도움을 줄 수 있다. 치료사는 커플에게 언제 어떻게 긴장을 풀고 함께 즐길 수 있는지에 대해 의논해 보게 한다. 예를 들어, 커플이 카드놀이, 하이킹, 또는 다른 공유할 수 있는 활동을 즐긴다면, 치료사는 커플이 너무 심각한 성생활에 빌려줄 수 있는 기쁨과 즐거움을 경험할 방법을 이미 알고 있다는 것을 지적할 수 있다. 이렇게 하면 성관계나 성기에 초점을 두지 않는 비성기 마사지(non-general massage)를 포함하여 불필요한 신체적 즐거움에 보다 편안하게 집중할 수 있다. 치료사는 계속해서 재미를 느끼려면 자신의 감각적 경험에 특별한 관심을 필요로 한다고 강조한다. 즉, 동반자 관계를 즐기면서도 이기적이 되는 것이다.

치료는 종종 선형적이거나 점진적으로 이루어지며, 처음에는 비요구적 장난스러움에서 시작하여 즐거운 경험을 쌓은 다음에는 비요구적인 신체적 놀이와 감각 집중 훈련으로 나아간다. 커플은 에로틱한 자극을 증가시켜 자의식을 줄임으로써 편안함을 증가시키는 방법을 배운다. 커플은 신체적 · 성적 · 감각적인 것에 대한 신뢰가 시간이 걸린다는 것을 상기할 필요가 있다.

'느린' 치료 속도나 치료 개입에 대해 파트너가 실망할 수도 있다. 문제가 발생했을 때 '서로의 의견을 경청'하고 커플이 우정과 친밀감을 유지하는 방법을 지속적으로 평가하는 것이 중요하다. 치료에서 특정 시점에 달성했어야 한다고 생각하는 목표보다는 자신이 이룬 진전을 상기시키는 것이 중요한 경우가 많다. 치료사는 파트너와 사정지연을 겪는 사람이 스스로를 팀으로 여겨 둔감 기법에 참여하고, 수행 불안을 줄이고, 감각을 증가시키도록 권장한다. 파트너가 자신의 성적 반응이 독립적이고 중요하다는 것을 계속 이해하도록 격려해야 할 수도 있다.

파트너와 함께 작업할 때는 두 사람 모두의 성에 대한 세대 간 정보를 포함해야 한다. 커플에게 어떤 기술이든 시도해 보라고 제안할 때 커플이 과업을 완료할 수 있는 선택권을 가지고 있다고 느끼게 하는 것이 중요하다. 성 치료사는 가능한 두세 가지의 다양한 과제를 제공할 수 있으며, 어떤 과제를 시도할지는 커플이 결정한다(Weeks & Fife, 2014).

또한 커플은 그들이 각자 좋아하는 행동 및 상호작용에 대한 그들만의 '욕구' 목록을 만들 수 있다. 그들은 함께 성관계를 즐길 수 있는 쾌적하고 즐거운 장소를 만들 수 있다(Foley, 2005). 어떤 커플은 그들의 원하는 성적 상호작용의 진행에 대해 엄격하거나 비현실적인 성적 각본을 가지고 있으며, 이러한 성적 각본은 성 치료 중에 논의되고 수정될 수도 있다. 예를 들어, 높은 수준의 절정감을 느끼는 여성은 파트너가 절정감에 도달하는 순간 또는 직후에 도달하기를 기대한다. 완벽한 연기에 대한 집중을 줄이면서 성적 상호작용이 상호 간의 즐거움에 관한 것이라는 기대를 세우는 것이 성적 각본을 수정하는 데 있어 중요한 부분이다(Foley, Kope, & Sugrue, 2012). 어떤 커플은 서로의 신체적 신호를 '읽기' 위해 열심히 노력해야 하고 마사지, 춤 또는 운동을 사용하여 서로의 움직임을 반영하는 법을 배워 함께 있는 것의 편안함을 증가시킬 필요가 있다.

커플은 성적 각본을 만들고 과제를 수행하기 위해 함께 작업해야 할 뿐만 아니라 성관계를 위한 시간도 마련해야 하는데 바쁜 커플에게 이것은 종종 간과되고 때로는 어쩔 수 없는 선택이다. 성적 상호작용을 계획하면 변명 또는 저항으로 인해 과제가 수행되지 않을 가능성이 감소된다. '성관계는 자발적이어야 한다'는 이상화에서 벗어나야만 한다고 많은 커플은 보고한다. 이렇게 이상화와 이별하는 작업은 또한 커플 치료의 한 부분이 될 수 있다.

사정지연이 있는 사람이 일정 기간 동안 성관계를 하지 않다가 완경이 된 여성과 성관계를 맺는다면, 삽입 성교를 하지 않은 경우 여성은 질 위축을 경험할 수 있다(Foley, 2005). 만약 일정 기간 성관계가 없다가 성관계가 재개되면, 여성은 고통스러운 성관계를 경험할 수 있다(Foley, Kope, & Sugrue, 2012). 이 여성은 처음부터 파트너에게 가능한 한 빨리 사정하도록 압력을 가할 수 있다. 그녀는 성관계를 재개하기 전에 손가락, 성기 모양의 진동기, 질 확장기를 사용한 삽입 연습뿐만 아니라 국소적인 에스트로겐 대체제[(예: 바지펨(Vagifem®), 에스트라디올(Estradiol®), 에스트레이스(Estrace®) 크림]의 사용을 연구해야 할 수도 있다. 윤활제에 대한 논의도 성 치료에 포함되어야 한다(Foley, 2005).

💟🔑 세 가지 치료 상황에서의 메타체계접근

만약 사정지연을 겪는 남성이 파트너가 없다면, 성 치료사는 그에게 자위 기능이 있는 진동기를 사용하고, 더 많은 성교육을 장려하며, 어린 시절부터 세대 간 메시지에 대한 이해를 높이고, 내담자가 '한 방향'에 지나치게 의존하지 않도록 자위 기술에 대한 유연성을 권고할 수 있다. 내담자는 또한 오르가슴에 집중하거나 시도하지 않고 10분에서 15분 동안 '흥분을 즐기는' 법을 배울 수 있으며, 다른 일에 집중함으로써 흥분과 발기를 완화시킬 수 있다. 성과보다는 즐거움을 강조하는 연습을 하는 것은 종종 간헐적 사정지연을 돕고 그가 얼마나 빨리 사정을 하는지에 대한 불안감을 완화시켜 준다.

사정지연이 있는 내담자가 파트너와 함께 감각적 불안이나 과민반응을 보이는 경우, 성치료사는 치료 과정이 길어질 것을 예측하게 될 것이다. 내담자가 자기 자극으로 철수하는 경향에 대처해야 하고 불안과 감각 방어력의 역할에 대해 교육하고 파트너가 성적 상황에서의 반응성이나 실망에 대처할 수 있도록 지원해야 한다. 부담스럽지 않은 접촉을 장려하고, 친밀한 행동과 언어를 증가시키며, 커플의 우정과 다른 부분의 회복에도 초점을 맞추도록 장려하는 것은 변화에 필요한 요소를 제공하는 것이다. 이 접근 방식은 많은 남성이 나이가 들어 감에 따라 경험하는 간헐적 사정지연을 가진 커플들에게도 효과가 있을 수 있다.

좀 더 복잡한 사례 가운데 특히 트라우마를 극복해야 하거나 친밀감이나 취약함에 대한 두려움으로부터 즐거운 성적 반응으로 해결해 나가는 과정에 있는 경우, 치료 과정에 앞서 논의된 내용이 포함되어야 하며, 개인이나 파트너가 자신의 개인적이고 공유된 이야기에 대한 생각을 통합하고 수치심이나 고립감을 줄이기 위해 노력할 수 있도록 도와야 한다. 어린 시절 방임이나 외상적 경험으로 인해 파트너와의 관계에서 너무 빨리 멀어지는 경향이 있는 경우 개인 회기나 커플 회기를 유연하게 사용할 필요가 있을 수 있다. 과제는 유연하고 천천히 진행되어야 한다. 트라우마 경험에 대한 일관성 있는 이야기는 조금씩 전개되어야 할 수도 있다(Naparstek, 2004; Scaer, 2001; Solomon & Siegel, 2003). 마지막으로, 커플은 '완벽한 성관계'에 대한 이상을 줄이고 대부분의 시간을 '충분히 좋은' 성에 대해 더 많이 받아들이도록 깨달을 필요가 있다(Metz & McCarthy, 2007).

요약하자면, 사정지연의 병인에는 신경학적 손상, 호르몬 불균형, 성 심리 및 관계 문제와 같은 광범위한 잠재적 기여 요인을 포함하기 때문에 치료는 모든 병인에 대해 포괄적이고 통합적이어야 한다.

향후 방향

사정지연의 진단과 치료는 특히 복잡하기 때문에 보다 확실한 진단을 개발하기 위해 여러 학문 분야 간의 추가 연구와 협력이 필요하다. 사정지연의 진단은 베이비 붐 세대의 노인 남성이 증가한다는 것과 사정 및 오르가슴에 영향을 미칠 수 있는 약물을 사용하는 남성이 증가한다는 것의 영향을 받을 것이다. 이러한 유병률의 증가는 의학적으로나 심리학적으로 사정지연에 대한 더 많은 연구를 촉진할 것이다. 현재 사정지연에 대한 약물치료법은 없다. 이 장애에 특화된 심리치료법은 새로운 것이 아니다. 사정지연에 대한 의학적 치료와 생물학적 치료를 결합할 필요성에 대한 경험적 관심은 주어지지 않았다(Perelman, 2016a).

　메타체계(intersystem framework)는 가능한 많은 원인학적 요인을 이해하고 포괄적이고 유연한 치료 접근법을 개발하는 데 관심을 기울인다. 궁극적인 목표는 특정 치료 목표에 초점을 맞추기보다는 커플이 만족스러운 성관계를 맺을 수 있도록 돕는 것이다.

참고문헌

Abdel-Hamid, I. A., & Ali, O. I. (2018). Delayed ejaculation: Pathophysiology, diagnosis, and treatment. *World Journal of Men's Health, 36*(1), 22-40. doi: 10.5534/wjmh.17051.

Althof, S. E., & McMahon, C. G. (2016). Contemporary Management of Disorders of Male Orgasm and Ejaculation. *Urology 93*, 9-21. doi: 10.1016/j.urology.2016.02.018.

American Psychiatric Association. (2013). *Diagnostic and statistical manual of mental disorders* (5th ed.). Author.

Apfelbaum, B. (2000). Retarded ejaculation: A much misunderstood syndrome. In S. Leiblum & R. Rosen (Eds.), *Principles and practice of sex therapy* (3rd ed., pp. 205-241). Guilford Press.

Apfelbaum, B. (2001). What the sex therapies tell us about sex. In P. Kleinplatz (Ed.), *New directions in sex therapy: Innovations and alternatives* (pp. 5-28). Brunner-Routledge.

Bancroft, J., & Janssen, E. (2000). The dual control model of male sexual response: A theoretical approach to centrally mediated erectile dysfunction. *Neuroscience and Biobehavioral Reviews, 24*, 571-579. doi: 10.1016/S0149-7634(00)00024-5.

Baucom, D. H., Stanton, S., & Epstein, N. B. (2003). Anxiety disorders. In D. K. Snyder & M. A. Whisman (Eds.), *Treating difficult couples: Helping clients with co-existing mental and relationship disorders* (pp. 57-87). Guilford Press.

Brotto, L. A. (2018). *Better sex through mindfulness: How women can cultivate desire*. Greystone Books.

Curtis, V. (2001). Dirt, disgust, and disease: Is hygiene in our genes? *Perspectives in Biology and Medicine, 44*(1), 17-31.

Di Sante, S., Mollaioli, D., Gravina, G. L., Ciocca, G., & Limoncin, E. (2016). Epidemiology of delayed ejaculation. *Translational Andrology & Urology, 5*(4), 541-548. doi: 10.21037/tau.2016.05.10.

Foley, S. (2005). *Sex and love for grownups: A no-nonsense guide to a life of passion*. Sterling.

Foley, S. (2015). Biopsychosocial assessment and treatment of sexual problems in older age. *Current Sexual Health Reports, 7*(2), 80–88. doi: 10.1007/s11930-015-0047-9.

Foley, S., Kope, S. A., & Sugrue, D. (2012). *Sex matters for women: A complete guide to taking care of your sexual self*. Guilford Press.

Gambescia, N., & Weeks, G. (2007). Sexual Dysfunction. In N. Kazantizis & L., L'Abate (Eds.), *Handbook of homework assignments in Psychotherapy: Research, Practice, and Prevention*. Kluwer Academic Publishers.

Gray, M., Zillioux, J., Khourdaji, I., & Smith, R. (2018). Contemporary management of ejaculatory dysfunction. *Translational Urology, 7*(4), 686–702. doi: 10.21037/tau.2018.06.20.

Hartmann, U., & Waldinger, M. (2007). Treatment of delayed ejaculation. In S. Lieblum & R. Rosen (Eds.), *Principles and practice of sex therapy*. (4th ed., pp. 41–76). Guilford Press.

Hertlein, K. M., Weeks, G. R., & Gambescia, N. (2015). *Systemic sex therapy*. Routledge.

LoPiccolo, J., Heiman, J. R., Hogan, D. R., & Roberts, C. W. (1985). Effectiveness of single therapists versus cotherapy teams in sex therapy. *Journal of Consulting Clinical Psychology, 53*, 287–294.

McCarthy, B., & McCarthy, E. (1998). *Male sexual awareness*. Carroll & Graf.

McMahon, C. (2013). Taxonomy of ejaculatory disorders and definitions of premature ejaculation. In E. Jannini, C. McMahon, & M. Waldinger (Eds.), *Premature ejaculation: From etiology to diagnosis and treatment* (pp. 53-69). Springer-Verlag.

Metz, M. E., & McCarthy, B. W. (2007). Ejaculatory problems. In L. Vandecreek, F. L. Peterson, & J. W. Bley (Eds.), *Innovations in clinical practice: Focus on sexual health* (pp. 115-155). Professional Resource Press.

Naparstek, B. (2004). *Invisible heroes: Survivors of trauma and how they heal*. Bantam.

Perelman, M. A. (2016). Psychosexual therapy for DE based on the Sexual Tipping Point model. *Translational Andrology and Urology, 5*(4), 563-575. doi: 10.21037/tau.2016.07.05.

Perelman, M. A. (2017). DE in couple and Family therapy. In J. L. Lebow et al. (Eds.), *Encyclopedia of couple and family therapy*. Springer. doi: 10.1007/978-3-319-15877-8_456-1.

Perelman, M. A. (2018). Why the sexual tipping point is a variable switch model. *Current Sexual Health Report, 10*(38), 38-43. doi: 10.1007/s1193.

Perelman, M. A., & Watter, D. N. (2016). DE. In S. Levine, *Handbook of Clinical Sexuality for mental health professionals, 3rd edition*. Routledge, 20160113. VitalBook file.

Robbins-Cherry, S., Hayter, M., Wylie, K., & Goldmeier, D. (2011). The experiences of men living with inhibited ejaculation. *Sexual and Relationship Therapy, 26*(3), 242-253. doi: 10.1080/14681994.2011.6219.

Rosen, R. C., Heiman, J. R., Long, J. S., Fisher, W. A., & Sand, M. S. (2016). Men with sexual problems and their partners: Findings from the international survey of relationships. *Archives of Sexual Behavior, 45*(1), 159-173. doi: 10.1007/s10508-015-0568-3.

Rowland, D. L., & Kolba, T. N. (2018). The burden of sexual problems: Perceived effects on men's and women's sexual partners. *The Journal of Sex Research, 55*(2), 226-235. doi: 10.1080/00224499.2017.1332153.

Rowland, D., McMahon, C. G., Abdo, C., Chen, J., Jannini, E., Waldinger, M. D., & Ahn, T. (2010). Disorders of orgasm and ejaculation in men. *Journal of Sexual Medicine, 7*, 1668-1686. doi: 10.1111/j.1743-6109.2010.01782.x.

Sadowski, D. J., Butcher, M. J., & Kohler, T. S. (2016). A review of pathophysiology and management options for DE. *Sexual Medicine Reviews, 4*(2), 167-176. doi: 10.1016/j.sxmr.2015.10.006.

Scaer, R. (2001). *The body bears the burden: Trauma, dissociation, and disease.* Haworth.

Solomon, M., & Siegel, D. (2003). *Healing trauma: Attachment, mind, body, and brain.* Norton.

Weeks, G. (1994). The intersystem model: An integrative approach to treatment. In G. Weeks & L. Hof (Eds.), *The marital-relationship therapy casebook: Theory and application of the intersystem model, 1*, 3-34. Brunner/Mazel.

Weeks, G., & Fife, S. (2014). *Couples in treatment* (3rd ed.). Routledge.

Weeks, G., & Gambescia, N. (2015). Couple therapy and the treatment of sexual problems: The Intersystem Approach. In A. Gurman, J. Lebow, & D. Snyder (Eds.), *Clinical handbook of couple therapy* (5th ed.). Guilford Press.

Weeks, G. R., & Gambescia, N. (2016). A systemic approach to sensate focus. In G. R. Weeks, S. T. Fife, & C. Peterson, C. (Eds.), *Techniques for the couple therapist: Essential interventions from the experts.* Routledge.

Weeks, G. R., Gambescia, N., & Hertlein, K. (2016). *A clinician's guide to systemic sex therapy*, (2nd ed.). Routledge.

Wittman, D., Carolan, M., Given, B., Skolarus, T. A., An, L., Palapattu, G., & Montie, J. E. (2014). Exploring the role of the partner in couples' sexual recovery after surgery for prostate cancer. *Supportive Care in Cancer, 23*(8), 2509-2515. doi: 10.1007/s00520-014-2244-x.

Zilbergeld, B. (1999). *The new male sexuality.* Bantam.

제 **8**장

여성의 성적 관심 /흥분장애에
대한 체계론적 치료

· · Systemic Sex Therapy · ·

제**8**장

여성의 성적 관심 / 흥분장애에 대한 체계론적 치료

Nancy Gambescia · Gerald R. Weeks

 서론

2015년『체계론적 관점에서의 성 치료』2판이 출판되었을 당시 여성 성적 관심/흥분장애(Female Sexual Interest/Arousal Disorder: FSIAD)에 대한 실증적 정보가 부족하여 가장 많이 보고되는 성적 문제인 여성의 성욕감퇴장애(Hypoactive Sexual Desire Disorder: HSDD)에 대한 논의가 집중된 바 있다. 여성 성적 관심/흥분장애는 여성의 신체적 · 심리적 관심과 흥분의 많은 측면을 포함하기 때문에 복잡하다. 또한 이 진단 범주에는 개별 파트너, 커플의 관계, 세대 간 영향, 인종, 문화, 민족성 및 기타 상황별 스트레스 요인과 관련된 많은 영향을 포함한다. 우리는 먼저 여성 성적 관심/흥분장애를 이해하는 데 필수적인 개념과 용어를 설명하는 것부터 시작하고자 한다.

🫀 용어 정의

성욕

성욕은 이해 불가한 구조라 정의하기가 어렵다. 연구자, 임상가, 그리고 내담자 사이에 성욕의 의미에 대한 의견의 일치는 거의 이루어지지 않았다. 또한 최근 연구에서는 성별의 차이보다는 각 성별 내 욕구의 차이에 더 초점을 맞추고 있지만, 여성과 남성의 성욕 경험은 질적·양적으로 모두 다르다(Mark, 2015). 일반적으로 성욕은 욕구, 소망 또는 추동으로 설명되며(Levine, 1987), 신체적·심리적 건강, 관계의 중요성, 문화 및 기타 상황적 요인에 의해 영향을 받는 정신생리학적 상태로 해석된다. 성욕의 대상은 개인적인 것이다. 욕망은 어떤 사람들에게 성적 만족을 가져다주는 반면, 다른 사람들에게는 파트너에 대한 정서적 친밀감을 증가시켜 준다. 여성의 경우 성욕은 관계의 지속 시간, 파트너와의 친밀감 및 기타 요인에 따라 변화하며 종종 감소한다(Sims & Meana, 2010). 마지막으로, 초기 관계에서 성욕은 일반적으로 자발적인 것으로 특징지어지는 반면, 장기적인 관계에서의 성욕은 맥락이나 관계적 단서에 반응하여 발생한다(Basson, 2001a). 자발적 욕망과 반응적 욕망의 개념은 경험에 근거한 구조라기보다 이론에 가깝다.

성적 관심

지난 수십 년 동안 여성의 성적 반응에 대한 다양한 모델이 과학적으로 자세히 조사되었다. 선형 모델에 대한 지속적인 불만은 여성의 성적 동기의 보다 정확한 이해에 대한 과학적 연구를 이끌었다. 결과적으로, 관심이라는 용어는 여성의 성적 경험의 상당 부분을 더 정확하게 반영한다고 믿었기 때문에 여성에 대한 욕망을 대체하게 되었다. 관심은 대체 단어이지만 종종 욕망과 같은 의미로 사용되기도 한다. 욕망과 마찬가지로, 성적 관심은 성행위를 하려는 의지를 나타낸다. 관심은 성적 행동으로 이어지거나 동반될 수 있는 성적 감각에 대한 관심과 인식을 포함한다.

성적 흥분

성적 관심과 관련된 생리학적 생식기 반응에는 생식기 및 생식기 외(신체 전체)의 혈관 울혈(혈류 증가로 인한 신체 조직의 부종)이 포함된다. 질 윤활은 생식기로 가는 혈류의 증가와 이에 따른 생식기 구조의 부종의 결과이며 종종 여성의 성적 흥분의 지표로 연구된다. 란과 에버라이드(Laan & Everaerd, 1995)는 생식기 흥분만으로는 주관적인 성적 흥분의 지표로 삼을 수 없으며 그 반대의 경우도 마찬가지임을 과학적으로 증명했다. 그들은 여성의 주관적 흥분을 적절히 측정하기 위해서는 생식기와 주관적 지표가 모두 존재해야 한다고 제안했다(p. 69). 또한 여성의 성적 반응에 대한 최근 연구는 성적 관심과 흥분이 동시에 발생하거나 성적 관심이 육체적인 성적 흥분에 선행되거나 뒤따를 수 있다는 사실을 뒷받침한다(Basson, 2001a). 이와 같이 성욕은 자극이 아니라 그에 대한 반응으로 발생한다(Lann & Both, 2011). 성에 대한 주관적인 관심과 관련된 육체적인 생식기 감각의 복잡한 조합은 이제 두 가지 과정이 아닌 하나의 과정으로 인식되고 있다(Basson, 2010). 상당수의 여성이 성적 관심이나 흥분이 거의 없고 많은 여성이 그것에 대해 괴로워한다는 것은 여성 성적 관심/흥분 장애라는 진단이 내려져야 한다. 성에 대해 관심이 없다는 것은 커플 치료에서 여성에게 나타나는 주요 문제 중 하나이다(Ellison, 2002).

성적 일치성

일치성은 성적 관심의 주관적 경험과 생식기 성적 흥분 사이의 관계를 설명하기 위해 많은 경험적 연구에서 사용되는 용어이다(Chivers, 2010). 그러나 많은 여성의 경우 성적 관심과 육체적 성적 흥분이 종종 일치하지 않거나 일관성이 없는 경우가 많다. 간단히 말해서, 여성들이 육체적 흥분과 성적 관심 사이의 관계를 알지 못하거나 생식기가 흥분한 감정을 완전히 알지 못한다는 것을 의미한다. 또한 여성이 감정 상태를 평가할 때 남성보다 외부적 · 사회적 · 관계적 · 맥락적 단서에 더 주의를 기울이기 때문에(Brotto, Pennebaker, & Roberts, 1992) 남성이 여성보다 성적 일치성이 더 높다는 것이 과학적으로 입증되었다(Chivers, 2010; Laan & Janssen, 2007). 또한 생식기의 해부학적 구조로 인해 여성은 남성에 비해 신체적 자극을 덜 받을 수 있으며, 이 요인으로 생식기 반응을 정확하게 감지하지 못할 수 있다(Laan & Janssen, 2007). 따라서 여성을 위한 암묵적인 성적 목표는 성적인 생각, 감정, 환상, 성관계를 원할 때 발생하는 육체적 흥분 사이의 일치성을 인식하고 개선하는 방법을 배우는 것이다(Brotto, Chivers, Millman & Alberta, 2016). 따라서 여성이 성적 자극에 관심을 갖고 수용할 때 성욕을 느끼고 동시에 생식기 자극을 경험하게 되지만, 성욕이 먼저 일어나지 않거나 아예 일어나지 않을 수 있다고 보는 것이 타당하다.

성에 대한 동기

여성 성적 관심/흥분장애에 대해 논의하기 전에 우리는 성욕이 성관계를 하는 주요 동기라는 개념에 도전하고 싶다. 사람들은 왜 성관계를 하는가? 메스턴과 버스(Meston & Buss, 2007)는 성관계를 갖는 237가지 이유 목록을 사용하여 1,500명 이상의 학부생을 대상으로 설문조사를 실시하여 이 문제를 연구했다. 남성과 여성이 성관계를 하는 상위 25가지 이유 중 20가지가 동일했다. 대부분의 이유는 성욕과 큰 관련이 없었으며, 이 중에는 성행위에 대한 관심 부족도 포함된다. 한 요인 분석에서는 사람들이 성관계를 하도록 촉진하는 4가지 주요 요인과 13가지 하위 요인을 밝혀냈다. 여기에는 ① 신체적 이유: 스트레스 감소, 즐거움, 육체적 매력, 새로운 경험 추구, ② 목표 달성: 사회적 지위 향상, 복수, 실용적인 목표, 자원에 대한 접근, ③ 정서적 이유: 사랑, 헌신, 감정 표현, ④ 불안 요인: 자존감 향상, 책임감, 파트너로부터의 스트레스 또는 파트너 보호 등이 포함된다. 표본은 대부분 미혼인 젊은 피실험자를 대상으로 구성되었지만, 조사 결과는 론슨, 밀하우젠과 우드(Ronson, Milhausen, & Wood, 2012)와 같은 성적 행동의 이유에 대한 다른 연구 결과와 일치했다.

메스턴과 버스(2007)의 연구는 성적 상호작용에 대한 관심의 역할에 대해 많은 의문을 제기한다. 관심이 성관계로 이어질 수도 있고 그렇지 않을 수도 있다는 것은 의심의 여지가 없으며, 그렇게 된다면 그 결과가 항상 즐겁거나 만족스럽다고 단순히 가정할 수 없다.

최근 뮤즈, 보드로와 로젠(Muise, Boudreau, & Rosen, 2017)은 성관계를 위한 2가지 주요 동기를 연구했는데, 그것은 긍정적인 목표(인간관계의 만족, 신체적 쾌락)에 근접하거나 부정적인 결과(파트너의 실망 또는 관계의 갈등)를 피하는 것이다. 그들은 사람들이 긍정적인 이유로 성관계를 가질 때 관계적·성적 만족도가 높고 성욕도 높다는 것을 실증적으로 검증했다. 그들은 참가자들에게 과거의 긍정적인 성적 경험을 고려하는 과제가 주었을 때 접근 그룹에 속한 사람들이 더 높은 성욕과 만족도를 보고했다는 것을 발견했다. 이 연구는 성에 대한 관심과 만족도를 높이기 위해 긍정적인 기대와 다른 인지 기술을 사용한다는 점에서 흥미롭다.

마크와 래슬로(Mark & Lasslo, 2018)는 왜 사람들이 장기적인 관계에서 성관계를 지속하려는 동기를 갖게 되는지 이해하기 위한 개념적 모델을 제안했다. 그들은 비임상 샘플에 대한 광범위한 문헌 검토를 수행했는데, 성적 관심은 관계의 지속 기간 동안 생겼다 사라졌다 하고, 개인 내 또는 개인 간에 다양하게 드러날 뿐 아니라, 상황적 요인에 의해 크게 영향을 받는다는 것을 발견했다. 관심 및 욕구의 불일치는 헌신적인 관계에서 흔히 볼 수 있다. 검토된 많은 연구가 이성애자, 백인, 일부일처제를 포함하지만, 마크와 래슬로(2018)는 향후 연구를 위한 기반을 제공한다.

성적 동기에 대한 최종 임상적 고려사항은 성적 빈도가 성적 관심의 정확한 척도가 아니라는 것이다. 성적으로 만족스런 경험을 한 달에 몇 번 했나 하는 것이 성적 관심의 질적 또는 맥락적 측면을 나타내지 않는다. 앞서 언급했듯이 여성은 성관계에 관심이 있거나 성관계를 원하기 때문이 아니라 여러 가지 이유(불안을 줄이고 숙면을 돕기 위해)로 성관계를 한다. 여성은 일반적으로 파트너를 기쁘게 하기 위해 관심이 없는 상태에서 성적인 만남을 받아들인다. 또한 이 장의 뒷부분에서 논의하겠지만 관계 역학 및 기타 맥락적 요소는 여성의 성적 관심에 강한 영향을 미칠 수 있다(Mark, Herbenick, Fortenberry, Sanders & Reece, 2014).

여성 성적 관심/흥분장애

DSM-5(American Psychiatric Association, 2013)에 나열된 여성 성적 관심/흥분장애(FSIAD)의 진단 기준은 성적 관심 및/또는 흥분의 부족 또는 현저한 감소를 설명한다. 여성은 진단을 받기 위해 다음 상태 중 적어도 세 가지 상태의 부족 또는 감소가 나타나야 한다.

1. 성행위에 대한 관심
2. 성적 · 외설적 생각 또는 환상
3. 성행위의 시도(그리고 파트너의 성관계 시도에 대한 전형적인 거부)
4. 거의 모든 또는 모든 성적인 만남에서 성적 흥분 · 쾌락(약 75~100%)
5. 내부 또는 외부의 성적 단서에 대한 성적 관심 · 흥분
6. 모든 또는 거의 모든 성적 만남에서 성행위 중 생식기 또는 비생식기적 감각

이러한 증상은 최소 6개월 이상 지속되어야 하며 여성에게 임상적으로 상당한 **고통**(경증,

중등도 또는 중증)을 유발해야 한다. FSIAD의 **평생형**은 일생 동안 성적 관심이 없다는 대표적인 상태를 조건으로 한다. 또는 성욕의 변화를 경험했을 때 **획득형**이라고 한다. 일반적으로 욕망은 몇 년 동안 늘 존재해 오다가 시간이 지남에 따라 욕망의 현저한 감소가 일어난다. 이 변화는 점진적일 수도 있고 빠를 수도 있다. 관심 또는 흥분이 전반적으로 부족한 **일반형** 여성은 파트너나 상황에 관계없이 어떤 상황에서도 성욕이 없다. 일반적으로 그녀는 성적 환상이나 어떤 종류의 자기 만족도가 없다. 반면에, **상황형**은 특정한 상황에서 또는 특정한 파트너와 함께 발생하는 욕망으로 특징지어진다. 예를 들어, 여성은 혼자 있을 때 욕망을 느낄 수 있지만, 파트너가 있을 때는 그렇지 않을 수 있다.

유병률

2013년 DSM-5에서 처음 기술된 이후로 여성 성적 관심/흥분장애에 대한 문헌 검토에서 이 질병의 유병률에 대한 정보가 제한적임을 밝혔다. 여성 성적 관심/흥분장애에 대한 일부 출판된 연구논문에서는 여성 HSDD 또는 FSAD[1]에 대한 통계를 인용하여 이러한 데이터를 여성 성적 관심/흥분장애, 특히 욕구 문제에 대한 자료로 확장했다. 또한 유병률은 고통 기준과 여성 성욕에 대한 연구의 일관성 없는 적용에 의해 영향을 받는다(Meston & Stanton, 2017 참조). 여성은 나이가 들어 감에 따라 더 많은 생식기 흥분장애를 경험하지만 많은 사람은 시간이 지날수록 통증이 덜하다고 보고한다. 통증이 조정되면 여성 성적 관심/흥분장애의 유병률은 현저히 감소한다. 여성 성적 관심/흥분장애의 진단 및 검증에 대한 경험적 데이터가 부족하기 때문에 일부 사람은 진단이 임상적으로 유용하지 않다고 생각한다(Clayton & Valladares Juarez, 2017).

논의

DSM-IV-TR에서 HSDD와 FSAD는 별개의 진단으로 확인되지만 둘 사이에는 상당한 동반 질환이 있다(Brotto & Luria, 2014). DSM-5 태스크포스(task force)는 흥분과 욕구 사이의

---

1 역자 주: FSAD는 'Female Sexual Arousal Disorder'의 준말이다.

상당한 중첩이 있다는 것을 인식했다. 또한 경험적 연구에 따르면 많은 여성이 성욕과 흥분을 구분하지 못하는 것으로 나타났다(Brotto, Graham, Binik, Segraves, & Zucker, 2011; Laan & Everaerd, 1995).

이론적으로 HSDD와 FSAD가 있는 여성을 포함하는 새로운 범주의 여성 성적 관심/흥분장애 진단에 대한 논란이 많다. 비평가들은 두 가지 진단을 하나의 범주로 묶으면 여성의 관심/흥분 문제를 평가하고 치료하기에 더 어려운 기준이 만들어질 수 있으며 관심이 낮고 흥분 수준이 낮은 일부 여성을 잠재적으로 배제하여 의료 및 심리치료에 대한 접근이 제한될 수 있다고 주장한다(Clayton, DeRogatis, Rosen, & Pyke, 2012). 또한 발론과 클레이턴(Balon & Clayton, 2014)은 여성 성적 관심/흥분장애의 진단에 대한 과학적 근거가 없고 임상적 유용성도 없다고 주장한다. 그들의 논평은 이 진단에 대한 광범위한 경험과 임상적 어려움에 대해 논의한다. 진단을 뒷받침하기 위해 오로플린, 바소와 브로토(O'Loughlin, Basso, & Brotto, 2018)는 중간 등급의 HSDD 기준을 충족하는 여성 성적 관심/흥분장애 여성에 대한 평가를 수행했다. 그들은 여성 성적 관심/흥분장애의 진단이 HSDD를 가진 여성을 포함할 만큼 충분히 광범위하다는 것을 발견했다. 이것은 여성 성적 관심/흥분장애 진단에 대한 지속적인 지원의 한 예일 뿐이다. 여성 성적 관심/흥분장애 진단의 구현에서 직면한 이러한 주요 변경의 근거와 과제에 대한 자세한 검토는 그레이엄(Graham, 2016)을 참조하라.

프로스트와 도노반(Frost & Donovan, 2015)은 여성의 욕구 문제가 높은 비율(최대 55%까지)임을 감안할 때, 성욕의 변동은 육아와 완경, 기타 상황적 스트레스 요인과 같은 삶의 맥락에 따른 규범적 반응일 수 있다고 제안했다. 또한 욕구 문제의 유병률은 상당히 높지만 여성의 고통에 대한 보고는 다소 낮다. 문제는 종종 여성의 근본적인 고통보다는 성관계에 대한 여성의 관심 부족에 대한 파트너의 반응에 의해 확대된다. 게다가 전통적인 치료법으로는 프로스트와 도노반(2015)이 존재하지 않는다고 생각했던 장애를 치료하는 데 효과적이지 않다. 성적 관심의 부족과 여성 성적 관심/흥분장애를 지속시키는 상황적·환경적 조건에 의해 야기되는 관계적인 고통에 초점을 맞춘다면 치료가 더 효과적일 수 있다.

일부 성 연구자가 성적 관심, 흥분, 욕망의 정상성에 대해 성별에 기초한 고정관념적인 정의에 반대하고 있다는 것에 유의해야 한다. 무성애에 관한 브로토와 율(Brotto & Yule, 2016)의 연구에 대한 짧은 논평에서, 채신(Chasin, 2017)은 임상가가 성적 관심/욕구를 증가시키는 것이 여성 성적 관심/흥분장애에 대한 고통을 줄이는 "유일한 또는 최선의" 치료 접근법이라고 가정해서는 안 된다고 경고했다(p. 634). 어떤 여성들은 성적 관심이 거의 없거나 아예 없는 삶을 선호할 수 있다.

일부 임상가와 연구자는 DSM-5 대신 ICD(국제질병분류)를 사용할 것을 권장한다. ICD를 제작한 세계보건기구(WHO)는 ICD에 대해 다문화 국제 표본을 활용하기 때문에 DSM-5보다 "데이터를 기반으로 한" 보다 효과적인 진단 도구로 여기고 있다(Clayton & Valladares Juarez, 2017, p. 269). ICD-11에서 제안된 변화는 성 기능 장애가 엄격한 과학적 연구와 임상 실험 후에만 분류될 것이며 따라서 더 효과적일 것임을 시사한다.

여성 성적 관심/흥분장애의 새로운 기준은 일부 임상가 및 연구자를 만족시킬 것이지만 다른 사람들은 그렇지 않을 것이다. 미나(Meana, 2010)는 성욕의 다면성을 설명하고 이 개념의 복잡성을 보여 주어, 성욕의 기준이 남성 지향적이거나 자발적임을 나타냈다. 이것은 그냥 일어나는 욕구이다. 많은 다른 이론가와 연구자는 욕구의 반응적 본성 또는 특정 성행위의 시작에 대한 반응을 강조했다(Basson, 2001b). 미나(2010)는 둘을 구분하기보다는 욕구의 연속체라는 점에서 반응적일 수 있지만, 자발적 욕구가 있는 사람들은 내적 또는 외적 성적 자극에 대한 임계값이 낮을 수 있으며, 반응적 욕구가 있는 사람들은 성적 자극에 대한 임계값이 높을 수 있다고 제안한다. 이러한 데이터가 여성 성적 관심/흥분장애에 직접 적용되는 것은 아니지만 임상적 유용성을 간과할 수는 없다. 임상적 타당성과 유용성을 입증하기 위해서는 여성 성적 관심/흥분장애의 진단에 대한 상세하고 대규모적이며 잘 설계된 연구가 수행되어야 할 것이다.

성 반응 주기의 이론적 모델

마스터스와 존슨(Masters & Johnson, 1966)은 생리학적 성 반응의 4단계에 기초한 모델을 제안했다. 처음 세 단계(흥분, 고조, 오르가슴)에서는 육체적 흥분이 지속적으로 증가하고 욕구가 증가한다. 네 번째 단계에서는 흥분이 가라앉거나 이완되고 감소하여 암시적으로 욕구가 감소한다. 카플란(Kaplan, 1977)과 리프(Lief, 1977)는 마스터스와 존슨 모델(1966)을 바탕으로 성 반응 주기의 시작 부분에 뚜렷한 심리적 단계로 생리적 반응을 유발하는 욕구를 추가했다. 이 모델은 단순히 성 반응 주기 동안 일어나는 일을 설명할 뿐 무엇이 욕구를 발생시키는지에 대해서는 설명하지 않았다.

레빈(Levine, 1992)은 ① 자발적인 욕구를 유발하는 추진력 또는 생물학적 차원, ② 기대 또는 사회적 차원, ③ 동기 또는 심리적 차원의 세 가지 요소로 구성된 모델을 개발했다. 이 세 가지 구성 요소는 성욕이 발생하는지 또는 얼마나 발생하는지 결정하는 데 함께 작용한다.

배선(Basson)은 다양한 구성 요소 간에 복잡하고 상호적인 영향을 미치는 비선형 모델을 제안했다(Basson 2001a, 2001b, 2007). 여성의 성 반응은 남성의 성 기능보다 더 복잡하고 순환적이다. 여성의 경우 성욕을 유발하기 위해 일반적으로 파트너의 정서적 친밀감, 친밀감을 높이고 싶은 욕구, 호의를 높이는 것이 필요하다. 배선은 대부분의 경우 남성에게 흔한 자발적인 성욕보다는 여성은 반응적 성욕(성적 자극에 대한 반응)을 경험한다고 주장했다. 현재까지 반응적 성욕과 자발적 성욕 사이의 차이를 뒷받침하는 강력한 경험적 데이터는 부족하다(Hayes, 2011; Mark & Lasslo, 2018).

보울, 핼럼–존슨과 와일리(Boul, Hallam-Jones, & Wylie, 2008)가 개발한 성적 목표 반응 모델은 성적 동기가 쾌락주의적 이유나 현재를 즐기기 위한 것일 수도 있고, 관계를 유지하거나 물질적 안정성을 획득하는 등 행복을 유지하는 것과 같은 실용적인 이유일 수도 있다고 시사한다. 목표 반응 모델은 인지적 · 생리적 · 정서적 요소를 포함한다. 기본적으로 감각 과정을 생성하는 자극을 만들어 내고, 이는 다시 인지적인 과정으로 이어진다.

앞서 언급한 연구와 일관되게, 진단 기준에 대한 브로토(2010a)의 경험적 문헌 검토는 남성과 여성의 성욕이 "경쟁적인 성적 자극"에 의해 유발된다는 것을 보여 주는 모델을 지지한다는 것을 발견했다(p. 2025). 이러한 자극은 의식적으로 인식되거나 무의식적으로 경험될 수 있다. 따라서 브로토(2010b)는 욕구의 경험에는 항상 도화선이 있다고 제안하면서 자발적 욕구의 개념에 반대한다. 브라우어, 반 루인, 잰슨, 뉴하우스, 하이만과 란(Brauer, van Leeuwen, Janssen, Newhouse, Heiman, & Laan, 2012)은 문헌에 대한 또 다른 검토에서 동일한 기본 결론에 도달했다.

마크와 래슬로(2018)는 문헌에 대한 체계론적인 검토에서 장기적(비임상적) 관계에서 성욕을 이해하기 위한 개념 모델을 제공했다. 그들의 접근법에는 성욕을 평가하기 위한 개인적 · 관계적 · 사회적 맥락 세 가지의 광범위한 초점이 포함된다. 마크와 래슬로(2018) 모델은 메타체계접근의 일부 영역을 포함한다. 또한 선형 모델에서와 같이 순수한 생리적 과정보다는 쾌락, 성욕, 만족과 같은 구조에 초점을 맞춘다.

클라인플라츠와 그의 동료들(Kleinplatz et al., 2018)은 수년간의 과학적 연구를 대표하는 최적의 성관계를 설명하는 유용한 개념 모델을 보고했다. 이들의 경험적 연구는 최적의 성적 경험이 단지 일어나는 것이 아니라는 것을 보여 준다. 첫 번째 단계는 실망스러운 성적 행동을 유발한 잘못된 정보를 잊어버리고, 파트너와 강한 유대감을 형성하면서 성관계에 몰두하는 데 도움이 되는 마음챙김 도구를 습득하는 것이다. 수년에 걸친 연구의 공헌은 성적 무관심과 실망에 대한 귀중한 해독제를 제공한 것이다.

성적 관심/무관심의 또 다른 모델은 뇌의 기능과 더 관련이 있다. 반크로프트(Bancroft, 2010)는 성적 흥분과 성적 억제 사이의 상호작용이 본질적으로 신경생리학과 관련이 있음을 보여 주는 이중 제어 모델을 제안했다. 간단히 말해서, 그는 성적 활동 또는 성적 활동의 부족을 해부학적으로 별개의 뇌 구조와 연관시킨다. 이 모델은 인간의 성 반응의 다양성, 성적 관심과 흥분의 억제, 즐거운 성 기능을 촉진하는 요인들을 설명한다. 최근 나고스키(Nagoski, 2015)는 인기 있는 심리교육 텍스트에서 이중 제어 모델을 사용하여 성 반응에서 일반적인 성별 차이를 식별하고 정상화했다. 뇌의 어떤 구조가 흥분성 또는 억제성 자극에 반응하고 그 이유는 무엇인지 확인하기 위해서는 훨씬 더 많은 신경생리학 연구가 필요하다. 신경심리학 분야가 발전함에 따라, 우리는 궁극적으로 성적 관심/욕구에 대한 보다 생물학적인 모델을 얻을 수 있을 것이다.

현실적으로, 성욕을 증가시키기도 하고 감소시키기도 하는 모든 변수를 고려할 때, 성적 관심/욕구를 설명할 수 있는 뛰어난 모델은 없다.

메타체계접근

메타체계접근(Weeks, 1994, 2005)을 기반으로 하는 평가 및 처리는 여러 체계 또는 영역을 포함해야 한다.

1. 내담자 체계 내 각 개인의 생물학적 · 의학적 영역
2. 내담자 체계의 각 개인에게 영향을 미치는 심리학적 영역
3. 관계적 영역
4. 각 파트너에 대한 원가족(세대 간) 영역
5. 상황적 영역(인종, 문화, 민족, 역사, 종교, 정치, 경제 등)

병인학적 요인 평가

여성 성적 관심/흥분장애는 공허한 상태에서 발생하지 않는다. 우리는 이 복잡한 장애의 여러 원인을 철저히 조사했으며 원인을 파악하기 위해 메타체계접근의 모든 영역(신체적 ·

심리적 요인), 커플의 관계, 세대 간 요인 및 상황별 스트레스 요인을 살펴보았다.

개인의 생물학적 · 의학적 영역

여성의 욕구와 흥분에 변화를 일으킬 수 있는 신체적 규범들이 있다. 피로, 월경 중 호르몬 불균형, 모유 수유는 성에 대한 관심을 감소시킬 수 있다. 일반적으로 이러한 상태는 일시적이고, 자기 안정적이며, 성에 대한 지속적인 관심 부족을 일으키지 않는다. 완경 후 에스트로겐 결핍 및 지속적으로 낮은 테스토스테론 수치와 같은 일부 의학적 위험 요인은 더 지속적이며 이러한 상태는 장기간 성적 관심, 욕망 및 흥분을 방해할 수 있다. 당뇨병 및 갑상선 기능 장애와 같은 다양한 기타 의학적 질환이 원인이 될 수 있다. 또 다른 예로는 성관계를 고통스럽게 하는 만성 관절염, 난소 절제술과 같은 정상적인 성 기능을 방해할 수 있는 수술이나 의학적 개입이 있다(Crenshaw & Goldberg, 1996; Maurice, 2007 참조). 일반적으로 처방되는 많은 약물이 낮은 관심/욕구에 기여하는 또 다른 요인일 수 있다. 뇌의 신경 전달 물질 및 기타 화학 물질에 영향을 미치는 중추신경계 과정에 장애를 일으키는 모든 것은 성에 대한 관심을 감소시킨다. 이러한 상태는 심인성 여성 성적 관심/흥분장애의 진단 기준에 포함되지 않는다.

낮은 성적 관심/흥분을 치료하는 대부분의 치료사는 의사가 아니지만, 이 질환을 유발하거나 원인이 될 수 있는 신체적 장애를 평가해야 한다. 일반적으로 의료 상담은 치료의 필수적인 부분이다. 치료사는 신경과 의사, 비뇨기과 의사, 내분비과 의사, 산부인과 의사 등 의료 전문가들과 편안하게 소통할 수 있어야 한다. 비록 여성이 생물학적 이유로 성에 대한 관심 상실로 어려움을 겪을 수 있지만, 커플 체계는 모든 치료의 대상이다. 목표는 친밀감을 회복하기 위해 고안된 적응을 촉진하는 것이다.

개인의 심리학적 영역

개별 파트너의 심리적 위험 요인은 성적 친밀감이라는 맥락 안에서 발현될 수 있으며, 이는 낮은 성적 관심 및 욕구의 발달로 이어질 수 있다. 여기에는 불안, 우울증, 부정적 인지 왜곡, 성에 대한 부정확한 믿음, 좋지 않은 신체 이미지, 성과 사랑을 융합하는 경향, 직업적 과부하 및 관련 성 문제가 포함되지만 이에 국한되지는 않는다. 이러한 경우 치료사는 욕구가 부족한 파트너에게 치료의 초점을 맞추게 될 수 있지만 체계론적인 입장을 유지해야 한다(Weeks & Gambescia, 2002).

한 파트너 또는 두 파트너 사이의 친밀감에 대한 두려움이나 다른 대인관계 두려움은 정서적·신체적 친밀감과 밀접하게 연관되어 있기 때문에 커플은 낮은 성적 관심/흥분을 발달시킬 위험에 처할 수 있다. 파트너의 친밀한 관계에 대한 분노, 거부, 포기, 폭로, 의존의 두려움은 성욕의 성취를 방해할 수 있다(Weeks & Treat, 2001). 강박장애, 성적 지향의 갈등과 같은 정신질환은 낮은 수준의 여성 성적 관심/흥분장애 발병으로 이어질 수 있다. 또한 성적 학대 및 정서적 외상과 같은 역사적 요소는 욕구를 억제시킬 수 있다. 치료사가 이 모든 영역을 평가하는 것이 중요하다.

인지적 고려사항   문헌은 성적 장애를 겪는 여성들이 성적 어려움이 없는 여성들에 비해 부정적이고 부정확한 믿음을 경험하여 비판적 자기 도식에 취약하다는 것을 분명히 보여 준다(Géonet, DeSutter, & Zech, 2013). 부정적인 자기 도식은 불안, 죄책감 또는 수치심을 유발하는 자기 자신이나 관계에 대한 것일 수 있다. 부정적인 인식의 존재는 성적 관심과 흥분을 직접적으로 억제할 것이다(Weeks, 1987; Weeks & Gambescia, 2002). 임상 환경에서 젊은 여성에 대한 최근 연구에 따르면 성적인 자극에 대한 반응에서 여성 성적 관심/흥분장애 및 관련 고통이 있는 여성이 대조군보다 주관적인 혐오를 많이 경험한다는 것을 발견했다. 예상대로, 혐오감은 성적 행동을 회피하게 했다(DePesa & Cassisi, 2017). 따라서 혐오감과 관련된 인지를 확인하고 해체할 필요가 있을 것이다.

임상 경험을 바탕으로 우리는 성적 관심과 흥분을 경험할 수 있는 사람은 실제로 성에 대해 긍정적인 생각을 하지만, 관심이 없는 사람은 성적 생각이 부족하거나 부정적인 생각을 한다고 믿는다. 많은 경우 이러한 생각은 자동적이거나 무의식적이거나 또는 단순히 개인이 알아차리지 못해서 발생한다. 치료를 시작할 때부터 자신, 파트너, 관계, 원가족 등에 대한 부정적인 성적 인식이 나타난다. 평가의 이러한 측면은 인지치료 기술을 통해 변화되어야 할 생각이 무엇인지 결정하고 커플 치료 또는 원가족의 기능 장애 및 외상 경험을 재처리하며 해결해야 하는 관계의 또 다른 문제를 추가로 측정하는 데 도움이 된다.

카르발류와 노브리(Carvalho & Nobre, 2011)와 노브리와 핀토-구베야(Nobre & Pinto-Gouveia, 2009)는 성적 관심과 욕구의 부족에 대한 가장 좋은 예측 변수가 성적 또는 성적 맥락에서 성적 관심 및 성과에 대한 제한적인 태도나 걱정 또는 불안이라는 것을 발견했다. 낮은 관심/욕구를 사정하고 치료하기 위해 노브리와 카르발류(2011)가 제안한 치료 모델은 부정적인 성 인지를 검토하고, 적절한 경우 긍정적인 인지로 전환시키며, 인지수정을 위한 요소를 사정하기 위한 지침으로 사용하는 것이 포함되었다. 제오넷, 서터와 젝(Géonet, Sutter, & Zech, 2013)는 또 다른 문헌 검토에서 부정적인 인식이 낮은 욕구의 중심적인 역할을 한다는 결론을 내렸다. 그들은 또한 부정적인 인식, 성적 패턴 및 신념이 치료 대상이 되어야 한다고 제안했다. 이러한 연구 결과는 우리의 임상 경험과 일치한다.

앞서 언급한 연구와 마찬가지로 인지적 주의 산만은 낮은 관심과 흥미를 평가할 때 고려해야 할 또 다른 사항이다. 성적 상황에서 여성은 즐거운 감각에 초점을 맞추는 대신, 비성적인 주제를 고려한다. 예를 들어, 자신이 무엇을 느껴야 한다고 생각(반응 불안)하거나 파트너가 무엇을 경험하는지에 초점을 맞추기 때문에 커플의 성 경험까지 걱정해야 할 부담을 지니게 된다(Rowland & Kolba, 2018). 치료는 기분을 좋게 하는 성 감각에 대한 집중을 높이고 새로운 성적 자극을 도입하는 것을 포함한다(Alvarez & Garcia-Marques, 2011; Laan & Everaerd, 2011).

또한 브라우어와 그의 동료들(2012)은 성적 관심을 결정하는 것은 주의력 집중이 아니라 자극에 기인하는 긍정적인 연관성이라고 제안했다. 성과 긍정적 관계의 연관성은 더 강한 욕구를 만든다. 반대로 성과 긍정적 관계의 연관성의 부족은 낮은 성적 관심과 욕구의 원인 또는 결과일 수 있다. 성적 경험의 보상(파트너와의 친밀감이든 절정감이든)과 같은 성에 대한 긍정적인 연관성을 강화하는 것은 욕구를 증가시키는 데 도움이 될 수 있다.

관계적 영역

경험적 연구와 임상 경험은 관계 만족도와 성적 만족도 사이의 상관관계를 강조한다(Morokoff & Gilliland, 1993). (다른 요인들 중에서도) 성적 취향을 전달하고, 성적 다양성을 경험하고, 친밀한 스킨십, 포옹 등을 하고 성관계의 장을 마련하는 파트너들은 성을 만족시킨다고 보고한다(Brown & Weigel, 2018; Frederick, Lever, Gillespie, & Garcia, 2016). 반대로, 성적 관심, 욕구 및 흥분과 관련된 문제는 일반적으로 관계의 불만족과 관련이 있다. 예를 들어, 욕구가 낮은 여성은 결혼생활의 어려움 정도가 크고 관계적인 응집력이 낮다고 보고하는 경향이 있다(Trudel, Ravart, & Matte, 1993). 다른 일반적인 관련 위험 요인에는 경멸, 비판, 방어, 권력 투쟁 및 유해한 의사소통이 포함된다(Gottman, 1994). 앞에서 언급한 병인학적 요소들은 고도로 압축된 형태로 제시된다. 성욕장애에 대한 철저한 평가에 관심이 있는 독자는 이 주제에 대한 본문을 참조해야 한다(Weeks & Gambescia, 2002).

원가족 영역

앞서 언급한 반(反)성적 신념과 부정적인 성적 자기 도식과 같은 많은 위험 요인은 각 파
트너의 사회적 · 가족적 맥락 안에서 학습된다. 치료사는 의식적으로나 무의식적으로 성적
친밀감에 대한 세대 간 유산과 기타 정보를 탐구하는 것이 필수적이다. 한 예로, 성에 대한
여성의 만성적 무관심의 치료를 의뢰한 커플이 있었다. 그녀는 매우 종교적인 가정에서 자
랐고 성관계는 개인적인 즐거움보다는 생식을 위한 것이라고 배웠다. 그녀는 자신의 신념
이 비합리적이라는 것을 인식했지만, 자기 몸을 직접 관찰하고, 에로틱한 생각이나 혼자 하
는 성행위를 하거나, 남편과 성적인 친밀감을 누리기가 어렵다는 것을 알게 되었다. 치료에
는 개인 및 합동 회기 치료, 심리교육, 문헌 참고, 신화적 인식의 수정, 그리고 궁극적으로 결
혼의 모든 친밀한 혜택을 누릴 권리를 수용하는 것이 필요하다.

상황적 영역

체계론적 성 치료는 문화가 한 개인의 삶의 중심이라는 것을 인정한다.[2] 성은 사회문화
적 신념, 관습, 가치관, 규범을 통해 해석되며, 이 모든 것은 관계에서 만족스러운 성을 즐기
는 능력에 영향을 미친다(Hyde, 2010; Kimmel, 2007; Money, 1986). 성에 대한 내면화된 메시
지는 종종 문화, 종교, 인종차별, 성차별에 의해 왜곡된다(Hall & Graham, 2013; McGoldrick,
Loonan, & Wohlsifer, 2007). 일반적으로 낭만적인 사랑과 성행위에 대한 비현실적인 메시지
는 다양한 형태의 매체를 통해 지속된다. 이러한 메시지와 이미지는 사회적 규범과 비교할
때 여성이 덜 여성스럽고, 덜 매력적이며, 바람직하지 않다고 느끼도록 이끌 수 있다. 성욕
이 부족하거나 성적인 완성도가 떨어진다는 부정적인 감정은 성욕을 감소시킬 수 있다.

여성의 인종, 문화, 종교가 성적 환경에 깊숙이 뿌리박혀 있다는 것은 아무리 강조해도 지
나치지 않다. 치료사는 성에 대한 인식과 그 인식에 영향을 미치는 여성의 뿌리 깊은 신념에
대해 직접 조사해야 한다. 다른 상황적 환경 변수는 변동될 수 있으며 성에 대한 여성의 관
심을 억제할 수도 있다. 앞서 언급했듯이 이러한 스트레스 요인은 업무량, 재정적 문제, 업
무 스트레스 요인 및 기타 일상적인 문제와 관련될 수 있다.

앞서 언급한 많은 사정 절차는 본질적으로 모두 임상적이다. 심리측정도구를 포함하는

---

2 이 책 뒷부분의 문화 관련 장을 참조하라.

평가를 수행하고자 하는 임상가나 연구자는 여성 내담자를 위해 경험적으로 검증된 도구를 사용할 수 있다. 독자는 대부분의 임상가가 설문조사를 사용하는 것보다 임상 기록을 다루는 것을 선호한다는 것을 명심해야 한다.

🫀 치료 전략

여성 성적 관심/흥분장애의 기본 치료 전략은 앞에서 설명한 병인학적 요인에 의해 결정된다. 일부는 더 개인 지향적으로 다루는 반면, 다른 일부는 커플, 원가족 또는 생물학적 문제를 다룬다. 성적인 문제에 대한 기본 치료 전략에 대한 소개로서 우리는 여성 성적 관심/흥분장애의 치료로 이동하기 위한 몇 가지 일반적인 징후와 금기 사항에 주의를 기울이고자 한다.

치료를 위한 지침

여성 성적 관심/흥분장애가 현재의 문제이든지 또는 치료 중 보고되었든지 여부와 관계없이 치료사는 커플에게 여성 성적 관심/흥분장애의 중요성을 인식시키고 성적 관심 부족에 대한 우려를 해결해야 한다. 또한 치료사는 치료 중 언제든지 새롭게 발생하는 개인 및 관계 문제에 직면해야 한다. 비록 제기되는 문제가 극복될 수 없는 것처럼 보일 수 있고, 치료의 진행 정도에 따라 중요도는 다를 수 있겠으나 대부분 문제는 치료될 수 있다. 종종 임상가는 관심 부족을 치료하는 것과, 이와는 다른 명백한 문제를 해결해야 하는 압박 사이에서 균형을 맞추어야 한다. 여성 성적 관심/흥분장애가 다른 정서적·관계적 문제의 원인이나 결과일 수 있다는 예상을 가지고 커플을 교육하는 것은 항상 중요하다. 심리교육은 현재의 문제에서 잠시 벗어나 적응을 촉진할 것이다.

치료사는 다음과 같은 징후를 고려하여 치료가 적절한지, 금지된 것은 아닌지 신중하게 판단해야 한다. 파트너가 일반적으로 긍정적인 성적 신념을 가지고 있고 다시 욕구를 경험하기를 원하고 있는가, 두 파트너 모두 치료를 방해할 수 있는 정신질환으로부터 상대적으로 자유로운가, 커플은 성 문제에 관해 연구하고, 필요한 작업을 수행하고, 예정대로 일정에 따라 참석하도록 동기를 부여받고 있는가 등이다. 다음과 같은 문제들은 치료에 대한 금기 사항으로 보일 수 있지만 실제는 그렇지 않다.

- 성적 흥미와 흥분을 형성하는 데 방해가 되는 부정적인 성적 인식과 강박적 사고의 순환을 끊지 못하는 것
- 만약 파트너가 신체적 · 성적 · 정서적 학대 또는 성 중독에 대한 역사적 정보를 보유했다면, 이를 기꺼이 공유하고 작업할 준비가 되어 있는지 여부
- 종교적 신념에 근거한 부정적인 태도 또는 원가족으로부터 내면화된 성적 메시지와 그로 인한 성적 죄책감
- 자신이나 파트너에게 영향을 미치는 상황적 삶의 스트레스 요인
- 노화에 따른 정상적인 생리적 변화와 그 변화를 기꺼이 수용하려는 의지

치료를 위한 다른 징후는 다음과 같다.

- 권력, 통제, 관용 및 자율성과 같은 문제를 협상할 때 다룰 수 있는 관계적 어려움
- 커플의 성적 각본이 성공적으로 협상되지 않았거나 파트너가 다른 선호도 또는 잘못된 정보를 가지는 경우
- 비효율적인 의사소통, 해결되지 않은 분노, 충족되지 않은 기대
- 파트너의 서로 다른 성적 어려움과 관련된 낮은 관심
- 반응 불안의 존재
- 또는 성적 관심에 영향을 미치는 것으로 알려진 의학적 상태

치료 금기 사항

여성 성적 관심/흥분장애에 대한 체계론적 치료는 다음과 같은 경우에 적합하지 않다. 여성 성적 관심/흥분장애의 파트너가 성적 관심이 부족하거나 없는 경우, 문제가 파트너의 관심 부족인데 파트너가 치료에 참여할 의사가 없는 경우, 관계에 다루기 어려운 부조화나 함께 작업할 능력이 없는 경우, 관계 개선이나 치료에 대한 헌신이 부족한 경우, 한쪽 또는 양쪽 모두 은밀한 성적 강박이 있거나 현재 중독 문제가 있는 경우, 파트너의 어느 쪽이든 심각한 정신병리가 존재하는 경우 등이다.

비관주의와 회의론에 대처하기

대부분의 경우 우리를 찾은 커플은 치료를 받으러 오기 전에 이미 몇 달 또는 몇 년 동안 낮은 성적 관심으로 어려움을 겪고 있었다. 일반적으로 그들은 스스로 문제를 해결하려고 하지만 실패하고 열정이 사라진 관계에 빠지게 된다. 결과적으로, 그들은 성적 문제에 대해 이야기하는 것이 어떻게 성적인 어려움을 완화시킬 수 있을지 상상조차 할 수 없기 때문에 비관적이고 회의적인 태도로 치료를 시작하게 된다. 여성 성적 관심/흥분장애는 복잡한 현상이고 변화시키기 어렵다. 치료사는 커플이 마지못해 치료를 받고, 결과에 대해 비관적일 것이라고 예상해야 한다. 비관주의는 어려운 상황에 대한 자연스러운 반응이라고 설명하는 것이 커플의 실패한 시도를 정상화하는 데 도움이 될 것이다. 이전의 시도가 실패했더라도 문제를 해결하기 위한 그들의 노력을 지지해야 한다.

체계론적인 초점 유지

커플은 종종 증상이 있는 파트너를 문제가 있는 파트너로 본다. 이러한 생각을 하는 사람들은 체계론적인 사고를 하도록 교육받아야 한다. 여기에는 여성 성적 관심/흥분장애가 관계 문제라는 것을 인식하도록 돕는 것이 포함된다. 체계론적인 기법의 하나는 치료사가 낮은 욕구를 다른 방식으로 개념화하도록 돕는 '치료적 재구성'이다(Weeks & Fife, 2014; Weeks & Treat, 2001). 치료사는 관계의 문제가 어떻게 관심 부족을 유발했으며, 어떻게 그 문제를 유지해 나갔는지, 또는 관계 체계 속에 또 다른 문제가 있지는 않은지 이해하기 위해 낮은 욕구를 재정의하며 점점 더 직접적인 질문을 해 나간다. 관심이 적은 파트너가 지나치게 친밀한 관계를 견딜 수 없어 관계를 소원하게 만들었다고 말하는 것이 하나의 예이다. 치료사는 커플이 함께 고군분투하며 성적 관계를 해결하기 위해 노력해야 한다고 강조한다. 관심 부족이 개인의 의학적인 문제인 경우에는 커플이 상황에 대처하는 방식에 따라 느끼는 욕구의 정도와 성적으로 표현되는 방식에 영향을 미칠 수 있다. 이 상황을 재구성할 수 있는 것은, 커플이 다른 관계와 친밀한 방법을 찾기 위해 열심히 노력했으며, 그 결과 낮은 성욕 문제에도 불구하고 이전보다 더 친밀한 관계를 구축하는 데 도움이 되었다는 것을 보여 주는 것이다.

현실적인 기대치 설정하기

성적 관심이 반드시 일정하거나 지속적이거나 예측할 수 있는 것은 아니라는 것을 알게 된다면, 커플의 고통도 줄어들 수 있을 것이다(Herbenick, Mullinax, & Mark, 2014). 이아센자(Iasenza, 2016)는 여성이 편안한 환경에서 성행위를 하면 결국 성적 관심과 흥분이 나타날 것이라고 했다. 반대로, 성욕이 고조된 상태에서 절정감을 경험하는 성관계가 성적 관심의 유일한 지표라는 기대를 갖고 있다면 실망하거나 괴로워할 것이다. 현재 성 치료의 중요한 부분은 여성과 파트너가 자신의 성적 감각에 집중하는 것을 배우면 결국 성욕이 일어날 것이라는 것을 교육하고 격려하는 것이다. 만약 그들이 자신의 에로틱한 감정에 집중하는 법을 배운다면 성욕은 결국 생기게 된다. 파트너에 대한 사랑이 식었다거나 성욕이 절대 회복하지 못할 것이라고 두려워하는 일부 여성은 이러한 설명을 받아들이기 어려워한다.

친밀감 촉진하기

성적 친밀감은 체계론적 치료의 핵심 주제이다. 치료 과정에서 파트너는 성적 친밀감이 무엇을 의미하는지에 대한 각자의 믿음을 공유하고, 친밀감에 대한 정의의 차이점을 확인하고, 공통된 의미를 달성하기 위해 노력한다. 그런 다음, 치료사는 커플과 함께 성에 대한 정의를 확장하여 데이트와 같은 낭만적인 활동이나 비성기적 애무와 같은 반드시 성적 활동은 아니지만 친밀하고 관능적이며 에로틱한 행동을 포함하도록 한다. 마지막으로, 커플은 그들의 성적 레퍼토리를 확장하는 것을 고려하도록 도움을 받는다.

치료의 근본적인 목표는 커플 관계에 대한 성적 관심과 기타 여러 형태의 신체적 접촉을 회복하는 것이다. 여성 성적 관심/흥분장애의 치료는 또한 성에 대한 무관심을 유발하거나 그에 따른 관계 문제를 해결하기 때문에 치료사는 커플과 성 치료 기술에 대한 자격과 지식을 갖추고 있어야 하며, 이러한 기술이 가장 효과적일 수 있는 상황을 아는 것이 필수적이다. 또한 커플이 치료에 적극적으로 참여해야 한다고 제안한다. 그들은 전략이 사용되는 이유와 예상되는 결과가 무엇인지 알아야 한다. 이러한 협력적 노력은 치료 전략을 잘 따르게 할 것이다.

마지막으로, 유념할 것은 많은 여성이 자신의 성적 감정을 소유하고 통제하는 것에 대해

무력감을 느낀다는 점이다. 그들은 성적 만족이 우연히 생기는 것이라고 믿는다. 치료 과정을 거치면서 여성과 커플은 점차 성적 관심과 만족감이 만들어지는 것이고 촉진될 수 있으며 이를 실천하고 성장해 간다는 것을 알게 된다. 커플은 처방된 인지행동 과제를 완료하고 정기적으로 치료에 참여하기 위해 시간을 할애하여 치료에 우선순위를 두어야 한다. 궁극적으로, 그들은 자신들의 성적 친밀감에 대해 책임져야 한다.

반응 불안 감소

여성은 감각적이거나 성적인 활동을 즐기기보다는 자신의 성욕 부족에 대해 계속 관심을 기울이고 걱정할 수 있다. 반응 불안은 파트너와의 관계에서 현재 느끼는 것보다 더 많은 욕구를 경험해야 한다는 믿음이다. 여성 성적 관심/흥분장애 치료의 핵심 요소는 반응 불안감을 낮추는 것이며, 이를 위해 다양한 기술을 사용한다. 첫째, 치료사는 개념을 설명함으로써 커플을 교육한다. 사고 중지 및 사고 대체와 같은 인지 전략은 성관계의 패턴과 같은 반응 불안을 유발하는 비합리적인 생각을 직면하는 데 도움이 될 수 있다. 이 경우 성에 대한 정의는 삽입하지 않을 때의(non-coital) 감각이나 성적 접촉과 같이 반응 불안을 유발할 가능성이 행동으로까지 확대된다. 또한 마음챙김에 기반한 인지 기술을 사용하여, 관심이 낮은 파트너는 성적 관심을 판단하거나 강요하지 않고도 자신의 감정을 느낄 수 있다(Sipe & Eisendrath, 2012).

영향력에 대처하기

치료사는 파트너가 내용에 집착하지 않고 감정에 대해 소통할 수 있도록 돕기 때문에 각 파트너가 표현하는 감정의 수준에 주의를 기울일 필요가 있다. 예를 들어, 성적 관심/흥분장애를 가진 여성은 애정이 부족한 것으로 보일 수 있고 성적으로 위축된 것처럼 보일 수 있다. 반대로, 성욕이 더 높은 파트너는 더 감정적이고, 좌절하고, 비관적인 경향이 있다. 높은 성욕을 가진 파트너가 표현하는 불쾌한 감정은 성관계로 이어질 수 있는 상황을 회피하게 할 수 있다. 이러한 상황에서 치료사는 파트너가 그들의 감정 표현 방식에 관심을 갖고 토론할 수 있도록 도와야 한다. 그렇게 하면 그들은 서로의 감정을 탓하기보다는 동기를 질문하는 데 도움을 받는다. 이 과정은 커플이 그들의 상호작용 패턴과 성적 관심을 표현하고 경험하는 데 있어 정서적 장벽에 대해 더 잘 인식하도록 돕는다. 이 작업은 치료의 모든 단계에 걸쳐 진행된다.

인지 작업

인지치료는 여성 성적 관심/흥분장애 치료에 필수적이다. 성적 친밀감, 자기(self), 파트너에 대한 부정적인 인식은 즐거운 성적 생각과 환상의 출현을 방해하여 직접적으로 욕구의 부족으로 이어진다. 이 인지 메커니즘은 강력한 행동 결과를 유발한다. 또한 일련의 상호작용으로 커플은 비합리적인 신념을 형성하고 오랫동안 성적인 문제를 겪게 되는데 이러한 신념을 함께 탐색하고 중단하고 변경해야 한다. 욕구가 낮은 여성은 '나는 단지 성에 관심이 없는 것뿐이야'라고 생각할 수도 있고, 그녀의 파트너 또한 '그녀가 성에 관심이 없는데 왜 내가 무언가를 시작해야 하지?'라고 생각할 수도 있다. 이 두 가지의 서로 맞물린 생각이 성적 회피를 지속하게 하는 요인이 될 수 있다.

파트너들은 비합리적인 성적 신념을 확인하고 이를 긍정적이고 사실적인 인식으로 대체하도록 도움을 받는다. 또한 그들은 성적 욕구에 대한 인식과 감정을 촉진하기 위해 에로틱한 생각과 상상을 하도록 권고받는다. 각 파트너는 언제 비합리적인 신념이 다시 시작되었는지 탐색하기 위해 자기 생각이나 행동을 모니터링하는 방법을 배운다. 부정적인 자동적 사고를 중단하고 긍정적인 성적 경험을 재생하거나, 성적 환상을 즐기거나, 에로틱한 생각을 하는 등 의식적으로 긍정적인 성적 사고로 대체해야 한다. 이 과정은 다음 경험에 대한 긍정적인 기대를 하게 한다. 결국 에로틱한 생각은 자연스럽고 자동적으로 발생한다(Beck, 1976, 1995; Weeks & Hof, 1987, 1994).

의사소통

의사소통 작업은 체계론적 성 치료의 핵심이며 여성 성적 관심/흥분장애 치료의 필수적인 요소이다. 성적 관심/흥분장애가 있는 여성은 자신의 성적 욕구, 소망, 선호 및 우려 사항을 표현할 수 있도록 도움을 받는다. 그녀의 파트너도 반응하고 지지할 수 있도록 격려를 받는다. 성적 만족과 관계적 만족의 상관관계를 중재적 변수로 작용하는 의사소통과의 연관성을 강화하는 문헌이 많다(Byers, 2005; Montesi, Fauber, Gordon, & Heimberg, 2010). 보다 구체적으로, 성적 자기 노출은 성적 만족을 달성하는 일반적인 요소이다. 브라운과 바이겔

(Brown & Weigel, 2018)은 성적인 자기 노출을 촉진하는 요소를 살펴보고 파트너가 서로의 선호하는 바를 이해할 수 있는 안전한 관계 맥락이 중요함을 강조했다. 이 모델은 특히 어떤 상황적 요인이 성적 자기 노출을 촉진(또는 회피)할지를 결정하는 데 치료적으로 유용한지 명백히 보여 주고 있다.

마음챙김

마음챙김 수련은 성 기능 장애 치료에서 점점 더 중요해지고 있다(Brotto, 2018). 여성 성적 관심/흥분장애와 관련하여, 여성은 산만함이나 판단받는 것 없이 현재의 신체적인 성적 감각에 집중할 수 있도록 도움을 받는다(Pyke & Clayton, 2015). 이러한 조건은 그녀가 성적 관심과 신체적 흥분의 주관적 경험을 인식하는 데 도움이 될 수 있고(Brotto, Chivers, Millman et al., 2016), 몸이 보내는 신호에 집중하는 데 도움이 될 수 있다(Silverstein, Brown, Roth, & Britton, 2011). 브로토와 배선(2014)은 마음챙김 집단 치료의 결과를 보고했다. 그들은 치료가 성욕, 흥분, 그리고 전반적인 성적 만족도를 상당히 향상시켰다는 것을 발견했다. 또 다른 연구에서 여성은 실험실 환경에서 주관적 관심과 생식기 흥분을 모니터링하는 마음챙김 작업에 참여했다. 결과는 주관적 관심과 생식기 반응의 일치가 마음챙김 집단에서 더 높게 나타났다(Velten, Margraf, Chivers, & Brotto, 2018).

마음챙김 기반 인지치료를 이용한 시범 연구에서 여성 성적 관심/흥분장애를 가진 여성은 일주일에 여덟 번 집단 회기에 참석하고 집에서 마음챙김 을 연습했다(Paterson, Handy, & Brotto, 2018). 이 프로그램을 수료한 여성들은 시작할 당시보다 성적 고통 감소 외에도 성욕과 전반적인 성 기능이 향상되었다고 보고했다. 이 연구의 데이터는 여성 성적 관심/흥분장애가 있는 여성을 위한 더 큰 규모의 연구와 마음챙김 기반 인지치료의 지속적인 적용 가능성으로 이어질 수 있다.

체계론적 과제

여성 성적 관심/흥분장애를 치료하는 치료사는 치료 시간 및 집에서 수행해야 할 과제를 신중하게 수행하여 치료 시간 외의 지침을 제공해야 한다. 과제는 성에 관심이 없는 여성뿐만 아니라 파트너 양쪽 모두에게 주어진다. 예를 들어, 개별 과제에는 신체 운동, 심상 유도, 성적 자료에 대한 점진적 노출, 지시된 자위, 독서치료 또는 선택된 시각 자료를 통한 상상에 대한 노출을 처방하기도 한다(Gambescia & Weeks, 2007). 커플을 위한 과제에는 감각 집중, 감각적 및 성적 바람과 욕구 전달, 갈등 해결 연습이 포함된다(Weeks & Fife, 2014; Weeks & Gambescia, 2002). 커플은 또한 성적 친밀감, 쾌락 및 성적 만족에 대한 세대 간 정보를 탐색하도록 요청받았다. 과제의 지속적인 사용은 순응을 촉진하고 성 증상의 재발을 예방할 것이다(Muise, Boudreau, & Rosen, 2017).

재촉하지 않고 차츰 점진적으로 접촉을 확장해 나가는 연습을 집에서 하고 인지의 재구성을 유도하는 것과 함께 사용하면 접촉이 진행되면서 이에 대한 부정적인 생각이 무엇이었는지 점점 더 드러내는 데 효과적이다. 우리의 다른 저서에서는『임상가의 체계론적 성 치료 가이드 2판(A Clinician's Guide to Systemic Sex Therapy, 2nd edition)』(2016)과 후속 장에서 감각집중훈련(sensate focus)을 포함한 다양한 치료 기법을 설명한다. 우리는 종종 감각 집중훈련을 다른 기술과 함께 사용한다. 메타체계접근은 포괄적이며 많은 기술을 포함하는데, 이는 여러 병인학적 요인을 다루고 단일 기술로는 얻을 수 없는 시너지 효과를 만들어 낸다.

기타 성 기능 장애의 치료

우리는 임상 환경에서 여성과 그녀의 파트너가 하나 이상의 성적인 문제를 겪는 것이 드물지 않다는 것을 발견했다. 여성 성적 관심/흥분장애는 성관계 중 신체적 불편, 발기부전, 오르가슴 문제 등과 같은 또 다른 유형의 성적 어려움과 관련될 수 있다. 일반적으로 여성은 성관계에 반응하기 위해 파트너로부터 강한 성적 자극을 필요로 한다. 파트너가 성행위에 대해 걱정한다면 성관계에 대한 초대가 그다지 강하지 않을 수 있다. 치료사의 역할은 다른 성 기능 장애가 여성 성적 관심/흥분장애의 발달과 유지에 커플에게 어떻게 기여할 수 있는지에 대해 커플을 교육하는 것이다. 더 중요한 것은 커플이 단지 낮은 성적 관심뿐만이 아니라, 기능 장애의 모든 요인에 대해 작업하도록 권장된다는 것이다.

친밀감에 대한 두려움 다루기

친밀감과 친밀감에 대한 두려움은 일반적으로 의식적이든 무의식적이든 행동을 통해 표현되며, 여성 성적 관심/흥분장애의 경우 무의식적인 동기일 수 있다. 사실, 우리는 친밀감에 대한 근본적인 두려움이 여러 가지 성 기능 장애를 포함하여 다양한 방식으로 나타날 수 있다고 믿는다. 친밀감에 대한 두려움은 커플 관계에 내재되어 있기 때문에 반드시 확인되어야 한다. 치료사는 개인이 친밀감을 두려워할 수 있는 다양한 이유를 교육하여 그들이 이러한 개념을 이해하고 그들에게 적용되는 관련 문제에 대해 기꺼이 논의할 수 있도록 해야 한다(Weeks & Fife, 2014 참조). 여성 성적 관심/흥분장애의 경우, 친밀감에 대한 근본적인 두려움과 관련된 요인이 다른 요인보다 일반적이다. 예를 들어, 통제력을 상실하거나 통제받는 것에 대한 두려움(정체성과 자율성의 상실)은 한쪽 파트너가 부모로 인식되고 다른 한쪽 파트너가 자녀로 인식될 정도로 심각한 힘의 불균형을 통해 관계에서 나타날 수 있다. 이 문제는 성관계를 거의 근친상간처럼 느끼게 할 가능성이 있다(Weeks & Gambescia, 2002). 여성이 통제력을 잃는 것에 대한 두려움이 있을 때, 그녀는 무의식적으로 '이것은 내 몸이고 궁극적으로는 내 성을 통제하고 있다'고 상징적으로 표현함으로써 성적으로 비활성화될 수 있다.

친밀감에 대한 두려움을 치료하기 위한 몇 가지 지침이 있다. 먼저, 두려움이 무엇인지 파악하라. 다음으로, 두려움과 관련된 부정적인 생각을 제거하고 이를 적절하며 적응적인 인식으로 대체하기 위해 인지치료기법을 사용한다. 그 후 부정적인 생각들로 인해 발생하는 두려움으로부터 오는 회피의 패턴을 깨도록 노력하라. 각 파트너가 두려움의 자극을 회피하고 행동을 유도하기 때문에 동의하지 않고 두려워하는 파트너의 감정을 확인하는 것이 중요하다. 또한 두려움에 대한 역사적 근거도 탐색한다. 일단 내담자가 두려움의 근원을 이해하게 되면, 어렸을 때는 그것이 적응적이었다는 것을 알게 되겠지만, 이제는 그러한 두려움이 필요하지 않음을 알게 된다.

치료사와 커플은 성적 관심이 낮은 사람에게만 책임을 전가하기보다는, 관계를 이루는 각자가 문제에 기여하는 방식을 탐색하는 것이 필수적이다. 우리는 종종 한 파트너가 친밀감에 대한 근본적인 두려움을 가지고 있을 때 다른 파트너도 비슷한 두려움을 가질 수 있다는 것을 보곤 한다. 그들이 함께 있는 것은 우연이 아니다. 두 당사자 사이의 친밀감에 대한 잠재적인 두려움은 상호 연관되어 있으며 대개 뿌리가 깊으며 인지치료에서 세대 간 작업에 이르기까지 확장된 작업이 필요하다.

갈등과 분노 다루기

성에 대한 관심이 낮거나 아예 없는 많은 여성은 오랜 기간 동안 분노와 좌절감을 경험해 왔다. 어떤 사람들에게는 그 분노가 만성적으로 억제되거나 회피되어, 파트너에게 욕구를 느끼는 것을 매우 어렵게 만든다. 결국 여성은 만성적으로 억눌린 분노를 자극하지 않기 위해 대부분의 감정적인 접촉을 피한다. 게다가 성적인 감정은 억압되어 분노, 좌절, 실망, 무기력과 같은 해로운 감정과 결합된다. 여성이 분노를 표현하더라도 파트너나 관계를 파괴할 필요가 없다는 것을 이해하도록 돕는 것이 필요하다(Lerner, 2005). 분노의 적절한 표현을 촉진하기 위해 다양한 기술을 구현할 수 있다. 이 주제에 대한 광범위한 설명은 웍스와 감베시아(2002)를 참고할 수 있다.

에로틱한 환경 만들기

웍스와 감베시아(2002)는 현실적인 기대치를 만들고, 성에 대한 자아동조적 관점을 개발하며, 자신의 성욕을 책임지고, 개인의 성적 행동을 통해 욕구를 표현함으로써 친밀한 성적 환경을 조성할 필요성을 인식했다. 심즈와 미나(Sims & Meana, 2010) 연구의 결과를 고려할 때 다음과 같은 치료 목표 중 일부에 집중하는 것도 중요하다. 에로틱이란 무엇인가를 정의하고 에로틱한 시나리오를 제정하여 로맨틱한 또는 성적인 환상을 만드는 것, 보다 창조적이고 실험적이며 긍정적인 성적 특성을 많이 가진 존재로 자신을 인식하는 것, 성행위로 이어질 수도 있고 아닐 수도 있는 저녁 데이트를 하는 것, 가사 노동을 평등하게 분담하는 것, 성관계를 갖는 것과 사랑을 나누는 것의 차이를 배우는 것, 성관계를 시작하기 위해 다양한 방법을 시도하는 것, 성관계와 분리하여 단지 사랑을 표현하기 위해 많은 애정 표현을 하는 것, 성적 필요와 성욕에 대해 많이 소통하는 것, 자기관리를 잘 유지하는 것, 활력을 지니고 운동을 하는 것, 명확한 자기 인식을 갖는 것, 사랑과 성관계를 즐거움으로 보는 것, 칭찬을 받아들이는 것, 엄마, 고용인, 집안일 하는 사람과 같은 역할보다는 성적인 존재로 보는 것, 성욕과 성관계를 복구하는 여러 가지 방법을 생각해 보는 것 등이다.

원가족 작업

우리는 원가족에서 내사된 메시지로부터 낮은 관심/욕구로 이어질 수 있는 여러 가지 요인에 대해 설명했다. 치료에서 성적 가계도 형식(DeMaria, Weeks, & Twist, 2017)을 사용하여 함께 작업하고, 이때 각자 파트너의 가족 안에서 일어나는 부모 관계에서 관찰되는 애정과 친밀감의 내용뿐만 아니라 성, 사랑, 친밀감 등에 대한 공개적이고 은밀한 메시지들을 관찰해 보도록 한다. 파트너가 상대방의 원가족에 대한 내용을 듣는 것은 항상 흥미롭다. 우리는 내면화된 신념에 도전하여 자기 인식을 높이고 여성이 자신의 성을 긍정할 수 있는 데 도움이 되는 기술을 사용한다. 이 기술을 '성적 권리장전(Sexual Bill of Rights)'이라고 부른다. 내담자에게 성적 권리에 대한 가장 강력하고 설득력 있는 진술을 작성하도록 요청한다. 대부분의 경우, 초기에 만든 초안들은 여성의 성적 자율성과 성에 대한 소유권을 나타내지 않는다. 치료사는 피드백을 제공하여 여성이 성적 관심과 욕구를 경험하고 성적 자유를 표현할 권리를 받아들일 때까지 때때로 파트너의 도움을 받아 계속 연구하기를 권한다.

의학적 치료법

치료사는 심리치료의 관점에서 여성 성적 관심/흥분장애를 치료하고자 한다. 관심과 흥미 문제에는 일반적으로 복합적인 원인을 가지고 있기 때문에, 의학적 치료에 대한 약간의 지식은 다양한 심리생물학적 치료가 어떻게 결합될 수 있는지를 이해하는 데 도움이 된다. 현재 성욕을 증진시키기 위해 다양한 의약품을 사용할 수 있다. 이러한 약제의 대부분은 영양 보충제이며 FDA의 규제를 받지 않고 있다.

DSM-5에서 진단이 제거된 지 2년 후인 2015년, FDA는 여성의 성욕감퇴장애(HSDD) 치료에 플리반세린(Flibanserin)[3]을 승인했다. 이 약은 완경 전 여성을 대상으로 시판되었는데, 이 약의 효과를 볼 수 있는 다수의 여성을 배제하고 있다(FDA에서 완경 후 여성의 사용을 승인하지 않았다). 이 약은 매일 복용해야 하며, 약에 포장되어 있는 안내문(2016)에 따르면 현기증(9.2%), 졸음(8.3%), 메스꺼움(6.5%), 피로(3.7%) 등의 부작용이 명백하다. 이 약물을 복용하는 동안 알코올 섭취는 저혈압과 실신을 유발할 수 있으므로 금지된다(Clements & Thompson, 2018). 플리반세린은 모든 사람에게 효과가 있는 것은 아니며, 임상 실험에 참여한 여성 중 절반은 성욕이 증가하지 않았다고 보고했다. 약물의 효과는 명확하지 않지만 도파민 생성을 억제하여 성욕을 촉진하는 것으로 알려져 있다. 또한 흥분과 억제를 담당하는 다른 뇌 신경전달물질에도 영향을 미친다(Both, 2017).

플리반세린을 둘러싼 정치적·과학적 논쟁은 처음부터 항상 존재해 왔다. 위험성·유익성 분석은 많은 여성이 빈번하고 골치 아픈 부작용에도 불구하고 성적 관심의 점진적 증가만을 보고하고 있어 중요하다. 또한 많은 연구자와 학자는 HSDD를 이해하지 못하고 있으며(따라서 여성 성적 관심/흥분장애로 범주가 변경됨), 여성의 관심과 욕구가 다면적이고 잘 이해되지 않고 있기 때문에 약물치료만으로는 이를 치료할 수 없다고 주장한다(Anderson &

3 성욕감퇴장애가 있는 완경 전 여성의 치료에 승인된 약물이다. 성욕을 개선하고 만족스러운 성적 사건의 수를 늘리며 낮은 성욕과 관련된 고통을 줄인다.

Moffatt, 2018; Both, 2017). 마지막으로, 여성 성적 관심/흥분장애가 많은 여성에게 장애가 아니라 정상적인 상태라고 주장하는 사람들도 있다.

그 외에 부프로피온(Bupropion: 항우울제)과 부스피론(Buspirone: 항불안제)과 같은 중추 작용 약물은 FDA 승인 없이도 여성의 성욕을 증가시키기 위해 사용된다. 성욕을 조절하는 신경 경로의 영향을 구체적으로 연구하기 위해 다른 중추 작용 약물에 대한 연구도 진행 중이다(Stahl, 2010).

호르몬 치료는 일반적으로 여성, 특히 과도한 테스토스테론을 사용하는 완경기 여성의 성욕 결핍을 치료하는 데 사용된다. 이 치료법은 FDA의 승인을 받지 않았다. 테스토스테론은 성욕, 호기심, 환상, 욕망, 행동을 촉진하기 때문에 남성과 여성의 성욕의 중요한 요소로 간주된다(Crenshaw & Goldberg, 1996; Krapf & Simon, 2009). 데이비스, 데이비슨, 도나스와 벨(Davis, Davison, Donath, & Bell, 2005)은 테스토스테론 수치가 낮은데 욕구 문제가 없는 여성도 있는 반면, 욕구가 낮은 대부분의 여성은 테스토스테론 수치가 정상적이라는 것을 발견했다. 브로토, 비처, 란, 레이블룸과 라리아(Brootto, Bitzer, Laan, Leiblum, & Laria, 2010)는 여성의 낮은 욕구에 대한 의학적 치료법에 대해 가장 포괄적이고 비판적인 리뷰를 작성하여 결론이 나지 않거나 모순되거나 별로 유의미하지 못한 결과를 발견했다.

재발 방지

치료사는 커플이 서로의 적극적인 사회적 · 감각적 · 성적 접촉을 통해 성욕이 유지된다는 것을 이해할 수 있도록 도와야 한다. 따라서 치료사는 애정 표현, 에로틱한 대화, 정서적 접촉과 애무 등의 전략을 통해 재발을 방지하도록 돕는다. 커플이 치료 중에 주어지는 과제를 제대로 끝내지 않는 것은 재발의 징조가 될 수 있다. 치료가 후퇴한 이유를 밝히기 위해서는 철저한 토론이 필요하며 커플은 집에서 함께 연습할 것과 성적인 데이트 일정을 계획하도록 돕는다.

역설적인 전략이 재발을 예방할 수 있다(Weeks & Gambescia, 2002; Weeks & L'Abate, 1982). 한 가지 전략은 커플이 치료하는 도중이나 치료 후에라도 회복을 방해할 수 있는 방법을 찾아내고 예측하는 것이다. 치료사는 또한 커플에게 성욕이 낮아지고 재발을 유발할 수 있는 요인을 예측해 보도록 요청할 수 있다. 커플에게 이러한 요인들을 고려해 보라고 요청하면 문제가 발생하지 않을 가능성이 높아질 것이다. 마지막으로, 커플이 성관계를 피하기 시작하면, 그러한 패턴이 자체 반복되며 낮은 욕구가 재발할 수 있다. 커플이 정기적으로 성관계

를 갖는 것에 동의하고, 흥미와 만족의 정도에 따라 다양성이 존재할 것이라는 사실을 받아
들인다면 시간이 지남에 따라 성관계의 질을 향상시킬 수 있는 기회를 갖게 된다.

여성 성적 관심/흥분장애의 치료에서 포괄적인 생물심리사회적 접근은 재발 방지의 핵
심이다. 여성 성적 관심/흥분장애의 평가와 치료 개념에 대한 연구에서, 맥카시, 코먼과 칸
(McCarthy, Koman, & Kahn, 2018)은 메타체계접근과 유사한 생물심리사회적 모델을 제시했
다. 여성 성적 관심/흥분장애는 수많은 병인학적 위험 요인을 해결하고 커플이 치료를 계속
받을 수 있도록 종합적인 치료 접근이 필요한 복잡한 질환이다.

🔑 연구

여성 성적 관심/흥분장애에 대한 임상 출판물이 표면화되기 시작하고 있지만, 현재까지
임상가가 여성 성적 관심/흥분장애를 평가하고 치료하도록 안내하는 연구 및 임상 논문은
얼마 되지 않는다. 지금까지의 출판물들은 성적 조화, 치료에 대한 마음챙김 접근법, 그리고
이 장의 본문에 언급된 수많은 인지 · 행동 기술에 초점을 맞추고 있다. 대부분의 경우, 데이
터는 메타체계접근에 따라 여성과 파트너의 임상 평가 및 생물심리사회적 치료에 대한 개별
화된 접근 방식을 지원한다.

🔑 결론

메타체계접근은 여러 병인학적 요인 및 관련 치료 방식을 포괄적으로 통합한다. 여성 성
적 관심/흥분장애는 개인 파트너, 커플 관계, 세대 간 영향 및 기타 요인(인종, 문화, 민족 및
기타 상황적 스트레스 요인)과 관련된 많은 영향을 수반하기 때문에 복잡하다. 치료를 위한 틀
은 각 개인 및/또는 커플 체계에 따라 수정된다. 이 접근법의 특징은 명백한 모순이 많다는
것이다. 첫째, 표면적으로 증상을 나타내는 사람은 한 사람이지만 여성 성적 관심/흥분장애
는 관계적인 문제이다. 다음으로, 성적 관심이 낮거나 없는 것은 단순히 성적 문제가 아니라
관계의 다른 문제들을 반영하는 것일 수 있다. 또한 여성은 감정이 없는 것처럼 보일 수 있
지만 성적인 증상은 일반적으로 파트너와 관련된 강한 감정을 간접적으로 표현하는 방법이
다. 결국 여성은 성에 완전히 무관심해 보일 수 있다. 사실, 그녀는 종종 스트레스를 받고 파

트너에게 욕구를 느끼고 싶어 하지만, 이러한 욕구는 강요될 수 없거나 성욕을 더 감소시킬 것이다.

치료사는 시기와 유연성이 중요한 만큼 신중하게 사용해야 하는 다양한 개인 및 커플 치료 기법을 갖추고 있어야 한다. 또한 치료 전략은 파트너와 공유하며 협력해야 한다. 이는 윅스와 감베시아(2002)에 의해 처음 개발되었고, 이 장에서 업데이트된 접근법은 보고된 일반적인 원인과 일치하는 많은 치료 요소가 있다. 여성 성적 관심/흥분장애의 다인성 특성을 고려할 때, 치료는 6개월에서 2년까지 지속될 수 있다. 이 기간 동안 커플이 치료에 참여하기 위해서는 증상, 기여 요인, 관계 문제, 그리고 그러한 요인의 점진적인 완화 사이의 관계를 이해해야 한다. 가장 중요한 치료적 고려사항은 문제의 체계론적 특성과 이 문제를 해결하기 위해 커플이 함께 노력할 필요가 있다는 것이다.

참고문헌

Anderson, R., & Moffatt, C. E. (2018). Ignorance is not bliss: if we don't understand hypoactive sexual desire disorder, how can Flibanserin treat it? Commentary. *Journal of Sexual Medicine, 15*(3), 273-283. doi: 10.1016/j.jsxm.2018.01.001.

Alvarez, M., & Garcia-Marquez, L. (2011). Cognitive and contextual variables in sexual partner and relationship perception. *Archives of Sexual Behavior, 40*(2), 407-417. doi: 10.1007/s10508-011-9725-5.

American Psychiatric Association (2013). *Diagnostic and statistical manual of mental disorders* (5th ed.). Author.

Balon, R., & Clayton, A. H. (2014). Female sexual interest/arousal disorder: A diagnosis out of thin air. *Archives of Sexual Behavior, 43*, 1227-1229. doi: 10.1007/s10508-013-0247-1.

Bancroft, J. (2010). Sexual desire and the brain revisited. *Sexual and Relationship Therapy, 25*(2), 166-171. doi:10.1080/14681991003604680.

Basson, R. (2001a). Are the complexities of women's sexual function reflected in the new consensus definitions of dysfunction? *Journal of Sex & Marital Therapy, 27*(2), 105-112.

Basson, R. (2001b). Using a different model for female sexual response to address women's problematic low sexual desire. *Journal of Sex and Marital Therapy, 27*, 395-403. doi: 10.1080/713846827.

Basson, R. (2007). Sexual desire/arousal disorders in women. In S. R. Leiblum (Ed.), *Principles and practice of sex therapy* (4th ed., pp. 25-53). Guilford Press.

Beck, A. T. (1976). *Cognitive therapy and the emotional disorders*. International Universities Press.

Both, S. (2017). Recent developments in psychopharmaceutical approaches to treating female sexual interest and arousal disorder. *Current Sexual Health Reports*, 9(4), 192–199. doi: 10.1007/s11930-017-0124-3.

Boul, L., Hallam-Jones, R., & Wylie, K. R. (2008). Sexual pleasure and motivation. *Journal of Sex & Marital Therapy*, 35(1), 25–39. doi: 10.1080/00926230802525620.

Brauer, M., van Leeuween, M., Janssen, E., Newhouse, S. K., Heiman, J. R., & Laan, E. (2012). Attentional and affective processing of sexual stimuli in women with hypoactive sexual desire disorder. *Archives of Sexual Behavior*, 41(4), 891–905. doi: 10.1007/s10508-011-9820-7.

Brotto, L. A. (2018). *Better sex through mindfulness: How women can cultivate desire*. Greystone Books.

Brotto, L. A. (2010a). The DSM diagnostic criteria for hypoactive sexual desire disorder in men. *Journal of Sexual Medicine*, 7(6), 2015–2030. doi: 10.1111/j.1743-6109.2010.01860.x.

Brotto, L. A. (2010b). The DSM diagnostic criteria for hypoactive sexual desire disorder in women. *Archives of Sexual Behavior*, 39, 221–239. doi: 10.1007/s10508-009-9543-1.

Brotto, L. A., & Basson, R. (2014). Group mindfulness-based therapy significantly improves sexual desire in women. *Behaviour Research and Therapy*, 57, 43–54. doi: 10.1016/j.brat.2014.04.001.

Brotto, L. A., Bitzer, J., Laan, E., Leiblum, S., & Luria, M. (2010). Woman's sexual desire and arousal disorders. *Journal of Sexual Medicine*, 7, 586–614. doi: 10.1111/j.1743-6109.2009.01630.x.

Brotto, L. A., Chivers, M. L., Millman, R. D., & Albert, A. (2016). Mindfulness-based sex therapy improves genital-subjective arousal concordance in women with sexual desire/arousal difficulties. *Archives of Sexual Behavior*, 45(8), 1907–1921. doi: 10.1007/s10508-015-0689-8.

Brotto, L. A., Graham, C. A., Binik, Y. M., Segraves, R. T., & Zucker, K. J. (2011). Should sexual desire and arousal disorders in women be merged? A response to DeRogatis, Clayton, Rosen, Sand, & Pyke (2010). *Archives of Sexual Behavior*, 40, 221–225. doi: 10.1007/s10508-010-9706-0.

Brotto, L. A., & Luria, M. (2014). Sexual interest/arousal disorder in women. In Y. M. Binik & K. S. K. Hall (Eds.), *Principles and practice of sex therapy* (5th ed., pp. 17–41). Guilford Press.

Brotto, L. A., Pennebaker, J. W., & Roberts, T. (1992). Towards a his and hers theory of emotion: Gender differences in visceral perception. *Journal of Social and Clinical Psychology*, 11(3), 199–212. doi: 10.1521/jscp.1992.11.3.199.

Brotto, L. A., & Yule, M. (2016). Asexuality: Sexual orientation, paraphilia, sexual dysfunction, or none of the above? *Archives of Sexual Behavior*. doi: 10.1007/s10508-016-0802-7.

Brown, R., & Weigel, D. J. (2018). Exploring a contextual model of sexual disclosure and sexual satisfaction. *The Journal of Sex Research, 55*(2), 201-213. doi: 10.1080/00224499.2017.1295299.

Byers, E. S. (2005). Relationship satisfaction and sexual satisfaction: A longitudinal study of individuals in long-term relationships. *Journal of Sex Research, 42*, 113-118. doi: 10.1080/00224490509552264.

Carvalho, J., & Nobre, P. (2011). Biopsychosocial determinants of men's sexual desire: Testing an integrative model. *Journal of Sexual Medicine, 8*(3), 754-763. doi: 10.1111/j.1743-6109.2010.02156.x.

Chivers, M. L. (2010). A brief update on the specificity of sexual arousal. *Sexual and Relationship Therapy, 25*(4), 407-414. doi: 10.1080/14681994.2010.495979.

Clayton, A. H., DeRogatis, L. R., Rosen, R. C., & Pyke, R. (2012). Intended or unintended consequences? The likely implications of raising the bar for sexual dysfunction diagnosis in the proposed DSM-5 V revisions: 1. For women with incomplete loss of desire or sexual receptivity. *Journal of Sexual Medicine*, 9, 2027-2039. doi: 10.1111/j.1743-6109.2012.02850.x.

Clayton, A. H., & Valladares, E. M. (2017). Female sexual dysfunction. *Psychiatric Clinics of North America, 40*, 267-284. doi: 10.1016/j.psc.2017.01.004.

Clements, J. N., & Thompson, B. (2018). Flibanserin for hypoactive sexual desire disorder in premenopausal women. *Journal of the American Academy of Physician Assistants, 31*(6), 51-53. doi: 10.1097/01.JAA.0000532129.61154.3e.

Crenshaw, T., & Goldberg, G. (1996). *Sexual pharmacology*. W. W. Norton.

Davis, S., Davison, S., Donath, S., & Bell, R. (2005). Circulating androgen levels and self-reported sexual function in women. *Journal of the American Medical Association, 294*(1), 91-96. doi: 10.1001/jama.294.1.91.

DeMaria, R., Weeks, G., & Twist, M. (2017). *Focused genograms: Intergenerational assessment of individuals, couples, and families, 2nd edition*. Brunner/Mazel.

DePesa, N. S., & Cassisi, J. E. (2017). Affective and autonomic responses to erotic images: Evidence of disgust-based mechanisms in female sexual interest/arousal disorder. *Journal of Sex Research, 54*(7), 877-886. doi: 10.1080/00224499.2016.1252307.

Ellison, C. R. (2002). A research inquiry into some American women's sexual concerns and problems. *Women and Therapy, 24*, 147-159. doi: 10.1300/J015v24n01_17.

Frederick, D. A., Lever, J., Gillespie, B. J., & Garcia, J. (2017). What keeps passion alive? Sexual satisfaction is associated with sexual communication, mood setting, sexual variety, oral sex, orgasm, and frequency and a national US study. *The Journal of Sex Research, 54*(2), 186-201.

doi: 10.1080/00224499.2015.1137854.

Frost, R., & Donovan, C. (2015). Low sexual desire in women: amongst the confusion, could distress hold the key? *Sexual and Relationship Therapy*, *30*(3), 338-350. doi: 0.1080/14681994.2015.1020292.

Gambescia, N., & Weeks, G. (2007). Sexual dysfunction. In N. Kazantzis & L. L'Abate (Eds.), *Handbook of homework assignments in psychotherapy: Research, practice, and prevention* (pp. 351-368). Kluwer Academic Publishers.

Geonet, M., De Sutter, P., & Zech, E. (2013). Cognitive factors in women hypoactive sexual desire disorder. *Sexologies*, *22*(1), e9-e15. doi: 10.1016/j.sexol.2012.01.011.

Gottman, J. (1994). *What predicts divorce: The relationship between marital processes and marital outcomes*. Lawrence Erlbaum.

Graham, C. (2016). Reconceptualising women's sexual desire and arousal in DSM-5. *Psychology & Sexuality*, *7*(1), 34-47, doi: 10.1080/19419899.2015.1024469016).

Hall, K., & Graham, C. (Eds.) (2013). *Cultural context of sexual pleasure and problems*. Routledge.

Hayes, R. (2011). Circular and linear models of female sexual desire and arousal. *Journal of Sex Research*, *48*(2-3), *130-141*. doi: 10.1080/00224499.2010.548611.

Herbenick, D., Mullinax, M., & Mark, K. (2014). Sexual desire discrepancy as a feature, not a bug, of long-term relationships: Women's self-reported strategies for modulating sexual desire. *Journal of Sexual Medicine*, *11*(9). doi: 10.1111/jsm.12625.

Hyde, J. (2010). *Understanding human sexuality* (11th ed.). McGraw Hill.

Iasenza, S. (2016). Transforming sexual narratives: From dysfunction to discovery. *Psychotherapy Networker Magazine*, *40*(1), 24.

Kaplan, H. S. (1977). Hypoactive sexual desire disorder. *Journal of Sex and Marital Therapy*, *3*(1), 3-9. doi: 10.1080/00926237708405343.

Kimmel, M. (2007). *The sexual self: The construction of sexual scripts*. Vanderbilt University Press.

Kleinplatz, P. J., Paradis, N., Charest, M., Lawless, S., & Neufeld, et al. (2018). From sexual desire discrepancies to desirable sex: Creating the optimal connection. *Journal of Sex & Marital Therapy*, *44*(5), 438-449. doi: 10.1080/0092623X.2017.1405309.

Krapf, J., & Simon, J. (2009). The role of testosterone in the management of hypoactive sexual desire disorder in postmenopausal women. *Maturitas*, *63*(3), 213-219. doi: 10.1016/j.maturitas.2009.04.008.

Laan, E., & Everaerd, W. (1995). Determinants of female sexual arousal: Psychophysiological theory and data. *Annual review of sex research*, *6*(1), 32-76. doi: 10.1080/10532528.1995.10559901.

Laan, E., & Janssen, E. (2007). How do men and women feel? Determinants of subjective experience of sexual arousal. In E. Janssen (Ed.), *The Kinsey Institute series. The psychophysiology of sex* (pp. 278-290). Indiana University Press.

Lerner, H. (2005). *The dance of anger: A woman's guide to changing the patterns of intimate relationships*. HarperCollins.

Levine, S. B. (1987). More on the nature of sexual desire. *Journal of Sex & Marital Therapy, 13*(1), 35-44. doi: 10.1080/00926238708403877.

Levine, S. B. (1992). *Sexual life: A clinician's guide*. Plenum Press.

Leif, H. (1977). What's new in sex research? Inhibited sexual desire. *Medical Aspects of Human Sexuality, 11*(7), 94-95.

Mark, K. P. (2015). Sexual desire discrepancy. *Current Sexual Health Reports*, 7, 198-202. doi: 10.1007/s11930-015-0057-7.

Mark, K. P., Herbenick, D., Fortenberry, J. D., Sanders, S., & Reece, M. (2014). A psychometric comparison of three scales and a single-item measure to assess sexual satisfaction. *Journal of Sex Research, 51*(2), 159-169. doi: 10.1080/00224499.2013.816261.

Mark, K. P., & Lasslo, J. A. (2018). Maintaining sexual desire in long-term relationships: A systematic review and conceptual model. *The Journal of Sex Research, 55*(4-5), 563-581. doi: 10.1080/00224499.2018.1437592.

Masters, W. H., & Johnson, V. E. (1966). *Human sexual response*. Bantam Books.

Maurice, W. L. (2007). Sexual desire disorders in men. In S. R. Leiblum (Ed.), *Principles and practice of sex therapy* (4th ed., pp. 181-211). Guilford Press.

McCarthy, B., Koman, C., & Cohn, D. (2018): A psychobiosocial model for assessment, treatment, and relapse prevention for female sexual interest/arousal disorder. *Sexual and Relationship Therapy*. doi: 10.1080/14681994.2018.1462492.

McGoldrick, M., Loonan, R., & Wohlsifer, D. (2007). Sexuality and culture. In S. Leiblum (Ed.), *Principles and Practice of Sex Therapy* (4th ed., pp. 416-441). Guilford Press.

Meana, M. (2010). Elucidating women's (hetero)sexual desire: Definitional challenges and content expansion. *Journal of Sex Research, 47*(2-3), 104-122. doi: 10.1080/00224490903402546.

Meston, C. M., & Buss, D. M. (2007). Why humans have sex. *Archives of Sexual Behavior, 36*(4), 477-507. doi: 10.1007/s10508-007-9175-2.

Meston, C. M., & Stanton (2017). Treatment of female sexual interest/arousal disorder. In W. W. IsHak (Ed.), *The textbook of clinical sexual medicine*. Springer. doi: 10.1007/978-3-319-52539-6_11.

Money, J. (1986). *Lovemaps: Clinical concepts of sexual/erotic health and pathology, paraphilia, and gender transposition in childhood, adolescents, and maturity*. Irvington Publishers.

Montesi, J. L., Fauber, R. L., Gordon, E. A., & Heimberg, R. G. (2010). The specific importance of communication about sex to couple's sexual and overall relationship satisfaction. *Journal of Social and Personal Relationships, 28*, 591–609. doi: 10.1177/0265407510386833.

Muise, A., Boudreau, G. K., & Rosen, N. O. (2017). Seeking connection versus avoiding disappointment: An experimental manipulation of approach and avoidance sexual goals and the implications for desire and satisfaction. *Journal of Sex Research, 54*, 296–307. doi: 10.1080/00224499.2016.1152455.

Morokoff, P., & Gilliland, R. (1993). Stress, sexual functioning, and marital satisfaction. *The Journal of Sex Research, 30*(1), 43–53.

Nagoski, E. (2015). *Come as you are.* Simon & Schuster.

Nobre, P. J., & Pinto-Gouveia, J. (2009). Cognitive schemas associated with negative sexual events: A comparison of men and women with and without sexual dysfunction. *Archives of Sexual Behavior, 38*(5), 842–851. doi: 10.1007/s10508-008-9450-x.

O'Loughlin, J., Basson, R., & Brotto, L. A. (2018). Women with hypoactive sexual desire disorder versus sexual interest/arousal disorder: An empirical test of raising the bar. *Journal of Sex Research, 55*(6), 734–746. doi: 10.1080/00224499.2017.1386764.

Paterson, L. Q., Handy, A. B., & Brotto, L. A. (2017). A pilot study of eight-session mindfulness-based cognitive therapy adapted for women's sexual interest/arousal disorder. *The Journal of Sex Research, 54*(7), 850–861. doi: 10.1080/00224499.2016.1208800.

Ronson, A., Milhausen, R., & Wood, J. (2012). Reasons for having sex among lesbian women. *The Canadian Journal of Human Sexuality, 21*(1), 17–27. doi: 10.3138/cjhs.2592.

Rowland, D. L., & Kolba, T. L. (2018). The burden of sexual problems: perceived effects on men's and women's sexual partners. *The Journal of Sex Research, 55*(2), 226–235. doi: 10.1080/00224499.2017.1332153.

Silverstein, R. G., Brown, A. C., Roth, H. D., & Britton, W. B. (2011). Effects of mindfulness training on body awareness to sexual stimuli: implications for female sexual dysfunction. *Psychosomatic Medicine, 73*(9), 817–825. doi: 10.1097/PSY.0b013e318234e628.

Sims, K. E., & Meana, M. (2010). Why did passion wane? A qualitative study of married women's attributions for declines in sexual desire. *Journal of Sex & Marital Therapy, 36*(4), 360–380. doi: 10.1080/0092623X.2010.498727.

Sipe, W., & Eisendrath, S. (2012). Mindfulness-based cognitive therapy: Theory and practice. *Canadian Journal of Psychiatry, 57*(2), 63–69. doi: 10.1177/070674371205700202.

Stahl, S. M. (2010). Targeting circuits of sexual desire as a treatment strategy for hypoactive sexual desire disorder. *Journal of Clinical Psychiatry, 71*(7), 821–822. doi: 10.4088/JCP.10bs06117blu.71.

Trudel, G., Ravart, M., & Matte, B. (1993). The use of the multiaxial diagnostic system for sexual dysfunctions in the assessment of hypoactive sexual desire. *Journal of Sex & Marital Therapy,* *19*(2), 123-130. doi: org/10.1080/00926239308404895.

Velten, J., Margraf, J., Chivers, M. L., & Brotto, L. A. (2018). Effects of a mindfulness task on women's sexual response. *Journal of Sex Research, 55*(6), 747-757. doi: 10.1080/00224499.2017.1408768.

Weeks, G. (1987). Systemic treatment of inhibited sexual desire. In G. Weeks & L. Hof (Ed.), *Integrating sex and marital therapy* (pp. 183-201). Brunner-Routledge.

Weeks, G. (1994). The intersystem model: An integrative approach to treatment. In G. Weeks & L. Hof (Eds.), *The marital-relationship casebook: Theory and application of the intersystem model* (pp. 3-34). Brunner/Mazel.

Weeks, G. (2005). The emergence of a new paradigm in sex therapy: Integration. *Sexual and Relationship Therapy, 20*(1), 89-103. doi: 10.1080/14681990412331333955.

Weeks, G., & Fife, S. (2014). *Couples in treatment.* Routledge.

Weeks, G., & Gambescia, N. (2000). *Erectile dysfunction: Integrating couple therapy, sex therapy, and medical treatment.* W. W. Norton.

Weeks, G., & Gambsecia, N. (2002). *Hypoactive sexual desire: Integrating sex and couple therapy.* W. W. Norton.

Weeks, G., & Gambescia, N. (2009). A systemic approach to sensate focus. In K. Hertlien, G. Weeks, & Gambescia, N. (Eds.) (2015). *Systemic sex therapy.* Routledge.

Weeks, G., & Hof, L. (Eds.) (1987). *Integrating sex and marital therapy: A clinical guide.* Brunner/Mazel.

Weeks, G., & Hof, L. (Eds.) (1994). *The marital-relationship therapy casebook.* Brunner/Mazel.

Weeks, G., & L'Abate, L. (1982). *Paradoxical psychotherapy: Theory and practice with individuals, couples, and families.* Brunner/Mazel.

Weeks, G., & Treat, S. (2001). *Couples in treatment: Techniques and approaches for effective practice* (Rev. ed.). Brunner/Mazel.

제**9**장

여성 오르가슴 장애

··· Systemic Sex Therapy ···

제**9**장

여성 오르가슴 장애

Marita P. McCabe · Katherine M. Hertlein · Edmond Davis

서론

미국 정신의학회(American Psychiatric Association)는 여성의 오르가슴 장애를 심리적 문제로 보고 있는데 오르가슴이 지연되거나, 드물게 일어나거나, 전혀 경험하지 못하거나, "오르가슴 감각의 강도가 현격히 감소하여" 생기는 것이기 때문이다(American Psychiatric Association, 2013, p. 429). 다른 정신 장애와 마찬가지로 최소 6개월 이상 지속되어야 하고 고통을 유발하는 증상이 있을 때 진단하되 다른 심리적 장애, 심각한 관계 문제, 물질이나 약물의 영향 또는 의학적 장애에 의해서 발생한 것이 아니면 해당된다. 이 장애는 평생형이거나 획득형으로 어느 상황에서나 발생하거나 자위할 때, 또는 특정 파트너와의 특정 상황에서 발생할 수 있다.

음핵이나 질과 같은 여성의 생식기 구조를 자극하여 오르가슴을 얻는 방법은 다양하다(Costa, Miller, & Brody, 2012; Wallen & Lloyd, 2011). 실제로 많은 여성이 오르가슴을 달성하기 위해 질과 음핵에 대한 자극을 복합적으로 사용한다(Pfaus, Quintana, Mac Cionnaith, & Parada, 2016). 한 연구는 오르가슴을 달성하는 방법으로 음핵 문지르기뿐만 아니라 신체 움직임과의 특정한 연관성에 주목했다(Bischof-Campbell, Hilpert, Burri, & Bischof, 2018). 여성의 오르가슴을 만들어 내는 성적 자극의 해부학적 초점 외에도, 다양한 성적 만남에 따라 달라질 수 있는 강도나 지속 시간과 같은 생리적인 오르가슴 능력의 다른 차원에 대한 연구 문헌도 확인되고 있다(Pfaus, Quintana, Mac Cionnaith, & Parada, 2016; Masters & Johnson, 1966). 이 문헌은 내담자가 보고하는 여성 오르가슴의 다양한 특성을 확인시켜 준다. 일부 여성의 경우 생식기 구조의 특정한 자극이 예상대로 오르가슴을 유발할 수 있지만 때때로 강도와 지속 시간은 그들의 의지와 무관한 것처럼 보일 수 있다.

성불감증의 메타체계 병인학

여성들은 오르가슴에 확실히 오를 수 있는 여러 가지 요인으로, 즉 음핵을 자극하는 성적 자세, 성적 자부심, 성적 의사소통, 파트너와의 긍정적 관계, 자위를 통해 쾌감을 느끼는 것에 대한 학습, 진동기구 및 기타 섹스 토이 등에 대해서 언급한다(Kontula & Miettinen, 2016; Nekoolaltak, Keshavarz, Simbar, & Baghestani, 2017; Pfaus, Quintana, Mac Cionnaith, & Parada, 2016; Rowland, Cempel, & Tempel, 2018). 반대로, 성적 무지, 스트레스, 인지적 산만, 약물 및 물질, 기타 생물학적 · 세대 간 · 개인적 · 관계적 영향과 같은 광범위한 요인이 여성 성불감증의 발달과 관련이 있다(McCabe, 1991). 메타체계접근과 일치하는 이러한 성불감증의 요인들은 나중에 논의할 것이다.

개인의 생물학적 영역

많은 연구에서 심장병, 다발성 경화증, 고혈압, 천식, 갑상선 문제와 같은 의학적 질환이 오르가슴에 부정적인 영향을 미칠 수 있다는 사실을 확인한 바 있다. 성불감증에 대한 다른 연관성으로는 과민성 방광인데, 여성의 성 건강에 부정적인 영향을 미치고 성관계 중 오르가슴을 달성하는 능력과 성욕을 감소시킬 수 있다(Juliato, Melotti, Junior, Britto, & Riccetto, 2017). 또한 약물은 오르가슴에 상당한 영향을 미칠 수 있다(Basson, Rees, Wang, Montejo, & Incrocci, 2010). 예를 들어, 성 기능과 오르가슴은 경구 피임약(Lee, Low, & Ang, 2017)과 피임 임플란트(contraceptive implant)의 사용(Chapa, Ramirez, & Dawson, 2017)으로 어느 정도 영향을 받는다. 또한 선택적 세로토닌 재흡수 억제제(SSRIs) 항우울제는 종종 오르가슴 달성의 어려움이나 실패와 관련이 있다고 잘 알려져 있다(Bala, Nguyen, & Hellstrom, 2018).

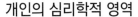

개인의 심리학적 영역

여성의 성불감증과 관련된 개인의 심리학적 요인에 관한 연구는 거의 없지만 스트레스, 피로 수준, 성 정체성 문제, 건강 문제, 기타 개인적인 특성과 경험이 성적 반응을 변화시킬 수 있다고 제안한 연구는 있다(Rowland, Cemplel, & Tempel, 2018). 우리는 임상적으로 이러한 요인 중 하나라도 오르가슴을 억제할 수 있다는 것을 확인했다. 불안은 성 기능에도 영향을 미칠 수 있다(Basson & Gilks, 2018; De Lucena & Abdo, 2014). 수행 불안과 높은 스트레스 수준은 여성의 오르가슴 기능 장애와 관련이 있다(McCabe, 2005; McCabe & Giles, 2012). 섭식 장애가 있는 여성은 욕구의 부족이나 오르가슴의 어려움과 같은 성활동의 문제를 보인다(Hamilton, 2017). 성불감증과 관련된 문헌에서 입증된 많은 다른 요인으로는 성적 무지, 두려움, 잘못된 성적 정보, 죄책감, 매력에 대한 우려, 수치심 등이다(Nekoolaltak, Keshavarz, Simbar, & Baghestani, 2017). 마지막으로, 코스타와 브로디(Costa & Brody, 2011)는 불안정 애착 유형이 질 오르가슴 경험을 일관적이지 못하게 하는 것과 관련이 있음을 발견했다.

관계적 영역

통상적으로 일반적인 관계 만족도가 높다고 보고한 커플은 성적 주제와 비(非)성적 주제 모두에서 높은 수준의 의사소통을 한다고 보고하며, 이는 결국 성적 만족도와 정적 상관 관계가 있다(Mark & Jozkowski, 2013). 반대로, 관계의 어려움은 여성의 성 기능 장애와 밀접한 관련이 있지만 남성의 성 기능 장애에는 영향을 미치지 않는다(McCabe & Cobain, 1998). 성불감증이 있는 여성은 일반적으로 신체적 자극, 강도, 자극의 초점에 대한 특정 요구를 표현하지 못한다(Kelly et al., 2006; Witting et al., 2008). 또한 경험 부족, 성적 자극에 대한 지식 또는 흥분에 대한 무관심과 같은 파트너 변수는 성불감증으로 이어질 수 있다. 더 나아가, 파트너의 기능 장애도 영향을 미칠 수 있다. 성 만족도의 수준은 성불감증이 있는 그룹에서 특히 더 나빴다(McCabe & Cobain, 1998). 성에 대한 부정적인 태도는 성적 친밀감의 발달을 방해할 수 있으며, 이는 성 기능 장애뿐만 아니라 관계의 다른 측면의 붕괴로 이어질 수 있다. 트래비스와 트래비스(Travis & Travis, 1986)에 따르면 친밀감은 다양한 성적·감각적 접촉을 통해 발달한다. 성기나 생식기를 만지는 것에 따른 불쾌감은 친밀함의 발달을 저해하고, 이는 결국 관계 기능의 상실을 불러일으키고 두 파트너의 성 기능 장애로 이어질 수 있다. 맥케이브와 자일즈(McCabe & Giles, 2012)의 연구도 이들의 제안과 일치하는데, 오르가슴 장애가 있는 여성 중에서도 관계 만족도와 성적 친밀감이 있다면 높은 수준의 성 기능을 할 수 있다는 것을 발견했다.

원가족 영역

유년기의 사회화 과정의 어려움은 성인 성 기능 장애의 중요한 예측 변수로 여겨진다. 성에 대한 오해, 성적 쾌락에 대한 부정적인 태도, 성적 지향이나 성 정체성 문제는 종종 가족 내에서 발생하며 성인기의 성 기능에 부정적인 영향을 미칠 수 있다. 커플을 대상으로 한 임상 연구에서는 원가족의 영향이 병인학적 요인으로 작용하여 분석할 필요가 있다. 성적 가계도의 사용은 매우 유용하다(DeMaria, Weeks, & Twist, 2018 참조). 임상가는 또한 어린 시절 성적 학대가 있었는지 평가할 것이다(Rellini & Meston, 2011). 세대 간 요인이 여성의 성불감증에 구체적으로 어떤 영향을 미칠 수 있는지 결정하기는 어렵다. 많은 문헌에서 아동기 및 청소년기 사건을 성인기의 성 기능 장애의 전반적인 수준과 연관시키지만 이러한 사건을 특정 질병과 연관시키지는 않는다(McCabe & Giles, 2012).

상황적 영역

래미지(Ramage, 2004)는 잘못된 성적 정보와 부정확한 성교육이 여성의 성적 문제 발생과 유지에 중요한 요인이 될 수 있으며, 오르가슴 문제에 확실히 영향을 미칠 수 있다고 주장했다. 질 오르가슴에 대한 신화는 여전히 여성 오르가슴의 발달과 유지의 주요 원인으로 작용하고 있다. 이 신화는 질과 음핵 오르가슴을 잘못 구분하고 있으며, 오르가슴에 달성하기 위해 음핵 자극을 사용하는 여성을 성 기능 장애가 있는 것으로 간주한다(Gerhard, 2000). 이는 여성의 성적 각본을 강화하고 여성의 오르가슴을 속이는 경향(오르가슴을 느낀 척했다고 보고한 비율이 남성이 18%인 데 비해 여성은 48%에 달한다)을 부분적으로 강조하는 사고방식일 수 있다(Muehlenhard & Shippee, 2010).

유병률

많은 여성이 삽입 성교를 통해 오르가슴을 경험하지 못하고 있다. 임상적으로 이 여성들은 삽입 전이나 삽입하는 동안 충분한 음핵 자극을 받지 못했다고 보고했다. 때로는 정렬 자세의 삽입 성교가 충분한 음핵 자극을 일으키지 못하기도 한다. 많은 경우 여성은 삽입 성교 전에 파트너와 오르가슴에 도달할 수 있으며, 충분히 자극되면 삽입 성교 중에 다시 오르가슴에 도달할 수 있다. 앞서 언급했듯이 일부 커플은 오르가슴에 필요한 조정을 협상할 의사소통 기술이 부족하다. 성불감증의 다른 예는 자신이나 파트너에 의해 충분하고 직접적인 음핵 자극에도 불구하고 오르가슴에 도달하기 어렵다는 것이다. 이러한 여성은 성적 상상을 지속하지 못하고, 당황스러워하고, 자신을 의식하거나 주의가 산만하다고 느꼈다고 보고했다. 어떤 사람들은 성적 흥분이 문화적, 종교적, 민족적 또는 인종적으로 금지된 것으로 생각한다. 특히 문화와 성에 대해 다루고 있는 부분을 참조하기를 바란다.

경험적 연구에 따르면 오르가슴 장애의 평균 유병률은 약 40%이며 여성의 약 10%는 삽입 성교를 통해 오르가슴에 도달한 적이 없다고 보고한다(Adegunloye & Ezeoke, 2011; Giles & McCabe, 2009; Graham, 2010; Herbernick, 2018; Kontula & Miettinen, 2016; Ramezani, Ahmadi, Ghaemmaghami, Marzabadi, & Pardakhti, 2015). 또 다른 연구에서 약 45%의 여성이 삽입 성교의 절반은 오르가슴을 경험하기 힘들었다고 보고했다. 같은 연구에서 25%에 해당하는 여성은 오르가슴에 도달하지 못한 성 경험이 75%라고 했고, 30%의 여성은 전혀 오르가슴을 경험하지 못했다고 했다(Rowland & Kolba, 2016).

평가

앞서 언급한 모든 병인학적 요인의 상세한 평가에 있어서 여성이 파트너가 있다면 커플에 대한 평가도 포함되어야 한다. 치료사는 두 파트너의 관점에서 오르가슴에 영향을 미친 모든 요소를 살펴보아야 성적 장애에 어떤 영향을 미쳤는지 명확하게 이해할 것이다. 임상가들이 성 기능 장애의 본질을 명확하게 이해하는 것도 중요하다. 이를 위해 임상가는 오르가슴의 빈도, 발생 시기, 오르가슴이 일차적인지 이차적인지, 부분적인 문제인지 전체적인 문제인지, 문제가 발생한 기간, 그리고 오르가슴의 과정에 발생한 다른 사건은 없는지를 평가해야 한다. 여성과 파트너에게 현재 치료를 받는 이유와 치료에 대한 기대나 목표가 무엇인지 질문하는 것도 유용하다. 게다가 자신이 오르가슴을 경험했는지 확신하지 못하는 여성의 경우 당연히 교육이 필요하다. 마지막으로, 오르가슴의 부족은 자극의 부족이나 과도한 자극의 결과일 수도 있고, 음핵은 역동적인 자극이 필요한데 한 부분만 계속 자극되어 자극의 효과가 지속적이지 못한 결과일 수도 있다.

치료

성 기능 장애(성불감증 포함)의 치료 계획은 종종 적절한 연구 방법이 부족하여 그 효과를 경험적으로 평가하기 어렵다. 임상가는 종종 임상 경험과 사례 보고서에 의존한다. 그런데도 치료사는 문제가 발생한 기간과 커플이 성불감증에 얼마나 잘 적응했는지에 주의를 기울일 필요가 있다. 두 사람의 관계가 성 기능 장애와 어떻게 얽혀 있는지를 살펴보기 위해 체계론적인 접근이 필요하다. 이 치료법은 커플의 현재 성 기능 장애 수준을 방해할 수 있는 여러 접근 방법을 포함할 것이며, 치료사는 저항에 직면할 수 있다.

심리교육은 치료의 중요한 요소이다. 이 과정에는 오르가슴의 일관성을 달성하기 위한 자위 훈련을 포함한다. 『오르가슴에 도달하기(Becoming Orgasmic)』(Heiman & LoPiccolo, 1987)와 『자신을 위해서(For Yourself)』(Barbach, 1975)를 참조하라. 의도적으로 지시받은 자위는 일차적인 오르가슴 장애를 가진 여성에게 효과적인 전략이다(Heiman & Meston, 1997). 이 과정에는 여성에게 오르가슴을 달성하는 방법에 대한 교육을 제공한 다음, 여성에게 신체를 탐색할 수 있는 전략과 권한 제공을 포함하고 있다. 이러한 자기 탐색 과정을 통해 여성은 무엇이 자신을 성적으로 자극하고 있는지, 무엇을 즐겁게 느끼는지, 무엇이 어렵거나 불쾌한지를 발견할 수 있다. 이 훈련의 초기 단계에서 여성은 자신의 성기를 관찰하기 위해 거울을 사용하고, 감각에 주의를 기울이고, 자위행위에 대한 인식을 바꾸고, 성적 상상을 사용하여 성적 반응을 향상시킬 것을 배운다(Brotto, 2018).

허비닉, 푸, 아터, 샌더스와 도지(Herbenick, Fu, Arter, Sanders, & Dodge, 2018)는 1,055명의 미국 여성을 대상으로 오르가슴, 성적 쾌락 및 생식기 접촉과 관련된 인터넷 기반 연구를 수행했고 그에 관한 결과는 다음과 같다. 18.4%는 성교만으로 오르가슴을 느끼기에 충분하다고 보고했으며, 36.6%는 성교 중 오르가슴이 필요하다고 보고했으며, 36%는 성교 중 음핵 자극을 받으면 오르가슴이 더 잘 느껴진다고 보고했다. 이러한 발견을 통해 선호하는 접촉

위치와 스타일이 매우 다양하다는 것을 알고 성불감증 치료에 임해야 한다.

여성이 자위 중 오르가슴 반응을 파트너와의 성적 상호작용으로 옮기기 위해 성교 중에 여성 생식기를 추가로 자극해야 할 수도 있다. 여성은 자신의 성적 욕구를 파트너에게 전달하는 방법을 배우고 파트너에게 자극하는 방법을 알려 줄 필요가 있다. 성관계 중에 오르가슴 빈도(Herbenick et al., 2018)뿐 아니라 음핵 접촉의 수준을 높이는 성교 정렬 기술(coital alignment technique; Heiman, 2007)을 사용하는 것이 중요하다. 이 기술은 남성의 골반을 여성의 골반과 일직선으로 배치하고 밀어내기보다는 남성의 골반을 움직이는 것이다. 마지막으로, 많은 여성은 혼자 또는 파트너와의 성관계 중 생식기(음핵, 외음부, 질) 진동기구를 사용하는 것이 도움이 된다.

이 장에서는 성불감증에 대한 약물치료 전략은 자세히 다루지 않는다. 이 장은 주로 심리적 개입에 초점을 맞추고 있기 때문이며 호르몬 대체 및 기타 약물 접근법이 이 기능 장애를 치료하는 데 효과적인 것으로 입증되지 않았기 때문이다(Jenkins & Mulhall, 2015). 성불감증 치료에 대한 의학적 접근에 관한 내용은 코프(Kope, 2007)를 참조하라. 또한 현재 오르가슴 기능 장애 치료에 대해 승인된 약물은 없다.

연구에 따르면 성불감증에 대한 심리적 개입은 인지행동 전략(Omidi, Ahmadvand, Najarzadegan, & Mehrzad, 2016)을 사용하고 여성의 성 기능 장애에 기여할 수 있는 세대 간, 개인 간, 대인관계 요인에 초점을 맞추는 것이 가장 효과적인 것으로 나타났다. 초기 임상 연구는 메타체계접근에 사용되는 전략을 포함하여 인지행동접근을 지원한다(Heiman, 2007).

맥케이브(McCabe, 2001)는 인지행동의 원리에 기초한 심리치료를 시행했다. 파트너 간의 의사소통 강화, 성 기능 향상, 성적 불안 및 수행 불안 감소에 중점을 둔 10회 프로그램이었다. 이러한 영역에서 기능을 방해하는 인식과 행동을 모두 다룬다. 과제로는 감각 집중 훈련뿐만 아니라 파트너 간의 의사소통을 강화하기 위한 인지 전략과 행동 훈련이 포함된다. 치료 전에 성불감증을 경험한 36명의 여성이 성공적으로 치료되었으며, 6명의 여성만이 치료 후에 이 영역에서 문제를 겪었다.

이 연구의 결과는 무엇이 성공적인 심리치료인가에 대해 의문을 제기했다. 성공적인 치료가 단지 치료 후 성 기능 장애의 완전한 부재를 의미하는 것일까? 이 딜레마는 치료의 성공을 정의하기가 어렵다는 것과 치료 전후 성 기능 장애의 수준 및 기타 성 기능 관련 척도에 대해 완전한 설명이 중요하다는 것을 보여 준다.

🫀 선행연구의 효과적인 전략

허커와 맥케이브(Hucker & McCabe, 2012)는 여성의 다양한 성 기능 장애에 대해 가장 효과적인 일련의 치료법을 검토했다. 문헌 검토에서 오르가슴 기능 장애의 경우 여성이 몸에 더 큰 편안함을 느끼는 자위 훈련이 성공적인 치료에 중요한 요소임을 분명히 알 수 있지만, 의사소통 기술 훈련과 커플 치료 또한 여성의 오르가슴 반응을 개선하는 데 효과적인 것으로 나타났다. 실제로 이러한 전략을 사용한 연구 결과는 오르가슴 반응뿐만 아니라 커플 성 기능의 향상을 보여 주었다. 허커와 맥케이브(2013)는 여성 성 기능 장애에 대한 마음챙김 기반 온라인 치료가 대조군과 비교하여 치료군의 성적 · 정서적 친밀감과 의사소통을 향상한다는 것을 발견했다. 앞서 언급한 바와 같이, 성불감증 치료 전략의 효과에 관한 연구는 제한적이지만, 의사소통 및 수행 불안의 수준은 성 기능 장애의 치료에 있어 중요한 요소로 보인다.

의사소통

파트너 간의 성적 관계에 대한 의사소통의 부족은 여성의 성불감증과 관련이 있는 것으로 보인다(Everaerd & Dekker, 1982). 이 연구에서 성 치료는 감각 집중과 성적 자극 훈련을 포함하되 성교는 금지되었다. 의사소통 훈련에는 능동적 · 수동적 경청, 감정 표현 및 반영, 효과적인 갈등 관리, 자기주장 행동 훈련 등이 포함된다.

의사소통과 성적인 기술 훈련, 불안감을 완화하는 조치들이 맥거번, 맥멀렌과 로피콜로(McGovern, McMullen, & LoPiccolo, 1978)의 일차적 · 이차적 성불감증 치료에 사용되었다. 일차적 성불감증을 가진 여성의 성불삼증 반응성은 크게 개선되지만, 이차적 성불감증을 가진 여성은 그렇지 않았다. 연구진은 이차적 성불감증을 경험하는 여성이 일차적 성불감증을 경험하는 여성보다 커플 관계에 만족하지 못한다고 보고했기 때문에 커플 치료가 더 적합할 수 있다고 제안했다.

수행 불안

과거에 오르가슴을 달성하지 못한 여성은 이번에는 오르가슴을 달성할 수 있을까 라는 자기 패배적이고 혼란스러운 생각을 할 수 있다. 오르가슴 반응을 자기 능력에 대한 확신으로 여기는 불안정한 파트너의 열정은 여성에게 오르가슴에 도달해야 한다는 압력으로 인식될 수 있다. 파트너에 대한 거부감이나 의무에 대한 두려움은 적절하게 반응할 수 있는 능력이나 욕구에 대한 걱정에도 불구하고 파트너의 성적 제안을 받아들이게 이끌 수 있다. 성관계가 계속되면 그녀는 흥분해서 오르가슴을 유발하기를 원하지만 오르가슴이 지연되면 파트너가 조급해하거나 짜증을 낼까 봐 두려워한다. 자신과 파트너의 반응을 정신적으로 감시한다면 긴장을 풀고 성적 자극을 즐길 수 없다. 이렇게 되면 자신의 자연스러운 성적 반응을 믿고 오르가슴을 유지하고 강화할 수 없게 되고, 오히려 방관자로서 자신의 신체적 반응을 요구하게 된다. 동시에 파트너도 그녀를 오르가슴에 이르게 하려고 시도하지만 자신이 무엇을 잘못했기에 반응하지 않는가 생각하느라 방관자가 된다(Masters & Johnson, 1970). 이러한 견해는 카플란(1974, 1983)에 의해 강화되었다. 그는 실패에 대한 두려움으로 인한 강박적인 자기 관찰이 여성 성불감증의 가장 직접적인 원인이라고 보았다. 수행 불안을 처음 주장했던 마스터스와 존슨(1970)은 삽입을 하기 전에 성적인 놀이시간을 연장시킬 수 있는 광범위한 성행위를 탐구함으로써 이 문제를 해결하려고 시도했다. 이 프로그램의 요소는 성불감증 치료 계획에서 아직도 효과가 있으며, 치료 계획의 필수 요소를 짧게 설명하고자 한다. 다음에 짧게 설명된 프로그램의 필수 요소이다.

체계론적 치료 틀

이 장의 여러 부분에서 언급되었듯이, 여성의 성불감증은 다양한 세대 간 요인, 개인적 요인, 관계적 요인에 의해 유발되고, 촉발되고, 유지될 가능성이 있다. 성불감증의 성격과 성 기능 장애와 관련된 요인을 적절하게 평가한 후, 현재 이 기능을 유지하는 많은 문제를 치료하는 것이 중요하다. 체계론적 치료 틀과 일관되게, 다음 프로그램은 성불감증 여성의 성 기능 장애를 위해 마련되었다(McCabe & Delaney, 1991; Purcell & McCabe, 1992). 우리는 이 목표를 위해 세 가지 상호 연관된 치료 전략(의사소통 연습, 감각 집중 훈련, 유도된 상상)을 사용하는 것이 치료에 가장 효과적임을 발견했다.

의사소통 연습   의사소통 연습은 커플 관계의 질을 향상하고, 여성의 감정 반응을 개발하고 탐구하기 위해 고안되었다. 질문은 성적인 관계와 비성적인 관계의 모든 측면을 다룬다. 두 파트너 모두 특정 문제에 대한 자신의 감정을 파트너와 공유하도록 지시받는다. 다양한 문제가 논의되고 감정이 표현된다. 또한 파트너는 신체 마사지와 생식기 자극에 대한 자신들의 반응을 탐색한다.

감각 집중 훈련   이 훈련은 처음에는 성기가 아닌 곳, 다음은 성기 자극, 마지막으로 점진적인 성교로 구성된다. 감각 집중 훈련에 대한 자세한 설명은 이 책 초판에 요약되어 있으며, 『체계론적 관점에서의 성 치료를 위한 임상가 가이드(Clinician's Guide to Systemic Sex Therapy)』(Weeks, Gambescia, & Hertlein, 2012)의 한 장에 자세히 설명되어 있다.

상상   스스로 자신이 성적인 사람이라는 사실을 받아들이기가 어렵고 성적 만남의 육체적 측면과 관련하여 높은 수준의 죄책감을 경험할 수 있는 여성들도 있다. 점진적인 상상은 자신을 성적인 사람으로 받아들이고 수행에 대한 불안을 낮추는 것을 목표로 해야 한다. 지시된 상상은 로맨틱한 환경에서 관계의 낭만적이고 대인관계적인 측면으로부터 발전한다. 일단 이런 상황에서 성적 흥분이 용인되고 나면 상상은 성적으로 더욱 분명해질 수 있다. 성의 정서적 측면과 육체적 측면은 성 기능을 촉진하기 위한 두 가지 유형의 발달에 관해 연구할 수 있도록 제시된다. 상상도 성적 흥분의 증가와 관련이 있다(Dekker & Everaerd, 1988).

연구와 향후 방향

여성 오르가슴 장애를 치료하기 위한 유망한 분야 중 하나는 온라인 방법을 사용하는 것이다. 존스와 맥케이브(Jones & McCabe, 2011)는 관계를 강화하고 오르가슴에 오르는 능력을 향상시키기 위해 의사소통 기술 훈련과 성행위와 함께 자위 훈련에 초점을 맞춘 효과적인 온라인 전략을 발견했다. 허커와 맥케이브(2013)는 후에 마음챙김을 추가하면 치료 효과가 향상된다는 것을 발견했다. 이러한 인터넷 기반 프로그램의 이탈률은 높지만(McCabe & Jones, 2013), 대면 치료의 이탈률보다 높지 않다. 향후 연구는 더 집중적인 통합 심리치료 또는 복합 치료의 사용에 초점을 맞출 필요가 있다.

사례

내담자

31세와 29세의 커플은 12개월의 동거 기간 후 결혼한 지 18개월이 되었다. 두 사람은 모두 고등교육을 받은 전문가로 만나 함께 일하면서 친구가 되었다. 처음 만났을 때 아내는 첫 번째 결혼생활이 깨져 막 이혼을 한 상태였다. 아내의 첫 번째 결혼생활에서의 성관계는 좋지 않았다. 그녀는 성적 상호작용을 하는 동안 성을 즐기고 오르가슴을 경험한 적이 몇 번 있었으나 삽입 성교 중에는 경험하지 못했다. 현재 결혼생활에서는 성관계를 즐기지만, 성행위 중에는 오르가슴 발생 빈도가 25% 미만인 것으로 보고했다. 삽입 성교 중에 오르가슴을 전혀 경험하지 않았고 성에 대한 흥미를 잃기 시작했으며 더 많은 즐거움을 찾고자 치료를 받기 시작했다. 그녀는 현재의 남편과 함께 살면서 성에 관한 관심을 상실하기 시작했다. 또한 이전 관계에서는 성에 대한 불안감이 없었고 오히려 성에 대한 중립적인 태도를 보였다고 보고했다. 남편은 매우 종교적인 배경을 가졌는데, 성에 대한 가족의 태도는 중립적이었다고 했다. 아내 외에 다른 성관계는 이전에도 지금도 없다고 했다. 조기사정에 대해 걱정했지만, 자신의 우려가 근거가 없다는 것을 알게 되어 안심했다. 그는 성관계를 즐겼고 잘 기능하는 것처럼 보였다. 그는 성에 대한 어떤 불안도 인정하지 않았지만, 아내는 성을 더 즐기고 삽입 성교 중 오르가슴을 경험하기를 열렬히 바랐다. 두 사람 모두 까다로운 작업에 종사하고 있다. 앞으로 몇 달 안에 임신을 계획하고 있다.

치료 프로그램

본 프로그램은 치료사와 아홉 번의 회기로 구성되었다.

1회기   프로그램에 대한 구체적인 정보가 제공되고, 공동 인터뷰와 개별 인터뷰가 진행되었다. 이 부부는 2차 오르가슴이 어려울 수밖에 없는 특성에 대해 교육받았다. 수행 불안의 개념 그리고 남성과 여성의 성적 반응에 미치는 영향에 대해 배웠다. 아내의 성적 반응에 대해 지나치게 열정적이지도 않고 애증이 있는 것도 아닌 남성 파트너의 협조가 이루어졌다. 감각 집중 프로그램의 맥락에서 치료사가 허용할 때까지 어떠한 성행위도 일시적으로 금지하도록 규정되었다. 의사소통 연습을 시행하면서 이들에게 필요한 시간을 준수할 것과 감각 집중 프로그램을 명확히 했다. 개인 치료 회기의 형식에 대한 간략한 개요와 이미지 또는 상상을 안내하는 과정을 소개했다.

이와 같이 정보를 제공하는 동안 중요한 특징이 나타났다. 먼저, 두 사람 모두 바쁜 직장생활을 하며 근무 시간 외에도 스터디 모임을 갖곤 했다. 다음으로 이들은 자신들이 성적인 문제가 있다고 생각하지 않지만, 아내의 성생활에 대한 즐거움이 줄어드는 것을 해결하지 않으면 문제가 될 수 있다고 생각했다. 마지막으로, 그들의 치료 목표는 아내의 즐거움을 증가시키는 것이었다. 그녀는 현재 성관계 중 25% 정도 오르가슴을 경험했지만, 현재의 관계나 이전의 관계에서 삽입 성교 중에는 경험하지 못했다. 또한 성관계로부터 많은 유익을 얻고 싶은 남편의 열정이 있음에도 아내와 함께 모든 회기에 참석하지 못한 것에 대한 남편의 실망감을 언급했다. 두 파트너 모두 함께 살기 시작하기 전 성관계가 매우 좋았고 문제가 없었다고 말했다. 두 파트너 모두 감정을 표현하기보다는 침묵으로 일관할 가능성이 높아 갈등을 해결하는 데 어려움이 있다는 것을 인정했다.

남편과 아내 모두 비슷하게 낮은 중산층의 사회경제적 배경을 가지고 있었다. 둘 다 한 명 이상의 형제자매가 있는 건전한 가정에서 자랐다. 종교는 두 사람 모두 어린 시절에서 중요한 요소였다. 아내는 개신교 배경을 가지고 있고 남편은 가톨릭 신자였다. 양가 모두 아이들은 성에 대해 질문하고 이야기할 수 있었지만, 토론은 자제되었고 부모의 태도는 중립적이었다. 양가 모두 파트너나 자녀에게 육체적 애정 표현이 없었다.

아내는 17세 때 꾸준히 사귀던 남자 친구가 있었고, 성관계에 대한 죄책감과 불안감을 느끼고 불쾌하게 여겼음에도 성관계로 발전했다. 이 기간에 다른 불쾌하거나 충격적인 성적 경험은 없었다. 결혼을 약속하기 전 그녀는 현재 남편과 성적 반응과 오르가슴을 느꼈다. 현재 그녀는 성적 상상, 성적 분비물, 자위행위에 대해서는 부정적이지만 남편이 자극을 줄 때의 전희와 손을 사용하여 느끼는 오르가슴에 대해서는 긍정적인 태도를 보인다. 그녀는 또한 그들의 관계에서 성이 중요하다고 여겼고, 성적 활동과 비성적 활동 모두에서 평등을 추구했다. 그러나 현재의 관계에서는 가사노동의 분업과 직장에서 보내는 시간 사이에 갈등이 있어 만족스럽게 해결되지 못하고 있다. 그녀는 현재 자신의 문제에 대하여 이전의 부정적인 경험과 성지식의 부족이 원인이라고 생각했다. 그녀는 또한 피로, 감정 및 전희의 지속 시간이 그녀의 흥분 능력에 영향을 미친다는 것을 깨달았다.

2~7회기   이 치료 회기는 여성 파트너의 개인 회기로 주 1회 진행되었다. 각 회기의 전반부는 지난주에 대한 검토와 정해진 활동으로 진행되었다. 여기에는 의사소통이나 감각 집중 훈련 과제에서 나타나는 모든 관계와 성 문제에 대한 상담이 포함되었다. 치료 회기 중에 스스로 만들어 내었든, 제시된 상상적인 이미지에 근거하든, 자기 모니터링 및 수행 문제(사고 멈추기, 신체적 감각에 집중하기, 후자를 동시적인 상상에 통합하여 처리하기)를 설명한다. 치료에 사용된 경험은 부정적인 생각이나 반응을 다루기 위한 인지, 행동, 관계 증진 전략을 논의하는 데 사용되었다. 간단한 이완을 지시한 후 회기마다 하나의 상상하기를 했다. 상상

은 닌(Nin)의 『상상 책(Book of Fantasies)』(Nin, 1978, 1979)을 활용한다. 마지막으로, 여성은 성적으로 흥분하거나 어떤 식으로든 불안해하는 측면에 대한 자신의 반응에 관해 이야기하도록 했다. 이 6회기 동안 감각 집중의 방법을 단계별로 소개했다.

2회기　의사소통 훈련이 순조롭게 진행됐으며, 관계에 관한 새로운 문제가 자발적으로 제기되었다. 그러한 문제 중 하나는 남편의 야근은 당연하지만, 아내가 야근을 한 것은 받아들여지지 않았다는 점이다. 의사소통에 관한 질문 2개 외에는 모두 답변했다. 안내된 이미지 회기는 즐겁고 편안하며 위협적이지 않은 것으로 나타났다. 이 시간 동안 아내는 자기 몸을 탐색하도록 권유받았다. 그녀는 거울을 사용하여 관찰하고, 가슴과 성기를 만지는 동안 성적 상상을 가지면서 어떤 유형의 접촉이 즐거운지 확인하라는 지시를 받았다.

3회기　의사소통 훈련은 커플이 그동안 꺼내지 못했던 논의의 쟁점이 계속 제기됐다. 모든 질문에 답을 해 나갔다. 아내가 하는 일의 중요성은 분명해졌다. 커플은 문제를 해결하려 하지 않고 서로의 감정 표현에 귀를 기울이는 것이 새롭고 신선한 경험이라는 것을 알게되었다. 회기 동안 치료사와 성적 감정을 긍정적이고 거부감이 없는 방식으로 전달하는 방법에 대해 논의했고, 치료사는 적절한 문구를 사용하는 방법을 알려 주었다. 아내는 남편 앞에서 옷을 벗는 것이나 그의 성적 흥분을 의식하는 것 모두를 불안해했다. 그녀는 옷을 벗는 장면이 자신에게 성적 자극으로 이어질 수 있도록 집에서 상상도 해 보고 실제 옷을 벗어 보기도 하며 탐색해 보라는 권유를 받았다. 또한 그녀는 자기 몸을 탐색하고, 편안하다고 느낄 때 진동기구를 사용하여 자위를 해 보고, 성적 쾌감을 높이며, 즐겁게 느끼는 자극 유형에 익숙해지라는 안내를 받았다. 이러한 기술들은 그녀가 성적 흥분을 경험하는 데 중요했고, 흥분과 오르가슴 반응을 증가시키기 위해 그녀의 남편에게 어떻게 알려 줄 것인가 하는 방법을 발견하는 데 중요했다.

4회기　지난주에 처방된 감각 집중 훈련은 처음에는 이완을 위한 것이었지만, 이제는 그 시간이 성적으로도 자극된다는 것을 알게 되었다. 그녀의 남편은 마사지가 매우 즐거웠다고 보고했다. 의사소통 훈련은 커플 사이에 생긴 오해를 풀 수 있는 방식으로 토론의 장을 계속 마련했다. 아내는 미리 계획하는 것을 좋아하지만 남편은 자발적인 활동을 선호한다는 것을 깨닫기 시작했다. 아울러 성행위는 어느 정도의 계획을 필요로 하는데, 이는 정상적인 성활동에 기대되는 자발성에 상반될 수 있고 심지어 수행 불안을 가져올 수 있다는 점도 인식되었다. 의사소통의 문제에서 발생하는 또 다른 문제는 아내의 부정적 신체 이미지와 관련이 있다. 남편이 자신을 마사지할 때 자기 몸의 어떤 점이 좋았는지 물어보고, 나중에는 벌거벗은 채 거울 앞에 서서 혼잣말을 반복하라는 제안도 있었다.

5회기 감각 집중 훈련을 통해 그들은 서로를 만지는 흥미로운 방법을 발견했다. 아내가 성기 접촉으로 인한 즐거움뿐만 아니라 전반적인 행복감에 대해 남편에게 알려 주고 남편은 이에 반응하도록 했다. 예를 들어, 아내는 음핵 자극을 위한 쾌락 기술에 대한 지침을 제공할 필요가 있었다. 그런데도 아내는 이 프로그램에서 그녀의 젖꼭지와 음핵 만지는 것에 대한 감각 표현이 부담스러워진다고 했다. 따라서 감각 집중 훈련이 다양한 접촉 및 접촉 방법을 탐색할 수 있도록 해야 했다. 때로는 매우 부드러운 간접적인 방법만이 즐거울 수 있다. 자위행위의 패턴은 전혀 없어 보였고, 그녀가 스스로 탐색하여 어떤 것이 즐거움을 가져오는지 결정한 다음, 함께 있을 때 남편의 스킨십을 지도할 수 있다고 제안했다. 그녀는 자신이 준비되었을 때만 자기 몸을 알고 싶은 호기심과 욕구 탐색의 활동을 하도록 격려받았다. 단지 프로그램 때문에 '해야 한다'는 부담감 때문에 하는 것은 없어야 했다.

6회기 이 커플의 직장 문제가 계속 논의의 초점이 되었다. 남편은 아내가 직업상 저녁에 열리는 위원회에 참석하는 것이 자신을 필요하지 않다는 것으로 여겨져서 걱정된다고 말할 수 있게 되었다. 다른 관심 분야는 집을 수리하려는 아내의 계획이었다. 남편은 그렇게 되면 집에 와서 더 많은 일을 해야 할 것이라는 점이 부담스러웠지만, 아내에게 말하지 못하고 있었다. 의사소통 연습을 통해 커플이 서로에게 가졌던 역할 기대치가 이제는 대두되고 논의되고 협상되었다. 아내는 감각 집중을 발휘하여 자신의 성적 감정을 다시 일깨우고 있었고, 자신이 즐기지 못하는 것이 매우 적다는 것을 알게 되었다. 그녀는 심지어 젖꼭지 주변을 만지는 것이 즐거울 수 있다는 것을 발견했다. 그녀는 성관계 중에 상상을 사용했는데, 산만한 생각을 몰아내기 위해 어쩌다 한 번씩이었다. 하지만 성관계 전에 분위기에 젖어들기 위해 에로틱한 이야기를 읽었다.

7회기 7개의 질문 중 5개가 두 사람 모두 상당한 수준의 자기 공개로 마무리되어 의사소통연습에 대한 그들의 의지가 다시 한번 분명해졌다. 아내는 두 차례 삽입 성교를 해야 한다는 압박감을 느껴 불필요한 성관계를 허용했고 오래된 불안감이 되살아났다. 그녀는 손을 사용하여 거의 고통스러울 정도로 음핵을 동시에 자극하는 것을 좋아하지 않았다. 그녀는 다시 한번 천천히, 처음에는 혼자서, 그러고 나서 파트너의 손을 어떤 식으로든 즐겁게 느끼도록 권유받았다.

지난주에는 상상을 사용하는 것만으로는 그녀의 불안을 완화하기에 충분하지 않았다. 프로그램의 비요구적인(즉, 비오르가슴적인) 성관계를 계속하도록 장려되어 오르가슴이 생기도록 압력을 가하지는 않고, 즐거운 감각이 발생하는 것에 초점을 맞췄다. 그녀는 긴장을 풀고 즐거움을 느낄 수 있을 때만 오르가슴의 가능성을 허용하라고 충고받았다. 추가 치료 회기가 고려되었지만 진행하지 않기로 했다. 커플은 치료사에게 보고해야 하는 부담 없이 그들만의 시간에 새로운 기술을 탐구할 시간이 필요해 보였다.

8회기 이 회기의 목적은 진행 상황과 문제를 검토하고 치료 종료 준비 또는 치료 연장의 필요성을 평가하는 것이다. 두 달 후 추수 회기가 예약되었다. 이 회기에는 프로그램이 성적 활동과 전반적인 관계에 미치는 영향을 검토했다. 지난주 음핵 자극에 대한 의사소통 문제가 두 사람 사이에서 논의를 불러일으켰고 이번 회기에서 다시 제기되었다. 치료사는 성관계 중 이러한 형태의 자극이 많은 여성에게 오르가슴을 경험할 수 있는 유일한 방법이라고 설명했다. 커플은 성관계 중 자기 자극에 대한 의견이 엇갈려 타협안에 대해 논의했다. 커플 회기에서 아내는 자신의 성적 표현에 대한 양극단과 성적 어려움을 연결하게 하며 이것이 자신이 계획한 일이라고 했다. 그녀는 남편과의 성관계에 대해 더 편안하게 느꼈지만 그들의 성생활 동안 자신이 좋아하는 것과 싫어하는 것을 끊임없이 결정해야 하는 것이 어려웠다고 말했다. 이것은 그녀가 여전히 프로그램으로 인한 수행 압박을 느끼고 있다는 것을 보여 준다.

별도의 면담에서, 아내는 상상을 거의 사용하지 않았다고 다시 보고했다. 그녀는 프로그램을 진행하는 동안 더 많은 것을 이루지 못한 것에 실망했고, 성관계 시 25% 미만으로 오르가슴을 경험했다고 보고했다. 그러나 그녀는 성생활이 더 편안하고 즐겁다는 것을 알았고 앞으로의 개선에 대해 희망을 느꼈다. 그녀는 남편이 우울해 보이는 것에 대해 약간의 우려를 표명했지만, 그 이유는 모른다고 했다.

남편과의 면담에서, 임신 문제로 인해 관계가 위기의 지경에 이르렀고, 아내는 이 사실을 모르고 있는 것이 분명했다. 그는 아내와 아이를 부양하는 것에 대한 자신의 부적절한 느낌을 공유할 수 없었다. 이러한 감정은 성관계를 가질 때마다 아내가 임신하게 될까 봐 두려워하게 되었고, 프로그램에 대한 그의 헌신에 영향을 미쳤다. 그는 이 문제를 다음 주 내에 의사소통 문제로 제기하도록 격려받았으며, 그렇게 하는 것이 시급하다고 강조한다.

9회기 추후 회기로 두 달 후에 진행했다. 이 회기의 목적은 주로 커플이 치료 회기 이후에 어떤 일이 있었는지, 그리고 그 이후로 어떤 변화가 있었는지 살펴보는 것이다. 자녀 양육 문제가 제기되어 어느 정도 해결이 이뤄진 상태였다. 아내는 아버지가 되는 것에 관한 남편의 걱정과 양가감정에 놀랐다. 남편은 이제 그 생각을 기꺼이 받아들이게 되었고, 아이를 갖는 것의 긍정적인 측면에 관해서도 이야기했다. 새로운 차원의 이해로 관계가 안정되는 듯했다. 각자 따로 관계의 근황을 확인하니 모든 것이 잘 진행되고 있다고 평가했다. 커플은 몇 가지 역할 압력을 서로 직면하고 수용한 것 같다.

아내는 그들의 관계와 자기 성적 취향에 대해 훨씬 더 편안하고 행복하게 느낀다고 말했다. 그녀는 인기 있는 성 지침서 두 권을 구입했으며, 이 지침서를 읽고 아나이스 닌(Anais Nin)의 이야기에 감탄했다고 말했다. 그녀는 또한 성관계를 하기 전과 성관계를 하는 동안 상상이 유용하고 즐겁다는 것을 알게 되었다. 그녀는 오르가슴을 약 50% 정도로 더 자주 경험했지만, 삽입 성교에서는 아직 느끼지 못했다.

전화를 통한 후속 상담(치료 후 6개월). 두 사람의 개선된 성관계가 유지되고 있으며, 성관계 중 약 50%의 오르가슴을 경험하고 있지만, 삽입 성교 중에는 그렇지 않다고 보고했다.

논의

여성의 오르가슴 빈도가 결국 25%에서 50%로 증가했으며, 수행 불안의 감소와 더불어 여성의 전반적인 성적 만족도의 상승은 수행 불안에 대한 치료적 초점이 적절했음을 시사한다. 치료의 효과가 치료 종료 후까지 완벽히 실현되지 않았다는 사실은 치료 자체가 수행 요구 사항을 충족하는 것으로 인식된다는 내담자의 의견에 신빙성을 주었다. 성적 흥분에 대한 초점은 특정 성행위에 대한 불안과 여성의 성적 행동에 대한 더 깊은 양가감정을 드러내는 결과로 이어졌다. 이를 통해 성적 불안과 수행 불안이 함께 공존할 수 있다는 인식이 생겨났고 오르가슴적으로뿐만 아니라 비성적인 욕구도 함께 표현했다. 행동 수준에서 이러한 요구 사항은 여성이 자신의 성적 취향을 표현하는 것을 꺼리게 만들 수 있다. 반면에, 실패에 대한 두려움과 함께 수행에 대한 압박으로 이어질 수 있고, 자주 오르가슴을 경험하게 될 수 있는 여성과 파트너 모두에게 영향을 미칠 수 있다. 치료, 상담, 상상의 사용, 감각 집중 및 의사소통 훈련의 모든 구성 요소가 매우 잘 통합되어 있어서 개별 기여도를 평가할 수 없었다. 의사소통 훈련은 커플 간의 문제가 표면화되고 해결점을 찾는 데 매우 중요한 것으로 밝혀졌다.

이 프로그램의 목표는 성적 불안감을 줄이고 성적 흥분을 강화하여 이차적 오르가슴 장애의 증상을 완화하는 것이다. 이 사례의 여성의 경우, 수행 불안을 줄이면서 일부 증상 완화가 이루어졌다. 흥분이 증가했는지는 불분명하다. 성적 의사소통이 증가하고 성적 불안이 감소하는 것으로 나타났는데, 이는 관계 요인, 성적 만족도, 오르가슴 반응의 증가와 관련이 있는 것으로 보인다. 설문지에서 측정한 바와 같이, 성적 불안은 상대적으로 낮지만, 안정적인 수준을 계속 유지하고 있었다. 그러나 특정 성행위와 여성 성행위에 대한 불안이 치료 중에 나타났다. 다양한 성적 활동에 대한 태도 변화가 이루어졌고 성적인 즐거움과 이완감이 증가했다는 보고도 있었다.

참고문헌

Adegunloye, O. A., & Ezeoke, G. G. (2011). Sexual dysfunction-A silent hurt: Issues on treatment awareness. *Journal of Sexual Medicine*, 8(5), 1322-1329. doi: 10.1111/j.1743-6109.2010. 02090.x.

American Psychiatric Association (2013). *Diagnostic and statistical manual of mental disorders*, 5th ed., rev. Author.

Bala, A., Nguyen, H. M., & Hellstrom, W. J. (2018). Post-SSRI sexual dysfunction: A literature review. *Sexual Medicine Reviews*, 6(1), 29-34. doi: 10.1016/j.sxmr.2017.07.002.

Barbach, L. (1975). *For yourself: The fulfillment of female sexuality*. Signet.

Basson, R. (2001). Female sexual response: The role of drugs in the management of sexual dysfunction. *Journal of Obstetrics and Gynaecology, 98*, 350-353. doi: 10.1016/S0029-7844(01)01452-1.

Basson, R. (2004). Pharmacotherapy for sexual dysfunction in women. *Expert Opinion on Pharmacotherapy, 5*, 1045-1059. doi: 10.1517/14656560903004184.

Basson, R. (2005). Women's sexual dysfunction: Revised and expanded definitions. *Canadian Medical Association Journal, 172*, 1327-1333. doi: 1 0.1503/cmaj.1020174.

Basson, R., & Gilks, T. (2018). Women's sexual dysfunction associated with psychiatric disorders and their treatment. *Women's Health, 14*, 1745506518762664.

Basson, R., Leiblum, S., Brotto, L., Derogatis, L., Fourcoy, J., Fugl-Meyer, K. et al. (2004). Revised definitions of women's sexual dysfunction. *Journal of Sexual Medicine, 1*, 40-48. doi: 10.1111/j.1743-6109.2004.10107.x.

Basson, R., Rees, P., Wang, R., Montejo, A. L., & Incrocci, L. (2010). Sexual function in chronic illness. *Journal of Sexual Medicine, 7*(1 Pt 2), 374-388. doi: 10.1111/j.1743-6109.2009.01621.x.

Bischof-Campbell, A., Hilpert, P., Burri, A., & Bischof, K. (2018). Body movement is associated with orgasm during vaginal intercourse in women. *The Journal of Sex Research, 56*(3), 1-11.

Brotto, L. A. (2018). *Better sex through mindfulness: How women can cultivate desire.* Greystone Books.

Chapa, H., Ramirez, A., & Dawson, D. (2017). Etonogestrel contraceptive implant-associated secondary anorgasmia. *Contraception, 96*(4), 254-256.

Costa, R. M., & Brody, S. (2011). Anxious and avoidant attachment, vibrator use, anal sex, and impaired vaginal orgasm. *Journal of Sexual Medicine, 8,* 2493-2500. doi: 10.1111/j.1743-6109.2011.02332.x.

Costa, R. M., Miller, G. F., & Brody, S. (2012). Women who prefer longer penises are more likely to have vaginal orgasms (but not clitoral orgasms): Implications for an evolutionary theory of vaginal orgasm (Report). *Journal of Sexual Medicine, 9,* 3079.

Dekker, J., & Everaerd, W. (1988). Attentional effects on sexual arousal. *Psychophysiology, 25,* 45-54.

De Lucena, B., & Abdo, C. (2014). Personal factors that contribute to or impair women's ability to achieve orgasm. *International Journal of Impotence Research, 26*(5), 177-181.

DeMaria, R., Weeks, G., & Hof, L. (1999). *Focused genograms: Intergenerational assessment of individuals, couples, and families.* Brunner/Mazel.

Everaerd, W., & Dekker, J. (1982). Treatment of secondary orgasmic dysfunction: A comparison of systematic desensitization and sex therapy. *Behaviour Research and Therapy, 20,* 269-274. doi: 10.1016/0005-7967(82)90145-0.

Gerhard, J. (2000). Revisiting "The Myth of the Vaginal Orgasm": The female orgasm in American sexual thought and second wave feminism. *Feminist Studies, 26*(2), 449-476. doi: 10.2307/3178545.

Giles, K., & McCabe, M. P. (2009). Conceptualising women's sexual function: Linear vs. circular models of sexual response. *Journal of Sexual Medicine, 6,* 2761-2771. doi: 10.1111/j.1743-6109.2009.01425.x.

Graham, C. A. (2010). The DSM diagnostic criteria for female orgasmic disorder. *Archives of Sexual Behavior, 39,* 256-270. doi: 10.1007/s10508-009-9542-2.

Hamilton, R. (2017). Incontinence and sexual functionality … A problem? *The Journal of Sexual Medicine, 14*(5), E282.

Heiman, J. R. (2007). Orgasmic disorders in women. In S. R. Leiblum (Ed.), *Principles and practice of sex therapy* (4th ed., pp. 84-123). Guilford Press.

Heiman, J., & LoPiccolo, J. (1987). *Becoming orgasmic: A sexual and personal growth program for women.* Fireside Press.

Heiman, J. R., & Meston, M. (1997). Empirically validated treatment for sexual dysfunction. *Annual Review of Sex Research, 8*, 148-194. doi: 10.1080/10532528.1997.10559921.

Herbenick, D., Fu, T., Arter, J., Sanders, S., & Dodge, B. (2018). Women's experiences with genital touching, sexual pleasure, and orgasm: Results from a U.S. probability sample of women ages 18 to 94. *Journal of Sex & Marital Therapy, 44*(2), 201-212.

Hof, L., & Berman, E. (1986). The sexual genogram. *Journal of Marital and Family Therapy, 12*, 39-47. doi: 10.1111/j.1752-0606.1986.tb00637.x.

Hucker, A., & McCabe, M. P. (2012). Manualized treatment programs for FSD: Research challenges and recommendation. *Journal of Sexual Medicine, 9*, 350-360. doi: 10.1111/j.1743-6109.2011.02573.x.

Hucker, A., & McCabe, M. P. (2013). An online, mindfulness-based cognitive-behavioral therapy for female sexual difficulties: Impact on relationship functioning. *Journal of Sexual Medicine, 40*(6), 561-576. doi: 10.1080/0092623X.2013.796578.

Hulbert, S. F. (1991). The role of assertiveness in female sexuality: A comparative study between sexually assertive and sexually non-assertive women. *Journal of Sex &Marital Therapy, 17*, 183-190. doi: 10.1080/00926239108404342.

Jenkins, L. C., & Mulhall. J. P. (2015). Delayed orgasm and anorgasmia. *Fertility and Sterility, 104*(5), 1082-1088.

Jones, L., & McCabe, M. P. (2011). The effectiveness of an internet-based psychological treatment program for female sexual dysfunction. *Journal of Sexual Medicine, 8*, 2781-2792. doi: 10.1111/j.1743-6109.2011.02381.x.

Juliato, C. R. T., Melotti, I. G. R., Junior, L. C. S., Britto, L. G. O., & Riccetto, C. L. Z. (2017). Does the severity of overactive bladder symptoms correlate with risk for female sexual dysfunction? *Journal of Sexual Medicine, 14*(7), 904-909. doi: 10.1016/j.jsxm.2017.05.005.

Kaplan, H. S. (1974). *The new sex therapy: Active treatment of sexual dysfunctions.* Brunner/Mazel.

Kaplan, H. S. (1979). *Disorders of sexual desire.* Brunner/Mazel.

Kaplan, H. S. (1983). *The evaluation of sexual disorders: Psychological and medical aspect.* Brunner/Mazel.

Kelly, M. P., Strassberg, D. S., & Turner, C. M. (2004). Communication and associated relationship issues in female anorgasmia. *Journal of Sex & Marital Therapy, 30*, 263-276. doi: 10.1080/00926230490422403.

Kelly, M. P., Strassberg, D. S., & Turner, C. M. (2006). Behavioral assessment of couples' communication in female orgasmic disorder. *Journal of Sex & Marital Therapy, 32*, 81-95. doi:

10.1080/00926230500442243.

Kilmann, P. R., Boland, J. P., Norton, S. P., Davision, E., & Caird, C. (1986). Perspectives of sex therapy outcome: A survey of AASECT providers. *Journal of Sex & Marital Therapy, 12*, 116-138. doi: 10.1080/00926238608415400.

Kontula, O., & Miettinen, A. (2016). Determinants of female sexual orgasms. *Socioaffective Neuroscience & Psychology, 6*(1), 1-21. doi: 10.3402/snp.v6.31624.

Kope, S. A. (2007). Female sexual arousal and orgasm: Pleasures and problems. In L. VanderCreek, F. Peterson, & J. Bley (Eds.), *Innovations in clinical practices: Focus on sexual health* (pp. 93-106). Professional Resource Press.

Lee, Low, & Ang. (2017). Oral contraception and female sexual dysfunction in reproductive women. *Sexual Medicine Reviews, 5*(1), 31-44. doi: 10.1016/j.sxmr.2016.06.001.

Mark, K. P., & Jozkowski, K. N. (2013). The mediating role of sexual and nonsexual communication between relationship and sexual satisfaction in a sample of college-age heterosexual couples. *Journal of Sex & Marital Therapy, 39*(5), 410-427, doi: 10.1080/0092623X.2011.644652.

Masters, W. H., & Johnson, V. (1966). *Human sexual response*. Little, Brown.

Masters, W. H., & Johnson, V. (1970). *Human sexual inadequacy*. Little, Brown.

McCabe, M. P. (1991). The development and maintenance of sexual dysfunction: An explanation based on cognitive theory. *Sexual and Marital Therapy, 6*, 245-260. doi: 10.1080/02674659108409602.

McCabe, M. P. (1999). The interrelationship between intimacy, relationship functioning, and sexuality among men and women in committed relationships. *The Canadian Journal of Human Sexuality, 8*, 31-38.

McCabe, M. P. (2001). Do we need a classification system for female sexual dysfunction? A comment on the 1999 Consensus Classification System. *Journal of Sex & Marital Therapy, 27*, 175-178. doi: 10.1080/00926230152051905.

McCabe, M. P. (2005). The role of performance anxiety in the development and maintenance of sexual dysfunction in men and women. *International Journal of Stress Management, 12*, 379-388. doi: 10.1037/1072-5245.12.4.379.

McCabe, M. P., & Cobain, M. (1998). The impact of individual and relationship factors on sexual dysfunction among males and females. *Sexual and Marital Therapy, 13*, 131-143. doi: 10.1080/02674659808406554.

McCabe, M. P., & Delaney, S. M. (1991). An evaluation of therapeutic programs for the treatment of secondary inorgasmia in women. *Archives of Sexual Behavior, 21*, 69-89.

McCabe, M. P., & Giles, K. (2012). Differences between sexually functional and dysfunctional women in psychological and relationships domains. *International Journal of Sexual Health, 24*, 181-194. doi: 10.1080/19317611.2012.680686.

McCabe, M. P., & Jones, L. (2013). Attrition from an internet-based treatment program for female sexual dysfunction: who is best treated with this approach? *Psychology, Medicine & Health*, online publication. doi: 10.1080/13548605.2013.764460.

McCool, M. E., Zuelke, A., Theurich, M. A., Knuettel, H., Ricci, C., & Apfelbacher, C. (2016). Prevalence of female sexual dysfunction among premenopausal women: a systematic review and meta-analysis of observational studies. *Sexual Medicine Reviews, 4*(3), 197-212. doi: 10.1016/j.sxmr.2016.03.002.

McCool-Myers, M., Theurich, M., Zuelke, A. Knuettel, H., & Apfelbacher, C. (2018). Predictors of female sexual dysfunction: A systematic review and qualitative analysis through gender inequality paradigms. *BMC Women's Health, 18*(1), 1-15. doi: 10.1186/s12905-018-0602-4.

McGovern, K. B., McMullen, R. S., & LoPiccolo, J. (1978). Secondary orgasmic dysfunction. 1. Analysis and strategies for treatment. In J. LoPiccolo & L. LoPiccolo (Eds.), *Handbook of sex therapy*. Plenum Press.

Muehlenhard, C. L., & Shippee, S. K. (2010). Men's and women's reports of pretending orgasm. *Journal of Sex Research, 47*(6), 552-567. doi: 10.1080/00224490903171794.

Nekoolaltak, M., Keshavarz, Z., Simbar, M., & Baghestani, A. (2017). Women's orgasm obstacles: A qualitative study. *Iranian Journal of Reproductive Medicine, 15*(8), 479-490.

Nin, A. (1978). *Delta of Venus*. Allen.

Nin, A. (1979). *Little birds*. Allen.

Omidi, A., Ahmadvand, A., Najarzadegan, M., & Mehrzad, F. (2016). Comparing the effects of treatment with sildenafil and cognitive-behavioral therapy on treatment of sexual dysfunction in women: A randomized controlled clinical trial. *Electronic Physician, 8*(5), 2315-2324. doi: 10.19082/2315.

Pfaus, J., Quintana, G., Mac Cionnaith, C., & Parada, M. (2016). The whole versus the sum of some of the parts: Toward resolving the apparent controversy of clitoral versus vaginal orgasms. *Socioaffective Neuroscience & Psychology, 6*(1), 1-16. doi: 10.3402/snp.v6.32578.

Purcell, C., & McCabe, M. P. (1992). The impact of imagery type and imagery training on the subjective sexual arousal of women. *Sexual and Marital Therapy, 7*, 251-250.

Ramage, M. (2004). Female sexual dysfunction. *Women's Health Medicine, 3*(2), 84-88.

Ramezani, M., Ahmadi, K., Ghaemmaghami, A., Marzabadi, A., & Pardakhti, F. (2015). Epidemiology of sexual dysfunction in Iran: A systematic review and meta-analysis. *International Journal of Preventive Medicine, 6*(1), 43-43. doi: 10.4103/2008-7802.157472.

Reissing, E. D., Andruff, H. L., & Wentland, J. J. (2012). Looking back: The experience of first sexual intercourse and current sexual adjustment in young heterosexual adults. *The Journal of Sex Research, 49*(1), 27-35. doi: 10.1080/00224499.2010.538951.

Rellini, A., & Meston, H. (2011). Sexual self-schemas, sexual dysfunction, and the sexual responses of women with a history of childhood sexual abuse. *Archives of Sexual Behavior, 40*(2), 351-362. doi: 10.1007/s10508-010-9694-0.

Rowland, D., Cempel, L., & Tempel, A. (2018). Women's attributions regarding why they have difficulty reaching orgasm. *Journal of Sex & Marital Therapy, 44*(5), 475-484. doi: 10.1080/0092623X.2017.1408046.

Rowland, D. L., & Kolba, T. N. (2016). Understanding orgasmic difficulty in women. *The Journal of Sexual Medicine, 13*(8), 1246-1254. doi: 10.1016/j.jsxm.2016.05.014.

Travis, R. P., & Travis, P. Y. (1986). Intimacy based sex therapy. *Journal of Sex Education and Therapy, 12*, 21-27.

Weeks, G. (1994). The intersystem model: An integrative approach to treatment, In G. Weeks & L. Hof (Eds.), *The marital relationship casebook: Theory and application of the Intersystem Model* (pp. 3-34). Brunner/Mazel.

Weeks, G. (2004). The emergence of a new paradigm in sex therapy: Integration. *Sexual and Relationship Therapy, 20*, 89-103. doi: 10.1080/14681990412331333955.

Witting, K., Santtila, P., Varjonen, M., Jern, P., Johansson, A., Von Der Pahlen, B., & Sandnabba, K. (2008). Female sexual dysfunction, sexual distress, and compatibility with partner. *Journal of Sexual Medicine, 5*(11), 2587-2599. doi: 10.1111/j.1743-6109.2008.00984.x.

고통스러운 삽입 성교

성기-골반통증/삽입장애

···Systemic Sex Therapy···

제**10**장

고통스러운 삽입 성교

성기-골반통증/삽입장애[1]

Evan Fertel · Marta Meana · Caroline Maykut

 서론

한 명의 성 치료사가 다른 의료 전문가와 동시 협력(순차적이 아닌) 없이 삽입 성교 시의 통증을 종합적으로 평가하거나 효과적으로 치료할 수 없을 것이다(Binik & Meana, 2009). 그러나 성 치료사가 다차원적인 이해가 있다면 그 노력을 조율하는 데 이상적일 수 있다. 성기-골반통증/삽입장애(Genito-Pelvic Pain/Penetration Disorder: GPPPD)는 해결하기 어려운 문제일 수 있으므로 이러한 노력은 상당한 것이다. 이 장에서는 GPPPD와 그 원인에 대한 개요와 평가 및 치료에 대한 지침을 제공하고자 한다.

정의와 설명

GPPPD는 『정신질환의 진단 및 통계 편람』의 5판(DSM-5; American Psychiatric Association, 2013)에 처음 등장한 비교적 새로운 진단이다. DSM-5는 GPPPD를 여성에게만 적용되

는 진단으로 분명히 명시하고 있다. DSM의 이전 판(DSM-IV-TR; American Psychiatric Association, 2000)에서는 이성 간 성기 삽입 성교에서 고통이나 어려움을 경험한 여성은 성교통(dyspareunia) 또는 질경련(vaginismus)으로 진단되었다. 성교통의 진단은 성관계 중 반복되거나 지속적인 생식기 통증이 있어야 하며 남성에게도 적용된다. 질경련의 진단은 질 외부의 3분의 1이 성교를 방해할 만큼 충분한 강도로 반복적이거나 지속하여 비자발적 경련이 있을 때 내려진다. 성교통이 있는 여성은 통증을 호소하고, 질경련이 있는 여성은 삽입이 불가능하고 통증의 정도도 다양하게 호소하고 있다. 두 장애를 새로운 분류와 기준으로 대체한 데는 20년간의 연구가 바탕이 되고 있다. ① 이 연구는 성교통의 개념을 심리적 장애가 있어서 통증을 느끼는 것이 아니라 성행위에 지장을 주는 통증 장애라고 본다. ② 질경직(vaginal spasm)이 질경련과 성교통을 구분하는 것이라는 증거는 거의 발견되지 않았다. DSM-IV에서 질의 과긴장성(hypertonicity)은 질경련과 성교통, 둘 다의 진단요소로 나타난다. 오히려 불안과 회피가 신뢰할 만한 구별 요인인 것으로 보인다(Binik, 2010a, 2010b). GPPPD의 진단에서 남성을 제외하는 근거는 남성 성교통에 대한 연구의 부족 때문이다(Sungur & Gündüz, 2014).

　GPPPD의 진단은 다음 네 가지 증상 중 하나가 지속되어야 한다(APA, 2013). ① 성교 중 질 삽입의 어려움, ② 성교 시도 중 현저한 성기 또는 골반 통증, ③ 질 삽입으로 인한 통증에 대한 극심한 두려움, ④ 질 삽입 시도 중 골반기저근의 긴장 또는 수축 등이다. 이러한 어려움은 최소 약 6개월 이상 지속되어야 하며, 임상적으로 유의미한 고통이 있어야 한다. 또한 비성적 정신 장애, 심각한 관계 고통, 또는 기타 심각한 스트레스 요인으로 더 잘 설명되지 않거나 물질·약물 또는 기타 의학적 치료 상황의 영향으로 인한 것이 아니어야 한다.

　또한 GPPPD는 기능 장애가 **평생형**인지 **획득형**(정상적인 성 기능 기간 이후에 문제가 시작됨)인지, 경험하는 고통의 정도(경증, 중등도, 중증)에 따라 두 가지 유형으로 나뉜다. 마지막으로 DSM-5는 GPPPD에 대한 다음의 다섯 가지 잠재적 영향 평가의 중요성을 강조한다. ① 파트너의 성 기능 장애 및 건강 상태와 같은 파트너 요인, ② 욕구의 차이, 의사소통의 어려움과 같은 관계적 요인, ③ 학대 또는 신체 이미지 문제, 정신병적 동반 질환 또는 사회경제적 어려움이나 돌봄과 같은 스트레스 요인 등 개인적 취약성, ④ 성적 표현이나 쾌락에 영향을 미치는 문화적·종교적 요인, ⑤ 병인 및 치료와 관련된 의학적 요인 등이다(American Psychiatric Association, 2013).

　DSM-5에 GPPPD가 처음 등장한 이후 5년 동안 새로운 진단 기준을 사용한 유병률 데이터는 보고되지 않은 것으로 보인다. 그러나 성교통 및 질경련의 오래된 진단에 대한 역학 연구는 이 문제가 얼마나 흔한지를 잘 알 수 있게 해 준다. 성교통의 유병률은 젊은 여성에서 14~34%, 고령 여성에서 6.5~45%로 추정된다(van Lankveld et al., 2010). 질경련은 질의 과긴장성보다는 삽입 성교와 관련된 불안과 성행위에 대한 극심한 회피에 의해 진단되며, 추정치는 0.4~6%로 매우 드물다(ter kuile et al., 2015). 전 세계 여성의 성적 통증에 대한 임상적으로 유의한 최근의 메타 분석은 6~31.6%의 유병률을 나타내며, 지역별로 차이가 있다(Koops & Briken, 출간 예정; McCool et al., 2016).

🔑 병인학

여기에서 검토한 병인학 문헌은 GPPPD의 병인에 대한 연구가 없기 때문에 성교통 및 질경련에 대한 오래된 진단을 기반으로 한다. 성교통과 질경련은 GPPPD에 포함되기 때문에 독자는 단순히 그것들을 GPPPD의 다른 표시로 간주할 수 있다.

개인의 생물학적 · 의학적 요인

골반염증질환, 자궁내막증, 요로 감염 및 질염과 같은 급성질환이나 만성질환과 같이 삽입 성교 시 고통을 유발할 수 있는 많은 생물학적 요인이 있다. 갱년기 관련 에스트로겐의 감소에 따른 질 구조의 변화, 탄력 및 윤활의 변화도 원인이 될 수 있다(Bergeron, Corsini-Munt, Aerts, Rancourt, & Rosen, 2015; van Lankveld et al., 2010). 자궁절제술, 기타 생식기 수술, 항암 약물치료, 회음절개를 한 경우와 안 한 경우의 출산은 지속적인 성교통과 관련이 있다(Alligood-Percoco, Kjerulff, & Repke, 2016; Meana, 2012).

가장 일반적인 삽입 성교에 따른 통증은 유발성 전정통(Provoked Vestibulodynia: PVD)이라고 불리며 골반보다는 생식기 통증인 것으로 보인다(Harlow, Wise, & Stewart, 2001). PVD는 자극(예: 음경, 탐폰, 검사경)에 의해 압력이 가해졌을 때 외음부 전정(질 입구)에 발생하는 타는 듯한 통증이 특징이다(Moyal-Barracco & Lynch, 2004). 작열감 외에도 일부 여성은 쓰라림, 근질근질함, 가려움, 날카로움, 따끔거림, 찢어짐 또는 전반적인 압박감이 있다고 보고한다(Henzell, Berzins & Langford, 2017). 푸칼과 그의 동료들(Pukall et al., 2016)은 외음부통, 특히 PVD의 병태생리학에 대한 포괄적인 개요를 제공하면서 잠재적인 생물학적 기반이 복잡하고 상호작용적이라는 것을 강조한다. PVD는 질염의 재발, 경구 피임약을 너무 일찍부터 복용했거나 장기간 복용한 것을 포함한 호르몬 변화와 관련이 있다. 골반저기능이상(예: 과긴장성, 저긴장성, 근막 상태) 또한 성기 통증 및 삽입의 어려움과 밀접한 관련이 있다(Pukall et al., 2016; ter Kuile & Reissing, 2014). 때로 과긴장성이 삽입 성교통의 원인 또는 결과인 정도가 불분명할 수 있지만, 이러한 구별이 치료적 노력에 있어 그리 중요하지 않을 수도 있다.

개인의 심리학적 요인

GPPPD를 가진 대부분의 여성은 통증과 관련된 기대, 인지 및 감정 외에는 심리적 요인에서 대조군과 차이가 없었다. 실제로 삽입 성교로 통증이 있는 여성의 경우 다음과 같은 요인이 통증과 더 높은 관련이 있다는 연구 결과가 반복적으로 나타나고 있다(Henzell, Berzins, & Langford, 2017; Desrochers, Bergeron, Landry, & Jodoin, 2008; Meana, 2012). 이는 신체의 과각성, 심한 통증, 통증에 대한 두려움, 성에 대한 부정적인 태도, 성적 신호에 대한 주의 산만, 불안, 고통에 대한 부정적인 원인 속성, 통증에 대처하는 데 있어서의 자기 효능감, 우울 증상 등이다.

만성 통증에 대한 두려움-회피 모델은 GPPPD를 가진 여성의 부정적 피드백 고리(feedback loop)를 설명하기 위해 점점 많이 사용되고 있다(Engman, Flink, Ekdahl, Boersma, & Linton, 출간 예정). 성교통은 두려움과 파국적인 인식을 만들어 고통스러운 감각을 증폭시키는 신체적 과각성을 초래함으로써 결국 여성에게 될 수 있으면 성교를 피하도록 한다. GPPPD가 있는 대다수 여성은 성적 학대의 이력이 없다고 보고했다(예: Khandker, Brady, Stewart, & Harlow, 2014). 또한 이러한 개별 요인이 임상 상황을 복잡하게 만들 수 있으므로 여성이나 파트너에게 다른 공병적 심리 상태는 없는지 평가되어야 한다.

관계적 요인

일반적인 커플의 관계 적응 과정은 고통스러운 삽입 성교와 연관되지 않아 왔다(Blair, Pukall, Smith & Cappell, 2015; Pazmany, Bergeron, Verhaeghe, Van Oudenhove, & Enzlin, 2014). 그 이유는 부분적으로 이런 경험을 넘어서지 못한 커플의 경우 연구에 참여하거나 심리치료에 등장하지 않았기 때문일 것이다. 또한 여성과 커플을 대상으로 성적인 통증이 있는 그룹과 그렇지 않은 그룹을 비교하는 통제 연구는 거의 없었다.

현재는 파트너가 유발성 전정통(PVD) 문제를 어떻게 인식하고 반응하느냐가 여성 통증의 강도뿐만 아니라 커플의 행복과 성 기능에도 반복적으로 연관이 되고 있다(Pukall et al., 2016; Rosen & Bergeron, 2018). 파트너가 매우 열성적인지, 부정적인지, 도움을 주는지 아닌지에 따라 결정적인 반응이 나타난다. 배려심에서 높은 점수를 받은 파트너들은 일반적으로 여성의 불편함을 암시하는 첫 번째 신호에 모든 성적 활동을 중단하고, 불편함으로 이어질 수 있거나 지나치게 흥분될 가능성이 있는 시도는 회피하고 배제한다. 또한 부정적인 파트너의 반응(예: 적대감, 분노)은 고통 증가, 성 기능 저하, 성적 및 관계 만족도 감소를 포함한 부정적인 결과를 초래할 수 있다(Bergeron, Corsini-Munt, Aerts, Rancourt, & Rosen, 2015). 나아가, 여성을 격려하고 성관계를 위한 노력을 긍정적으로 강화하는 파트너들의 촉진적인 반응은 여성과 파트너 모두에게 통증의 감소 그리고 큰 행복과 성 기능과 관련이 있다고 보고되고 있다(Rosen, Bergeron, Sadikaj, & Delisle, 2015).

여성과 파트너의 성에 대한 동기 및 목표는 성적 통증의 경험에 중요한 역할을 하는 것으로 보인다(Rosen & Bergeron, 2018). 예를 들어, 성적 통증이 없는 여성에 비해 성적 통증을 가진 여성은 관계 갈등을 피하는 수단으로(회피가 목적) 성관계를 할 가능성이 높고, 쾌락을 목적으로(접근이 목적) 성관계를 할 가능성이 낮다(Dubé, Bergeron, Muise, Impett, & Rosen, 2017). 여성의 성적 통증을 경험하는 커플 중에서 회피 동기가 낮고 접근 동기가 높을수록 성 기능이 향상되고(Muise, Bergeron, Impett, & Rosen, 2017; Rosen et al., 2018) 삽입 성교의 통증을 경감시킨다(Muise, Bergeron, Impett, Delisle, & Rosen, 2018).

원가족 요인

GPPPD의 발병과 관련된 원가족 요인을 직접 조사한 연구는 없지만, 일반적인 통증 민감성과 만성 통증 상태에 대한 유전적 영향의 증거가 증가하고 있다(예: Henzell, Berzins, & Langford, 2017). PVD의 경우 한 연구에서는 가족 소인을 지지했는데(Morgan et al., 2016), 많은 연구에서 염증 반응, 호르몬 변화에 대한 민감성, 세로토닌 관련 통증 민감성을 조절하는 유전자의 잠재적 관련성을 강조했다(Gerber, Bongiovanni, Ledger, & Witkin, 2002; Heddini et al., 2014; Lev-Sagie & Witkin, 2016). 환경적으로, 부정적인 성적 태도와 아동기 성적 학대 또는 괴롭힘의 피해가 성적 통증의 가능한 위험 요인이 될 수 있다는 것이 간접적으로 원가족 요인이 일부의 경우에 관련될 수 있음을 시사한다. 성교육을 금지된 주제라고 여기거나 경직된 양육방식이 성교육 부족의 원인이 된다고 보지만, 이러한 연관성은 추측일 뿐이다.

상황적 요인

유병률 데이터는 지역별 성적 고통 발생률의 차이를 강조하지만(Koops & Briken, 출간 예정; McCabe et al., 2016), 방대한 방법론적 차이로 인해 사회적·문화적 요인이 삽입 성교 중 고통에 미치는 영향을 경험적으로 판단하기 어렵다. 2016년 메타 분석에서 맥쿨(McCool) 등은 성적 체제(가치, 규범 및 규칙들의 총합)에 따른 유형을 분류한 결과, 성 불평등이 심하고 남성 중심적인 사회일수록 여성의 성적 고통 발병률이 더 높다는 것을 발견했다. 또한 종교적 정통성이 질경련을 발달시킬 수 있는 위험 요인일 수 있으며(ter Kuile & Reissing, 2014), 이는 교육 수준이 낮은 여성과 서유럽 출신 이민자 1세대 사이에서 더 만연한 것으로 밝혀졌다 (Öberg, Fugl-Meyer, & Fugl-Meyer, 2004). 이러한 경험적 발견은 정통적인 종교 커플을 포함하는 우리의 임상 작업과 일치한다.

일반적으로 여성은 남성에 비해 사회정치적으로 아직도 권리를 박탈당하고 있으며, 그들의 성은 여전히 사회문화적으로 정의된 가치의 중심에 있다. 이것은 성 기능에 문제가 있는 여성에 대한 낙인으로 해석될 수 있다. 실제로 성교통이 있는 젊은 미국 여성에 대한 도널드슨과 미나(Donaldson & Meana, 2011)의 질적 연구에서 당혹감과 낙인에 대한 두려움이 문제를 보고하지 않거나 도움을 구하지 않는 주요 원인임을 발견했다. 역사적으로 이런저런 이유로 성행위를 거부하는 여성은 폄하되고 그들의 여성성에 대한 의문이 제기되었다. 이런 상황에서 성행위 중 통증이 있는 많은 여성이 상당한 고통에도 불구하고 때로는 조용히 파트너와의 성관계를 지속해야 한다는 무력감과 무언의 압박을 경험한다고 해도 놀라운 일은 아닐 것이다. 이러한 증상에 대한 부당함이 사회적으로 누적되면 그들의 증상을 악화시키는 데 영향을 끼칠 수 있다.

💔 평가

GPPPD는 여성 성 기능 장애로 분류되지만, 본질적으로 커플 간의 문제이다. 때때로 커플이 치료를 받으러 오지만 여성은 대개 개인 치료를 받을 것이라고 생각한다. 그들은 자신을 '문제'가 있는 사람이라고 생각한다. 이러한 잘못된 사고를 바로잡는 것이 첫 번째 중요한 치료적 개입이다. 대부분의 파트너는 성적 딜레마를 해결할 동기가 있기 때문에 참여를 설득할 수 있다.

산부인과 의사의 개입은 중요하지만 많은 의사가 치료 과정에 완전히 참여하는 것을 꺼리기 때문에 치료사는 성기 통증 분야에서 특별한 관심과 전문 지식을 가진 산부인과 의사인지 식별해야 할 것이다. 질경련 증상이 있는 일부 여성은 산부인과 검진을 받은 적이 없어 검진이 불가능하다고 생각할 것이다. 그러나 장애에 대해 잘 알고 있는 산부인과 전문의는 대개 성공적으로 검진을 수행한다.

초기 평가 및 상담

통증은 GPPPD의 주요 불만 사항이며 먼저 평가되어야 한다. 기본 질문은 다음과 같다.

- 성관계를 하거나 성관계를 시도할 때 정확히 어디가 아픈가? (이 질문에서 생식기 및 골반 부위의 그림이나 모형은 매우 도움이 될 것이다.)
- 통증을 강도(척도 1~10)나 특질로('화끈거림' 또는 '쥐어뜯는'과 같은 비유) 설명하라.
- 통증이 언제 시작되는가? (삽입 전, 삽입 중, 삽입 후)
- 통증이 얼마나 지속되는가?
- 성관계 시 항상 통증이 있는가, 아니면 특정 조건(예: 피로, 월경 주기, 성적 흥분 정도)에 따라 달라지는가?
- 다른 성적·비성적 자극(예: 손가락 삽입, 구강성교, 탐폰 삽입, 산부인과 검사)으로 인한 성기 통증 또는 골반 통증이 있는가? 성기 통증은 외음부나 질 부위에 직접 느껴지는 통증을 말하고, 골반 통증은 하복부 통증을 말한다.
- 자극 없이 자연스럽게 성기나 골반 통증을 경험한 적이 있는가?
- 삽입 성교로 인한 통증은 언제부터 시작되었는가? (첫 삽입 성교 이후부터)
- 질 입구(질구)의 통증이 있는가?
- 통증이 골반 깊숙이 있는가? 아랫배에서도 느껴지는가?
- 통증이 삽입 성교에 어떤 영향을 미치는가? 통증으로 인해 얼마나 자주 성교가 중단 또는 단절되거나 성교가 완전히 방해되는가?
- 당신이나 당신의 파트너는 삽입 성교 중 얼마나 많은 고통을 예상하는가?
- 당신이나 당신의 파트너는 삽입 성교를 피하기 위해(직간접적으로) 어느 정도까지 노력하는가?

여성과 파트너가 숙련된 산부인과 의사를 만났다면 즉시 두 사람 모두의 성 기능이 평가될 것이다. 가장 중요한 것은 그들의 성생활에 미치는 고통의 인식(삽입 성교 및 기타 성행위 빈도, 욕구, 흥분, 오르가슴, 두 파트너의 만족)과 여성이나 파트너에게 공존하는 성 기능 장애가 있는가 하는 것이다. 여성의 경우 **여성 성 기능 지수**(Female Sexual Function Index: FSFI; Rosen et al., 2000)와 남성의 경우 **국제 발기 기능 지수**(International Index of Erectile Function: IIEF, Rosen et al., 1997) 외에도 로젠, 글로바카, 미나와 비닉(Rosen, Glowacka, Meana, & Binik, 2018)는 심리측정학적으로 가장 정확한 성 기능 장애 측정에 대해 포괄적으로 검토한다. 생식기 통증에 초점을 맞춘 **외음부 통증 평가 설문지**(Vulvar Pain Assessment Questionnaire: VPAQ; Dargie, Holden, & Pukall, 2016)는 치료 과정의 모든 단계에 적용할 수 있는 종합적인 평가 척도이다.

두 파트너의 인식 유형과 대처 유형을 모두 평가하는 것도 중요하다. 그들은 왜 이런 문제가 있다고 생각하는가? 그들은 무엇을 두려워하는가? 그들은 그것이 무엇을 의미한다고 생각하는가? 그들은 어떻게 대처하는가? 이 시점에는 자율적인 조치도 유용할 수 있다. 특히 **통증 파국화 척도**(Pain Catastrophizing Scale: PCS; Sullivan, Bishop, & Pivik, 1995)와 삽입 성교에 대한 부적응적 인식을 평가하는 **질 삽입 인식 설문지**(Vaginal Penetration Cognition Questionnaire: VPCQ; Klaassen & ter Kuile, 2009)가 관련이 있다. 또한 **통증 성교 자기 효능감 척도**(Painful Intercourse Self-Efficacy Scale: PISES; Desrochers, Bergeron, Khalifé, Dupuis, & Jodoin, 2009)는 응답자의 성행위에 관여하는 능력 또는 특정 수준의 통증 관리를 달성할 수 있는 인지 능력을 평가하는 데 유용할 수 있다.

파트너 반응의 중요성에 대한 최근의 자료를 고려할 때, 파트너가 얼마나 적극적이고, 부정적이거나 촉진적 반응에 기여했는지를 평가하는 것도 중요하다. 커플에게 성관계 시도에 대하여 인식된 파트너의 반응과 실제 파트너의 반응, 통증 강도, 기타 관심 있는 성적 결과 등을 포함하여 기록하도록 요청하는 것은 매우 도움이 될 수 있다. 일반적으로 치료에 따르는 어려움을 대처하는 것을 관계의 능력에 크게 좌우되기 때문에 이 단계에서 관계의 수준을 평가하는 것이 중요하다.

🩺 치료

초기 단계: 교육, 목표 설정, 불안 감소

교육은 치료의 초기 단계의 필수적인 부분이다. 내담자 대부분은 GPPPD와 그 치료는 말할 것도 없고 외음부의 해부학과 구조에 관해 거의 알지 못할 것이다. 따라서 치료사는 외음부 장애 및 관련 의료 개입에 관한 결과 연구에 정통해야 한다. 초기 평가 및 산부인과 소견의 맥락에서 기대치를 교정하고 치료에 대한 합리적인 목표를 설정할 때이다(Curtin, Ward, Merriwether, & Allison, 2011). 치료를 시작할 때 내담자는 종종 이 문제가 결국 해결될 것이라고 희망한다. 그러나 문헌에 따르면 성기 통증의 완전한 해결은 종종 쉽지 않다. 치료에 희망이 필수적이지만 기대 또한 현실적일 필요가 있다. 내담자의 기대치를 경험적 데이터와 일치시키고 통증 감소, 성 기능 및 만족도 향상을 목표로 설정하는 것이 치료의 핵심이다. 내담자 대부분이 희망을 품고 치료를 시작하지만, 그들은 동시에 당연히 불안해한다. 치료사가 통증 문제의 덜 위협적인 측면을 먼저 다루면 치료의 초기 단계의 불안을 줄이는 데 도움을 줄 수 있다. 다음은 치료의 첫 번째 단계에서 사용할 수 있는 기술이다.

도움을 추구하는 행동을 강화하기　내담자와 파트너는 자신들의 문제를 개방한 것에 대해 칭찬받아야 한다. 그들은 문제를 개방하지 못하면 더욱 악화될 수 있다는 사실을 알아야 한다. 고통에 직면하는 것은 힘과 의지가 있음을 의미하며, 두 가지 모두 치료 결과에 도움이 된다.

고통의 경험을 인정하기　성교로 고통을 경험하는 많은 여성은 통증이 '마음속에 있는' 것인지, 아니면 심리적·관계적 갈등에 따른 신체적 징후인지 궁금해한다. 그들의 고통이 진짜라는 것을 강조하는 것이 중요하다. 또한 웰빙, 성 기능 및/또는 이들 관계에 대한 탐색은 이러한 이슈들이 '실제' 문제라기보다는 통증에 영향을 미칠 수 있다는 이해를 반영할 뿐이라고 설명하는 것도 중요하다.

통증을 이해하기 쉽게 설명하기　도저히 설명할 수 없는 것처럼 보이는 통증에도 패턴이 있다. 알 수 없는 통증에서 보다 통제할 수 있는 힘으로 변형시키는 한 가지 방법은 내담자가 통증을 최소화하고 극대화하는 조건을 탐색하도록 돕는 것이다. 통증 일지는 통증이 발생할 때의 상태(예: 감정, 생각, 행동, 흥분 수준, 통증 전 · 중 · 후의 관계적 상호작용)를 점검하기 때문에 이러한 점에서 매우 유용할 수 있다. 삽입 성교의 시도를 중단한 여성의 경우, 고통에 대한 해명은 단순히 성적 상태를 악화시키거나 더 좋게 만드는 요인에 대한 회고적 해석일 수 있다.

불안감 해소하기   불안은 통증 문제에 대한 불가피한 반응이 아니기 때문에 감소되거나 근절할 대상이 될 수 있다. 이완 치료 기법(예: 심상 기법, 호흡 운동, 점진적 근육 이완, 마음챙김)으로 시작하여 인지 재구성 및 탈파국화를 사용하는 것이 즉시 도움이 될 수 있다.

생식기 자기 탐색   삽입 성교 시 통증을 경험한 많은 여성은 성기를 사용하는 것을 기피하게 된다. 그들은 아픈 부위가 어디인지 탐색하거나 찾으려 하지 않는다. 여성이 자신의 생식기에 익숙해지는 것은 여러 가지 이유로 유용할 수 있는데, ① 아픈 부위를 찾을 수 있고, ② 근육 운동을 시도할 수 있으며, ③ 성기의 특정 측면을 제어(근육 단련)하게 되어 자기효능감을 발달시킬 수 있기 때문이다.

여성에게 삽입에 대한 통제권을 부여하기   삽입이 고통스럽기 때문에 치료 초기에 삽입 여부와 속도에 대해 여성이 '의사 결정'을 내려야 한다는 점을 강조하는 것이 중요하다. 이 개입은 여성 자신이 고통의 대상이 아니라 고통의 경험에 동의할 수 있는 주체라는 것이기 때문에 고통 경험을 즉시 완화하는 데 도움이 될 것이다. 그 차이는 매우 중요하다.

삽입 성교를 고집하지 않기   커플에게 앞으로 할 일이 성교 횟수를 늘리는 것보다 욕구, 흥분, 관계적인 연결성을 높이는 데 중점을 둘 것이라는 점을 알려 주면 불안이 완화될 것이다. 치료 후반 단계까지 삽입 성교를 금지하거나 하지 않도록 하는 것이 일반적이다. 내담자는 종종 이러한 개입을 그들이 치료의 다른 측면에 집중할 수 있도록 도와주는 중요한 스트레스 완화제로서 경험한다.

애정과 관능 강조하기   내담자에게 비성적인 육체적 사랑의 표현을 증가시키도록 권장하는 것은 중요한 단계이다. 성관계를 중단한 커플들은 모든 형태의 신체 접촉을 피하거나 극적으로 줄이는 것이 일반적이다. 이것은 그들의 연결감을 손상하고 심리적으로나 육체적으로 소원하게 한다.

치료의 핵심 단계: 통증, 성, 자기, 파트너 간의 연결

GPPPD의 치료는 통증, 성, 개인적 요인, 커플 역동의 상호 관련 영역을 동시에 다룬다. 그렇다고 해서 회기마다 이 네 가지 영역을 모두 다루어야 한다는 의미는 아니다. 일부 회기는 관계적 측면보다 성적 측면에 더 중점을 둘 것이다. 다른 회기는 오로지 개인 신념의 영역만 다루는 것이 매우 자연스럽고 바람직하다. 치료 계획은 장애의 원인이 되는 여러 영역보다 하나의 영역을 우선시해야 하며, 진행 중에 발생하는 어려움에 대응해야 한다. 그러나 통증, 성, 개인적인 문제, 커플 역동은 치료 내내 조절해야 한다. 이 중 하나라도 소홀히 하면 결과에 부정적인 영향을 미칠 수 있다.

통증과 생리적 과정

산부인과 전문의의 자문 활용하기 산부인과 전문의가 의학적 · 외과적 치료를 권고했다면 성 치료사는 내담자가 정보에 입각한 결정을 내릴 수 있도록 도움을 주고, 내담자가 치료에 전념하고 그 효과에 적응할 수 있도록 의사가 내린 지침의 세부 사항을 잘 숙지하고 있어야 한다.

물리치료와 병행하기 산부인과 자문을 받은 후 골반저기능장애를 전문으로 하는 물리치료사가 내담자를 평가하고 치료하는 것이 적절하다(Rosenbaum, 2007). 이러한 물리치료사는 미국물리치료학회(www.apta.org) 및 국제골반통증학회(www.pelvicpain.org)의 국가 데이터베이스를 검색하여 찾을 수 있다. 연구에 따르면 물리치료는 통증을 감소시키고 성 기능을 향상시킬 수 있다(예: Morin, Carroll, & Bergeron, 2017). 그러나 단독적인 개입보다는 체계론적 치료 접근이라는 통합적 요소로서 물리치료를 강조하는 것이 중요하다(Rosenbaum, 2018). 산부인과 자문과 마찬가지로 치료사는 골반 통증 물리치료에 대한 기본적인 이해를 갖추고 있어야 한다.

통증에 미치는 영향 다루기 치료의 초기 단계에서, 여성은 통증 경험에 대한 영향을 검토하기 위해 통증 일지를 작성하게 된다. 현상을 악화시키고 완화시키는 요인에 대해 인식하게 되면 성관계의 개선을 위한 구체적인 개입으로 이어질 수 있다. 즉, 일지 작성을 통해 성적인 상호작용을 위한 최상의 조건(즉, 고통스러운 경험을 최소화하는 조건)을 만들어 나가는 것이다.

성적 상호작용

양질의 시간 만들기 성관계가 고통스럽지 않은 커플의 경우에도 성생활을 소홀히 할 가능성이 있다. 그 결과, 그들은 성관계를 전혀 갖지 않거나 판에 박힌 듯이 흥분도 없고 동기도 낮은 성관계를 하게 된다. 이 상황에서 통증까지 발생하면 상황은 상당히 악화한다. 따라서 커플이 해야 할 첫 번째 변화는 성적 상호작용에 대한 시간과 관심을 우선시하는 것이다. 어떤 커플은 성관계를 위해 특별한 시간을 마련하는 것이 유용하다고 생각한다. 다른 커플은 이것이 지나치게 인위적이고 자발성이 부족하다고 생각한다. 계획적이든 아니든, 성관계는 무시되어서는 안 된다.

욕구와 흥분 형성하기 고통스러운 성관계가 성적 반응의 모든 단계에 영향을 미친다는 것은 잘 알려져 있다. 통증이 생길 것을 알고 있는 여성이 무엇 때문에 아픈 것인지 또는 어떻게 하면 흥분이 될 것인가에 집중하는 것은 어려운 일이다. 파트너 또한 상대방이 싫어한다는 것을 알면서 욕구를 느끼고 흥분 상태를 유지하는 것이 어려울 수 있다. 다음은 욕구와 흥분을 촉진하기 위해 제안하는 몇 가지 전략이다.

자기 호감도 인식의 향상 대부분의 여성이 성적 매력을 느끼기 위해서는 자신이 호감 있는 존재임을 믿어야 한다. 그들이 다른 사람들의 평가를 받아들이기 전에 매력적이라는 것을 깨달아야 한다. 여성 대부분은 자신을 매력적으로 느끼기 위해 할 수 있는 일에 대해 어느 정도 알고 있다. 따라서 치료사는 인지적 · 행동적 측면에서 자신의 호감도를 높이기 위해 각 여성과 개별적으로 작업할 수 있다.

성애물(도서 또는 영상 매체)의 사용 내담자가 개인적으로 재미있다고 느끼는 성애물 자료는 성관계를 하기 전에 사용하거나 여성 혼자 있으면서 사적으로 사용하여 성적 욕구와 흥분을 촉진시킬 수 있다.

지도를 받아 혼자서 자위해 보기 성교 중 통증을 겪는 여성은 종종 자위를 포함한 모든 성행위도 하지 않는다. 자위를 소개하거나 재도입하는 것은 욕구와 흥분을 키우는 데 도움이 될 뿐만 아니라 내담자가 자신의 성기에 다시 익숙해지도록 도울 수 있다.

흥분에 대한 인식 높이기 흥분은 여성들에게 비교적 숨겨진 현상이기 때문에, 많은 사람이 윤활제나 성기 부종과 같은 신체적 징후에 주의를 기울이지 않는다. 생리적 피드백에 대한 인식을 높이는 것은 주관적인 흥분이 증가할 수 있다. 또한 여성이 흥분할 때 성교가 덜 고통스러울 수 있으므로 여성과 파트너는 흥분의 징후(예: 윤활제, 성기 부종)를 인식하여 이러한 징후가 나타나기 전에는 성교를 시도하지 않는 것이 좋다.

마음챙김 흥분을 보다 잘 인식하기 위해 마음챙김의 일반적인 원칙들이 도움이 되는데, 이는 현재 상황에서 일어나고 일에 집중하되 비평가적인 태도를 취하는 것이다. 성관계 중에 발생하는 불안의 대부분은 부정적인 결과를 상상하는 것과 관련이 있다. 마음챙김 접근법은 여성과 파트너가 다음 단계에 대한 부담 없이 현재의 감각에 집중하도록 하는 데 도움을 줄 수 있다(Rosenbaum, 2013 참조).

성적인 레퍼토리 확장하기 많은 사람은 삽입 성교만을 성행위라고 생각한다. 나머지는 전희로 간주되어 마치 주요 행사의 준비 상태로 전락해 버린다. 따라서 커플이 삽입 성교에 어려움을 겪을 때 모든 성행위를 포기하는 경향이 있다는 것은 놀라운 일이 아니다. 일어나지 않을 일을 준비하는 것이나 어차피 기분 나빠지고 말 것을 준비한다는 것이 무슨 소용이 있을까? 이 초점을 바꾸는 것은 모든 커플에게 좋은 전략이고 고통스러운 성교를 하는 커플에게는 필수적인 전략이다. 삽입 문제로 인해 비성교적 성적 경험을 박탈당한 커플은 잠재적으로 매우 만족스러운 성생활을 놓치고 있다. 나아가, 비성교적 성관계에 대해 더 강조하게 되면 흥분이 증가하여 통증의 강도를 감소시킬 수 있다. 성적 레퍼토리를 확장하는 것은 전통적으로 성교의 수행과 그에 동반하는 불안에서 감각적인 쾌락의 경험으로 관심을 전환하기 위해 고안된 감각 접촉 훈련을 통해 실행됐다. 이러한 감각 집중 훈련은 마스터스와 존슨 (1970)에 의해 처음 개발되었지만, 윅스와 감베시아(2009)가 이 기술을 더욱 개발하여 내담자가 사용하기 쉽게 되었다.

성적인 의사소통 촉진하기 감정적으로 매우 연결되어 있다고 주장하는 커플도 종종 성에 대해 직접적으로 의사소통하기가 어렵다고 보고한다. 이러한 장애물은 불쾌한 성적 경험을 초래할 수 있으며 쉽게 도입되거나 증가할 수 있는 다른 만족스러운 경험을 놓칠 수 있다. 많은 사람이 성관계 중에 자신이 선호하는 것을 표현하기 어려워하는데, 다른 방법으로 의사소통을 할 수 있다. 커플에게 성관계 중에 비언어적으로 선호도를 표현하도록 가르치는 것은 경험을 향상시키는 원활한 방법이 될 수 있다.

성에 유머 감각 더하기   성적 연결감을 유지하려는 커플의 경우 성관계를 우선시하고 성적인 분위기를 유지하기 위해 노력할 수 있을 만큼 성관계를 진지하게 생각할 필요가 있다. 반면에 많은 커플은 일회성으로 일어나는 성적인 사건을 너무 심각하게 받아들인다. 파트너를 자극하려는 어설픈 시도는 개인적 무능함이 반영된 것으로 해석된다. GPPPD의 경우처럼 '수행'에 실패하면 일반적으로 재앙이 일어난 것처럼 여긴다. 건전한 편안함과 심지어 유머를 성에 도입하는 것은 스트레스를 완화시키고 친밀감을 높일 수 있기 때문에 매우 자유로울 수 있다.

개인의 취향

성적 · 관계적 패턴에 도전하기   커플의 각 구성원은 통증, 성, 관계에 대한 일련의 신념이나 패턴을 가지고 치료를 받는다. 치료사는 문화적 가치에 민감해야 하며 그들의 세계관을 내담자에게 강요해서는 안 된다. 심지어 매우 제한적인 성적 · 관계적 패턴이 있더라도, 창의적이고 문화적으로 유능한 치료사는 종종 작업할 공간을 찾아 커플의 상황을 개선할 수 있다.

인지적 재정의   삽입 성교로 고통을 경험하는 여성의 경우, 과각성과 파국화 등 두 가지 인지 유형이 경험적으로 확인되었다(Payne, Binik, Amsel, & Khalifé, 2005). 고통스러운 성교와 관련하여 과각성은 통증의 시작을 알릴 수 있는 통증 신호 및 성기 감각에 대한 예리한 주의와 모니터링이 수행되는 인지 방식을 나타낸다. 파국화는 최악의 결과를 추론하는 인지적 방법을 가리킨다(Sullivan, Lynch, & Clark, 2005). 사소한 불편함은 돌이킬 수 없는 신체적 손상의 징후가 되고, 사소한 말다툼은 관계의 끝을 예고한다. 과각성과 파국화의 과장된 특징은 성교 중 통증 문제를 실제보다 훨씬 더 악화시킬 수 있다. 고통스러운 성관계를 경험하는 여성의 경우 이러한 왜곡에 도전하는 것이 치료의 중요한 부분이다. 이것은 다음을 통

해 달성할 수 있다. ① 삽입 성교로 인한 통증의 실제 생리학적 결과에 대한 교육, ② 파트너와 치료사가 함께 참여하는 실제 테스트, ③ 내담자가 이러한 감각을 가지고 있을 때에 무엇이 일어나는지에 대해서 그녀의 생각을 뒷받침하는 증거와 뒷받침하지 않는 증거를 식별하는 연습 등이다.

대처 기술 재건하기　비효율적인 대처 전략은 회피적이거나 감정적인 경향이 있다. 성관계를 피하고 전체적으로 문제를 회피하는 것은 막막한 일이다. 치료사는 고전적·조작적 조건화 패러다임에 대한 일반적인 설명을 통해 회피가 대처 전략으로 어떻게 나타나는지, 그리고 왜 그것이 매우 강화되며 역효과를 내는지를 설명할 수 있다. 치료의 다양한 단계에서 저항이 발생하는 경우(그리고 일반적으로 발생하는 경우) 내담자에게 회피의 유혹적이고 자기 파괴적인 특성을 상기시키는 것이 도움이 될 수 있다.

성교로 인해 통증을 경험하는 많은 여성(그리고 그들의 파트너)의 감정 중심적 대처는 분노, 적대감, 우울, 불안, 수치심을 초래할 수 있다. 이러한 감정 상태는 통증을 악화시키고 내담자(및 파트너)의 행복과 그들의 관계를 손상시킬 수 있다. 그러나 치료사는 통증이 지속되는 경우에도 내담자에게 감정을 조절하는 방법을 가르칠 수 있다. 감정조절은 다음과 같은 이해를 수반한다. ① 감정반응은 종종 자신의 통제 안에 있고, 자신이 그 감정을 따를지를 결정할 수 있다. ② 어떤 것을 느낀다고 해서 그것이 실제 일어나는 것은 아니다. ③ 감정에 충실한 것이 항상 유용한 것은 아니다. ④ 누구나 평소보다 약간 다르게 느낄 수 있고 보다 건설적인 느낌을 선택할 수 있다. 감정조절은 감정을 억압하는 것이 아니라 적정 수준을 넘는 표현을 멈추는 것이다.

수용과 마음챙김　마음챙김은 현재 순간의 경험에 대해 비판단적인 주의를 기울이는 것이다. 성교통에 대한 마음챙김 기반 개입의 효과에 대한 경험적 연구는 제한적이지만, 현존하는 연구들은 유용하다(예: Dunkley & Brotto, 2016). 수용은 마음챙김의 핵심 요소로서 통증을 수용하고 그 순간의 자신을 수용하는 것이다. 수용은 본질적으로 자기 연민의 요소를 수반하는 관행이다. 예비 조사에 따르면 통증 수용(Boerner & Rosen, 2015)과 자기 연민(Santerre-Baillargeon et al., 2018) 모두 PVD를 가진 여성의 우울증과 불안감 감소와 관련이 있으며, 통증 수용이 클수록 성교와 관련된 통증이 적다고 보고하고 있다. GPPPD와 같은 복잡한 장애를 치료할 때 통증의 완전한 해결은 어려운 결과가 될 수 있으며 환경을 수용하는 능력을 개발하는 것은 치료의 중요한 부분이 될 수 있다.

관계 역동

개인화 독려하기   관계에서 개별적인 문제와 관계적인 문제를 구별하기는 때때로 어려울 수 있다. 그러나 그것은 개인의 웰빙과 관계 적응의 관점에서 배우기에 가장 중요한 기술일 수 있다. 즉, 온전한 사람만이 온전한 관계를 가질 수 있다. 만약 파트너에게 의존해야만 온전함을 느끼고 자신의 실존적 불안감을 해소할 수 있다면, 상대방이 가지고 있는 모든 문제는 설혹 자신과 관련이 없더라도 위협적으로 느껴질 수밖에 없다. 개인화는 고통스러운 성교를 다루는 커플에게 매우 적합하다. 파트너는 종종 내담자의 매력이나 이를 위한 헌신에 있어서 통증이 의미하는 것을 걱정하게 되고 여성의 경우 자신의 통증이 파트너의 기분에 미칠 영향을 걱정한다. 이것이 큰 걸림돌이다. 통증은 역기능적 관계의 상징이 되고 마는데 대부분의 경우 통증은 역기능의 상징이 아니며 심지어 관계가 역기능일 때조차도 통증이 역기능의 상징은 아니다. GPPPD 치료에서 중요한 요소는 통증의 상징성에서 벗어나는 것이다. 간단히 말하자면, '통증을 유발하는 것은 당신도, 당신의 파트너도 아니다. 통증은 당신, 당신의 파트너, 관계에 관한 것이 아니다. 통증은 단지 통증일 뿐이다.'

통증에 대한 파트너의 반응 관리하기   배려하는(예: 지나친 수용) 반응을 촉진적인(예: 격려) 반응으로 대체할 수 있도록 파트너를 교육하는 것은 회피의 순환을 끊는 데 중요하다. 여성과 파트너 모두 성관계 시도를 격려하고 강화하며 불편함을 견뎌 내는 것과 쾌락을 이루기에는 너무 고통스러운 활동을 강요하는 것 사이의 경계가 무엇인지 논의하고 정의해야 한다.

의사소통 개선하기   의사소통의 어려움을 관계의 다른 측면에서도 경험하고 있다면 관계 갈등을 초래할 가능성이 높고, 이는 성적 상호작용으로 흘러갈 수밖에 없다. 만약 이러한 성적 상호작용이 이미 통증으로 인해 복잡해졌다면 그 결과는 매우 위험할 수 있다. 서로 간의 의사소통을 개선하기 위한 수많은 접근 방식 중에서도 치료사는 독심술의 함정에 빠지지 않기 위한 사려 깊은 자기주장 능력을 촉진시킬 수 있다. 정직하기가 어려울 수 있지만, 자신의 진정한 감정을 숨기는 것은 결국 위험한 행동이다. 치료사는 구체적인 파트너의 행동을 언급하면서 커플이 자신의 감정을 진심으로 표현할 수 있도록 도와줌으로써 완곡하지만 진실한 표현을 할 수 있도록 촉진할 수 있다.

성적 연결감 회복하기   일상생활에 성적 매력(매력적인 자기 관리)을 도입하면 성적으로 연결할 수 있는 상황을 크게 촉진할 수 있다. 성 치료사 스티븐 스나이더(Stephen Snyder)는 이러한 에로틱한 긴장감을 만드는 것을 비유적으로 설명하기 위해 '미리 온도를 올려놓기(simmering)'라는 용어를 사용한다(Snyder, 2018 참조). 예를 들어, 출근길에 프렌치 키스를 하거나, 저녁 준비를 하며 양파를 썰 때 뒤에서 목 마사지를 해 주는 것이다. 하루가 끝날 무렵 성관계를 하더라도 전희는 (아침에) 잠에서 깨는 순간부터 시작된다. 만약 GPPPD의 경우처럼 성관계가 문제가 된다면, 매력을 발산하는 것은 성관계를 해야 한다는 압박감으로도 경험될 수 있다. 치료사가 여기에서 도움을 줄 수 있다. 성교를 덜 강조하거나 어떤 경우에는 일정 기간 동안 금지한 채 일상적으로 매력을 발산함으로써 성관계 수행에 따르는 위협을 제거할 수 있다.

관계에서 통증의 역할 다루기 GPPPD의 치료에 있어 중요한 체계론적 개입은 커플 역동에서 발생하는 통증의 역할을 다루는 것이다. 내담자는 통증이 그들의 관계에 부정적인 영향을 미치는 방법 모두를 쉽게 나열할 수 있다. 그러나 개선된 증상이 관계를 위협하고 있다면 이를 직면하는 것은 매우 어려운 일이다. 이렇듯 잠재적인 이차적 위협이 치료의 심각한 저항 요소가 되는지를 확인하는 것은 매우 중요하다. 이를 위해 양쪽 파트너에게 다음의 질문을 해 볼 수 있다. 만약 당신이 더 이상 삽입 성교로 인한 통증을 겪지 않는다면, 당신의 삶은 어떻게 바뀌는가? 통증이 사라지거나 개선되면 어떻게 될지 걱정이 되는가? 증상을 해결하는 것에 따르는 부정적인 결과를 생각할 수 있는가?

파트너에게 매력을 느끼지 못하는 여성은 통증이 가라앉으면 성관계를 회피할 '합법적' 핑계를 잃게 될까 봐 두려워할 수 있다. 불안정한 애착을 지닌 남성 파트너는 문제가 해결되면 자신의 파트너가 자신을 떠날지도 모른다고 걱정할 수 있다. 이와 같은 질문은 고통의 근본적인 기능을 이해하는 데 도움이 된다.

치료에 따르는 과제

GPPPD의 치료에는 많은 어려움이 있다. 아마도 이들 중 가장 중요한 것은 치료 계획에서 여러 의료 전문가와 협력하고 조율하는 일일 것이다. 사례마다 가지고 있는 제약 조건을 고려하고 치료해야 하는 것은 분명하지만 독립적이거나 순차적인 접근보다는 학제 간 소통되는 작업이어야 할 뿐만 아니라 치료 팀(예: 산부인과 의사, 성 치료사, 물리치료사)이 동시에 협력하는 것이야말로 최적의 전략이다(Binik & Meana, 2009).

두 번째 과제는 성에 있어서 자발성의 중요성에 대한 믿음과 주어진 훈련의 구조적인 특성 사이에 균형을 맞추는 것이다. 치료사는 여기서 가볍게 시작하며 동시에 성적인 상호작용을 계획하고 싶은 유혹을 이겨 내야 한다. 성관계는 과제가 될 수 없다. 매력적인 과제란 없는 법이다. 게다가 통증이 수반되는 성관계 치료는 선형적 과정을 거치는 일이 거의 없다. 그러므로 치료자는 능동적으로 대처하고 내담자가 실패와 함께 오는 좌절이나 무한한 낙관주의를 처리할 수 있도록 준비시키는 것이 좋다.

세 번째 과제는 치료사가 수행 불안을 유발하지 않도록 조심하는 것이다. 치료사가 내담자에게 성행동과 관련된 연습을 제안하거나 지시할 때, 이것이 내담자로 하여금 성적인 활동을 해야만 하는 것으로 압박을 느끼게 할 수 있다. 치료사가 편견 없이 내담자의 경험을 다루면서 훈련에 대해 비순응적인 부분에 초점을 맞추어 탐색하는 것이 중요하다.

마지막 과제는 치료적 성공의 정의이다. 치료가 진행됨에 따라 내담자는 비밀리에 또는 공개적으로 이전에 설정한 목표를 수정할 수 있지만 파트너의 목표와는 완전히 일치하지 않을 수 있다. 따라서 목표와 기대를 지속적으로 명확히 하는 것이 도움이 될 수 있다. 궁극적으로, 모든 성 기능 장애의 치료와 마찬가지로 가장 중요한 치료 결과는 성관계나 오르가슴의 빈도가 아니라 성적 만족이다. 때때로 그것은 성 치료의 유일한 측면이지만, 결국 중요한 것은, 그것이 무엇이든 상관없이 그들이 자신의 경험에 얼마나 만족하느냐 하는 것이다.

결론

지난 20년간 통증을 수반하는 삽입 성교의 기제와 치료를 이해하기 위한, 상당한 연구 노력이 입증되었다. 초기에는 통증의 특성과 감각적 특성에 중점을 두었다. 고통스러운 삽입 성교에 대한 역사적 접근 방식이 수정되고 생산적으로 발전하여 이것이 심리적·관계적 문제로 인한 신체화 징후라는 것을 강조하게 되었다. 이제 GPPPD는 주로 성에 지장을 주는 통증 장애로 인식되고 있는 만큼 연구와 임상 작업은 체계 중심적인 상태를 유지하도록 해야 한다. 이에 섹슈얼리티와 관련된 모든 장애가 병인과는 관계없이 심리적·대인관계적·사회문화적 요인에 크게 영향을 받는다는 사실을 간과해서는 안 된다.

고통스러운 성에 관련된 연구와 임상 실습의 중요한 미래 방향 중 하나는 남성의 성교통을 고려하는 것이다. 남성의 성교통의 유병률이 3~5%인 현황을 보았을 때(American

Psychiatric Association, 2000; Pitts, Ferris, Smith, Shelley, & Richters, 2008), DSM-IV가 남성과의 통증을 수반하는 성행위 가능성을 허용한 것과 같은 맥락으로, DSM-5에서 GPPPD를 여성의 성 기능 장애로 규정한 것은 엄밀히 말하면 여전히 뒤처진 것 같다. 마찬가지로 비이성애적 여성에 대한 삽입 통증을 포함한 성기-골반통증의 경험에 대한 연구는 제한적이다. 마지막으로, 장애가 있는 사람은 다양한 만성질환 및 그에 대한 치료법으로 인하여 고통스러운 성관계로 이어질 수 있기 때문에 더 많은 연구와 임상적 관심이 필요한 집단이라 간주된다.

참고문헌

Alligood-Percoco, N. R., Kjerulff, K. H., & Repke, J. T. (2016). Risk factors for dyspareunia after first childbirth. *Obstetrics and Gynecology, 128*(3), 512.

American Psychiatric Association (2000). *Diagnostic and statistical manual of mental disorders* (4th ed.). Author.

American Psychiatric Association (2013). *Diagnostic and statistical manual of mental disorders* (5th ed.). Author.

Bergeron, S., Corsini-Munt, S., Aerts, L., Rancourt, K., & Rosen, N. O. (2015). Female sexual pain disorders: a review of the literature on etiology and treatment. *Current Sexual Health Reports, 7*(3), 159-169.

Binik, Y. M. (2010a). The DSM diagnostic criteria for vaginismus. *Archives of Sexual Behavior, 39,* 278-291. doi: 10.1007/s10508-009-9560-0.

Binik, Y. M. (2010b). The DSM diagnostic criteria for dyspareunia. *Archives of Sexual Behavior, 39,* 292-303. doi: 10.1007/s10508-009-9563-x.

Binik, Y. M., & Meana, M. (2009). The future of sex therapy: Specialization or marginalization? *Archives of Sexual Behavior, 38,* 1016-1027. doi: 10.1007/s10508-009-9475-9.

Blair, K. L., Pukall, C. F., Smith, K. B., & Cappell, J. (2015). Differential associations of communication and love in heterosexual, lesbian, and bisexual women's perceptions and experiences of chronic vulvar and pelvic pain. *Journal of Sex & Marital Therapy, 41*(5), 498-524. doi: 10.1080/0092623X.2014.931315.

Boerner, K. E., & Rosen, N. O. (2015). Acceptance of vulvovaginal pain in women with provoked vestibulodynia and their partners: Associations with pain, psychological, and sexual adjustment. *Journal of Sexual Medicine, 12*(6), 1450-1462. doi: 10.1111/jsm.12889.

Curtin, N., Ward, L. M., Merriwether, A., & Allison, C. (2011). Femininity ideology and sexual health in young women: A focus on sexual knowledge, embodiment, and agency.

International Journal of Sexual Health, *23*, 48-62. doi: 10.1080/19317611.2010.524694.

Dargie, E., Holden, R. R., & Pukall, C. F. (2016). The Vulvar Pain Assessment Questionnaire inventory. *Pain*, *157*(12), 2672-2686. doi: 10.1097/j.pain.0000000000000682.

Desrochers, G., Bergeron, S., Khalife, S., Dupuis, M.-J., & Jodoin, M. (2009). Fear avoidance and self-efficacy in relation to pain and sexual impairment in women with provoked vestibulodynia. *The Clinical Journal of Pain*, *25*(6), 520-527. doi: 10.1097/AJP.0b013e31819976e3.

Desrochers, G., Bergeron, S., Landry, T., & Jodoin, M. (2008). Do psychosexual factors play a role in the etiology of provoked vestibulodynia? A critical review. *Journal of Sex & Marital Therapy*, *34*, 198-226. doi: 10.1080/00926230701866083.

Donaldson, R. L., & Meana, M. (2011). Early dyspareunia experience in young women: Confusion, consequences, and help-seeking barriers. *Journal of Sexual Medicine*, *8*, 814-823. doi: 10.1111/j.1743-6109.2010.02150.x.

Dube, J. P., Bergeron, S., Muise, A., Impett, E. A., & Rosen, N. O. (2017). A comparison of approach and avoidance sexual goals in couples with vulvodynia and community controls. *The Journal of Sexual Medicine*, *14*(11), 1412-1420.

Dunkley, C. R., & Brotto, L. A. (2016). Psychological treatments for provoked vestibulodynia: Integration of mindfulnessbased and cognitive behavioral therapies. *Journal of Clinical Psychology*, *72*(7), 637-650. doi: 10.1002/jclp. 22286.

Engman, L., Flink, I. K., Ekdahl, J., Boersma, K., & Linton, S. J. (in press). Avoiding or enduring painful sex? A prospective study of coping and psychosexual function in vulvovaginal pain. *European Journal of Pain*.

Gerber, S., Bongiovanni, A. M., Ledger, W. J., & Witkin, S. S. (2002). Defective regulation of the pro-inflammatory immune response in women with vulvar vestibulitis syndrome. *American Journal of Obstetrics and Gynecology*, *186*, 696-700. doi: 10.1067/mob.2002.121869.

Harlow, B. L., Wise, L. A., & Stewart, E. G. (2001). Prevalence and predictors of chronic lower genital tract discomfort. *American Journal of Obstetrics and Gynecology*, *185*, 545-550. doi: 10.1067/mob.2001.116748.

Heddini, U., Bohm, S. N., Gronbladh, A., Nyberg, F., Nilsson, K. W., & Johannesson, U. (2014). Serotonin receptor gene (5HT-2A) polymorphism is associated with provoked vestibulodynia and comorbid symptoms of pain. *Journal of Sexual Medicine*, *11*(12), 3064-3071. doi: 10.1111/jsm.12685.

Henzell, H., Berzins, K., & Langford, J. P. (2017). Provoked vestibulodynia: current perspectives. *International Journal of Women's Health*, *9*, 631-642. doi: 10.2147/IJWH.S113416.

Hertlein, K. M., & Weeks, G. R. (2009). Toward a new paradigm in sex therapy. *Journal of Family Psychotherapy*, *20*, 112-128.

Khandker, M., Brady, S. S., Stewart, E. G., & Harlow, B. L. (2014). Is chronic stress during childhood associated with adult-onset vulvodynia? *Journal of Women's Health*, *23*(8), 649-656. doi: 10.1089/jwh.2013.4484.

Klaassen, M., & ter Kuile, M. M. (2009). Development and initial validation of the Vaginal Penetration Cognition Questionnaire (VPCQ) in a sample of women with vaginismus and dyspareunia. *Journal of Sexual Medicine*, *6*, 1617-1627. doi: 10.1111/j.1743-6109.2009.01217.x.

Koops, T. U., & Briken, P. (in press). Prevalence of female sexual function difficulties and sexual pain assessed by the female sexual function index: A systematic review. *The Journal of Sexual Medicine*.

Lev-Sagie, A., & Witkin, S. S. (2016). Recent advances in understanding provoked vestibulodynia. *F1000Research*, *5*.

Masters, W. H., & Johnson, V. (1970). *Human sexual inadequacy*. Little, Brown.

McCabe, M. P., Sharlip, I. D., Lewis, R., Atalla, E., Balon, R., Fisher, A. D., ⋯ Segraves, R. T. (2016). Incidence and prevalence of sexual dysfunction in women and men: A consensus statement from the Fourth International Consultation on Sexual Medicine 2015. *Journal of Sexual Medicine*, *13*(2), 144-152. doi: 10.1016/j.jsxm.2015.12.034.

McCool, M. E., Zuelke, A., Theurich, M. A., Knuettel, H., Ricci, C., & Apfelbacher, C. (2016). Prevalence of female sexual dysfunction among premenopausal women: a systematic review and meta-analysis of observational studies. *Sexual medicine reviews*, *4*(3), 197-212.

Meana, M. (2012). *Sexual dysfunction in women*. Hogrefe Publishing.

Morgan, T. K., Allen-Brady, K. L., Monson, M. A., Leclair, C. M., Sharp, H. T., & Cannon-Albright, L. A. (2016). Familiality analysis of provoked vestibulodynia treated by vestibulectomy supports genetic predisposition. *American Journal of Obstetrics and Gynecology*, *214*(5), 609-e1.

Morin, M., Carroll, M. S., & Bergeron, S. (2017). Systematic review of the effectiveness of physical therapy modalities in women with provoked vestibulodynia. *Sexual medicine reviews*, *5*(3), 295-322.

Moyal-Barracco, M., & Lynch, P. J. (2004). 2003 ISSVD terminology and classification of vulvodynia: A historical perspective. *Journal of Reproduction Medicine*, *49*, 772-777.

Muise, A., Bergeron, S., Impett, E. A., Delisle, I., & Rosen, N. O. (2018). Communal motivation in couples coping with vulvodynia: Sexual distress mediates associations with pain, depression, and anxiety. *Journal of Psychosomatic Research*, *106*, 34-40.

Muise, A., Bergeron, S., Impett, E. A., & Rosen, N. O. (2017). The costs and benefits of sexual communal motivation for couples coping with vulvodynia. *Health Psychology*, *36*(8), 819-827. doi: 10.1037/hea0000470.

Oberg, K., Fugl-Meyer, A. R., & Fugl-Meyer, K. S. (2004). On categorization and quantification of women's sexual dysfunctions: An epidemiological approach. *International Journal of Impotence Research, 16*, 261-269. doi: 10.1038/sj.ijir.3901151.

Payne, K. A., Binik, Y. M., Amsel, R., & Khalife, S. (2005). When sex hurts, anxiety and fear orient toward pain. *European Journal of Pain, 9*, 427-436. doi: 10.1016/j.ejpain.2004.10.003.

Pazmany, E., Bergeron, S., Verhaeghe, J., Van Oudenhove, L., & Enzlin, P. (2014). Sexual communication, dyadic adjustment, and psychosexual wellbeing in premenopausal women with self-reported dyspareunia and their partners: A controlled study. *Journal of Sexual Medicine, 11*(7), 1786-1797. doi: 10.1111/jsm.12518.

Pitts, M., Ferris, J., Smith, A., Shelley, J., & Richters, J. (2008). Prevalence and correlates of three types of pelvic pain in a nationally representative sample of Australian men. *The Journal of Sexual Medicine, 5*(5), 1223-1229.

Pukall, C. F., Goldstein, A. T., Bergeron, S., Foster, D., Stein, A., Kellogg-Spadt, S., & Bachmann, G. (2016). Vulvodynia: Definition, prevalence, impact, and pathophysiological factors. *Journal of Sexual Medicine, 13*(3), 291-304. https://doi.org/10.1016/j.jsxm.2015.12.021.

Rosen, N. O., & Bergeron, S. (2018). Genito-pelvic pain through a dyadic lens: Moving toward an interpersonal emotion regulation model of women's sexual dysfunction. *Journal of Sex Research.* doi: 10.1080/00224499.2018.1513987.

Rosen, N. O., Bergeron, S., Sadikaj, G., & Delisle, I. (2015). Daily associations among male partner responses, pain during intercourse, and anxiety in women with vulvodynia and their partners. *The Journal of Pain, 16*(12), 1312-1320. doi: 10.1016/j.jpain.2015.09.003.

Rosen, N. O., Glowacka, M., Meana, M., & Binik, Y. M. (2018). Sexual dysfunction. In J. Hunsley & E. J. Mash (Eds.), *A guide to assessments that work* (2nd ed.) (pp. 515-538). Oxford University Press.

Rosen, N. O., Muise, A., Impett, E. A., Delisle, I., Baxter, M. L., & Bergeron, S. (2018). Sexual cues mediate the daily associations between interpersonal goals, pain, and well-being in couples coping with vulvodynia. *Annals of Behavioral Medicine, 52*(3), 216-227.

Rosen, R., Brown, C., Heiman, J., Leiblum, S., Meston, C., Shabsigh, R., ⋯ D'Agostino, R. J. (2000). The Female Sexual Function Index (FSFI): A multidimensional self-report instrument for the assessment of female sexual function. *Journal of Sex & Marital Therapy, 26*, 191-208. doi: 10.1080/009262300278597.

Rosen, R. C., Riley, A., Wagner, G., Osterloh, I. H., Kirkpatrick, J., & Mishra, A. (1997). The International Index of Erectile Function (IIEF): A multidimensional scale for assessment of erectile dysfunction. *Urology, 49*, 822-830.

Rosenbaum, T. Y. (2007). Physical therapy management and treatment of sexual pain disorders. In S. R. Leiblum (Ed.), *Principles and practice of sex therapy* (4th ed.) (pp. 157-177). Guilford

Press.

Rosenbaum, T. Y. (2013). An integrated mindfulness-based approach to the treatment of women with sexual pain and anxiety: Promoting autonomy and mind/body connection. *Sexual and Relationship Therapy*, *28*(1-2), 20-28. doi: 10.1080/14681994.2013.764981.

Rosenbaum, T. Y. (2018). Limits of pelvic floor physical therapy in the treatment of GPPD. *Current Sexual Health Reports*, *10*(2), 35-37.

Santerre-Baillargeon, M., Rosen, N. O., Steben, M., Paquet, M., Macabena Perez, R., & Bergeron, S. (2018). Does self-compassion benefit couples coping with vulvodynia? Associations with psychological, sexual, and relationship adjustment. *The Clinical Journal of Pain*, *34*(7), 629-637.

Snyder, S. (2018). *Love worth making: How to have ridiculously great sex in a long-lasting relationship*. St. Martin's Press.

Sullivan, M. J. L., Bishop, S. R., & Pivik, J. (1995). The Pain Catastrophizing Scale: Development and validation. *Psychological Assessment*, *7*, 524-532.

Sullivan, M. J. L., Lynch, M. E., & Clark, A. J. (2005). Dimensions of catastrophic thinking associated with pain experience and disability in patients with neuropathic pain conditions. *Pain*, *113*, 310-315. doi: 10.1016/j.pain.2009.06.031.

Sungur, M. Z., & Gunduz, A. (2014). A comparison of DSM-IV-TR and DSM-5 definitions for sexual dysfunctions: Critiques and challenges. *Journal of Sexual Medicine*, *11*(2), 364-373. doi: 10.1111/jsm.12379.

ter Kuile, M. M., Melles, R. J., Tuijnman, R. C. C., de Groot, H. E., & van Lankveld, J. J. D. M. (2015). Therapist-aided exposure for women with lifelong vaginismus: Mediators of treatment outcome: A randomized waiting list control trial. *Journal of Sexual Medicine*, *12*(8), 1807-1819. doi: 10.1111/jsm.12935.

ter Kuile, M. M., & Reissing, E. D. (2014). Lifelong vaginismus. In Y. M. Binik & K. Hall (Eds.), *Principles and Practice of Sex Therapy* (pp. 177-194). Guilford Press.

van Lankveld, J. J. D. M., Granot, M., Weijmar Schultz, W. C., Binik, Y. M., Wesselman, U., Pukall, C. F., & Achtrari, C. (2010). Women's sexual pain disorders. *Journal of Sexual Medicine*, *7*, 615-631.

Weeks, G., & Gambescia, N. (2009). A systemic approach to sensate focus. In K. Hertlein, G. Weeks, & N. Gambescia (Eds.), *Systemic sex therapy* (pp. 341-362). Routledge.

Weeks, G. R., & Gambescia, N. (2015). Toward a new paradigm in sex therapy. In K. M. Hertlein, G. R. Weeks, N. Gambescia, K. M. Hertlein, G. R. Weeks, & N. Gambescia (Eds.), *Systemic sex therapy* (pp. 32-52). Routledge/Taylor & Francis Group.

정신 건강과 성 건강의 상호작용

·· · Systemic Sex Therapy ·· ·

제**11**장
정신 건강과 성 건강의 상호작용

Kenneth Phelps · Ashley Jones · Rebecca Payne

서론

성 건강은 정신 건강과 분리될 수 없다. 둘 다 삶의 질과 관계 만족과 불가분의 관계가 있다. 인간의 전반적인 웰빙에 필수적인 건강의 이러한 측면은 계속해서 사회적 낙인을 공유하여 잘못된 정보를 지속시키고 효과적인 치료를 방해한다. 이러한 임상 영역을 부끄러워하거나 일반적으로 침묵하는 사회에서 『정신질환의 진단 및 통계 편람』의 5판(DSM-5; American Psychiatric Association, 2013)은 계속해서 그 영향력을 정의하고 연구하는 역할을 하고 있다. 각성장애, 욕구장애, 삽입 통증, 오르가슴 장애 등 성 기능 장애가 매뉴얼에 등장한다. 성 기능에 대한 이러한 진단은 정신 건강 및 약물 남용 전문가들이 일반적으로 치료하는 다른 질병들에 의해 확실히 영향을 받을 수 있다. 실제로 연구자들은 치료가 적절하게 조정될 수 있도록 임상가들에게 정신 건강 문제가 성적 불만의 원인인지 결과인지 탐색할 것을 권장해 왔다(Brotto et al., 2016).

DSM-5의 분류를 넘어서, 자신들의 성적 잠재력을 탐색하는 모든 사람은 세대와 문화적 요인에 의해 영향을 받은 개인적 취약성, 관계적 취약성 및 신념의 복잡한 항해를 한다. 이 여정은 사람들이 그들의 심리적 사각지대와 조건적 반응을 떠올리게 만들기 때문에 아무 일 없이 지나가는 일은 거의 없다. 많은 사람이 우울증이나 불안과 같은 정신질환으로 고생하는 반면, 어떤 사람들은 중독이나 강박장애(OCD)의 반복적인 행동에 빠져 있을 수 있다. 어떤 사람들에게는 성을 추구하는 것이 트라우마를 불러오고 신체적 고통의 징후를 가져온다. 정신 기능과 성 기능 사이의 이러한 상호작용의 영향은 종종 청소년과 젊은 성인들이 선호하는 성적 자아(self)를 정의할 때 나타난다. 최근 한 연구에서, 정신질환이 있는 15~26세 참가자 중 95.8%가 성 기능 장애 항목 중 하나를 가지고 있다고 했고, 38.9%가 임상적 성 기능 장애 기준을 충족했다(McMillan et al., 2017).

적절한 약물치료와 심리치료는 정신질환이 있는 사람들의 삶의 질을 크게 향상시킬 수 있다. 불행하게도, 정신 문제를 치료하는 데 사용되는 향정신성 약물은 때때로 성 기능을 악화시킬 수 있다. 이러한 현실에 더하여, 종종 약물 처방 시 약물치료의 부작용을 인식하지 못하기도 하고 문헌의 데이터 역시 부족한 것이 문제가 된다(Montejo et al., 2018). 많은 임상가가 심리치료의 효과에 의구심을 가지고 있는데 이는 성 건강이나 관계의 상태를 무시하기 때문이다. 적절한 심리교육, 효과적인 치료 방법, 종합적이고 체계론적인 관리를 통해 부정적 결과를 피할 수 있기 때문에 아직 모든 희망이 사라진 것은 아니다.

개인, 커플 또는 가족에게 만족스러운 결과를 제공하는 치료를 위해 체계론적인 치료사는 정신 건강과 성 건강의 상호 관계에 대한 최신 지식을 갖추어야 한다. 이 장의 목적은 ① 다양한 심리적 증상(기분, 불안, 신체화 등)이 성 건강에 미치는 영향을 검토하고, ② 향정신성 의약품, 알코올 사용 및 불법 약물이 성 기능에 미치는 일반적인 영향에 대해 논의하며, ③ 생물심리사회학 분야의 상담실에 사례 모델과 협업 치료 계획을 통해 이러한 지식을 공급하는 것이다.

메타체계접근은 한 사람의 심리치료사가 창고에서 홀로 실천할 수 있는 것이 아니기에 협업 치료 계획의 마지막 포인트는 매우 중요하다. 정신질환을 동반하는 성 기능 장애가 질병의 증상인지, 약물의 바람직하지 않은 부작용인지, 질병 이전에 나타나는 것인지, 또는 다른 인과 요인(예: 약물 사용, 의학적 진단)에 기인하는지를 파악하는 것은 복잡하지만 치료 계획을 세우는 데 필요한 과정일 수 있다(Clayton & Balon, 2009). 이는 개인의 생물학적 취약성과 심리적 대처 방식뿐만 아니라 광범위한 상호작용 및 세대 간 체계를 고려하여 메타체계접근을 활용하는 개인으로 구성된 팀을 통해 가장 잘 달성된다(Weeks & Cross, 2004). 다음의 심리적 증상 범주는 정리를 위한 목적으로 별도 제시되지만, 임상 현장에서는 문제가 동시 발생하는 것이 예외적인 상황이 아니라 전형적으로 일어나는 규칙이라는 점을 유의해야 한다.

우울장애

　35세의 매트(Matt)는 병원을 방문하기 4주 전부터 무쾌감, 우울한 기분, 피로, 식욕 부진, 수면 부족, 과민성 및 무가치감을 겪어 왔고 6개월 전에 외래 정신건강의학과 병원을 찾았다. 그는 자신이 맡은 업무를 완수하는 데 어려움을 겪었고 최근에 상사는 그의 업무실적이 평균 이하라고 평가했다. 파트너인 토냐(Tonya)는 그가 사회생활과 성생활에 관심이 없다는 것을 알았다. 그는 자신의 관계가 긴장되어 있고 '토냐를 무너뜨리고 싶지는 않지만' 아무것도 하고 싶지 않다고 알렸다. 첫 번째 방문에서 그는 주요우울장애 진단을 받았고, 심리치료를 처방받고, 항우울제인 선택적 세로토닌 재흡수 억제제(SSRIs)를 복용하기 시작했다.

　약물치료와 심리치료를 병행하는 후속 진료에서 매트의 우울 증상이 크게 개선되었다. 친밀감과 관련해 보고한 증상에 대해 구체적으로 묻자 그는 파트너와 성행위를 할 때 '너무 오래 걸린다'며 '끝나지 않는 경우가 많다'고 답했다. 추가 조사에서, 그는 오르가슴과 사정을 마치는 데 시간이 너무 오래 걸려서 오르가슴과 사정에 도달할 수 있기 전에 종종 성행위를 중단했다고 보고했다. 토냐가 항상 그를 지지하지만 매트는 종종 좌절감을 느끼고 자신을 '무능'하고 '쓸모없는 파트너'라는 자동적인 부정적 사고를 갖게 되었다.

증상

　우울한 기분이 주요 증상인 정신질환이 많다(예: 지속적인 우울장애, 주요우울장애, 불특정 우울장애, 양극성장애). 연구에 따르면 주요우울장애가 있는 경우 성 기능 장애 유병률은 35%에서 70% 사이라고 추정된다(Schweitzer, Maguire, & Ng, 2009). 우울증은 성 기능 장애 외에도 성적 위험 행동 증가, 성 의료 서비스 이용 증가와 관련이 있다(Field et al., 2016). 불행히도 성 기능 장애는 질병뿐만 아니라 약물의 일반적인 흔한 부작용일 수 있다. 환자들은 기분을 개선하거나 성적 활력을 추구하는 것 중 하나를 선택하는 데 어려움을 겪기 때문에 성 기능 장애를 유발하는 항우울제를 복용하지 않거나 복용을 중단할 수 있다(Schweitzer, Maguire, & Ng, 2009; LaTorre, Conca, Duffy, Giupponi, Pompili, & Grozinger, 2013; Zemishlany & Weizman, 2008).

　매트의 사례에서는 우울과 성 건강 사이에 일어나는 복잡한 관계성이 눈에 띈다. 첫째, 주요우울장애(MDD)의 증상은 일반적으로 성적 어려움으로 이어진다. 예를 들어, 매트는 활동에 대한 흥미와 즐거움의 감소, 무가치감, 피로감, 짜증, 동기 부족을 경험했다. 이 모든 증상은 성 기능에 영향을 줄 수 있다. '파트너의 기분을 상하게 한다'거나 '쓸모가 없다'는 부담스러운 생각은 분명 한 사람의 자신감, 성욕, 그리고 파트너와의 조화로운 관계를 훼손할 수 있다. 무기력하거나 에너지가 떨어지는 자율신경계 증상도 우울한 사람이 성행위를 위한 충분한 추진력을 모으기 어렵게 만든다. 마지막으로, 일차적인 성적 문제로 인해 우울증이 악화되는 사람도 있다. 예를 들어, 매트는 욕구가 낮거나 사정 반응이 늦어서 '부족함'을 느낄 수 있다('나는 내 파트너를 기쁘게 하지도 못하고 그녀와 함께할 수조차 없으므로 너무 부적격자이다'). 반대로, 매트는 평균 이하의 업무수행 능력('나는 동료들보다 훨씬 일을 못하기 때문에 매우 부적절하다')과 같이 완전히 성과 무관한 것 때문에 부적절하다고 느낄 수 있는데, 이는 그의 성적 건강에도 연결될 수 있다('나는 또한 열정적인 성적 파트너가 되지 못하는 것처럼 다른 일에도 다른 사람들만큼 잘하지 못한다. 난 정말 실패자이다'). 이를 뒷받침하거나 반박하는 생각과 증거의 본질을 푸는 것은 커플 중 한 사람이나 또는 두 사람 다 우울장애를 가지고 살고 있는 경우에 중요한 임상 치료의 한 부분이 될 수 있다. 마찬가지로, 매트의 약물이 그의 성 건강에 중요한 역할을 할 수 있는지 조사하는 것은 중요한 고려사항이 될 것이다.

항우울제 약물요법

이론적으로 정신질환과 관련이 있고 항우울제 치료의 대상이 되는 신경전달물질, 특히 도파민, 세로토닌 및 노르에피네프린 등은 성 기능과 관련이 있다(Zemishlany & Weizman, 2008). 신경과학 문헌에 따르면 항우울제 치료의 성적 부작용의 작용 기제는 세로토닌에 의한 시상하부 및 중간 변연계 경로의 도파민 방출 억제와 관련이 있다(Bijlsma et al., 2014). 성욕, 사정, 오르가슴의 억제는 중추신경계(CNS)의 세로토닌 수치 증가와 관련이 있다(Micromedex, 2018). 연구에 따르면 항우울제의 작용 기제가 중요하다. 이는 세로토닌이 아닌 노르에피네프린과 도파민, 그리고 부스피론[buspirone, 제품명 부스파(Buspar)]과 빌라조돈[vilazodone, 제품명 비브리드(viibryd)] 등 세로토닌 수용체 활성이 있는 세로토닌제로 인해서 부프로피온[bupropion, 제품명 웰부트린(wellbutrin)]의 성적 부작용 부족에서 나타난다(Bijlsma et al., 2014).

여전히 사용 중이지만 모노아민 산화효소 억제제(MAOI) 및 삼환계 항우울제(TCA)와 같은 오래된 항우울제는 대체로 선택적 세로토닌 재흡수 억제제(SSRIs)와 세로토닌 노르에피네프린 재흡수 억제제(SNRI)로 대체되었다. 2013년 연구에서 젤렌버그(Gelenberg)와 동료들은 SNRI와 SSRIs로 치료받은 우울증 환자의 성 기능 장애를 조사했다. 이러한 치료가 시작된 후 처음 한 달 동안은 새로 생긴 성 기능 장애가 자주 보고되었다. 증상이 완화된 우울증 환자의 경우, 무응답자보다 성 기능 장애가 보고될 가능성이 적었다(Gelenberg, Dunner, Rothschild, Pedersen, Dorries, & Ninan, 2013). 다른 연구에 따르면 남성의 약 26~57%와 여성의 27~65%가 치료를 시작하고 처음 몇 주 동안 새로운 성 기능 장애 또는 기존의 성 기능 장애의 악화를 경험하는 것으로 나타났다(Montejo et al., 2018).

종종 대부분의 사람에게 약물 부작용은 항우울제 치료에 따르는 달갑지 않은 부산물이지만, 어떤 경우에는 성적 부작용이 다른 성 기능 장애를 치료하는 사례도 있다. SSRIs는 오르가슴을 연장하고 사정 시간을 사용하여 조기사정을 치료할 수 있다(Clayton & Shen, 1998; Micromedex, 2018). SSRIs로 인해 감소된 성충동 및 기타 치료 효과는 변태성욕장애가 있는 성범죄자의 치료에 사용되었다(Garcia, Delavenne, Assumpcao & Thibaut, 2013).

SSRIs는 환자의 30~70%에서 성 기능 장애를 일으키는 것으로 보고되었다(Micromedex, 2018). 실제로 SSRIs처럼 주로 세로토닌성인 항우울제는 성적 부작용의 가장 흔한 원인이다. 메타 분석에서 세레티와 키에사(Serretti & Chiesa, 2009)는 서로 다른 항우울제와 그들의 성 기능 장애 비율을 조사했다. 항우울제 치료로 인한 성 기능 장애는 위약보다 발병률이 높았다. 세레티와 키에사는 성 기능에 미치는 영향에 따라 각각 다른 항우울제의 순위를 매겼다[최고에서 최저로: 설트랄린(졸로푸트), 벤라팍신(에프엑소), 시탈로프람(셀렉사), 파록세틴(팍실), 플루옥세틴(프로작), 이미프라민(토프라닐), 페넬진(나딜), 둘록세틴(심발타), 에스시탈로프람(렉사프로) 및 플루복사민(루복스)이 있다]. 위약에 비해 성 기능 저하율에서 유의미한 차이가 없는 여러 약물이 조사되었는데, 그중 미르타자핀[mirtazapine, 상품명 레메론(Remeron)], 네파조돈[nefazodone, 시판되지 않은 세르존(Serzone)], 부프로피온[bupropion, 상품명 웰부트린(Wellbutrin)] 등 세 가지가 있다(Serretti & Chiesa, 2009).

초기 연구자들은 성적 반응의 단계, 즉 ① 성욕, ② 흥분, ③ 오르가슴의 단계에 대한 향정신성 약물이 어떻게 다르게 영향을 미치는지 연구했다(Clayton & Shen, 1998). 연구자들은 MAOI와 SSRIs가 남성과 여성 모두의 성욕 감소와 관련이 있으며, 성적 관심 감소율이 낮은 특별한 SSRIs는 없다고 밝혔다. TCA를 복용하는 여성의 성욕이 감소했다는 보고가 있지만, 이는 관심 감소보다는 오르가슴을 달성하는 데 어려움이 있기 때문일 수 있다. 남성의 경우 임상 실습에서 언급된 것(성욕 감소)과 증거가 보여 주는 것(성욕 감소 없음) 사이에 불일치가 보고되었다. MAOI, TCA 및 SSRIs가 여성에게 성적 흥분 문제를 일으킨다는 중요한 증거는 없다. TCA, MAOI 및 SSRIs의 발기부전에 대한 많은 데이터는 남성의 사례 보고로 제한된다. 여성의 정신의학 약물과 관련된 가장 흔한 성 기능 장애는 오르가슴이 지연되거나 오르가슴에 도달하지 못하는 문제이다. 남성의 경우 TCA와 SSRIs 모두 오르가슴에 영향을 미치는 것으로 나타났다. SSRIs는 특히 성불감증이 생기거나 오르가슴에 이르는 시간이 길어질 수 있다(Clayton & Shen, 1998).

초카와 행키(Chokka & Hankey, 2018)는 1993~2017년 우울증 치료와 관련된 성 기능 장애에 관한 문헌을 검토하고 제공자들이 약물을 선택할 수 있도록 돕는 도식을 만들었다. 그들은 정신의학 약물을 '성 기능 향상' '성 기능에 유의미한 영향 없음' '성 기능에 상당한 부정적 영향' '불확실함' 등의 범주로 요약했다. 이 체계에 따르면, 부프로피온은 '성 기능 향상' 범주에서 발견되는 유일한 항우울제이다(Chokka & Hankey, 2018). 부프로피온은 우울증에 효과가 있지만 불안장애의 치료에는 사용이 승인되지 않아 동반 질환이 있는 환자에게 제한적일 수 있다. 데스벤라팍신(desbenlafaxine), 빌라조돈, 보르티옥세틴(vortioxetine)이 '성 기능에 유의미한 영향 없음'으로 분류되었다. 둘록세틴(duloxetine), 레보밀나시프란(levomilnacipran), 미르타자핀(mirtazapine)은 '불확실함'으로 밝혀졌다. 이 장에서 검토한 대부분의 약물은 '성 기능에 상당한 부정적 영향'이 있는 것으로 밝혀졌는데, 시탈로프람, 에스시탈로프람(escitalopram), 플루옥세틴, 벤라팍신(venlafaxine), 설트랄린, 파록세틴이 여기에 포함된다(Chokka & Hankey, 2018).

우울증 치료에 사용되는 SSRIs, SNRI 및 기타 약물들이 많이 있다. 특히 이러한 약물 중 다수는 불안, 외상 후 스트레스 장애(Post-Traumatic Stress Disorder: PTSD), 강박장애의 치료에도 사용된다. 일부 약물은 섬유근육통이나 신경증성 통증과 같은 다른 비정신의학적 질병에도 효과가 있다. 항우울제 치료에서 성 기능 장애의 발생률을 정확하게 평가하기는 어려운데 이는 문헌에 보고된 광범위한 범위, 다양한 데이터 수집 방법, 연구 표본에 속한 여성 인구의 부족 때문이다(Micromedex, 2013). 각 개별 약물에 특정한 성 기능 장애에 대한 정보는 일반적인 약학 참고 문헌에서 확인할 수 있다. 예를 들어, 의료 전문가가 의약품에 대한 자세한 정보를 찾는 데 사용하는 자료인 마이크로메덱스(Micromedex)가 있다.

추가 탐색 후, 매트는 발기를 하고 유지하는 데 어려움이 없다는 것을 알게 되었다. 그는 수면 중에 발기가 된다. 그는 자위를 통해 오르가슴과 사정을 달성하기 어려워서 좌절하곤 한다고 했다. 매트는 성욕이 처음보다 나아졌지만, 여전히 자신이 원하는 것보다는 낮다고 보고했다. 또한 오르가슴이 토냐와의 토론의 주제가 된 이후, 오르가슴을 느낄 수 있는지에 대해 약간의 불안감을 갖게 되었다.

주요 포인트

- 무쾌감증, 의욕 상실, 피로감, 무가치감 등을 포함한 우울 증상은 성 기능에 영향을 미칠 수 있다.
- 전반적인 항우울제 복용은 잠재적으로 성욕 감소, 흥분장애, 오르가슴 및 사정 문제를 일으킬 수 있다. 약물마다 다르므로 성적 부작용의 비율이 다르다.
- 약물치료는 치료 후 처음 몇 주 또는 몇 달 동안 성 기능 장애를 일으킬 가능성이 매우 높다. 성적인 증상, 우울한 증상, 그리고 약물치료가 있는 사례에 대한 신중한 타임라인을 가지는 것이 중요하다.

양극성장애

증상

양극성장애 환자들은 상당한 기간의 경조증이나 조증과 우울증을 경험한다. 성적 활동의 변화는 조증과 경조증 증상의 중요한 징후일 수 있다. 이러한 증상을 보이는 사람은 일정 기간 동안 목표 지향적 활동의 증가, 수면 욕구의 감소, 빠른 사고, 주의 산만 및 떠벌림을 함께 보여 주며, 조증의 경우 기능적 능력 장애를 나타낸다(American Psychiatric Association, 2013). 조증에서 성적 문제의 가장 주목할 만한 징후는 성병 감염(Sexually Transmitted Infection: STI)에 걸릴 확률, 의도하지 않은 임신, 일부일처제 관계에서 불성실할 수 있는 과성애와 관련된 위험 행동을 포함한다. 현재 성욕 과잉에 대한 연구 기반은 용어에 대한 이질적 해석으로 인해 다양하다. 커플 중 한 사람이 양극성장애가 있는 경우 파트너 간의 성적 만족도가 낮고 성적 만족도가 불일치하는 경향이 있다는 데이터가 있다(Kopeykina et al., 2016). 조증 단계에서의 파트너의 행동(예: 지속적인 친밀함 추구, 강박적인 성인물 시청, 치근덕거리는 행동, 관계를 벗어난 일을 하는 것)은 양극성장애가 없는 파트너에게 힘든 도전이 될 수 있다.

반대로, 양극성장애의 우울삽화가 있는 환자는 현저한 동기 부여, 피로 및 성욕 부족을 나타낼 수 있다(American Psychiatric Association, 2013). 앞에서 논의한 우울 증상과 마찬가지로 우울증에 걸린 사람은 성 기능 장애에 대한 임상 기준을 충족하며, 종종 성욕 과잉의 역행(즉, 낮은 욕망 또는 성욕 저하)을 보여 준다(Kopeykina et al., 2016). 어떤 사람들에게는, 이전의 조증 상태에서 일어난 행동을 반성하는 것은 자기 비판적이고 수치심으로 가득 찬 심리적 경험으로 이어질 수 있다. 이 경험은 조증 증상이 없는 파트너가 상대방의 조증 장애의 정서적 채찍질로 분노하고 상처받고 걱정하면서 또한 공감하려는 반응과 결합될 수도 있다. 다행히 조증, 경조증, 또는 우울증을 치료하기 위해 사용되는 많은 향정신성 약물이 있다. 하지만 이 약물들은 성 건강에 영향을 미칠 수 있다.

양극성장애에 대한 약물치료

치료 제공자는 양극성장애를 치료하기 위해 다양한 약물을 사용할 수 있다. 기분안정제와 항정신병 약물 등이 흔히 사용되지만, 항우울제와 같은 약물은 증상을 안정화하고 조증 증상을 자세히 관찰하기 위해 신중하게 사용할 수 있다.

기분안정제 기분안정제라는 용어는 정신장애, 특히 양극성장애를 치료하는 데 사용되는 약물을 말하며 리튬, 발프로산[valproate, 제품명 데파코트(Depakote)], 라모트리진[lamotrigine, 제품명 라믹탈(Lamictal)] 및 카르바마제핀[carbamazepine, 제품명 테그레톨(Tegretol)]이 포함된다. 성 기능 장애는 기분안정제보다 광범위한 항우울제 및 항정신병제에서 보고되었으며 기분안정제에 사용할 수 있는 데이터 대부분은 뇌전증 환자에 관한 것이다(Montejo et al., 2018). 리튬은 성욕 감소 및 발기부전과 관련이 있으며 약 1/3의 환자에서 성 기능 장애가 발생한다(Micromedex, 2018; Montejo et al., 2018). 리튬과 다른 약물을 복용한 양극성장애 남성의 경우 발기장애(ED)가 보고되었다(Clayton & Shen, 1998). 데파코트는 안드로겐 수준의 변화, 발기장애, 성욕 감소 및 성불감증과 관련이 있다(Montejo et al., 2018). 카르바마제핀은 또한 호르몬 수치, 성욕 및 성 기능 장애에 따라 다양한 변화가 있는 것으로 확인되었다(Montejo et al., 2018). 양극성장애 치료에서 옥스카르바제핀(oxcarbazepine)과 라모트리진이 성 기능 장애를 일으킨다는 데이터는 거의 없다(Montejo et al., 2018).

항정신병 약물 항정신병 약물은 정신질환 외에도 급성 조증, 양극성장애의 유지 치료 및 주요우울장애의 보조 치료에 사용된다. 정신질환으로 항정신병 약물을 투여받은 환자의 약 38~86%가 성 기능 장애를 경험한 것으로 보고되었다(Montejo et al., 2018). 클로르프로마진[chlorpromazine, 제품명: 토라진(Thorazine)]은 양극성장애가 있는 성인용으로 승인된 전형적인 항정신병 약물이다. 아리피프라졸[aripiprazole, 제품명: 아빌리파이(Abilify)], 쿠

에티아핀[quetiapine, 제품명: 쎄로켈(Seroquel)], 리스페리돈[risperidone, 제품명: 리스페르달(Risperdal)], 올란자핀[olanzapine, 제품명: 자이프렉사(Zyprexa)], 루라시돈[lurasidone, 제품명: 라투다(Latuda)], 지프라시돈[ziprasidone, 제품명: 지오돈(Geodon)]과 같은 다른 비정형 항정신병 약물들은 양극성장애에 대해 FDA 승인을 받았다. 또한 아빌리파이, 쎄로켈 XR, 렉술티(Rexulti)는 우울증을 위한 보조치료제로 플루옥세틴과 함께 사용하기 위해 자이프렉사를 승인했다(Micromedex, 2018).

항정신병 약물들은 성 기능 장애와 관련이 있는 것으로 문헌에서 밝혀졌지만, 더 많은 연구가 필요하다(LaTorre, Conca, Duffy, Giupponi, Pompili, & Grozinger, 2013; Micromedex, 2018). 임상 실습에서 보고된 가장 일반적인 재발 부작용은 단기 치료 시 발기부전 및 오르가슴 장애였다. 장기 치료의 경우 욕구 감소가 가장 두드러진 부작용이었다(Montejo et al., 2018). 항정신병 약물로 인한 성욕 감소의 전체 비율은 약 38%였으며, 고용량의 비효과적인 항정신병 약물이 가장 흔한 원인이다. 여성의 경우 항정신병 약물은 특히 60~70세 연령에서 성욕을 감소시키고 성불감증 또는 오르가슴을 지연시키는 것으로 보고되었다. 남성의 경우, 발기부전 및 오르가슴 장애 또는 발기부전과 낮은 성욕의 조합과 관련이 있다(Clayton & Shen, 1998; Montejo et al., 2018).

항정신병 약물로 인한 성 기능 장애의 치료는 코크란 리뷰(Cochrane review)[1]에서 조사되었으며 치료에 대한 연구가 부족함을 강조했다(Schmidt, Hagen, Soares-Weiser, & Maayan, 2012). 항정신병 약물들은 작용 기제에 따라 다양하지만, 대부분 도파민 수용체와 알파-아드레날린 수용체를 차단하며, 항히스타민성 및 항콜린성 특성을 가지고 있어 성 기능 장애를 일으킬 수 있다(LaTorre, Conca, Duffy, Giupponi, Pompili & Grozinger, 2013; Micromedex, 2018). 이러한 특성은 대상 수용체에 따라 진정, 말초 혈관 확장 감소, 프로락틴 상승 등 다양한 효과를 일으킬 수 있다(LaTorre, Conca, Duffy, Giupponi, Pompili, & Grozinger, 2013). 일부 연구에서는 항정신병 약물에 의해 유발될 수 있는 프로락틴 수치 증가가 성 기능 장애의 증가와 관련이 있다고 주장한다(LaTorre, Conca, Duffy, Giupponi, Pompili & Grozinger, 2013).

---

1 역자 주: 코크란(Cochrane)은 보건의료에서의 의사 결정을 위한 근거들을 체계론적으로 제공하는 비영리 민간 단체이며, 코크란 리뷰는 특정 연구 주제에 대하여 이루어진 다양한 연구 결과를 담은 논문을 분석한 것이다.

주요 포인트

- 양극성장애가 있는 사람들이 조증 상태일 때는 성욕 과잉이나 위험한 성행위와 같은 성 관련 증상을 보일 수 있다. 이 장애의 우울 상태에 있는 환자들은 앞서 언급한 우울 장애 부분에 설명되어 있다.
- 기분안정제는 다른 종류의 정신건강의학과 약물(특히 항우울제 및 항정신병 약물)에 비해 성적 부작용에 대한 연구 데이터가 적다. 기분안정제는 일부 연구에서 발기부전, 성욕 감소, 성불감증을 유발하는 것으로 나타났다.
- 항정신병 약물들은 양극성장애를 포함한 많은 임상적 징후에 사용되는 약물의 한 종류이다. 다양한 부작용을 일으킬 수 있는 독특한 특성을 가진 다양한 항정신병 약물들이 있다. 항정신병 약물을 통한 단기 치료는 발기부전 및 오르가슴 장애와 관련이 있는 반면, 장기 치료는 욕구 감소와 관련이 있다.

불안장애와 관련된 진단

증상

흥분과 각성은 불안의 가까운 사촌과 같아서 불안이 어느 정도 수반되는 것이 성적 활동이지만 많은 사람은 실제로 기능을 방해할 수 있는 심각한 불안감으로 고통받는다. 1980년대의 기초 연구는 불안장애 환자의 성 문제 비율이 더 높다는 것을 기록했다(Kaplan, 1988). 최근의 문헌들은 불안과 오르가슴의 어려움 및 통증을 연관시키고 있다(Khandker et al., 2011; Leeners et al., 2014). 범불안장애(Generalized Anxiety Disorder, 이하 GAD)의 불안감과 걱정스러운 생각, 광장공포증의 사회적 고립처럼, 불안과 성적 문제가 공존하는 경우가 많다는 것은 놀라운 일이 아니다.

가장 널리 논의되는 성적 활동과 관련된 불안 중 하나는 수행에 대한 불안이며, 이는 문헌에서 사회공포증(Social Phobia: SP) 또는 사회불안장애와 함께 다루어진다(Heimberg & Barlow, 1988; Zemishlany & Weizman, 2008). 사회적 상황에서 굴욕과 거부에 대한 두려움은 사회공포증의 핵심 구성 요소인데 성활동의 완벽주의로 이어질 수 있다. 완벽한 각성이나 오르가슴을 추구하는 것은 신체적 감각과 관계 경험에 대한 비판단적인 마음챙김의 영향을 약화시키기 때문에 성 기능을 감소시킬 수 있다. 예를 들어, 발기를 하고 이를 유지하는 것을 지나치게 의식을 하는 남성은 불안한 생각으로 인해 발기 능력을 상실할 수 있다. 여성은 오르가슴을 느껴야 한다는 압박을 파트너로부터 받으면 긴장을 푸는 데 필요한 친밀하고 사랑스러운 마음가짐을 잃어버리게 된다. 20년 전 연구에 따르면 임상적으로 불안장애가 있는 여성은 오르가슴에 이르고 즐기는 데 더 어려움을 겪는 경향이 있으며 이는 시간이 지남에 따라 반복된다(Labbatte, Grimes, & Arana, 1998; Leeners et al., 2014). 완벽을 추구하는 것 외에도 사회공포증이 있는 사람들은 성적 관계가 적고, 주관적인 만족도가 낮으며, 낮은 욕구와 흥분이 감소했고, 남성들은 욕구를 충족시키기 위해 성매매에 가담할 가능성이 더 높았다(Bodinger et al., 2002).

그 외 다른 진단들도 살펴본다면, OCD, PTSD 및 공황장애(Panic Disorder: PD)는 종종 성적인 문제와 관련이 있다. DSM-5(American Psychiatric Association, 2013)에서 외상 및 스트레스 관련 장애로 분류된 PTSD는 발기장애 및 조기사정(Letoureneau, Schewe, & Frueh, 1997)을 포함한 참전 용사들의 성적 문제에 대한 중요한 위험 인자로 밝혀졌다. 많은 사람에게 충격적인 사건이란 성행위 도중의 침입 증상으로 연결되는 성폭력, 친밀한 행동의 지속적인 회피, 자신에 대한 부정적인 인식, 심지어 해리까지 포함할 수 있다. 일부 과학자들은 PTSD 환자의 성 문제가 "건강한 성 기능에 필요한 생리적 각성을 조절하고 방향을 바꾸는 능력이 혐오적인 과각성 및 침투적 기억으로부터 멀어지는 것과 관련이 있을 수 있음"과 연결될 수 있다고 제안했다(Yehuda, Lehrner, & Rosenhaum, 2015, p. 1107).

타비다(Tabitha)는 10세부터 12세까지 아버지로부터 성추행을 당한 20세 여성이다. 타비다는 학대가 발견된 직후 치료에 참여했다. 진전을 보인 그녀는 결국 14세 무렵 치료를 중단했다. 그녀는 최근 증상이 재발하여, 하루 종일 시각, 청각, 후각에 의해 촉발되고 있는 자신을 발견했다. 그녀는 또한 최근 아버지의 폭력에 대한 악몽으로 잠을 잘 못 자고, 멜라토닌을 복용해 보았지만 개선되지 않았다. 이러한 기능 악화는 그녀가 2년 동안 파트너였던 키스(Keith)와 처음으로 합의된 성관계를 시작한 상황에서 발생했다. 첫 번째 성관계 이후 타비다는 울면서 자신이 '더럽고' '그의 즐거움을 위해 존재한다'는 침투적인 생각에 사로잡혔다. 두 번째 성관계 시도에서 타비다는 극도로 불안감을 느꼈고 삽입하는 동안 심한 통증을 느꼈다. 이 만남 이후, 타비다는 더 많은 눈물을 흘리고 우울해하는 자신을 발견했고, 키스는 타비다에게 압력을 가하고 싶지 않았기 때문에 위축되었다. 그들의 전반적인 친밀감과 스킨십은 지난 몇 달 동안 감소해 왔다.

PTSD에 대처하는 사람들에게서 발생할 수 있는 회피 증상은 독특한 방식으로 강박장애와 싸우고 있는 환자의 모습과 비슷하다. 강박장애 환자들은 오르가슴에 도달하는 데 더 어려움을 겪으며 성행위를 피하기도 한다(Aksaray, Yelken, Kaptanoglu, Oflu, & Ozaltin, 2001; Fontenelle et al., 2007). 전희나 성행위를 방해할 수 있는 오염에 대한 두려움이나 의식(ritual)을 생각하면 놀라운 일이 아니다. 강박장애의 독특한 구성 요소는 자기 소외감(ego-dystonic)으로 심각한 두려움을 유발하고 종종 전문가들에 의해 성적 환상, 성적 정체성 위기 또는 성도착증으로 잘못 해석되기도 한다(Buehler, 2011). 임상가가 성폭력적인 사고가 강박장애 병인학의 일부인지 또는 일차적인 성도착증인지 판단하는 데 도움이 될 수 있는 새로운 지침이 나왔다(Vella-Zarb, Cohen, McCabe, & Rowa, 2017). 마찬가지로, 기존의 문헌은 성적 지향(즉, 자신의 성적 지향을 의심하는 것)에 대한 우려가 강박적인 물질이나 삶에서 가장 매력적인 사람을 찾는 탐색적인 정신 과정과 일치하는지 이해하는 데 도움이 될 수 있다(Williams & Farris, 2011). 노출과 반응 방지 치료에 참여하는 사람들에게 있어서 강박을 자제할 때 경험하는 불안은 공황과 같은 증상으로 나타날 수 있다. 공황장애를 포함한 공황 발작은 이러한 생리학적 경험의 더 높은 특성을 고려할 때 성 기능에 부정적인 영향을 미친다(Clayton & Balon, 2009).

현재 DSM-5에 의해 강박스펙트럼장애로 분류된 신체기형장애(Body Dysmorphic Disorder: BDD)는 외모에 대해 상상이나 사소한 결함에 사로잡혀 있는 사람에게 진단되는데 결함에 대한 반복적인 행동이나 정신적 행동이 동반된다(American Psychiatric Association, 2013). 이 진단을 받은 사람들은 가장 일반적으로 얼굴 모습, 피부, 머리카락, 가슴, 성기에 대해 걱정한다(Phillips, 2002). 집착하고 반응하는 행동과 사고 패턴은 많은 시간을 허비하지만 그럼에도 불구하고 대부분의 사람은 장애에 대한 통찰력을 거의 보여 주지 않는다. 이 질환이나 성 기능에 미치는 영향에 대한 연구는 거의 없지만, 기존 문헌의 인구통계학적 데이터에 따르면 신체기형장애를 가진 사람의 대다수는 미혼이며 결혼한 적이 없다. 종종 이러한 사람들은 수치심을 느낄 정도로 사소한 결함이나 존재하지 않는 결함에 대해 자의식을 갖고 있어 부끄러움을 느끼고 성관계를 회피한다(Phillips, 2002).

불안을 치료하는 약물

성행위에 대한 불안을 완화하거나 성기능을 방해하는 기존 불안장애가 있는 사람을 치료하면 성 건강을 개선할 수 있다. 불행하게도, 불안 치료제의 일부는 심각한 성적 부작용을 일으킬 수 있다. 불안장애에 대한 가장 일반적인 약물치료에는 SSRIs, SNRI 및 벤조디아제핀이 있다. TCA, 히드록시진(hydroxyzine) 및 가바펜틴(gabapentin)과 같은 다른 약물도 사용된다(일부는 FDA 미승인).

많은 SSRIs와 일부 SNRI는 불안장애를 치료하기 위해 FDA 승인을 받았다. 이러한 약물은 일반적으로 우울증 치료에 사용되며 이러한 약물로 인한 성 기능 장애 정보는 앞부분에서 논의되었다. 불안장애 치료에도 사용되는 약물 유형인 벤조디아제핀은 필요에 따라 또는 매일 사용하도록 처방될 수 있다. 때때로 벤조디아제핀은 SSRIs/SNRI가 작동하기 시작하는 동안 단기 완화에 사용되며 다른 경우에는 장기간 지속을 위해 사용된다. 벤조디아제핀은 SSRIs 및 SNRI 약물과 달리 스케줄 IV 규제 물질[2]로 간주된다. 벤조디아제핀은 GABA 수용체를 통해 작용하며, 약물이 감량되지 않으면 환자는 생리학적 의존성을 일으켜 내성 또는 금단 증상을 유발할 수 있다. 성적 부작용이 발생하고 환자가 약물 복용의 중단을 원하는 경우, 안전하게 복용하고 잠재적으로 심각한 금단 증상을 피하기 위해 처방자와 긴밀히 협력하는 것이 중요하다. 일반적으로 사용되는 벤조디아제핀은 알프라졸람(자낙스), 클로나제팜(클로노핀), 로라제팜(아티반) 및 디아제팜(발륨)이다. 벤조디아제핀은 중추신경계(Central Nervous System: CNS) 억제제로 작용하여 성욕 감소를 유발할 수 있다(Micromedex, 2013). 벤조디아제핀은 성욕 감소와 관련이 있으며 심지어 성욕 증가도 보고되어있다. 알프라졸람(자낙스)의 경우, 성욕 감소가 6~14.4%로 발견되었다(Micromedex, 2013).

불안장애를 치료하는 데 사용되는 또 다른 약물은 히드록시진[제품명: 비스타릴(Vistaril)]이다. 이 약은 항히스타민제이며 필요에 따라 또는 일정에 따라 복용할 수 있다. 히드록시진은 정부에서 통제하고 있는 약물이 아니며 생리학적 의존성, 내성 또는 금단 현상에 대한 보고도 없다. 항히스타민제, 항콜린성 및 중추신경계 진정 특성이 있다. 항콜린제는 발기에 악영향을 미칠 수 있는 반면, 항히스타민제와 CNS 억제제는 잠재적으로 성 기능 장애를 유발할 수 있다(Micromedex, 2013).

부스피론(Buspar)은 성인의 불안장애 치료를 위한 FDA 승인 의약품이다. 필요에 따라 복용하는 약물이 아니며 단독 요법 또는 다른 약물(일반적으로 SSRIs 또는 SNRI)과 함께 보조제로 매일 복용한다. 작용 기제는 대부분 알려져 있지 않고, 정부가 통제하는 약물이 아니며,

---

2 역자 주: 미국 연방법은 통제물질(controlled substances)을 약물의 남용 가능성, 심리적·신체적 의존도, 현재 허용된 의약품에 따라 다섯 가지 범주로 나누는데 스케줄 IV로 분류된 것은 남용 가능성이 낮고 제한적으로 심리적·신체적 의존성이 나타나는 약물들이다.

벤조디아제핀과 같은 수용체에 대한 친화성을 보여 주지 않는다. 강박장애 환자에서 플루옥세틴과 병용할 경우 성불감증을 유발하는 것으로 나타났다(Micromedex, 2018).

주요 포인트

- 다양한 불안장애가 성 기능 장애를 일으키거나 유발할 수 있다. 두려움, 걱정, 불안의 특징은 성행위의 모든 단계와 성행위를 수행하고 완수하는 것에 대한 한 개인의 자신감에 방해될 수 있다.
- 불안장애에 대한 1차 약물은 일반적으로 우울장애 절에 설명된 SSRIs/SNRI 약물이다.
- 벤조디아제핀은 성욕 감소와 관련된 통제된 물질이다. 생리적 의존성과 관련이 있기 때문에 신중하게 처방, 모니터링 및 중단되어야 한다.

신체 증상과 관계된 장애

신체증상장애(Somatic Symptom Disorder: SSD)는 개인이 하나 이상의 신체 증상(의학적 진단 유무)을 가지고 있고, 일상생활에 지장을 주며, 해당 신체 증상과 관련된 생각이나 감정, 행동이 최소 6개월 이상 있을 때 발생한다(American Psychiatric Association, 2013). 이 장애의 특징은 증상으로 인한 고통과 증상에 집중하는 지속적이고 과도한 시간이 여러 가지 방법으로 나타날 수 있다. 개인은 일시적인 특성이나 증상의 심각성에 대해 지속적으로 생각하거나, 증상이나 전반적인 건강에 대해 지속적으로 높은 수준의 불안을 느끼거나, 증상과 관련된 일에 상당한 시간을 할애할 수 있다(American Psychiatric Association, 2013). SSD, 신체 증상 및 성 기능 장애의 관계는 아직 밝혀지지 않았다. 실제로 SSD[3]는 일반 인구에서 5~7% 사이의 유병률을 가지고 있지만(Kurlansik & Maffei, 2016) 현재 문헌에는 이들의 수렴에 대한 내용이 거의 포함되어 있지 않다(Fanni et al., 2016). 이 장애의 개념과 신체화의 더 넓은 개념을 이해함으로써 성 기능 장애의 여러 잠재적 영역을 가정할 수 있다.

한 명의 파트너에게 SSD가 있는 경우, 파트너 간의 성관계는 제한될 수 있다. 예를 들어, 통증이 주요 신체 증상인 경우 영향을 받는 파트너는 성관계가 기존 상태를 악화시킬 수 있

---

3 역자 주: 신체증상장애를 SSD로 칭하고자 한다.

다는 두려움 때문에 성에 무관심하거나 두려워할 수 있다. 이러한 무관심은 무증상 파트너에게 좌절감을 줄 수 있으며, 불만과 관계 불화의 가능성을 증가시킨다. SSD에 수반되는 집착은 영향을 받는 파트너에게 시간 낭비가 될 수 있으며, 이에 따라 성관계에 대한 시간이나 관심을 거의 두지 않게 된다. 골반통증이 있는 경우 여성은 성관계뿐만 아니라 파트너와 어떤 형태의 친밀감도 느끼지 않으려 할 수 있다. 환자가 종종 임상 실습에서 효과적으로 치료될 수 있는 성기-골반통증/삽입장애로 진단될 가능성이 있는지를 탐색하기 위해 더 많은 정보가 필요하다.

SSD는 10:1의 비율로 남성보다 여성에게 더 흔하다(Kurlansik & Maffei, 2016). 그러나 최근 이탈리아의 한 외래병원에서 성 기능 장애를 호소하는 남성들을 대상으로 한 연구에서는 신체 증상과 성 기능 장애 빈도 사이에 긍정적인 상관관계가 드러났다. 신체 증상이 많이 나타나고 성 기능 장애가 있는 남성은 일반적으로 나이가 많고 비만하며 교육 수준이 낮고 음주 및 흡연과 같은 건강하지 못한 습관을 지니고 있었다(Fanni et al., 2016). SSD를 가진 사람들은 성별과 관계없이 성욕과 성 기능에도 영향을 미치는 오피오이드(opioids; 아편유사제) 또는 SSRIs와 같은 약물을 처방받을 수 있다.

💗🔑 섭식장애

섭식장애에는 신경성 식욕부진증(Anorexia Nervosa, 이하 AN), 신경성 폭식증(Bulimia Nervosa, 이하 BN), 폭식장애, 기타 특정 섭식장애 및 불특정 섭식장애가 포함된다(American Psychiatric Association, 2013). 섭식장애는 체중 증가에 대한 두려움, 어떤 방법으로든 체중 증가를 방지하려는 시도, 체중이나 체형에 대한 비현실적이고 왜곡된 인식이 특징이다. 섭식장애가 있는 대부분 사람은 연인이 있지만(Pinheiro et al., 2010), 성적장애가 80%까지 높다(Segraves, 2010; Zemishlany & Weizman, 2008). 성적 행동은 종종 혐오적이거나 역겨운 것으로 간주되며(Zemishlany & Weizman, 2008), 한 연구 표본의 거의 절반이 성관계를 갖지 않거나 성관계를 회피한다고 보고했다(Pinheiro et al., 2010). 특히 섭식장애 환자들은 정상적인 또래보다 성관계 중 성욕이 낮고 부정적인 영향을 더 많이 인식했다(Powers, 2002). 신경성 식욕부진증이 있거나 식사를 제한하는 여성들은 신경성 폭식증이나 불특정 섭식장애를 가진 여성에 비해 성생활의 손상이 훨씬 더 나쁜 수준으로 나타났다(Pinheiro et al., 2010). 기분장애나 성격장애와 같은 정신질환은 종종 섭식장애와 함께 발생한다. 동반 정신질환 자체와 이러한 질환에 대한 치료법(즉, SSRIs)도 성기능에 영향을 미칠 수 있다.

물질사용장애

약물 및 알코올 사용장애는 성 건강에 심각한 악영향을 미치고 관계에 부정적인 영향을 미칠 수 있다. 성 치료사로서 물질사용장애뿐만 아니라 비진단적 사용으로 인해 발생할 수 있는 문제 행동에 대해서도 숙지하는 것이 중요하다. 약물 사용은 성 기능 장애의 원인으로 알려진 만큼 성 기능 장애 커플과 함께 작업할 때는 각 파트너의 철저한 약물 사용 이력을 파악하는 것이 필수적이다.

각 파트너로부터 철저한 약물 사용 이력에 대한 정보를 수집해야 한다. 약물 또는 음료 선택, 양, 빈도, 물질을 사용할 수 없는 경우의 증상, 사용 기간 및 사용 후유증(예: 블랙아웃, 체포)에 대한 정보를 포함해야 한다. 국립 알코올 남용 및 알코올 중독 연구소(National Institute on Alcohol Abuse and Alcoholism: NIAAA, 2016)는 음주를 정량화하는 데 유용한 자원이 될 수 있는 '위험한' 음주 패턴에 대한 지침을 개괄적으로 설명했다. 또한 음주나 약물 사용의 발달에 대한 정보를 얻는 것이 중요하다. 물질 사용의 원인은 매우 다양하며 종종 많은 요소로 이루어졌다. 정신 및 물질사용장애는 동반 질환이 심하고 자주 얽혀 있어서 발생하는 증상을 구분하기 어렵다. 예를 들어, 주요우울장애를 가진 사람은 우울한 기분을 완화하기 위해 코카인이나 다른 각성제를 사용할 수 있다. 사회 공포증을 가진 사람들은 술을 마시는 것이 다른 사람들과 더 쉽게 사회적 상호작용을 할 수 있게 하는 '사회적 윤활제' 역할을 한다는 것을 알게 될 것이다(Morris, Stewart, & Ham, 2005).

알코올과 약물을 사용하여 치료되지 않은 정신건강의학과적 문제를 해결할 수 있는 것처럼 개인은 약물과 알코올을 사용하여 관계를 촉진하고 성관계를 증진시킬 수 있다. 알코올은 도파민과 같은 신경전달물질을 조절하고 황체 형성 호르몬을 일시적으로 증가시켜 성관계에 대한 억제와 불안을 줄일 수 있다(Crenshaw & Goldberg, 1996). 파트너는 성적 흥분의 증가를 기대하거나 성적 흥분이 올라가는 것을 경험하려고 술을 마실 수 있다(Crenshaw & Goldberg, 1996; George et al., 2011). 알코올의 기대 효과는 성적 반응에 중요한 역할을 하지만, 정확한 기능은 아직 명확하게 기술되지 않았다. 낮은 용량의 대마초는 억제, 이완, 시간 및 촉각의 변화, 관능의 증가, 에로티시즘의 증가를 통해 성 기능을 향상시키는 것으로 보고되었다(Crenshaw & Goldberg, 1996). 일반적으로 파트너는 저용량 또는 소량 물질의 사용으로 인한 이점을 경험할 수 있다. 그러나 한쪽 또는 양쪽 파트너 모두 적당한 양 또는 많은 양을 사용하거나 더 자주 사용하기 위해 사용을 늘리면 신체적 · 심리적 영향으로 인해 성 기능 장애가 발생할 가능성이 높다.

문제가 되는 약물 사용은 현저한 심리적 고통으로 이어질 수 있다. 처음에는 커플이 약물이나 알코올 사용의 유사한 패턴을 보이는 경우가 많지만 결국에는 한 파트너가 사용의 심각성과 관련된 결과로 관계에 불화를 일으킬 수 있다. 여성은 남성보다 약물 사용에서 중독으로 빠르게 발전한다(Becker, 2016). 알코올사용장애를 가진 남성은 언어적으로나 신체적으로나 공격적일 수 있으며, 이는 다시 관계에 영향을 미친다(Crenshaw & Goldberg, 1996). 커플은 이와 유사한 문제를 심지어 파트너가 치료를 받고 회복 중일 때도 계속 경험할 수 있다. 신뢰가 회복되어야 하고 두 사람 모두 자존감도 회복되어야 한다. 건강한 성관계로 돌아가는 데 오랜 시간이 걸릴 수 있고 발병 이전의 기능으로 돌아가지 못할 수도 있다.

알코올

생리학적으로 물질(substances)은 성 기능과 건강에 큰 영향을 미친다. 술에 취하면(혈중 알코올 수준 0.06 이상) 남성이건 여성이건 모두 성적 반응이 감소될 수 있다(Crenshaw & Goldberg, 1996). 여성은 질 윤활도가 떨어지지만, 성에 대해 주관적 수용성은 지속되기도 해서(Beckman & Ackerman, 1995) 원치 않는 성관계를 하거나 성적으로 착취될 수 있다. 적당한 알코올 섭취[4]도 파트너 중 어느 쪽도 성관계를 할 수 없게 만들 수 있다. 남성은 발기를 하거나 유지할 수 없고 남성과 여성 모두 오르가슴에 도달하지 못하는 결과를 초래할 수 있다. 이것은 논란의 여지가 있고 남성과 여성에 따라 다른 것으로 보이지만, 성적 욕구는 감소할 수 있다. 일부 연구에서는 알코올이 여성의 성적 욕구를 증가시킬 수 있으며 소수의 여성에게만 성행위의 변화를 초래할 수 있다고 지적하는 반면, 다른 연구에서는 적당한 알코올 섭취가 남성과 여성 모두에서 성욕을 감소시킨다고 지적한다(Beckman & Ackerman, 1995; George et al., 2011; Miller & Gold, 1988; Peugh & Belenko, 2001). 또한 여성의 현재 생리 주기 단계는 알코올의 강화 효과를 경험하는 방식에 영향을 미칠 수 있지만, 최근의 연구에서는 혼합 결과가 있다(Moran-Santa Maria et al., 2014). 간경화, 부인과 질환, 신경병증과 같은 만성질환은 지속적인 음주로 인해 발생할 수 있으며, 이는 성욕과 성 기능에도 영향을 미칠 수 있다.

---

4 역자 주: 적당한 음주의 기준은 남성은 1일 2잔 미만, 여성은 1잔 미만이다.

성관계 전 규칙적인 알코올 사용은 음주 문제의 잠재적 지표일 수 있으며 알코올사용장애(Alcohol Use Disorder, 이하 AUD)에 대한 DSM-5 기준에 대한 추가 조사가 필요하다. 예를 들어, 알코올 및 관련 질환에 대한 국가 역학 조사(National Epidemiologic Survey on Alcohol and Related Disorders: NESARC)에서 조사한 성적으로 활동적인 음주 성인의 대규모 표본(N=17,491)에 속한 사람들은 알코올사용장애가 없는 사람들에 비해 대부분 또는 항상 알코올을 사용할 가능성이 6배 더 높았다(Thompson et al., 2014). 성관계와 일시적인 관계를 포함하여 알코올 사용의 완전한 이력과 패턴을 파악하는 것은 생산적인 질문이 될 수 있다.

마리화나

마리화나는 미국에서 가장 흔하게 사용되는 마약이다. 1960년대와 1970년대에 실시된 조사에서 마리화나가 성적 욕구를 증가시키고, 오르가슴의 질을 향상시키며, 스킨십과 신체적 친밀감을 증가시키며, 남성과 여성 모두에게 성적 쾌감과 만족감을 증가시킨다고 보고했다(Halikas, Weller, & Morse, 1982). 성 기능에 대한 마리화나의 영향과 관련하여 크기와 품질이 다양하고 이용 가능한 연구를 검토한 결과, 용량 의존적인 관계가 존재하며, 낮은 용량의 마리화나는 성 기능을 촉진하고 높은 용량의 마리화나는 성 기능을 저해한다는 주장이 나왔다. 이러한 관계에 대한 가설은, 마리화나에 의해 유발된 시간 인식의 변화, 마리화나가 뇌에 미치는 직접적인 영향 또는 마리화나의 항불안제 효과 등 다양하다(Gorzalka, Hill, & Chang, 2010; Scimeca et al., 2017). 여러 연구에서 마리화나를 사용하면 오르가슴이 저하되고 성교불쾌증을 경험할 수 있다는 사실이 밝혀졌다(Crenshaw & Goldberg, 1996; Johnson, Phelps, & Cottler, 2004; Smith et al., 2010). 마리화나는 황체 형성 호르몬과 테스토스테론의 감소와 정자 수 감소, 운동성 저하로 생식 기능에 영향을 미치는 것으로 알려져 있다(Fronczak, Kim, & Barqawi, 2012). 특히 지난 10년간 미국에서 레크리에이션을 위한 사용의 합법화가 증가함에 따라 마리화나 사용률과 유병률을 고려할 때, 심리적·생리학적 결과에 대한 더 많은 정보가 필요하다.

오피오이드

오피오이드 약물 또는 처방전 진통제는 미국에서 마리화나 다음으로 가장 많이 남용되는 약물이다(National Survey on Drug Use and Health: NSDUH, 2017). 또한 오피오이드인 헤

로인은 수 세기 동안 미국과 전 세계에서 다양한 형태로 남용되어 왔지만, 오피오이드 약물의 중독과 오남용은 1990년대 이후 미국에서 극적으로 증가했고 2017년 국가 공중보건 위기로 확인되었다(National Institute on Drug Abuse: NIDA, 2018). 이러한 상황에서 암과 관련되지 않은 만성 통증의 장기 관리에서 오피오이드의 역할은 최근 오피오이드의 이점이 한계가 있다는 연구로 점점 더 면밀한 조사를 받게 되었다(Volkow & McClellan, 2016). 통증의 종류와 관계없이 통증관리의 가장 중요한 목표는 성 건강을 포함한 기능 향상과 삶의 질을 개선하는 것이다. 오피오이드 오남용, 오피오이드사용장애, 만성 통증 또는 이러한 요인의 조합은 성관계나 다른 성행위에 관여하는 능력에 영향을 미칠 수 있다. 오피오이드는 성 건강과 기능에 잘 알려진 영향을 미친다. 오피오이드는 신경내분비계[생식샘자극호르몬 분비호르몬(GnRH) 및 황체 호르몬(LH)]에서 호르몬을 억제하여 테스토스테론의 수치를 낮추고 정자 생성을 감소시킨다. 오피오이드는 성욕을 감소시키고 오르가슴 및 사정을 지연시킬 수 있어서, 조기사정 환자에게 도움이 될 수 있다(Crenshaw & Goldberg, 1996). 장기간의 오피오이드 사용은 발기장애의 위험 증가와 생식선저하증과 관련이 있다(Ramsey, 2013).

흥분제

코카인, 필로폰, 암페타민을 포함하는 흥분제는 행복감을 유발하는 것으로 알려져 있다. 다른 효과로는 자율신경계 활성화가 혈관수축의 결과로 심박수와 혈압을 증가시키고, 편집증과 같은 심리적 효과로 적대감과 공격성을 유발한다. 흥분제는 성 기능에 다양한 영향을 미칠 수 있다. 흥분제에 중독된 사람은 성충동과 성욕이 증가하지만 오르가슴을 억제할 수 있다(Crenshaw & Goldberg, 1996). 또한 흥분제가 주는 행복감이 성적 쾌감보다 더 클 수 있으므로 파트너와의 친밀감이 무관심으로 이어질 수 있다. 흥분제를 계속 사용하면 발기부전 및 성불감증이 발생할 수 있다(Crenshaw & Goldberg, 1996; Chou, Huang, & Jiann, 2015).

여기에 언급된 것 이외의 물질은 성 건강에 분명한 영향을 미치며 성 기능 장애를 초래한다. 이 장의 목적상 간략한 개요가 제공되었지만, 모든 남용 물질의 포괄적인 검토는 아니었다. 아나볼릭 안드로겐(anabolic androgens)[5], 합성마약, 흡입제, 니코틴, '클럽 약품' 및 카페인 등과 같은 이 장에서 다루지 않은 다른 물질들을 고려하고 탐색하는 것이 중요하다. 흡연

---

5 역자 주: 이 호르몬을 사용하면 근육과 뼈의 양이 늘어나고 성대와 털이 자라는 등 남성적 특징이 뚜렷해지지만 부작용으로 고환위축, 발기부전, 피부병, 공격성 증대, 심혈관질환등이 생길 수 있다.

은 성 기능 장애의 분명한 원인이며, 주로 골반 부위의 혈관수축, 죽상 동맥경화증 및 호르몬 영향을 통해 궁극적으로 발기부전으로 이어진다(Crenshaw & Goldberg, 1996). '엑스터시(Ecstasy)'라고도 하는 메틸렌디옥시메탐페타민(MDMA), 해리성 마취제인 케타민(Ketamine), 억제 신경전달물질인 GABA의 전구물질인 감마하이드록실부티레이트(GHB) 등 '클럽 약물'은 대인관계 능력을 높이는 것으로 알려져 있어 특히 성관계를 하려 할 때 사용될 수 있다. 한 연구에 따르면 '클럽 약물'을 사용한 사람 중 엑스터시와 GHB 사용을 지지하는 대부분의 사람은 성관계에 마약을 사용하는 것이 더 즐겁다고 느꼈다(Shacham & Cottler, 2010).

앞서 언급한 범주 외 처방약의 성적 부작용에 대한 종합적인 검토도 이 장의 범위를 벗어난다. 특히 만성질환의 경우, 개인은 각기 다른 상태에 대해 다른 의사를 만날 수 있다. 처방받은 여러 약물과 그에 따른 성적 부작용 사이의 상호작용은 알려지지 않았지만, 성 건강과 기능에 강력한 영향을 미친다.

> 레이(Ray)와 낸시(Nancy)는 40대 중반의 커플이다. 그들은 두 명의 청소년 아들이 있고 둘 다 풀타임으로 일한다. 레이는 교사이자 코치이고 낸시는 행정 보조이다. 몇 년 전 낸시는 교통사고로 경추에 여러 차례 골절상을 입었다. 당시 그녀는 수술받았고 척추뼈는 안정되었다. 그녀는 처방된 진통제를 먹었고, 몇 년 동안 사용량은 증가해 왔다. 레이와 낸시는 레이의 주치의로부터 '친밀감 문제'에 대한 문제로 의뢰되었다. 낸시는 퇴근 후 곧바로 집에 와서 여러 진통제를 먹고 잠자리에 들며 아침에 일어나 다시 일하러 나가기 때문에 레이는 가사노동의 책임감을 짊어지고 있다고 느낀다. 그는 식사를 준비하고, 아들을 방과 후 연습에 데려가고, 요리, 청소, 세탁, 식료품 쇼핑 및 공과금 납부 등을 담당한다. 그는 그녀가 자주 결근하면서 직장을 잃을까 봐 걱정하며, 만약 그런 일이 생긴다면 재정적으로 어떻게 꾸려 나갈지 걱정한다. 그와 낸시는 성관계를 시도했지만, 레이는 오르가슴을 일으킬 만큼 발기를 오래 할 수 없었다. 그는 그녀에게 집안일에 좀 더 참여해 달라고 요청하고, 친밀감 욕구가 감소하는 데 자신의 역할도 있었음을 인정했다. 하지만 그녀가 종종 사고와 그로 인해 겪었던 고통을 언급하기 때문에 죄책감을 느낀다.

기타 정신병적 장애

이 장은 임상 실습에서 볼 수 있는 가장 흔한 진단과 약물을 다루고 있지만 정신병적 장애, 인지장애, 신경발달장애 및 성격장애를 포함한 다른 많은 정신병적 장애도 성 기능에 영향을 미칠 수 있다. 정신질환자 중 성행위의 유병률은 44%에서 80% 사이지만, 성 기능 장애를 유발할 수 있는 특정 부류의 약물을 제외하고는 정신질환이 성관계에 미치는 영향에 대해서 철저히 조사되지 않았으며 성 기능 장애는 정신질환이 있는 사람들에게 더 흔하다(Ecklund & Ostman, 2010).

정신병적 장애 환자의 경우 성관계에 영향을 미치는 증상이 나타날 수 있다. 실제로 한 연구에서 조현병 환자들은 조사된 다른 모든 삶의 영역보다 성 건강에 대한 만족도가 현저히 낮다고 평가했다(Laxhman, Greenberg, & Priebe, 2017). 심한 편집증, 청각 또는 시각적 환각과 같은 눈에 보이는 증상은 대인관계를 회피하게 할 수 있다. 파트너는 내적 자극에 반응하고 있는 환자를 보고 두려움을 느껴 환자와 거리를 두는 결과를 초래할 수 있다. 또한 환자들은 고립, 동기 부족, 사회적 신호에 적절히 반응하지 못하는 등 눈에 보이지 않는 증상을 보일 수 있으며, 다시 무관심하거나 대인관계를 형성할 수 없게 된다. 한 연구는 정신병적 원인의 독특한 특성에도 불구하고 기분, 정신병, 성격장애 등의 병리를 가진 정신건강의학과 입원 환자들의 성적 환상을 평가했는데, 환자의 성적 환상이 정신질환이 아닌 표본과 대체로 비슷하다는 것을 보여 주었다(Colon Vilar et al., 2016).

항정신병 약물을 복용하는 정신질환자는 양극성장애에 관해 앞부분에서 논의한 바와 같이 진정, 말초 혈관 확장 감소, 프로락틴 증가와 같은 성적인 부작용을 경험할 수 있다(LaTorre, Conca, Duffy, Giupponi, Pompili, & Grozinger, 2013). 프로락틴 증가는 여성에게 무월경을 유발할 수 있으며, 이는 남성과 여성 모두에게 난임과 유루증(galactorrhea)을 유발할 수 있다(Marken, Haykal, & Fisher, 1992). 대표적인 항정신병 약물인 리스페리돈과 같은 일부 항정신병 약물은 다른 항정신병 약물보다 프로락틴 상승의 더 심각한 원인으로 간주된다(Cookson, Hodgson, & Wildgust, 2012). 항정신병제의 다른 부작용으로는 대사 문제, 체중 증가, 포도당 과민성 및 당뇨병 발병 가능성 증가, 고콜레스테롤혈증(Guenette, Hahn, Cohn, Teo, & Remington, 2013), 추체외로 증상, 파킨슨병 증상 및 지연성 운동 이상증(Kane & Correll, 2010)이 있다. 이에 따른 체중 증가와 추가적인 의학적 동반 질환으로 인한 대사 부작용은 피로와 전반적인 건강 악화를 초래하며 그 결과, 자존감 저하, 자아 이미지 저하, 성적 억제 증가로 이어져 성관계에 영향을 미칠 수 있다. 근육의 경직성이나 거북증[6]과 같은

---

6 역자 주: torticollis. 고개를 옆으로 기울이는 증상. 사경(斜頸).

추체외로 증상 등 급성, 또는 근육 그룹의 비자발적 움직임과 함께 만성 운동 부작용은 성관계를 시도하거나 참여하려고 할 때 상당히 고통스럽게 한다.

심각한 정신질환이 있는 사람들을 돕는 임상 탐구 분야 중 하나는 위험한 성적 행동(Risky Sexual Behaviors: RSB)을 최소화하는 것이다. 성 건강 위험 감소 개입(일반적으로 성 건강 교육 프로그램)의 효과를 확인하는 문헌은 이러한 행동을 완전히 소멸시키기보다는 피임약 사용, 인간면역결핍 바이러스(Human Immunodeficiency Virus: 이하 HIV) 또는 STI에 대한 지식, RSB의 일반적인 감소에 긍정적인 영향을 미친다(Higgins, Barker, & Begley, 2006; Pandor et al., 2015). 권장 사항에는 더 심각하고 지속적인 정신질환을 앓고 있는 사람들을 위한 현재의 치료에 성교육을 통합하는 것이 포함되는데, 이는 인지장애 환자들에게도 관련성이 있을 수 있다.

많은 실무자의 임상적 문제에는 치매와 같은 인지 장애 환자에 관련된 부적절한 성적 행동(예: 다른 사람 만지기, 과도한 자위행위, 자기 노출)이 포함된다. 알츠하이머병, 혈관병 또는 루이소체 등의 병인에 관계없이 치매 환자의 부적절한 성적 행동에 대한 추정치는 7~25% 범위이다(Black, Muralee, & Tampi, 2005). 항우울제, 항정신병제, 기분안정제, 에스트로겐·항안드로겐·고나도트로핀 방출 호르몬 유사체, 콜린에스테라제 억제제를 포함하여 이러한 행동을 표적으로 하는 여러 종류의 약물이 연구되었다. 현재 치매 환자의 성적 비행을 줄이거나 해결하는 데 있어 이러한 약물의 효능은 연구 규모가 작고 주로 사례 보고서나 사례 시리즈로 구성되어 있기 때문에 대부분 알려져 있지 않다(Ozkan, Wilkins, Muralee, & Tampi, 2008).

RSB의 관리는 일부 개인의 충동성과 사회성 결여로 인해 지적장애, 자폐스펙트럼장애(ASD), 주의력결핍 과잉행동장애(ADHD)를 포함한 광범위한 신경발달장애 범주에서 관심의 대상이 되어 왔다. 이 임상 영역에 관심을 가지는 것은 자폐스펙트럼장애(때로는 지적장애)를 가진 사람들이 관계나 성적 자아 개발에 관심이 덜하다는 오래된 가정을 반증한 것이다(Kellaher, 2015). 자폐스펙트럼장애를 가진 사람들이 이 복잡한 영역을 탐색함에 따라, 체계론적 치료사들은 이러한 커플들 간의 친밀한 의사소통의 뉘앙스를 점점 더 많이 다룰 수 있다. 또한 ADHD와 동반 행동 문제가 있는 청소년 가족은 행동 증상과 RSB 사이의 연관성을 고려할 때 종종 지원이 필요한 경우가 있다(Sarver, McCart, Sheidow, & Letourneau, 2014). 언급할 가치가 있는 또 다른 징후는 투렛증후군과 같은 신경 발달 운동 장애를 가진 사람들 사이의 일반적인 현상(즉, 사회적으로 받아들여지지 않는 단어나 몸짓의 비자발적 표현)이다(Freeman et al., 2009). 이러한 일련의 증상이 환자의 약 10%에게만 발생하는 경향이 있지만,

임상가는 성적인 본성의 외설증(coprolalia; 부적절한 단어) 또는 욕설행동증(copropraxia; 부적절한 몸짓)의 예에 익숙해져야 한다. 왜냐하면 이러한 청소년, 성인 또는 가족은 그들의 복잡성과 변화하는 어려움으로 평생 다른 사람들을 교육하는 방법에 대한 코치가 필요할 수 있기 때문이다.

마지막으로, 언급할 가치가 있는 최종 진단 영역은 DSM-IV-TR의 이전 축 II인 성격장애이다. 성격장애 환자의 파트너가 요구하는 대인관계는 성 건강뿐만 아니라 전반적인 관계 기능을 손상시킬 수 있다. 많은 성격장애에는 성관계를 포함하여 관계에 영향을 미칠 수 있는 중요한 대인관계 행동을 가지고 있다. '기이한' 그룹으로 알려진 A군 성격장애에는 분열형장애, 분열성장애, 편집성 성격장애가 포함된다. 일반적으로 A군 성격장애가 있는 사람들은 의심, 타인에 대한 불신, 감정 제한, 심지어 대인관계를 형성하고 유지하는 능력에 큰 영향을 미치는 이상하거나 특이한 행동 등 다양한 행동과 영향을 보인다. '극적인' 성격장애 그룹으로도 알려진 B군 성격장애는 반사회성, 경계성, 연극성, 자기애적 성격 장애를 포함한다. 한 연구는 경계선성격장애를 가진 여성과의 관계에서 남성의 절반 정도가 성격장애 자체를 갖고 있어 관계 역학을 더욱 복잡하게 만든다는 것을 입증했다. 이러한 관계는 평균 6개월마다 이별을 하는 빈번한 관계 불안정성을 특징으로 한다(Bouchard, Sabourin, Lussier, & Villeneuve, 2009). '불안한' 그룹으로도 알려진 C군 성격장애에는 회피성 성격장애, 강박성 성격장애(Obsessive-Compulsive Personality Disorder, 이하 OCPD) 및 의존성 성격장애가 포함된다. 회피성 성격장애가 있는 사람들은 관계를 원할 수 있지만, 타인에게 자신이 어떻게 인식되는지에 대한 불안이 관계를 통제하고 방해하거나 금지한다. OCPD를 가진 개인은 제한된 범위의 영향과 통제를 보일 수 있는 반면, 의존성 성격장애를 가진 개인은 버림받거나 분리되는 것에 대한 강한 두려움을 나타내어 관계에서 애착과 복종적인 상호작용으로 이어질 수 있다(Hensley & Nurnberg, 2002). 다양한 그룹의 성격 특성과 짝짓기 전략에 대한 콜라조니와 그의 동료들(Collazzoni et al., 2017)과 그라우보글, 펠저, 래더와 반 랑크펠드(Grauvogl, Pelzer, Radder, & van Lankveld, 2018)의 새로운 연구는 이 장의 범위를 벗어나지만, 독자에게는 흥미로울 수 있다.

🫰🏻 체계론적 치료사의 역할

정신과 신체 사이의 상호작용은 관계와 성적 지형(sexual terrain)을 넘나들면서 정신질환을 경험하는 사람들에게 자주 나타난다. 메타체계접근은 개인, 커플 및 세대 간 체계의 개념화를 가능하게 한다(Weeks, 1977; Weeks & Cross, 2004). 이것은 정신질환 진단이나 심리적 고통의 한계점 이하 증상이 그 사람과 그 사람의 대인관계망에 연쇄적인 영향을 미칠 수 있기 때문에 필요한 것이다. 환자나 의뢰인이 제공자와 협력하여 그들의 고유한 필요를 충족시키는 치료 옵션을 선택하기 위해 체계론적 치료사는 이러한 모든 수준의 개입을 고려해야 한다.

지금까지 이 장에서는 다양한 향정신성 옵션이 개괄적으로 설명되었다. 자료를 읽고 나면, 체계론적 치료사는 다음과 같은 질문을 할 것이다. 환자와 약물에 대해 논의할 때 나의 역할은 무엇인가? 환자가 부작용에 대해 직접 문의할 경우 어떻게 해야 하나? 환자의 불순응적인 지식은 어떻게 다루어야 하나? 이것들은 심리치료사들이 생물심리사회적 접근법의 생물학적 부분에 대해 생각할 때 스스로에게 질문할 수 있는 유효하고 필요한 질문들이다.

이 질문 중 몇 가지에 답하기 위해 간단한 이야기를 제공하는 것이 도움이 될 수 있다. 저자 중 한 명은 대학 시절 스포츠 가게에서 일했다. 그는 주로 낚시나 수상 스포츠 부서보다는 운동화와 운동기구 부서에서 일했다. 부서가 가깝게 배치되어 있기 때문에, 고객들은 종종 그의 부서에 들어가 특정 낚시 릴이나 수상 스포츠 장비에 대해 문의하곤 했다. 질문을 무시하거나 포괄적이지만 잠재적으로 부정확한 정보를 제공하는 대신, 그는 질문을 이해했는지 확인하고, 작은 정보를 제공하며, 담당 직원이 질문에 답할 수 있도록 정확한 부서로 안내했다. 우리의 관점에서, 이것은 의료 분야에서 팀이 되어 효과적인 일을 하는 방법이다. 따라서 지속적인 우울장애를 가진 환자가 그들의 항우울제의 가능한 부작용으로 욕구 저하에 대해 질문한다면, 신중한 치료사는 환자에게 다음과 같이 알려 줄 수 있다.

> "욕구가 낮은 것은 일부 항우울제의 부작용일 수 있습니다. 의사방문을 예약하시고 난 후 의료진에게 전화하거나 다음 방문 시 이 문제를 논의하기 위해 메모를 남겨 두는 것이 좋습니다. 의사와 직접 상의하지 않는 한 처방받은 약은 계속 복용해야 합니다."

의료 가족치료의 하위 전문 분야에서 환자를 담당하는 사람들의 기술을 활용하는 것은 이와 같은 대화에 매우 유용할 것이다(McDaniel, Doherty, & Hepworth, 2013). 환자의 우려 사항을 정리하기 위해 제공자에게 직접 전화하는 것도 좋다. 욕구 감소의 다른 원인(예: 인지 왜곡, 현재 관계 기능, 장애의 영향, 원가족 또는 문화의 정보)을 탐색하는 것이 필요하며 생물심리사회적 공식의 심리사회적 차원에 포함될 것이다. 이상적으로는 의료인과 비의료인이 보유한 생물학적 및 심리사회적 지식을 결합하여 현재 문제와 내재된 강점을 철저하게 볼 수 있도록 할 수 있다.

체계론적 치료사는 치료를 위해 호소하는 사람들의 필요를 충족시키기 위해 다양한 증거 기반 접근 방식을 이용할 수 있다. 개인 또는 관계 기반 인지행동치료(CBT; Beck, 2011; Dattilio, 2013; Epstein & Baucom, 2002), 메츠(Metz)와 맥카시(McCarthy)의 충분히 만족하는 성관계 접근(Good Enough Sex Approach; 2011), 마음챙김 기반 접근(Buehler, 2011; Linehan, 2014)은 상담실에서 특히 유용하다. 또한 여러 무작위 대조군 시험은 난임 문제가 있는 커플의 성적 만족을 다루는 데 있어 EFT의 유용성을 탐색했는데, 특정 데이터를 포함하여 관계에서 오는 스트레스에 정서 중심 부부 치료(EFT)가 효과적이라는 것을 보여 주고 있다(Johnson, 2002; Soleimani et al., 2015; Wiebe & Johnson, 2016). 체계론적 치료자를 위한 마지막 추천 영역은 익명의 알코올 중독자 또는 익명의 마약 중독자 모임이 가진 개인법과 집단 치유능력이다.

성 건강에 대한 포괄적인 접근은 세대 간 믿음, 성적인 작업 또는 트라우마 이야기를 고려하지 않고 완성될 수 없다(Weeks, 1977; Weeks & Cross, 2004). 우리가 살아가는 사회문화적 분위기 속에는 정신질환이 있는 커플이나 가족들을 위한 규범, 가치, 소통의 패턴에 핵심적인 영향을 미친다. 그것이 소셜 미디어, 잡지 표지 또는 리얼리티 TV의 인기 주제와 관계없이 우리 문화의 이러한 광범위한 사건들은 개인적인 삶에서 문제와 해결책의 발현에 상당한 영향을 미친다. 예를 들어, 성폭행의 전력으로 인한 PTSD와 임상적 우울장애에 영향을 받은 여성은 생존자들의 이야기를 공공연하게 다루는 문화로 인해 다시 외상을 입을 수 있다. 증거 기반의 정보에 입각한 치료를 진정으로 제공하기 위해 임상가는 상담실에서 개인 또는 가족이 보여 주는 것들이 이러한 모든 수준(개인, 커플 및 세대)에서 어떻게 영향을 받는지 고려해야 한다.

💬 임상 경험에서 온 제안

작업하기

- 성 기능 장애의 모든 잠재적인 원인을 조사하고 배제해야 한다. 단일한 원인이 아니라 성적 곤란에 기여하는 수많은 것들이 있을 수 있다.

- 성 기능 장애의 잠재적인 생물학적 요인으로는 정신질환, 정신약리학의 부작용, 비정신의학적인 질병, 비정신적인 약물의 부작용이 포함된다.

분위기 설정

- 치료 상황에서 안전을 도모하기 위해 초기 탐색이 열린질문형인지 확인한다. 환자들은 성 문제와 관련된 정보를 쉽게 자발적으로 제공하지 못할 수 있다. 신중한 인터뷰 전략 없이는 불완전한 생물심리사회적 평가가 발생할 수 있으므로 치료 계획과 결과가 손상될 수 있다.
- 정신 건강 문제를 성 건강과 연결시키고, 구체적으로 문제를 정상화시키며, 희망을 주는 언어를 포함한다.

성에 대해 이야기하기

- 흥분기, 고조기, 절정기, 쇠퇴기와 같은 성 반응 주기에 따른 성적 및 관계적 기능 장애를 평가한다.
- 성적 어려움에 대한 역사적 관점을 발전시키기 위해 상세한 연대표를 작성한다. 시간의 흐름에는 정신질환의 증상 제시, 모든 질병에 대한 약물 투여의 시작 또는 중단, 성활동이나 관심 또는 기능의 기본 변화, 중요한 생활 및 관계 스트레스 요인을 포함해야 한다.

망설이지 말고 협력하기

- 다른 제공자와 협력한다. 그들은 환자가 겪고 있는 성 건강 문제를 인식하지 못할 수도 있다. 1차 진료 제공자와 전문가는 성 기능 장애의 의학적 원인을 평가하고 배제하는 데 도움을 줄 수 있으며, 잠재적인 용량 변화, 약물 전환 또는 성 기능 장애에 도움이 될 수 있는 중재에 대한 약물요법을 살펴볼 수 있다.
- 다른 제공자에 대한 아이디어가 협력을 방해하지 않도록 한다. 특정 치료 목표를 개발하기 위해 함께 협력하면서 환자 또는 커플을 포함한 팀 접근 방식을 사용한다.

참고문헌

Aksaray, G., Yelken, B., Kaptanoglu, C., Oflu, S., & Ozaltin, M. (2001). Sexuality in women with obsessive compulsive disorder. *Journal of Sex and Marital Therapy, 27*, 273-277.

American Psychiatric Association(APA) (2013). *Diagnostic and Statistical Manual of Mental Disorders* (5th ed). Author.

Beck, J. (2011). *Cognitive therapy: Basics and beyond* (2nd ed.). Guilford Press.

Becker, J. B. (2016). Sex differences in addiction. *Dialogues in Clinical Neuroscience, 18*(4), 395-402.

Beckman, L. J., & Ackerman, K. T. (1995). Women, alcohol, and sexuality. *Recent Developments in Alcoholism, 12*, 267-285.

Bijlsma, E., Chan, J., Olivier, B., Veening, J., Millan, M., Waldinger, M., & Oosting, R. (2014). Sexual side effects of serotonergic antidepressants: mediated by inhibition of serotonin on central dopamine release? *Pharmacology, Biochemistry and Behavior, 121*, 88-101. doi: 10.1016/j.pbb.2013.10.004.

Black, B., Muralee, S., & Tampi, R. R. (2005). Inappropriate sexual behaviors in dementia. *Journal of Geriatric Psychiatry and Neurology, 18*(3), 155-162. doi: 10.1016/j.jagp. 2017.01.012.

Bodinger, L., Hermesh, H., Aizenberg, D., Valevski, A., Marom, S., Shiloh, R., et al. (2002). Sexual function and behavior in social phobia. *Journal of Clinical Psychiatry, 63*, 874-879.

Bouchard, S., Sabourin, S., Lussier, Y., & Villeneuve, E. (2009). Relationship quality and stability in couples when one partner suffers from borderline personality disorder. *Journal of Marital and Family Therapy, 35*(4), 446-455. doi: 10.1111/j.1752-0606.2009.00151.x.

Brotto, L., Atallah, S., Johnson-Agbakwu, C., Robenbaum, T., Abdo, C., Byers, E. S., et al. (2016). Psychological and interpersonal dimensions of sexual function and dysfunction. *The Journal of Sexual Medicine, 13*, 538-571. doi: 10.1016/j.jsxm.2016.01.019.

Chokka, P. R., & Hankey, J. R. (2018). Assessment and management of sexual dysfunction in the context of depression. *Therapeutic Advances in Psychopharmacology, 8(1)*, 13-23. doi: 10.1177/2045125317720642.

Chou, N., Huan, Y., & Jiann, B. (2015). The impact of illicit use of amphetamine on male sexual functions. *Journal of Sexual Medicine, 12*, 1694-1702. doi: 10.1111/jsm.12926.

Clayton, A. H., & Balon, R. (2009). The impact of mental illness and psychotropic medications on sexual functioning: The evidence and management. *The Journal of Sexual Medicine, 6*, 1200-1211. doi: 10.1111/j.1743-6109.2009.01255.x.

Clayton, D., & Shen, W. (1998). Psychotropic drug-induced sexual function disorders: Diagnosis, incidence and management. *Drug Safety, 29*(4), 299-312. doi: 10.2165/00002018-199819040-

00005.

Collazzoni, A., Ciocca, G., Limoncin, E., Marucci, C., et al. (2017). Mating strategies and sexual functioning in personality disorders: A comprehensive review of literature. *Sexual Medicine Reviews, 5*, 414-428. doi: 10.1016/j.sxmr.2017.03.009.

Colon Vilar, G., Concepcion, E., Galynker, I., Tanis, T., et al. (2016). Assessment of sexual fantasies in psychiatric inpatients with mood and psychotic disorders and comorbid personality disorder traits. *The Journal of Sexual Medicine, 13*, 262-269. doi: 10.1016/j.jsxm.2015.12.020.

Cookson, J., Hodgson, R., & Wildgust, H. J. (2012). Prolactin, hyperprolactinemia and antipsychotic treatment: A review and lessons for treatment of early psychosis. *Journal of Psychopharmacology, 26*(5), 42-51. doi: 10.1177/026988111244201.

Crenshaw, T. L., & Goldberg, J. P. (1996). *Sexual pharmacology: Drugs that affect sexual function.* W. W. Norton & Company, Inc.

Dattilio, F. M. (2013). *Cognitive-behavioral therapy with couples and families: A comprehensive guide for clinicians.* Guilford Press.

Ecklund, M., & Ostman, M. (2010). Belonging and doing: Important factors tor satisfaction with sexual relations as perceived by people with persistent mental illness. *International Journal of Social Psychiatry, 56*(4), 336-347. doi: 10.1177/0020764008101635.

Epstein, N. B., & Baucom, D. H. (2002). *Enhanced cognitive-behavioral therapy for couples: A contextual approach.* American Psychological Association.

Fanni, E., Castellini, G., Corona, G., Boddi, V., Ricca, V., Rastrelli, G., Fisher, A. D., Cipriani, S., & Maggi, M. (2016). The role of somatic symptoms in sexual medicine: Somatization as important contextual factor in male sexual dysfunction. *Journal of Sexual Medicine, 13*, 1395-1407. doi: 10.1016/j.jsxm.2016.07.002.

Field, N., Prah, P., Mercer, C. H., Rait, G., King, M., Cassell, J. A., et al. (2016). Are depression and poor sexual health neglected comorbidities? Evidence from a population sample. *BMJ Open Access, 6*, 1-14. doi: 10.1136/bmjopen-2015-010521.

Fontenelle, L. F., de Souza, W. F., de Menezes, G. B., Mendlowicz, M. V., Miotto, R. R., Falcao, R., et al. (2007). Sexual function and dysfunction in Brazilian patients with obsessive compulsive disorder and social anxiety disorder. *Journal of Nervous Mental Disorders, 195*, 254-257. doi: 10.1097/01.nmd.0000243823.94086.6f.

Freeman, R. D., Zinner, S. H., Muller-Vahl, K. R., Fast, D. K., et al. (2009). Coprophenomena in Tourette syndrome. *Developmental Medicine and Child Neurology, 51*, 167-247. doi: 10.1111/j.1469-8749.2008.03135.x.

Fronczak, C. M., Kim, E. D., & Barqawi, A. B. (2012). Insults of illicit drug use on male fertility. *Journal of Andrology, 33*, 515-528. doi: 10.2164/jandrol.110.011874.

Garcia, F. D., Delavenne, H. G., Assumpcao, A. F., & Thibaut, F. (2013). Pharmacologic treatment of sex offenders with paraphilic disorder. *Current Psychiatry Reports, 15*(5), article 356. doi: 10.1007/s11920-013-0356-5.

Gelenberg, A. J., Dunner, D. L., Rothschild, A. J., Pedersen, R., Dorries, K. M., & Ninan, P. T. (2013). Sexual functioning in patients with recurrent major depressive disorder enrolled in the PREVENT study. *The Journal of Nervous and Mental Disease, 201*(4), 266-273. doi: 10.1097/ NMD.0b013e318288d298.

George, W. H., Davis, K. C., Helman, J. R., Norris, J., Stoner, S. A., Schacht, R. L., et al. (2011). Women's sexual arousal: Effects of high alcohol dosages and self-control instructions. *Hormones and Behavior, 59*(5), 730-738. doi: 10.1016/j.yhbeh.2011.03.006.

Gorzalka, B. B., Hill, M. N., & Chang, S. C. H. (2010). Male-female differences in the effects of cannabinoids on sexual behavior and gonadal hormone function. *Hormones and Behavior, 58,* 91-99. doi: 10.1016/j.yhbeh.2009.08.009.

Grauvogl, A., Pelzer, B., Radder, V., & van Lankveld, J. (2018). Association between personality disorder characteristics, psychological symptoms, and sexual functioning in young women. *The Journal of Sexual Medicine, 15,* 192-200. doi: 10.1016/j.jsxm.2017.11.222.

Guenette, M. D., Hahn, M., Cohn, T. A., Teo, C., & Remington, G. J. (2013). Atypical antipsychotics and diabetic ketoacidosis: A review. *Psychopharmacology, 226,* 1-12. doi: 10.1007/s00213-013-2982-3.

Halikas, J., Weller, R., & Morse, C. (1982). Effects of regular marijuana use on sexual performance. *Journal of Psychoactive Drugs, 14,* 59-70. doi: 10.1080/02791072.1982.10471911.

Heimberg, R. G., & Barlow, D. H. (1988). Psychosocial treatments for social phobia. *Psychosomatics, 29,* 27-37. doi: 10.1016/S0033-3182(88)72419-6.

Hensley, P. L., & Nurnberg, H. G. (2002). Personality Disorders. In S. G. Kornstein & A. H. Clayton (Eds.), *Women's Mental Health: A Comprehensive Textbook* (pp. 323-343). Guilford Press.

Higgins, A., Barker, P., & Begley, C. (2006). Sexual health education for people with mental health problems: What can we learn from the literature? *Journal of Psychiatric and Mental Health Nursing, 13*(6), 687-697. doi: 10.1111/j.1365-2850.2006.01016.

Johnson, S. (2004). *The practice of emotionally focused couple therapy* (2nd ed.). Brunner-Routledge.

Johnson, S. D., Phelps, D. L., & Cottler, L. B. (2004). The association of sexual dysfunction and substance use among a community epidemiological sample. *Archives of Sexual Behavior, 33*(1), 55-63. doi: 10.1023/B:ASEB.0000007462. 97961.5a.

Kane, J. M., & Correll, C. U. (2010). Pharmacologic treatment of schizophrenia. *Dialogues in*

Clinical Neuroscience, 12(3), 345-357. doi: 10.1038/mp. 2012.47.

Kaplan, H. S. (1988). Anxiety and sexual dysfunction. Journal of Clinical Psychiatry, 49, 21-25.

Kellaher, D. C. (2015). Sexual behavior and ASD: An update and discussion. Current Psychiatry Reports, 17, 25. doi: 10.1007/s11920-015-0562-4.

Khandker, M., Brady, S. S., Vitonis, A. F., et al. (2011). The influence of depression and anxiety on risk of adult onset vulvodynia. Journal of Women's Health, 20, 1445-1451. doi: 10.1089/jwh.2010.2661.

Kopeykina, I., Kim, H. J., Kahtun, T., Boland, J., Haeri, S., Cohen, L., & Galynker, I. I. (2016). Hypersexuality and couple relationships in bipolar disorder: A review. Journal of Affective Disorders, 195, 1-14. doi: 10.1016/j.jad.2016.01.035.

Kurlansik, S. L., & Maffei, M. S. (2016). Somatic Symptom Disorder. American Family Physician, 93(1), 49-54.

Labbatte, L. A., Grimes, J. B., & Arana, G. W. (1998). Serotonin reuptake antidepressant effects on sexual function in patients with anxiety disorders. Biological Psychiatry, 43, 904-907.

LaTorre, A., Conca, A., Duffy, D., Giupponi, G., Pompili, M., & Grozinger, M. (2013). Sexual dysfunction related to psychotropic drugs: A critical review part II: Antipsychotics. Pharmacopsychiatry, 46, 201-208. doi: 10.1055/s-0033-1345205.

Laxhman, N., Greenberg, L., & Priebe, S. (2017). Satisfaction with sex life among patients with schizophrenia. Schizophrenia Research, 190, 63-67. doi: 10.1016/j.schres.2017.03.005.

Leeners, B., Hengarter, M. P., Rossler, W., et al. (2014). The role of psychopathological and personality covariates in orgasmic difficulties: A prospective longitudinal evaluation in a cohort of women from age 30 to 50. Journal of Sexual Medicine, 11, 2928-2937. doi: 10.1111/jsm.12709.

Letoureneau, E. J., Schewe, P. A., & Frueh, B. C. (1997). Preliminary evaluation of sexual problems in combat veterans with PTSD. Journal of Traumatic Stress, 10, 125-132. doi: 10.1002/jts.2490100112.

Linehan, M. M. (2014). Dialectical behavioral therapy skills training manual (2nd ed). Guilford Press.

Marken, P., Haykal, R., & Fisher, J. (1992). Therapy review: Management of psychotropic-induced hyperprolactinemia. Clinical Pharmacy, 11(10), 851-856. doi: 10.1016/j.psym.2013.08.008.

McDaniel, S. H., Doherty, W. J., & Hepworth, J. (2013). Medical family therapy and integrated care (2nd ed.). Washington, DC: American Psychological Association.

McMillan, E., Sanchez, A. A., Bhaduri, A., Pehlivan, N., Monson, K., Badcock, P., et al. (2017). Sexual functioning and experiences in young people affected by mental health disorders. Psychiatry Research, 253, 249-255. doi: 10.1016/j.psychres.2017.04.009.

Metz, M. E., & McCarthy, B. W. (2011). *Enduring desire: Your guide to lifelong intimacy.* Routledge.

Micromedex-Accessed 11/8/13 and 12/27/18. Each drug by name for Adverse Effects; In-Depth Answers; Reproductive Effects. Drug Drug Consults "Drug-Induced Sexual Dysfunction," published in 2016.

Miller, N. S., & Gold, M. S. (1988). The human sexual response and alcohol and drugs. *Journal of Substance Abuse Treatment, 5*(3), 171-177. doi: 10.1016/0740-5472(88)90006-2.

Montejo, A. L., Montejo, L., & Baldwin, D. S. (2018). The impact of severe mental disorders and psychotropic medications on sexual health and its implications for clinical management. *World Psychiatry, 17,* 3-11. doi: 10.1002/ wps.20509.

Moran-Santa Maria, M. M., Flanagan, J., & Brady, K. (2014). Ovarian Hormones and Drug Abuse. *Current Psychiatry Reports, 16*(11), 511. doi: 10.1007/s11920-014-0511-7.

Morris, E. P., Stewart, S. H., & Ham, L. S. (2005). The relationship between social anxiety disorder and alcohol use disorder: A critical review. *Clinical Psychology Review, 25(6),* 234-260. doi: 10.1016/j.cpr.2005.05.004.

National Institute on Alcohol Abuse and Alcoholism (NIAAA) (2016). *Rethinking Drinking Alcohol and Your Health.* Available at: https://pubs.niaaa.nih.gov/publications/RethinkingDrinking/ Rethinking_Drinking. Retrieved December 26, 2018.

National Institute of Drug Abuse (NIDA). *Opioid Overdose Crisis.* Available at: www.drugabuse. gov/drugs-abuse/opioids/opioid-overdose-crisis. Retrieved December 26, 2018.

Ozkan, B., Wilkins, K., Muralee, S., & Tampi, R. R. (2008). Pharmacotherapy for inappropriate sexual behavior in dementia: A systematic review of literature. *American Journal of Alzheimer's Disease and Other Dementias, 23*(4), 344-354. doi: 10.1177/1533317508318369.

Pandor, A., Kaltenthaler, E., Higgins, A., Lorimer, K., et al. (2015). Sexual health risk reduction interventions for people with severe mental illness: A systematic review. *BMC Public Health, 15,* 138. doi: 10.1186/s12889-015-1448-4.

Peugh, J., & Belenko, S. (2001). Alcohol, drugs and sexual function: A review. *Journal of Psychoactive Drugs, 33*(3), 223-232.

Phillips, K. A. (2002). Body Dysmorphic Disorder. In S. G. Kornstein & A. H. Clayton (Eds.), *Women's Mental Health: A Comprehensive Textbook* (pp. 295-306). The Guilford Press.

Pinheiro, A. P., Raney, T. J., Thornton, L. M., Fichter, M. M., Berrettini, W. H., Goldman, D., et al. (2010). Sexual functioning in women with eating disorders. *International Journal of Eating Disorders, 43*(2), 123-129. doi: 10.1002/eat.20671.

Powers, P. S. (2002). Eating Disorders. In S. G. Kornstein & A. H. Clayton (Eds.), *Women's Mental Health: A Comprehensive Textbook* (pp. 244-262). Guilford Press.

Ramsey, S. (2013). Opioids for back pain are linked to increased risk of erectile dysfunction.

British Medical Journal, 346, f3223. doi: 10.1136/bmj.f3223.

Sarver, D. E., McCart, M. R., Sheidow, A. J., & Letourneau, E. J. (2014). ADHD and RSB in adolescents: Conduct problems and substance use as mediators of risk. *Journal of Child Psychology and Psychiatry, 55,* 1345-1353. doi: 10.1111/jcpp.12249.

Schmidt, H. M., Hagen, K. L., Kriston, L., Soares-Weiser, K., Maayan, B., & Berner, M. (2012). Management of sexual dysfunction due to antipsychotic drug therapy: Review. *The Cochrane Library, 11,* 1-66.

Schweitzer, I., Maguire, K., & Ng, C. (2009). Sexual side effects of contemporary antidepressants: Review. *Australian and New Zealand Journal of Psychiatry, 43,* 795-808. doi: 10.1080/00048670903107575.

Scimeca, G., Chisari, C., Muscatello, M. R. A., Cedro, C., Pandolfo, G., Zoccali, R., & Bruno, A. (2017). Cannabis and Sexual Behavior. In V. Preedy (Ed.), *Handbook of Cannabis and Related Pathologies* (pp. 180-187). Elsevier, Inc.

Segraves, R. T. (2010). Encompassing sexual medicine within psychiatry: Pros and cons. *Academic Psychiatry, 34,* 328-332. doi: 10.1176/appi.ap.34.5.328.

Serretti, A., & Chiesa, A. (2009). Treatment-emergent sexual dysfunction related to antidepressants a meta-analysis. *Journal of Clinical Psychopharmacology, 29,* 259-266. doi: 10.1097/JCP.0b013e3181a5233f.

Shacham, E., & Cottler, L. B. (2010). Sexual behaviors among club drug-users: Prevalence and reliability. *Archives of Sexual Behavior, 39*(6), 1331-1341. doi: 10.1007/s10508-009-9539-x.

Smith, A. M., Ferris, J. A., Simpsom, J. M., Shelley, J., Pitts, M. K., & Richter, J. (2010). Cannabis use and sexual health. *The Journal of Sexual Medicine, 7*(2Pt1), 787-793. doi: 10.1111/j.1743-6109.2009.01453.x.

Soleimani, A. A., Najafi, M., Ahmadi, Kh., Javidi, N., Hoseini Kamkar, E., & Mahboubi, M. (2015). The effectiveness of emotionally focused couples therapy on sexual satisfaction and marital adjustment of infertile couples with marital conflicts. *International Journal of Fertility and Sterility, 9,* 393-402. doi: 10.22074/ijfs.2015.4556.

Substance Abuse and Mental Health Services Administration (2018). *Key substance use and mental health indicators in the United States: Results from the 2017 National Survey on Drug Use and Health* (HHS Publication No. SMA 18-5068, NSDUH Series H-53). Rockville, MD: Center for Behavioral Health Statistics and Quality, Substance Abuse and Mental Health Services Administration. Retrieved from www.samhsa.gov/data/on December 26, 2018.

Thompson, R. G., Eaton, N. R., Hu, M., Grant, B. F., & Hasin, D. S. (2014). Regularly drinking alcohol before sex in the United States: Effects of relationship status and alcohol use disorders. *Drug Alcohol Depend, 141,* 167-170. doi: 10.2105/AJPH.2015.302556.

Vella-Zarb, R. A., Cohen, J. N., McCabe, R. E., & Rowa, K. (2017). Differentiating sexual thoughts in obsessive-compulsive disorder from paraphilias and nonparaphilic sexual disorders. *Cognitive and Behavioral Practice, 24*, 342-352. doi: 10.1016/j.cbpra.2016.06.007.

Volkow, N. D., & McLellan, A. T. (2016). Opioid abuse in chronic pain-Misconceptions and mitigation strategies. *The New England Journal of Medicine, 375, 13*, 1253-1263. doi: 10.1056/NEJMra1507771.

Weeks, G. (1977). Toward a dialectical approach in intervention. *Human Development, 20*, 277-292.

Weeks, G., & Cross, C. (2004). The intersystem model of psychotherapy: An integrated systems approach. *Guidance and Counseling, 19*, 57-64.

Wiebe, S. A., & Johnson, S. M. (2016). A review of the research in emotionally focused therapy for couples. *Family Process, 55*, 390-407. doi: 10.1111/famp. 12229.

Williams, M. T., & Farris, S. G. (2011). Sexual orientation obsessions in OCD: Prevalence and correlates. *Psychiatry Research, 187*, 156-159. doi: 10.1016/j.psychres.2010.10.019.

Yehuda, R., Lehrher, A., & Rosenbaum, T. Y. (2015). PTSD and sexual dysfunction in men and women. *Journal of Sexual Medicine, 12*, 1107-1119. doi: 10.1111/jsm.12856.

Zemishlany, Z., & Weizman, A. (2008). The impact of mental illness on sexual dysfunction. *Advanced Psychosomatic Medicine, 29*, 89-106. doi: 10.1159/000126626.

제 **12**장

동성 커플과의 성 치료

·· Systemic Sex Therapy ··

제**12**장

동성 커플과의 성 치료

Arlene I. Lev · Margaret Nichols

이 장에서는 성소수자(Lesbian, Gay, Bisexual, Transgender, Queer: LGBTQ)들이 살고 있는 소수자들의 하위문화와 주류 문화의 사회적·역사적·문화적 영향에 초점을 맞추어 동성 커플의 성 치료를 살펴보고자 한다. 저자들은 합의가 있는 한 성과 성별의 다양성은 건강하고 기능적인 것이라 보며, 유능하고 윤리적인 성 치료는 정신 건강의 비병리화 모델을 바탕으로 실천되어야 할 필요가 있다는 입장을 취하고 있다. 언어, 정체성, 하위문화의 가치, 성적 지향과 성별의 상호성, 인종·민족성 및 기타 사회적 대상의 중요성이 검토될 것이다. 비록 소수의 연구이긴 하지만 연구나 임상 보고에 동성 커플들이 경험하는 성 기능 장애에 대한 평가와 치료가 이루어졌는데, 이에 대해서도 논의할 것이다.

🫶 서론: 문제의 정의

적어도 진보적인 서구 문화에서 레즈비언과 게이가 지난 수십 년 동안 전례 없이 사회적·정치적·법적 발전을 이루어 왔다는 것은 부인할 수 없다. 이전에는, 동성 간의 성욕은 변태로 간주되었고, 이러한 욕망에 따라 행동하는 사람을 사회적으로 따돌리거나 범죄자로 취급했다. 정치적·문화적 격변은 시민 생활을 휩쓸었고 게이와 레즈비언 커플은 점점 더 주류가 되어 주 정부의 승인과 지원을 받아 가족을 형성하고 있다. 미국에서 2015년에 있었던 연방대법원의 결혼 합법화 결정이 이런 태도 변화를 전형적으로 보여 주는 가장 최근의 사건이다.

갤럽 여론조사(Gallup Polls)와 퓨 연구센터(Pew Research Center)의 2017~2018년 자료에 따르면 미국 성인의 4.5%가 자신을 게이, 레즈비언, 양성애자 또는 트랜스젠더로 정의했다. 이는 이보다 5년 전인 2012년의 3.4%보다 증가한 수치이다. 이는 1천만 명 이상의 미국인이 자신을 LGBTQ로 정의하고 그중 10.2%인 100만 명 이상의 미국인이 동성 파트너와 결혼했음을 의미한다(Newport, 2018; Masci et al., 2017). 갤럽은 동성 동거 커플의 61%가 결혼한 것으로 추정하며, 게이와 레즈비언 커플의 수를 160만 명으로 추산하고, 게이 남성이 레즈비언보다 결혼 가능성이 약간 더 높은 것으로 보고 있다. 한 가지 흥미로운 통계는 스스로를 LGBTQ라 칭한 사람이 이성 파트너와 결혼한 비율이 동성 파트너와 결혼한 비율인 13.1%보다 높다는 것이다. 이것은 아마도 양성애자, 트랜스젠더 그리고 동성애자로 확인된 사람들의 수치가 동성 커플에 대한 통계에 포함되었기 때문일 것이다.

동성애자 중 77%의 게이와 71%의 레즈비언을 비교해 볼 때, 그들이 인생에서 중요한 사람에게 커밍아웃한 비율은 28%에 불과하여 자신의 취향에 대해 개방할 가능성이 훨씬 적음에도 불구하고, 스스로 인정한 양성애자들은 LGBTQ 인구의 절반을 차지한다. 따라서 커플 치료사들은 그 어느 때보다도 많은 동성 커플과 많은 기혼 동성 커플을 만나고 있는데, 이 중 상당수는 적어도 한 명 이상의 양성애자가 있는 동성 커플과 이성 커플이다. 양성애자들은 게이나 레즈비언보다 더 흔하고 더 많이 자신의 비밀을 숨긴 채 지내며, 주류와 LGBTQ 문화 내에서 모두 오해를 받아 왔다. LGBTQ 공동체에서 양성애자들은 역사적으로 드러나지 않거나, 혹은 커밍아웃을 했을 때 두려움과 불신의 대상이 되었다(Nichols, 2014). 연구자들은 한 파트너가 '동성애자'이고 다른 파트너가 '양성애자'라는 사실을 보이지 않게 만드는 방식으로 '동성애자(gay-couple)'라는 용어를 정의했다. 마치 이러한 차이가 공동체, 정체성, 성적 성향 또는 상호 관계 역학 측면에서 의미가 없는 것처럼 말이다. 양성애자들은 커플 간의 '혼합된 성적 지향'으로 인해 동성 관계에서 파트너(배우자)가 되는 독특한 문제, 정체성 관리 및 지역 공동체 소속의 문제를 가지고 있다. 그리고 남녀 간에 주목할 만한 차이가 있다(Crofford, 2018).

관계에서 트랜스젠더에 대한 특정 초점은 이 장의 논의 범주에서 벗어나 있지만, 트랜스젠더는 정체성이 이성애자, 게이·레즈비언, 양성애자, 범성애자(pansexual)임을 확인할 수 있으며, 일부 레즈비언과 게이 커플(일부 이성애자 커플과 마찬가지로)은 한 명 이상이 트랜스젠더일 수 있다. 이 관계가 '동성애'로 보일지 아닐지는 여러 가지 요인에 따라 달라질 수 있다. 성적 지향이라고 하는 이 개념은 서로 반대되는 성의 존재를 가정하고 있다. 즉, 파트너 신체의 생물학적 유사성이 관계를 형성하는 두드러진 점이라고 가정하는 생물학적 이형성(dimorphism)에 기반을 둔 이분법적 사고이다. 그러나 남성과 여성의 신체는 단순히 이분법적이지 않다. 간성(intersex)질환[1]을 가진 사람들과 성-퀴어 정체성을 가진 사람들은 이분법을 거부한다. 트랜스젠더와 퀴어 정체성의 존재 자체가 신체의 성화(sexed)가 안정적이라는 생각에 도전을 하고 있다. 점점 더 많은 사람이 단순히 퀴어라고 받아들이게 되었는데 이는 레즈비언, 동성애자, 양성애자, 범성애자뿐만 아니라 트랜스젠더, 여성도 남성도 아닌 정체성(논바이너리; gender non-binary identity)을 포함할 수도 있다. "동성애(same-sex)" 성적 특질은 한 몸에 두 사람의 매력을 가지고 태어난 것일 수도 있고 그렇지 않을 수도 있으며, "동일한(same)" 그리고 "성(sex)"이라는 단어는, 동성애자(homosexual)라는 단어와 같이 종종 명확하기보다는 융합적이고 혼란을 가져올 수 있다.

이 장에서는 체계론적인 가족 치료의 원칙과 커플 치료의 렌즈를 통해 동성 커플을 위한 성 치료를 살펴볼 것이다. 체계론적 접근 방식은 소외된 집단의 내담자들과 작업하기에 적절한 이론이다. 치료사는 주류 사회의 태도가 개인, 커플, 확장된 가족 및 친구 네트워크에 어떤 영향을 미치는지 이해하고 그들이 살고 있는 다양한 사회 집단과 공동체에 대한 지식을 갖추어야 한다. 이 장에서 LGBTQ 사람들이 기능해야 하는 주류 사회 문화뿐만 아니라 퀴어들을 지원하고 검증하며 행동과 정체성에 대한 자체 규범을 설정하는 소수 하위문화 모두를 살펴봄으로써 사회적·역사적·문화적 영향에 초점을 맞춘다. 우리는 LGBTQ 사람들이 자주 직면할 가능성이 있는 거시적이고 미시적 공격인 '소수자의 스트레스'의 영향뿐만 아니라 동료들의 기준과 가치관의 영향도 고려할 것이다.

동성 커플의 역사적 맥락

1800년대에 등장한 정신의학 및 성학(sexology) 분야에서는 동성 간 성욕을 표현하는 사람들에 대한 사회적 억압과 비방이 반영되었다. 성소수자들은 19세기 내내 의료적·정신적·법적 개입의 대상이 되었고, 이로 인해 회복치료라는 명목하에 범죄화와 충격치료, 화

---

1 역자 주: 하나의 성으로 완전히 발달하지 못하여 외부 성기모양을 통해 성별을 구분하기 모호한 상태

학적 거세와 같은 학대가 이루어졌다. 병리학으로서 동성애는 1973년까지 진단 매뉴얼에서 제거되지 않았고, 나머지 하위 범주는 DSM-5가 인쇄될 때까지 남아 있었다. 이 장에서는 서로 간의 합의가 이루어졌다면 성과 성별의 변형은 건강하고 기능적이라고 여기며 유능하고 윤리적인 성 치료는 비병리학 모델을 실천해야 할 필요가 있다고 여긴다.

이러한 억압의 역사적 맥락 안에서, 치료사들은 최근까지도 동성 간의 사랑이 건강하다고 가정하며 동성 간 성적 만족이나 잠재적인 성적 문제에 대한 질문을 공식화하는 것은 상상조차 할 수 없었다. 그러므로 연구가 부족할 수밖에 없고 동성 커플을 거의 포함하지 않는 성 기능 장애 치료에 대한 정보를 다룰 것이다.

💙 하위문화 제도가 퀴어 커플에게 미치는 영향

체계론적 접근은 지배적인 문화뿐만 아니라 LGBTQ 또는 퀴어 하위문화에 대한 문화의 영향을 이해하는 것이 필요하다. 동성애자들에게 LGBTQ 공동체는 지지와 인정의 장소일 뿐만 아니라 많은 이에게 유일한 가족이기도 하다. LGBTQ 사람들은 낙인찍힌 소수자들 사이에서 중요한 위치를 차지하고 있는데, 다른 사람들은 일반적으로 원가족에 지지를 의존할 수 있기 때문이다. 퀴어들은 역사적으로 그들의 원가족으로부터 거부당하거나 적어도 오해를 받아 왔다. 그들은 종종 퀴어와 퀴어를 긍정하는 친구, 파트너, 전 파트너, 그리고 자녀들의 네트워크를 형성하여, 창조적인 형태의 가족과 집단을 만든다. 퀴어 커뮤니티는 LGBTQ 사람들이 안전하다고 느끼는 물리적 이웃뿐만 아니라 조직, 드러내 놓고 하는 퀴어 사업체와 전문가, 가상(인터넷) 공간과 그룹을 포함하는 비정형적인 실체이다. 커플에게 있어, 이 공동체는 종종 주류 문화가 비퀴어(non-queer) 사람들의 관계를 확인하고 지원하는 동일한 역할을 하며, 이러한 지원 시스템의 존재 유무는 중요한 치료 변수가 된다.

모든 소수자 하위문화와 마찬가지로 LGBTQ 커뮤니티는 구성원들이 자신을 어떻게 설명하고, 어떻게 규정짓고, 어떤 특징, 행동, 특성이 자신을 정의하는 데 수반될 것인지를 결정한다. 범주에 잘 맞지 않는 사람들은 적합하지 않은 특성을 숨기거나 억제해야 하는 미묘한 압력에 직면한다. 예를 들어, 현대의 퀴어 하위문화에서는 양성애자들이 스스로를 게이 또는 레즈비언이라고 칭하고 이성애에 대한 끌림을 억압해야 한다는 압력을 여전히 받고 있다. 또한 양성애자로 인식하는 사람들과 범성애자로 인식하는 사람들 사이에 이러한 정체성의 정의, 경계, 포괄성에 대한 갈등이 있다. 마찬가지로, 트랜스젠더라는 범주 아래 누가

속하고 속하지 않는지에 대한 토론과 담론이 존재한다.

이러한 정체성을 표시하는 개념은 꽤 중요하며, 최근까지 과학 문헌에서 사실상 간과되어 왔다. 사회과학 및 성학 연구는 자기 정체성에 근거하여 주제를 선정하지만, 궁극적으로는 유전자와 뇌 구조에 근거한 인간 본성의 본질적인 특성을 측정하는 것처럼 해석한다. 그러나 성적 매력, 낭만적 매력, 행동 및 정체성이라는 꼬리표 사이의 관계에 대한 연구에서는 남성과 여성 모두 이러한 변수와의 상관관계는 낮은 것으로 나타났다(Diamond et al., 2013; Fu et al., 2018). 다시 말해, 실제 인간의 성적 행동과 스스로 부여한 정체성 꼬리표의 복잡성이 항상 매력이나 심지어 행동과 강하게 연관되는 것은 아니다. 따라서 우리 자신과 타인을 동일시하는 범주는 물질적 요소가 아닌 사회적 구성이다. 비록 그러한 구성이 궁극적으로 에로틱하고 로맨틱한 매력, 어쩌면 우리의 몸과 뇌에 기반을 둔 성 정체성과 자기표현과 같은 요소에서 비롯된다고 할지라도 말이다. 정체성 꼬리표는 혼란스럽고 복잡한 현상을 취해서 그것들을 별개의 범주로 정제하려는 어설픈 시도이다. 레즈비언이나 게이가 이성 파트너와 즐거운 성관계를 한 적이 없거나, 현재 성관계를 하고 있지 않다고 가정하는 것은 잘못된 생각이다.

퀴어들이 어떤 정체성 꼬리표를 선택하고 시간의 흐름과 함께 어떻게 사용해 왔는지에 영향을 미치는 많은 요소가 있지만, 그중 하나는 LGBTQ 하위문화의 지배적인 규범에 의해 가해지는 압력이다. 퀴어들이 사용하는 꼬리표는 시간과 함께 변화하며 현재 그들이 살고 있고 지원을 받기 위해 의존하는 공동체 내에서 사용 가능하고 수용 가능한 정체성이다. 레즈비언들은 자신을 부치(butches; 거친 남성 역할)나 펨(femmes; 여성 역할)으로만 생각해야만 했고 이것이 여성에게 성적으로 끌렸던 대부분의 여성이 성적 매력을 느끼던 방법이었다. 젊은 층 사이에서 **범성애자와 양성애자**라는 꼬리표가 퍼지면서, 더 많은 사람이 그런 식으로 자기에게 꼬리표를 붙이고 있다. 시간과 함께 LGBTQ 문화의 규범이 변화함에 따라 성 정체성에 대한 명칭도 변화하는데, 이는 지역사회에 강력한 세대 코호트 효과[2]가 존재한다는 것을 의미한다. 비민과 랭킨(Beemyn & Rankin, 2011)에 따르면 40세 미만의 트랜스젠더 중 일부는 자신을 크로스 드레서(cross dresser)라고 칭하고 40세 이상 중 소수는 자신을 젠더퀴어라고 칭한다. 동성 커플과 함께 일하는 임상가들은 행동, 표현, 심지어 자기 정체성의 규범이 40대나 50대 커플과 20대 커플에게 현저하게 다를 수 있다는 것을 알아야 한다.

---

2 역자 주: 보통 5~10년 단위로 구분하는데, 특정 기간 동안 특정 경험의 문화를 형성하여 구성원들에 의해 트렌드가 형성되는 것을 뜻한다.

게이와 레즈비언 개인과 커플에게 영향을 미치는 환경에는 강력한 지리적 요소가 있다. 현재 해안[3]과 도시 지역에 동성 커플이 모여 있고(Bui, 2016) 이들이 받는 지지를 농촌과 비해안(non-coastal) 지역 커플들은 받지 못할 것이다. 퓨 연구센터의 데이터(Masci, Brown, & Kiley, 2017)에 따르면 12%만이 LGBTQ가 거주하는 이웃에 살고 있으며 72%는 그러한 이웃에 살아 본 적이 없다. 해안도 아니고 도시도 아닌 곳에서 커플과 함께 일하는 치료사들은 이러한 커플들이 자기 가족의 지원이 부족할 뿐만 아니라 동료들의 지원도 상대적으로 부족하기 때문에 고통받을 수 있다는 것을 알아야 한다.

LGBTQ 공동체가 지속적인 발전과 변화를 이어 가고 있는 이유 중의 하나는 이 공동체가 매우 교차적이라는 것이다. 교차성이라 함은 서로 다른 소수집단이 개인적으로 겹치는 것을 말한다. 예를 들어, 흑인 양성애자 트랜스 여성은 인종, 성별, 성 정체성, 성적 지향에서의 교차성을 나타낸다. 복잡한 교차점이 있는 사람들은 종종 여러 가지 원인으로 소수자 스트레스를 겪는다. 그러나 그들의 삶의 다층적인 경험은 또한 그들에게 독특한 관점을 제공하고 새로운 정체성과 자기표현 방식을 자유롭게 창조할 수 있게도 한다.

부분적인 교차성 때문에 21세기 LGBTQ 공동체는 무성(asexual), 간성, 성도착증자(BDSM[4]/fetish)들을 받아들이고 다양한 성소수자를 진정으로 포용하게 되었다. 동시에 사빈-윌리엄스(Savin-Williams, 2005)는 많은 젊은 퀴어가 꼬리표를 완전히 거부하거나, 자신을 퀴어라고 생각하거나, 범성애자와 같은 새로운 정체성 꼬리표를 사용한다는 것을 발견했다. 또한 리사 다이아몬드(Lisa Diamond, 2008)는 10년에 걸친 종단적 연구에서 젊은 여대생들이 자주 정체성 꼬리표를 바꾼다는 것을 발견했다. 그들은 이전의 꼬리표를 거부하거나 미래의 변화를 배제하지 않았다. 대신, 그들은 현재의 매력, 행동, 그리고 무엇보다도 현재의 파트너 관계를 설명하기 위해 정체성 꼬리표를 사용했다. 그들은 그들의 정체성을 본질주의적인 방식으로 분류하지 않고, 오히려 다이아몬드가 설명했던 성적 지향의 성적 유동성으로 변화 가능한 것으로 보았다. 그가 '대부분 이성애자 남성'이라고 부르는 것에 대한 사빈-윌리엄스(2017)의 최근 연구는 남성들이 비이성애자 정체성 꼬리표를 선택할 때 종종 그것을 쉽게 채택한다는 것을 보여 준다. 사빈-윌리엄스의 작업은 남성들 사이에서 성적 유동성을 보여 주며, 전통적인 이성애자와 동성애자로 구분하는 성적 이분법을 허물었다. 성향과 성별의 교차성은 다양한 형태를 취할 수 있는데, 예를 들어, 두 명의 트랜스 여성 또는 트랜스

---

3 역자 주: 미국 동부와 서부 해안을 뜻한다.
4 역자 주: 속박, 훈육, 사디즘(가학), 마조히즘(피학) 또는 지배와 복종을 수반하는 성적 활동을 가리킨다.

여성과 시스젠더(cisgender) 퀴어 여성으로 구성된 여성 커플이 있다. 또한 레즈비언 여성이 트랜스 남성애자 혹은 양성애자 파트너와 데이트하는 관계도 있으며, 많은 커플이 한쪽 또는 양쪽 파트너의 전환을 경험한다.

🫀 커플 관계 및 가족 패턴

지난 40년 동안 게이와 레즈비언 해방 운동은 성적 일탈, 가족 관계, 사랑, 결혼, 가족 형성에 대한 동성애 혐오적 가정에 성공적으로 도전해 왔다. 동성 커플에 대한 연구는 레즈비언 커플과 게이 커플의 강점과 회복력을 입증했다(Gotta et al., 2011; Gottman et al., 2003; Peplau & Fingerhut, 2007; Solomon et al., 2005). 동성 커플은 높은 만족도를 나타내며 친밀감, 의사소통, 관계적 조율을 중요시하며 갈등을 건설적으로 해결할 수 있는 능력을 갖추고 있다(Lev, 2015).

그러나 LGBTQ 사람들은 동성애 혐오와 이성애를 정상으로 여기는 문화 속에서 사는 것만으로도 여전히 매일 크고 작은 공격을 경험한다. 여기에는 명백한 차별과 편견, 가족의 거부, 소외, 성적 욕구에 대한 비방이 포함되며, 이는 평생의 심리적 · 정서적 문제로 나타난다(Nuttbrock, 2010; Sue, 2010).

수많은 연구에 따르면 '소수자 스트레스'는 게이와 레즈비언 개인뿐만 아니라 동성 커플에게도 해로운 영향을 미친다. 파인스타인과 그의 동료들(Feinstein et al., 2018)은 HIV 예방 전략이 높은 수준의 내재화된 낙인(내재화된 동성애 공포증이라고도 함)을 가진 게이 남성 커플에게 효과적이지 않다는 것을 발견했다. 롱고본디와 바데네스—리베라(Longobondi & Badenes-Ribera, 2017)는 게이와 레즈비언 커플의 파트너 폭력이 외부 성소수자 스트레스 요인 및 내재화된 낙인과 관련이 있음을 보여 주었다. 게이 남성 커플의 일부에서 우울 증상은 성적 지향에 대한 차별을 경험한 사람들에게서 더 높았지만(Randall et al., 2017) 이는 커플 관계의 힘으로 부분적으로 개선되었다. 토텐하겐, 랜들과 로이드(Totenhagen, Randall, & Lloyd, 2018)는 내재화된 동성애 공포증과 낮은 수준의 '외향성'이 동성 커플의 관계 질을 손상시켰다는 것을 발견했다. 그러나 커밍아웃 과정은 또한 '커밍 성장'(Vaughn & Waehler, 2010)이라고 불리는 강점을 형성하며, LGBTQ 사람들에게 지역사회 지원을 강화하고, 역경 및 억압에 대처하는 기술을 향상시키며, 관계에 있어 정직성과 진정성을 증가시킨다. 커플 치료사들은 소수자 스트레스와 내재화된 낙인의 영향을 다루는 것이 중요하다. 앨런과 존슨(Allen & Johnson, 2017)은 게이 남성 커플에게 감정 집중 치료의 사용이 어떻게 이러한 결합을 소수자 스트레스에 더 탄력적이고 저항적으로 만들 수 있는지에 대해 논의한다. 가란치니와 그의 동료들(Garanzini et al., 2017)은 가트만(Gottman) 방법을 사용하여 레즈비언과 게이 커플 모두를 치료하는 데 큰 성공을 거두었다고 보고했다.

동성 커플의 상황은 다르지만, 일반적으로 여러 면에서 이성 커플과 비슷하다(Gotta et al., 2011; Gottman et al., 2003; Peplau & Fingerhut, 2007; Solomon et al., 2005). 그들은 이성애자들이 하는 것과 비슷한 가족생활의 단계(데이트하기, 사랑에 빠지기, 파트너 되기, 함께 살기, 자녀 계획하기)를 거친다(Ashton, 2011). 레즈비언 커플과 게이 커플은 마찬가지로 안정성과 높은 수준의 관계를 유지한다. 연구에 따르면 그들은 갈등을 능숙하게 해결하고, 높은 의사소통률을 가지며, 서로의 요구에 적응한다(Jonathan, 2009). 그들은 관계와 성생활에 만족과 친밀감을 표현하는데, 이는 일종의 관계 회복력, 억압적인 환경에 직면하여 개발된 특정한 강점으로 이해될 수 있다(Lev, 2015).

동성 커플과 이성 커플 간의 몇 가지 중요한 차이를 보여 주는 데이터가 있다. 최근 인구 조사 자료에 따르면 이성 커플에 비해 동성 커플은 아이를 낳을 확률이 낮고(20% 대 44%), 대학 학위를 가질 가능성이 더 높으며(46% 대 32%), 일하고 있을 가능성(82% 대 69%)이 높은 것으로 나타났다. 동성 커플 관계 속의 개인은 대학 학위를 가질 가능성이 더 높기 때문에 더 많은 돈을 벌 수 있다(Gates, 2013). 결혼한 동성 커플은 이성 커플보다 몇 살 어리다. 여성 커플이 남성 커플보다 자녀를 낳을 확률이 4배 더 높다(Bui, 2016). 조이너와 그의 동료들(Joyner et al., 2017)은 미국 청소년에서 성인 건강까지 종단 연구에서 14,000명의 표본을 분석한 결과, 레즈비언과 게이가 이성애자보다 관계를 맺고 있는 기간이 짧다고 보고했다. 남녀 이성 커플을 비교하면 남성 커플의 관계 해체율은 가장 높지만 동거 관계의 해체율은 가장 낮은 반면, 여성 커플은 동거 관계의 해체율이 가장 높다(Joyner, Manning, & Bogle, 2017). 이 연구의 저자들은 남성들이 여성들보다 관계에서 자율성을 더 중요시하기 때문에 남성 동성애자들은 파트너와 함께 사는 것에 대해 더 선택적이라고 추측한다.

연구 결과에 따르면, 동성 커플과 이성 커플의 가장 두드러진 차이점은 게이 남성과 레즈비언 커플이 남녀 커플보다 거의 모든 면에서 더 평등하다는 것이다(Gotta et al., 2011; Solomon et al., 2005). 동성 커플은 경제적으로 더 독립적이고 가정에 평등하게 기여할 가능성이 높다. 남녀 이성 커플은 여성이 남성보다 집안일을 더 많이 하고 집안일은 전통적인 성별에 따라 더 분할될 가능성이 높은 반면, 동성 커플은 동등하게 집안일을 분담하고 같은 양의 '여성' 집안일 대 '남성' 집안일을 한다. 동성 커플은 서로 더 동등한 수준의 의사소통을 하고, 관계를 유지하는 데 동등하게 기여하며, 의사 결정에서 동등한 힘을 가진다. 다시 말해,

동성 커플은 우리가 살고 있는 여전히 성차별적인 문화에 내재된 성 고정관념과 권력 불균형에서 비교적 자유롭다(Shechory & Ziv, 2007). 게다가 그들은 이성 커플보다 갈등을 더 잘 해결한다. 이성 커플과 작업하는 데 더 익숙한 성 치료사들은 이러한 차이점들이 그들의 작업의 일부 측면에 영향을 미친다는 것을 발견할 수 있을 것이다. 관계 갈등이 성 기능 장애로 이어진다면 이들이 경험하는 것은 돈, 집안일, 자녀 등의 동일한 문제일 것이다. 그러나 역할과 권력 불균형에 대한 내재적이고 문화적으로 뿌리 깊은 가정(assumption)은 없으며 파트너들은 서로 잘 소통할 가능성이 더 높다. 많은 동성 관계는 본질적으로 더 '공정한' 것처럼 보이기 때문에, 치료사의 작업이 쉬워질 수 있다. 물론 성 역할만이 의존성을 만드는 유일한 요인은 아니지만, 한 파트너가 다른 파트너에 비해 감정적으로나 재정적으로 의존적인 위치에 갇혀 있는 것을 보는 것은 드문 일이다. 동성 커플은 두 파트너가 다르게 사회화되었기 때문에 결혼 이외의 세계에서 권력에 불평등하게 접근할 때 발생하는 선천적인 불균형을 가지고 있지 않다. 이것은 모든 동성 커플이 동등한 힘의 균형을 가지고 있다는 것을 말하는 것은 아니다. 한 파트너는 돈, 젊음 또는 매력, 또는 심리적 지배로 인해 다른 파트너보다 더 많은 힘을 가지고 있을 수 있다. 그러나 성별은 이성 커플에서 흔히 발생하는 권력 차이를 결정하지 않는다. 성별이 역할, 가사 업무(항상 외부인이 가정하는 방식은 아니지만)를 명시적으로 정의할 수 있는 부치-펨의 레즈비언 커플에서 관계는 평등주의적이고 친밀하며 의사소통적인 것으로 경험된다(Levitt, Gerrish & Hiestand, 2003; Lev, 2008).

동성 커플과 이성 커플, 그리고 남성과 여성 커플 사이에는 성적 차이가 있다. 레즈비언은 성 활동의 빈도가 없거나 매우 낮지만, 두 여성 모두 낮은 성욕을 가지고 있을 뿐 다른 영역에서는 좋은 관계를 경험하는 것이 일반적이다. 게이 커플들은 종종 그들의 파트너 관계 이외의 다른 성관계를 관리하는 데 도움을 요청한다. BDSM[5], 다자간 연애(polyamory), 게이 커뮤니티(Barker, 2013)가 상당히 겹치기 때문에, 성 치료에서 동성 커플은 혼성 비독점적 다자간 연애자보다 대안적 성행위를 기존의 레퍼토리에 추가할 가능성이 더 높다. 아마도 많은 동성애자가 비교적 광범위한 성적 취향을 가지고 있기 때문에 동성 커플들은 "서로 더 많은 시간을 보내고, 서로의 쾌감을 느끼며, 오르가슴에 오르려고 서두르지 않으며 동시에 오르가슴에도 덜 집중하는 것"으로 나타났다(Sandfort et al., 2001, p. 5). 대부분의 연구는 남성 커플의 성행위 빈도가 가장 높고 여성 커플이 가장 적으며, 그사이에 이성 커플이 있는 것으

---

5 역자 주: 320쪽의 역자 주를 참조하라.

로 나타났다. 여성 커플은 더 넓은 범위의 성행위를 보고하며, 이성 커플보다 주어진 모든 성적 만남에 더 많은 시간을 할애한다(Holmberg & Blair, 2009; Blair & Pukall, 2014). 사실, 여성 커플은 남성 또는 이성 커플보다 성을 폭넓게 정의한다(Scott et al., 2018). 그리고 동성 커플의 여성은 이성 커플의 여성보다 오르가슴을 자주 경험한다(Frederick et al., 2018; Blair & Pukall, 2014). 프레데릭과 그의 동료들은 레즈비언의 86%가 오르가슴을 경험하는 것에 비해 이성애 여성의 65%가 경험한다고 보고했으며, 이러한 연구 결과는 여성의 오르가슴이 남성 중심적 명령에 의해 방해받고 있다는 추측을 낳았다(Willis et al., 2018). 연구는 오랫동안 게이가 장기적 관계에서 일부일처제를 추구할 가능성이 낮다는 것을 증명해 왔다(Green & Mitchell, 2008). 솔로몬과 그의 동료들(Solomon et al., 2005)은 그들의 연구에 참여한 게이의 절반 가까이가 주요 관계 이외의 성관계를 보고했다. 그러나 일부일처제가 커플의 만족이나 헌신이 적다고 결코 볼 수 없다(LaSala, 2004).

레즈비언의 성생활과 여성 동성 커플에 대한 성 치료

레즈비언 성생활은 길고 열정적인 역사를 가지고 있지만, 여성의 억압과 분리될 수는 없다. 여성해방운동이 일어나기 전까지 여성들이 레즈비언으로 커밍아웃하고 공개적으로 살아가기란 쉽지 않았다. 확실히, 부치-펨 공동체는 이 시대 이전에도 번성했지만, 페미니스트 운동의 영향력과 함께 혼합되었다. 여성에 대한 더 큰 자유와 성적 탐구를 촉진하고, 예를 들어, 이 운동 내에서 반(反)포르노 활동가와 친(親)성활동가들(pro-sex activists) 사이의 성적 갈등을 조장했다. 대부분의 퀴어 여성은 동성애자 남성들에게 중요한 의미가 있는 집회 같은 성적 자유는 없었으나, 이성애자 문화를 가질 수 없는 성적 개방성과 실험성의 기풍이 있다. 하지만 성적 자유를 위한 결집의 촉구는 이성애 문화에서는 찾아볼 수 없는 성적 개방과 경험의 기풍으로서 여전히 존재한다. 레즈비언 사회는 이성애자 여성들 사이에서 유례가 없는 강력한 성 급진적 운동을 전개해 왔다(Nichols, 1987). 게다가 레즈비언들은 항상 관능성, 에로틱한 표현, 성별 역학, 그리고 성적 놀이의 다른 측면을 탐구해 왔다. 최근 레즈비언 공동체는 트랜스 여성과 트랜스 남성을 젠더 범주에 포함하는 데 어려움을 겪고 있다. 퀴어 여성 공동체는 종종 여성들이 변태적인 성관계(kinky sex), 다자간 연애 그리고 광범위한 성별 표현을 탐구하는 장소였다. 연구자들은 레즈비언 커플 중에는 종종 성관계를 하지 않거나, 아주 드물게 성관계를 하거나, 성기 접촉이 전혀 없기도 하다는 것을 발견했다(Hall,

1984; Loulan, 1990). 이것은 이 현상에 대한 중요한 의문을 제기한다. 여성이 남성보다 생물학적으로 낮은 성욕을 가지고 있는가(즉, 성관계를 요구하는 남성이 없으면 성욕도 사라지는가), 아니면 여성이 성관계에 있어 수동적이어야 한다는 사회적 학습이 있어서 성관계를 어떻게 요구하거나 시작하는지를 모르기 때문인가?

문제의 일부는 우리가 성관계를 측정하는 방식일 수 있다. 성행동을 삽입, 오르가슴 횟수 또는 생식기 접촉으로 측정한다면, 아마도 연구자들의 남성 중심적, 이성애 규범적 관점은 여성들 사이의 실제 열정과 성적 취향을 놓치고 있는 것일 것이다(Nichols, 2011). 레즈비언 커플이 높은 수준의 친밀감과 의사소통 능력, 갈등 해결 능력이 있어서 평등한 관계를 맺고 있는데 섹스리스로 살지만 행복한 이 파트너들의 차이를 해결할 것인가? 이아센자(Iasenza, 2002)는 레즈비언 성관계가 덜 빈번하고 성기 접촉에 집중하지 않더라도 더 관능적이라고 지적했다. 연구에 따르면 레즈비언은 이성애자보다 섹스에 보내는 평균 시간이 더 많다. 이는 섹스하는 횟수가 아닌 섹스하는 시간을 측정한 것인데 레즈비언들은 이성애자만큼, (또는 더 많이) 성적으로 만족하고 있을 수 있다. 특별히 레즈비언들이 이성애 여성들보다 훨씬 높은 오르가슴을 경험한다는 사실을 볼 때 그렇다(Frederick et al., 2018; Iasenza, 2002). 비록 레즈비언 커플이 게이 남성보다 일부일처제일 가능성이 더 높지만, 여성 커플은 종종 일부일처제를 하지 않는 것에 대해 공개적으로 논의한다. 레즈비언들에게 개방적인 의사소통은 이성 커플이 실제로 합의된 일부일처제를 시행할 가능성이 높지 않은 것처럼 보일지라도 중요하다(Gotta et al., 2011; Solomon et al., 2005).

젠더는 오랫동안 레즈비언 커플의 중요한 탐구 영역이었다. 부치/펨의 역동(Butch/Femme dynamics)은 1970년대 레즈비언-페미니스트 커뮤니티(lesbian-feminist communities)가 시작되기 이전부터 받아들여진 규범이었고(Nestle, 1992) 포스트모던 커뮤니티 내에서도 성적 욕망의 표현으로 지속되고 있다(Loulan, 1990; Lev, & Gerish, & Hiestand, 2003; Lev, 2008). 부치와 펨은 단순히 레즈비언들이 '수행'하는 '역할'이 아니며, 이성애자의 성 역할을 모방한 것이 아니라 레즈비언 커뮤니티 내에 존재하는 성적, 성 정체성의 에로틱한 표현이다. 루소와 오웬스-리드(Russo & Owens-Reid, 2014)는 레즈비언 관계에서 젠더가 어떻게 작용하는지에 대한 이성애자의 추정에 도전하는 블로그 글을 썼다. 그들은 종종 레즈비언들에게 '남자같이 생긴 여자를 좋아한다면 왜 남자랑 사귀고 싶지 않은가?'라고 자주 묻는 질문에 대해 '남자를 그렇게 좋아한다면 왜 내 여자 친구와 사귀고 싶지 않은가?'라고 반문한다. '소년처럼 보인다'는 것이 특정 레즈비언의 에로틱한 표현이며(LouLan, 1990; Nestle, 1992), 이성애자의 자세나 전통적인 성 정체성과는 거의 관련이 없지만 특정 레즈비언에게는 에로티시즘이다. 그러나 레즈비언 관계에서 젠더 역학에 대한 지속적인 중요성에 도전하는 최신 연구는 제한적이다. 연구에서의 이러한 투명성은 레즈비언 성적 취향에 대한 의문을 제기할 기회를 놓친 것이다. 이 연구는 여성 커플에 대해 드러내려고 하는 것은 무엇이고 숨기려는 것은 무엇인가? 특정 연구 도구가 특정 '부류'의 커플, 즉 가장 외향적이거나 교육을 받은 커플, 또는 백인과 특권층에게 특권을 부여하고 있지는 않은가? 오늘날 레즈비언의 관계 역학의 선택권은 더 넓어졌지만, 부치/펨 정체성, 여성의 남성다움, 여성적인 표현, 성적 지향에 대한 젠더 역학 연구는 여전히 레즈비언 커플에게 존재할 뿐만 아니라 포스트모던 시대에 계속 확장되고 있다.

사례 삽화

리제트(Lisette)와 로사(Rosa)   리제트는 그녀와 로사가 겨울보다 여름에 성적으로 더 활발하다고 아무렇지도 않게 언급했다. 질문을 받았을 때, 그녀는 수줍게 여름에 주인집 방 위에 위치한 밀폐된 베란다가 그들에게 자기들의 침실보다 은밀한 공간으로 느껴져서 거기서 잠을 자는 경향이 있다고 인정했다. 그들은 종종 집주인이 그들의 소리를 들을 수 있다고 느꼈기에 그나마 드물게 하던 성생활마저 방해받는 것 같았다고 했다. 생각해 보면 리제트가 설거지를 하고 있는 로사를 뒤에서 안아 주려고 다가온 적이 있는데 로사가 얼어서 밀어낸 적이 있다고 한다. 그녀는 이웃들이 그들이 포옹하는 것을 볼까 봐 걱정했다. 비록 이 커플은 그들이 살고 있는 주에서 합법적으로 결혼했고 수년 동안 파트너로 지내 왔지만, 그들은 여전히 성적으로 해석될 수 있는 행동에 특히 초점을 맞춘 내재화된 동성애 공포증을 극복하는 중이다. 이것은 침실에서도 나타났다. 리제트는 로사에게 자신이 좋아하는 것을 말하는 데 어려움을 겪었다는 것을 인정했다. 그녀는 가끔 로사가 자신이 만지고 싶은 위치와 방법을 이해해 주길 바라며 몸을 계속 움직였지만, 로사는 계속 움직이면 침대에서 떨어질 거라고 농담만 했다고 말했다. 리제트는 자신의 신체 부위나 욕망을 '더러운' 것이 아니라 힘을 실어 주는 방식으로 이야기할 언어가 없었다. 성 치료 중에, 그들은 이러한 우려에 대해 이야기하고, 그들의 성적 욕구를 논하기 위해 서로 받아들일 수 있는 언어를 배울 수 있었고, 성적으로 더 흥미로울 수 있었다. 여기에는 여성 개개인을 따로 만나 성적인 것에 대한 가족의 가치관, 신체 부위에 대한 이야기를 어떻게 배웠는지, 그리고 커밍아웃 이야기들에 대한 개인적인 이야기들이 포함된 철저한 성 이력을 완성하는 것이 포함되었다. 그리고 나서 그 커플은 만나서 그들의 이야기를 나누었다. 상담실에서 지지와 격려를 받으며 천천히 (그리고 매우 수줍게) 그들은 그들이 어떻게 만지고 싶은지, 그리고 성적 쾌락에 대한 기대가 무엇인지 말하기 시작했다.

상담은 단순히 친구나 파트너를 넘어서 에로틱한 파트너로서 '잡히고' '보이고', 그리고 레즈비언으로서 보이는 것에 대해 초점을 맞추고 진행되었다. 로사는 자신의 가톨릭 가족에게 받은 성욕에 대한 메시지를 공유하고 탐구하며 해체하기 시작했고, 리제트는 여성의 신체가 가족 내에서 어떻게 '더러운' 것으로 보였는지 공유했다. 결국 그들은 집주인으로부터 너무 많은 제약을 받지 않기 위해 집을 사기로 결정했다. 그 집은 이웃들로부터 충분한 거리에 있으며, 리제트는 농담을 했다. "우리는 심지어 신음소리를 크게 낼 수 있고 아무도 듣지 않을 거야."

조(Joe)　조는 남성적인 옷을 입고 있었고 짧은 머리를 자랑하며 치료를 받았다. 조는 직장에서 만난 여성을 사귀고 있었는데 그 여성은 다른 여자와 성관계를 가진 적이 없었다. 이것은 조에게서 보이는 패턴이었다. 그녀는 이성애자 여성들을 유혹하는 것을 즐겼다. 그들은 조가 주는 성적 관심이 놀랍도록 뜨겁다는 것을 알았지만, 종종 조의 젠더 표현에 대한 양가감정으로 어려움을 겪었다. 그들은 조의 남성성을 좋아했지만, 종종 그것에 대해 그녀를 비난하기도 했다. 그들은 다른 여자와 사귀는 경우는 거의 없었지만 조와의 관계가 자리를 잡아 갈 때쯤이면 다른 남자를 만나 떠나곤 했다. 조는 모든 '진짜 레즈비언'이 부치라고 생각했고, 여성스러운 여성들에게 끌렸기 때문에 자신을 진정으로 이해하고 원하는 여성을 절대 찾지 못할 것 같은 좌절감을 느꼈다. 조가 성장해 온 가족은 레즈비언이 되는 것을 '고독함'의 행동으로 보았고, 만약 조가 '그렇게' 산다면, 결코 파트너를 찾을 수 없을 것이며 가족을 거부하는 행동이라고 보았던 종교적인 가족이었다. 조의 외적인 성적 표현은 대담한 다이크(dyke; 남성 역할을 하는 레즈비언)로 보였음에도 불구하고, 그녀는 자신의 성별, 성욕, 욕망에 대해 자기 혐오와 혼란을 겪으며 살았다. 치료 과정에서 조의 남성스러운 성적 태도를 존중하는 여성스러운 펨, 즉 레즈비언의 관계에 관심이 있지만 보다 여성적인 면이 있는 사람을 찾는 것은 어떤 의미인지 탐색할 수 있는 기회를 가졌다. 조는 이런 여성을 발견할 수도 있다는 생각에 저항했지만 인터넷 채팅방, 부치/펨 데이트 사이트, 심지어 레즈비언 크루즈까지 탐색하며 자신을 거부하는 이성애 여성과 계속해서 연애를 할 필요가 없다는 사실을 깨닫게 됐다. 남성과 함께하고 싶은 욕구가 전혀 없고, 자신의 남성적인 성적 취향을 흠모하고 즐기며, 그들의 관계를 전체적으로 뜨겁고 기묘하게 보는 레즈비언 연인을 발견한 것은 큰 힐링을 가져왔다.

게이의 성생활과 남성 동성 커플에 대한 성 치료

레즈비언의 성적 취향보다 게이의 성적 취향에 대한 연구가 더 많다. 게이의 성관계는 종종 'MSM(남성과 성관계를 하는 남성)'이라고 불리는데, 이는 많은 MSM이 실제로 동성애자로 식별되지 않기 때문에 행동학적으로만 정확하다고 볼 수 있다. 그러나 MSW[6] 성에 대한 연구는 HIV 예방에만 초점을 맞추고 있다. 샌드포트와 드 카이저(Sandfort & de Keizer, 2001)는 "성적인 행동은 HIV 전염의 주요 경로이고 동성애자들은 주요 위험군을 구성하기 때문에…… 안전한 성행위 대 안전하지 않은 성행위에 거의 독점적으로 초점을 맞춘 수많은 연구가 수행되었다."라고 썼다(p. 3). MSM에 대한 연구는 게이들의 성 기능 장애에 대한 전반적인 보고 비율이 더 높다는 것을 발견했다. 게이의 74%가 일종의 성 기능 장애를 보고한 반면, 이성애 남성은 30~50%로 보고했다(McDonough et al., 2014). 반크로프트와 그의 동료들(Bancroft et al., 2006)은 또한 게이가 성에 대한 불안 비율이 더 높으며, 발기부전도 더 심하다고 보고했다. 몇몇 연구는 게이 커플들이 보고하는 가장 흔한 성적 문제가 이성 커플과 동일하다는 것을 밝혀냈다. 즉, 파트너들 간의 성에 대한 욕망의 불일치이다. 게이들은 이성애자 남성들보다 성적 강박증에 대한 문제를 덜 보고하지만, 게이 커플은 항문 성교 혐오나 고통스러운 항문 성교처럼 이성 커플이나 레즈비언 커플 사이에서는 거의 볼 수 없는 성적 문제들을 보고하기도 한다.

게이 커플을 치료하는 임상가는 게이 성행위가 이성애자 남성과 다른 방식인 점을 고려해야 한다. 특히 일부일처제가 합의되었는지 여부를 다루지 않고는 게이 커플과 함께 작업하는 것이 불가능하다. 사실, 어떤 성적 성향을 가졌든 점점 더 많은 사람이 일부일처제가 아닌 개방적이고 합의된 관계, 일반적으로 일부다처제라고 알려진 관계를 찾고 있다(Boyd, 2017). 두 명 이상의 파트너와의 관계를 삼자 관계 또는 다자 관계라고도 한다. 비록 공개 연애 관계에 있는 게이 남성 커플의 비율이 에이즈 전염병 이전의 100%에서 현재 거의 40~50%로 감소했지만(Parsons et al., 2012; Solomon et al., 2005) 임상가들은 여전히 일부일처제가 아닌 커플들과 함께 일하고 있으며, 그러한 합의를 협상하거나 해결을 도와 달라는 요청을 받을 가능성이 높다.

---

6 역자 주: Men who Sex with Women, 여성과 성관계를 하는 남성을 뜻한다.

일반적으로 게이는 여성이나 이성애자 남성보다 성관계 빈도가 높고 다른 파트너의 수가 많다. 따라서 치료사들은 게이 남성 내담자에 대한 부정적인 판단을 피하기 위해 이러한 일반적인 성 관행에 대한 자신만의 내재화된 규범을 검토할 필요가 있을 것이다. 동성 커플이 전반적으로 이성 커플보다 평등하지만, 그것이 침실에서 '역할'이 동등하다는 것을 의미하지는 않는다. 특히 항문 성교를 할 때, 두 남자는 폭넓게 '탑(top)'과 '바텀(bottom)'에 해당하는 능동적이거나 수동적인 '역할' 또는 '삽입자'와 '수용자'를 정할 수 있다. 많은 남성이 자신의 역할에 유연하지만, 때때로 두 남성 모두 다른 역할보다 한 역할을 더 선호할 때 문제가 발생한다(Moskowitz & Garcia, 2017). 게다가 발기부전이 문제가 될 경우, 항교 성교 시 '탑'이 될 경우 문제가 되는데, 그 이유는 발기부전이 느슨하거나 부분적으로 발기된 음경과 완전히 연관될 수 있기 때문이다.

게이들 사이에서 가장 흔한 성행위는 오럴 섹스와 상호 자위행위이며 대부분의 게이 커플은 음경−질 삽입을 '성'의 정의로 생각하는 이성애자들과는 달리 항문 성교가 모든, 심지어 어떤 성적 만남에 포함될 것이라고 생각하지 않는다(Hart & Schwartz, 2010). 에이즈가 현재 치료 가능한 의학적 상태임에도 불구하고 HIV 전염에 대한 우려는 게이 성관계에 상당한 영향을 미친다. 미국에서는 대부분의 새로운 HIV 감염 사례가 게이들 사이에서 발생하며, 그 수는 계속 증가하고 있다(Centers for Disease Control, 2013). '맨몸 성교(bareback)'라고 불리는 비보호 항문 성교(Unprotected Anal Intercourse: UAI)는 가장 흔한 전염 방식이며, 게이들 사이에서 종종 행해지는 가장 일반적인 전염 방식이다(Shernoff, 2006).

동성애자와 남성 동성 커플에 영향을 미치는 하위문화 시스템을 고려하지 않고, 역사적 맥락을 이해하지 않고는 이것을 이해하기 어렵다. 초기 동성애 해방주의자들은 남성들 사이에서 즐겁고, 풍부하고, 빈번한 성관계를 기념했다. 도시 동성애자 커뮤니티의 일부 남성은 제약 없이 수백, 수천 명의 섹스 파트너를 가질 수 있었다. 섹스는 다른 남성들과 공유하고 연결하는 방식이 되었고, 그것은 일부 게이에게 과거에도 그랬고 지금도 그렇고 영적이고 초월적인 개인적이면서 공동의 경험이었다. 섹스는 친밀감과 즐거움, 공동체와의 연결, 동성애자 자존심, 정체성, 황홀한 '절정' 경험, 그리고 영성의 기능을 하며 여전히 봉사하고 있다. 일단 성병 전염의 현실이 받아들여지자 1980년대 중반에는 HIV 검사, 콘돔 사용, 다양한 파트너의 수 감소, 안전한 성관계를 '에로틱화'하는 등의 예방 노력이 시작되었다(Shernoff & Bloom, 1991). 지난 10년간 게이들 사이에서 새로운 감염률이 급격히 떨어졌고, 이제는 새로운 감염이 다시 증가하고 있다. 예방 노력은 '안전한 성관계' 메시지를 넘어 '세로소팅(serosorting: 같은 수준의 HIV 환자를 파트너로 선택하는 것)'과 같은 해로움을 줄이는 기술로 확장되었다. 즉, 오직 자신과 같은 상태의 남자들과만 비보호 항문 성교를 함께하는 관행이다. 최근의 예방법은 노출 전 예방요법(Preexposure Prophylaxis: PrEP)이라고 불리며, HIV 음성 상태에서 항레트로바이러스제를 매일 소량씩 복용하는 것을 포함한다.

노출 전 예방요법은 항문 성교를 하지 않은 게이들 사이에서도 HIV 전염 위험을 약 50% 감소시킨다. 현실적 이유에서부터 성적 네거티브[7](sex negative; Crary, 2014)에 이르기까지 논란이 많으며, 일부 에이즈 운동가와 단체는 이 기술을 해를 줄이는 기술로 사용하는 것을 옹호하는 반면, 다른 단체들은 난잡함을 조장하는 것으로 사용하는 것을 반대하기 때문에 현재 게이 커뮤니티가 분열되어 있다. 노출 전 예방요법에 반대하는 주장에는 노출 전 예방요법이 콘돔 사용의 감소를 초래할 것이라는 두려움과 일관된 처방을 따르지 않는 사람들이 항레트로바이러스 약물에 내성이 있는 HIV 변종을 개발할 것이라는 우려가 포함된다. 노출 전 예방요법 지지자들은 상당수의 남성이 이미 콘돔을 사용하지 않고 있기 때문에 게이 남성, 특히 청소년 사이에서 성 전파율이 증가하고 있으며, 노출 전 예방요법이 현재 비보호 항문 성교를 하고 있는 남성을 보호할 것이라고 주장한다(Mantell et al., 2014).

최근 연구에 따르면 대부분의 혈청 전환은 여러 파트너와의 섹스의 결과로 발생하는 것이 아니라 헌신된 파트너 간의 비보호 항문 성교의 결과로 발생한다(Mustanski & Parsons, 2014). 이것은 예방 활동의 대부분이 독신 남성이나 양성애로 인하여 HIV에 감염된 남성을 대상으로 하기 때문에 매우 중요한 발견이다. 치료사는 이것을 알고 있어야 하며 성 치료의 예방 노력에 대해 편안하게 논의할 수 있어야 한다. 많은 커플이 혼외 성관계 파트너와 콘돔을 사용해야 하지만 서로는 아니라는 규칙을 갖고 있으며 자신들이 '안전하다'고 믿을 경우 그들 사이에서 바이러스를 전파시킨다.

사례 삽화

프랭크(Frank)와 자라드(Jarad)   프랭크와 자라드는 정기 신체검진에서 프랭크가 혈청 전환을 발견한 후 악화되기 시작한 성생활을 회복하는 것을 돕기 위해 치료를 받게 되었다. 프랭크는 자신이 HIV 음성 판정을 받았다고 주장하는 외부 파트너에게 속았다는 것을 깨달았다. 그러나 프랭크는 자라드에게 바이러스를 옮기지 않았고, 자라드는 프랭크의 실수에 대해 화를 내지 않았다. 프랭크는 HIV가 활성화되는 것을 막기 위해 약을 복용하는 것에 대

---

7 역자 주: 결혼한 관계가 아닌 한 성생활이 있어서는 안 된다는 태도

해 망설였다. 그러나 프랭크의 진단 이후 그들의 성생활은 중단되었고, 프랭크는 두 사람의 관계 외의 다른 성관계도 피했다. 치료사는 프랭크의 성욕 감소가 약물의 부작용일 가능성을 조사한 후 프랭크가 자라드를 '감염시킬 것'을 우려하여 성관계를 회피하고 있다고 판단했다. 그는 또다시 속지 않으려고 외부 성관계를 하지 않았다. 치료에서 프랭크는 HIV에 걸린 것에 대한 깊은 수치심과 굴욕감, 그리고 자신의 몸이 '독성'에 감염되었다는 생각을 밝혔다. 프랭크는 이러한 감정들을 헤쳐 나가기 위해 개인적인 시간이 필요했다. 그는 1980년대와 90년대에 에이즈로 죽어 가는 사람들을 기억할 만큼 나이가 많았으며, 그 당시에는 남성의 신체, 특히 음경과 정액이 감염되었다는 느낌이 매우 공통적이었고 이것을 내면화하고 있었다(Shernoff & Bloom, 1991).

EMDR과 인지행동치료를 위한 생각의 재구성은 이러한 부정적인 감정의 강도를 상당히 줄이는 데 도움을 준다. 자라드는 인내심이 강했고 지속적으로 프랭크를 안심시키며 프랭크가 섹스를 할 수 있도록 1년 넘게 기다렸다. 많은 게이 남성 커플처럼 남자는 개방적인 관계를 맺고, 자라드는 때때로 다른 사람과 성관계를 맺었기 때문에, 이 일은 자라드에게 쉬웠다. 게다가 치료 도중 이들은 자주 부드럽게 껴안으며 신체적인 접촉의 가치를 익혀 갔다. 그들은 예전보다 제한적이긴 했지만 서서히 성생활을 재개할 수 있었다. 게다가 프랭크는 혼외 성관계를 다시 갖는 것에 불편함을 느꼈다. 그는 자신을 감염시킨 외부 파트너에게 깊은 배신감을 느꼈고, 자라드를 제외한 누구와도 개방적이고 자유로운 섹스를 느낄 수 없었다. 프랭크는 이것을 원통함 없이 받아들였지만, HIV 양성 반응이 나온 후로는 예전만큼 성에 우선순위를 두지 않았다.

알베르토(Alberto)와 제임스(James)　많은 동성애자는 경험과 섹스 파트너의 수에 의해 성에 대한 감식가가 된다. 이것은 때때로 그들에게 불리하게 작용할 수 있다. 알베르토와 제임스는 8년 동안 일부일처제 결혼생활을 했지만, 이후 제임스의 섹스에 대한 관심은 점차 줄어들었다. 치료받기 시작했을 때, 그들은 거의 섹스를 하지 않았고, 그것은 두 남자 모두를 좌절시켰다. 섹스를 시도하지만 제임스는 종종 발기부전 문제를 겪었다. 성관계를 제외한 나머지 관계의 질은 긍정적이고 건강했다. 제임스는 알베르토보다 열다섯 살 많았으며, 성적 경험이 훨씬 많았다. 그는 항상 좁고 엄격한 성적 각본을 따랐고, 섹스의 기회는 너무 많아서 자신의 성적 스타일에 대한 기준에 맞지 않는 상대를 거절했을 뿐이다. 제임스의 성적 '러브맵(Love Map)'은 그의 파트너에게 교묘함과 섬세함을 수반하는 방식으로 '유도'되는 것을 포함했다. 알베르토의 성적 취향은 더 광범위하고 유연했지만, 자연스러운 스타일은 떠

들썩하고, 열정적이며, 약간 거칠었다. 몇 년 동안 제임스는 자신의 내적 성적 각본과 알베르토의 성생활의 불일치가 점점 더 중요해지고 있다는 것을 알게 되었고, 그는 성에 대한 관심이 점점 줄어들었다. 알베르토는 성관계가 자주 이루어지지 않는 것에 불만족스러워했지만 제임스의 관심사가 좁아 지루하다고 불평하기도 했다. 치료사는 각 파트너와의 개인 회기에서 이러한 것들을 알게 되었다.

성적 각본의 불일치를 진단한 후, 성 상담가는 커플 회기를 열어 이러한 '불일치'가 존재하며 치료법은 남성들이 그들의 특정한 욕구를 전달하고 그들의 성적 만남을 미세 조정하는 방법을 배우도록 돕는 것으로 구성될 것이라고 설명했다. 제임스와 알베르토는 서로 다른 성적 욕망 때문에, 그들의 섹스는 결코 관계 밖에서의 섹스만큼 '핫'하지 않을 수도 있다는 이야기도 들었다. 이것은 특히 제임스가 듣기 힘들어했다. 여러 명의 파트너를 통해 '핫한' 섹스에 쉽게 접근하는 데 오랜 세월을 보냈지만, 그는 결국 이를 받아들이게 되었다. 그러나 일반적으로 남성들은 많은 이성 커플보다 '불일치'의 개념을 훨씬 쉽게 이해했다. 게이는 섹스에 대해 실용적으로 접근하는 경향이 있다. 남자들이 그들의 요구를 전달하게 하는 것 또한 꽤 쉬웠다. 이들은 다양한 성인물을 함께 보고 그 후에 토론하면서 각자 특별히 자극이 되는 부분을 지적하도록 격려받았다. 더 어려웠던 것은 알베르토에게 그의 접근에 있어서 더 섬세하고 미묘한 것을 가르치는 것이었다. 그것은 그에게 자연스럽게 오지 않았고, 치료사는 그가 기교를 발달시키는 것을 돕기 위해 약간의 '코칭'을 할 필요가 있었다. 그러나 제임스는 결국 알베르토가 원하는 방식으로 자신을 유혹하려는 시도에 응했다. 그는 알베르토의 노력에 감동했고, 그로 인해 그는 더 쉽게 자신의 성적 레퍼토리를 확장하여 새로움과 실험을 원하는 파트너의 욕구를 수용할 수 있게 되었다.

요약 및 결론

동성 커플과의 성 치료에 대한 체계론적인 접근은 서구 사회가 이러한 욕망을 보이는 사람들을 대하는 역사적 맥락, 현재의 사회적·정치적 풍토, 그리고 LGBTQ 커뮤니티가 구성원들의 행동, 믿음, 정체성에 미치는 영향을 고려하는 것을 포함한다. 임상가는 '퀴어' 하위문화 내의 복잡한 영역 간 연관성과 이것이 커플 관계에 어떤 영향을 미치는지 알아야 한다. 예를 들어, 커플은 한 명 이상이 트랜스젠더이거나 BDSM을 실천하거나 양성애자일 수 있으며, 헌신적인 파트너는 커플 관계 외부의 성적 및/또는 낭만적 관계에 대해 합의와 규칙을 가질 수 있다. 동성애자의 체계론적인 맥락을 고려함으로써, 주류와 소수 문화 모두에 의해 가해지는 특정한 스트레스와 압박을 인식하고, 레즈비언과 게이가 그러한 스트레스와 압박을 반영하는 방법을 이해함으로써, 성 치료사는 동성 커플과 함께 일하면서 그들의 효과를 높일 수 있을 것이다.

참고문헌

Allan, R., & Johnson, S. M. (2017). Conceptual and application issues: Emotionally focused therapy with gay male couples. *Journal of Couple & Relationship Therapy, 16*(4), 286-305. doi: 10.1080/15332691.2016.1238800.

Ashton, D. (2011). Lesbian, gay, bisexual, and transgender individuals and the family life cycle. In M. McGoldrick, B. Carter, & N. Garcia-Preto (Eds.), *The expanded family lifecycle* (pp. 115-132). Allyn and Bacon.

Bancroft, J., Carnes, L., Janssen, E., Goodrich, D., & Long, J. (2006). Erectile and ejaculatory problems in gay and heterosexual men. *Archives of Sexual Behavior, 34*(3), 285-297.

Barker, M. (2013). Gender & BDSM research: reflections on a decade of researching kink communities. *Psychology of Women, 15*(2), 20-28.

Blair, K., & Pukall, C. (2014). Can less be more? Comparing the duration vs. frequency of sexual encounters in same-sex and mixed-sex relationships. *The Canadian Journal of Human Sexuality, 23*(2), 123-136.

Beemyn, G., & Rankin, S. (2011). *The lives of transgender people.* Columbia University Press.

Boyd, J. P. (2017, April 11). Polyamory in Canada: Research on an Emerging Family Structure. Retrieved from https://vanierinstitute.ca/polyamory-in-canada-research-on-an-emerging-family-structure/.

Bui, Q. (2016, September 12). The most detailed map of gay marriage in America. NY Times. Retrieved from www.nytimes.com/2016/09/13/upshot/the-most-detailed-map-of-gay-marriage-in-america.html.

Centers for Disease Control (2013). HIV in the United States: At a Glance. Retrieved from www.cdc.gov/hiv/pdf/statistics_basics_factsheet.pdf.

Crary, D. (2014). Truvada, HIV prevention drug, divides gay community. Retrieved from www.huffingtonpost.com/2014/04/07/truvada-gay-men-hiv_n_5102515.html.

Crofford, M. (2018). Bisexual inclusive couples therapy: assessment and treatment with bisexuals in mixed orientation relationships. *Sexual and Relationship Therapy, 33*(1-2), 233-243. doi: 10.1080/14681994.2017.1412420.

Diamond, L. (2008). *Sexual fluidity: Understanding women's love and desire*. Harvard University Press.

Diamond, L., Dickenson, J., & Blair, K. (2013). Convergence and divergence among different measures of same-sex and other-sex sexuality. Paper presented at the annual meeting of the Society for the Scientific Study of Sexuality, November 16.

Feinstein, B., Bettin, E., Swann, G., Macapagal, K., Whitton, S., & Newcomb, M. (2018). The influence of internalized stigma on the efficacy of an HIV prevention and relationship education program for young male couples. *AIDS and Behavior, 22*, 3847-3858. doi: 10.1007/s10461-018-2093-6.

Frederick, D., St. John, K., Garcia, J., & Lloyd, E. (2018). Differences in orgasm frequency among gay, lesbian, bisexual, and heterosexual men and women in a U.S. national sample. *Archives of Sexual Behavior, 47*, 273-288. doi: 10.1007/s10508-017-0939-z.

Fu, T., Herbenick, D., Dodge, B., Owens, C., Sanders, S., Reece, M., & Fortenberry, J. (2018). Relationships among sexual identity, sexual attraction, and sexual behavior: Results from a nationally representative probability sample of adults in the United States. *Archives of Sexual Behavior*. doi: 10.1007/s10508-018-1319-z.

Garanzini, S., Yee, A., Gottman, J., Cole, C., Preciado, M., & Jasculca, C. (2017). Results of Gottman method couples therapy with gay and lesbian couples. *Journal of Marital and Family Therapy, 43*(4), 674-684. doi: 10.1111/jmft.12276.

Gates, G. (2013). *Same-sex and different-sex couples in the American community survey: 2005-2011*. Williams Institute.

Gotta, G., Green, R., Rothblum, E., Solomon, S., Balsam, K., & Schwartz, P. (2011). Heterosexual, lesbian, and gay male relationships: A comparison of couples in 1975 and 2000. *Family Process, 50*, 353-376. doi: 10.1111/j.1545-5300.2011.01365.x.

Gottman, J. M., Levenson, R. W., Gross, J., Frederickson, B. L., McCoy, K., Rosenthal, L., Ruef, A., & Yoshimoto, D. (2003). Correlates of gay and lesbian couples' relationship satisfaction and relationship dissolution. *Journal of Homosexuality, 45*(1), 23-43. doi: 10.1300/J082v45n01_02.

Green, R. J., & Mitchell, V. (2008). Gay and lesbian couples in therapy: Minority stress, relation ambiguity, and families of choice. In A. S. Gurman (Ed.), *Clinical handbook of couple therapy* (4th ed., pp. 662-680). Guilford Press.

Hall, M. (1984). Lesbians, limerence, and long-term relationships. In J. Loulan, *Lesbian sex* (pp. 141-150). Spinsters, Inc.

Hart, T., & Schwartz, D. (2010). Cognitive-behavioral erectile dysfunction treatment for gay men. *Cognitive and Behavioral Practice, 17*, 66-76. doi: 10.1016/j.cbpra.2009.04.009.

Holmberg, D., & Blair, K. (2009). Sexual desire, communication, satisfaction, and preferences of men and women in same-sex versus mixed sex relationships. *Journal of Sex Research, 46*(1), 57-66. doi: 10.1080/00224490802645294.

Iasenza, S. (2010). What is queer about sex? Expanding sexual frames in theory and practice. *Family Process, 49*(3), 291-308. doi: 10.1111/j.1545-5300.2010.01324.x.

Jonathan, N. (2009). Carrying equal weight: Relational responsibility and attunement among same-sex couples. In C. Knudson-Martin & A. Rankin Mohoney (Eds.), *Couples, gender, and power: Creating change in intimate relationships* (pp. 79-104). Springer.

Joyner, K., Manning, W., & Bogle, R. (2017). Gender and stability of same-sex and different-sex relationships among young adults. *Demography, 54*, 2351-2374. doi: 10.1007/s13524-017-0633-8.

LaSala, M. (2004). Monogamy of the heart: extradyadic sex and gay male couples. *Journal of Gay and Lesbian Social Services, 17*(3), 1-24.

Lev, A. I. (2008). More than surface tension: Femmes in families. *Journal of Lesbian Studies, 12*(2-3), 126-143. doi: 10.1080/10894160802161299.

Lev, A. I. (2014). Understanding transgender identities and exploring sexuality and desire. In G. H. Allez (Ed.), *Sexual diversity and sexual offending. Research, assessment and clinical treatment in psychosexual therapy* (pp. 45-59). Karnac.

Lev, A. I. (2015). Resilience in Lesbian and Gay Couples. In K. Skerrett & K. Fergus (Eds.), *Couple resilience across the lifespan: Emerging perspectives* (pp. 45-61). Springer Press.

Lev, A. I., & Sennott, S. (2012). Trans-sexual Desire in Different Gendered Bodies. In J. J. Bigner & J. L. Wetchler (Eds.), *Handbook of LGBT-Affirmative Couple and Family Therapy* (pp. 113-130). Taylor & Francis.

Levitt, H. M., Gerrish, E. A., & Hiestand, K. R. (2003). The Misunderstood Gender: A Model of Modern Femme Identity. *Sex Roles, 48*(3/4), 99-113. doi: 10.1023/A:1022453304384.

Longobardi, C., & Badenes-Ribera, L. (2017). Intimate partner violence in same sex relationships and the role of sexual minority stressors: a systematic review of the past 10 years. *Journal of Child and Family Studies, 26*, 2039-2049. doi: 10.1007/s10826-017-0734-4.

Loulan, J. (1990). *The lesbian erotic dance: Butch, femme, androgyny and other rhythms.* Spinsters, Inc.

Mantell, J., Sandfort, T., Hoffman, S., Guidry, J., Masvawure, T., & Cahill, S. (2014). Knowledge and attitudes about preexposure prophylaxis among sexually active men who have sex with men and who participate in New York City gay pride events. *LGBT Health, 2*, 1-5. doi: 10.1089/lgbt.2013.0047.

Masci, D., Brown, A., & Kiley, J. (2017). Pew Research Center: 5 facts about same-sex marriage. Retrieved from www.pewresearch.org/fact-tank/2017/06/26/same-sex-marriage/.

McDonough, L., Bishop, C., Brockman, M., & Morrison, T. (2014). A systematic review of sexual dysfunction measures for gay men: How do current measures measure up? *Journal of Homosexuality, 61*(6), 781-816. doi: 10.1080/00918369.2014.870452.

Moskowitz, D., & Garcia, C. (2018). Top, bottom, and versatile anal sex roles in same-sex male relationships: Implications for relationship and sexual satisfaction. *Archives of Sexual Behavior, 48*(4), 1217-1225. doi: 10.1007/s10508-018-1240-5.

Mustanski, B., & Parsons, J. T. (2014). Introduction to special section on sexual health in gay and bisexual male couples. *Archives of Sexual Behavior, 43*(1), 17-20. doi: 10.1007/s10508-013-0228-4.

Nestle, J. (Ed.) (1992). *The persistent desire: A femme-butch reader.* Los Angeles, CA: Alyson.

Newport, F. (2018). In U.S., estimate of LGBT population rises to 4.5%. Retrieved from http://news.gallup.com/poll234863/estimate-lgbt-population-rises.aspx.

Nichols, M. (1987, August). What feminists can learn from the lesbian sex radicals. *Conditions Magazine,* 152-163.

Nichols, M. (2011). Variations on gender and orientation in a first interview. In C. Silverstein (Ed.), *The initial psychotherapy interview: A gay man seeks treatment* (pp. 71-91). Elsevier.

Nichols, M. (2014). Therapy with LGBTQ clients. In I. Binik & K. Hall (Eds.), *Principles and practice of sex therapy* (5th ed., pp. 309-333). Guilford.

Nuttbrock, L., Hwahng, S., Bockting, W., Rosenblum, A., Mason, M., Macri, M., & Becker, J. (2010). Psychiatric impact of gender-related abuse across the life course of male-to-female transgender persons. *Journal of Sex Research, 47*(1), 12-23. doi: 10.1080/00224490903062258.

Parsons, J. T., Starks, T. J., DuBois, S., Grov, C., & Golub, S. A. (2011). Alternatives to monogamy among gay male couples in a community survey: Implications for mental health and sexual risk. *Archives of Sexual Behavior, 42*(2), 303-312. doi: 10.1007/s10508-011-9885-3.

Peplau, L. A., & Fingerhut, A. W. (2007). The close relationships of lesbian and gay men. *Annual Review of Psychology, 58,* 405-424. doi: 10.1146/annurev.psych.58.110405.085701.

Randall, A., Tao, C., Totenhagen, C., Walsh, K., & Cooper, A. (2017). Associations between sexual orientation discrimination and depression among same-sex couples: Moderating effects of dyadic coping. *Journal of Couple & Relationship Therapy, 16*(4), 325-345. doi: 10.1080/15332691.2016.1253520.

Russo, K., & Owens-Reid, D. (2014). 13 things not to say to your lesbian friend. Cosmopolitan blogpost. Retrieved from: www.cosmopolitan.com/sex-love/relationship-advice/things-not-to-say-to-yourlesbian-friend.

Sandfort, R., & de Keizer, M. (2001). Sexual problems in gay men: An overview of empirical research. *Annual Review of Sex Research, 12,* 93-120. doi: 10.1080/10532528.2001.10559795.

Savin-Williams, R. (2005). *The new gay teenager*. Harvard University Press.

Savin-Williams, R. (2017). *Mostly straight: sexual fluidity among men*. Harvard University Press.

Scott, S., Ritchie, L., Knopp, K., Rhoades, G., & Markman, H. (2018). Sexuality within female same-gender couples: definitions of sex, sexual frequency norms, and factors associated with sexual satisfaction. *Archives of Sexual Behavior, 47*, 681-692. doi: 10.1007/s10508-017-1077-3.

Shechory, M., & Ziv, R. (2007). Relationships between gender role attitudes, role division, and perception of equity among heterosexual, gay and lesbian couples. *Sex Roles, 56*, 629-638. doi: 10.1007/s11199-007-9207-3.

Shernoff, M., & Bloom, D. J. (1991). Designing effective AIDS prevention workshops for gay and bisexual men. *AIDS Education and Prevention, 3*, 31-46.

Shernoff, M. (2006). *Without condoms: Unprotected sex, gay men & barebacking*. Taylor & Francis.

Solomon, S., Rothblum, E., & Balsam, K. (2005). Money, housework, sex and conflict: Same-sex couples in civil unions, those not in civil unions, and heterosexual married siblings. *Sex Roles, 52*(9/10), 561-575. doi: 10.1007/s11199-005-3725-7.

Sue, D. W. (2010). *Microaggressions in everyday life: Race, gender, and sexual orientation*. Wiley.

Totenhagen, C., Randall, A., & Lloyd, K. (2018). Stress and relationship functioning in same-sex couples: The vulnerabilities of internalized homophobia and outness. *Family Relations Interdisciplinary Journal of Applied Family Science, 67*(3), 399-413. doi: 10.1111/fare.12311.

Vaughn, M. D., & Waehler, C. A. (2010). Coming out growth: Conceptualizing and measuring stress-related growth associated with coming out to others as a sexual minority adult. *Journal of Adult Development, 17*, 94-109. doi: 10.1007/s10804-009-9084-9.

Willis, M., Jozkowski, K., Lo, W., & Sanders, S. (2018). Are women's orgasms hindered by phallocentric imperatives? *Archives of Sexual Behavior, 47*, 1565-1576. doi: 10.1007/s10508-018-1149-z.

제 **13** 장

성적 욕망에 시달리는
사람들을 치료하기

· · Systemic Sex Therapy · ·

제**13**장

성적 욕망에 시달리는
사람들을 치료하기[1]

David J. Ley

 서론

나는 성 건강에 대한 수치심을 느끼지 않게 돕는 증거 기반의 모델을 이용한 치료의 한 옹호자로서, 성적 행동을 통제하기 위해 고군분투하는 사람들이 자신을 치료해 달라는 요청을 받게 되는 임상가들의 마음가짐, 주의, 자기 성찰을 언급하고 싶다. 수년 동안, 이러한 유형의 문제에 대한 치료는 주로 성 중독 산업의 관심이 되어 왔다. 불행히도 성 중독 모델에 채택된 치료 이론과 접근법은 성 자체 관점에 뿌리를 두고 있는데, 이는 성 치료사들이 인정하고 있는 '성 건강' 원칙에 반하는 것이다.

성 건강 모델의 원칙과 현대 성 중독 치료 산업의 접근 간에 존재하는 본질적인 갈등에 대응하기 위하여, 미국성교육자상담치료협회(AASECT)는 2016년에 성 중독의 용어를 거부하는 입장문을 발표하는 역사적인 단계를 밟았다(AASECT, 2016). 이 성명에서 그들은 합의된 섹슈얼리티의 병리화를 피하고자 하는 중대한 욕구를 확인했고, 성 중독에 대한 부족한 지지를 정신 건강 장애로 묘사했다. 그리고 그들은 성 중독 훈련이 인간의 섹슈얼리티에 대한

---

1 편저자들은 문제가 되는 성적 행동에 대한 논란이 많음을 이해한다. 2판에서는 중독 기반 접근법을 제안한 저자를 선정했고, 이번 판에서는 중독성 접근에 대한 대안을 제시한 저자를 선정했음을 밝힌다.

정확한 지식에 의해 적절하게 알려진 것이 아닌 점을 발견했다.

진단을 내리고 치료를 권함에 따라 임상가는 막중한 책임을 진다. 윤리적·치료적 진단과 치료는 지식의 위험과 한계에 대한 인식을 요구한다. 성적인 문제에 관해서, 불행히도, 의학계와 정신 건강 분야는 도덕적·사회적 편견이 임상적 판단과 치료에 개입하도록 허용해 온 길고 비극적인 역사를 갖고 있다. 여성들은 단지 그들이 섹스를 좋아하고 원한다는 것을 인정했다는 이유로 색정증 환자(nymphomaniac)로 진단되었고 합의되지 않은 채 몸에 칼을 대는 수술이나 심지어 생명까지 위협하는 치료를 받았다(Groneman, 2000). 미국 정신의학회의『정신질환의 진단 및 통계 편람』1판에서 자위행위는 317.1호(American Psychiatric Association, 1952, p. 97)에 따라 정신질환으로 진단할 수 있었다. 의료계는 사회적·도덕적 성적 문제들에 영향을 받기 쉽고, 이러한 영향은 의료과실로 이어지거나 무고한 사람들에게 해를 끼칠 수 있으며, 실제로 그러한 결과가 초래되었다. 윤리적인 면에서 문제로 나타나는 성적 행동들을 진단하고 다루면서 그들의 역사와 맥락을 이해하고 새로운 데이터를 기반으로 우리의 접근 방식을 수정하면서 극도로 주의를 기울일 수밖에 없다. 환자를 윤리적으로 지원하기 위해서는 성적 행동 문제에 대한 우리의 치료가 긍정 모델에 뿌리를 둔 성 건강의 토대에 기초하고 개인을 총체적이고 포괄적인 방식으로 다루는 것이 중요하다.

🫀🔑 성 중독의 역사적 맥락

'성 중독'이란 개념은 1970년대 후반과 1980년대에 현대 지식 사전에 도입되었다. 이 개념의 초기 지지자들은 동성애 자체를 중독으로 규정했으며, 성 중독 운동은 일부일처제와 이질적인 성행위를 병적으로 묘사한 오랜 역사를 가지고 있다(Reay, Attwood, & Gooder, 2015). 1980년대 초 에이즈 위기는 남성 동성애, 양성애, 성적 문란성에 대한 인식의 중요한 변화를 가져왔다. 수많은 동성애자 및 이성애자 남성은 자신의 성적 욕구를 통제하고자 하는 시도를 질병으로 인식함으로써 에이즈 위기에 대응했다. 그들은 성 중독자로 여겨졌고 일부는 사회적으로 규탄을 받는 그들의 성적 욕구에 대한 통제력을 증가시키고 이 방법을 사람들과 공유하기 위해 심지어 성 중독 치료사가 되기도 했다(Kort, 2015). 이러한 시류 속에서 매우 큰 비임상 표본에서 LGBTQ에 속한 사람들은 과잉성장애(Hypersexual Disorder) 진단 기준에 기초하여 '위험'으로 식별된 가장 큰 그룹이었다(Bothe, Bartok et al., 2016). 과잉성장애는 DSM-5에 포함되어야 한다는 제안이 있었으나 과잉 진단의 위험에 대한 우려로 미국 정신의학회에 의해 최종적으로 거부되었다. 동성애와 양성애적 성행위는 성 중독 임상 문헌 전반에 걸쳐 일반적으로 문제가 되는 것으로 확인되었다. 일부일처제를 당연시하고 캐쥬얼 섹스를 비난하는 것이 성 관행에 대한 임상적 판단의 기저를 이루고 있지만, 많은 경우 캐쥬얼 섹스는 LGBTQ 문화나 커뮤니티에서는 용납되는 부분이며 이러한 행위가 정말 해로운 가에 대한 분명한 증거는 없다.

혼히 성 중독이라고 부르는 것은 이질적인 집단과 문제에 적용되는 설득력이 없는 명 칭이다(Cantor et al., 2013). 성 중독, 성적 충동, 충동(성적 강박), 과잉성장애, 여성색정증 (nymphomania), 음란증(satyriasis: 남성의 과도한 또는 비정상적인 성욕), 이상 성욕(erotomania: 타인이 자신과 사랑에 빠졌다는 망상)을 포함하여 이 행동에 적용되는 수많은 용어가 있다. 이 분야는 병인과 진단에 대한 다양한 이론을 사용하고 있으며, 각각의 이론은 자신의 고유한 사고와 접근 방식을 만들어 낸다. 이러한 용어와 이론은 주로 섹슈얼리티에 대한 사회적 변 화에 대응하여 시간이 지남에 따라 변화한다. 이 특이한 접근 방식은 문제 저변에 깔려 있는 원칙들에 대한 평가를 금지했고, 성 문제를 다루는 데 효과가 입증되지 않은 개입들을 부추 기고 있다(예: Grubbs et al., 2015b; Reid, 2013).

임상가가 이해해야 할 중요한 사항이 있는데, 성 중독 치료가 긍정적인 효과를 내거나 문 제가 되는 증상을 감소시키거나 삶의 질을 향상시키거나 섹슈얼리티에 대한 관계 갈등을 해 소한다는 증거가 부족하다는 점이다. 전통적인 성 중독 치료는 거의 전적으로 12단계 집단 치료의 개념에 기초하는데, 이는 임상적 개념보다는 종교적 개념에 주로 기반을 둔 모델이 다. 최근 연구에 따르면 12단계 치료의 긍정적 영향력은 10% 미만에 그치고 있으며 이 프로 그램에 참여하는 많은 사람에게 잠재적으로 해로운 영향을 미칠 수 있다고 시사한다(Dodes & Dodes, 2014; Fletcher, 2013). 성 중독 치료 프로그램과 치료사들은 종종 중요한 이론적 틀 없이 다양한 치료와 평가 방법론을 통합한다. 이 치료법 중 그 어느 것도 임상적으로 입증된 접근 방법은 아니다.

임상가들은 종종 '그래서 그것을 무엇이라고 불러야 하는가?'라고 묻는다. 나는 일단 단 순하게 꼬리표를 다는 것 자체가 오해를 불러일으킬 수 있다고 생각한다. 이 토론에서 사 용된 용어들은 이론과 개입을 안내하고 정의하기 때문에 중요하다. 현재 '강박적 성행위 (Compulsive Sexual Behavior, 이하 CSB)'나 '통제 불능 성행위(Out of Control Sexual Behavior, 이하 OCSB)'와 같은 용어가 대중적으로 증가하며 성 중독 모델의 지배성에 대한 거부감이 드 러나고 있다. 강박이라는 용어는 불안장애의 이론과 원인을 내포하고 있는데, 강박은 침입 적 사고 및 관련된 불안으로부터 벗어나기 위해 행해지는 행동이다. 공교롭게도, 불안장애에서의 강박과 강박적인 성행위에 대한 구별 없이는, 적절하고 지지받을 만한 비교는 이루어질 수 없다.

통제 불능 성행위(OCSB)는 브라운-하비와 비고리토(Braun-Harvey & Vigorito, 2016, p 28)가 제안한 용어로, 그들이 기술하고 있는 것은 통제 불능의 주관적인 감정으로 실제로 통제할 수 없는 행동과는 다른 것이다. 이러한 미묘한 차이는 비전문가들의 토론에서는 보기 어렵고, 통제 부족 또는 통제 감소와 같은 용어는 지각과 선택에서 일부 요소를 빠뜨린 채 전달될 수 있다(Reid, 2016). 복잡한 상호작용과 내적인 동기 및 효과를 가진 광범위한 이질적인 행동을 설명하는 데 단일 용어가 적절하거나 효과적일 가능성은 낮다.

이러한 성적 행동 문제는 다른 문제를 나타낼 수도 있고, 단순히 다른 문제의 증상일 수도 있다. 수많은 연구는 섹스와 성인물 소비가 남성들의 부정적인 감정에 대처하기 위한 방법이라고 주장한다(예: Wright, 2012). 스스로를 성 중독자로 인식한 자들에 대한 2016년 유럽 연구에 따르면, 대상자의 90%가 진단 가능한 정신질환(가장 일반적으로는 기분 또는 불안 장애)을 지니고 있었으며 60%는 진단 가능한 성도착장애를 적어도 하나 이상 가지고 있는 것으로 나타났다(Wery, et al., 2016). 성도착 장애의 일반적인 증상은 표현형적(phenotypically)으로 정상적이고 동의적이며 성숙한 개인과의 육체적 상호작용 이외의 관심사에 초점을 맞춘 극단적인 성적 집착과 높은 수준의 성적 행동이다. 불행하게도, 이러한 성적 집착과 욕구는 다른 성적 증상에 대한 임상적 인식 없이 중독으로 잘못 분류될 수 있다. 이 장에서 나는 단일 용어가 정의하는 것보다 더 깊고 풍부하게 이러한 행동들을 개념화하는 것이 궁극적으로 치료하는 임상가들이 해야 할 일이라고 주장한다. 섹슈얼리티는 혼란스럽고, 끊임없이 진화하는 경험과 욕망의 범위를 포함하는, 이성적이고 복잡하며 고도로 결정된 행동이다. 이러한 다양한 현상에 대한 임상적 또는 진단적 접근은 똑같이 복잡해야 한다. 효과적이고 정보에 입각한 성 건강 임상가는 이러한 문제에 대해 개별화된 방식으로 접근하여 성 관련 문제에 대한 최신 보고와 함께 근본적인 정신 건강 문제, 성 장애, 도덕적 갈등 또는 관계 갈등을 식별하고 해결한다. 사람들로 하여금 치료를 받아야겠다고 생각하게 만드는 성행동 문제는 문제 자체보다는 다양한 문제나 갈등의 증상으로 보는 것이 가장 좋다.

성병에 노출되는 것에서부터 성 때문에 많은 돈을 소비하는 것까지, 때때로 성적 행동 장애로 인한 극단적인 결과와 위험에 주의를 기울이는 것이 중요하다. 불행히도 성적 욕망으로 인해 고통을 느끼는 사람들의 수는 증가하는 반면, 전체 모집단에 비해 이 집단에서 그러한 결과의 유병률과 심각성에 대한 실험적 데이터는 상대적으로 적다. 이러한 연구 결과는 임상가가 성적 충동을 조절하는 어려움과 관련된 고통에 임상적 개입을 지시함으로써 가장 효과적일 수 있음을 시사한다(Dickenson, Gleason, Coleman & Miner, 2018).

🖤🝓 성적 자기 통제 연구에 있어서 주관성이 유발하는 어려움

　자신의 성적 행동을 조절하는 데 어려움을 겪는 사람들이 그렇지 않은 사람들보다 더 빈번한 성적 행동에 관여하는 것은 아니다. 신경심리학적 검사에서 성 중독자는 충동 조절이나 기능상 측정 가능한 문제를 보이지 않을 수 있다는 것이 밝혀졌지만, 성 중독자는 다른 이들 혹은 자기 보고에 의해 충동성과 자기 통제, 특히 그들의 성행동과 관련하여 실행 기능에 결함이 있는 것으로 보인다. 연구 결과, 성 중독자들은 성적 흥분을 조절하는 데 큰 어려움이 없는 것으로 나타났다(Reid et al., 2011; Winters, Christoff & Gorzalka, 2010).

　수많은 연구가 성적 자기 통제 문제에 대한 보고에 여러 변수가 기여한다는 증거를 제공했다. 성인물 중독에 대한 자기—인식은 소비된 성인물의 수준에 의해서가 도덕적 갈등과 종교성에 의해 예측되는 것으로 밝혀졌다(Grubbs et al., 2015a). 성욕이 높거나 성적 강박으로 분류된 남성들과 비교해 볼 때 성욕이 높음에도 문제를 일으키지 않는 남성들은 이들이 이성애자여서가 아니라 종교적이어서 성인물을 부정적으로 보고 자신의 섹슈얼리티에 대해 부정적인 태도를 취하는 것이 다른 것으로 나타났다. 이 남성들의 성행위 빈도는 비장애(non-disordered) 남성들과 다르지 않았다(Štulhofer, Jurin, & Briken, 2015). 약물사용장애와 관련된 뇌 스캔에서 볼 수 있는 것처럼, 성적 행위들이 뇌에 신경학적 변화들을 야기한다는 것을 나타내는 인과적 증거는 없다. 그리고 리비도, 감각—추구 등 기존의 신경학적 영향을 받은 특성들이 스스로를 성중독자로 규정한 행동의 차이들을 더 잘 설명한다(Prause et al., 2015; Steele et al., 2013).

　특히 인터넷을 통한 성인물의 사용은 성적 자기 통제 문제에 대한 논쟁의 중심이 되었다. 연구 결과에 따르면 저렴한 가격, 접근성 및 익명성과 같은 변수가 문제가 되는 성인물 사용 증가와 관련 있는 것은 아니다(Byers et al., 2004). 성인물은 내용 및 효과가 다른 형태의 미디어와 본질적으로 다르며 질적·양적으로 고유한 영향을 미친다는 임상적·사회적 가정이 있다. 예를 들어, 성인물의 문제적 사용에 대한 보고서를 검토하는 연구에서 성인물의 "극단적" 사용은 하루에 얼마나 사용하는가로 측정하곤 했는데, 한 대표적인 연구에서는 하루 17분간 성인물을 사용한다고 했다. 이는 텔레비전과 같은 다른 매체의 평균 소비보다 훨씬 적은 시간이다(Wordecha et al., 2018).

성인물 사용과 임상적으로 관련이 있는 독특한 요소는 자위행위가 동반된다는 것이다 (Prause et al., 2015). 성인물의 사용은 일반적으로 개인이 오르가슴에 도달했을 때 종료되며, 특히 남성의 경우 그러하다(LoPresti & McGloin, 2018). 따라서 자위행위를 강화하거나 용이하게 하는 도구로서의 성인물을 사용한다는 것이 가장 적절한 표현일 것이다. 성인물 사용의 영향에 대한 주장은 성인물에 대한 자위 효과로 더 잘 표현되어 있으며, 성인물과 관계 만족감 사이의 연관성은 어떤 성인물이었나보다는 어떤 자위행위였나로 설명된다는 연구 결과가 있다(Perry, 2018). 그렇다면 임상가는 성인물과 관련된 개인의 문제를 다룰 때 자위행위에 대한 개인의 태도를 포함하는 것이 좋다.

그리핀과 그의 동료들(Griffin et al., 2016)의 연구에 따르면, 자신의 성적 행동과 욕구를 도덕에 부합하지 않는 것으로 보는 남성들에게서 보다 많은 통제된 문제적 성적 행위가 보고될 경향이 높았다. 그럽스, 페리, 윌트, 레이드(Grubbs, Perry, Wilt, & Reid, 2018)는 성인물 중독 연구에 대한 메타 분석을 발표했고 성인물의 사용 빈도 자체가 이 매체의 문제를 예측하는 것이 아니라 개인의 종교성이 예측한다는 결론을 내렸다. 또한 '도덕적 부조화로 유발된 성인물 문제(Pornography Problems due to Moral Incongruence: PPMI)'는 성인물 사용에 대한 규제 및 통제 불능, 문제적 성인물 남용을 이끄는 추동을 나타낸다고 한다. 종교성은 한 개인이 그들의 성적 행동으로 느끼는 도덕적 부조화를 잘 예견하는 것으로, 종교성과 성적·도덕적 갈등이 본질적으로 연관되어 있음을 시사한다. 개인이 자신의 성적 행동에 대해 느끼는 도덕적 갈등이 강할수록 자신의 성적 행동을 통제하려는 시도에서 느끼는 어려움의 수준이 높다. 자신의 성적 충동을 '통제 불능'으로 느끼는 것이 더 높은 수준의 성적 행동이나 성인물 소비가 아닌, 이러한 욕망과 행동에 대한 더 큰 고통의 감정을 유발했다. 계속되는 성인물 사용에 대한 도덕적 갈등이 높을수록 더 높은 수준의 스트레스, 불안, 우울증, 성적 행복 감소, 종교적·영적 투쟁을 예측할 수 있다. 페리와 화이트헤드(Perry & Whitehead, 2018)의 다른 연구에서도 성인물 사용은 6년의 기간 동안 우울증을 예측했지만, 이는 도덕적으로 성인물 사용을 거부한 남성에게만 해당된다.

에프라티(Efrati, 2018)는 종교적인 사람들이 성적 생각을 억제하려는 시도가 실제로 이러한 성적 생각의 증가로 이어진다는 것을 발견했다. 그는 종교인이 덕을 쌓기 위해 자신의 섹슈얼리티를 억압하려 할 때, 역설적으로 중독되어 이러한 성적 욕망과 생각의 빈도와 강도를 높일 수 있다고 제안했다. 종교적인 사람일수록 성적 억제에 많은 노력을 기울이게 될 수도 있으며, 그런 경우, 반동효과는 더 커질 수도 있다. 이 소용돌이 치는 문제는 삶에 불만족감과 불안감을 초래할 수 있다. 신에 대한 믿음과 높은 수준의 종교성은 개인이 성인물에 중독되었다고 인식하는 정도를 증가시킬 수 있으며, 성인물에 중독된 자신을 보는 것은 더 큰 수준의 분노, 낮은 자존감, 그리고 신에 대한 분노를 불러올 수 있다(Wilt et al., 2016).

　임상적으로, 이러한 다양한 연구 결과는 이러한 문제들에 대해 도움을 구하는 사람에게서 성적 행위나 성인물 사용을 평가하는 대신에, 임상가와 치료사가 아마 먼저 섹스, 성인물, 그리고 자위에 대한 한 개인의 종교성과 도덕적 태도에 대한 평가하는 것이 가장 좋은 방식임이 시사된다. 임상가는 성인물 소비 패턴을 바꾸려고 시도하기보다는 이러한 도덕적 갈등에 대한 자기 인식을 높이고 환자들에게 그들의 가치와 행동을 일치시키도록 돕는 것이 더 효과적인 치료일 수 있다. 도덕과 성적 행동 사이의 갈등은 성적 행동을 바꾸거나 가치관을 바꾸거나 단순히 사람들이 이러한 내부 갈등을 의식하고 유념하도록 돕는 것으로 해결될 수 있다. 현대화된 시선, 성인의 시선, 그리고 자기 결정적인 시선을 갖고 사람들이 자신의 성, 자위, 성인물에 대한 종교적 신념을 의식적으로 검토하고 고려하도록 돕는 것은 이러한 도덕적 갈등으로 인한 고통과 아픔을 줄이는 데 도움이 된다. 나이가 어리고 삶과 투쟁하고 있는 사람들도 자신의 성적 욕구를 관리하고 수용하는 것에 어려움을 겪는 것이 정상일 수 있다. 건강한 임상 전략은 개인의 섹슈얼리티를 억제하기보다는 단순히 시간이 자기 역할을 하도록 내버려 두는 것일 수 있지만, 임상가는 환자의 삶을 전반적으로 개선하고 대처 능력, 개인적 자원, 문제 해결 전략을 개발하고 향상하도록 도움을 주는 데 초점을 맞춘다.

　단순히 성적 행동을 통제할 수 없다고 '느낀다'는 환자의 자기 보고의 타당성은 연구에 의해 뒷받침되지 않았고, 효과적인 치료에도 도움이 되지 않는다. 브라운-하비와 비고리토는 이를 다음과 같이 탁월하게 묘사한다. "우리는 종종 이 딜레마를 의학적 비유로 설명한다. 한 환자가 주치의 사무실에 걸어가 '선생님, 저는 암에 걸렸어요.'라고 말한다. 의사는 이렇게 말한다. '음, 적어도 우리는 모든 검사를 다 할 필요는 없겠군요. 치료를 시작합시다.'" (2015, p. 57) 스웨텐의 한 연구(Oberg, Hallberg, Kaldo, Dhejne, & Arve, 2017)는 '과잉성장애'를 가지고 있다고 스스로 밝힌 사람의 50%만이 실제로 진단 기준을 충족한다는 것을 발견했다. 마찬가지로, 비뇨기과 의사들은 성인물 중독의 자가 진단과 함께 치료를 위해 참석한 젊은 남성들이 근본적인 감정 문제를 해결하거나 임상가가 권장하는 대안적 접근법을 탐구하는 데 저항하며 도전적인 환자일 수 있다고 설명했다(Reed-Maldonado & Lue, 2016). 안타깝게도 환자의 자가 진단에 동의하지 않으면 치료가 거부되고 환자의 자가 진단을 지원할 임상가를 찾아 '쇼핑'하는 결과를 초래할 수 있다. 이러한 분야의 임상적 회의론은 돌봄, 공감, 지지 프레임워크 내에서 구성될 가치가 있다.

ICD-11의 강박적 성행동장애

2018년 세계보건기구(WHO) 실무 그룹은 국제질병분류(ICD) 11판에 강박적 성행동장애(Compulsive Sexual Behaviour Disorder, 이하 CSBD)를 포함할 것을 제안했다(Kraus et al., 2018). ICD는 진단명 및 관련 진단 코드에 대한 국제 코딩 매뉴얼이다. ICD-10은 '여성색정증'(Nymphomania)과 '음란증'(Satyriasis)으로 세분화되는 과도한 성적 충동, 코드 F52.7의 진단을 포함한다. 여성색정증과 음란증은 성차별과 인종차별의 오랜 역사 때문에 대부분의 발달된 의료 체계에서 유용하지도 않고, 유효한 진단으로 받아들여지지 않는 구식 용어이다. ICD-10의 과도한 성적 충동은 무엇이 '과도한 것'인지 판단할 수 있는 기준을 제공하지 않는다. 제안된 CSBD 진단은 더 높은 수준의 세부 사항을 포함하며, 중독이 아닌 충동 조절장애로 포함할 것을 제안한다. 섹슈얼리티가 마약과 유사한 절차와 함께 중독될 수 있다는 개념을 뒷받침할 확실한 정보나 데이터가 아직 없다는 것이 전문가들이 일반적으로 동의한 내용이다(American Psychiatric Association, 2013, p. 481; Kraus et al., 2018).

WHO는 CSBD의 진단 설명에서 자가 진단하거나 성적 행동을 통제할 수 없다고 보고하여 치료 중인 환자의 상당수를 사실상 배제했다. 일차적으로 도덕적 갈등, 기분장애, 성도착장애로 어려움을 겪고 있는 사람, 청소년, 그리고 성관계로 인해 문제가 있다고 스스로 인식하지만 통제력이 손상되지 않는 사람(성적 행동이 공개되어 스캔들 또는 비슷한 결과를 초래할 때 성 중독자로 인식하는 개인)은 배제함으로써 그들은 현재 성 중독자로서 치료를 원하는 많은 사람을 제외했을 가능성이 있다. 이러한 제외 사항을 정확하게 적용한 후에도 이 진단을 받을 수 있는 사람의 수 혹은 유형에 대한 명확한 연구는 아직까지 부재하다.

CSBD를 채택하기로 한 WHO의 결정은 앞으로 몇 년 동안 미국에 거의 영향을 미치지 않을 것이다. 미국은 2025년 이전에 구체적인 법률 없이는 ICD-11을 채택하지 않을 가능성이 높다(Berglund, 2018). 따라서 CSBD는 수년 동안 미국 의료 체계에서 보험을 청구할 수도 없고 공식적으로 진단할 수 없으며, 이 결정을 위한 추가적인 연구가 있어야 할 것이다. 나라마다 ICD의 개정판이 나오면 종종 선택적으로 시행한다. 스웨덴과 핀란드에서는 가학증(Sadism)이나 피학증(Masochism)과 같은 성도착증에 대한 진단 코드는 낙인이 찍힌다는 우려에 따라 제외되었고, 의학적 진단보다는 도덕적 판단을 반영했다(Nitschke, Mokros, Osterheider, & Marshall, 2012).

🔑 성 치료의 적용

환자가 자신의 성적 행동과 욕구를 통제하지 못한다고 느끼는(또는 그렇게 묘사되는) 다양하고 복잡한 문제에 대해 이러한 풍부한 정보와 연구를 고려할 때, 치료는 철저하고 총체적인 평가에 의해 시도되어야 한다. 단순히 개인이 자신의 성적 욕망이나 행동을 통제할 수 없는 것으로 묘사하거나, 개인적인 문제나 심리적인 문제를 자신의 섹슈얼리티 탓으로 돌린다는 이유만으로 임상가로서 우리가 반드시 이 자가 진단을 정확하다고 가정하거나 주관적인 자기 보고를 바탕으로 치료를 해야 한다는 것을 의미하지는 않는다. 이 모든 연구와 그 과정을 평가 지침으로 정리하려고 시도하면서 성 치료사는 종교적 신념, 도덕적 갈등, 정신 건강, 혼성 성 장애, 성적 만족도, 성적 지향, 병력, 보고된 성적 문제의 사회적 맥락에 대해 철저한 평가를 해야 한다. 이 모든 요인이 반드시 임상 진단으로 이어지지는 않는다. 브라운-하비와 비고리토(2016)의 주장하는 바와 같이, 임상가들은 환자가 개인이나 그들의 환경에서 실제로 건강하지만 단지 갈등으로 인해 문제가 되는 행동 때문에 때때로 치료받을 가능성을 고려해야 한다. 건강한 상태나 행동을 '수정'하는 것은 건강관리의 책임이 아니다. 섹슈얼리티는 분명 긍정적이고, 유익하며, 건강한 인간의 행동이다. 성적인 빈도는 심장 및 전립선 기능 향상, 관계 질 향상, 삶의 만족도 증가, 심지어 수명 연장까지 포함한 많은 건강상의 이점과 관련이 있다. 심지어 성인물 사용은 성적 해부학에 대한 지식의 증가와 관계 내에서 성적 참신성의 증가와 관련이 있고 주관적인 보고에서 압도적으로 긍정적인 것으로 경험되며 심지어 사회 내 성폭력 발생률 감소와도 관련이 있다(성적 표현의 이점은 Whipple, 2007 참조). 다음 연구는 성에 대한 성인물 노출의 개인적·사회적 이점을 보여 준다(Hesse & Pedersen, 2017; Diamond, 2009; Hald & Malamuth, 2008; Kohut, Baer, & Watts, 2016; Ley, Prause, & Finn, 2016; McKee, 2007; Štulhofer, Busko, & Landripet, 2010; Watson & Smith, 2012).

임상가는 섹슈얼리티와 관련된 문제, 문제가 있는 잦은 성적 행동에 대한 보고, 상실·부족에 대한 주관적인 경험을 보고하는 환자와 마주할 때 다음과 같은 핵심 질문을 해야 한다. 왜 전형적으로 건강한 행동이 이 특정한 개인의 문제와 관련이 있는가? 이는 임상가로 하여금 이러한 문제들에 대해 동질성에 대한 가정 없는 접근을 시작하도록 한다. 그러니까, 문제들의 근본에 놓여 있는 이러한 효과를 설명할 맥락적 요소들과 갈등들, 그리고 원인들을 규명하기 위해 호기심을 지니고, 탐구적인 태도로 데이터에 기반한 전략으로 접근한다는 것이다.

현재 임상가가 실무에서 공식적으로 채택하고 권고하기에 충분한 유효성의 수준에 도달한, 잘 표준화되고, 설계되고, 연구된 평가 도구는 없다. 이 영역에서 온라인으로 흔히 구할 수 있는 선별 도구는 환자의 자가 진단에 더 많은 경직성을 유발할 수 있다. 그러한 환자들과의 임상 실습 및 자가 보고된 문제점에 대해, 나는 일반적으로 기분과 우울증, 의학적 증상, 성적 감각 추구, 성격 특성, 성적 태도와 가치관, 성적 만족도와 같은 문제들을 평가하는 다양한 임상 도구를 사용했다. 성적 행동 및 성욕 과잉 행동과 관련된 결과를 평가하는 연구에 사용되며 자유롭게 사용할 수 있는 척도가 있지만, 이러한 척도는 현재 고통을 겪고 있는 개인에 의한 자가 보고에 근거해 제한된다. 이러한 평가 전략은 성적 갈등에 대한 통찰력을 높이고 성적 통제력 상실감을 감소시키는 중재적 접근법을 개발하는 데 도움이 될 수 있다. 이러한 개입에는 성 치료 PLISSIT 모델[2](Taylor & Davis, 2007)의 교육적 기초와 일치하는 섹슈얼리티에 관한 심리교육적 구성요소가 포함될 필요가 있다.

🔑 성적-도덕적 갈등 해결 지원

기존 연구에 따르면 종교성은 섹슈얼리티에 대한 도덕적 갈등을 가장 잘 예측하는 지표이다. 안타깝게도 종교 공동체 내에서 성적인 문제로 도움을 구할 때, 그들은 종종 그들의 섹슈얼리티를 억압하거나 그것과 '투쟁'하도록 요구받는다. 또는 성적 욕구들이 질병의 한 형태로 묘사되고 성적 순결 개념이 이상화되는 성중독이나 성인물 중독 프로그램과 같은 치료로 보내진다(Shermer Sellers, 2017). 성적 경험과 감정에 대한 이러한 접근은 수치심, 죄책감, 자기 혐오의 피드백 고리를 만들 수 있고, 적어도 성적 어려움을 악화시키거나 최악의 경우 보고된 성적 자제력 어려움의 실제 원인이 된다.

성적 수치심이란 자신의 섹슈얼리티와 성적 욕구가 비정상적이고 혐오스럽다는 내면화된 감정으로, 이는 한 개인의 문화, 관계, 그리고 자기-판단과의 상호작용에 의해 발생한다(Clark, 2017). 사람들은 종교적 가치와 신념을 포기하지 않고 살면서 성적 수치심을 극복할 수 있다. 셔머 셀러스(Schermer Sellers, 2017)는 사람들이 새로운 성 윤리를 개발하도록 돕는 방법을 제시하고, 의도적으로 대안적인 성적 가치를 개발함으로써 섹슈얼리티에 대한 도덕

---

2 역자 주: PLISSIT 모델은 상담 중에 성에 대한 대화를 할 수 있는 네 가지 수준의 개입방법을 소개하고 있으며 각 단계의 앞 글자를 가지고 만든 약어이다. 4단계는 다음과 같다. Permission(허락), Limited Information(제한된 정보), Specific Suggestions(구체적 제안), Intensive Therapy(집중치료)이다.

적 갈등을 해결한다. 그녀는 종교인들이 성인으로서 결정하고 발달시킬 그들의 계획적이고 진실하고 동의에 기반하며 정직하고 상호적인 섹슈얼리티를 위한 새롭고 자기 결정적인 도덕적 틀을 만드는 데 도움을 주어야 할 핵심 필요성을 규명한다. 이 접근법은 성적 수치심으로 고통을 받는 사람들이 스스로를 거부하는 것이 아니라, 무지가 아닌 정보의 홍수에서 섹스를 하고 싶은 대상과 그 방법을 결정함으로써 그것을 극복할 수 있게 돕는다. 인간 섹슈얼리티의 범위 및 성적 다양성에 대한 성적 교육을 제공하는 것과 보수적인 종교들이 섹슈얼리티에 대해 지닌 갈등을 인정하는 것은 사람들로 하여금 어떻게 그들의 성적 자기와 영적 자기를 통합시킬지에 대한 자신만의 결정을 내리기 시작하게 하는 방법들이다. 사람이 성적 수치심에서 진정으로 치유되기 시작할 수 있는 것은 자신의 섹슈얼리티를 자신의 외부적인 것이 아닌 자신의 한 측면으로 받아들일 때이다. 그런 다음에야 그들은 자신의 건강을 지지하는 입장에서 삶과 관계, 심지어 영혼에서도 건강한 성적 가치를 증진시키는 방식으로 자신의 섹슈얼리티를 평가할 수 있다.

자신의 섹슈얼리티가 통제 불능이거나 문제가 있다고 느끼는 경험에 크게 기여하는 것은 과도한 성행위 자체가 아니라 도덕적 부조화나 성적 만족과 관련된 요소이다. 이러한 갈등을 다루는 것은 보고된 성적 자기 통제의 어려움에 대한 치료 접근법의 핵심 구성 요소가 되어야 한다. 통제 부족의 주관적 경험에 대한 정보에 입각한 임상 방식은 통제 불능의 느낌과 통제 불능이 같지 않다는 것을 환자가 인식하도록 돕는 것이다(Klein, 2012). 그러면 이는 성적 행동과 행동에 대한 감정을 분리하도록 도움을 주고, 종종 근본적인 도덕적·종교적 갈등으로 되돌아가는 그러한 감정의 기원과 경험을 조사하는 데에도 도움을 준다.

임상적으로, 치료사는 마음챙김 기법, 가치 분류 훈련, 불안과 우울감 치료, 동기 부여 인터뷰, 교육 및 도덕적 탐구를 통해 사람들을 도울 수 있다. 여기서 갈등은 성행위 자체가 아니다. 비록 성행위가 종종 주위를 산만하게 하고 유혹적인 대상이 되긴 하지만 말이다. 문제는 사람들이 그들이 원하거나 즐기는 섹슈얼리티에 대한 그들의 부정적인 도덕적 감정들을 해소하거나 탐구하지도 않고 성생활을 경험하거나 탐험하는 데 있다. 많은 종교인은 수치심, 비난, 거부를 직면하지 않고 이 갈등을 이해하고 탐구할 언어나 방법에 대해 준비되어 있지 않다.

그런 이유로 불행하게도, 이 내부 갈등을 탐구하는 것이 어려울 수 있다. 저자인 나를 비롯하여 다른 많은 치료사의 경험에 비추어 볼 때, 대부분은 그들의 성적 문제가 종교적-성적 갈등에서 비롯되었다는 생각에 대한 탐색을 꺼릴 수 있다. 이러한 저항은 환자 자신이나 가족, 파트너, 종교 공동체에 있을 수 있다. 불행히도 현대의 많은 문제처럼 상충되는 증거가 많을수록 반대 의견이 더 강해질 수 있다. 환자가 자신의 성적 가치가 성적 표현에 대한 이해에 의식적이고 의도적으로 어떻게 적용되는지 탐구하고 토론하도록 초대하는 것이 가장 좋다.

💗🔟 주관적 자기 통제 문제에 대한 임상적 개입

이 장에서 설명한 바와 같이, 성적인 자기 통제 장애에 대한 자가 보고 치료의 효과성을 검토하는 연구는 아직 부족하다. 효과적인 의료적 치료는 증거와 연구에 의해 이상적으로 안내되고 알려져야 하며, 정보가 증가함에 따라 적용하고 변화해야 한다. 이는 자격증을 지닌 의료인의 윤리적 요구 사항으로, 더 나은 결과를 촉진하고, 잠재적인 피해를 방지하며, 서비스의 효율성과 비용-효율성을 증진시킨다. 불행하게도 이것은 주로 성적 문제와 관련된 낙인 때문에 그리고 이전에 성 중독 모델의 무차별적인 지배로 인해 연구가 거의 되지 않은 영역이다. 그러나 이 장에 설명한 문제에 대한 관심이 증가함에 따라 연구의 초점이 바뀌기 시작했다.

과잉성욕자로 진단받는 사람들을 대상으로 한 인지행동치료가 효과적이었다는 몇 가지 증거가 있다(Hallberg et al., 2017). 내 생각에, 인지행동치료는 폐해 감소, 강화, 계획 및 인지 왜곡에 대한 주의와 함께, 성적인 문제를 다루기 위한 가장 희망적인 개입을 성격적 결함이 아닌 행동으로 재구성하도록 지원함으로써 문제를 해결한다. 성적 행동의 인지 왜곡에 대한 도전은 행동을 다르게 볼 수 있는 기회를 제공하고, 행동과 태도를 바꿀 수 있는 기회를 만든다.

수용전념치료(Acceptance and Commitment Therapy, 이하 ACT; Hayes & Strosahl, 2004)와 동기강화 상담(Rollnick & Miller, 1995)은 환자가 자신의 내적인 삶, 생각, 감정, 욕구를 통제하기 위한 투쟁과 관련된 고통의 방식을 인식하는 데 도움이 되는 강력한 접근법이다. 이 모델은 임상가가 환자가 행동을 통제하려는 노력이 그들의 고통을 악화시킬 수도 있고, 변화에 대한 헌신과 동기를 향상시키는 것보다 덜 효과적이라는 것을 인식하게 돕는다. 이러한 접근 방식은 성행위와 같은 행동에 대한 비판단적 접근 방식을 통해 잠재적 임상 가치를 제공하고, 복잡한 행동의 기저에 있는 복잡한 가치와 동기를 인정하는 전략을 제공한다.

여기서 논의된 접근 방식은 질병과 병리학에 대한 가정에 기반하여 핵심 중독 모델을 활용하는 12단계 그룹과 극명히 대조되며, 원래 약물 및 알코올 중독으로 어려움을 겪고 있는 사람들을 위한 개입으로 고안되었다. 이 모델은 섹슈얼리티 문제에 대한 12단계 접근법의 효과를 뒷받침하는 연구가 현재는 없지만 실질적이지 않은 다양한 문제로 확산되었다. 12단계 그룹은 본질적으로 영성에 기반을 두고 있으며, 종교가 없는 환자는 이러한 그룹을 불편하게 여길 수 있다. 섹슈얼리티에 초점을 맞춘 12단계 그룹은 다양하지만, 일부 LGBTQ 환자가 수치스럽고 해로운 것으로 경험할 수 있는 명백한 이성애 및 일부일처제에 기반한 기대를 포함한다. 불행하게도, 나라의 많은 지역에서 환자들은 다양한 그룹에 접근할 수 없거나, 그들이 어려움을 덜 겪을 그룹을 선택할 수 있는 능력도 없다. 임상가는 정보에 입각한 선택을 지원하기 위해 환자에게 이러한 문제에 대해 잘 교육할 수 있다.

성적 행동 문제를 치료하기 위한 향정신성 의약품 사용에 대한 임상 문헌의 언급이 증가하고 있다(Efrati & Gola, 2018). 여기에는 SSRIs와 같은 항우울제 및 성행동에 대한 충동을 줄이는 데 도움이 될 수 있는 기타 중추 작용 약물도 포함된다. 부작용에 대한 비용 및 편익 분석은 치료 과정에서 논의될 필요가 있다. 이러한 약물의 대부분은 상표를 떼고 사용되거나 성 관련 증상만 다루기 위해 만들어진 것이 아니다. 기저 질환을 치료하기 위해 사용될 때 가장 적절할 것이다. 자가 보고되는 성 조절 장애의 원인이 되는 복잡한 요인을 식별하기 위해 철저한 평가가 없는 경우 이러한 약물치료의 사용은 윤리적이고 임상적인 문제로 가득 차 있을 뿐이다.

💜🔑 사례 및 적용

성 건강에 대한 미묘한 접근 방식은 사례를 통해 설명하는 것이 효과적이다. 다음 설명은 내가 옹호하는 개별화되고 감정기반전략의 한 장면을 묘사하고 있다.

제리(Jerry)　제리는 성인물에 중독되었다는 걱정과 함께 치료를 받으러 온 32세 남자다. 그의 아내는 그가 자신과 성관계를 하는 것보다 성인물을 보고 자위하는 것을 선택한 것에 화가 났고 그에게 치료를 받으라고 제안했다. 사실, 많은 문헌에서 공통적으로 보고되는 이슈임에도 불구하고 이 사건은 성인물보다 더 많은 요인이 관련되어 있다. 예를 들어, 추가 평가에서 제리와 아내는 서로 다른 시간대에 일을 했는데 제리는 낮 근무를, 아내는 밤 근무를 하고 있었다. 아내가 퇴근하고 집에 와서 섹스에 관심이 생겼을 때 제리는 이미 피곤해서 침대에 들어간 상태고 다음 날 일을 위해 자야 하는 상황이었다. 그들은 섹스를 계획하기 위해 업무 일정을 맞추는 소통이나 협상을 한 적이 없었다. 제리와 아내는 그가 성인물을 보면서 자위하는 것으로 어려움은 없었다고 말했지만 때때로 섹스 중에 발기력을 잃는 것으로 괴로워했다. 이것은 우리로 하여금 임상적으로 중요한 신체 건강 문제가 있음을 인정하게 했다. 임상적으로 볼 때 제리와 아내 모두 비만이었다. 아내가 선호하는 스타일의 섹스는 제리에게 육체적으로 매우 힘들었다. 더 나은 영양, 건강, 운동, 그리고 그들의 신체 조건에 맞는 다른 성적 체위를 탐색하도록 격려함으로써 커플이 갖는 발기부전 문제를 줄이고 즐거운 성관계를 경험할 수 있게 도왔다. 마지막으로, 나는 제리와 아내가 얼마나 자주 섹스에 관심이 있는지 의논하도록 했다. 제리가 일주일에 서너 번 섹스를 원했던 반면, 그의 아내는 일주일에 두 번 정도 섹스에 관심이 있었다. 그들은 이전에 한 번도 해 본 적이 없는 논의를 통해 성관계와 자위 빈도에 대한 상호 합의를 끌어냈고, 결국 성공적으로 그들의 문제를 해결할 수 있었다.

로저(Roger)　　로저는 53세의 남성으로, 그의 아내와 두 명의 이전 치료사, 목사로부터 성 중독자로 진단받았다. 로저는 20대 초반에 단 한 번 결혼했는데, 상대는 지금의 아내이다. 1987년 당시 둘 다 HIV에 감염될까 두려워했는데, 특히 로저가 동성애 이력이 있었기 때문이다. 그들의 결혼생활 내내 로저는 외도와 자신의 성적 행동에 대한 통제로 어려움을 겪었다. 그는 은밀한 광고를 통해 가벼운 성행위를 하거나 성인물 서점에 가고 다른 남성들과 보호받지 못하는 성관계를 한 사실이 여러 차례 적발됐고, 최근에는 직장에서 성인물을 보다가 실직했다. 로저는 매우 높은 수준의 우울증과 슬픔을 가지고 있었고, 자신의 성적 욕망을 통제할 수 없는 것에 대해 엄청난 수치심을 느꼈으며, 여러 차례 자살을 생각했다. 첫 회기에서 로저에게 어떤 성인물을 보다가 잡혔는지 물었더니 게이 성인물이라고 말했다. 사실, 성 중독의 증거로 확인된 성행위는 모두 다른 남성들과 함께였다. 로저는 치료 과정에서 교육과 지지를 통해 자신이 양성애자 남성이라는 것을 알게 되었고, 그는 여성보다는 다른 남성과의 성관계에 더 관심이 있었다. 그러나 그 당시에 로저는 다른 남자들과의 로맨틱한 관계에는 전혀 관심이 없었고, 아내와의 로맨틱한 관계에 관심이 있었다. 그들의 결혼생활 동안, 로저의 아내는 그가 다른 남자에게 관심이 있다는 것을 알게 될 때마다 그를 모욕하고 벌을 주었다.

우리의 치료는 로저의 행동을 통제하거나 바꾸려는 시도에서 로저의 양성애를 인정하고 받아들이도록 돕고, 남성에 대한 성적 생각을 정상적이고 건강한 것으로 여기도록 방향을 전환했다. 우리는 로저의 운동, 자기-관리, 그리고 그가 자신과 자신의 섹슈얼리티에 대해 사고하는 방식들에 대한 주의를 높임으로써 그의 우울증을 다루는 인지행동 전략을 사용했다. 그렇게 함으로써 로저는 이러한 성적 생각과 욕망을 억압하고 근절하려는 시도와는 반대로, 그것을 받아들이면서, 이러한 성적 생각과 욕망에 대한 자기 통제적인 감정을 증가시킬 수 있었다. 로저는 여전히 결혼생활에서 혼란을 경험하고, 외도에 직면하거나, 합의된 일부일처제 이외의 다른 관계를 시도 및 협상하면서, 결혼을 끝내려 했다. 이는 그가 씨름해야 할 복잡하고 도전적인 문제였지만, 그의 성적 행동을 통제하는 데 집중했기 때문에 제대로 다루어지지 못했다. 로저는 지난 회기에서 "이런 성적인 생각들을 없애 달라고 하나님께 기도했었는데, 이제는 더 크고 풍요로운 삶과 사랑의 경험을 할 수 있는 능력을 가진 복잡한 사람으로 만들어 주신 하나님께 감사드립니다."라고 이야기했다.

에이드리언(Adrian)　에이드리언은 56세의 남성으로 약 12년 동안 성 중독 12단계 프로그램에 참여한 후 치료를 원했고, 로스앤젤레스에서 열린 성 중독에 대한 집중적인 외래 치료에서도 여러 번의 치료를 받은 바 있었다. 에이드리언은 수년간 성 중독 치료를 받았음에도 불구하고 효과가 있다고 느끼지 못했고 여전히 자신의 성적 행동에 대해 고심하고 있다고 설명하면서 나에게 치료를 요청했다. 에이드리언은 아내가 내 이름을 검색하면 내가 성 중독이라는 개념에 대해 반대한다는 것을 알게 될까 봐 아내 '몰래' 나를 검색했다고 했다. 에이드리언은 은행 임원이었으며, 25년간 결혼생활에서 자녀가 없었다. 15년 전쯤부터 몰래 안마시술소를 찾아 성관계를 맺기 시작했고, 여러 번 외도를 저지르기도 했다. 그는 여러 차례 성병에 걸린 전력이 있으며, 아내에게 전염된 적이 적어도 한 번은 있었다. 이러한 행동들이 드러날 때마다 주로 아내를 달래고 결혼생활을 유지하기 위해 성 중독 치료를 받았다. 그는 치료에서 자신이 성에 중독되었다고 느끼지 않는다고 말했지만, '저항'이라는 낙인을 피하기 위해 치료와 집단에서 그 언어를 사용했다. 치료하는 동안, 우리는 이러한 성적 행동의 다양한 기능과 보상을 식별하는 데 중점을 두었다.

에이드리언은 그의 부(wealth)에 대해 상당한 불안감을 느꼈고, 빈곤한 상태에서 편안함을 느꼈는데 빈곤함은 거의 성장배경이기도 했다. 마찬가지로 그는 아내의 부유한 성장배경, 교육, 지위에도 위협감을 느끼고 불안해했다. 그는 성욕이 높고 성에 관심이 많았지만 지난 10년간 아내와의 성관계는 크게 줄어 한 달에 평균 1회 정도 성관계를 했다. 그는 아내와 맞서거나 논쟁할 수 없다고 느꼈지만, 그가 몰래 바람을 피웠을 때만큼은 아내를 넘어서는 힘을 경험했다. 에이드리언은 취미가 없었고, 그가 자신을 돌보거나 스스로 보람을 느낄 수 있는 분야는 거의 없었다. 치료는 에이드리언으로 하여금 섹슈얼리티 이외의 자기-관리

활동을 늘리도록 돕는 것과 그의 아내와의 의사소통을 연습하도록 돕는 역할극과 교육에 집중했다.

이 커플은 커플 상담으로 의뢰되었지만, 그의 아내는 이 문제를 전적으로 에이드리언만의 문제로 인식하며 거부했다. 치료 중에 에이드리안은 이혼에 대해 논의했지만, 아내는 결혼생활을 잃고 싶지 않다고 결정했다. 그리고 나서 우리는 그가 그의 분노와 무력감을 그 자신의 건강과 육체적 안전을 위험에 빠뜨리지 않는 방식으로 표현할 수 있는 방식에 대해 탐구했다. 에이드리언은 놀라면서, 치료 중에 나에게 한번은 "당신은 제가 바람피우는 것을 멈추게 해야 하지 않나요?"라고 물었다. "외도가 정신질환이라는 것을 몰랐습니다."라고 나는 대답했다. "치료의 역할은 여러분이 최선의 결정을 내릴 수 있는 자원과 기술을 갖추도록 돕는 것입니다. 당신이 더 나은 결정을 내릴 수 있는 방법이 있다고 생각하지만, 그 결정이 어떤 것이어야 하는지를 말하는 것은 제 일이 아닙니다." 그는 한 달에 한 번 정도 안마시술소를 계속 방문했지만 콘돔을 사용하기 시작했고, 이러한 만남을 추구하는 그의 선택이 의도적이고 자발적이라는 것을 인정했다. 치료가 끝날 무렵, 에이드리언은 최근에 안마시술소에 갔었지만, 차에서 내리기 전에 '체크리스트'를 확인하며 경험할 수 있는 다양한 감정과 기능을 검토하고, 자기 자신에게 '체크인'했다고 보고했다. 에이드리언은 이 과정에 너무 많은 시간을 소비해서 안마시술소에 들어갈 시간이 부족했지만, 그 행동을 했거나 하지 못하더라도 그 순간 자신이 괜찮다고 느꼈다는 것을 깨달았다며 웃었다. 그 후 얼마 지나지 않아 에이드리언은 직장에서 승진했고 이로 인해 아내와 함께 북동부 지역의 도시로 이사를 갔다. 그는 새로운 치료사가 필요한데 자신의 문제를 중독으로 보지 않는 사람을 추천해 달라고 했다.

카를로스(Carlos)   31세 남성, 카를로스는 대부분 필로폰과 관련된 수많은 마약 관련 범죄 혐의로 집행유예 기간 동안 치료를 요청했다. 카를로스는 동성애 남성으로 현재 레트로바이러스 치료(retroviral treatment)를 받고 있지만 HIV 양성 반응을 보였다. 평가 과정에서 카를로스는 자신의 성적 행동을 통제할 수 없다고 느꼈다고 말하면서 자신을 성관계와 성인물 중독자라고 불렀다. 면접 상담을 통해 그는 경계선성격장애와 물질사용장애의 진단을 받았다. 카를로스는 처음에는 약물 사용 집중 외래 치료를 받았지만, 집단 치료에서 다른 환자들에게 이유 없는 언어 공격을 하고 수차례 논쟁을 일으켜서 개인 치료를 받게 되었다. 나와 치료를 하는 동안 카를로스는 자신이 사람들의 감정을 자극하고 "그들이 내가 자극했다고 느끼도록" 하는 것을 즐겼다고 인정했다. 금주를 위한 그룹홈에서 살고 있었으며 카롤로스의 훼방하고 조종하려는 행동에 화가 난 동료가 그를 학대하게 되는 과정에 집중하고 싶다고 했다. 카를로스는 "극적으로 반응할 때, 약에 취한 것처럼 흥분되는 것 같습니다."라고 말했다.

카를로스는 취해 있을 때 그가 종종 그의 HIV에 대해 알지 못하는 상대방과 무방비 상태의 성관계를 자주 가졌다고 밝히면서도, 단지 "그들이 위험에 대해 알고 있다."라고만 말했다. 치료에서 카를로스는 매우 활기가 넘쳤고, 자신을 둘러싸고 소용돌이치는 대인관계 갈등에 대한 이야기를 되짚어 보는 것을 즐겼다. 비록 카를로스가 보다 건강한 관계와 성생활을 추구하기 위해 처음 치료에서는 이러한 '사건'을 줄이도록 노력하겠다는 데 동의했지만, 치료가 그의 감정적 반응을 강화하는 것이 아니라 이러한 갈등을 다루기 위한 행동 개입에 초점을 맞추었을 때는 화를 내기 시작했다.

카를로스는 다른 동료들과의 물리적 충돌로 결국 그룹홈에서 쫓겨났다. 그 후 상담에서 그는 지루하고 짜증이 났기 때문에 룸메이트와 싸움을 시작했다고 인정했지만, 자신이 쫓겨날 정도는 아니었다고 했다. 결국 카를로스는 몇 차례의 사건 이후 치료를 성공적으로 끝내지 못했고 치료를 거부했음에도 불구하고 경계선성격장애로 다시 치료에 의뢰되었다. 이 사례는 일부 사람이 확실하게 성 중독이라 불릴 만하다는 것을 보여 준다. 그럼에도 불구하고, 이는 또한 그의 경계선성격장애와 약물 남용에 기인한 사건을 늘 유도할 필요가 있다는 점을 증명했다. 이러한 문제에 대한 치료를 거부하는 것은 결국 잘못된 진단으로 이어지며 단순히 그가 성 중독자라고 말하는 것이 더 깊은 그의 문제를 다루는 것보다 더 쉽게 받아들여질 가능성이 높다.

결론

치료가 과학이 아닌 도덕성에 기반을 두도록 허용할 때 정신 건강과 성 치료를 포함한 건강관리가 큰 해를 끼칠 수 있다는 점을 인식하는 것이 매우 중요하다. 자신이나 타인이 통제할 수 없는 성적 행동으로 정의한 역사적 접근은 도덕적 판단의 침해와 성적 정보에 근거한 접근의 부족을 나타낸다. 성적 행동 통제의 어려움에 대한 자기 보고를 액면 그대로 받아들여서는 안 된다. 성적 자제력 상실에 대한 보고는 성적 자제력 장애에 대한 객관적인 증거와 같지 않다. 그들의 행동을 통제할 수 없다는 환자의 진술을 받아들이고, 그들의 성적 행동을 억제하기 위해 환자와 함께 치료에 임하는 것은, 사회적 · 개인적 피해가 개인적 또는 사회적 이익에 의해 균형을 이룬다는 충분한 증거 없이는 이러한 피해를 발생시킬 수 있다. 통제되지 않는 성적 행동에 상당한 개인적 · 건강적 위험이 있을 수 있지만, 이러한 위험을 줄이기 위한 효과적인 개입은 근본적인 정신 건강 장애, 약물 남용 장애를 치료하고 해결되지 않은 도덕적 · 관계적 갈등을 해결하는 것을 포함한다.

성적 자기 통제 어려움에 대한 주관적인 보고는 임상적으로 중요한데, 임상가가 추가 조사를 안내하기 위해 이 정보를 활용하는 것에 관해서다. 다양한 원인, 병인, 동기, 성적 행동을 가진 많은 사람이 치료 과정에서 성적 통제력 상실을 발견할 수 있다. 이러한 복잡한 이질성은 이 문제를 가장 효과적이고 윤리적으로 해결하기 위해 다루고 개념화하는 데 매우 중요하다.

섹슈얼리티의 복잡성과 다양성을 고려하지 않는 치료와 진단 접근법은 의도하지 않은 병리화의 위험을 초래하고 성적 수치심의 순환을 영속시킬 수 있다. 종교적으로 금지된 성과 성적 욕구 사이의 해결되지 않은 도덕적 갈등에서 발생하는 성적 수치심은 성적 자기 통제 어려움에 대한 인식에 크게 기여하고 행동 변화를 방해한다. 마찬가지로, 자기 통제의 어려움은 관계적인 성적 만족, 심리적, 의학적 또는 성적 장애와 관련된 다른 문제에서 발생할 수 있다. 성적 자기 통제 문제는 근본적인 갈등의 증상으로 가장 잘 인식되며 효과적인 성 치료사는 환자가 이러한 갈등을 이해하고 인식하고 해결할 수 있도록 돕는다.

참고문헌

AASECT (2016). AASECT Position on Sex Addiction. At: www.aasect.org/position-sex-addiction. Accessed December 12, 2018.

American Psychiatric Association (1952). *Diagnostic and Statistical Manual: Mental Disorders*. American Psychiatric Association Mental Hospital Services.

American Psychiatric Association (2013). *Diagnostic and Statistical Manual: Mental Disorders, 5th Edition*. American Psychiatric Association Publishing.

Associated Press (2004). Advocates want congress to study "porn addiction." November 19, 2004. At: www.foxnews.com/story/advocates-want-congress-to-study-porn-addiction. Accessed December 12, 2018.

Bacardi, F. (2017). Ozzy Osbourne Backtracks on Sex Addiction Admission: "I Just Got Caught, Didn't I?" ENews, January 29, 2017. At: www.eonline.com/news/825102/ozzy-osbourne-backtracks-on-sex-addiction-admission-ijust-got-caught-didn-t-i. Accessed December 9, 2018.

Berglund, D. (2018). Personal communication via email, July 19, 2018. David Berglund, MD, MPH,

Medical Officer/Classification and Public Health Data Standards National Center for Health Statistics, Mailstop P08 Metro IV, 2nd floor, Rm. 2534, 3311 Toledo Rd. Hyattsville, MD 20782.

Braun-Harvey, D., & Vigorito, M. (2016). *Treating Out of Control Sexual Behavior: Rethinking Sex Addiction*. Springer Publishing Company.

Byers, L. J, Menzies, K. S., & O'Grady, W. L. (2004). The impact of computer variables on the viewing and sending of sexually explicit material on the internet: Testing Cooper's "Triple-A Engine." *The Canadian Journal of Human Sexuality, 13*, 3-4, 157-169.

Cantor, J. M., Klein, C., Lykins, A., Rullo, J. E., Thaler, L., & Walling, B. R. (2013). A treatment-oriented typology of self-identified hypersexuality referrals. *Archives of Sexual Behavior 42*, 5, 883-893. doi: 10.1007/s10508-013-0085-1.

Clark, N. (2017). The etiology and phenomenology of sexual shame: A grounded theory study. Dissertation, Seattle Pacific University, May 10, 2017. At: https://digitalcommons.spu.edu/cgi/viewcontent.cgi?referer=www.google.com/&httpsredir=1&article=1024&context=cpy_etd. Accessed December 11, 2018.

Cochran, S. D., Drescher, J., Kismodi, E., Giami, A., Garcia-Moreno, C., Atalia, E., Marais, A., Vieira, E., & Reed, G. (2014). Proposed declassification of disease categories related to sexual orientation in the *International Statistical Classification of Diseases and Related Health Problems* (ICD-11). *Bulletin of the World Health Organization, 92*, 672-679. doi: 10.2471/BLT.14.135541.

Diamond, M. (2009). Pornography, public acceptance and sex related crime: a review. *International Journal of Law and Psychiatry, 32*(5), 304-314. doi: 10.1016/j.ijlp. 2009.06.004.

Dickenson, J. A., Gleason, N., Coleman, E., & Miner, H. (2018). Prevalence of distress associated with difficulty controlling sexual urges, feelings, and behaviors in the United States. *JAMA Network Open, 1*(7). doi: 10.1001/jamanetworkopen.2018.4468.

Dodes, L., & Dodes, Z. (2014). *The Sober Truth: Debunking the Bad Science Behind 12-Step Programs and the Rehab Industry*. Beacon Press.

Duffy, A., Dawson, D., Moghaddam, N., & Das Nair, R. (2017). Do thinking styles play a role in whether people pathologise their pornography use? *Sexual and Relationship Therapy*, 1-22. doi: 10.1080/14681994.2017.1412417.

Efrati, Y., & Gola, M. (2018). Treating compulsive sexual behavior. *Current Sexual Health Reports, 10*(2), 57-64. doi: 10.1007/s11930-018-0143-8.

Elkind, A. (2010). *A Rough Justice: The Rise and Fall of Eliot Spitzer*. Portfolio.

Fletcher, A. (2013). *Inside Rehab: The Surprising Truth about Addiction Treatment*. Penguin Group.

Groneman, C. (2000). *Nymphomania: A history*. Norton.

Grubbs, J. B., Exline, J. J., Pargament, K. I., Hook, J. N., & Carlisle, R. D. (2015a). Transgression as addiction: religiosity and moral disapproval as predictors of perceived addiction to pornography. *Archives of Sexual Behavior, 44*(1), 125-136. doi: 10.1007/s10508-013-0257-z.

Grubbs, J. B., Hook, J. N., Griffin, J. B., & Davis, D. (2015b). Evaluating outcome research for hypersexual behavior. *Current Addiction Reports, 2*(3), 207-213. doi: 10.1007/s40429-015-0061-z.

Grubbs, J. B., Stauner, N., Exline, J. J., Pargament, K. I., & Lindberg, M. (2015c). Perceived addiction to internet pornography and psychological distress: examining relationships concurrently and over time. *Psychology of Addictive Behaviors, 29*(4), 1056-1067. doi: 10.1037/adb0000114.

Grubbs, J. B., Perry, S. L., Wilt, J. A., & Reid, R. C. (2018). Pornography problems due to moral incongruence: An integrative model with a systematic review and meta-analysis. *Archives of Sexual Behavior*. doi: 10.1007/s10508-018-1248-x.

Hald, G., & Malamuth, M. (2008). Self-Perceived Effects of Pornography Consumption. *Archives of Sexual Behavior, 37*(4), 614-625. doi: 10.1007/s10508-007-9212-1.

Hallberg, J., Kaldo, V., Arver, S., Dhejne, C., & Oberg, K. G. (2017). A cognitive-behavioral therapy group intervention for hypersexual disorder: a feasibility study. *Journal of Sexual Medicine, 14*, 950-958. doi: 10.1016/j.jsxm.2017.05.004.

Hayes, S. C., & Strosahl, K. D. (Eds.) (2004). *A practical guide to acceptance and commitment therapy*. Springer.

Hesse, C., & Pedersen, C. (2017). Porn sex versus real sex: How sexually explicit material shapes our understanding of sexual anatomy, physiology, and behaviour. *Sexuality & Culture, 21*(3), 754-775. doi: 10.1007/s12119-017-9413-2.

Klein, M. (2012). You're addicted to what? Challenging the myth of sex addiction. The Humanist. com. At: https://thehumanist.com/magazine/july-august-2012/features/youre-addicted-to-what. Accessed December 12, 2018.

Kleponis, P. (2010). The effects of pornography on wives and marriages. Available at: www.covenanteyes.com/2010/07/06/the-effects-of-pornography-on-wives-and-marriages. Accessed December 9, 2018.

Kohut, T., Baer, J., & Watts, B. (2015). Is pornography really about "making hate to women"? Pornography users hold more gender egalitarian attitudes than nonusers in a representative American sample. *The Journal of Sex Research, 53*(1), 1-11. doi: 10.1080/00224499.2015.1023427.

Kort, J. (2015). Why I am no longer a sex addiction therapist. Psychology Today Blogs. At: www.psychologytoday.com/us/blog/understanding-the-erotic-code/201511/why-i-am-no-longer-sex-addiction-therapist. Accessed December 9, 2018.

Kraus, S. W., Krueger, R. B., Briken, P., First, M. B., Stein, D. J., Kaplan, M. S., ··· Reed, G. M.

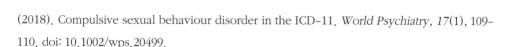

(2018). Compulsive sexual behaviour disorder in the ICD-11. *World Psychiatry, 17*(1), 109-110. doi: 10.1002/wps.20499.

Ley, D. (2012). *The myth of sex addiction.* Rowman & Littlefield.

Ley, D., Brovko, J. M., & Reid, R. C. (2015). Forensic applications of "sex addiction" in US legal proceedings. *Current Sexual Health Reports, 7*(2), 108-116.

Ley, D., Prause, N., & Finn, P. (2014). The emperor has no clothes: a review of the "pornography addiction" model. *Current Sexual Health Reports, 6*(2), 94-105. doi: 10.3138/cjhs.2017-0002.

LoPresti, B. J., & McGloin, R. (2018). Pornography consumption: When we start, what we do, and why we turn off. Presentation at Society for the Scientific Study of Sexuality annual conference. Personal communication with author.

Malan, P. (2015). The naked people in your IPod. *Medium*, May 31, 2015. At: https://medium.com/@ungewissen/the-naked-people-in-your-ipod-f770a27fdb59. Accessed December 12, 2018.

McKee, A. (2007). The positive and negative effects of pornography as attributed by consumers, *Australian Journal of Communication*, 34I(1), 87-104.

Nitschke, J., Mokros, A., Osterheider, M., & Marshall, W. (2012). Sexual sadism: Current diagnostic vagueness and the benefit of behavioral definitions. *International Journal of Offender Therapy and Comparative Criminology, 57*(12), 1441-1453. doi: 10.1177/0306624X12465923.

Oberg, K. G., Hallberg, J., Kaldo, V., Dhejne, C., & Arve, S. (2017). Hypersexual disorder according to the Hypersexual Disorder Screening Inventory in help-seeking Swedish men and women with self-identified hypersexual behavior. *Sexual Medicine, 5*(4), 229-236. doi: 10.1016/j.esxm.2017.08.001.

Perry, S. (2018). Is the link between pornography use and relational happiness really more about masturbation? Results from two national surveys. *Journal of Sex Research*, published online January 11, 2019. doi: 10.1080/00224499.2018.1556772.

Perry, S. L., & Whitehead, A. L. (2018). Only bad for believers? Religion, pornography use, and sexual satisfaction among American men. [Published online ahead of print January 28, 2018]. *Journal of Sex Research*. doi: 10.1080/00224499.2017.1423017.

Prause, N., Steele, V. R., Staley, C., Sabatinelli, D., & Hajcak, G. (2015). Modulation of late positive potentials by sexual images in problem users and controls inconsistent with "porn addiction." *Biological Psychology, 109*(C), 192-199. doi: 10.1016/j.biopsycho.2015.06.005.

Prause, N., Steele, V. R., Staley, C. Sabatinelli, D., & Hajcak, G. (2015). Prause et al. (2015) the latest falsification of addiction predictions. *Biological Psychology, 120*, 159-161. doi: 10.1016/j.biopsycho.2015.06.005.

Reay, B., Attwood, N., & Gooder, C. (2015). *Sex Addiction: A critical history.* Polity Press.

Reed-Maldonado, A. B., & Lue, T. F. (2016). A syndrome of erectile dysfunction in young men?

Translational Andrology and Urology, 5(2), 228-234. doi: 10.21037/tau.2016.03.02.

Reid, R. (2016). Additional challenges and issues in classifying compulsive sexual behavior as an addiction. *Addiction, 111*(12), 2111-2113. doi: 10.1111/add.13370.

Reid, R. C. (2013). Guest editorial: Personal perspectives on hypersexual disorder. *Sexual Addiction & Compulsivity, 20*, 1-15. doi: 10.1080/10720162.2013.772876.

Reid, R. C., & Kafka, M. P. (2014). Controversies about hypersexual disorder and the DSM-5. *Current Sexual Health Reports, 6*, 259-264. doi: 10.1007/s11930-014-0031-9.

Reid, R. C., Garos, S., Carpenter, B. N., & Coleman, E. (2011). A surprising finding related to executive control in a patient sample of hypersexual men. *Journal of Sexual Medicine, 8*, 2227-2236. doi: 10.1111/j.1743-6109.2011.02314.

Reid, R. C., Carpenter, B. N., Hook, J. N., Garos, S., Manning, J. C., Gilliland, R., Cooper, E. B., McKittrick, H., Davtian, M., & Fong, T. (2012). Report of findings in a DSM-5 field trial for hypersexual disorder. *Journal of Sexual Medicine, 9*, 2868-2877. doi: 10.1111/j.1743-6109.2012.02936.

Rollnick, S., & Miller, W. R. (October 1995). What is motivational interviewing? *Behavioral and Cognitive Psychotherapy, 23*, 325-334. doi: 10.1017/S135246580001643X.

Schermer Sellers, S. T. (2017). *Sex, God & the Conservative Church: Erasing Shame from Sexual Intimacy.* Routledge.

Steele, V. R., Staley, C., Fong, T., & Prause, N. (2013). Sexual desire, not hypersexuality, is related to neurophysiological responses elicited by sexual images. *Socioaffective Neuroscience & Psychology, 3*(1), 1-12. doi: 10.3402/snp.v3i0.20770.

Štulhofer, A., Buško, V., & Landripet, I. (2010). Pornography, sexual socialization, and satisfaction among young men. *Archives of Sexual Behavior, 39*(1), 168-178. doi: 10.1007/s10508-008-9387-0.

Taylor, B., & Davis, S. M. (2007). The extended PLISSIT Model for addressing the sexual well-being of individuals with an acquired disability or chronic illness. *Sexuality and Disability, 25*(3), 135-139. doi: 10.1007/s11195-007-9044-x.

Watson, M. A., & Smith, Randy, D. (2012). Positive Porn: Educational, Medical, and Clinical Uses. *American Journal of Sexuality Education, 7*(2), 122-145. doi: 10.1080/15546128.2012.680861.

Wery, A., Vogelaere, K., Challet-Boujo, G., Poudat, F., Cailllon, J., Lever, D., Billieux, J., & Grall-Bronnec, M. (2016). Characteristics of self-identified sexual addicts in a behavioral addiction outpatient clinic. *Journal of Behavioral Addictions, 5*(4), 623-630. doi: 10.1556/2006.5.2016.071.

Whipple, B. (2007). The health benefits of sexual expression. In M. Tepper & A. Fuglsang Owens (Eds.), *Sexual Health: Psychological Foundations* (Vol. 1). Praeger.

Wilt, J., Cooper, E., Grubbs, J., Exline, J., & Pargament, K. (2016). Associations of perceived addiction to internet pornography with religious/spiritual and psychological functioning. *Sexual Addiction & Compulsivity, 23*(2-3), 215-233. doi: 10.1080/10720162.2016.1140604.

Winters, J., Christoff, K., & Gorzalka, B. (2010). Dysregulated sexuality and high sexual desire: distinct constructs? *Archives of Sexual Behavior, 39*(5), 1029-1043. doi: 10.1007/s10508-009-9591-6.

Wright, P. (2012). A longitudinal analysis of US adults' pornography exposure, sexual socialization, selective exposure and the moderating role of unhappiness. *Journal of Media Psychology, 24*, 67-76. doi: 10.1027/1864-1105/a000063.

Wordecha, M., Mateusz, W., Kowalewska, E., Skorko, M., Lapiriski, A., & Gola, M. (2018). "Pornographic binges" as a key characteristic of males seeking treatment for compulsive sexual behaviors: Qualitative and quantitative 10-week-long diary assessment. *Journal of Behavioral Addictions, 7*(2). doi: 10.1556/2006.7.2018.33.

제 **14** 장

노화와 성 건강의
통합에 있어서 독특한 요소

· · S y s t e m i c   S e x   T h e r a p y · ·

제**14**장

노화와 성 건강의
통합에 있어서 독특한 요소

Jennifer Hillman

 서론

섹슈얼리티는 연령이나 장애 상태와 관계없이 평생 필요로 하는 기본적인 인권이다 (World Health Organization, 2010). 미국의 노년층의 섹슈얼리티에 대한 일반적인 사회적 태도는 부정적이고 제한적인 것에서부터 긍정적이고 허용적인 것까지 매우 다양하다(반대로, 인도나 중국 등 다른 나라에서는 섹슈얼리티와 노화에 대한 태도가 대체로 부정적이다). 미국의 전통적인 태도는 '더러운 어르신(dirty old men)'과 '슬프고 외로운 여왕(게이 남성; sad, lonely queens)'을 포함한 부정성과 고정관념으로 가득 차 있다. 대조적으로, 현대사회의 태도는 비교적 긍정적이고 관대한 태도를 포함하여, 종종 성적으로 공격적인 여성 '쿠거(cougar)'와 같은 나이가 많고, 매력적이고, 일반적으로 건강하고, 이성애적인 공동체 생활을 하는 성인들과 성 기능 향상 약물을 투여한 후 오랜 기간의 성생활에 참여할 수 있는 남성들에 대한 미디어의 다양한 묘사에 의해 조장된다.

그러나 신체적으로나 의학적으로 병든 노인, 요양원 거주자, LGBTQ 성인들 사이의 섹슈얼리티 표현은 주류 사회에서 거의 보이지 않으며, 전형적으로 특이하고, 역겹고, 수치스럽다는 스티그마가 있다(Hillman, 2012). 언급한 바와 같이, 주류 매체에서 언급되는 것을 포함하여, 중노년층 사이에서 사회적으로 용인되는 성적 표현의 형태는 이성 교제이다. 다른 모든 형태의 성적 활동과 표현은 비교당하고 평가 절하된다. 게다가 많은 미국인은 섹슈얼리티와 노화에 대한 의학적인 관점을 채택하고 있는데(Potts, Grace, Vares, & Gavey, 2006 참조), 이것은 어떤 성적인 장애도 알약을 복용함으로써 쉽게 다른 도움 없이 치료될 수 있다는 그릇된 믿음이 있다. 섹슈얼리티의 의료화는 본질적으로 노인의 성 건강 및 기능에 대한 문화적 상태, 건강 상태, 심리적 상태, 종교적 신념, 원가족 문제 및 파트너와의 역학에 대한 역할을 간과한다(Hillman, 2012). 불행한 현실은 많은 노인 돌봄 제공자와 가족 구성원, 그리고 노인 자신이 이러한 전통적이며 매우 부정적이고 섹슈얼리티와 노화에 대한 제한적인 태도, 또는 보다 현대적이고 관대한 태도를 내재화해 왔지만, 이성애적이고 의학적인 관점을 좁게 정의했다(Potts et al., 2006).

🖤 노년층의 성적 행동 및 기능 장애

노년층은 건강 상태, 결혼 여부, 교육 수준, 소득 수준, 생활 방식(예: 지역사회 거주인가 요양원 거주인가) 측면에서 다른 연령대에 비해 동질적인 것보다 이질적인 면이 크다. 이러한 이질성은 또한 노년층의 성욕, 그리고 다양한 성적 활동과 평생 지속되는 행동에까지 확장된다. 지역사회에 거주하는 노인들을 대상으로 한 미국의 획기적인 인구 조사에 따르면 57~64세 성인의 73%, 65~74세 성인의 53%, 75~85세 성인의 26%가 지난 1년간 성적 활동을 했다고 보고했다. 75~85세 연령대의 성생활을 하는 성인 가운데 절반 이상(54%)이 일주일에 최소 2~3회 이상 성관계를 가졌다고 응답했다. 모든 연령대의 성인이 자위, 키스, 포옹, 쓰다듬기, 구강 성교, 질 성교, 항문 성교 등 다양한 성행위를 했다고 보고했다. 남성 노인은 여성 노인보다 파트너와 성행위를 할 가능성이 높으며, 높은 수준의 자기 보고 건강 수준은 성활동에 대한 참여 증가와 연관이 있었다(Lindau, Schumm, Laumann, Levinson, O'Muircheartaigh, & Waite, 2007).

전국적인 연구에서 성적인 활동을 하는 남성과 여성의 약 절반은 적어도 한 가지 성적인 문제를 경험했다고 보고했고, 거의 1/3은 두 가지 이상의 성적인 문제를 경험했다고 보고했다. 남성들 사이에서 가장 흔한 성적 문제는 발기장애(ED; 전체 남성 중 37%), 욕구 감소(28%), 조기사정(28%), 성관계에 대한 불안(27%), 오르가슴 불능(20%)의 순으로 나타났다. 추가적인 역학 연구 결과에 따르면 발기부전은 나이가 들수록 증가한다고 한다(Feldman, Goldstein, Hatzichristou, Krane, & McKinlay, 1994). 대체로 40대 남성의 40%, 50대 남성의 50%, 60대 남성의 60%, 70대 남성의 70%가 발기장애를 가지고 있다고 보고했다. 미국 여성들(Lindau et al., 2007)의 가장 흔한 성적 문제는 욕구 감소(43%), 질 건조증(39%), 오르가슴 불능(34%), 질 성교 중 성기—골반통증(17%)이었다.

또한 린다우와 그의 동료들(Lindau et al., 2007)의 전국 대표 참여자들의 연구에서 지난 1년 동안 성적 활동을 하지 않았다고 보고한 점을 고려해 보자. 건강한 파트너가 없는 여성 노인은 건강한 파트너가 있는 여성 노인보다 성행위를 할 확률이 현저히 낮았다. 남성(13%)보다 훨씬 더 많은 여성(35%)이 성행위 참여가 그들에게 '전혀 중요하지 않다'고 답했다. 성이 인생에서 중요하지 않다는 이러한 믿음은 가장 나이가 많은 연령대(75~85세)의 남성과 여성, 그리고 파트너가 없는 여성 노인에 의해 가장 많이 표현되었다.

정상적인 노화의 영향

성 반응 주기의 변화

노화는 노년층들의 성 반응 주기에 약간의 변화를 가져온다. 여기서 50세 이상의 여성으로 정의되는 여성 노인의 경우, 에스트로겐 생산 감소를 포함하여 완경과 관련된 규범적 나이 관련 변화는 일반적으로 콜라겐 생산의 변화를 통해 자궁, 자궁경부 및 난소의 크기를 감소시킨다. 완경기 동안 에스트로겐 생산 감소는 질 내벽이 얇아지고 탄력성을 잃고 질 윤활의 감소를 초래한다. 이러한 질 변화는 수성 질 윤활제나 호르몬 요법으로 치료하지 않는한, 성교 중에 통증을 유발할 수 있다(Mayo Clinic, 2018). 56세의 완경 후 여성 내담자는 다음과 같이 말했다. '성관계 중에 윤활제를 사용하는 것이 '정상'이라는 것을 알고 매우 안도할 수 있었다. 내 파트너는 내가 더 이상 섹스에 관심이 없을까 봐 걱정하고 있었고, 나는 그것이 사실이 아니라는 것을 알고 있었다.' 내담자에게 나이와 관련된 성 생리학적 변화와 기능에 대한 기본적인 정보를 제공하는 것은 한 파트너가 (종종 부정확하게) 다른 파트너를 사랑하지 않거나 성적 관심의 부족, 심지어는 불성실하다고 비난하는 많은 커플의 근본적인 관계 문제를 완화시킬 수 있다는 점에서 주목할 만하다.

여기서 50세 이상으로 정의되는 남성 노인의 경우 일반적인 연령 관련 변화는 테스토스테론 생산 감소를 포함한다(Hillman, 2012 참조). 보통 남성 노인이 발기를 하는 데 더 오랜 시간이 걸리며, 종종 더 많은 신체적인 자극을 필요로 한다. 게다가 남성 노년층의 발기는 덜 단단한 경향이 있고, 오르가슴과 사정은 지연되기도 한다. 젊었을 때 조기사정으로 고통받았던 많은 남성에게, 흥분과 사정 사이의 이 연장된 시간은 반가운 변화일 수 있다. 노년층 남성들은 또한 불응 시간(성기가 오르가슴 후 자극에 반응하지 않는 시간)이 길어진다.

이러한 나이와 관련된 일반적인 변화를 다루기 위해, 많은 남성은 비아그라(viagra)나 시알리스(cialis)와 같은 향상 약물에 의지한다(이들 및 기타 PDE-5 억제제의 사용뿐만 아니라 발기장애 및 여러 치료 옵션에 대한 자세한 정보는 이 책의 제5장에서 확인할 수 있다). 노년층 섹슈얼리티의 의료화는 성 기능 장애로 고통을 받는 많은 성인이 발기장애를 위한 성 기능 향상 약물에 접근하는 것을 포함하여 새롭고 효과적인 의학적 치료를 할 수 있게 해 주었지만, 그것은 또한 무엇이 '정상적인' 성 기능인가에 대한 매우 좁은 관점을 낳았다. 불행하게도, 이러한 의학적 견해는 나이와 상관없이 어떤 대가를 치르든 상관없이 누구나(Potts et al., 2006 참조), 일반적으로 '마법의 약'의 도움을 받아 삽입 성교에 참여할 수 있고 참여해야 한다는 인식을 포함한다. 실제로 많은 노년층은 나이가 들어가며 변화하는 관계를 반영하고, 삽입 성교보다는 다른 성행위를 하고 오히려 더 많이 즐긴다고 보고한다. 많은 노년층 남성과 그들의 파트너들 또한 성 기능 향상 약물의 도움에도 불구하고, 남성은 성적인 흥미와 욕망, 때로는 삽입할 수 있을 만큼 발기력을 얻기 위해 수동적인 자극이 필요하다는 것을 인식하지 못한다.

비아그라 및 기타 성 기능 향상 약물의 사용에 대한 기본적인 정보뿐만 아니라 성 기능에 있어 이러한 연령과 관련된 당연한 변화에 대해 교육을 제공하는 것은 일반적으로 노년층 내담자와 그들의 파트너에게 힘을 실어 줄 수 있다. 한 60세 여성 내담자가 다음과 같이 설명했다. "저는 오랜 기간 사귄 남자 친구가 시알리스를 사용하고자 하는 것이 저와 섹스하는 것에 지루하거나 관심이 없어서가 아니라는 것을 알게 되어 기뻐요. 그리고 이제 그 약이 어떤 작용을 하는지 알게 되어서 정말 다행입니다. 왜냐면 우리 둘 다 그가 처음 사용했을 때 겁에 질려서 아무 일도 일어나지 않았거든요. 이상하게 들릴 수도 있지만 침대에 그의 옆에 누울 수 있다면 먼저 그에게 구강 성교로 발기시키는 것부터 시작해도 괜찮다는 것을 알게 되었어요. 그 사람은 내가 그것을 하는 동안 내 등을 문질러 주어요. 이런 얘기를 할 수 있는 게 기쁘네요."

다양한 성적 활동에 대한 강조 증가

치료사는 노년기 내담자나 노년층과 작업하는 사람들이 성적 행동과 표현에 대한 정의를 넓은 범위의 활동으로 확장하도록 도와야 한다(Potts et al., 2006 참조). 성적 활동은 향기로운 핸드 로션을 바르는 개인의 감각적 즐거움에서부터 로맨스 소설 읽기, 성인물 보기, 그리고 딜도(dildo)나 기타 섹스 토이를 가지고 자위하기, 파트너와 손을 잡고 앉거나 걷거나 춤추기, 파트너와 격렬히 쓰다듬기, 파트너와의 구강·질·항문 성교 등 다양하다. 정상적인 노화 및 질병과 관련된 생물학적 변화는 남녀 모두에게 삽입 관계를 어렵게 하거나 불가능하게 할 수 있고 이는 죄책감, 분노, 자존감 하락, 우울중에 영향을 미칠 수 있기 때문에(Cogen & Steinman, 1990), 노년층 내담자가 성적 즐거움 및 감각적 활동의 다양성을 확장하도록 돕는 것은 필수적이다. 내담자들 중에는 그들이 좋든 나쁘든 자신들의 정체성을 남자나 여자로 정의하는 데 도움이 되었을 수도 있는 삽입 성교나 특정한 성적 활동을 더 이상 할 수 없음에 대해 슬퍼할 수 있으므로 이에 대한 도움 및 개입이 필요할 수도 있다.

🔑 체계론적 치료를 위한 요구

생물학적, 심리적, 커플 관계적, 세대 간, 사회문화적 요인(Weeks, Gambescia, & Hertlein, 2016)을 통합한 체계론적 성 치료(Weeks, Gambescia, & Hertlein, 2016)는 고령인구에서 오는 내담자의 이질성을 다루는 데 맞춤화된 것으로 보인다. 체계론적 접근법을 사용함으로써 성 치료사는 노년층 내담자의 생물학적 측면[예: 연령과 관련된 정상 변화, 급성 및 만성 질환의 영향, 처방약(일반의약품 및 기분 전환용 약물 사용)], 심리적 측면(예: 정서, 인지 및 고위험 행동 참여를 포함한 행동)을 평가하고 다루도록 유도한다. 또는 커플의 문제(예: 파트너의 가용성과 건강 상태), 세대 간 요인(예: 원가족, 선택에 의한 가족, 성인 자녀), 사회문화적 요인(예: 일반적인 사회적 태도, 내재화된 고정관념과 낙인, 종교 및 종교성, 섹슈얼리티 및 노화의 의료화) 및 환경적 요인(예: 독립 거주 대 요양기관 거주, 돌봄 제공자의 지식·태도·훈련, 공공 정책)을 평가하고 다루게 된다. 미국의 노년층 인구가 2050년까지 8,800만 명 이상으로 증가할 것으로 예상되는 가운데(U.S. Census Bureau, 2010), 점점 더 노년층 내담자를 볼 가능성이 높은 성 치료사들은 이러한 다차원적이고 상황적인 관점에 익숙해져야 한다.

성 이력의 이점

노년층의 성 치료 과정은 젊은 성인 내담자를 위한 성 치료 과정과 상당히 유사하다. 다만, 노년층은 자신의 섹슈얼리티에 대해 편안하게 이야기할 수 있는 의료진과의 경험이 제한적이기 때문에 포괄적인 성 이력을 가진 성 치료에서 '처음부터 시작'하는 것은 여러 이점이 있다. 예를 들어, 1차 진료에 대한 연구에 따르면 이러한 내과 의사 중 50%만이 고령 환자에게 성 건강에 대해 질문하고 있으며, 고령 환자에게 그들이 현재 성적으로 활동적인지를 묻는 의사는 10% 미만이다(Ports, Barnack-Tavlaris, Syme, Pereta, & Lafata, 2014). 치료사는 노년층 내담자의 성 경험과 이력에 대한 탐색을 당연시해야 한다(예를 들어, 나는 내담자에게 이에 대한 질문을 기본적인 과정으로 삼고 있다). 성 치료를 위해 만나는 노년층 내담자들에게 '누군가 당신에게 이런 종류의 질문을 전에 해본 적이 있는가?' '당신의 성 건강과 이력에 대해 말할 때 어떤 느낌이 드는가?' '당신의 성생활과 성 건강에 대해 다른 연령층의 사람이나 다른 성별의 사람, 혹은 다른 인종의 사람이 질문하는 것은 어떤가?'라고 물어봄으로써 성 건강에 대한 중요한 정보를 제공하고 치료 관계를 강화하는 데 도움이 될 수 있다. 개방적이고 비판단적으로 내담자의 성 이력에 참여하는 것은 노년층들이 1차원적인 고정관념이 아닌 건강한 성생활을 할 자격이 있는 독특한 개인으로 대우받으리라는 것을 경험하고 신뢰하는 장을 마련한다. 78세의 한 여성 내담자는 이렇게 밝힌다. "어린아이 취급이 아닌 어른 취급을 받는 것은 너무나 다행스러운 일이에요. 내가 나이가 많다고 해서 응석받이가 되거나 보호받아야 한다는 뜻은 아니니까."

팀 접근 방식 취하기

팀 또는 학제 간 접근 방식을 사용하면 노인의 성 치료에 중요한 정보를 제공할 수 있다. 1차 진료, 심혈관, 산부인과, 비뇨기과, 종양학과, 내과, 정신건강의학과, 호스피스 관리를 전문으로 하는 의료 제공자와 협력 및 의뢰 네트워크를 구축하면 성 기능 장애를 경험한 노년기 환자들(및 그들의 파트너)이 성 치료사로부터 도움을 받을 수 있는 가능성을 상당히 높일 수 있다. 연구에 따르면 같은 성 증상을 가진 젊은 환자에 비해 노년층 환자의 예후를 안 좋게 보고 성 치료사에게 의뢰할 가능성이 적기 때문에 이러한 협력은 분명히 유익할 수 있다(Gewirtz-Meydan & Ayalon, 2016).

확장된 역할 가정

젊은 내담자를 상대할 때와는 달리 노년층 내담자에게 성 치료사는 종종 내담자의 세대 간 · 사회문화적 · 환경적 문제를 해결하는 데 도움이 되는 여러 역할을 수행해야 한다. 예를 들어, 요양원에 살고 있는 노인이 개인적으로 자위하기를 원하는 경우 전문 간병인으로 부터 상당한 차별을 받을 수 있다. 이 경우, 성 치료사는 직원 상담 및 훈련, 심지어는 요양원 거주자의 성 권리에 대한 공식적인 정책 변경에 도움이 되는 전문적인 조언까지 포함하는 중재에 관여할 수 있다. 또 다른 예로, 사별했지만 새로운 파트너와 동거하면서 방문 호스피스 서비스를 받는 내담자 자녀가 '어머니는 죽어도 아버지에게 친밀한 성적 활동을 하실 분이 아니기 때문에' 호스피스 담당 직원에게 어머니가 새 파트너와 그런 일이 생기지 않도록 막아달라고 요구할 수 있다. 여기서 성 치료사는 성인 자녀가 미해결된 애도의 문제를 해결하는 데 도움이 되는 가족 치료적 접근을 추가하고 내담자의 개인 권리를 강화하는 데 도움이 되는 직원 교육에 모두 참여하는 것을 제안할 수 있다.

관련 윤리 문제

실용적인 관점에서, 체계론적 접근법을 채택하고 노년층 내담자의 요구를 충족시키기 위해 확장된 역할을 수행하는 성 치료사들은 종종 다양한 윤리적 딜레마에 직면한다. 예를 들어, 노년층 내담자와 함께 일하는 성 치료사가 이전에 승인된 개인 회기의 일부로 임상적으로 표시된 가족 치료 회기에 대한 청구서를 제출해야 하는지, 아니면 승인을 위해 다른 치료 계획을 제출해야 하는지의 여부를 결정해야 한다. 성 치료사는 어느 정도까지 내담자의 심장전문의나 행정관에게 상담비를 청구할 수 있는가? 내담자의 보험사가 비용을 지불하지 않는데, 누가 특정 내담자를 대신하여 요양원 직원 교육에 참여하도록 치료사에게 비용을 지불할 것인가? 성 치료사는 그들이 스스로 무료 서비스를 제공할 재정적 자원, 시간, 또는 의향이 없을 때 다른 제공자가 필수적인 직원 교육을 제공하도록 주선하는 것을 윤리적으로나 도덕적으로 어느 정도 의무적으로 도와야 하는가?

만약 생활지원시설이나 요양원에 있는 노인 내담자가 제도적 정책 변화로 확실히 혜택을 받을 수 있지만 그들의 성 치료사가 입법자들과 행정 관료들에게 청원하는 데 사용하는 시간에 대해 비용을 청구할 수 없다면, 윤리적 의무는 아니라도, 어디까지 도와주는 것이 성 치료사들의 도덕적 의무인가? 변호하는 것은 어떤가? 만약 그들의 노년층 내담자가 자신을 옹호할 수 없고, 그들 대신 옹호할 의향이나 능력이 있는 직계 가족이나 친구들이 없다면, 내담자를 대신해서 지역행정관에게 연락하는 것으로 충분한가? 이러한 문제와 기타 윤리적·도덕적 문제에 대한 명확한 '옳고 그름'의 대답은 거의 없다. 다양한 전문 단체[예: 지역 노인옹호기관(Area on Aging)[1], 미국성교육자상담치료협회(American Association of Sexuality

Educators, Counselors and Therapists), 미국 심리학회 임상 노인 심리학 부문 12 섹션 II(Clinical Geropsychology's Division 12 Section II of the American Psychological Association), 미국 노인사 회학회(The Gerontological Society of America), 장기요양시설 심리학회(Psychologists in Long-Term Care)]로부터 동료 상담, 정보 및 훈련을 모색하는 것은 도움이 될 수 있다.

질병의 영향

　노년층의 80%가 하나 이상의 만성질환을 앓고 있으며, 77%는 두 가지 이상의 만성질환을 앓고 있다(National Council on Aging, 2017). 단 하나의 만성질환이라도 개인의 삶의 질에 미치는 영향은 치명적일 수 있다. 불행하게도, 일반인뿐만 아니라 많은 의료 서비스 제공자들은 노년층의 삶의 질에 그들의 성 건강이 포함된다는 것을 고려하지 않는다. 예를 들어, 심부전이 있는 노년기 여성의 38%와 노년기 남성의 52%는 성생활이 그들에게 중요하다고 보고했으며, 그들의 삶의 질과 직접적인 관련이 있다고 보고했다(Hoekstra, Jaarsma, van Veldhuisen, Hillege, Sanderman, & Lesman-Leegte, 2012).

　미국 노년층에서 가장 흔한 만성질환 열 가지(National Council on Aging, 2017)에는 고혈압, 콜레스테롤, 관절염, 관상동맥질환, 당뇨, 만성신장질환(CKD), 심부전, 우울증, 치매, 만성폐쇄성폐질환(COPD)이 포함된다. 이러한 만성질환과 기타 만성질환은 처방전 약물의 부작용을 통해 노년층의 성 건강에 직간접적으로 부정적인 영향을 미칠 수 있다. 다행히도, 성 치료사는 만성질환이 있는 노년층, 그들의 파트너, 그리고 치료 제공자들에게 개입과 적응을 위한 필수 정보와 권고사항을 제공할 수 있다.

당뇨

　미국에서 당뇨로 진단받은 1,200만 명 이상의 노인을 위한 임상 치료 지침에 따르면 노년기 남성의 절반 이상(55%)이 당뇨로 고생하고 있는데(Lindau et al., 2010), 이들에게 영향을 미치는 발기장애에 대해 평가하고 치료할 것을 강조하고 있다(Ramlachen, 2017). 현재까지는 당뇨가 있는 노년기 여성의 성적 증상에 제한된 관심만이 있었다. 당뇨는 여성과 남성 모

1　역자 주: 미국 노인들의 복지와 필요를 위한 비영리 단체명이다.

두에게 성적 관심과 오르가슴 저하에 영향을 미칠 뿐만 아니라 여성의 질 윤활제 감소의 원
인이 될 수 있다. 국가 인구 조사(Lindau et al., 2010)에서 보고된 바와 같이, 당뇨를 앓고 있
는 노년기 여성의 1/3은 파트너와의 성활동을 거부했다.

당뇨가 있는 노년 남성의 절반 가까이(47%), 노년기 여성의 1/3(29%)이 성적인 문제를 의
료인과 논의한 것으로 추정되지만, 그나마 이들의 대다수(79%)는 본인이 먼저 성에 대한 논
의를 꺼냈다고 한다. 성 치료를 받는 새로운 내담자들(모든 연령대)이 혈당 수치 관리의 부족
이 음핵, 질, 음낭, 그리고 성기를 포함한 신체 신경 및 동맥 혈관에 대한 손상의 증가와 연관
되어 있다는 것을 인식하지 못할 수 있다는 가정 또한 중요할 것이다. 75세의 한 남성 내담
자가 다음과 같이 지적한 적이 있다. "제 아내가 당뇨병이 발기장애에 미치는 영향에 대해 잡지
에서 읽지 않았다면 저는 절대로 여기 성 치료를 받으러 오지 않았을 것입니다. 우리는 결코 알지
못했을 것입니다."

심장 관련 질환

심장 관련 질병은 일반적으로 상당한 성 기능 장애를 일으킨다. 예를 들어, 고혈압이 있
는 남성의 40%가 발기장애를 경험했다고 보고했으며, 심장병이 있는 여성의 60% 이상
이 성욕 저하, 질 건조, 생식기 감각 저하, 오르가슴 능력 저하를 경험했다(Kriston, Gunzler,
Agyemang, Bengel, & Berner, 2010). 심부전이 있는 노년기 여성(76%)과 남성(81%)은 발기장
애를 포함한 심각한 성 기능 장애, 흥미와 각성 감소, 오르가슴 불능을 가지고 있다고 보고
했다(Jaarsman, 2017). 환자 스스로는 호흡곤란(즉, 호흡이 가빠짐), 피로감, 그리고 적당히 활
기찬 신체 활동에도 참여할 수 없는 전반적인 무능이 삽입 성교를 포함한 많은 성행위를 방
해한다고 보고한다(Lainscak & Anker, 2015).

심장병을 앓고 있는 노년기 내담자와 그들의 파트너가 가지고 있는 공통적인 두려움은
그들이 성행위를 할 경우 또 다른 심장질환을 경험하게 되고 심지어 죽을 수도 있다는 것이
다. 울혈성 심부전(고혈압, 심장마비, 뇌졸중 등)으로 심장 관리를 받고 있는 노년층들은 자신
의 증상과 성활동 및 파트너와의 관계에 대한 정보를 의료 전문가로부터 얻을 수 있기를 바
라는 것은 당연하다(van Driel, de Hosson, & Gamel, 2014). 의료 서비스 제공자는 종종 노년
층 환자와 성활동에 대한 논의를 시작하지 못하기 때문에, 심장 재활(Kolbe, Kugler, Schnepp
& Jaarsma, 2016) 시에도 성 치료사가 중요한 정보를 제공하는 데 도움이 될 수 있다. 예를 들
어, 삽입 성교를 수행하는 데 필요한 에너지는 일반적으로 2~3개의 계단을 오르는 데 필요

한 에너지와 동일하다. 키스, 포옹, 애무는 상당히 적은 심장 에너지를 요구하며 수용할 수 있는 대안으로 사용될 수 있다. 익숙한 환경에서 친숙한 파트너와의 성교에 참여하는 것 역시 낯선 환경에서 새로운 파트너와의 성관계보다 적은 에너지 소비를 필요로 한다. 성 치료사들은 또한 내담자들에게 의학적인 조언을 제공할 수 없으며, 내담자들은 성적인 활동을 재개하기 전에 항상 그들의 심장병 치료팀의 의료 검사와 승인을 받아야 한다는 것을 상기시킬 수 있다.

우울증의 노화 관련 증상

임상적 우울증을 앓고 있는 사람들은 전형적으로 에너지 감소, 슬픔, 죄책감 또는 무가치감, 불면증 또는 과수면, 그리고 성관계를 포함한 이전의 즐거웠던 활동에 대한 흥미가 감소함을 경험한다. 많은 치료자는, 특히 알츠하이머병, 암, 파킨슨병과 같은 개인적인 질병이나 만성질환이 함께 발생하는 경우, 고령 환자의 우울증 징후를 간과한다(Fiske, Wetherall, & Gatz, 2009 참조). 성 치료사들은 우울증이 노화의 정상적인 부분이 아니며, 노년층이 젊은 성인들과 상당히 다른 우울 증상을 보이는 경우가 많다는 것을 내담자에게 교육하는 것이 매우 중요하다. 노인들은 젊은 사람들에 비해 슬픔, 죄책감, 무가치감을 느낀다고 보고할 가능성이 적다. 대신, 우울증이 있는 노인들은 집중력과 기억력 저하, 낮은 에너지와 같은 신체 증상, 통증과 고통, 이전에 즐기던 활동에 대한 관심 부족 등을 보고하기 쉽다. 남성을 포함한 많은 노년층은 우울한 분위기보다는 짜증을 내고 화를 내는 분위기를 보인다.

노년층들 사이에서 우울증에 대한 정확한 진단을 내리는 데 이러한 어려움에 더하여, 대다수의 노인들은 우울증이 노화의 피할 수 없는 부분이라는 신화를 실제로 지지하며, 일반적으로 우울증은 그들 스스로 해결해야 할 것이라고 믿는다(CDC, 2018c). 주된 치료 개입은 노인 내담자에게 우울증이 진단과 치료가 가능한 실제 의학적 장애를 나타낸다고 교육하는 것이다. 76세의 내담자가 보고한 것을 생각해 보자. "우울증이 왜 더 이상 파트너와 섹스하고 싶지 않은지 설명할 수 있다는 것을 몰랐습니다. 제가 요즘 너무 화를 내고 밖에 나가려고도 하지 않고 성적인 것은 아무것도 하려 하지 않는다고 아내가 불평하고 있어요. 이것이 제 뇌의 화학적 불균형으로 인한 것이라는 것을 알게 된 지금, 저는 제가 늙어서 단지 '잃어버린 것이 아니라는 점을 알기 때문에, 우울증 치료를 받는 것이 사실 괜찮다고 느낍니다. 우울하다는 것은 그냥 앉아서 울기만 하는 것인 줄 알았어요. 난 그렇지는 않았거든요."

우울증에 대한 후속 치료에 참여하는 많은 노년층의 경우, 아이러니하게도 관심 감소, 각

성 감소, 질 건조, 발기장애, 오르가슴 불능을 포함하여 일반적으로 처방되는 항우울제의 성적 부작용을 포함한다. 자세한 내용은 이 책의 제5장을 참조하라. 성 치료사는 노년층 내담자들에게 이러한 잠재적인 성적 부작용에 대해 교육하는 것을 도울 수 있고 그들에게 처방하는 의료진과 더 효과적으로 소통할 수 있도록 도울 수 있다. 노년기 내담자들과 역할극을 하는 것도 종종 도움이 될 수 있는데, 특히 만약 내담자가 '의사가 가장 잘 안다'는 전통적인 믿음에 기반을 두고 있다면 더욱 그렇다.

유방암

여성이 유방암 진단을 받을 위험은 전반적으로 노년에 크게 증가하며, 이는 에스트로겐의 변화와 관련이 있을 수 있다. 불행히도 유방암과 그 치료는 피로, 슬픔, 우울, 질 건조, 신체 이미지와 인지된 성적 매력의 변화로 인해 성 건강에 상당한 변화를 초래할 수 있다. 연구에 따르면 유방암 환자의 최대 60%가 특히 (약물치료나 방사선 치료와 같은) 적극적인 치료 중에 성 기능 장애를 경험한다(Webber et al., 2011). 연령의 증가는 유방 절제술 후 재건 수술에 관한 결정의 어려움과 관련이 있고, 연인과 어린 가족 구성원들의 돌봄 역할을 재정립하는 것의 어려움과도 관련이 있다. 최근 연구(Stabile et al., 2017)에 따르면 50세 이상의 유방암 여성 환자는 성 건강 교육을 특히 선호했다. 비록 처음에 의료진이 그 주제를 꺼내기를 선호했지만, 50세 이상의 여성들은 처음에는 책자 등을 통해 받는 정보에 관심이 있었고, 나중에 그 정보를 직접 만나서 논의할 기회를 가졌다. 인터넷 접속이 무제한이라 하더라도 성 건강과 기능에 대한 정보를 온라인을 통해 얻으려 하지 않았다. 분명히, 성 치료사들은 모든 암 치료 팀에 포함되어야 한다.

요실금

비록 요실금은 만성질환으로 간주되지는 않지만, 공동체를 이루고 있는 노년층들에게 영향을 미치며 섹슈얼리티에 부정적인 영향을 분명히 미친다. 지역사회에 거주하는 노년층 여성의 절반 이상(51%)과 노년층 남성의 1/4(25%)이 요실금을 경험한다(Gorina, Schappert, Bercovitz, Elgaddal, & Kramarow, 2014). 요실금은 다양한 요인에 의해 발생하며 복압성 요실금, 절박성 요실금, 일류성 요실금으로 분류한다(Garrett & Tomlin, 2005 참조). 복압성 요실금은 골반저 근육과 요도 괄약근이 손상되거나 약해질 때 발생하는데, 여성의 경우 출산 후 나타나는 경우가 많다. 일반적으로 기침, 재채기, 운동 중에 요실금이 발생한다. 비만은 또한 남성과 여성 모두에게 복압성 요실금을 일으킬 수 있다. 절박성 요실금이 있는 사람은 갑작스럽고 빈번한 배뇨 욕구를 경험한다. 절박성 요실금은 방광 근육이 과도하게 활동할 때 발생하는데, 대표적으로 요로 감염(UTI), 변비, 다발성 경화증, 파킨슨병, 약물 부작용, 알코올 및 카페인 사용 등이 원인이다. 요실금이 심한 경우(요폐라고도 함) 만성적으로 꽉 찬 방광에서 무의식적으로 소변이 새어 나온다. 남성과 여성의 일류성 요실금은 주로 변비, 방광결석, 남성의 전립선 비대로 인한 신체적 장애와 일부 신경질환에 의해 발생한다.

성 기능의 경우 일반적으로 성관계와 오르가슴 중에 복압성 요실금과 절박성 요실금이 발생하는 반면, 일류성 요실금은 언제든지 발생할 수 있다. 대부분은 소변이 나오는 것에 대한 당혹감, 수치심, 공포를 경험하고 성행위를 그만둔다(Garrett & Tomlin, 2005; Hillman, 2012). 대부분의 노년층은 증상을 관리하기 위해 흡수성 패드를 사용하지만 요실금은 치료 가능성이 높으며 처방약, 수술, 골반저 운동, 전립선 비대증 감소, 체중 관리, 알코올과 카페인 사용 감소, 요로 감염 및 변비 치료로 해결할 수 있다. 아마도 성 치료사들이 할 수 있는 가장 중요한 일은 내담자들에게 요실금이 노화로 인한 당연한 현상이 아니며, 대체로 효과적인 치료법이 가능하다는 것을 교육하는 것이다. 흡수성 패드에 대한 의존도는 최후의 수단으로만 고려되어야 한다.

성관계 중 증상 관리를 돕기 위해(Hillman, 2012), 치료사들은 노년층 내담자들에게 다량의 음료를 마시지 말고 성행위를 하기 전에 방광을 비우라고 조언한다. 또한 성관계 중 방광에 압력을 덜 가하는 자세(예: '상단자세') 취하는 것도 도움이 된다. 골반저 치료를 막 시작한 요실금이 있는 69세 여성 내담자는 다음을 보고했다. "우리는 당신의 제안을 받아들여 그냥 샤워하면서 성관계를 갖기로 했어요. 물이 너무 뜨거워서 어차피 내가 새는지 우리 둘 다 모르거든요. 우리는 좀 더 쉽게 하기 위해 작은 플라스틱 의자와 바닥에 미끄럼 방지 매트를 두었습니다. 저는 아직도 제 침대에서 섹스할 때가 그립지만 다시 나 자신이 된 것처럼 느끼기 시작했고, 제 남편은 매우 흥분했어요."

💗 성병에 대한 고유한 연령 관련 위험

중년기와 노년기 내담자는 연령상 HIV/AIDS와 C형 간염에서 매독, 임질, 클라미디아에 이르는 성병(STI)에 걸릴 수 있는 독특한 위험을 공유한다. 성 치료사는 이러한 위험에 대해 내담자에게 교육할 수 있는 독특한 위치에 있으며, 성병에 감염된 중장년 및 노년층 내담자가 적절한 검사와 의학적 치료를 찾고, 의료진들과 보다 효과적으로 소통하며, 최적의 삶의 질을 유지할 수 있도록 도울 수 있다. 일반 사회의 대부분의 사람은 그렇지 않다고 믿지만, 나이를 먹는다고 해서 성병에 노출되거나 성병에 걸리는 것으로부터 보호되지는 않는다. 노인이 되었다고 마약용 바늘(인슐린 및 기분 전환 약물 포함)을 공유하거나 여러 명 또는 고위험 파트너와 무방비 상태로 성관계를 갖는 것과 같은 고위험 행동에 관여하는 것을 막지 못한다.

성 치료사들은 노년기 내담자들이 젊은 내담자들보다 성병과 그들의 전염에 대한 정확한 지식을 가지고 있을 가능성이 현저히 낮다고 예상할 수 있다. 대부분의 1차 진료 의사(70%)들은 30세 미만의 환자와 함께 HIV/AIDS와 같은 성병에 대한 개별 위험 요인을 정기적으로 논의하지만, 1차 진료 의사의 절반 미만(40%)만이 50세 이상의 환자에게 이 문제를 제기하기도 한다(Ports et al., 2014). 질의 벽이 나이를 먹으면서 변화가 생기므로 성행위 중 미세하고 거시적인 파열을 경험할 가능성이 높아져 성병균에 대한 노출이 증가하기 때문에 완경 후 여성이 성병에 걸릴 위험이 높다는 것을 내담자에게 교육하는 것이 중요하다(Hillman, 2012 참조). 노년층은 나이와 관련된 면역 체계의 기능 저하를 경험하는 경향이 있기 때문에 노인 남성과 여성 모두 젊은 사람에 비해 성병을 일으키는 병원체를 포함하여 병원균 퇴치에 성공률이 떨어진다.

HIV/AIDS

현재 미국에서 HIV에 감염된 사람들의 50% 이상이 50세 이상이다. 항레트로바이러스 요법의 발전으로, HIV에 감염된 많은 사람은 사형 선고를 받기보다는 만성적인 질병과 함께 사는 것으로 볼 수 있다. 그러나 HIV에 감염된 50세 이상의 성인들은 HIV에 감염된 젊은 성인들보다 더 빨리 사망할 가능성이 높고 HIV와 관련된 치매, HIV 관련 치료법의 부작용 증가, 그리고 더 많은 사회적 고립을 경험한다. 50세 이상의 성인들도 HIV의 초기 진단을 받을 가능성이 높은 젊은 성인들과 비교해 볼 때 그들만큼이나 HIV/AIDS 초기 진단을 받을 가능성이 더 높다. 또한 HIV/AIDS의 모든 새로운 사례의 17%가 50세 이상의 성인들에게서 발생하며, 이러한 새로운 감염은 일반적으로 남성 간 성관계, 이성 간 성관계, HIV 감염 파트너와의 피하 주사 바늘을 공유한다는 점에 유념해야 한다. 흑인과 라틴계 노년층은 다른 민족 출신의 노년층보다 감염 위험이 더 높다(각각 12배, 5배; Centers for Disease Control: CDC, 2018b).

50세 이상의 성인은 젊은 사람들과 비교했을 때 HIV 감염에 대한 추가적인 독특한 위험 요소에 직면한다. 의료진과 모든 연령대의 성인은 종종 노년층들이 정맥 주사 약물 사용(인슐린 주사 바늘 공유 포함), 여러 명 또는 고위험 파트너와의 보호되지 못한 성관계, 남성 대 남성 성활동 참여와 같은 고위험 활동에 관여하지 않는다고 가정한다. 의료 서비스 제공자들은 또한 노년층 환자들과 고위험 활동에 대한 논의를 피하는 경향이 있으며, 교육이나 예방을 위한 국가 HIV/AIDS 프로그램이 없으며, 많은 중년층 및 노년층은 그들이 '젊은이들처럼' 성병에 걸릴 위험이 없다고 가정한다. 완경 후 여성은 콘돔을 임신과 연관시키기 때문에 콘돔 사용에 무심하다. 사실, 많은 노년기 여성들은 스스로 콘돔을 구입하지도 않고 파트너와 콘돔 사용을 위한 협상을 시도하지 않는다(Hillman, 2012).

C형 간염

그 외 다른 성병 중에서 베이비부머로 확인된 노년층이 젊은 성인보다 C형 간염에 감염될 확률이 5배 높고, C형 간염에 걸린 대부분의 사람은 C형 간염에 감염됐다는 사실을 전혀 모르고 있다. C형 간염은 혈액 대 혈액 접촉을 통해 전파되며, 과거 또는 현재의 다양한 성행위 참여, 정맥 주사, 약물 사용, 살균되지 않은 장비로 문신하는 것 등을 통해서 발생할 수 있다(1992년 이전에 수혈과 장기 이식을 받은 사람들도 위험률이 높다). 만약 치료하지 않는다면, C형 간염은 심각한 간 손상으로 결국 사망에 이를 수 있다. 미국의 많은 노년 내담자는 매년 에이즈보다 C형 간염으로 죽는 사람이 더 많다는 것을 알고 놀란다. 다행히도, C형 간염에 대해서는 다양한 치료법이 가능하며, 몇몇 새로운 항바이러스제는 심지어 노년층 성인의 체계에서 바이러스를 근절시킬 수 있다. CDC의 권고와 일관되게, 성 치료사들은 1945년과 1965년 사이에 태어난 내담자들이 증상이 없는 것처럼 보이더라도 C형 간염 검사를 받도록 권장할 수 있다(CDC, 2018a).

사례 예시

내담자 마샤(Massha, 61세)는 이혼한 지 15년이 넘었는데 이제 연애를 해 보고 싶다며 성 치료를 시작했고 무엇을 조심해야 할지, 무엇을 해야 할지 고민했다. 그녀는 손녀의 권유로 성 치료를 시작했는데, 손녀는 대학에서 간호학을 공부하면서 섹슈얼리티 문제와 노화 문제에 대해 알게 되었다. 마샤는 (자신에게 성병에 걸릴 수 있는 잠재적 위험이 있다는) 손녀의 생각이

옳았다는 것을 알고 충격을 받았다. "좀 속상하긴 하지만, (그냥) 누군가를 보고 그들이 깨끗한지 아닌지를 알 수는 없어요. 저는 지금 이런 상황에서 데이트를 한다는 생각이 싫습니다. 왜냐하면 제가 전남편과 데이트를 할 때, 모든 것이 너무 단순해 보였기 때문입니다. 내 말은 에이즈는 존재하지도 않았고 C형 간염에 대해서도 들어 본 적이 없습니다. 그리고 난 임질이나 클라미디아나 그 어떤 질병에 대해서도 생각해 본 적이 없습니다!" 마샤는 연애를 하면서 변화하는 신체 이미지, 성에 대한 태도 등 자신의 섹슈얼리티에 대한 다양한 측면을 탐구한 후, 콘돔 사용에 대해 관심을 가지게 되었고 기꺼이 배우겠다는 의향을 보였다. 그녀의 숙제 중 하나는 선택지를 탐색해 보고 라텍스 콘돔과 수성 윤활제를 자신의 집에서 온라인으로 구입하거나 일반 상점에서 구입하여 다음 회기에 그 물건들을 가져오는 것이었다.

다음 회기에 마샤는 바나나로 연습함으로써 콘돔을 올바르게 사용하는 법을 배웠고, 장난스럽게 "와우."라고 했다. "나는 학교에서 이런 것에 대해 배운 적이 없어요!" 그녀는 또한 잠재적인 성 파트너와 콘돔 사용을 의논하는 것에 대해 더 편안함을 느끼고 연습하는 데 도움을 주기 위해 고안된 치료의 역할극에 참여했다. 몇 주 후에 마샤가 치료 중에 말했다. "그래서 저는 몸을 뒤로 젖히고 새침하게 웃으며 데이트 상대에게 말했어요. '우리가 더 나아가기 전에, 당신은 콘돔을 쓰든지(wrap it) 아니면 짐을 싸든지(pack it) 해라.' 여기서 연습했고 손녀가 나에게 말한 것처럼 말이에요. 처음에 그는 나를 이상하다는 듯이 쳐다보았지만, 내 말이 무슨 뜻인지 깨닫고 우리 둘 다 웃었어요. 그러고 나서 그는 잠시 실례를 하고 화장대 서랍에서 콘돔을 꺼내서 제가 그것에 대해 더 이상 말할 필요 없이 그것을 '정확히' 끼웠어요. 저는 지갑에서 콘돔을 꺼낼 필요도 없었지만, 젤(KY)을 꺼냈습니다. 그리고 그것을 사용하는 것도 괜찮았어요! 나는 그것이 좀 지저분하다고 생각했지만, 그는 개의치 않는 것 같았어요." 또한 이 임상 사례에서 세대 간 주요 요인이 원가족에서 온 것이 아니고 손녀의 영향이었다는 점도 흥미롭다.

💙🔑 특별 계층

LGBT 노인

많은 성 치료사는 자신을 레즈비언, 게이, 양성애자 또는 트랜스젠더라고 부르는 노년기 내담자들과 함께 일하게 될 것이며, 나이와 관련된 많은 과제도 알고 있어야 한다. 코호트 효과 측면에서, 동성애가 여전히 정신질환으로 간주될 때, 그리고 일부 노인에게는 심지어 범죄로 여겨지던 때, 현재의 LGBT 노인들이 살고 있었다. DSM-5(American Psychiatric Association, 2013)의 등장으로 성정체성장애 진단이 부분적으로 성전환 정체성과 관련된 오명을 최소화하기 위해 성별 불쾌감(gender dysphoria)으로 변경되었다. 불행히도 만연한 이성애자 및 시스젠더 사회규범과 관련된 차별은 특히 의료 관리체계 내에서 많은 LGBT 노년층에게 여전히 공통적인 경험이다.

차별이 만연해 있어 중년층 및 노년층의 LGBT 성인을 대상으로 한 전국 조사(MetLife Mature Market Institute, 2010; Witten, 2014)에 따르면 대다수의 성인이 의료 서비스 제공자로부터 차별을 받는 것을 두려워했으며 설문조사 응답자의 절반은 자신의 성소수자 취향이나 트랜스젠더라는 것을 의료 서비스 제공자에게 숨기려고 할 것이라고 보고했다.

많은 LGBT 노인이 필요하다고 생각하는 이러한 거짓 보고에는, 특히 다른 치료 제공자가 그들을 추천하는 경우 성 치료사에게 자신의 성적 취향이나 트랜스젠더 상태를 숨기는 것이 포함될 것이라고 추측할 수 있다. 성 치료사는 많은 노년기 LGBT 성인이 자신의 성적 기록, 현재의 성적 필요 및 치료에 대한 욕구를 공개적으로 논의하기 위해 특별한 격려가 필요할 수 있다는 점을 인식할 수 있다.

호스피스 및 완화 치료 내담자

노년층들의 섹슈얼리티에 대한 관심과 표현은 통증과 시한부 질환의 고통 속에서도 자동적으로 줄어들거나 사라지지 않는다. 불행히도 많은 의료 서비스 제공자는 호스피스 및 완화 치료 환경에서 성적 표현과 친밀감에 대한 환자의 익숙한 요구를 해결하는 데 도움이 되는 교육과 훈련을 받지 못했다. 그 결과, 많은 실무자가 당황스러움과 정보 부족을 주요 이유로 언급하면서 이 문제에 대한 논의를 기피한다. 그런가 하면 다른 돌봄 제공자들은 "만약 나의 호스피스 환자 중에서 성관계가 충분히 중요하다고 하는 사람이 있다면, 그 사람은 이를 제기할 것이고, 그리고 물론 나는 그들에게 그것에 대해 말할 거예요."라며 이 문제를 합리화한다(DeLamater, 2012; Stahl et al., 2018).

죽음과 죽어 감에 이미 관련된 문제를 복잡하게 만드는 호스피스 돌봄을 받고 있는 사람들은 그들의 로맨틱한 파트너가 자신들을 더 이상 육체적으로나 성적으로 매력적이지 않다고 생각하는 반면, 파트너들은 성적인 활동에 참여하기를 원하지만 환자가 너무 연약하거나 아파서 참여할 수 없거나 즐길 수 없을지도 모른다고 걱정할 수 있다. 이러한 커플들이 그들의 관심사에 대해 공개적으로 말하고, 이러한 문제들을 통해 해결하도록 돕는 것은 성 치료의 필수적인 부분이다. 일반적으로 노년층 내담자, 파트너, 가족, 전문 간병인이 삶의 마지막에 다양한 성적 행동에 참여하는 것이 중요하고, 즐겁고, 삶을 긍정할 수 있다는 것을 인식하는 것이 필수적이다.

많은 호스피스 환자는 파트너와 특별하고 친밀한 시간을 공유하는 것이 임박한 죽음과 고통에 대한 두려움 앞에서 그들이 최종적이고 긍정적인 기억을 만들고 음미할 수 있게 해준다고 보고한다. 또 다른 사람들은 자위행위가 적절한 수준의 사생활만 보장된다면 즐겁고 편안하고 중요한 활동이라고 보고한다. 호스피스에 있는 83세의 한 내담자가 지적했다. "나는 내가 할 수 있는 한 오랫동안 내 삶을 도전적으로 살 것이다. 매일 내가 [내 파트너]를 껴안고 키스할 수 있다면 내가 승리했다는 것이다. 물론 우리는 예전처럼 삽입 섹스를 할 수 없지만, 가끔은 이것이 더 좋다. 나는 [내 파트너]를 껴안고 키스할 수 없다는 것을 상상할 수 없다. 가끔은 그게 날 하루를 버티게 해 주기도 한다. …… 나는 [치료사와 나는] 호스피스 간호사가 내 링거를 침대 오른쪽에 단 채 진통제 맞을 시간을 맞추어 놓고 [내 파트너]와 내가 [초저녁에] 함께 누웠을 때, 아무것도 방해하지 않고 거의 아프지 않게 하는 방법을 좋아한다." 이 사례에서 알 수 있듯이, 인생의 마지막에 있는 내담자들은 종종 그들의 성적 행동에 대한 정의를 가능한 가장 넓은 범위의 행동을 포함하도록 확장한다. 손을 잡거나 침대에 함께 누워 만지는 것은 놀랍도록 친밀하고 만족스러울 수 있다. 노년기 내담자가 삶의 마지막에 가능한 한 최대한의 사생활 보호와 자율성을 유지하면서 개인 안전과 완화의료에 접근할 수 있도록 하는 것은 그들(및 그들의 파트너)에게 분명한 심리적 이점을 제공할 수 있다.

장기요양시설 거주자들

공식적인 정책과 훈련의 부족   세계보건기구(WHO, 2010)는 요양기관에서 개인의 성 건강은 긍정하는 환경의 존재, 의료 종사자를 위한 적절한 훈련, 성차별로부터의 자유를 포함한다고 주장한다. 불행하게도, 이러한 매우 중요한 요소들의 확산은 요양원이나 요양 보조기관, 그리고 감옥과 같은 장기요양시설에서 상당히 제한적인 것으로 보인다(Hillman, 2012). 장기요양시설의 노인들은 종종 제한적인(또는 부재한) 기관의 정책, 직원들의 제지하는 태도, 직원들 훈련의 부족, 심지어 시설 거주자들 간의 부정적이고 구속적인 태도 등 그들의 섹슈얼리티 표현에 대한 다양한 장벽에 직면한다.

요양원 원장을 대상으로 한 전국 설문조사(Lester, Kohen, Stefanacci, & Feuerman, 2016)에서는 요양원 중 37%만이 거주자의 성행위에 대한 공식적인 정책을 가지고 있는 것으로 나타났다. 더욱 놀라운 것은 공식적인 정책을 가진 요양원의 12%는 인지적으로 온전한 거주자가 자위, 성인물 시청, 파트너와 함께하는 성행위(participation in partnered sexual) 등 성행위를 할 수 있도록 가족이나 보호자가 허용해야 한다고 요구했다. 이러한 제한적인 정책은 직원들의 부정적이고 제한적인 태도에 의해 더욱 복잡해질 수 있다(Bouman, Arcelus, & Benbow, 2006). 요양원 직원들은 노년 거주자들이 성적 표현에 관여할 때, 특히 이러한 성적 표현이 노년층 거주자의 LGBT 또는 트랜스젠더 정체성과 일치할 때 상당한 스트레스와 공포감을 표현했다(Di Napoli, Breland, & Allen, 2013; Hillman, 2012). 불행하게도, 요양원 직원의 1/3 미만이 거주자가 최적의 성 건강 수준을 유지할 수 있도록 돕는 교육을 받고 있다(Lester et al., 2016).

일반적으로 성 치료사는 개인 내담자 및 그 담당자와 함께 일하지만, 장기요양 환경에서 거주자의 성 치료는 최소한 제도적 정책과 직원의 섹슈얼리티에 대한 지식과 태도를 검토해야 할 수 있다. 76세의 지역사회 거주자인 남성 내담자의 경험이다. 최근에 인지적으로 온전한 여성 파트너가 다발성 경화증에 의한 일상적인 돌봄을 지원받기 위해 요양원으로 이사했다. "나는 단지 그녀를 방문했을 때 약간의 사생활 보호를 원했을 뿐입니다! 내 말은, 우리는 지난 15년 동안 같이 살았잖아요! 어쩌면 우리는 약간 장난을 치고 싶어 하는지도 몰라요. 우리 둘 다 함께 있던 시간이 그리워요. 간호사들은 너무 화가 나서 그녀를 위한 개인실을 찾을 수가 없다고 말해요. 그들은 단지 그 생각이 마음에 들지 않아서 핑계를 대고 있는 것 같아요!"

LGBT 거주자들이 추가적으로 경험하는 어려움 LGBT로 식별되는 장기요양 및 기타 보호시설 환경에 있는 거주자들은 그들의 성 건강이나 표현과 관련하여 추가적인 어려움에 직면한다. 소수 성적 지향과 트랜스젠더 정체성과 일치하는 성적인 활동과 행동에 공개적으로 참여하는 LGBT 거주자는 종종 전문 간병인과 동료 거주자로부터 차별과 적대감을 경험한다(Di Napoli et al., 2013). 이러한 차별은 신체적 학대, 돌봄의 거부, 사회적 배제에서부터 언어폭력, 욕설, 악의적인 가십에 이르기까지 다양하다(Hillman, 2012). 또한 국가적인 연구에서 중년 이상의 트랜스젠더 참여자들이 성차별과 이와 관련하여 기준 이하의 치료를 받을까 두려워서, 그들이 요양원으로 이사하는 것보다 안락사에 참여하거나 자살할 것이라고 실제로 보고했다는 것을 고려해 보자(Witten, 2014).

요양원에 사는 66세의 트랜스젠더 내담자는 다음과 같이 말했다. "나는 [간병인이] 세탁소에서 제 빨간 팬티를 꺼내 들고 웃으며 방을 휙 둘러봤을 때 화가 났습니다. 다른 사람들을 불편하게 하지 않으려고 옷 속에 입는데 그걸 가지고 놀리려고 뻔뻔하게 굴잖아요! 다음으로 제가 알게 된 것이 저녁 식사 자리에 있는 모든 사람이 그것에 대해 이야기하고 있다는 것입니다." 이 경우, 요양원 원장과의 상담과 직원 교육이 필수적인 개입으로 부상했다. [다행히 장기요양요원 구성원들을 위한 단기지만 분명히 효과적인 e-러닝(e-Learning) 프로그램이 현재 제공되고 있다; Jones & Moyle, 2016] 노년층 내담자가 자신의 진짜 성 정체성을 숨기고 감추고 싶은 욕구를 느낀 것도 치료의 중심이 됐다.

성적 동의 능력　물론 요양원 원장을 비롯한 장기요양관리자는 모든 거주자의 건강과 신변 안전을 보호할 필요와 성적인 표현에 관여할 수 있는 거주자 개개인의 필요성 및 권리의 균형을 맞출 분명한 책임이 있다(Hillman, 2017). 장기요양시설에서 성적 문제 행동은 거주자가 다른 거주자와 직원 앞에서 자위행위를 하거나, 다른 거주자에 대한 성적 학대(예: 신체적, 언어적), 직원과 다른 보호자에 대한 성적 학대, 그리고 그러한 접근을 거부하거나 사전 동의를 제공할 수 없는 거주자와 성활동에 참여할 때 발생할 수 있다. 한편, 장기요양시설에 있는 노인들은 일반적으로 자신의 섹슈얼리티의 중요도를 '중간 정도'에서 '매우 중요한 것'까지 평가한다(Mahieu & Gastmans, 2015). 또는 장기요양시설에 있는 노인들은 인지 기능을 크게 손상시킬 수 있는 다양한 급성 및 만성 질환(예: 알츠하이머병)을 앓을 수 있다. 적절한 성적 동의를 제공하기 위해(Hillman, 2017) 노인들은 ① 성적 활동과 그 결과에 대한 기본적인 지식을 가지고 있고, ② 다양한 성적 활동 참여에 대한 논리적 추론에 참여해야 하며, ③ 성행위 참여를 자발적으로 거부할 수 있어야 한다.

　노인들의 성적 동의 능력은 미리 결정하거나(예: 생전 유언장), 배우자, 파트너, 성인 자녀가 대리로 결정할 수 없다. 성적 동의 능력은 연속해서 존재한다는 것을 유념해야 한다. 예를 들어, 알츠하이머병을 앓고 있는 한 거주자는 포옹과 키스 참여에 동의하는 능력이 있는 반면, 알츠하이머병을 앓고 있는 다른 거주자는 상호 자위 및 진한 애무에 동의하는 능력이 있을 수 있다. 노년층의 인지 상태가 변화함에 따라 성적 동의 능력도 변화할 것으로 예상할 수 있으며, 종종 다른 시점에서 재평가가 필요하다. 이 장의 범위를 벗어나지만 노년층의 성적 동의 능력을 결정하고자 하는 성 치료사를 위한 실천 권고안이 있다(예: Hillman, 2017; Syme & Steele, 2016). 상세한 임상 관찰, 레지던트 인터뷰, 신경심리학적 검사와 결합된 학제 간 팀 접근법이 필요하다.

향후 방향

노년층 인구가 급증함에 따라, 노인들이 종종 직면하는 독특한 문제와 도전에 익숙한 성 치료사에게 의뢰하고 도움을 주어야 하는 노인들의 요구는 시간이 지남에 따라 증가할 것이다. 노년층의 성 건강을 돌보는 것은 본질적으로 개인적일 뿐만 아니라 필수적이다. 누구라도 충분히 오래 산다면, 역사적으로 소외된 인구의 일원이 될 것이다.

시설 및 시골 환경에서 노년층을 위한 원격 의료 사용의 발전은 실습과 연구의 관점에서 탐구할 수 있다. 고령층 성인의 성인물, 콘돔 · 윤활제 · 섹스 토이 구매, 성 건강 정보, 온라인 데이트, 가상지원단 등에 대한 정보를 얻기 위해 컴퓨터 · 스마트폰 접속 등과 같은 기술 활용도 함께 모색해야 한다. 젊은 성인들과 마찬가지로, 일부 노인은 온라인 성인물을 사용함으로써 이득을 보는 반면, 다른 노인들은 사용을 최소화함으로써 이익을 얻을 수 있다.

앞서 언급했듯이, 성 치료사들은 또한 옹호와 훈련에 참여 요청을 받을 수 있다. 예를 들어, CDC(2018a, 2018b)는 64세 이상의 모든 성인이 고위험군이 아니라고 보고하더라도 HIV 및 C형 간염 초기 검사를 권고할 수 있다. 치료사들은 또한 노인 거주자의 사생활과 자율성을 유지하는 데 도움이 되는 공식적인 제도적 정책의 수립을 포함하는 의무교육이 요양원 관리 직원들에게 제공되도록 옹호할 수 있다. 추가적인 옹호 요구에는 기관 내 노인들의 성 동의 능력 평가를 위한 훈련, 장기요양 시 LGBT 노년층에 대한 권리 증가, 1차 진료 제공자의 성 치료 의뢰 등이 포함된다. 교육과 옹호를 통해 성 건강의 미래는 밝아질 것이다.

참고문헌

American Medical Directors Association (2013). *Elder care sex survey.*

American Psychiatric Association (2013). *Diagnostic and statistical manual of mental disorders* (5th ed.). Author.

Bouman, W. P., Arcelus, J., & Benbow, S. M. (2006). Nottingham study of sexuality & ageing (NoSSA I). Attitudes regarding sexuality and older people: A review of the literature. *Journal of Sex and Relationship Therapy, 21(2)*, 149-161. doi: 10.1080/14681990600637630.

Centers for Disease Control (2018a). *Hepatitis C: Why people born from 1945-1965 should get tested.* Retrieved on November 20, 2018 from www.cdc.gov/knowmorehepatitis/Media/PDFs/FactSheet-Boomers.pdf.

Centers for Disease Control (2018b). *HIV and older Americans*. Retrieved on November 20, 2018 from www.cdc.gov/hiv/pdf/group/age/olderAmericans/cdc-hiv-older-Americans.pdf.

Centers for Disease Control (2018c). *Depression is not a normal part of growing older*. Retrieved on November 24, 2018 from www.cdc.gov/aging/depression/index.html.

Cogen, R., & Steinman, W. (1990). Sexual function and practice in elderly men of lower socioeconomic status. *The Journal of Family Practice, 31*(2), 162-166.

DeLamater, J. (2012). Sexual expression in later life: A review and synthesis. *Journal of Sex Research, 49*(23), 125-141. doi: 10.1080/00224499.2011.603168.

Di Napoli, E. A., Breland, G. L., & Allen, R. S. (2013). Staff knowledge and perceptions of sexuality and dementia of older adults in nursing homes. *Journal of Aging and Sexual Health, 25*(7), 1087-1105. doi: 10.1177/0898264313494802.

Feldman, H. A., Goldstein, I., Hatzichristou, D. G., Krane, R. J., & McKinlay, J. B. (1994). Impotence and its medical and psychosocial correlates: Results of the Massachusetts Male Aging Study. *Journal of Urology, 151*(1), 54-61. doi: 10.1177/14746514020020040801.

Fiske, A., Wetherall, J. L., & Gatz, M. (2009). Older adults and depression. *Annual Review of Clinical Psychology, 5*, 363-389.

Garrett, D., & Tomlin, K. (2015). Incontinence and sexuality in later life. *Nursing Older People, 27*(6), 26-29. doi: 10.7748/nop.27.6.26.e717.

Gewirtz-Meydan, A., & Ayalon, L. (2015). Physicians' response to sexual dysfunction presented by a younger vs. an older adult. *International Journal of Geriatric Psychiatry, 32*, 1476. doi: 10.1002/gps.4638.

Gorina, Y., Schappert, S., Bercovitz, A., Elgaddal, N., & Kramarow, E. (2014). Prevalence of incontinence among older Americans. *Vital and Health Statistics, 3*(36), 1-24.

Hillman, J. (2012). *Sexuality and aging: Clinical perspectives*. Springer.

Hillman, J. (2017). Sexual consent capacity: Ethical issues and challenges in long-term care. *Clinical Gerontologist, 40*(1), 43-50. doi: 10.1080/07317115.2016.1185488.

Hoekstra, T., Jaarsma, T., Sanderman, R., van Veldhuisen, D. J., & Lesman-Leegte, I. (2012). Perceived sexual difficulties and associated factors in patients with heart failure. *American Heart Journal, 163*(2), 246-251. doi: 10.1016/j.ahj.2011.10.011.

Jaarsman, T. (2017). Sexual function of patients with heart failure: Facts and numbers. *ESC Heart Failure, 4*(1), 3-7. doi: 10.1002/ehf2.12108.

Jones, C., & Moyle, W. (2016). Sexuality & dementia: An eLearning resource to improve knowledge and attitudes of aged-care staff. *Educational Gerontology, 42*(8), 563-571. doi: 10.1080/03601277.2016.1205373.

Kolbe, N., Kugler, C., Schnepp, W., & Jaarsma, T. (2016). Sexual counseling in patients with heart failure: A silent phenomenon: results from a convergent parallel mixed method study. *Journal of Cardiovascular Nursing, 31*, 53-61. doi: 10.1097/JCN.0000000000000215.

Kriston, L., Gunzler, C., Agyemang, A., Bengel, J., & Berner, M. M. (2010). Effect of sexual function on health-related quality of life mediated by depressive symptoms in cardiac rehabilitation. Findings of the SPARK project in 493 patients. *Journal of Sexual Medicine, 7*(6), 2044-2055. doi: 10.1111/j.1743-6109.2010.01761.x.

Lainscak, M., & Anker, S. (2015). Heart failure, chronic obstructive pulmonary disease, and asthma: Numbers, facts, and challenges. *ESC Heart Failure, 2*(3), 103-107. doi: 10.1002/ehf2.12055.

Lester, P. E., Kohen, I., Stefanacci, R. G., & Feurerman, M. (2016). Sex in nursing homes: A survey of nursing home policies governing resident sexual activity. *Journal of the American Medical Directors Association, 17*(1), 71-74. doi: 10.1016/j.jamda.2015.08.013.

Lindau, S. T., Schumm, L. P., Laumann, E. O., Levinson, W., O'Muircheartaigh, C. A., & Waite, L. J. (2007). A study of sexuality and health among older adults in the United States. *New England Journal of Medicine, 357*, 762-774. doi: 10.1056/NEJMc072743.

Lindau, S. T., Tang, H., Gomero, A., Vable, A., Huang, E. S., Drum, M. L., ⋯ Chin, M. H. (2010). Sexuality among middle-aged and older adults with diagnosed and undiagnosed diabetes. *Diabetes Care, 33*(10), 2202-2210.

Mayo Clinic (2018). *Menopause.* Retrieved on November 25, 2018 from www.mayoclinic.org/diseases-conditions/menopause/symptoms-causes/syc-20353397.

Merghati-Khoei, E., Pirak, A., Yazdkhasti, M., & Rezasoltani, P. (2016). Sexuality and elderly with chronic diseases: A review of the existing literature. *Journal of Research on Medical Sciences, 21*, 127.

MetLife Mature Market Institute (2010). Out and aging: The Metlife study of lesbian and gay baby boomers. *Journal of GLBT Family Studies, 6*, 40-57.

Mahieu, L., & Gastmans, C. (2015). Older residents' perspectives on aged sexuality in institutionalized elderly care: A systematic literature review. *International Journal of Nursing Studies, 52*(12), 1891-1905. doi: 10.1016/j.ijnurstu.2015.07.007.

National Council on Aging (2017). *10 common chronic conditions for adults 65+.* Retrieved on November 21, 2018 from www.ncoa.org/blog/10-common-chronic-diseases-prevention-tips/.

Ports, K. A., Barnack-Tavlaris, J. L., Syme, M. L., Perera, R. A., & Lafata, J. E. (2014). Sexual health discussions with older adult patients during periodic health exams. *Journal of Sexual Medicine, 11*(4), 901-908. doi: 10.1111/jsm.12448.

Potts, A., Grace, V. M., Vares, T., & Gavey, N. (2006). "Sex for life"?: Men's counter-stories on "erectile dysfunction," male sexuality and ageing. *Sociology of Health & Illness, 28*(3), 306-329. doi: 10.1111/j.1467-9566.2006.00494.x.

Ramlachan, P. (2017). Global guidelines for sexual dysfunction in men with type 2 diabetes mellitus. *The Journal of Sexual Medicine, 14*(1). doi: 10.1016/j.jsxm.2016.11.244.

Stabile, C., Goldfarb, S., Baser, R. E., Goldfrank, D. J., Abu-Rustum, N. R., Barakat, R. R., ⋯ Carter, J. (2017). *Breast Cancer Research and Treatment, 165*(1), 77-84.

Stahl, K. A. M., Bower, K. L., Seponski, D. M., Lewis, D. C., Farnham, A. L., & Cava-Tadik, Y. (2018). A practitioner's guide to end-of-life intimacy: Suggestions for conceptualization and intervention in primary care. *Omega Journal of Death and Dying, 77*(1), 15-35.

Syme, M., & Steele, D. (2016). Sexual consent capacity assessment with older adults. *Archives of Clinical Neuropsychology, 31*(6), 495-505. doi: 10.1177/0030222817696540.

U.S. Census Bureau (2010). *The next four decades: The older population in the United States: 2010 to 2050.* Retrieved on November 24, 2018 from www.census.gov/prod/2010pubs/p25-1138.pdf.

Van Driel, A. G., de Hosson, M. J. J., & Gamel, C. (2014). Sexuality of patients with chronic heart failure and their spouses and the need for information regarding sexuality. *European Journal of Cardiac Nursing, 13*(3), 277-234. doi: 10.1177/1474515113485521.

Webber, K., Mok, K., Bennett, B., Lloyd, A. R., Friedlander, M., Juraskova, I., & Goldstein, D. (2011). If I am in the mood, I enjoy it: An exploration of cancer-related fatigue and sexual functioning in women with breast cancer. *Oncologist, 16*(9), 1333-1344. doi: 10.1634/theoncologist.2011-0100.

Weeks, G., Gambescia, N., & Hertlein, K. (2016). *A clinician's guide to systemic sex therapy.* Routledge.

Witten, T. M. (2014). It's not all darkness: Robustness, resilience, and transgender aging. *LGBT Health, 1*(1), 24-33. doi: 10.1080/10538720.2012.722497.

World Health Organization (2010). *Developing social health programmes: A framework for action.* WHO Press.

제 **15** 장

외도에 대한 치료

···Systemic Sex Therapy···

제15장

외도에 대한 치료

Stephen T. Fife · Lauren Creger

 서론

외도는 커플이 치료를 찾는 가장 흔한 이유 중 하나이다. 이러한 사실에도 불구하고, 치료사들은 외도와 관계적 배신은 매우 치료가 어렵다고 보고한다(Fife, Weeks, & Gambescia, 2008; Whisman, Dixon, & Johnson, 1997). 커플이 외도 치료에 들어가면 감정 고조, 관계로 인한 심각한 괴로움, 관계의 미래에 대한 불확실성을 동시에 경험하는 경우가 많다. 치료를 받지 않으면 외도는 중대한 정서적·관계적·가족적·재정적 결과를 초래할 수 있다. 하지만 만약 커플이 그들의 관계를 위해 노력한다면, 서로에 대한 헌신이나 치료 과정, 이해, 의사소통, 친밀감을 얻을 수 있고 외도를 극복할 수 있다. 외도에 대한 풍부한 정보가 있지만 실증적 연구와 명확한 치료 지침이 부족하여 자주 등장하는 문제임에도 불구하고 치료자는 내담자를 지원할 준비가 되어 있지 않다고 느끼게 된다(Blow & Hartnett, 2005b). 이 장에서는 외도의 정의와 유형, 원인, 평가 고려사항, 분별 상담, 5단계 치료 접근법, 향후 연구 방향을 포함하는 외도 치료에 대한 개요를 제공한다. 이 장의 개념 틀의 대부분은 외도에 관해 정평 있는 윅스, 감베시아와 젠킨스(Weeks, Gambescia, & Jenkins, 2003)의 책을 참고로 했다.

🔑 정의 및 설명

외도가 임상 문헌에 정의되어 있지만, 본 장의 범위에 맞는 광범위한 정의는 "배타성(독점성)을 전제로 한 친밀한 관계에서 파트너 간의 묵시적이거나 명시적인 계약에 대해 일어나는 모든 형태의 배신이다. 외도로 인해 정서적 및/또는 성적 친밀감은 다른 파트너의 동의 없이 헌신을 약속한 관계에서 우회하여 멀어진다."(Fife, Weeks, & Gambescia, 2007, p. 1) 이 정의는 약속된 관계 밖에서 "은밀한 성적 및/또는 로맨틱한 관계"가 있을 때 외도가 나타나는 또 다른 정의와 유사하다(Lusterman, 1998, p.186). 이 개념화는 특정한 행동과 성행위에 대한 헌신과 은밀성에 초점을 맞추며, 미묘한 배신들이 설명될 수 있는 여지를 남긴다.

언어를 주목하자면, 이 장에서는 외도 행위에 가담한 파트너와 배신당한 파트너를 각각 나타내는 데 **참여 파트너**와 **비참여 파트너**라는 용어를 사용한다. 앞서 언급한 정의처럼, 이 용어들은 2인 관계 외의 성(extradyadic sex)이나 혼외 관계(extramarital involvement)와 같이 문헌에서 자주 볼 수 있는 언어들보다 다양한 유형의 관계와 외도를 포함한다. 부정행위는 결혼과 데이트 관계, 그리고 여러 파트너와의 개방적인 관계에서 발생할 수 있다. 어떤 사람들에게는 성관계가 경계를 넘어서는 명백한 지표인 반면, 키스나 손을 잡는 것만으로도 외도가 될 수 있다. 또한 참여 파트너 및 비참여 파트너라는 용어는 경멸적 꼬리표가 붙지 않는다.

많은 사람이 주로 성적 외도를 생각하기는 하지만, 모든 연구자, 임상가, 커플이 사용하는 외도에 대한 명확한 정의는 없다(Hertlein, Wetchler, & Piercy, 2005). 비록 대부분의 커플이 그들의 관계에 충실하고 헌신해야 한다는 것을 암묵적으로 이해하지만, 그것이 의미하는 바는 명확하지 않으며, 파트너 간에 무엇이 배신이 될 수 있는지에 대해 동의하지 않을 수 있다. 이러한 모호성은 외도가 일어났는지, 관계에서 얼마나 자주 발생하는지, 그리고 외도를 다양한 형태로 어떻게 다루어야 하는지를 이해하는 데 영향을 미친다.

🔑 유병률

특히 그 광범위한 정의와 비밀스러운 성격을 고려할 때, 외도의 유병률은 단정하기 어렵다. 유병률 데이터를 볼 때, 외도로 간주되는 것에 대해 사람마다 생각이 다를 수 있다는 것을 고려하는 것이 중요하다. 연구자들이 다르게 정의하고 평가 문항이 모호하거나 해석의 여지를 남길 경우 특히 그렇다. 참여 파트너는 자신의 행동을 최소화할 수도 있고, 시간이 지남에 따라 외도의 특정 사례 또는 확립된 관계 밖에서 가졌던 파트너의 수를 기억하는 데 어려움을 겪을 수도 있다(Blow & Hartnett, 2005a).

많은 연구자가 외도의 평균 빈도를 추정하기 위해 시도해 왔는데 다음은 몇 가지 예이다.

- 기혼 커플의 20~40%가 외도를 한 적이 있다(Atkins, Baucom, & Jacobson, 2001; Marín, Christensen, & Atkins, 2014).
- 남성의 50~70%, 여성의 35~55%가 외도 행위에 연루된 것으로 보고되었다(Marett, 1990; Martin, 1989; Thompson, 1984; DiBlasio, 2000에서 인용).
- 남성의 60%, 여성의 45%가 외도를 한 적이 있다(Glass & Wright, 1992).
- 남성의 24.5%, 여성의 15%가 외도를 저지른 적이 있다(Lauman, Gagnon, Michael, & Michaels, 1994).

여기서 언급된 예를 보더라도 유병률 추정에 큰 차이가 있다는 것이 놀라운 일이 아니다. 불규칙한 숫자에도 불구하고, 몇 가지 패턴이 발견되었다. 위더만(Wiederman, 1997)은 2,000명 이상의 응답자를 표본으로 1994년에 수행된 일반 사회 조사의 데이터를 분석했다. 여기에 기재된 통계와 비슷하게, 그는 여성보다 남성들의 외도에 대해 더 많이 보고했다는 것을 발견했다. 게다가 위더만은 남성의 경우 70세까지 나이가 들어 갈수록 외도의 빈도가 증가하는 반면, 여성의 경우 가장 높은 발병률은 30세에서 50세 사이라고 했다. 톰슨(Thompson, 1984)은 성별 차이에 대해 지속적인 연구를 하여 남성은 성적 외도가, 여성은 정서적 외도가 더 많다는 것을 발견했다.

물론 외도를 경험한 모든 커플이 전문가의 도움을 구하는 것은 아니다. 그러나 결혼 및 커플 치료사에게 치료를 받으려는 커플 중 상당수는 외도를 경험했다. AAMFT의 임상 회원 험프리와 스트롱(Humphrey & Strong, 1976)이 실시한 조사에서 치료사들은 도움을 받으려는 커플 중 46%가 외도 경험이 있다고 보고했다. 10년 후, 다시 실시된 연구에서 일부 치료사는 담당 사례의 대부분이 외도와 관련 있다고 보고하면서 외도 비율이 상승했음을 보여 주었다(Humphrey, 1985). 앳킨슨, 보컴과 제이콥슨(Atkins, Baucom, & Jacobson, 2001)은 커플의 약 50%에서 65%가 외도 때문에 치료를 받았다고 보고했다. 이 세 가지 연구는 치료사들이 이러한 관계 문제를 통해 커플들과 협력하는 방법에 대해 지식을 가질 필요가 있다는 것을 강조한다.

외도의 원인과 유형

매우 다양한 위험 요소로 인해 외도에 취약한 관계가 될 수 있다. 외도의 요인이 가진 독특한 점은, 사회가 과거보다 약간 허용적인 태도로 바뀌었음에도 불구하고, 대부분의 사람은 외도를 좋게 생각하지 않는다는 것이다(Labrecgue & Whisman, 2017). 만약 생물학적으로나 의학적인 요인도 아니고, 헌신적 관계 속에 있는 파트너가 처음부터 외도를 추구하려고 한 것도 아니라면 이러한 관계 현상은 어떻게 일어났을까? 노로나와 그의 동료들(Norona et al., 2018)은 외도에 관여하는 것이 종종 '결단'이 아닌 '미끄러지는(sliding)' 과정이라고 보았다. 그들은 이 미끄러지는 과정에 들어간 파트너에게 발생할 수 있는 몇 가지 위험 요소를 나열했다. 여기에는 충족되지 않은 요구, 다른 파트너와 관계를 맺을 수 있는 기회, 알코올 사용, 외도자의 매력적인 요소, 더 많은 관심의 필요, 새로움에 대한 욕구, 그리고 회피 애착 스타일 등이 포함된다.

앨런과 그의 동료들(Allen et al., 2005)은 여기에 열거된 위험 요소를 기반으로 하는 외도의 원인에 대한 추가적인 상세 정보를 제공했다. 그들은 외도에 기여하는 요소들을 조직하고 이해하는 데 도움이 되는 시간 기반의 틀을 제안했다. 그들이 제안한 6단계는 선행 원인, 접근 요인, 충동 요인, 외도 관계의 유지, 폭로 또는 발견, 장단기 대응이다. 이 틀은 관련(또는 참여) 파트너, 배우자(또는 비참여 파트너), 관계 및 더 큰 맥락의 네 가지 원천 차원의 요소를 추가로 구성한다. 이 틀은 외도의 평가와 예방에도 활용될 수 있다.

몇몇 학자는 외도에 대한 임상적 관찰을 바탕으로 외도의 유형을 개발하기 위해 일해 왔다. 이러한 유형학은 외도의 본질이나 그 뒤에 숨겨진 동기를 설명하는 것을 목표로 한다. 그러므로 그들은 사람들이 어떻게 외도에 관여하게 되는지, 그들이 충족시키려고 하는 욕구들, 그리고 정서적·성적 배신에 대한 관계를 위험에 빠뜨릴 수 있는 요소들에 대한 통찰력을 제공하는 데 유용하다.

피트맨(Pittman, 1989)은 외도의 네 가지 공통 패턴을 확인했다. 즉, 우연한 만남, 상습적 바람피우기, 로맨틱한 외도, 그리고 결혼 관계 유지를 위한 외도이다. 우연한 만남은 일반적으로 음주와 함께 발생하거나 음주로 인해, 또는 누군가의 제안에 의해 발생하는 단일한 외도 행위이다. 예컨대, 술집이나 스트립 클럽, 안마시술소 등에서 친구들과 함께 있는 것이 그것에 해당한다. 상습적으로 바람을 피우는 사람들은 원래의 파트너에게 불성실하고 성적 파트너를 바꾸는 지속적인 패턴이 보이는 반면, 그러한 패턴이 문제가 될 수 있고 중독적일 수 있다는 것을 인정한다. 로맨스를 추구하는 사람들은 어떤 면에서는 사랑에 빠진 것이다. 이 관계에 빠진 참여 파트너는 인생의 어려움을 직면하여 사랑에 빠진 강렬한 감정을 되찾으려 노력하는데, 그들 중에는 과거에 이미 맺어졌던 관계를 마주하기도 한다. 마지막으로, 갈등 문제를 피하기 위해 암묵적으로 거리 두기에 동의한 커플도 있다. 이 경우 커플 중 한 명이든, 아니면 두 명 다 거리 두기를 유지하기 위해 외도에 연루될 수 있다.

　에밀리 브라운(Emily Brown, 1991)은 최초로 그리고 가장 널리 알려진 일련의 외도 유형을 개발했다. 브라운의 다섯 가지 외도 유형은 다음과 같다.

- **갈등을 피하기 위한 외도**: 커플이 자신들의 갈등을 대처하지 않고 피하기 위해 행해진다. 정서적인 에너지는 관계에서 빠져나와 다른 곳에 투자된다. 관계의 다른 부분에 대해 일어날 수 있는 싸움은 외도로 인해 산만해진다. 유감스럽게도 의견 차이를 해소하려는 시도는 피한다.
- **친밀감 회피를 위한 외도**: 어느 정도의 친밀감만 견딜 수 있는 파트너들도 있다. 파트너가 너무 가깝게 느껴지기 시작하면, 누군가는 더 거리를 두기 위해 무언가를 하도록 강요받는다. 외도는 많은 전략 중 하나로, 거리를 두어 안전하지만 친밀감이 결여된 균형을 유지하는 것을 목적으로 한다.
- **강박적인 성행위**: 때때로 파트너는 심리적 고통이나 기능상의 심각한 장애에도 불구하고 일차적인 관계 이외의 성적 경험을 찾고자 하는 충동을 가질 수 있다(Kraus, Voon, Kor, & Potenza, 2016; Turner, 2009). 그들의 성행위는 관계의 질과는 거의 관련이 없을 수 있으며, 무엇보다도 중독과 관련이 있다.
- **빈 둥지 외도**: 이러한 유형의 외도는 친밀감을 회피하는 유형과 유사하다. 아이들이 집에 있을 때, 그 커플은 친밀감의 부족에 익숙해졌을 수도 있고, 어쩌면 친밀감을 피하기 위해 아이들에게 집중했을 수도 있다. 아이들이 성장하면서 커플은 관계의 공허함을 경험할 수도 있다. 그 외도는 새로운 방해물이 됨으로써 관계의 공백을 메우는 역할을 한다. 그러므로 커플 간의 친밀감 균형은 방해받지 않고 유지된다.
- **관계 탈출 전략으로서의 외도**: 때때로 한쪽 파트너가 더 이상 관계를 유지하고 싶어 하지 않는 경우인데, 그러나 새로운 파트너가 없으면 떠나지 못하게 된다. 그들은 혼자 있는 것을 견디지 못하거나 다른 사람을 절대 찾지 못할지도 모른다는 생각을 참을 수 없다. 따라서 그들은 미리 설정된 관계에서 새로운 관계로 전환하기 위해 외도를 한다.

러스터먼(Lusterman, 1998)은 추가로 세 가지 외도의 유형이나 동기에 대해 언급했다. 첫째, 당연하다고 여기는 외도는 참여 파트너가 정서적 애착이나 헌신만 하지 않으면 외도를 해도 된다고 생각해서 일어나는 외도이다. 둘째, 삼각관계 외도는 안정적이지 못했던 기존의 관계를 안정시키기 위해 일어나는 외도이다. 셋째, 탐색적인 외도인데 사전 설정된 관계가 작동하지 않을 때 다른 관계를 찾아보기 위해 탐색하지만 참여 파트너는 어떤 관계를 맺어야 할지 결정하지 않은 상태이다.

평가

커플 개개인의 상황과 필요에 맞는 치료 계획을 개발하기 위해서는 철저한 평가가 중요하다. 외도가 무엇인지에 대한 인식이 사람마다 다르듯이 관계 배신에 대한 커플들의 반응도 다를 수 있다(Atwood & Seifer, 1997). 많은 커플에게 외도는 심각한 관계 트라우마로 여겨지며, 일부 비참여 파트너는 그들의 전개 반응과 상처에서 외상 후 스트레스 장애(PTSD)의 증상을 경험할 수 있다(Glass & Wright, 1997; Spring, 1996). 외도의 발견으로 인한 충격을 고려할 때, 안전성과 대처 우려뿐만 아니라 PTSD 증상에 대한 평가가 중요하다. 친밀한 파트너의 폭력, 중독, 자살 충동, 정신 및 신체 건강 문제 및 기타 잠재적인 안전 문제의 여부도 검토되어야 한다. 임상가는 또한 내담자들에게 이 어려운 시기에 대처하는 방법과 사회적 지원의 원천에 대해 물어봐야 한다.

외도 평가 항목

외도의 사례는 종합평가가 지속적으로 진행될 가능성이 높다. 그러나 치료를 시작할 때 물어보아야 할 중요한 특정 주제들이 있다. 외도가 치료의 우선순위가 아닌 경우 임상가는 비참여 파트너가 외도에 대해 얼마나 알고 있는지 평가해야 한다. 커플 치료 과정에서 외도가 드러나면 치료 목적과 과정에 대한 재평가가 필요하다. 평가는 또한 파트너 중 한 명 또는 두 명 모두 관계 유지에 대한 확신이 부족한지도 살펴보아야 한다. 여러 의제가 혼합된 커플에 대한 자세한 내용은 이 장의 뒷부분에서 다룰 것이다.

다음 주제는 외도와 외도가 파트너 관계에 미치는 영향에 대한 종합적인 평가를 완료하는 데 치료사에게 도움이 될 수 있다(Fife et al., 2007; Gordon, Baucom, & Snyder, 2004; Weeks

& Fife, 2014; Weeks, Gambescia, & Jenkins, 2003). 심층적이고 신중한 평가는 치료사가 내담자의 사회적 · 역사적 맥락을 이해하는 데 도움이 될 수 있으며, 이는 치료사가 파트너 중 한 사람의 편을 들어 주거나, 가정을 하거나, 성급한 결론이나 결정을 내리는 것을 방지하는 데 도움이 될 수 있다.

외도의 유형   최근의 문헌은 신체적 · 성적 외도, 정서적 외도, 사이버 · 인터넷 외도의 세 가지 유형의 외도에 초점을 맞추고 있다(Hertlein & Piercy, 2008). 외도자는 단일 유형의 외도를 하거나 세 가지 유형의 조합을 만들어 외도를 할 수 있다. 외도자의 외도 유형이 치료에 영향을 미칠 수 있으므로 외도 유형을 평가하는 것이 중요하다. 예를 들어, 블로우와 하트넷(Blow & Hartnett, 2005b)는 "정서적 외도는 출장 중 하룻밤을 보내는 것보다 치료하기가 훨씬 더 어렵고 결과가 훨씬 좋지 않을 수 있다."(p. 194)라고 제안했다. 외도의 유형은 커플의 어려움과 외도자의 외도 동기에 대한 통찰력을 제공할 수 있다.

외도 사건의 빈도, 기간, 장소   빈도와 지속시간은 매우 중요한 요소들이다. 그 외도는 얼마나 지속되었나? 1주일인가, 아니면 20년인가? 이러한 상황에 수반되는 역학 관계와 그 이면의 동기는 매우 다를 것이다. 장기적인 외도는 불편했던 관계를 안정시키는 경향이 있다. 그 결과, 그들은 멈추기 매우 어려울 수 있다. 외도 당사자 간의 애착은 참여 파트너가 관계 선택을 할 수 없을 정도로 강해질 수 있다. 장소 역시 중요한 주제인데, 만약 누군가의 집(즉, 침실)에서 외도가 일어난다면, 그 파트너에게 상징적인 의미는 상당할 수 있고 상당한 슬픔이나 분노를 초래할 수 있다(예: "어떻게 그/그녀와 우리 침대에서 섹스를 할 수 있지!?"). 때로는 사무실이나 호텔과 같은 중립적인 공간에서 외도가 일어나기도 한다. 인터넷은 점점 더 많은 사람이 정서적 외도나 사이버 섹스를 위해 '만나는' 장소가 되었다. 마지막으로, 문자 메시지는 외도가 일어날 수 있는 매개체이다. 의사소통의 빈도와 매개체 또한 평가되어야 한다.

과거와 현재의 성적 파트너의 수   이 평가 범주는 과거 외도의 이력에 초점을 맞춘다. 외도 파트너가 한 명이나 소수인 경우, 이미 파트너가 있는데 다른 파트너를 필요로 했던 이유를 탐색해야 한다. 외도 파트너의 수가 많은 경우 잠재적인 성적 강박장애가 있는지 평가해 보아야 한다.

외도 파트너의 성별   이성애만이 정상적이라고 생각할 때는 외도가 이성과 관련된 것으로 자연스럽게 가정하게 하지만 때때로 외도는 동성과 이루어지기도 한다. 외도자가 동성애자이거나 양성애자임에도 이성애자와 같은 관계를 이루며 살고 있는 사례도 있다. 그 외에도 호기심 때문에 탐색해 보기도 한다. 외도의 은밀성은 참여 파트너의 성 정체성이나 성욕에 대한 수치심, 발각될 것에 대한 두려움과 관련이 있을 수 있다.

성행위의 수준   성행위는 언어적 또는 서면 교환에서부터 임신의 목적을 위한 성교까지 연속선상에서 살펴볼 수 있다. 치료사는 경험한 실제 행동과 각 파트너가 이를 외도로 보는지에 대해 알고자 한다. 활동 수위는 문자 교환(exchanging texts), 성적으로 노골적인 문자 메시지 교환(sexually explicit text messages)에서부터 호텔에서의 성관계까지 다양하다.

정서적 관여 수준과 애착의 정도   글래스와 라이트(Glass & Wright, 1992)는 일반적으로 남자는 성적 이유로, 여자는 정서적 이유로 바람을 피우는 경향이 있다는 것을 발견했다. 여성은 성과 사랑을 연결시킬 가능성이 높은 반면, 남성은 이 둘을 별개의 실체로 볼 가능성이 더 높다. 따라서 성립되었을 법한 정서적 친밀감의 수준과 상대방이 서로에게 어떤 애착을 느끼는지 탐색해 보는 것이 유용하다.

외도 상대와 커플 각자와의 관계   일반적으로 파트너가 외도 상대를 개인적으로 모르는 상태일 때 외도를 다루기가 더 쉽다. 불행하게도, 외도의 많은 경우, 친구나 가족처럼 두 파트너와 가까운 사람들이 관련된다. 외도 상대가 이러한 범주 중 하나에 속할 때, 파트너의 배신감은 의심할 여지 없이 배가 된다. 그것은 이중 배신이다. 즉, 자신의 파트너와 외도 상대에 의한 이중 배신이 된다.

외도를 둘러싼 비밀, 거짓말, 기만의 수준   일부 참여 파트너는 외도를 저질렀거나 심지어 외도에 대해 생각해 본 적이 있다고 스스로 인정할 수 있다. 하지만 파트너들은 직면할 때까지 이를 숨기거나 부인하는 것이 일반적이다. 오랜 시간(몇 주에서 몇 달) 동안 외도는 보통 상당한 기만을 수반하고 있다. 참여 파트너는 관계와 비밀을 유지하기 위해 계속 거짓말해야 한다. 이러한 속임수의 패턴은 외도를 숨기려는 작업이 되고, 신뢰를 회복해야 하는 커플의 능력에 충격을 주게 된다. 비참여 파트너는 배신으로 상처받을 뿐만 아니라, 자신의 파트너가 외도 관계를 유지하거나 감추기 위해 고의적, 지속적으로 거짓말했다는 사실에 분노한다.

외도가 단독인가 두 사람 모두인가의 여부　대부분의 외도가 일어난 관계에서 참여하는 파트너는 한 명이다. 그런가 하면 양쪽 모두 외도를 한 커플들도 있다. 두 사람 다 활동적으로 외도를 하고 있는 상태에서 치료를 받으러 오는 경우는 매우 드물다. 그러나 외도 전력을 평가하다 보면 각자 정서적, 성적, 및/또는 사이버와 같은 하나 이상의 외도가 있었다는 것이 드러날 때가 있다. 그런 경우 어떤 사건이 파트너의 외도에 대한 보복으로 이루어진 것인지 결정해야 한다.

배신당한 파트너가 암묵적으로 승인하거나 동의하는 정도　대부분의 사람이 외도에 대해 강하게 반대한다는 것은 의심의 여지가 없다. 그런가 하면 외도가 있음을 분명히 알고도 그것을 받아들이는 커플들도 있다. 이런 일에는 보통 조건들이 있는데, 예를 들어 외도가 일어나기 전에 섹스만을 위한 것이라고 알린 경우, 별개로 분리시켜 두는 것이다. 또한 개방 결혼이나 다른 형태의 합의된 비일부일처제도 존재한다. 비일부일처제나 개방 결혼에 동의하면서도 여전히 외도에 대해서 느끼는 배신감이 정당하다고 느낄 수 있다. 이러한 경우 한 명의 파트너가 합의된 규칙을 지속적으로 어기거나 정해진 경계를 넘어서는 정서적인 관여가 일어나고 있다고 위협을 느낄 때 치료를 받게 될 수 있다. 마지막으로, 결혼생활의 외양을 보존하거나 경제적 안정을 위해 외도를 용인하는 경우도 적게나마 있다.

외도의 사회적 · 문화적 맥락　커플의 사회 집단, 공동체, 민족 · 문화 집단, 종교적 신념은 모두 파트너가 외도를 인식하고 대응하는 데 중요한 역할을 한다. 앞서 언급한 것처럼 스와핑 클럽(swinging club)과 같이 성적으로 관용적 사회 집단에 속한 커플도 있다. 외도는 집단의 규범에 부합하는 범위 내에서 관대해지고, 심지어 수용까지 한다. 이러한 집단은 더 큰 공동체나 그 집단이 속한 문화의 신념과 달리 독립적으로 활동할 수 있다. 종교 공동체는 일반적으로 결혼을 허가하고 외도를 인정하지 않지만, 하위집단에 따라 관용의 정도가 다를 수 있다. 다양한 내담자에 대한 문화적 이해 능력과 존중을 보여 주기 위해, 치료사들은 이러한 각각의 맥락 안에서 외도를 평가할 필요가 있다. 파트너들은 그들의 문화적 규범에 대해 다른 해석을 할 수 있다는 것을 주목해야 한다.

메타체계접근을 활용한 평가

웍스(1994)는 커플 및 가족 치료를 위한 메타체계접근을 개발했으며, 이는 웍스와 그의 동료들(2003), 그리고 파이프와 그의 동료들(Fife et al., 2008)에 의해 외도 문제를 다루는 데 사용되었다. 이 모델의 토대는 개인, 커플, 가족의 요소, 그리고 이 요소들이 내재되어 있는 사회 체계 사이에서 일어나는 상호작용을 인정하고 있다(Weeks & Cross, 2004; Weeks & Gambescia, 2015). 내담자가 치료에 가져오는 것에 대한 평가와 탐구를 안내하기 위해 이 모델을 사용하면 인간 경험, 관계 및 치료의 복잡성을 인정하는 더 철저한 치료에 도움이 될 수 있다. 이 모델의 5개 영역은 외도 평가를 세분화하고 구성하는 데 사용할 수 있다.

개인의 생물학적 · 의학적 영역   이 영역의 평가는 주로 각 파트너의 신체적 웰빙에 초점을 맞추며, 개인 및 관계적으로 영향을 미칠 수 있는 의학적 질병이나 기타 신체적 건강 문제를 다룬다. 외도의 경우 발달 위기와 성 건강, 성적 지향과 정체성에 대해 물어보는 것도 도움이 될 수 있다.

개인의 심리학적 영역   이 영역의 평가는 각 내담자의 정신 건강에 초점을 맞춘다. 질문은 정신적이고 정서적인 행복, 정신질환의 증상, 인지 왜곡, 비합리적인 신념, 방어기제에 초점을 맞출 것이다(Weeks & Fife, 2014). 이것은 현재와 과거의 정신질환이나 정서적인 투쟁을 포함할 수 있다.

관계적 영역   체계론적인 관점에서 일하는 치료사들은 자연스럽게 커플 관계의 역학을 탐구할 것이다. 평가는 커플의 관계 이력, 의사소통 방식, 상호작용과 갈등의 패턴, 성적 · 정서적 친밀감 등을 살펴볼 수 있다(Weeks & Fife, 2014 참조). 외도와 관계가 있는 상호작용 요인에는 난임 문제, 애정 관계 수립의 어려움, 친밀감에 대한 두려움, 성 역할과 역동에 대한 의견 불일치와 갈등이 포함된다(Westfall, 2000).

원가족 영역   세대 간 평가는 과거와 현재 모두에서 각 파트너의 원가족 영향에 초점을 맞출 것이다. 여기에는 기념일에 대한 반응, 각본, 경계, 관계의 단절, 삼각관계, 애착 유형, 관계에 존재하는 친밀감이나 거리와 그에 따른 강점들, 그리고 혹은 도전들이 포함될 수 있다(DeMaria, Weeks, & Twist, 2017; Weeks & Fife, 2014). 외도 사례의 경우, 원가족은 외도에 대한 두 파트너의 입장에 영향을 미칠 수 있다. 외도 및 기타 대인관계 배신에 초점을 둔 가계도 인터뷰를 통해 세대 간 평가가 촉진될 수 있다(DeMaria et al., 2017). 원가족을 넘어서, 가족 생활 주기는 외도에 대한 위험 요소를 제공할 수 있다. 문제는 종종 그 커플의 자녀의 나이까지 추적할 수 있다. 많은 커플에게 첫 아이의 출생은 관계의 균형을 깨뜨린다. 그리고 브라운(Brown)의 1991년 빈 둥지 유형학에서 볼 수 있듯이, 마지막 아이의 출산은 즐거운 축하행사가 될 수도 있고, 친밀감 문제가 생길 수도 있다.

상황적 영역　성과 충실도에 대한 태도는 문화, 사회적 태도, 역사, 그리고 아마도 종교를 포함한 여러 상황적 요인에 의해 영향을 받는다. 치료사들은 이러한 것들이 커플에게 미치는 영향과 충실도에 대한 그들의 이해와 어떻게 관련이 있는지를 이해하려고 노력해야 한다. 예를 들어, 문화적 배경이 다른 파트너는 외도를 다르게 정의하거나 관계의 충실도에 대해 다른 기대를 가질 수 있다. 치료사들은 또한 성별과 외도에 대한 사회적·문화적 태도에 대해 물어볼 수 있다.

분별 상담

　외도의 경우, 평가의 핵심 요소는 커플이 함께 남으려는 의도에 대해 알아보는 것이다. 치료사들은 단지 그들이 외도에 따른 치료를 추구했다는 이유만으로 그 커플의 목표를 짐작하지 않도록 조심해야 한다. 어떤 커플들은 그들의 관계를 회복할 준비가 되어 치료를 받을 수도 있다. 양쪽 파트너에 의해 전달되는 헌신을 통해 치료사와 커플은 치료를 진전시킬 수 있다. 많은 관계가 정서적·성적 배신 후에 무너지기 때문에, 치료사들은 또한 그들의 관계를 유지하는 것에 대해 헌신적이지 않거나, 양가적이거나, 동의하지 않은 커플들과 함께 일할 준비도 되어 있어야 한다(Fincham et al., 2006). 외도를 해결하고 관계를 개선하겠다는 약속 없이는 커플 치료가 효과적일 수 없다. 이러한 경우, 파트너들이 각기 다른 의도를 가지고 상담에 임했다면, 분별 상담(discernment counseling)을 적극 권장한다(Doherty et al., 2016).

　분별 상담은 "커플이 그들의 관계와 문제에 대한 개인의 기여에 대한 더 깊은 이해를 바탕으로 관계에 대한 방향에 대해 더 명확성과 자신감을 가질 수 있도록 돕는다."(Doherty et al., 2016, p. 248) 이미 누군가가 관계를 떠나기로 결정한 경우에는 사용하지 않는다. 분별 상담은 치료사와 각 파트너 사이의 개별 대화에 초점을 맞춘 간단한 과정(1~5회기)이다. 이때 '관계 회복으로 기울어진' 파트너와 '관계 단절로 기울어진' 파트너의 서로 다른 우려와 요구에 맞춘 대화의 공간을 만들기 위해 개인 회기와 개입이 커플 회기에 우선하여 진행된다(Doherty et al., 2016). 분별 상담이 끝나면 커플은 세 가지 선택지 중 하나를 택하게 되는데, 치료 없이 그냥 함께 지내는 것, 이별이나 이혼하는 것, 이혼이나 외도에 대한 주제를 다루지 않은 채 6개월간의 치료에 전념하는 것 등이다.

분별 상담에 포함된 개별 대화는 외도에 대한 치료에 앞서 참여 파트너와 비참여 파트너 모두에게 특히 통찰력이 있을 수 있다. 치료사는 커플에게 외도 발견이나 폭로(파트너 중 한 사람이 경험함), 감정 반응, 죄책감, 고통, 배신의 강렬한 감정이 어떻게 그들의 관계에 대한 결정을 내리는 능력을 흐리게 할 수 있는지에 대한 심리교육을 제공할 수 있다. 상대방이 분노나 상처로 관계를 해체하겠다는 협박을 하거나 외도로 인한 상황을 서둘러 모면할 수도 있다. 다음에 설명된 개인 회기는 파트너가 성급한 의사 결정에 뛰어들기 전에 강도를 분산시키고 감정을 표현할 수 있는 시간을 제공할 수 있다.

비참여 파트너와의 개인 회기   치료사와의 개인 회기에서, 비참여 파트너는 참여 파트너 앞에서 취약해질 위험 없이 그들이 경험하고 있는 상처를 처리하고 싶어 할 수 있다. 취약성은 신뢰와 관련 있는데 외도 파트너와의 신뢰가 침해되었음을 의미한다. 비참여 파트너들은 또한 외도에 대한 가족력, 관계의 경험, 그들이 가졌다고 생각했던 관계의 상실에 대한 슬픔, 그리고 그들의 관계가 어디로 가는지에 대한 두려움에 대해 토론하고 싶어 할 수 있다. 치료사는 그들이 치료와 그들의 관계에 대한 결정을 내리기 위해 그들을 이해하고 통제하도록 그들의 감정을 이용해 작업할 것을 격려해야 한다.

참여 파트너와의 개인 회기   참여 파트너는 외도를 중단하려고 하는 과정에 있거나 이미 중단했을 수도 있다. 치료사는 외도가 계속되면 커플 관계에 진전이 없다는 사실을 단호하게 알리는 것이 좋다. 외도를 진정으로 끝낸다는 것은 그 어떤 접촉도 해서는 안 된다는 것을 의미한다. 만약 참여 파트너가 외도를 끝내면, 관계 상실로 인한 슬픔, 심지어 우울함을 경험할 수도 있다. 비참여 파트너에게는 참여 파트너의 상실 경험에 대한 인내심이나 공감대가 거의 없을 수 있다. 이는 오히려 더 큰 배신으로 느껴질 수도 있기 때문이다. 따라서 참여 파트너는 비참여 파트너와 함께 상담받을 때는 외도 파트너와의 정서적 관여를 최소화하고 개인 회기에서 보다 정확한 평가를 할 수 있는 기회를 만들 수 있다. 이 파트너와의 개인 상담에서 치료사가 해야 할 중요한 역할은 관계 상실을 애도하되 동시에 외도 관계가 재발하지 않도록 하는 것이다. 치료사는 또한 외도 상대에게 할 말을 참여 파트너에게 코치할 수 있다. 그들의 주요 관계를 위해 노력하고 있고 완전히 헌신할 필요가 있다. 만약 참여 파트너가 외도를 완전히 끝내는 것을 두려워한다면, 치료사는 6개월간 외도 관계없이 최선을 다해도 커플 관계가 좋아지지 않으면 관계를 정리할 수 있다는 설명을 하고 6개월간 기다리도록 제안한다.

치료사는 또한 참여 파트너에게 외도 관계에 대한 심리교육을 제공할 수 있다. 외도의 본질에 대해 제공할 수 있는 한 가지 통찰은 대부분의 커플이 함께 겪어야 하는 일상적 스트레스 요인이 외도의 요인이 되지 않는다는 것이다. 외도로 형성된 관계는 성적 욕망의 강력한 원천인 신선함을 가지고 있다. 참여 파트너들이 하나의 관계에 전념하려고 할 때, 사전에 수립된 관계는 새로운 관계에 비해 기회가 없고, 새로운 관계의 참신함도 시간이 지날수록 악화된다는 말을 듣는 것이 도움이 될 수 있다. 마지막으로, 외도 관계의 시간-제한적이고 인위적인 성격, 나아가 외도를 하는 대부분의 사람이 외도 상대의 단점을 인식하지 못할 것이라는 사실은 상당한 양의 투사가 이루어질 수 있다. 많은 경우, 외도 상대는 부모나 이상화된 인물의 투영일 수 있다. 게다가 이상적인 인물은 종종 참여 파트너가 가지고 싶어 했지만 가질 수 없었던 것으로 인식하는 경우가 많다. 관계의 투사적인 측면은 치료 작업을 위한 기회가 될 수 있다. 치료사는 참여 파트너가 비참여 파트너의 자질에 감사할 수 있도록 도울 수 있다. 이상화를 투사하는 것이 자기 안의 결핍을 찾는 것이라면 치료사는 자존감 작업, 목표 설정, 그리고 개인적 개발을 통해 내담자를 도울 수 있다.

개인 회기에서 참여 파트너에게 물어볼 질문은 다음과 같다(Weeks & Fife, 2014, Chapter 18).

1. 외도 대상을 어떻게 만났습니까?
2. 어디가 매력적이었나요?
3. 누가 먼저 그 관계를 시작했나요?
4. 이 관계가 시작되었을 때 당신은 자신에 대해 어떻게 느꼈나요?
5. 이 관계가 시작되었을 때 당신은 이미 맺어진 관계에 대해 어떻게 느꼈나요?
6. 이 관계가 시작될 무렵에 당신의 삶에 무슨 일이 있었나요?
7. 당신은 이 사람에게 얼마나 정이 들었나요? 당신은 이 사람을 사랑한다고 생각하나요?
8. 이 관계가 당신에게 어떤 의미였나요?
9. 이 관계가 기존의 관계에 어떻게 도움이 되거나 상처를 주었습니까?
10. 이 관계가 어떻게 당신에게 도움이 되거나 상처를 주었습니까?
11. 당신이 외도에 연루될 거라고 상상이나 해 보았나요?
12. 이 관계가 당신의 윤리적, 도덕적 또는 가치 체계에 어떻게 도전했나요?
13. 당신은 이 사람/관계에서 어떤 점이 가장 좋습니까?
14. 당신은 이 사람/관계에서 어떤 점이 싫습니까?

15. 당신은 이 관계를 끝내는 것에 대해 어떻게 생각하나요?

16. 당신은 이 관계가 끝나는 것에 대해 파트너가 어떻게 느낄 것 같나요?

17. 당신이 이 관계를 끝내면 그들이 이 관계를 버릴 수 있다고 생각하나요, 아니면 그들이 당신을 계속 쫓아다닐 것이라고 생각하나요?

18. 이 관계에 대해 아는 사람이 또 있나요?

19. 당신은 이 관계를 끝낼 생각을 했거나 성공적으로 끝내려고 노력한 적이 있나요?

20. 당신의 파트너는 이 관계를 끝낼 생각을 했거나 끝내려고 노력했지만 실패했나요?

21. 두 사람의 관계를 유지하기 위해 얼마나 많은 정신적 에너지가 필요한가요? 당신은 이 상황에 지쳐 있나요?

22. 그것이 끝났을 때 당신은 어떻게 느낄 것 같나요?

23. 이 관계를 끝내야 하는 것에 대해 미리 맺어진 관계에 있는 당신의 파트너를 원망할 수 있다고 생각하나요?

24. 당신은 관계를 끝내야 했던 적이 있나요?

25. 과거에 당신과 관계가 끝났을 때 어땠나요?

26. 당신은 이 사람을 잃은 것에 대해 슬퍼할 준비가 되었나요?

치료

커플들은 외도로 인해 그들의 관계에 있어서 희망과 통제력에 대한 상실감에 빠져 치료에 들어갈 수 있다. 내담자들은 외도를 치유하는 과정에서 그들이 기대할 수 있는 치료 과정과 그 과정을 정리한 '로드맵'을 가지고 있다는 것에 감사하며, 그들에게 새로운 권한 부여를 느끼게 해 준다고 보고했다(Bird et al., 2007; Fife et al., 2008). 이러한 관계의 복잡성을 고려할 때, 임상가는 치료에 대한 몇 가지 지침을 가지고 있는 것으로부터 이익을 얻을 수 있다. 이 장에서는 독자에게 웍스와 그의 동료들(2003)이 최초로 요약한 외도 치료를 위한 개념적 다단계 접근법을 제시한다. 파이프와 그의 동료들(2008)은 이 개념적 접근법에 대해 더 자세히 설명했다. 다음에 자세히 설명하는 단계는 위기관리 및 평가, 체계론적 탐색, 용서하기, 외도에 기여하는 요소 처리, 의사소통을 통한 친밀감 강화이다. 연구에 따르면 외도 치료는 외도 행동을 금지시키는 것보다 더 중요하게 배신으로 인한 고통의 느낌에 주목해야 하며 관계 전반에 초점을 두어야 한다(Allen et al., 2005; Blow & Hartnett, 2005b). 외도로부터의 치유를 촉진하는 이러한 접근법은 치료사들이 외도에 대한 치료를 찾는 커플들과 함께 그들의 연구를 기반으로 한 구조를 제공한다. 물론 각각의 커플은 독특하고 개인적인 적응이 필요할 것이다.

1단계: 위기관리 및 평가

위기관리 및 평가는 사람들의 안전을 유지하고 감정 처리를 위해 또한 관계 헌신에 대한 성급한 의사 결정을 방지하기 위해 동시에 진행할 수 있다(Gordon et al., 2004). 평가와 헌신에 대해서는 이 장의 앞부분에서 논의되었다. 이 단계의 나머지 부분은 정서적인 반응을 통해 작업하고 책임감과 신뢰를 다시 쌓는 것이다.

정서적인 반응   치료 중에 감정이 드러나고 변화해 감에 따라 감정에 대한 이야기로 많은 시간을 할애하게 된다. 충격, 분노, 상처의 강렬한 감정은 끝이 없고 비이성적으로 보일 수 있어 두 파트너 모두에게 두려울 수 있기 때문에 치료사는 양쪽 파트너가 서로의 감정을 인정하고 검증하는 방법을 배울 수 있도록 도울 수 있다. 일단 커플이 회기 중에 자신의 감정을 공개적이고 솔직하게 표현할 수 있게 되면, 그들은 집에서도 자신의 감정을 표현할 필요가 있을 때 이에 대해 이야기할 특정 시간을 따로 마련해야 한다는 데에도 동의해야 할 것이다. 어떤 상황에서든 이러한 감정을 표현하는 데 있어 주변의 안전은 필수적이다. 감정과 접촉하고, 소통하고 검증하는 능력을 갖추고, 상처받지 않는 방식으로 표현하며, 분노와 상처 등 어려운 감정을 관리하는 것은 상담 회기 중에 숙달되어야만 상담 외 상황에서 대화가 가능하게 된다.

외도의 경우, 표현되지 않거나 해결되지 않은 감정은 종종 사실 확인에 쏟게 된다. 비참여 파트너는 누구와 얼마나 오랫동안 만났는지, 몇 번 만났는지, 외도 상대는 어떻게 생겼는지, 어디서 만났는지, 선물을 주었는지, 성적으로 무슨 일이 있었는지 등 외도에 대한 모든 세부 사항을 알려고 할 수 있다. 이 끝없는 정보 탐색은 감정을 처리하는 데 도움이 되지 않는다. 다만, 외도 상대가 누구인지, 외도가 얼마나 지속되었는지, 얼마나 자주 만났는지, 어디서 만났는지 등 비참여 파트너가 앞으로 나아가기 위해 알아야 할 몇 가지 기본적인 사실은 유용할 수도 있다. 하지만 유용하기보다는 비참여 파트너가 극복하기에 너무 고통스러울 수 있는 정보나 이미지를 갖게 될 수도 있다. 그들이 질문하고 싶은 욕구가 생길 때, 질문 이면에 있는 느낌이나 필요성을 표현해야 한다. 그러면 여기부터 치료사는 의사소통을 할 수 있다. "당신은 이미 무슨 일이 일어났는지 알고 있어요. 그것을 다시 듣는 것은 도움이 되지 않을 거예요." 많은 참여 파트너는 외도가 끝났다는 확신과 그들의 파트너가 여전히 그들을 매력적이고 사랑스럽다고 생각하기를 바란다. 커플이 그들의 감정에 대해 잘 표현하고 그들의 필요를 잘 조절해 나갈수록 외도 사건으로 다시 돌아가야 한다는 강박을 덜 느끼게 될 것이다.

정서적인 반응이 진행되지 않는 것 같으면 약물치료를 통해 치료를 보완할 수 있다. 때로는 비참여 파트너가 과도하게 반추하거나 외도와 관련된 강박적 사고나 행동이 발달할 수 있다. 치료사는 이 영역에서 외도 이전의 기능을 평가하고 외도에 대한 감정, 행동 확인, 사실 탐색이 합리적이지 못한 상태로 지속되는지 평가해야 한다. 둘째, 외도에 대한 슬픔 반응은 우울증과 불안 증상을 포함할 수 있다. 외도 전에도 이런 증상이 있었다가 치료되지 않는 경우도 있는데 이런 경우는 정신건강의학과에 의뢰하는 것이 유용할 수 있다.

책임감과 신뢰　외도는 관계에 대한 신뢰를 심각하게 손상시킬 수 있고, 손상된 신뢰를 다시 세우는 것은 쉬운 일이 아니다. 비참여 파트너는 관계 배신과 외도에 수반되는 거짓말과 속임수 모두에 의해 상처를 받는다. 참여 파트너는 단순히 사과만 하는 것이 아니라 열린 소통, 정직, 책임감을 통해 신뢰를 천천히 쌓아 가야 한다. 복잡하게 얽힌 배신 후, 비참여 파트너는 참여 파트너의 말과 행동에 의문을 제기할 수 있다. 참여 파트너는 외도로 인해 자신이 한 일과 관계에 어떤 일이 일어났는지에 대한 책임을 지고 파트너를 지원하는 데 책임을 져야 한다. 그들은 자신의 행동이 신뢰를 파괴하고 배반적이고 비참여 파트너의 의혹과 계속되는 과잉 경계를 하게 만들었다는 것을 깨닫고 인내심을 가지고 기다려야 한다. 이러한 의혹을 해소하고 책임감을 입증하기 위해서는 참여 파트너들이 명확한 소통에 임해야 하며, 참여 파트너들의 행방을 설명하는 데 신중을 기해야 한다. 예를 들어, 여행 중일 때 집에 전화를 걸어야 하고 언제건 전화 연락이 가능하도록 하는 것 등이다. 기존에 제공된 외도에 대한 기본 정보는 외도가 다시 시작된 것이 아니라는 것을 비참여 파트너가 알 수 있는 단서를 제공할 수 있다.

2단계: 체계론적 탐색

이 단계에서 임상가는 개인적 요소, 관계적 요소, 원가족 요소, 상황적 요소를 모두 고려해야 하기 때문에 치료를 안내하는 데 도움이 되는 메타체계접근을 재고할 수 있다(Weeks,

1994; Weeks & Gambescia, 2015). 이 장에서 다루고 있는 병인과 평가 부분 사이에, 누군가가 왜 외도에 빠질 수 있는지를 설명하기 위한 많은 이유가 소개되었다. 외도의 많은 경우는 관계 기능 장애나 불만족이 어느 정도 관련된다(Gordon et al., 2004). 체계론적으로 생각하면, 두 파트너가 함께 역기능 패턴을 만들었다고 볼 수 있는데, 즉 외도에 취약해질 수 있는 관계를 만드는 것에 두 사람 모두 기여한 바가 있다는 것이고, 치유 역시 두 사람이 함께 작업해야 한다는 것이다. 따라서 체계론적인 면을 고려하는 단계에서 커플은 다음을 배워야 한다.

- 일어난 일을 어떻게 이해할 것인가?
- 외도가 두 사람에게 의미하는 것이 무엇인가?
- 다시는 이런 일이 일어나지 않게 하기 위해 이번 사건으로부터 배울 수 있는 것은 무엇인가?

재정의는 커플과 가족 치료에서 공통적이고 효과적인 전략이다. 외도를 치료한다는 것은 커플들로 하여금 그들이 당면한 과제에 새로운 방법을 찾도록 돕는 것인데, 즉 모든 사람을 같은 수준에 있게 하고 일방적인 비난만 하는 경향을 줄여 가게 하는 것과 관련이 있다(Bird et al., 2007). 외도를 재정의하기 위해, 치료사는 외도가 어떻게 일어났는지, 그리고 그것이 어떤 목적을 가지고 작용했는지에 대해 커플들과 함께 알아내야 한다. 효과적인 재정의를 통해 커플이 외도에서 의미를 찾을 수 있게 한다. 두 사람 모두 그들의 역기능적이거나 취약한 관계와 외도 사이의 연관성을 증상으로 인식하게 된다. 비참여 파트너는 외도에 대한 비난이나 책임을 느끼는 것에 대해 매우 민감할 수 있기 때문에, 재정의는 조심스럽게 진행되어야 할 과정이다. 하지만 이것은 비난이 주제가 아니라 파트너들이 그들의 관계에 대한 책임을 공유하도록 돕는 것이다. 이 연결이 구축되면 치유와 재구축을 가속화할 수 있다. 치료의 인지적 재정의 단계는 매우 짧은 단계로 회기 수가 몇 차례 되지 않는다. 이 단계에서는 용서, 역기능 치료, 친밀감 증대를 위한 토대를 마련한다. 외도에 대한 이해도가 높아지면서, 두 사람 모두 그들의 관계에 대한 공동 책임을 지고 함께 작업함으로써 치료에 참여할 수 있게 된다.

3단계: 용서하기

용서는 관계에 있어 중요한 요소이다(Fife, Weeks, & Stellberg-Filbert, 2011; Weeks et al., 2003). 그것은 용서받을 개인의 가치나 화해의 정도에 대한 아무런 조건 없이 원한과 응징을 포기하겠다는 의식적인 선택의 과정이다(Gordon et al., 2004; Murray, 2002). 치료사가 용서를 정의하고 내담자에게 제시하는 방법은 치료 개입으로서의 용서의 효과에 영향을 미칠 수 있다(Butler, Dahlin, & Fife, 2002). 치료사가 상대방의 행동을 용서하거나 묵인하는 것보다 비참여 파트너에게 용서가 어떻게 치유에 도움이 되는지 설명하는 것이 내담자로 하여금 쉽게 받아들이는 데 도움이 된다(Butler et al., 2002; Hertlein & Brown, 2018). 용서의 의미와 관련 가치를 둘러싼 치료자의 자기 치유적 작업은 관계의 배신을 경험하는 다양한 형태의 내담자를 지원하는 데 유익할 것이다.

요소의 통합　용서를 촉진하는 통합 요소는 공감, 겸손, 관계 헌신, 그리고 희망이다(McCullough, 2000; Worthington, 1998). 공감은 방어력을 줄이고 부드러움을 증가시키는 데 도움이 된다. 겸손은 참여 파트너가 자신의 행동에 책임을 질 수 있게 하고, 비참여 파트너는 모든 사람이 인간이고 실수할 수 있다는 것을 인식하게 한다. 공감과 겸손이 커지면서 관계에 대한 헌신과 희망도 커진다. 헌신과 희망은 파트너가 관계에 더 많은 투자를 하도록 이끌 수 있다. 또한 헌신은 신뢰와 안전을 높일 수 있으며, 이는 용서 작업의 유용한 기반이 될 수 있다(Fife et al., 2011).

사과　참여 파트너의 진심 어린 사과가 비참여 파트너가 용서하고 치유하는 데 도움이 될 수 있다. 사과가 효과적이기 위해서는 구체적인 잘못과 해를 끼친 것을 인정하고, 진실되어야 하며, 변화에 대한 헌신을 포함해야 한다(Couch, Jones, & Moore, 1999; Fincham, 2000; Fitness, 2001; Flanagan, 1992; Gold & Weiner, 2000). 사과는 즉시 받아들여지지 않을 수 있으며, 치료사들은 이것을 정상화하고 시도한 것을 인정할 수 있다. 그래도 참여 상대의 행동에 초점을 맞춘 진심 어린 사과는 공감을 높이고 커플의 관계를 강화하는 데 도움이 될 수 있다.

4단계: 외도에 기여하는 요소 처리

헌신, 열정, 친밀감의 문제를 다루기　이 세 가지 요소를 다루면 미래에 발생할 수 있는 외도에 대한 커플의 취약성을 감소시킬 수 있는데, 왜냐하면 외도를 그 자체가 문제라기보다는 예측 불가능한 증상의 도전으로 보기 때문이다. 헌신은 이 장의 분별 상담 부분에서 논의되었다. 치료사는 커플이 그들의 관계에서 긍정적인 것을 강조하고, 감사의 말을 나누고, 애정을 보이도록 함으로써 헌신을 장려할 수 있다. 성관계와 욕구 불일치에 대한 대화를 할 수 있도록 커플을 지지하는 것은 그들의 열정을 다시 불러일으키는 데 도움이 될 수 있다. 마지막으로, 친밀감 문제는 친밀감이나 의존성에 대한 두려움을 해소하고 커플이 더 가까워질 수 있는 방법을 모색하며 다룰 수 있다(Weeks & Fife, 2009).

기대치 탐색   외도는 종종 파트너 간의 충족되지 않은 기대로 나타나는 증상일 수 있다. 이러한 기대는 역할, 집안일 또는 양육 책임, 재정, 성관계 등과 관련이 있을 수 있다. 커플은 치료에서 다음의 기대치들을 탐색해 볼 수 있다(Sager, 1976; Fife et al., 2008, p. 321 인용).

- 파트너가 명확하게 인식하고 상대방에게 언어적으로 전달한 기대
- 파트너가 분명히 알고 있었지만 상대방에게 말로 표현하지는 않은 기대
- 파트너가 알지 못했었기 때문에, 또는 알지 못하기 때문에 말로 표현하지 못한 기대

5단계: 의사소통을 통한 친밀감 강화

외도는 의사소통의 어려움에서 비롯된 가까움과 친밀감 부족의 결과일 수 있다. 그것은 또한 관계에서 이미 맺어진 친밀감을 깨뜨릴 수 있다. 커플이 외도에서 치유되는 과정에서 친밀감을 회복하는 것은 중요한 요소이다. 지속적인 상처와 부정적인 관계 패턴과 싸우는 것을 돕기 위해, 치료사들은 먼저 파트너들이 상대방의 의도를 어떻게 생각하고 판단했는지 탐색하도록 도와야 한다. 치료사는 "이런 경우에 파트너의 의도가 좋은 것이었다면 어떻게 반응할 것 같습니까?"(Fife et al., 2008, p. 322)라고 질문함으로써 독심술이나 부정적인 의사소통에 개입할 수 있다. 그리고 나서 내담자들은 파트너가 좋은 의도와 욕구를 가지고 있다고 가정하고 소통하도록 코칭을 받는다. 커플이 의사소통을 개선하기 위해 연습할 수 있도록 치료사는 나 진술법으로 말하기, 반영적 경청하기, 방어하려고 자신의 생각이나 의견을 말하기보다 인정하기 등과 같은 개입을 할 수 있다(Fife et al., 2008; Gordon et al., 2004). 그 외에도 커플이 자기 인식, 자기표현, 의사소통을 발달시키도록 돕는 연습으로는 역할 바꾸기, 실연하기 및 대면 대화 촉진하기, 사려 깊은 눈 맞춤, 치료사의 의사소통 코칭 등이 있다

(Bird et al., 2007; Davis & Butler, 2004).

많은 사람은 친밀감을 정서적 · 육체적 영역에 국한된 것으로 생각한다. 외도 후 성관계를 촉진하려는 섣부른 노력은 커플에게 두려움이나 불안을 불러올 수 있다. 파이프(2016)가 제시한 의사소통과 친밀감 개입은 커플이 위협성이 적은 방법으로 친밀감을 회복하는 데 도움을 줄 수 있다. 치료사는 우정, 유머, 레크리에이션, 친밀감 만들기(creative intimacy)[1] 등 친밀감의 다양한 측면에 대한 심리교육을 제공할 수 있다. 이러한 아이디어를 제공하는 것은 커플들이 함께 시간을 보내고, 소통할 수 있는 더 많은 것을 가지고, 연결을 형성하고, 무엇이 관계와 친밀감을 구성하는지에 대한 이전의 제한된 믿음을 넘어 그들의 친밀감에 대한 이해를 넓히는 데 도움을 줄 수 있다.

💜 사례 삽화

다음의 사례는 치료의 첫 단계를 성공적으로 거치고 함께 지내기로 한 커플을 소개하고 있다. 제이콥(Jacob, 백인)과 엘리(Ellie, 히스패닉)는 10년 동안 결혼생활을 해 왔다. 그들은 7세, 5세, 2세의 세 자녀를 두었다. 이 커플은 제이콥이 최근 엘리에게 몇 년 동안 다른 여자와 사귀었다고 밝힌 후 치료를 받게 되었다. 엘리는 파트타임으로 일하면서 대부분의 집안일을 담당한 어머니로서의 전통적인 성 역할을 받아들였다. 엘리는 직장, 집안일, 세 명의 어린 아이들 때문에 끊임없이 바쁘고 지친 가운데 인정받지 못한다고 느꼈다. 한편, 제이콥은 자신이 무시당한다고 느끼며, 일상이 지루했고, 엘리의 우선순위에서 가장 마지막인 존재라고 느꼈다. 그에 따르면 둘째 아이가 태어나고 얼마 지나지 않아 아이들이 삶의 전부였고, 커플 관계는 예전만큼 즐겁거나 로맨틱하지 않았다고 표현했다. 외도 사실을 알게 된 엘리는 비통함을 고백했다. 엘리는 외도 사실을 알고 관계를 정리하고 싶었지만, 재정적으로도 제이콥에게 의지했고 이혼을 추구하는 것에 대해 카톨릭과 히스패닉 가족으로부터 심판받기를 원하지 않았다. 이러한 정보를 바탕으로 치료사는 이 커플에게 분별 상담을 진행하고 일단 두 사람 모두 그들의 관계 회복을 위해 6개월간 노력하기로 약속하고 치료를 시작했다. 치료사는 또한 변화에 대한 몇 가지 희망 사항을 제시했고 그들의 도전을 정상화했다.

---

1 역자 주: 미술 작업, 이완 작업, 미래에 대한 계획 세우기 등 커플이 친밀감을 증진시키는 활동이다.

치료에서 그 커플은 서로의 감정을 표현했다. 제이콥은 자신의 행동에 책임을 지고, 신뢰 회복을 위해 투명하고 책임질 수 있는 체계를 구축했다. 그들은 부모가 되면 커플의 낭만적인 관계에 어떤 변화가 일어나는지를 설명하는 가족 생활 주기에 대해서 배웠다. 이들은 원가족에서 얻은 성 역할 정보에 대해 탐색했고, 결혼 유지에 필요한 그들만의 시간을 만들기 위해 육아와 집안일 책임을 더 많이 공유해야겠다고 인식했다. 치료 과정을 거치면서 커플은 서로의 욕구를 충족시키는 일을 하고 소통을 늘리며 나눔 활동에 더 많은 시간을 할애함으로써 제이콥이 놓쳤던 친밀감을 다시 정립하기 시작했다.

연구 및 향후 방향

외도에 관한 전문 문헌은 비교적 많지만 외도 치료에 관한 실증 연구는 거의 없다. 외도 연구의 격차는 비밀누설의 우려, 수치심, 그리고 외도라는 주제를 둘러싼 은밀성으로 설명될 수 있다. 또한 외도라는 주제가 정의하기 어렵다는 것도 연구를 어렵게 한 것으로 보인다. 기존 연구의 대부분은 혼외 성관계에 대한 외도를 지나치게 단순화하지만, 다양한 정의, 다양한 관계 패턴, 비성애자 커플이 일반적으로 이전 연구에서 제외되고 있다는 점을 고려할 때 기존 연구의 타당성에 대한 의문이 남아 있다(Blow & Hartnett, 2005a). 현대 시대에 뒤떨어지고 일관성이 없는 유병률 데이터는 외도와 다른 유형의 관계에 대한 정의를 더 포괄적으로 수집할 필요가 있다. 외도 문헌에 대한 블로우와 하트넷(2005a, 2005b)의 리뷰는 더 다양한 연구가 필요함을 역설했지만, 불행히도 이 빈자리는 아직도 채워지지 않고 있다. 이 외에도 이들은 외도가 있었던 커플과 그렇지 않은 커플의 차이점에 대한 좀 더 심도 있는 연구, 치료사와 내담자 경험에 대한 질적 연구, 외도가 발견되거나 공개된 후의 치유 과정에 대한 장기적인 연구가 향후 이루어져야 한다고 제안하고 있다. 마지막으로, 특정 가족 치료 모델에 의해 알려진 외도 치료를 상세히 설명하는 것은 이 장의 범위를 벗어나기에 다루지 않았음을 밝힌다. 그러나 외도의 치료를 돕기 위한 모범 사례와 다양한 모델의 능력에 대해 더 많은 임상 연구가 필요하다.

414 제15장 외도에 대한 치료

참고문헌

Allen, E. S., Atkins, D. C., Baucom, D. H., Snyder, D. K., Gordon, K. C., & Glass, S. P. (2005). Intrapersonal, interpersonal, and contextual factors in engaging in and responding to extramarital involvement. *Clinical Psychology Science and Practice, 12*(2), 101–130. doi: 10.1093/clipsy.bpi014.

Atkins, D. C., Baucom, D. H., & Jacobson, N. S. (2001). Understanding infidelity: Correlates in a national sample. *Journal of Family Psychology, 15*, 735–749. doi: 10.1037//0893-3200.

Atwood, J., & Seifer, M. (1997). Extramarital affairs and constructed meanings: A social constructionist therapeutic approach. *American Journal of Family Therapy, 25*(1), 55–75. doi: 10.1080/01926189708251055.

Bird, M. H., Butler, M. H., & Fife, S. T. (2007). The process of couple healing following infidelity: A qualitative study. *Journal of Couple and Relationship Therapy, 6*(4), 1–25. doi: 10.1300/J398v06n04_01.

Blow, A. J., & Hartnett, K. (2005a). Infidelity in committed relationships I: A methodological review. *Journal of Marital and Family Therapy, 31*(2), 183–216. doi: 10.1111/j.1752-0606.2005.tb01555.x.

Blow, A. J., & Hartnett, K. (2005b). Infidelity in committed relationships II: A substantive review. *Journal of Marital and Family Therapy, 31*(2), 217–233.

Brown, E. M. (1991). *Patterns of infidelity and their treatment.* Brunner/Mazel Publishers.

Butler, M. H., Dahlin, S. K., & Fife, S. T. (2002). Languaging factors affecting clients' acceptance of forgiveness intervention in marital therapy. *Journal of Marital and Family Therapy, 28*(3), 285–298. doi: 10.1111/j.1752-0606.2002.tb01187.x.

Couch, L., Jones, W. H., & Moore, D. S. (1999). Buffering the effects of betrayal: The role of apology, forgiveness and commitment. In J. M. Adams & W. H. Jones (Eds.), *Handbook of interpersonal commitment and relationship stability* (pp. 451–469). Kluwer Academic/Plenum.

Davis, S. D., & Butler, M. H. (2004). Enacting relationships in marriage and family therapy: A conceptual and operational definition of an enactment. *Journal of Marital and Family Therapy, 30*, 319–333. doi: 10.1111/j.1752-0606.2004.tb01243.x.

DeMaria, R., Weeks, G., & Twist, M. L. C. (2017). *Focused genograms: Intergenerational assessment of individuals, couples, and families* (2nd ed.). Routledge.

DiBlasio, F. A. (2000). Decision-based forgiveness treatment in cases of marital infidelity. *Psychotherapy, 37*, 149–158.

Doherty, W. J., Harris, S. M., & Wilde, J. L. (2016). Discernment counseling for mixed-agenda couples. *Journal of Marital and Family Therapy, 42*(2), 246–255. doi: 10.1111/jmft.12132.

Fife, S. T. (2016). Aspects of intimacy. In G. R. Weeks, S. T. Fife, & C. Peterson (Eds.), *Techniques for the couple therapist: Essential interventions from the experts* (pp. 145-150). Routledge.

Fife, S. T., Weeks, G. R., & Stellberg-Filbert, J. (2011). Facilitating forgiveness in the treatment of infidelity: An interpersonal model. *Journal of Family Therapy, 35*(4), 1-25. doi: 10.1111/j.1467-6427.2011.00561.x.

Fife, S. T., Weeks, G., R., & Gambescia, N. (2007). The intersystems approach to treating infidelity. In P. Peluso (Ed.), *Infidelity: A practitioner's guide to working with couples in crisis* (pp. 71-97). Routledge.

Fife, S. T., Weeks, G. R., & Gambescia, N. (2008). Treating infidelity: An integrative approach. *The Family Journal: Counseling and Therapy for Couples and Families, 16*(4), 316-323.

Fincham, F. D. (2000). The kiss of porcupines: From attributing responsibility to forgiving. *Personal Relationships, 7*, 1-23. doi: 10.1111/j.1475-6811.2000.tb00001.x.

Fincham, F. D., Hall, J., & Beach, S. (2006). Forgiveness in marriage: current status and future directions. *Family Relations, 55*(4), 415-427. doi: 10.1111/j.1741-3729.2005.callf.x-i1.

Fitness, J. (2001). Betrayal, rejection, revenge, and forgiveness: An interpersonal script approach. In M. R. Leary (Ed.), *Interpersonal rejection* (pp. 73-103). Oxford University Press.

Flanagan, B. (1992). *Forgiving the unforgivable: Overcoming the bitter legacy of intimate wounds.* Macmillan.

Glass, S., & Wright, T. (1992). Justifications for extramarital relationships: The association between attitudes, behaviors, and gender. *The Journal of Sex Research, 29*(3), 361-387. doi: 10.1080/00224499209551654.

Glass, S., & Wright, T. (1997). Reconstructing marriages after the trauma of infidelity. In W. K. Halford & H. J. Markman (Eds.), *Clinical handbook of marriage and couples interventions* (pp. 471-507). John Wiley.

Gold, G. J., & Weiner, B. (2000). Remorse, confession, group identity and expectancies about repeating a transgression. *Basic & Applied Social Psychology, 22*, 291-300. doi: 10.1207/15324830051035992.

Gordon, K. C., Baucom, D. H., & Snyder, D. K. (2004). An integrative intervention for promoting recovery from extramarital affairs. *Journal of Marital and Family Therapy, 30*(2), 213-231. doi: 10.1111/j.1752-0606.2004.tb01235.x.

Hertlein, K. M., & Brown, K. (2018). Challenges of facilitating forgiveness in psychotherapy. *Journal of Family Psychotherapy, 29*(2), 87-105. doi: 10.1080/08975353.2017.1368811.

Hertlein, K. M., & Piercy, F. P. (2008). Therapists' assessment and treatment of internet infidelity cases. *Journal of Marital and Family Therapy, 4*, 481-497. doi: 10.1111/j.1752-

0606.2008.00090.x.

Hertlein, K. M., Wetchler, J. L., & Piercy, F. P. (2005). Infidelity: An overview. *Journal of Couple and Relationship Therapy, 4*(2-3), 5-16. doi: 10.1300/J398v04n02_02.

Humphrey, F. G. (1985). Extramarital affairs and their treatment by AAMFT therapists. Paper presented at the American Association of Marriage and Family Therapy, New York, October 19.

Humphrey, F. G., & Strong, F. (1976). Treatment of extramarital sexual relationships as reported by clinical members of AAMFC. In meeting of the Northeastern American Association of Marriage and Family Counselors, Hartford, CT, May (Vol. 22).

Kraus, S. W., Voon, V., Kor, A., & Potenza, M. N. (2016). Searching for clarity in muddy water: Future considerations for classifying compulsive sexual behavior as an addiction. *Addiction, 111*, 2113-2114. doi: 10.1111/add.13499.

Labrecque, L. T., & Whisman, M. A. (2017). Attitudes toward and prevalence of extramarital sex and descriptions of extramarital partners in the 21st century. *Journal of Family Psychology, 32*(7), 952-957. doi: 10.1037/fam0000280.

Lauman, E. O., Gagnon, J. H., Michael, R. T., & Michaels, S. (1994). *The social organization of sexuality.* University of Chicago Press.

Lusterman, D. (1998). *Infidelity: A survival guide.* New Harbinger Publications.

Marett, K. M. (1990). Extramarital affairs: A birelational model for their assessment. *Family Therapy, 17*(1), 21-28. doi: 10.1177/1066480708323203.

Marín, R. A., Christensen, A., & Atkins, D. C. (2014). Infidelity and behavioral couple therapy: Relationship outcomes over 5 years following therapy. *Couple and Family Psychology: Research and Practice, 3*(1), 1-12. doi: 10.1037/cfp0000012.

Martin, G. L. (1989). Relationship, romance, and sexual addiction in extramarital affairs. *Journal of Psychology and Christianity, 8*(4), 5-25.

McCullough, M. E. (2000). Forgiveness as a human strength: Theory, measurement, and links to well-being. *Journal of Social and Clinical Psychology, 19*(1), 43-55.

Murray, R. J. (2002). Forgiveness as a therapeutic option. *The Family Journal: Counseling and Therapy for Couples and Families, 10*(3), 315-321.

Norona, J. C., Olmstead, S. B., & Welsh, D. P. (2018). Betrayals in emerging adulthood: A developmental perspective of infidelity. *Journal of Sex Research, 55*(1), 84-98. doi: 10.1080/00224499.2017.

Pittman, F. (1989). *Private lies: Infidelity and the betrayal of intimacy.* Norton.

Sager, C. (1976). *Marriage contracts and couples therapy: Hidden forces in intimate relationships.* Brunner/Mazel.

Spring, J. A. (1996). *After the affair: Healing the pain and rebuilding the trust when a partner has been unfaithful*. HarperCollins.

Thompson, A. P. (1984). Emotional and sexual components of extramarital relations. *Journal of Marriage and the Family, 46*, 35-42.

Turner, M. (2009). Uncovering and treating sex addiction in couples therapy. *Journal of Family Psychotherapy, 20*, 283-302. doi: 10.1080/08975350902970279. WJFP0897-5353.1540.

Weeks, G. R. (1994). The intersystem model: An integrated approach to treatment. In G. R. Weeks & L. Hof (Eds.), *The marital relationship therapy casebook: Theory and application of the intersystem model* (pp. 3-34). Brunner/Mazel.

Weeks, G. R., & Cross, C. L. (2004). The intersystem model of psychotherapy: An integrated systems treatment approach. *Guidance & Counselling, 19*(2), 57-64.

Weeks, G. R., & Fife, S. T. (2009). Rebuilding intimacy following infidelity. *Psychotherapy in Australia, 15*(3), 28-39.

Weeks, G. R., & Fife, S. T. (2014). *Couples in treatment: Techniques and approaches for effective practice* (3rd ed.). Routledge.

Weeks, G. R., & Gambescia, N (2015). Toward a new paradigm in sex therapy. In K. M. Hertlein, G. R. Weeks, & N. Gambescia (Eds.), *Systemic Sex Therapy* (2nd ed.) (pp. 32-52). Routledge.

Weeks, G., Gambescia, N., & Jenkins, R. (2003). *Treating infidelity: Therapeutic dilemmas and effective strategies*. W. W. Norton.

Westfall, A. (2000). The intersystem model. In F. M. Dattilio & L. J. Bevilacqua (Eds.), *Comparative treatments for relationship dysfunction* (pp. 229-246). Springer.

Whisman, M. A., Dixon, A. E., & Johnson, B. (1997). Therapists' perspectives of couple problems and treatment issues in couple therapy. *Journal of Family Psychology, 11*, 361-366. doi: 10.1037/0893-3200.11.3.361.

Wiederman, M. W. (1997). Extramarital sex: Prevalence and correlates in a national survey. *Journal of Sex Research, 34*, 167-174.

Worthington, E. L., Jr. (1998). An empathy-humility-commitment model of forgiveness applied within family dyads. *Journal of Family Therapy, 20*, 59-76. doi: 10.1111/1467-6427.00068.

제 **16** 장

문화와 섹슈얼리티

···Systemic Sex Therapy···

제**16**장

문화와 섹슈얼리티

Kristen Mark · Katharine Haus

 서론

성 치료의 맥락에서 임상가는 성 문제에 대한 효과적인 평가와 치료를 위해 밀접하게 연관된 섹슈얼리티와 문화의 본질을 이해하는 것이 중요하다. 문화는 부분적으로 성적 지향, 인종, 성별, 종교와 같은 성적 발달에 영향을 미치는 다양한 사회문화적 요소를 가지고 있어서 섹슈얼리티와 관련이 있다. 임상 환경에서 섹슈얼리티에 대한 평가를 위해 사회문화적 관점을 사용하는 것은 성적 문제의 평가, 동맹 구축, 치료 계획에 긍정적인 영향을 미칠 수 있다. 문화는 건강한 섹슈얼리티를 발전시켜 나가는 과정에 발생하는 성 관련 문제나 이슈의 원인에 복잡한 방식으로 영향을 미치는 잠재적 요소이기 때문에 효과적인 치료를 위해서는 이를 이해하는 것이 매우 중요하다(Atallah, Johnsom-Agbakwu, Rosenbaum, Adbo, Byers, Graham, et al., 2016). 이 장에서 다루고 있는 '문화'라는 용어는 특정한 공간적 · 시간적 경계 내에 있는 특정 그룹의 사람들의 공유된 생각, 가치, 관행 및 신념을 나타낼 것이다. 문화는 끊임없이 변화하고 있으며, 섹슈얼리티와 성적 행동에 관련된 인식에 지속적으로 영향을 미치고 있다. 이와 같이 섹슈얼리티는 그것이 존재하는 문화적 시간과 공간에 의해 정의된다. 이러한 이유로, '섹슈얼리티'라는 용어는 성적 행동에 대한 공유된 사회적 이해를 기반으로 한 문화적 구성이자 개인의 표현과 경험의 수단으로 고려하고자 한다(Parker, 2009; Stevens,

2015; Rye & Meaney, 2007).

성적 문제의 원인을 고려할 때, 문화는 건강한 (혹은 불건전한) 섹슈얼리티 발달에 중요한 역할을 할 수 있다. 예를 들어, 성이 더럽거나 성은 나쁜 것이라는 메시지를 전달한 가정에서 자란 경우(특히 종교와 관련된 많은 문화적 맥락에서 흔히 볼 수 있는 문제) 이러한 메시지가 얼마나 깊이 자리 잡을 수 있는지에 따라 건강한 성생활의 발전이 더 어려울 수 있다. 부정적인 문화적 요소는 오르가슴에 도달하기 어려운 것에서부터 발기 상태를 유지하는 문제에 이르기까지 수많은 성적 이슈에 영향을 미칠 수 있는 침투적인 각본의 일부가 될 수 있다. 문화적 배경은 성적 표현 그리고 우리가 섹슈얼리티와 성행동에 대해서 갖는 의미에 매우 중요한 역할을 할 수 있기 때문에, 치료사는 효과적인 치료 계획에 도달하기 위해 포괄적인 문화적 역사를 파악할 의무가 있다(Kleinman, 1988).

문화적 맥락에 대한 고려는 치료 결과를 향상시킨다. 게다가 이것은 윤리적 치료에 있어 필수적이다. 예를 들어, 성에 대한 치료사의 신념과 가치는 자신의 섹슈얼리티와 성행위(sexual practice)에 대한 내담자의 내적 신념에 영향을 미칠 수 있다(Harding, 2017). 성 치료사들은 내담자와 작업하기 전에 자신의 사회문화적 관점을 완전히 이해하고 편안하게 생각하는 것이 중요하다. 실제로 대부분의 성 치료 훈련 프로그램은 수료증을 주기에 앞서 치료사가 성적 태도 재평가(SAR) 워크숍 등 체험형 워크숍을 통해 자신의 성적 가치를 평가하도록 하고 있다. 예를 들어, SAR은 미국성교육자상담치료협회(AASECT)의 핵심 요건이다. 아무리 양심적인 치료사라도 치료 과정에서 의도치 않게 편견과 선입견, 문화적 지식의 부족을 투사해 내담자에게 더욱 내면화된 갈등을 일으킬 수 있다. 따라서 치료사들은 문화가 규범과 낙인을 형성하는 역할을 할 수 있다는 인식을 가지는 것이 필수적이다(Harding, 2017).

섹슈얼리티는 그것이 존재하는 맥락과 불가분하게 연결되어 있기 때문에 문화적 신념과 기대는 그 사람의 현실을 강화한다. 언급한 바와 같이, 성공적인 치료를 위해서는 문화적 맥락에 대한 이해가 가장 중요하다. 그럼에도 불구하고, 효과적인 문화 기반 치료에 관한 경험적 증거는 제한적이다(Atallah et al., 2016; Hall & Graham, 2013; Heinemann, Atallah, & Rosenbaum, 2016). 섹슈얼리티, 성별, 신체에 대한 내면화된 태도와 도식은 섹슈얼리티를 경험하는 방식에 영향을 미친다(Kaschak & Tiefer, 2002). 성 치료사들은 순수한 생리학적 원인보다는 성이 존재하는 맥락을 반영하는 성적 어려움을 다루는 데 익숙하다. 그러나 임상가에게는 성적 문제에서 복잡한 문화적 교차성에 대한 고려가 명확하지 않을 수 있다(Kaschak & Tiefer, 2002; Nagoski, 2015; Rosenkrantz & Mark, 2018). 사회문화적 변수는 일생에 걸쳐 섹슈얼리티의 많은 측면에 영향을 미치며 가치관, 도덕관, 행동을 좌우할 수 있다. 예를 들어,

문화적 기대는 이성애, 이분법적 성별(binary gender)[1], 시스젠더 정체성(cisgender)[2] 등과 같은 지배적인 범주를 가정하게 한다.

이 책 전반에 걸쳐 사용되는 메타체계접근(Intersystem Approach: IA)은 개인과 체계 이론이 보다 종합적인 평가와 치료를 위해 어떻게 통합되는지를 이해하기 위한 포괄적이고 통합적인 접근법이다(Weeks, 1986). IA의 5개 영역은 ① 개인의 생물학적·의학적 영역, ② 개인의 심리학적 영역, ③ 관계적 영역, ④ 원가족 영역. ⑤ 상황적 영역을 포함한다. 이 장은 사회, 문화, 인종, 민족, 종교, 그리고 개인의 정체성과 연결되는 인간 경험의 다른 측면을 아우르는 다섯 번째 영역인 상황적 영역에 집중하고 있다.

🔑 섹슈얼리티에 기여하는 상황적 영역

섹슈얼리티는 각 문화에 대해 다양한 기능을 수행하며, 수많은 동기에 의해 촉진될 수 있다. 그중에는 생식 수단으로서의 성(Rye & Meaney, 2007; Stevens, 2015), 사회적 지위, 개인의 신념, 사회적 통제, 유대감, 친밀감, 욕구, 그리고 일부에게는 노동의 수단이다(Mark & Lasslo, 2018; Meston & Buss, 2007; Rye & Meaney, 2007; Stevens, 2015). 또한 적절한 성행위를 하는 동기는 문화에 따라 다양하다는 것이 밝혀졌다(Hatfield, Luckhurst, & Rapson, 2010). 그러므로 섹슈얼리티에 대한 정의와 사회에 '수용 가능한' 성행위의 많은 부분은 그것이 속한 문화에서 기인한다.

각 문화에서 섹슈얼리티는 개인과 집단 모두에 의해 생존과 상호작용의 수단으로 활용되며, 수용 가능한 것과 수용 불가능한 것을 구별하는 무언의 규제에 의해 통제된다. 이러한 규제는 사회적 규범이라고도 하는 사람들이 가지고 있는 신념, 행동, 태도를 통해서도 나타난다(Fujii, 2019). 이러한 규범들은 태어나면서부터 사회화를 통해 학습되고 복제하는데, 마치 아이들이 또래들로부터 그들이 기대하는 것들을 배우는 것과 같다. 규범이 장소마다 다르듯이 맥락은 성적 행동들이 어떻게 다르게 개념화되는지를 결정할 수 있다. 예를 들어, 많은 서양 문화에서 입술에 키스하는 것은 성적 또는 로맨틱한 행동으로 여겨지지만, 이 행동이 모든 문화에 보편적인 것은 아니다. 연구에 의하면 단지 46%의 문화에서만 그렇게 받아

---

1 역자 주: 인간의 성별을 남성과 여성의 두 가지 구분으로만 보는 것이다.
2 역자 주: 태어날 때 부여받은 성과 성 정체성이 동일한 경우이다.

들여졌다. 어떤 맥락에서는 키스가 이상한 행동일 수 있으며, 이 행동이 규범적이지 않은 문화에서는 받아들여지지 않을 수 있다. 예를 들어, 아랍 국가의 사회적 규범은 근친상간을 범하려는 사람들을 저지하는 데 도움이 될 수 있지만 일상적인 애정표현으로 성적 행동을 하는 사람들에게 해가 될 수도 있다. 규범을 벗어난 행동을 하는 사람들은 또한 그들 문화의 맥락에 따라 처벌받을 수 있다. 성적 행동, 지향, 정체성에 관한 규범은 두려움과 오해를 불러일으킬 수 있으며, 성적 행위와 사람들의 집단에 대한 낙인을 초래할 수 있다. 예를 들어, 이성애, 즉 이성애가 '정상'이라는 생각에 기반한 다양한 성적 지향에 대한 차별이 여러 문화권에서 만연해 있다. 이는 비이성애자들에 대한 차별로 해를 끼칠 수 있다(Szymanski & Mikorski, 2015).

종교성   종교는 섹슈얼리티에 대한 암묵적이고 노골적인 태도에 큰 영향을 미치는 것으로 입증되었다(Abdolmanafi, Nobre, Winter, Tilley, & Jahromi, 2018; Turner & Stayton, 2014; Whitley, 2009). 성적 행동이나 태도가 종교의 기대와 일치하지 않을 때 수치심, 죄책감, 그리고 종종 성적 문제를 동반할 수 있다. 예를 들어, 기독교는 역사적으로 이성애 결혼 이외의 성행위에 대해 강하게 비난해 왔다(Hatfield, Luckhurst, & Rapson, 2010; Rye & Meaney, 2007). 일부 형태의 유대교와 이슬람교에서는 결혼 이외의 성관계를 죄악으로 간주하기도 하며, 성행위는 오로지 출산을 위한 것으로만 간주하기도 한다(Leeming, 2003; Stevens, 2015). 출산에 기여하지 않는 모든 성적 행동은 외도로 간주되며, 이로 인해 다양한 행동이 낙인찍히고 있다(Ho & Hu, 2016). 유대 기독교에서 성행위를 개념화하는 방식 때문에 많은 사람이 성적인 상상을 하거나 자위를 할 때 죄책감과 수치심을 느낀다고 보고한다. 이러한 인식은 자위 행위가 정상적이고 심지어 전반적인 성 건강에 이롭다는 사실과 상충된다(Coleman, 2003; Kettrey, 2016). 또한 이러한 죄책감은 판타지, 항문 삽입, 동성 간 성행위를 포함한 다른 형태의 성적 표현에 의해 유발된다(Leeming, 2003; Stevens, 2015). 문화는 또한 관계의 측면이 정의되는 방식에 영향을 미칠 수 있다. 예를 들어, 일부 이슬람 여성은 남편이 성적으로 만족하는지 여부에 따라 자신의 성적 만족도를 결정한다(Abdolmanafi et al., 2018). 이러한 이유로, 종교적 신념이 특히 강하거나 그들의 문화적 각본이 종교의 영향을 많이 받는 사람들에게 성행위를 논하고 성행위를 하는 것은 어려울 수 있다(Abdolmanafi et al., 2018; Yip, 2018).

또한 종교는 종종 성 불평등을 중심으로 성을 둘러싼 권력 역학에 영향을 미칠 수 있다. 유대-기독교는 전통적으로 여성의 섹슈얼리티를 위험하고 남성에게 유혹적인 것으로 간주하여 섹슈얼리티에 대한 성별의 기대 차이를 강화시켰다. 여성들이 그들의 파트너를 위험

속으로 유인하거나 때아닌 죽임을 당하게 하는(Leeming, 2003; Rye & Meaney, 2007) 성경의 이야기를 통해 이러한 사실을 알 수 있다(예: 삼손과 데릴라, 다윗과 밧세바). 이것은 여성의 섹슈얼리티가 독립적으로 발휘될 때 해로울 수 있다는 생각을 부추긴다. 또한 중국과 이란과 같은 국가에서 섹슈얼리티에 대한 전통적인 관점은 처녀성을 가장 중요하게 여겨 혼전 성행위를 금기시하는 결과를 초래했다(Abdolmanafi et al., 2018). 그러므로 종교는 섹슈얼리티 표현, 특히 여성의 섹슈얼리티 표현에 대한 불편감과 반발을 불러일으킬 수 있다. 이는 또한 이러한 행동에 관여하는 사람들이 느끼는 내적 갈등이나 그 행동과 관련된 죄책감으로 인한 성적 만족 문제를 야기할 수 있다(Abdolmanafi et al., 2018).

예를 들어, 처녀성과 순결에 대한 강한 신념으로 인해 결혼을 위해 첫 성관계를 아껴 둔 이성애 기독교인 커플인 로리(Laurie)와 다니엘(Daniel)을 생각해 보라. 관계에 대한 높은 만족감, 성적인 친밀감의 다른 모든 측면에 대한 강한 성적인 끌림, 그리고 그들의 결혼식 날 밤 첫 번째 성관계가 서로에게 유대감을 주는 신비롭고 깊은 친밀한 순간이 될 것이라는 기대에도 불구하고, 로리는 질의 극심한 고통으로 다니엘이 삽입할 수 없게 만들었다고 보고했다. 이들은 결혼식이 끝난 지 4개월 만에 커플 상담에서 아직 결혼생활을 완성하지 못한 것에 실망과 좌절을 감추지 못했다. 이러한 실망과 좌절은 그들 관계의 다른 측면에 부정적인 영향을 끼쳤고, 서로 그들의 결혼이 실수는 아니었는지 궁금해했으며, 가정을 꾸릴 수 있는 잠재력으로서의 '정상적인' 성생활이 가능할까 하는 두려움을 가졌다. 이 경우 로리와 다니엘의 관계에 존재하는 종교적 맥락을 고려하지 않고는 성적 고통 문제에 대한 이 사례를 평가할 수 없다.

인종과 민족　세계의 많은 지역, 특히 식민지화 역사가 있는 국가에서는 인종적으로나 민족적으로 다양한 사람의 섹슈얼리티와 성적 경험이 식민주의의 잔존 요소에 의해 영향을 받는다. 비록 많은 사람이 식민주의는 노력 끝에 끝났다고 믿지만, 식민 지배는 오늘날에도 여전히 존재하고 있으며, (후기) 식민주의라고 불린다(Balestrery, 2012). 이러한 현상 중 하나가 섹슈얼리티에 대한 기대와 성적인 고정관념을 통해서 보이고 있다. 유색인종은 종종 물품 음란증의 지점까지 성적 대상화되고, 이때 많은 유색인은 마치 백인들이 고정관념적인 기대만으로 그들을 찾는 것처럼 느낀다(Hargons, Mosley, Meiller, Stuck, Kirkpatrick, Adams, & Angyal, 2018; Nadal et al., 2015). 또한 가족이 타 인종과의 관계를 인정하지 않을 것이라고 믿는 사람들은 가족 관계에 많은 압력을 가할 수 있는 관계를 되도록 만들지 않으려 할 것이다(Yahya & Boag, 2014). 성애화(sexualization)와 편견의 또 다른 미묘한 공격성은 소수집단이 경험하는 배척과 소수집단 스트레스의 원인이 될 수 있다. 소수집단 스트레스는 소수자 범주에 속하는(예: 소수인종 또는 소수민족, 성소수자 등) 개인에게 독특한 스트레스를 유발하는 차별의 한 형태이며, 소수집단 스트레스가 정신 및 신체 건강 문제에 독특하게 기여할 수 있음을 보여 주는 연구도 있다(Meyer, 2003, 2015). 이러한 개념은 특히 성소수자의 정체성과 소수 인종·민족성이 교차할 때 다루기가 어려울 수 있으며, 성적 문제를 치료하는 임상가들이 특별히 고려해야 할 사항들을 만들어 낸다.

21세의 양성애자인 흑인 남성 조나단(Jonathan)이 25세의 백인 게이 남성 저스틴(Justin)과의 첫 관계를 탐색한 사례를 생각해 보자. 이 경우 조나단은 저스틴과의 성관계 중 오르가슴에 대한 어려움을 호소하며 개별적으로 성 치료를 받았다. 이는 오르가슴(자위를 통한 오르가슴은 잘 기능했고 이전에 여성과의 성관계에서도 경험한 바 있다)의 상황별 문제이며, 발기 유지에 영향을 미치지는 않았지만, 그는 성관계 중 그 순간에 머무르는 데 어려움을 느낀다. 이 다인종 동성 커플과 함께 일하는 임상가에게는 세 가지 주요 고려사항이 있다. 즉, ① 타인종과의 관계, ② 성 정체성 발달, ③ 다수의 소수자 정체성이 교차된 상황에서 두 남성에게 놓인 문화적 기대의 복잡성 등이다. 이 세 가지 문화적 측면을 고려하지 않는다면 이 사례에 대한 평가와 치료는 불완전할 것이다.

지리적 요건　출신지 또는 거주지의 지리적 위치는 섹슈얼리티, 성 건강 관리에 대한 접근성, 기대, 신념 및 고정관념에 상당한 영향을 미칠 수 있다. 미국에서 도시와 시골 사이에는 많은 태도적 차이가 있는데, 그중 하나는 섹슈얼리티에 대한 태도와 관련이 있다. 예를 들어, 미국의 시골 지역에 사는 사람들은 전통적인 종교적 가치를 더 중시하고 문화적 다양성을 거의 고려하지 않는 경향이 있으며, 지역사회의 성소수자에 대한 낙인을 찍는 것이 매우 강하다(Swank, Frost, & Fahs, 2012). 도시에서는 교육적, 문화적, 성적으로 다양한 개인이 많이 집중되어 작은 지역사회에서는 흔치 않은 것으로 간주될 수 있는 행동을 수용하는 데 있어 유연성이 크기 때문에(Swank et al., 2012) 이러한 경우는 드물다. 지역에 따른 차별은 미국만의 전유물이 아니며 세계의 다른 지역에서도 찾아볼 수 있다. 예를 들어, 중국의 경우 성폭력을 통해 여성을 억압하려는 남성들의 수와 그 비율이 도시보다 농촌 지역이 더 높다(Trent & South, 2012). 또한 현재 거주지와는 매우 다른 지리적 위치나 문화적 풍토에서 자란 사람의 문화적 배경을 고려하려면 성적 문제의 병인과 치료에 대한 관심이 필요할 것이다. 예를 들어, 인도에서 자랐지만 현재 미국에 거주하고 있는 커플을 치료하고 있다면 인도의 문화적 규범에 대한 고려가 필요하다. 이것은 임상가가 모든 문화에 대해 알아야 한다는 것은 아니다. 그러나 임상가는 내담자로부터 그들의 경험이 무엇인지 배우는 시간이 필요하며 그들의 경험이 인도와 북미의 모든 지리적 지역의 관습과 일치한다고 가정하지 않아야 한다.

더 나아가, 가족의 기대나 어린 시절에 만들어진 규범은 성적 문제에 문화적 맥락의 복잡한 층을 제공할 수 있다. 문화적 적응과정은 내담자의 출신 문화에 대한 유용한 관점을 제공할 수 있다. 철저한 개인적 역사는 이민자들이 자신들이 성장해 온 문화로부터 현재 살아가는 문화에 어떻게 적응해 왔는지를 살펴보고 그들의 내면화된 신념에 대해 평가하고, 섹슈얼리티에 대해 토론하는 기술을 적용하게 할 것이다(Hinemann et al., 2016).

프리티(Preeti)와 슈밤(Shubham)은 인도에서 태어나 28년간 결혼생활을 하고 20년 전 미국으로 함께 이주해 미국에서 두 자녀를 키웠다. 임상가는 이들이 20년 동안이나 미국에 살았고 미국에서 두 명의 자녀를 낳고 키웠다면 인도의 전통적인 규범에 대해서는 고려하지 않아도 된다고 생각할 수 있다. 하지만, 슈밤은 최근에 직장을 잃었고, 프리티는 부동산 중개업자로서 그녀의 커리어에 성공하여, 지난 한 해 동안 그녀가 집에서 가장 역할을 하게 되었다. 이 와중에 성생활이 정체되어 커플 치료를 시작했다. 치료사는 이 커플과 함께 인도의 관습적인 성 역할, 슈밤과 프리티가 서로에게 기대하는 부모의 역할, 그리고 그것이 자신과 서로를 위한 기대로 어떻게 변환되었는지, 그리고 결혼이라는 사회적 각본에 어떻게 들어맞는지에 대해 논의할 수 있다. 문화적 탐색 과정에서 일어나는 호기심은 커플이 그들의 기대를 분명하게 표현하는 데 도움이 될 수 있을 뿐 아니라 임상가가 문화적 맥락을 이해하고 치료 계획을 형성하는 데에도 도움이 될 수 있다.

LGBTQ+ 정체성 LGBTQ+라는 용어는 이성애와 시스젠더(cisgender) 경험의 영역 밖에서 존재하는 다양한 성적 지향과 성 정체성을 가진 사람들을 포괄적으로 일컫는 용어로 사용된다. LGBTQ+ 커뮤니티의 사람들은 이성애자 시스젠더인 사람들과 원천적으로 다른 성적 가치를 형성하는 경향이 있다. 이 커뮤니티는 일반적으로 그리고 특히 성에 관하여 명시적인 주류 역할 모델이 부족한 경우가 많다(Mark, Vowels, Bennett, & Norwick, 2018). 이 장의 앞부분에서 논의한 바와 같이 LGBTQ+ 정체성에 대한 문화적 고려사항은 종종 다른 문화적 구성 요소와 교차한다. 예를 들어, 내면화된 종교적 규범도 수용하는 사람들이 다양한 성적 지향과 행동을 가지고 있음을 나타낸다(Rosenkrantz & Mark, 2018; Yahya & Boag, 2014). 휘틀리(Whitley)가 2009년에 수행한 메타 분석에 따르면, 개인의 종교성은 게이 남성과 레즈비언 여성을 얼마나 수용하는지를 보여 주는 강력한 지표이다. 종교성이 높을수록 수용도가 낮은 것으로 나타났다. 이것은 주로 종교가 이성애의 테두리를 벗어난 사람들을 비난하는 방식으로 설명된다(Whitley, 2009). 그러나 이러한 사회 종교적인 맥락은 이성애자 및 LGBTQ+ 개인이 성적 행동에 대해 논의하거나 관여할 때 문화적인 죄책감과 사회의 판단과 거절에 대한 두려움을 초래할 수 있다(Harding, 2017; Rosenkrantz & Mark, 2017). 성적(sexual) 정체성 또는 성별(gender) 정체성이 가족과 친구들에 의해 받아들여질 수 있는 범위를 벗어났을 때, 내담자들은 그들이 가장 아끼는 사람들에 의해 비난받거나 파문되는 것을 두려워할 수 있다. 이것은 특히 가족 구성원과 동료들로부터의 사회적 지원을 매우 중요시하는 문화에서 심하다.

예를 들어, 33세의 양성애자인 니콜(Nicole)은 청소년기와 성인기의 대부분을 남녀 모두와 성적인 경험을 하며 보냈지만 진지하게 사귄 것은 남자들이었기에 가족이나 친구에게 커밍아웃할 필요성을 느끼지 못했다. 그러나 니콜은 32세의 레즈비언인 지니(Jeanne)를 만나 성적인 연애를 시작했다. 관계가 깊어지자 니콜은 가족과 친구들에게 커밍아웃하는 것이 중요하다는 것을 깨달았지만, 지금까지 남자와 사귀어 온 패턴 때문에 거절당할까 두려워했다. 그녀는 그들이 그녀를 믿지 않거나 그것이 양성애자 커뮤니티에 대한 전형적인 반응인 단순한 단계일 뿐이라고 생각할까 봐 걱정했다(Rosenkrantz & Mark, 2018; Vencil, Carlson, Iantaffi, & Miner, 2018). 그녀는 현재 관계에서 오르가슴에 도달하기 어려워서 성 치료를 하고 있으며, 성공적인 평가와 치료를 위해서는 양성애적 정체성과 가족 및 친구들의 외면에 대한 문화적 고려가 매우 중요하다. 니콜의 경우는 만약 그녀와 지니의 관계가 끝나고 남자와 다시 데이트하게 된다면, 그녀의 양성애자 정체성은 더 복잡해지고 지워지는 느낌이 들지도 모르는데, 이를 '양성애 거부(bierasure)'라고 한다(Crofford, 2018; Rosenkrantz & Mark, 2018; Vencil et al., 2018). 치료에서 정체성 확인의 중요성을 정상화하고 양성애를 다루기 위해 내담자와 협력하는 것은 성 이력에 대한 포괄적인 평가, 양쪽 또는 모든 파트너의 양성애에 대한 태도 평가, 그런 다음 이러한 문제가 관계에 영향을 미치는 방식 평가가 바람직하다(Crofford, 2018). 또한 긍정 치료는 내담자의 성적 성향을 인식하고 검증하는 접근법이며, 양성애자들처럼 양성애 거부와 같은 특정한 형태의 차별에 직면한 사람들을 다룰 때 특히 유용할 수 있다(Crofford, 2018).

계급의 사회적 위계는 LGBTQ+ 인구에 과도하게 영향을 미치는 문화적 고려사항이며, 특히 미국에서 의료(특히 정신 건강 관리)에 대한 불균형적인 접근으로 인해 종종 간과되거나 보이지 않게 된다. 역사적으로 정신 건강 관리는 사회경제적 지위가 높은 사람들만이 이용할 수 있는 사치품으로 여겨지거나(Rodriguez, 1998) 필수적이지 않은 것으로 간주되어 왔다. 계급의 불일치는 백인들은 도달할 수 있지만 유색인종들은 도달할 수 없다는 색차별주의(피부색의 사회적 의미에 따라 개인이 다르게 대우받는 편견의 한 형태)로 나타났다(Rodriguez, 1998). 추가적으로, 비록 LGBTQ+ 커뮤니티의 구성원들을 위해 특별히 이용할 수 있는 상담 실천, 특히 섹슈얼리티 상담과 치료가 있지만, 이러한 사회경제적 차이 때문에 항상 이용할 수 있는 것은 아닐 수 있다. 계층과 섹슈얼리티의 교차점은 LGBTQ+ 개인에 대한 다른 사회적 기대, 인식 및 현실에 기여하고 있으며, 여전히 복잡하다.

예를 들어, 성전환 수술을 받기 전에 성관계를 탐색하기 위해 성 치료를 받고 있는 트랜스젠더 유색인종 여성 쇼너(Shauna)의 경우를 보자(참고: 모든 트랜스젠더가 성전환 수술을 받는 것은 아니지만 임상가들은 이를 문화적 고려사항으로 인식하는 것이 중요하다). 대부분의 경우 성전환 수술을 받기 전에 정신 건강 관리가 필요하며, 이는 미국의 높은 정신 건강 관리 비용으로 인해 의료 개입을 원하는 트랜스젠더에게 장벽이 될 수 있다. 쇼너가 성 치료사를 만났을 때쯤에는 정신 건강 의료 체계에 대한 분노가 쌓여 치료 동맹을 구축하는 데 영향을 미칠 수 있다. 체계에 대한 쇼너의 좌절들을 확인 및 검증하고, 성 치료를 넘어서 체계론적인 지원을 제공하는 임상가는 계급, 정체성 그리고 인종 간의 교차점을 다룰 때 특히 중요하다. 치료사들은 쇼너가 자신의 성 정체성과 맞지 않는 생식기에 대한 의미, 성적 쾌락 경험, 트랜스젠더 여성으로서 데이트를 하는 것에 대한 두려움과 흥분을 논할 수 있다. 중요한 것은 임상가는 또한 트랜스젠더 유색인종 여성이 인종차별, 성차별, 트랜스 혐오가 함께하는 상태에서 살고 있기 때문에 가장 취약한 집단이라는 사실을 축소하지 말아야 한다는 것이다(HRC, 2018). 이러한 현실을 위해 쇼너를 지원하는 것은 성 치료사의 중요한 문화적 고려사항이다.

복합 정체성　앞서 여러 사례에서 논의된 바와 같이, 여러 개의 소수자 정체성이 결합될 때(예: 유색인종 트랜스젠더 여성인 쇼너) 억압은 유색인종에게 다르게 그리고 개별적으로 영향을 미칠 수 있다(Rodriguez, 1998). 이러한 소수자 정체성의 조합을 복합 정체성이라고 한다(Balestrery, 2012; Crofford, 2018; Midoun et al., 2015). 복합 정체성은 종종 매우 독특하며, 미묘한 공격과 소수집단 스트레스에 대한 개별화된 경험을 동반한다. 인종·민족과 섹슈얼리티에 대한 차별을 경험하는 개인들은 각각을 개별적으로 경험할 뿐만 아니라, 인종·민족 차별과 성차별이 합해질 때 단순 합보다 더 크게 융합된 차별을 경험하고 있다(Balestrerey, 2012). 성적 문제에 대한 치료를 찾을 때 이러한 경험들은 사람마다 다르게 나타나기 때문에, 인종적·민족적·성적 다양성이 있는 사람들과 함께 일하는 경우 이 점을 유념하는 것이 중요하다(Rodriguez, 1998).

예를 들어, 리키(Ricky)는 트랜스젠더 히스패닉 퀴어 남성으로, 시스젠더 백인 퀴어 여성 나탈리(Natalie)와 파트너 관계를 맺고 있다. 그들은 거의 5년 동안 함께 지냈고, 리키의 호르몬 전환과 상부 수술(그는 하부 수술을 받지 않음)이 시작될 때 만났다. 그들은 성 치료에서 리키가 지난 2년 동안 수차례 외도를 저질렀다는 것을 나탈리가 알게 되었다는 것을 문제로 호소했다. 외도의 모든 경우에 대한 일반적인 평가 외에도, 임상가는 또한 퀴어 문화의 맥락 안에서 일부일처제에 대한 기대, 헌신적인 관계에서 퀴어 트랜스 남성으로서의 그의 삶을 처리하는 것, 과도기 동안 나탈리의 지원 파트너로서의 경험, 그리고 그들의 관계의 인종 간 구성 요소 및 원가족의 문화적 경험이 관계에 미치는 영향을 포함하되 이에 국한되지 않는 다양한 문화적 고려를 할 필요가 있을 것이다. 이 관계에서 개인과 전체 커플의 복합 정체성을 인식하는 것은 리키와 나탈리의 개인적·관계적 역동성의 고유성을 제공할 것이다.

성적 각본　각본 이론은 문화가 섹슈얼리티를 형성하는 한 가지 방식이 낭만적 관계가 성적 관계로 변하는 과정 전반에 걸친 행동의 한 지침을 제공하는 것이라고 제안한다. 성적 각본 이론의 지지자들은 인간은 태어날 때부터 그가 속한 집단의 성적 상호작용을 통해 유사한 생각과 역할을 유지하도록 훈련받는다고 주장한다(Gagnon & Simon, 1973). 이러한 각본들이 특히 분명하게 확인되는 많은 문화의 한 측면은 바로 성별이다. 여성들에게는 성행위를 할 것인가 여부를 결정하는 성적인 문지기 역할이 부여되지만, 실제로 성적 상호작용을 시작하거나 원하는 역할은 아니다(Gagnon & Simon, 1973; Sanchez, Phelan, Moss-Racusin, & Good, 2012). 반대로, 남성은 여성과의 성관계를 적극적이고 끈질기게 추구할 것이라는 역할 기대를 받게 된다(Gagnon & Simon, 1973; Sanchez et al., 2012). 이러한 성적 각본은 이성 관계에 매우 해로울 수 있는데, 이 각본이 주어졌음에도 성욕이 충족되지 않음을 느끼는 여성이 있을 수도 있고 남성임에도 성행위를 원하지 않을 수도 있기 때문이다(Sanchez et al., 2012). 이러한 각본은 또한 성적 행복의 중요한 요소인 파트너 간의 성적 의사소통을 억제한다(Sanchez et al., 2012). 예를 들어, 성적 각본은 남성들이 높은 성욕을 가져야 하고, 항상 성관계를 할 준비가 되어 있어야 한다는 메시지를 제공한다. 이 각본에 맞지 않는 패턴의 커플(예: 이성 관계에서 여성이 남성 파트너에 비해 더 높은 성적 욕구를 갖는 성욕 불일치가 있는 경우)의 경우, 일반적인 성적 각본을 따르지 않기 때문에 이 불일치에 대해 의사소통이 더 어려울 수 있다(Mark, 2015). 이미 섹슈얼리티와 성적 행동을 둘러싼 많은 사회의 규범과 관념을 위반한 동성 관계 내에서 성적 각본의 문제는 보다 덜 문제화되는 경향이 있고, 성적 평등은 더 쉽게 정립된다(Klinkenberg & Rose, 1994; Sanchez et al., 2012). 하지만 동성 관계는 내재화된 동성애 공포증에 기반한 이성애자 사회에 뿌리박힌 사회적 각본에 맞출 수 없다는 점에서 불편함을 겪을 수 있다.

48세의 시스젠더 레즈비언 아만다(Amanda)와 12년 동안 사귄 50세의 시스젠더 퀴어 여성 패트리샤(Patricia)를 예로 들어 보자. 비록 아만다는 20대 중반부터 자신을 레즈비언이라고 밝혔지만, 여전히 미국의 성서 벨트지역(Bible Belt of the USA)[3]에서 매우 보수적이고 종교적인 성장배경을 가지고 깊이 뿌리내린 내재화된 동성애 공포증과 싸우고 있다. 이는 패트리샤에 대한 공개적인 애정 표현의 부족, 소셜 미디어에 함께 찍은 사진을 올리지 못하는 것, 그리고 함께 사는 것 이상의 어떤 진정한 헌신에 대한 아만다의 망설임을 통해 입증된다. 이것은 그들의 관계를 받아들이지 못하는 것으로 여겨져 패트리샤를 괴롭히고 있다. 반면, 패트리샤는 샌프란시스코에서 미혼모인 퀴어 어머니와 패트리샤의 정체성을 인정하는 언니와 자랐다. 두 사람이 성 치료를 받는 것은 지난 몇 년간 성생활이 뜸하고 열정적이지 않아 로맨틱한 파트너라기보다는 룸메이트 같은 느낌을 받았기 때문이다. 아만다가 주로 성관계를 시작하곤 하지만 패트리샤는 내재화된 동성애 공포증이 개인적인 공격으로 받아들여졌고 신경이 쓰였다. 게다가, 패트리샤는 완경기가 되었고, 아만다와 성관계를 맺고 싶은 그녀의 욕구가 감소되면서 신체적인 측면이 성 기능에 영향을 미친다는 것을 발견했다. 임상가들은 내면화된 동성애 공포증과 관련된 이러한 관계의 어려움을 인식하는 데서 도움을 얻을 수 있을 것이며, 혹은 아만다가 이성애주의 사회에 깊이 자리한 사회적 각본에 자신을 맞추지 못하는 데서 느끼는 불편함에 대해 깊이 논의하는 데서 도움을 얻을 수 있을 것이다.

성소수자들은 또한 부정적인 정신 건강 결과를 초래할 수 있는 차별에 직면할 수 있다. 그러나 성소수자 개인이 성관계를 만족시키고 잘 기능할 때 부정적인 결과로 고통받을 가능성은 낮다(Mark, Garcia, & Fisher, 2015; Vencil et al., 2018). 성적 지향이 혼합된 커플(mixed orientation couple)[4]의 관계 개입은 내면화된 낙인으로부터 비롯된 관계 갈등을 해결하는 데 효과적일 수 있으며 관련된 섹슈얼리티 소수자들의 정신 건강에도 영향을 미칠 수 있다.

성별에 따른 기대　성적 각본의 맥락 안에서, 각본에서의 성적 행동은 종종 남성들의 경우 쾌락을 추구하며 여성들의 경우 남성들의 욕망을 달래는 것이라는 기대와 종종 연관된다. 성적 상호작용의 초점은 남성의 쾌락과 오르가슴에 집중된다. 이러한 기대가 매우 강하

3　역자 주: 미국 남부 지역으로 보수성향이 강하게 사회, 정치 분야에 영향력을 미치는 곳이다.
4　역자 주: 이성애자와 동성애자로 맺어진 커플을 뜻한다.

게 뿌리박혀 있기 때문에, 많은 여성은 원치 않는 행동을 따르고 남성의 쾌락을 우선시하면서 남성 파트너와 원치 않는 행동을 한다고 보고했다(Fahs & Frank, 2012; Herbenick, Schick, Sanders, Reece, & Fortenberry, 2015; Kettrey, 2016; Rosenkrantz & Mark, 2017). 많은 여성은 그들의 파트너를 기쁘게 할 수 없을 때 추가적으로 죄책감과 수치심을 보고하고, 또 질과 항문 성관계 동안 실제로 고통을 경험한다고 보고하지만, 남성 파트너의 필요를 충족시키기 위해 계속해서 행동한다고 보고한다. 자신의 불편함보다 파트너의 성적 욕구를 실제로 우선시하는 것이다(Herbenick et al., 2015). 성별에 따른 기대는 여성의 즐거움과 신체적·심리적 편안함을 남성 파트너의 즐거움과 오르가슴보다 덜 중요하게 여기는 것을 의미한다. 이러한 기대의 내면화는 여성의 쾌락과 성적 경험에 매우 해로울 수 있으며, 성적 문제의 경험을 분석하기 위한 문화적 갈등의 장으로 보아야 한다.

　문화에 의해 좌우되는 성적 각본과 성별에 따른 기대는 이러한 규범에 위반될 때 개인의 부정적인 판단을 초래할 수 있다. 이는 성적 이중 잣대라고 불리며, 개인마다 동일한(또는 유사한) 성적 행위를 다양한 수준의 심각도로 판단할 때 발생한다(Jonason & Marks, 2009). 전형적으로, 이러한 경우들에서 여성들은 유사한 행동들에 관여한 남성들보다 더 가혹한 평가를 받는다(Jonason & Marks, 2009). 일부는 성적 이중 잣대가 사라지고 있다고 주장하지만, 3인이서 하는 성행위(스리섬, threesome)나 다른 유형의 혼성 다자 성행위에 관여하는 것과 같은 흔치 않은 행동을 조사할 때 이에 대한 증거가 여전히 있으며(Jonason & Marks, 2009; Thompson, Hart, Stefaniak, & Harvey, 2018) 내담자들은 이중 잣대의 영향을 받을 수 있다. 조나선과 마크스(Jonason & Marks, 2009)가 여러 연구에서 성적 이중 기준을 조사했는데, 동일한 수의 남성과 여성이 혼성 스리섬에 참여할 때 여성들이 남성들보다 더 비하되는 점을 발견했다. 추가적으로, 켈리와 바치니(Kelly & Bazzini, 2001)는 콘돔을 제공한 여성은 콘돔을 제공한 남성보다 더 가혹하게, 그리고 콘돔을 전혀 사용하지 않은 여성보다도 더 가혹하게 평가된다는 것을 발견했다. 성적 이중 잣대에 대한 지속적인 증거에도 불구하고, 연구는 또한 역 이중 잣대의 존재를 시사하고 있다. 이 문헌의 본문은 서구 사회의 구성원들이 여성을 성적인 존재로 바라보는 시각과 판단의 불일치를 보여 준다(Emmers-Sommer, 2014). 이것은 건강한 성적 표현에 매우 해롭지만, 우리의 문화적 맥락에는 부정적인 판단이 자리 잡고 있는 것 같다.

　예를 들어, 키사(Keisa)는 25세의 혼혈 시스젠더 이성애자 여성으로, 성관계 중 콘돔 사용법을 탐색하고 자신의 주장을 개선하기 위해 성 치료를 시작했다. 그녀는 진지하게 사귀는 사람은 없지만, 성적으로 활발하다. 마지막 산부인과 검진에서 그녀는 HPV가 있다는 것을 알게 되었고 의사는 그녀에게 콘돔 없이 남자와 성관계를 하여 감염되었을 것이라고 말했다. 그녀는 항상 그것이 남성의 책임이라는 말을 들었기 때문에 자신의 성 건강에 대해 단호한 태도를 취하는 데 어려움을 겪어 왔다. 하지만 이것은 콘돔을 사용하고 싶었지만 콘돔이 없었고, 그 필요성을 말하는 데 안전함을 느끼지 못하는 여러 상황으로 이어졌다. 성적 이중잣대의 문화적 맥락과 관련된 중요한 논의가 이 경우에 도움이 될 것이고, 유일한 쾌락의 목적으로 성관계를 경험할 가치가 있는 성적 존재로서의 자율성과 성적 동의와 콘돔 사용을 통해 자기 효능감을 형성하기 위해 키사와 협력할 것이다.

⟨image⟩ 추가적인 임상적 시사점

성과 섹슈얼리티에 관련된 문화적 맥락은 복잡하다. 왜냐하면 신념이라는 것은 때로 유동적이고 시간이 지남에 따라 변화하며, 사람들이 특정 행동이 허용 가능한지 여부를 결정하는 하나의 문화 안에서도 사람마다 다르기 때문이다. 서구 사회 내에서 동성 결혼과 일부일처제가 아니어도 된다는 것을 수용하는 비율이 높아진 결과도 신념의 변화에서 비롯되었는데, 이 주제는 성 치료사들이 개인적으로 어떤 신념을 가졌는지와는 별개로 존중되어야하는 많은 이슈 중의 두 가지 예이다. 만약 그들이 공정한 평가와 치료를 제공할 수 있다고 느끼지 않는다면, 자격 있는 치료사에게 의뢰하는 것은 임상가의 윤리적인 책임이다. 종교, 보수주의, 성에 대한 두려움을 포함한 다양한 요인으로 인해 대부분의 사람이 성적으로 부정적인 맥락 안에서 자라나는 경향을 고려할 때, 많은 심리치료 훈련 프로그램 교육과정은 섹슈얼리티에 특정한 초점을 맞추지 못하고 있다(Burnes, Singh, & Withespoon, 2017). 또한 섹슈얼리티에 초점을 맞춘 특정 교육과정 내에서도, 성적 가치를 명확히 하는 연습이나 성적 태도 재평가는 윤리적 돌봄을 제공해야 하는 임상가의 능력의 한계에 대한 귀중한 통찰력을 제공할 수 있다.

문화는 성별, 종교, 계급, 지리, 권력, 각본 등에 따라 참가자의 역할을 부여함으로써 성적 상호작용에서 용인될 수 있는 것을 정의하고 복잡한 교차성 계층 내에서 정상으로 간주되는 것을 결정하는 데 영향력이 있다. 문화는 '적합하다'고 여겨지는 성적 파트너의 수, 결혼하고 처음 성관계를 맺는 나이, 의미 있는 성관계(또는 의미 없는 성관계)에서 파생될 수 있는 소속감이나 자아실현감을 결정한다. 성적 문제는 문화에 의해 영향을 받거나 심지어 생성될 수도 있다.

평가에서, 성적 가계도는 앞서 설명한 문화적 영향에 대해 통찰력을 얻을 수 있는 독특한 기회를 제공한다. 내담자의 가족 내 섹슈얼리티 주제와 관계 이력(Belous, Timm, Chee, & Whitehead, 2012)을 조사하기 위한 성적 가계도의 구체적인 초점은 개인의 환경이 그들의 행동, 태도, 관계에 어떻게 영향을 미쳤는지에 대한 예리한 질문으로 개인적 역사의 맥락을 제공하는 데 매우 유용하다. 임상가는 현재의 성적 문제에서의 문화의 역할에 대한 통찰력을 얻는 데 필요한 문화적 맥락을 제공하는 질문들을 가계도에 쉽게 통합할 수 있다.

성적 문제를 치료하는 임상가는 사회적 규범과 문화적 신념의 영향을 받기 쉬우므로, 낙인찍기나 불편감을 만드는 데 일조할 수도 있다. 해리스와 해이즈(Harris & Hayes, 2008)는 섹슈얼리티와 성행위에 대해 교육을 받았을 때도 일부 실천가가 내담자들과 이러한 주제에 대한 논의를 시작하는 데 어려움을 겪었다는 것을 발견했다. 더머와 바컨버그(Dermer & Bachenberg, 2015)는 또한 섹슈얼리티에 대한 치료사의 지식이 증대될 필요성을 설명한다. 이러한 영역들에 있어서 교육만으로 주제에 관해 편안함을 높이기에 충분하지 않으며, 교육과 결합된 임상 슈퍼비전이 잠재적으로 낙인찍힐 수 있는 주제에 대해 내담자와 대화할 때 임상가들이 가질 수 있는 불편함을 중재하는 데 도움이 될 수 있다(Dermer & Bachenberg, 2015; Harris & Hayes, 2008). 문화의 맥락에서 치료 접근법을 고려함으로써, 임상가들은 그들의 내담자와 성적 논의를 하는 것 외에도 그들 자신의 성에 더 익숙해지도록 노력할 수 있다. 편안함이 부족함에도 불구하고 성에 대해 호기심과 긍정적인 접근을 하고자 하는 대화는 성소수자에 대한 표현과 옹호를 증가시킬 수 있으며, 이러한 주제를 둘러싼 더 건강한 문화적 신념으로 이어질 수 있다.

이 장은 성 치료에서 가능한 모든 문화적 영향을 다루고자 하지 않았는데, 사회문화적 맥락이 얼마나 역동적이고 변화할 수 있는지를 고려할 때 그것은 불가능한 작업이 될 것이기 때문이다. 임상가가 고려해야 할 성 치료의 추가적인 사회문화적 영향의 예로는 지적장애, 성 대리인(sexual surrogacy), 노년기의 섹슈얼리티, 페티시(fetishes)나 킹크(kink)[5], 합의에 따른 비(非)일부일처제, 또는 섹슈얼리티의 '비주류'에 속하는 여타 성적 표현이 있다. 가치관 명확화 운동이나 성적 태도 재평가에 참여하는 것은 임상가의 전형적인 성적 각본이나 문화적 맥락에 속하지 않는 경험에 노출되는 데 도움이 될 수 있다. 편안함이나 지식이 부족하면 임상가는 문화적 역량의 부족에 대한 두려움을 가질 수 있지만, 대체 경험에 대한 호기심과

---

5 역자 주: 성도착적 행위를 뜻한다.

개방성이 있다면 매우 유용할 것이다. 만약 임상가가 '정상적인' 성의 개념을 가지고 참석한다면 도움이 되지 않을 수 있다. 성 치료의 맥락에서 '정상'이라는 개념은 본질적으로 문제가 있기 때문이다.

🫀 결론

문화가 섹슈얼리티를 형성하고 영향을 미칠 수 있는 다양한 방법을 고려한다면, 이 두 가지는 분리할 수 없다. 문화는 성과 섹슈얼리티에 대한 사람들의 인식 그리고 자신과 타인의 성생활에 대한 태도에 기여하여 무엇이 기능적이거나 성 기능 장애로 간주되는지를 결정한다(Bhavsar & Bhugraa, 2013). 문화는 장애의 개념화 방식, 성 역할의 정보 제공 방식, 적절하고 유효한 성적 행동과 지향에 관여한다. 특정 행동이나 정체성에 대한 강한 반감을 가지고 있는 문화는 내담자에 대한 뿌리 깊은 수치심이나 죄책감과 같은 부정적인 감정을 유발할 수 있으며, 그들의 관점이나 행동에 대한 임상가의 판단에 대한 진정한 두려움은 치료를 받고자 하는 데 큰 영향을 미칠 수 있다. 성적 표현에 대한 낙인을 줄이기 위해 개인의 경험, 내재화된 규범, 문화적 가치를 고려하는 임상적 접근법을 통합하는 것은 효과적인 치료를 위해 중요하다. 내담자의 문화적 영향을 통합한 철저한 성적 가계도가 유용할 수 있지만, 개인의 신념과 경험이 그들이 직면할 수 있는 성적 문제에 어떤 영향을 미치는지에 대한 관점을 결정하기 위해 개인과의 대화에 참여하는 것으로 대체되어서는 안 된다. 성 치료에 문화적으로 정통한 성-긍정적인 접근(sex-positive approach)을 통합함으로써, 임상 실습은 출신 문화적 배경에 관계없이 성 치료를 가장 필요로 하는 사람들을 위해 더 나은 결과를 제공하여 더 잘 수용될 수 있도록 한다.

참고문헌

Abdolmanafi, A., Nobre, P., Winter, S., Tilley, P. J. M., & Jahromi, R. G. (2018). Culture and sexuality: cognitive-emotional determinants of sexual dissatisfaction among Iranian and New Zealand women. *The Journal of Sexual Medicine, 15*(5), 687-697. doi: 10.1016/j.jsxm.2018.03.007.

Atallah, S., Johnsom-Agbakwu, C., Rosenbaum, T., Adbo, C., Byers, E. S., Graham, C., ⋯ &

Brotto, L. (2016). Ethical and sociocultural aspects of sexual function and dysfunction in both sexes. *Journal of Sexual Medicine, 13*, 591-606. doi: 10.1016/j.jsxm.2016.01.021.

Balestrery, J. (2012). Intersecting discourses on race and sexuality: Compounded colonization among LGBTTQ American Indians/Alaska Natives. *Journal of Homosexuality, 59*, 633-655. doi: 10.1080/00918369.2012.673901.

Belous, C. R., Timm, T. A., Chee, G., & Whitehead, M. R. (2012). Revisiting the sexual genogram. *The American Journal of Family Therapy, 40*(4), 281-296.

Bhavsar, V., & Bhugra, D. (2013). Cultural factors and sexual dysfunction in clinical practice. *Advances in Psychiatric Treatment, 19*, 144-152. doi: 10.1192/apt.bp. 111.009852.

Burnes, T. R., Singh, A. A., Witherspoon, R. G. (2017). Graduate counseling psychology training in sex and sexuality: An exploratory analysis. *The Counseling Psychologist, 45*, 504-527. doi: 10.1177/0011000017714765.

Coleman, E. (2002). Masturbation as a means of achieving sexual health. *Journal of Psychology & Human Sexuality, 14*, 5-16. doi: 10.1300/J056v14n02_02.

Crofford, M. L. (2018). Bisexual inclusive couples therapy: assessment and treatment with bisexuals in mixed orientation relationships. *Sexual and Relationship Therapy, 33*, 233-243. doi: 10.1080/14681994.2017.1412420.

Dermer, S., & Bachenberg, M. (2015). The importance of training marital, couple, and family therapists in sexual health. *Australian & New Zealand Journal of Family Therapy, 36*, 492-503. doi: 10.1002/anzf.1122.

Emmers-Sommer, T. (2014). Adversarial sexual attitudes toward women: The relationships with gender and traditionalism. *Sexuality & Culture, 18*(4), 804-817. doi: 10.1007/s12119-014-9222-9.

Fahs, B., & Frank, E. (2014). Notes from the back room: Gender, power, and (in)visibility in women's experiences of masturbation. *Journal of Sex Research, 51*, 241-252. doi: 10.1080/00224499.2012.745474.

Fujii, H. (2016). Sexual norms for lesbian and bisexual women in a culture where lesbianism is not acceptable enough: The Japanese survey about sexual behaviors, STIs preventive behaviors, and the value of sexual relations. *Journal of Homosexuality, 66*, 407-420. doi: 10.1080/00918369.2017.1413275.

Gagnon, J. H., & Simon, W. (1973). *Sexual Conduct: The social sources of human sexuality.* Aldine Publishing Company.

Hall, K. S., & Graham, C. (2012). *The Cultural Context of Sexual Pleasure and Problems: Psychotherapy with Diverse Clients.* Routledge.

Harding, C. (2017). Culture, sexuality, and psychotherapy. *The Lancet Psychiatry, 4*(5), 360-361.

doi: 10.1016/S2215-0366(17)30142-6.

Hargons, C., Mosley, D. V., Meiller, C., Stuck, J., Kirkpatrick, B., Adams, C., & Angyal, B. (2018). "It feels so good": Pleasure in last sexual encounter narratives of Black university students. *Journal of Black Psychology, 44*(2), 103-127. doi: 10.1177/0095798417749400.

Harris, S. M., & Hayes, K. W. (2008). Family therapist comfort with and willingness to discuss client sexuality. *Journal of Marital and Family Therapy, 34*, 239-250. doi: 10.1111/j.1752-0606.2008.00066.x.

Hatfield, E., Luckhurst, C., & Rapson, R. L. (2010). Sexual motives: Cultural, evolutionary, and social psychological perspectives. *Sexuality and Culture, 14*, 173-190. doi: 10.1007/s12119-010-9072-z.

Heinemann, J., Atallah, S., & Rosenbaum, T. (2016). The impact of culture and ethnicity on sexuality and sexual function. *Current Sexual Health Reports, 8*, 144-150. doi: 10.1007/s11930-016-0088-8.

Herbenick, D., Schick, V., Sanders, S. A., Reece, M., & Fortenberry, J. D. (2015). Pain experienced during vaginal and anal intercourse with other-sex partners: Findings from a nationally representative probability study in the United States. *Journal of Sexual Medicine, 12*, 1040-1051. doi: 10.1111/jsm.12841.

Ho, P. S. Y., & Hu, Y. (2016). Pray the gay away: Identity conflict between Christianity and sexuality in Hong Kong sexual minorities. *Journal of Feminist Geography, 23*, 1725-1737. doi: 10.1080/0966369X.2016.1249348.

Human Rights Campaign [HRC] (2018). *New FBI statistics show alarming increase in number of reported hate crimes.* Retrieved from: www.hrc.org/blog/new-fbi-statistics-show-alarming-increase-in-number-of-reported-hate-crimes.

Jankowiak, W., R., Volsche, S. L., & Garcia, J. R. (2015). Is the romantic-sexual kiss a near human universal? *American Anthropologist, 117*, 535-539. doi: 10.1111/aman.12286.

Jonason, P. K., & Marks, M. J. (2009). Common vs. uncommon sexual acts: Evidence for the sexual double standard. *Sex Roles, 60*, 357-365. doi: 10.1007/s11199-008-9542-z.

Kaschak, E., & Tiefer, L. (Eds.) (2002). *A new view of women's sexual problems.* The Haworth Press.

Kettrey, H. H. (2016). What's gender got to do with it? Sexual double standards and power in heterosexual college hookups. *The Journal of Sex Research, 53*, 754-765. doi: 10.1080/00224499.2016.1145181.

Kleinman, A. (1988). Witchdoctors and psychiatrists: The common roots of psychotherapy and its future. *The American Journal of Psychiatry, 145*, 1025-1027. doi: 10.1176/ajp.145.8.1025-a.

Klinkenberg, D., & Rose, S. (1994). Dating scripts of gay men and lesbians. *Journal of*

Homosexuality, 26, 23-35. doi: 10.1300/J082v26n04_02.

Leeming, D. (2003). Religion and sexuality: The perversion of a natural marriage. *Journal of Religion and Health, 42*, 101-109. doi: 10.1023/A:1023621612061.

Lefkowitz, E., Shearer, S., Gillen, C., & Espinosa-Hernandez, L. (2014). How gendered attitudes relate to women's and men's sexual behaviors and beliefs. *Sexuality & Culture, 18*(4), 833-846. doi: 10.1007/s12119-014-9225-6.

Mark, K. P. (2015). Sexual desire discrepancy. *Current Sexual Health Reports, 7*, 198-202. doi: 10.1007/s11930-015-0057-7.

Mark, K. P., & Lasslo, J. (2018). Maintaining sexual desire in long-term relationships: A systematic review and conceptual model. *The Journal of Sex Research, 55*, 563-581. doi: 10.1080/00224499.2018.1437592.

Mark, K. P., Vowels, L., Bennett, S., & Norwick, J. (2018). Sources for the formation of sexual values in lesbian, gay, bisexual, and straight adults and the impact on sexual satisfaction and desire. *American Journal of Sexuality Education, 13*(4), 399-410. doi: 10.1080/15546128.2018.1470950.

Meyer, I. (2003). Prejudice, social stress, and mental health in lesbian, gay, and bisexual populations: Conceptual issues and research evidence. *Psychological Bulletin, 129*(5), 674-697. doi: 10.1037/0033-2909.129.5.674.

Meyer, I. H. (2015). Resilience in the study of minority stress and health of sexual and gender minorities. *Psychology of Sexual Orientation and Gender Diversity, 2*, 209-213. doi: 10.1037/sgd0000132.

Midoun, M., Shangani, S., Mbete, B., Babu, S., Hackman, M., Van Der Elst, E., ··· Operario, D. (2015). How intersectional constructions of sexuality, culture, and masculinity shape identities and sexual decision-making among men who have sex with men in coastal Kenya. *Culture, Health & Sexuality, 18*(6), 1-14. doi: 10.1080/13691058.2015.1102326.

Nadal, K., Davidoff, K., Davis, L., Wong, Y., Marshall, D., McKenzie, V., & Josselson, R. (2015). A qualitative approach to intersectional microaggressions: understanding influences of race, ethnicity, gender, sexuality, and religion. *Qualitative Psychology, 2*(2), 147-163. doi: 10.1037/qup0000026.

Nagoski, E. (2015). *Come as you are: The surprising new science that will transform your sex life.* Simon & Schuster.

Parker, R. (2009). Sexuality, culture and society: Shifting paradigms in sexuality research. *Culture, Health & Sexuality, 11*(3), 251-266. doi: 10.1080/13691050701606941.

Rodriguez, R. (1998). Clinical and practical considerations in private practice with lesbians and gay men of color. *Journal of Gay & Lesbian Social Services, 8*, 59-75. doi: 10.1300/J041v08n04_05.

Rosenkrantz, D. P., & Mark, K. P. (2017). The sociocultural context of sexually diverse women's sexual desire. *Sexuality and Culture, 17*, 220-242. doi: 10.1007/s12119-017-9462-6.

Rye, B. J., & Meaney, G. J. (2007). The pursuit of sexual pleasure. *Sexuality and Culture, 11*, 28-51. doi: 10.1007/BF02853934.

Stevens, P. (2015). Culture and sexuality. *The International Encyclopedia of Human Sexuality* (Eds. A. Bolin & P. Whelehan). doi: 10.1002/9781118896877.wbiehs110.

Swank, E., Frost, D. M., & Fahs, B. (2012). Rural location and exposure to minority stress among sexual minorities in the United States. *Psychology & Sexuality, 3*, 226-243. doi: 10.1080/19419899.2012.700026.

Szymanski, D. M., & Mikorski, R. (2016). Externalized and internalized heterosexism, meaning in life, and psychological distress. *Psychology of Sexual Orientation and Gender Diversity, 3*, 265-274. doi: 10.1037/sgd0000182.

Thompson, A. E., Hart, J., Stefaniak, S., & Harvey, C. (2018). Exploring heterosexual adults' endorsement of the sexual double standard among initiators of consensually nonmonogamous relationship behaviors. *Sex Roles.* Advance online publication. doi: 10.1007/s11199-017-0866-4.

Trent, K., & South, S. J. (2012). Mate availability and women's sexual experiences in China. *Journal of Marriage and Family, 47*, 201-214. doi: 10.1111/j.1741-3737.2011.00875.x.

Turner, Y., & Stayton, W. (2014). The twenty-first century challenges to sexuality and religion. *Journal of Religion and Health, 53*(2), 483-497. doi: 10.1007/s10943-012-9652-3.

Vencil, J. A., Carlson, S., Iantaffi, A., & Miner, M. (2018). Mental health, relationships, and sex: Exploring patterns among bisexual individuals in mixed orientation relationships. *Sexual and Relationship Therapy, 33*, 14-33. doi: 10.1080/14681994.2017.1419570.

Weeks, G. (1986). Individual-system dialectic. *American Journal of Family Therapy, 14*(1), 5-12. doi: 10.1080/01926188608250228.

Whitley, B. E. (2009). Religiosity and attitudes toward lesbians and gay men: A meta-analysis. *The International Journal for the Psychology of Religion, 19*, 21-38. doi: 10.1080/10508610802471104.

Yahya, S., & Boag, S. (2014). "My family would crucify me!": the perceived influence of social pressure on cross-cultural and interfaith dating and marriage. *Sexuality & Culture, 18*(4), 759-772. doi: 10.1007/s12119-013-9217-y.

Yip, A. (2018). Research on sexuality and religion: Some reflections on accomplishments and future directions. *Sexualities, 21*(8), 1291-1294. doi: 10.1177/1363460718781763.

제 **17** 장

성적 관계에서 통신 기술의 역할

장애와 해결책

···Systemic Sex Therapy···

제**17**장

성적 관계에서 통신 기술의 역할

장애와 해결책

Katherine M. Hertlein · Afarin Rajaei

🫱 일상생활에서의 통신 기술 보급

우리의 삶에서 통신 기술이 사용되지 않는 순간은 거의 없다. 사실, 점점 더 많은 시간이 스크린, 기기, 그리고 스마트폰과 상호작용하는 데 소비되고 있다. 지난 20년 동안, 우리의 삶(특히 우리의 의사소통 방식)은 통신 기술에 의해 점령되었다고 볼 수 있다. 현재 전세계 인구의 절반이 인터넷에 연결되어 있는데, 이는 지난해에 비해 10% 증가한 수치이다 (Hootsuites, 2017). 소셜 미디어 사용은 전년 대비 8% 증가하여 37%로 증가했다. 더 나은 환경조건을 고려해서 전체 소셜 미디어 사용자 27억 8천 9백만 명 중 절반이 모바일 사용자라고 한다(Hootsuites, 2017). 2017년 조사에 따르면 전 세계 인구의 50%가 인터넷을 사용하고 있으며, 37%가 소셜 미디어 활성 사용자, 66%가 고유 모바일 전용 사용자, 34%가 모바일 소셜 활성 사용자이다(Hootsuites, 2017). 인터넷과 모바일 앱의 등장과 함께 지난 수십 년 동안 파트너와 사랑을 찾는 방식이 크게 바뀌었다는 점을 감안할 때, 치료사들은 이러한 통신 기술이 커플(그리고 성적인) 관계에 미치는 영향을 이해할 필요가 있다. 이 장의 목적은 성적 만족에 초점을 맞추어 통신 기술이 우리 관계에 영향을 미치는 방식을 검토하는 것이다. 우리는 또한 긍정적이고 도움이 되는 방법으로 성적 관계를 증진시키기 위해 통신 기술이 어떻게 사용될 수 있는지 탐구할 것이다.

대인관계에서 인터넷과 소셜 미디어의 일반적인 사용

인터넷과 모바일 통신의 탄생은 지난 수십 년 동안 소통의 본질을 변화시켰다(Goodman-Deane, Mieczakowski, Johnson, Goldhaber, & Clarkson, 2016). 휴대전화와 태블릿 사용자는 기기에 강한 애착을 가지고 있으며(Hertlein & Twist, 2018), 37%가 자신이 중독성이 높다고 생각하고 있다(Harwood, Dooley, Scott, & Joiner, 2014; Ofcom Report, 2011). 한 연구에 따르면 사업가의 63%가 단 하루라도 스마트 기기를 사용하지 않고 지내는 것에 어려움을 겪고 있다고 보고했다(Lesonsky, 2011). 다양한 전자기기를 통해 소통할 수 있다는 것은 지리적으로 떨어져 있는 가족과 친구 사이의 연결을 유지하는 것뿐만 아니라 관계 개선을 포함한 많은 이점을 가지고 있다(Grieve, Indian, Witteveen, Tolan, & Marrington, 2013; Wang & Wang, 2011). 소셜 미디어 사용과 관련하여, 사용자가 자신의 관계에서 일어나고 있는 일에 대해 게시하고 더 많은 정보를 제공하는 관계는 더 높은 관계 만족도를 가지는 경향이 있다(Goodman-Deane et al., 2016).

반면에 일부 영향은 때때로 부정적일 수 있다. 예를 들어, 휴대전화가 있는 것만으로도 인지적 처리 과정을 방해한다(Thornton, Faires, Robbins, & Rollins, 2014). 예를 들어, 토마와 초이(Toma & Choi, 2015)는 서로의 페이스북(Facebook)에 글을 올리는 커플들이 결국 함께 지내지 못하고 헤어지는 커플이라는 것을 발견했다. 많은 학자는 온라인 데이트로 형성된 관계가 의도하지 않았지만 부정적 결과가 일어날 수 있음을 언급하고 있다. 그 이유로 다음과 같은 것이 포함된다. 서로 소통이나 이해를 할 때 착오가 생겨서, 두 사람의 관계에서 발생하는 불안을 제대로 관리하지 못해서, 소통에 대한 접근성은 향상되었지만 서로에 대한 헌신이나 관계의 만족도가 손상이 되어서, 자율성 및 독립성이 관계의 연결성과 균형을 이루지 못해서 등을 이유로 들었다(Duran, Kelly, & Rotandu, 2011; Fox, Osborn, & Warber, 2014; Hertlein & Ancheta, 2014; Hertlein et al., 비평).

커플 및 가족 통신 기술 프레임워크

『커플 및 가족 통신 기술 프레임워크(The Couple and Family Technology Framework)』(Hertlein, 2012; Hertlein & Blumer, 2013)에 따르면, 관계 시작, 유지, 종료에 대한 영향을 포함

하여 자신의 관계 과정에 영향을 미치는 통신 기술과 뉴 미디어는 여러 측면에서 살펴볼 수 있다. 예를 들어, 통신 기술과 인터넷의 접근성은 새로운 사람들을 만나기 위해 쉽게 접근할 수 있는 방법을 제공함으로써 관계 시작에 긍정적으로 기여할 수 있다. 이러한 통신 기술의 경제성으로 인해 성적 소재에 접근하기가 더 쉽다. 화면 뒤에 존재하는 익명성은 이러한 자료들을 검색하는 데 다른 사람들의 판단을 받지 않아도 되기에 보는 것을 더 쉽게 만든다. 실제 상황에 근접할 수 있는 인터넷의 기능은 일차적인 관계와 그 밖의 관계 모두에서 성적 만족을 얻는 데 있어서 일종의 유연성을 허용한다. 또한 사람들은 오프라인에서 일반적으로 하지 않을 행동을 온라인상에서 하기도 한다. 예를 들어, 자신을 이성애자라고 여기는 남성들이 온라인상에서 남성 파트너를 찾는 사례들이 그렇다(Cooper et al., 2004). 또한 인터넷상에는 엄청난 양의 자료가 있는데, 이 자료들은 본질적으로는 모호하다. 즉, 어떻게 해석하느냐에 따라 성적인 언행이 될 수도 있고 그렇지 않을 수도 있기 때문이다.

『커플 및 가족 통신 기술 프레임워크』는 통신 기술이 대인관계의 많은 측면에 영향을 미치는 방식에 대해 보다 일반적으로 설명하지만, 여기서의 주요 목표는 통신 기술과 미디어의 이러한 요소들이 우리 관계의 성적 부분에 영향을 미치는 방식에 초점을 맞추고 있다. 메타체계접근(Intersystem Approach)에 맞추어(Weeks & Cross, 2004), 스턴버그(Sternberg)의 사랑의 삼각형 이론 그리고 스트롱과 클레이번(Strong & Claiborn, 1982)의 상호작용을 통한 변화에 대한 연구도 커플의 성적 생활 및 친밀한 생활에 통신 기술이 미치는 영향을 이해하는 데 어떻게 적용될 수 있는지 보여 줄 것이다. 이들 각각은 커플 및 가족 통신 기술 프레임워크의 세 가지 진행 단계, 즉 관계 시작, 관계 유지 및 관계 종료에 걸쳐 논의하고자 한다.

관계 시작

통신 기술은 다른 사람들과 연결되고 대인관계 및 낭만적인 관계를 발전시키기 위해 사용된다(Rosenfeld, 2018; Rosenfeld & Thomas, 2012). 역사를 통틀어, 사람들은 로맨틱하고 성적인 파트너를 만나기 위해 도움이 되는 것을 찾아 왔다. 오늘날 온라인 데이트 웹사이트와 애플리케이션(Greenwood, Perrin, & Duggan, 2016; Sharabi & Caughlin, 2017; Statistics and Facts, 2015)은 여전히 사이트에서 속임수의 잠재성이 존재함에도 불구하고 관계를 찾고 확장하는 방법이다(Lo, Hsieh, & Chiu, 2013). 2005년 이후, 미국에서는 결혼의 1/3 이상이 온라인 만남을 통해 이루어졌다(Cacioppo, Cacioppo, Gonzaga, Ogburn, & Vander Weele, 2013). 온라인에서 만나는 사람들은 많은 전환기를 맞을 가능성이 높은데 그 첫 번째가 오프라인이나 면대면으로 처음 만나는 때일 것이다(Sharabi & Caughlin, 2017).

온라인 데이트를 사용하는 일반적인 이유로는 로맨틱한 관계를 찾고자 하는 경우가 84%, 친구와 같은 만남을 위해서가 43%, 성적인 만남을 위해서가 25% 등이다(Statista, 2017). 이 사이트들은 또한 남성 편향적인 경향이 있으며 18세에서 29세 사이의 사람들에게 가장 인기 있다. 퓨 리서치 센터(Pew Research Center)가 성인 1,001명을 대상으로 실시한 또 다른 전국 설문조사에 따르면 미국 성인의 12%가 온라인 데이트 사이트를 사용해 본 적이 있으며, 미국 성인의 9%가 스마트폰에서 데이팅 앱을 사용해 본 적이 있다고 한다(Greenwood, Perrin, & Duggan, 2016).

미국인 10명 중 약 1명이 온라인 데이트 사이트나 모바일 데이팅 앱을 직접 사용해 본 적이 있으며, 많은 사람이 온라인 데이트를 이용하거나 온라인 데이트를 통해 파트너를 찾았던 사람을 알고 있다(Greenwood, Perrin, & Duggan, 2016). 2017년 온라인 데이트 사이트 사용자들은 데이트 웹사이트나 앱이 장기 연애, 결혼, 그리고 단지 즐기고 싶은 사람들을 만날 수 있는 기회를 제공하는 데 도움이 되고, 데이트할 대상자를 선별하고 대화도 쉽게 할 수 있다고 말했다(Statista, 2017). 2017년 또 다른 조사에서는 미국 싱글의 66%가 온라인 데이트를 통해 데이트 범위를 키운 경험이 있다고 밝혔다(Statista, 2017).

사회 활동이 증가하는 가운데 사람들은 온라인에서 만나는 사람들과의 관계를 형성하고 있다(Bergdall et al., 2012). 소셜 네트워크 사이트와 같은 일부 인기 있는 온라인 플랫폼은 이전에 친구였던 사람들을 연결한다(Ellison et al., 2007). 반면에 서로 초면인 방문객들을 한자리에 모으는 데이트 사이트도 있다(Gibbs, Ellison, &Lai, 2010). 온라인 데이트를 사용하는 것은 공유된 물리적 맥락과 비언어적 단서의 부족으로 이어질 수 있으며, 이는 관계 형성 과정에서 민감성, 모호성 및 복잡성을 발생시킬 수 있다(Gibbs et al., 2010). 따라서 관계 형성에 있어 인터넷과 온라인 사회 활동의 발달에는 참여자의 사생활과 보안, 신원 도용, 성적 약탈, 사이버 스토킹(Spitzberg & Hoobler, 2002) 및 잘못된 표현(della Cava, 2004; Fischler, 2007)에 대한 우려가 있다.

최근 몇 년 동안 데이팅 앱 사용이 증가하여 동성애자 및 이성애자 모두를 끌어들이고 있다. 온라인 데이팅 앱의 인기가 시작부터 크게 증가했다는 것은 의심의 여지가 없다. 한때 낙인찍혔던 데이팅 앱이 사람을 만나는 좋은 방법으로 꼽힌다(Smith & Anderson, 2016). 예를 들어, 틴더(Tinder)는 이미 확립된 이성애자 시장에 처음으로 진입한 회사 중 하나였다(Duguay, 2016). 2015년 미국인의 15%가 데이팅 앱이나 웹사이트를 사용했다고 보고했으며, 2013년 이후 3배 증가했다(Smith, 2016). 또한 매일 약 150만 명이 그라인더(Grindr)를 이용하고 있다(Grindr Team, 2014). 성적 파트너나 로맨틱한 파트너를 식별하는 모바일 형태는 이미 2005년부터 남성과 성관계를 가진 남성들 사이에서 인기를 끌었다. 인터넷 세상에서는 블루투스 통신 기술(Mowlabocus, 2010)이 사용되는데, 이는 데이팅 앱의 성공을 촉진하여 이러한 앱의 추가 사용을 촉진한다(Gudelunas, 2012).

통신 기술의 발전과 이용 가능한 옵션의 수를 포함한 많은 요인이 온라인 데이팅 앱의 성장에 기여했다(Johnson, Vilceanu, & Pontes, 2017). 이러한 앱은 일반적으로 위치를 기반으로 검색 결과를 제공하므로 매우 인기가 있다(Bilton, 2014). 오늘날 우리는 Grinder for Her(레즈비언들을 위한 사이트), 건강에 신경을 쓰는 사람들을 위한 데이트 사이트인 Gluten-free Singles(글루텐 프리 싱글모임), Ashley Madison(혼외 연애를 원하는 사람들의 모임)과 같은 방대한 전문 디지털 데이트 자료를 이용할 수 있으며 아이튠즈(iTunes)에서 500개 이상의 데이트 관련 애플리케이션을 이용할 수 있다(Wells, 2015).

이 앱들은 사용자들이 사진과 간단한 자기소개가 있는 개인 프로필을 만들고, 자기가 살고 있는 지역의 다른 사용자를 찾아 잠재적인 파트너에게 메시지를 보낼 수 있는 공간을 제공하도록 설계되었다(Holloway et al., 2014; Phillips et al., 2014; Rice et al., 2012). 모바일 데이트는 잠재적 파트너에게 자신을 잘못 표현하고 안전 문제를 야기할 우려가 있지만 (Guadagno, Okdie, & Kruse, 2012; Lo, Hsieh, & Chiu, 2013), 틴더와 같은 일부 앱의 성공은 그러한 문제를 완화할 수 있음을 보여 준다(Duguay, 2016).

온라인을 통해 관계를 시작하는 것은 아직까지는 확실히 사회인구학적 요인에 의해 가속화된다. 온라인 데이트와 만남의 일반적인 성격은 연애 초기에 데이팅 앱이나 온라인 데이트 사이트를 사용하는 방법에 확실히 영향을 미칠 것이다. 또한 성 파트너를 찾거나 추구하는 관계의 초기 단계에서 데이팅 앱이나 데이트 사이트를 이용하는 데 기여하는 개인의 심리적인 요인도 있을 수 있다. 예를 들어, 통신 기술에 대한 초기 연구는 통신 기술을 사용하는 사람들의 유형에 크게 초점을 맞췄고, 심리적으로 불안한 사람이 문자 메시지를 더 보내는 경향이 많다는 연구 결과가 있다(Reid & Reid, 2007). 더 나아가, 부끄러움을 타는 사람들은 온라인에서 대화할 때 더욱더 편안함을 느낀다(Hammick & Lee, 2014).

관계 유지

불행하게도, 관계의 시작은 앱을 사용하는 유일한 시간이 아니다. 오히려 연애 후에 헌신적인 관계에 있는 사람들이 여전히 핸드폰에 데이팅 앱을 유지하는 경우도 상당히 많다. 허틀링과 그의 동료들(Hertling et al., 비평)은 휴대전화의 데이팅 앱의 존재와 관계 결과와의 연관성을 평가하는 연구를 수행했다. 그 자료에 따르면 헌신적인 관계를 맺은 후에도 휴대폰에 데이팅 앱을 가지고 있는 사람들은 관계에 대한 신뢰도가 떨어지고, 헌신도가 낮아지고, 관계 만족도가 낮아진다고 보고했다. 그들은 또한 통신 기술 수준이 높아지면 관계에 방해가 된다는 것도 지적하고 있다. 그들은 높은 수준의 기계화가 관계를 방해하고 있음을 지적했다. 그러한 발견은 헌신이 전반적인 성공에 기여하는 관계의 핵심 요소 중 하나라는 점에서 메타체계 모델의 토대인 스턴버그(1986)의 삼각형과 일치한다. 휴대폰을 사용하여 관계에서 헌신과 친밀감을 향상시키는 방법들이 분명히 있지만, 관계가 형성된 후 휴대폰에서 데이팅 앱을 유지하는 것은 도움이 되지 않는다.

소통의 기계화는 또한 다양한 방법으로 다른 사람들과의 긍정적인 연결을 가능하게 할 수 있다(Jin & Park, 2010). 관계를 유지하는 한 가지 중요한 측면은 의식(ritual)의 개발(Campbell, Silva, & Wright, 2011)이며, 의식과 관계를 유지하기 위한 대면 소통의 대안으로 컴퓨터를 매개로 한 소통이 사용된다(Billedo, Kerkhof, & Finkenauer, 2015). 소셜 네트워크 사이트는 다양한 형태의 컴퓨터를 통한 소통 관계를 유지하는 데 중요한 역할을 한다(Papp, Danilewicz, & Cayemberg, 2012). 소셜 네트워크 사이트를 통해 매일 의사소통할 수 있는 기회는 이 옵션이 관계 유지에 도움이 되게 한다(Billedo, Kerkhof, & Finkenauer, 2015; Tong & Walther, 2011). 소셜 네트워크 사이트의 공공 플랫폼은 대중적 애정과 상호 소속을 위한 기회를 제공한다(Tong & Walther, 2011; Utz & Beukeboom, 2011). 또한 파트너가 다른 사람들과 사회적 상호작용하는 것을 비교적 쉽게 볼 수 있다(Tokunaga, 2011; Tong & Walther, 2011). 그러나 통신 기술이 관계의 유지에 미치는 영향에 대해서는 모순되는 주장이 있다. 예를 들면, 폭스, 오스본과 워버(Fox, Osborn, & Warber, 2014)는 페이스북의 커플에게 받아들여지는 관계 유지 행동들에 대해 사람들은 동의하지 않는다고 지적했다. 소셜 네트워크를 통한 대화가 대면 대화를 하는 것과 같다는 데 동의하지 않는 사람들도 있다. 이런 경우 소셜 네트워크 서비스(SNS)에서 표현할 수 있는 것이 무엇인지에 대한 생각이 다양하고, 커플들은 서로 다른 표현 방법으로 어려워할 수 있다. 상충되는 인식을 둘러싼 연구에 따르면, 관계 유지 행동의 영역에서 사회문화적 담론은 여전히 성장하고 있으며, 대인관계-차원의 담론이 지배적일 수도 있다(Clayton, Nagurney, & Smith, 2013; Fox, Osborn, & Warber, 2014).

이 정보는 전화가 관계 방식에 기여하는 2인 관계 요인이 있을 수 있음을 시사한다. 휴대전화가 있든 없든, 커플은 표현되거나 암묵적인 기대와 씨름하고, 그들이 인식하지 못할 수도 있는 규칙 체계하에서 생활하며, 전화와 관련된 규칙들과 침실에서 펼쳐지는 관계의 특정한 힘 역학을 가지고 있다. 실제로, 많은 커플은 자신들의 관계에서 휴대전화 사용에 관한 규칙이 없다고 보고하지만(Duran, Kelly, & Rotaru, 2011), 다른 커플들에게 규칙이 제공되어야 한다는 점에 대해서는 동의한다. 관계에서의 휴대전화 규칙이 만족도를 높임에도 불구하고 말이다(Miller-Ott, Kelly, & Duran, 2012). 인간관계에서의 친밀감과 헌신은 적절하고 도움이 되는 방식으로 휴대전화를 사용함으로써 강화될 수 있다.

관계 종료

관계를 끝낼 때 온라인과 오프라인 행동의 공통되는 부분에 대해서는 알려진 바가 거의 없다(Elphinston & Noller, 2011). 거숀(Gershon, 2010)은 디지털 통신 기술 세계에서 관계를 끝내는 것의 복잡성에 대해 논의했다. 거숀(2010)은 헤어지는 과정에서 미디어의 사용법은 미디어 이데올로기나, "사용자와 설계자가 지각된 미디어 구조와 의미를 설명하는 커뮤니케이션 기술에 대한 일련의 믿음"에 의해 생성된다고 했다(p. 3). 이러한 미디어와 통신 기술 이데올로기는 페이스북이나 인스타그램(Instagram)과 같은 온라인 플랫폼에서 사람들이 이별에 어떻게 반응하는지에 영향을 미친다. 실제로, 페이스북을 많이 보는 사람일수록 전 파트너에 대한 고통과 부정적인 감정, 성욕, 그리움이 커지고 이별 후 개인적 성장도 낮아진다(Marshall, 2012). 다시 말해, 소셜 네트워크 사이트에는 문자교환, 사진, 게시물, 좋아요 등 다양한 방법으로 디지털 발자국을 남기는데, 이별 시 관계 안에서 더 행복한 시간을 떠올리게 되므로 이별의 아쉬움이 커질 수밖에 없다(Marshall, 2012; Van Dijck, 2007).

치료의 초점은 커플이 이별에 어떻게 반응하는지에 대한 각 커플의 개인 심리에 맞춰질 수 있다. 예를 들어, 성격장애를 앓고 있는 사람은 '유령'(자신에게 온 다른 사람의 통신에 반응하지 않음)을 선택할 수 있는 반면, 다른 사람은 이별을 관리하는 방법으로 확장된 의사소통과 전자적(electronic) 경계 설정을 선택할 수 있다. 그러나 알 수 없는 것은 종료 후 나체 사진 교환과 같은 그래픽 정보가 어떻게 활용될 수 있느냐 하는 것이다. 앞서 언급한 바와 같이, 관계가 종료된 후에도 나중에 이러한 자료를 사용할 수 있도록 인터넷에 접근할 수 있는 가능성은 이별에 대응하는 방법에 영향을 미친다. 이러한 접근성으로 인해 잠재적으로 각자가 종료 시점을 넘기기가 더 어려워질 수 있는 관계에 대한 전자적 기억물이 생성될 수 있다.

커플의 섹슈얼리티와 정보 통신 기술

섹스팅

통신 기술은 우리의 사생활에 침범할 뿐만 아니라 침실, 특히 우리의 성적 관계까지 침범하고 있다. 문헌은 문자가 의사소통 측면에서 로맨틱한 관계에 미칠 수 있는 긍정적인 영향을 뒷받침한다(Coyne et al., 2011; Luo, 2014; Luo & Tuney, 2015). 성적으로 외설적이거나 선정적인 텍스트(또는 sexts; Lenhart, 2009)도 관계에 도움이 될 수 있다. 일부 주목할 만한 이점에는 장거리 연애의 물리적 부분을 유지할 수 있는 능력이 포함된다(Hertlein & Ancheta, 2014). 섹스팅(sexting)은 또한 기존 커플들이 그들의 성관계를 증진시키거나 '보다 더 섹시하게(spice up)' 할 수 있도록 하여 그들이 오프라인 생활에서는 일반적으로 하지 않을 인터넷 활동을 전자적으로 상상하고 전자적으로 경험할 수 있게 한다(Hertlein & Ancheta, 2014; Parker, Blackburn, Perry, & Hawks, 2012).

그러나 관계에서 섹스팅의 참여는 사회인구학적·문화적 특성에 따라 다른 영향을 미친다. 특히 이성애 여성이라고 밝힌 사람들은 성적으로 노골적인 문자 메시지에 답신을 하지 않으면 부정적인 결과를 경험하는 경향이 있다. 그러나 남성과 이성애 여성이 아닌 경우에는 그렇지 않으며, 부정적인 결과를 경험하지 않는다(Currin, Jayne, Hammer, Brim, & Hubach, 2016). 섹스팅은 애착과도 관련이 있다. 불안정 애착을 가진 사람들은 위안을 얻기 위한 방법으로 섹스팅을 시작할 수 있다(Weisskirch & Delevi, 2011). 특히 그들은 파트너로 하여금 나체 사진이나 성적 노출 자료를 요청하도록 할 수도 있는데 그렇게 해서 파트너가 자신들을 생각하게 만들고 섹스팅이 그들의 관계를 향상시킬 것이라고 믿기 때문이다(Weisskirch & Delevi, 2011).

섹스팅 외에도 통신 기술과 섹슈얼리티가 커플의 관계를 증진시킬 수 있는 다른 방법들이 있다. 실제 성관계 및 다른 소프트웨어 프로그램과 같은 통신 기술은 커플이 동영상을 다운로드하고 동영상에서 일어나는 것에 맞춰 사용자를 자극함으로써 성적 쾌감을 얻도록 도울 수 있다. 예를 들어, 리얼보틱스(Realbotix)는 사용자가 실제 인공지능 경험을 할 수 있다고 광고하는 업체 중 하나다(Realbotix, 2018). 인공지능 회사들은 인간과 기계의 상호 작용을 용이하게 하는 프로그램을 개발한다. 인공지능은 대화 기술, 교육 및 학습 활동, 문제 해결, 정보 데이터베이스 등 (성적 만족 포함) 무수한 응용 분야를 가지고 있다.

마지막으로, 통신 기술과 인터넷은 또한 결혼하지 않은 커플의 성행위를 부채질할 수 있다. 많은 웹사이트와 앱은 '관계연결'을 홍보하고 용이하게 하기 위해 고안되었다. 오프라인에서 서로 만나는 사람은 온라인에서 만나는 사람보다 결혼할 가능성이 더 높다(Paul, 2014). 통신기술과 미디어를 통해 발전된 관계의 주요 특징은 관계가 더 빠르게 발전하는 것인 반면, 오프라인으로 발전한 관계는 오랜 기간 동안 발전함으로써 더 안정적인 관계를 만든다. 나아가 온라인 관계가 단절될 수 있다는 점 외에도, 신체 건강에 심각한 결과가 발생할 수도 있다. 구체적으로, 더 많은 사람이 다른 사람을 만나기 위해 온라인 상호작용에 참여할수록 성병에 대한 위험이 증가할 가능성이 높았고 그들의 성적 행동은 일반적으로 더 위험했다(Cabecinha et al., 2017).

다양한 배경을 가진 커플과 함께하는 섹슈얼리티

앞서 언급했듯이 파트너를 얻기 위한 핵심 전략으로 온라인에서의 만남이 매우 일상화되고 있다. 사실, 그것은 레즈비언, 게이, 양성애자 커뮤니티에서 파트너를 만나는 가장 흔한 방법이다(Cabecinha et al., 2017; Rosenfeld & Thomas, 2012). 이러한 앱은 다자성 관계에 있는 사람들이 더 많은 잠재적 파트너를 찾을 수 있는 중요한 메커니즘일 수도 있다. 동성애 지향적인 사람들 사이에서 섹스팅은 양성애자나 이성애자와 비교하여 더 수용적인 관행이다(Hertlein, Shadid, & Steelman, 2015; Twist, Belous, Maier, & Bergdall, 2017). 섹스팅은 젊은이들 사이에서 정체성을 확립하기 위한 공간으로도 사용된다(Albury & Byron, 2014).

치료적 딜레마

치료사들 또한 휴대전화, 인터넷 등을 사용하는 사회에 살고 있는 만큼, 커플 및 가족 치료사들 역시 업무(Blumer, Hertlein, & VandenBosch, 2015)의 측면뿐만 아니라 내담자가 개인 생활 및 관계에서 통신 기술을 사용하는 방식 모두에서 통신 기술의 역할에 대해 전혀 알지 못하는 경향이 있다. 치료사는 내담자가 실제로 무엇을 하고 있는지 명확히 알아야 하며, 필요한 정보를 얻기 위해 어떤 질문을 해야 하는지 알아야 한다. 커플 및 가족 치료 분야는 치료가 대면으로만 이루어져야 한다는 조건(훈련 프로그램에서 시행 중인 인증 표준)으로 인해 혼란을 겪고 있다. 게다가 온라인상의 치료와 관련하여 MFT에 대한 모범 사례를 개괄하려는 미국결혼가족치료협회의 시도(Caldwell, Bischoff, Derrig-Palumbo, & Liebert, 2017)는 통신 기술이 우리의 치료를 변화시키는 방식을 묘사하기에는 충분하지 않다. 특히 사회복지나 상담처럼 유사한 직업에 작성된 표준 및 역량과 비교할 때 더욱 그렇다. 실천에 있어서 온라인 기술을 평가 절하한 결과, 커플·가족 치료에서 기술이 전혀 중요하지 않다는 메시지를 전달할 수 있다. 그러한 입장은 치료사들로 하여금 전화 및 기술 사용에 대한 중요한 세부 사항에 대해 확인하지 않고 지나가게 할 수 있다.

이러한 경우 역전이 가능성도 있다. 치료사들도 세상의 다른 사람들처럼 휴대전화를 통해 세상과 연결된다. 내담자에게 전화 사용법을 바꾸라고 한다면 그들이 휴대전화를 통해 하는 행동이나 파트너와 함께 하고 있는 행동을 치료사가 알아차리는 것을 못하게 할 수도 있다. 게다가 치료사들은 통신 기술이 임상 상황에 진입할 때 암묵적인 편견을 가지고 있다. 예를 들어, 연구에 따르면 사이버 외도를 다룰 때 젊고 종교적인 치료사들은 2차 변화가 아닌 1차 변화에 치중하고 있음을 보여 주고 있다. 예를 들어, 일반적인 1차 변화 전략에는 컴퓨터를 다른 방으로 옮기고 개인 치료를 처방하는 것이 포함된다(Hertlein & Piercy, 2008). 이는 잠재적으로 더 적절한 2차 중재(불만과 무관심을 해소하기 위한 커플 치료)와 비교된다. 이것은 내담자보다는 기계와 관련된 역전이가 치료를 방해하는 전형적인 예이다.

마지막 치료 딜레마는 관계 계약을 파기할 외도나 행동을 정의하는 문제를 어떻게 해결할 것인가이다. 인터넷 외도의 경우, 커플은 무엇이 외도를 구성하는지, 또는 기록을 삭제할 수 있는 능력을 고려할 때 외도가 발생했는지 여부에 대해 아주 다른 생각을 가지고 치료를 받는다(Hertlein, Dulley, Chang, Cloud, & Leon, 2017). 인터넷 시대에 무엇을 외도로 정의할 것인가는 사람마다 다르며, 커플들은 두 사람만 배타적으로 만나기로 한 경우에도 디지털 시대에 어디까지가 외도인지에 대해 대화를 나누지 않는 경우가 종종 있다. 커플들은 직감적으로 다른 사람과의 육체적 성적 접촉이 외도를 구성한다는 것을 알지만, 성인물 사용에 대한 대화, 전 여자 친구, 친구와의 메시지 교환, 성인물 시청 등에 대해서는 논의하지 않는다. 한 명은 상대방이 외도를 저질렀다고 주장하는데, 당사자는 신체적 접촉이 없었기 때문에 외도가 아니라고 주장하는 경우에 치료사는 딜레마에 처하게 된다. 치료사가 배신감을 느낀 파트너와 합류하면 배신이 아니라고 주장하는 파트너와 합류하지 못할 수 있다. 반면, 치료사가 외도로 비난받는 파트너와 합류하여 신체적 접촉이 없었기 때문에 외도가 아니라고 하면 배신감을 느끼는 파트너는 상담을 종료할 것이다. 이 딜레마에 대한 해결은 치료사가 큰 그림을 보고 이유와 무관하게 자신의 파트너가 어떤 이유로든 배신감을 느낀다는 것을 인정하고 공통의 관점에서 작업을 시작하도록 하는 것에 달려 있다(Hertlein, Dulley, Chang, Cloud, & Leon, 2017).

통신 기술과 성 치료의 통합

섹슈얼리티에 초점을 맞춘 통신 기술 이용의 역사를 살펴보기

치료 목적으로 목록을 작성하는 많은 영역이 있지만, 섹슈얼리티에 초점을 맞춘 통신 기술 목록은 개입할 기회를 크게 향상시킬 수 있다. 예를 들어, 성에 초점을 둔 가계도를 사용하거나(Weeks, Hof, & DeMaria, 1999), 또는 통신 기술 중심의 가계도를 사용할 수 있다 (Blumer & Hertlein, 2015). 이러한 유형의 가계도는 통신 기술이 하나의 구별된 실체로서 체계 내에서 한 사람의 가족 구성원처럼 행동하는 것으로 여겨서 가족 구성원들이 그 입장을 인정하고 인식을 가지고 결정을 내리도록 장려한다. 또한 통신 기술 중심 가계도는 구성원 간의 관계 패턴뿐만 가족 내 통신 기술 사용 패턴도 보다 일반적으로 살펴본다. 예를 들어, 커플 중 한 사람은 그의 아버지가 통신 기술과 휴대전화에 매우 많은 시간을 보냈다고 기억할 수도 있는데, 이런 경우 그 패턴은 가족 안에 너무도 뿌리 깊게 자리 잡아서 다른 가족원들도 당연하게 같은 방식으로 기능했을 수 있다. 하지만 파트너에게는 매우 속상한 일이 아닐 수 없다. 이럴 경우 휴대전화 사용의 기저에는 다른 어떤 요인보다 가족을 향한 충성심과 가족과 친해지고 싶은 마음이 깔려 있을 수 있다.

통신 기술 사용목록 수집하기

커플이 커플 체계나 가족 체계에서 컴퓨터의 역할을 평가하는 데 사용되는 목록표는 가족의 역사 탐색이나 가계도 작성과는 다르다. 통신 기술 목록은 현재 커플 관계에 통신 기술이 사용되는 방식을 이해하고자 한다. 성 및 성 치료의 경우 목록은 각 커플이 수용할 수 있는 사용 유형과 빈도를 중심으로 이루어질 수 있다. 한 예로, 전문직에 종사하는 커플인 칼리(Carly)와 맥스(Max)가 그들의 성생활을 포함한 결혼생활의 문제들을 논의하기 위해 치료를 받았다. 그들이 성생활에 대해 이야기했을 때 맥스는 칼리가 성관계를 가지기 전에 자신의 휴대전화로 성인물 보기를 좋아했다고 말했다. 그녀의 말에 따르면 그것은 '워밍업'을 할 수 있게 해 주었고, 성관계 전에 성인물을 볼 때 오르가슴을 더 잘 느낄 수 있었다. 이러한 방식으로 기술을 사용하는 것은 그들의 성적 상호작용의 질을 향상시킬 뿐만 아니라 전희로 사용하는 데 도움이 되었다. 두 사람은 성적인 놀이에 앞서 어떤 종류의 동영상을 볼 것인지

고르기 위해 서로 협력하기 시작하면서 관계에서도 더 많은 협상을 경험했다.

커플이 자신들의 용도에 가장 잘 맞는 것을 찾기 위해서 목록표에 다음의 중요 항목을 포함시킬 수 있다.

- 다운로드한 앱의 개수
- 사용한 앱의 개수(다운로드된 앱과 다를 수 있음)
- 사용한 앱의 기능
- 취침 시간 동안 휴대전화와 화면의 위치
- 평소의 취침 시간
- 평소 커플이 연락하는 방법: 오프라인과 온라인 또는 문자·이메일
- 누가 기기 및 암호에 접근할 수 있나?
- 자신의 휴대전화에 있는 앱의 적절성 또는 개인과 그들 관계의 건강 모두에 대한 적절성
- 외도로 정의될 수 있는 요소
- 커플의 역할, 규칙 및 관계 구조에 관련된 각 구성원의 유연성

이 목록에서 치료사는 커플의 관계 개선을 위해 통신 기술이 사용될 수 있는 영역뿐만 아니라 기술의 영향에 취약한 요소들을 찾고 있다. 커플의 연결고리를 만들 수 있는 일부 영역에는 그들이 같은 앱을 가지고 있는지 여부가 포함된다. 예를 들어, 커플이 둘 다 같은 앱에서 제공되는 5분간의 명상을 하며 바쁜 업무 시간 동안 시간을 보낼 수 있다. 그들은 서로 연결되어 있다고 느끼거나 심지어 공동의 전자 일지를 만들고 기여하는 방법으로 음악 재생목록을 함께 공유하여 동시에 들을 수 있을 것이다. 게다가 그 커플은 독자적인 스크린 타임을 갖기보다는 침대에 함께 있는 동안 성인물 사진을 온라인으로 공유할 수도 있다. 이것은 단지 몇 가지 제안일 뿐이고, 확실히 치료사가 커플의 성관계와 앱 사용을 구성하는 상황을 파악하면, 그들은 통신 기술을 이용하여 커플을 하나로 모으도록 권장할 수 있다.

또한 치료사는 미디어와 인터넷을 사용하여 개선되거나 최소한 개선될 수 있는 성 기능 장애는 없는지 찾는다(Hertlein, Nakamura, Arguello, & Langin, 2017). 예를 들어, 인터넷 통신 기술을 사용하면 우리가 실제 세계의 상황에 근접할 수 있도록 해 준다. 사람들이 성적 상황에 대해 혐오감을 느끼는 경우, 인터넷은 그들이 성적인 상황에서 불안을 덜 민감하게 만들고 불안을 줄이는 데 도움을 주기 위해 사용될 수 있다. 인터넷은 성적 만족감을 줄 수 있는 풍부한 이미지를 제공하기 때문에 욕구를 증가시키는 도구로 사용될 수도 있다. 앞서 언급한 커플의

경우처럼 서로가 오르가슴을 더 잘 이루기 위한 방법으로 성인물이 활용됐다.

변화 확인하기

통신 기술과 커플 관계에 대한 문헌은 주로 통신 기술이 관계에 미치는 영향에 초점을 맞췄다(Hertlein & Ancheta, 2014; Hertlein & Webster, 2008). 이 연구는 두 가지로 나뉘어 있는데, 어떤 연구는 관계에서 통신 기술의 긍정적인 사용에 초점을 맞추고 있고 다른 연구는 부정적인 것에 초점을 맞추고 있다. 긍정적인 면에서는 앞서 언급했듯이 성관계 개선이 사람들이 왜 통신 기술을 사용하는지에 대한 핵심 요소이다(Hertlein & Ancheta, 2014). 변화를 확인한다는 것은 치료적 개입을 잘 따르고 있는지 이러한 변화가 커플의 관계에 어떤 영향을 미치는지 확인하기 위해 치료사가 커플이 선택한 앱과 연결을 다시 확인해야 한다는 것을 의미한다.

지난 10년 동안의 연구는 관계에서 통신 기술과 인터넷 사용의 긍정적인 측면을 보여 주었다. 예를 들어, 페티그루(Pettigrew, 2009)는 문자 메시지의 구체적인 사용이 커플의 의사소통을 증가시키고 하루 종일 연결 상태를 유지하는 데 도움이 된다고 보고했다. 다른 학자들은 파트너의 긴급 상황이나 스트레스를 받은 경우에 상대방과의 접근 가능성이 중요함을 표현했다는 유사한 결과를 언급했다(Dietmar, 2005; Döring & Dietmar, 2003; Parker et al., 2012). 예를 들어, 다른 사람들이 엿듣지 못하게 하며 정보를 소통할 수 있는 가능성, 또는 서로 비밀 접촉하듯이 시시덕거리는 의사소통을 증가시킬 수 있는 기회와 같은 결과는 커플들이 관계 내에서 기능적 · 정서적 요구를 충족시키기 위해 연결할 수 있는 인식을 제공한다(Hertlein & Ancheta, 2014). 많은 연구자가 개인과 관계에 대한 문자 메시지와 이메일의 효과를 언급했다. 예를 들어, 문자 메시지를 관계를 유지하기 위한 도구로 사용하는 것은 연락을 유지하거나 감정을 표현하기 위한 수단이다(Bauer et al., 2012; Castaño et al., 2012; Shapiro et al., 2010; Watkins, Smith, Kerber, Kuebler, & Himble, 2011).

그러나 관계에서 통신 기술을 사용하는 것에 대한 신뢰와 투명성과 관련하여 발생하는 다른 우려도 있다. 전자적 친밀감, 심지어 가상 성관계까지 증가하는 상황에서, 외도를 저지르거나 파트너가 외도를 저지르는 것이 무엇을 의미하는지, 그리고 가상 외도가 과거의 일상적인 외도와 같은지 정의하는 것이 중요하다(Schneider, Weiss, & Samenow, 2012). 사이버 섹스 사용자의 성행위는 파트너에게 정서적 고통을 줄 수 있으며, 이는 사용자가 스스로 이러한 행동을 문제시하는지 여부에 관계없이 마찬가지이다(Schneider, Weiss, & Samenow,

2012). 이는 커플이 무엇이 실제로 외도를 구성하는지에 대해 동의하지 않을 때, 특히 문제가 된다(Hertlein, 2012; Jones & Hertlein, 2012). 그럴 때 치료 과정이 의미 있는 방식으로 진행되지 못하기 때문이다.

통신 기술이 관련된 외도 문제를 다룰 때 가장 어려운 점 중 하나는 관계의 문제나 관계된 파트너의 내적인 문제보다는 외도 사건이 기기 때문에 일어났다고 주장하는 파트너가 있을 때이다. 이러한 오해는 내담자들뿐만 아니라 치료사들도 가지고 있을 때 같은 문제가 발생한다(Hertlein & Piercy, 2012). 통신 기술을 어떻게 사용하는가 하는 것이 아니라 통신 기술이 문제가 된다고 생각하는 것은 실패하기로 작정한 설정이다. 왜냐하면 인터넷은 어디에서나 접속이 가능하기 때문이다. 외도를 치료함에 있어서, 치료사는 문제를 유발하거나 트라우마를 더 심화시킬 수 있는 통신 기술과 전화기와 관련된 영역을 다루면서 체계론적인 관점에서 계속 작업해야 한다. 예를 들어, 배신당한 파트너는 상대방의 휴대전화 움직임을 추적하기 위해 GPS 시스템을 설치하는 것이 일반적이다. 이것이 처음에는 일시적 안심을 줄 수 있지만, 장기적으로 효과가 있는 대안은 아니다. 감시 외에도 관계를 개선하기 위해 통신 기술을 사용하는 다른 방법들이 있다.

심리교육

인터넷의 가장 큰 장점은 손끝에서 접근할 수 있는 정보의 양이 많다는 것이다. 검색 가능한 특성 때문에 치료사와 내담자는 어떤 통신 기술을 연마해야 하는지 확인하고 인터넷을 사용하여 특정 과정에 대한 유용하고 정확한 정보를 찾을 수 있다. 예를 들어, 성적 테크닉을 향상하고 싶은 커플들에게, 휴대전화에서 성인물 영상을 볼 수 있다는 것은 성관계에 있어 중요한 도움이 될 수 있다. 구체적인 전략에는 파트너와 침대에서 성관계를 시도할 때 파트너에게 자신의 성적 선호, 호불호를 보여 주기 위한 방법으로 성인물을 보는 것이 포함될 수 있다.

결론

통신 기술과 인터넷이 우리가 의사소통하고 연결하는 방식을 계속해서 변화시키고 있기 때문에, 커플들은 이러한 통신 기술이 그들의 관계적인 이점에 이용될 수 있도록 보장하기 위해 통신 기술보다 한발 앞서야 한다. 성 치료의 경우, 인터넷과 미디어의 생태학적 요소들은 신체적 · 정서적 친밀감 영역 모두에서 커플 관계를 향상시키는 방법을 제공한다. 구체적으로, 커플들은 인터넷을 사용할 수 있고 휴대전화는 관계의 시작, 관계의 유지, 그리고 관계의 종료에 중심적인 역할을 수행할 수 있다. 마지막으로, 이러한 요소들은 커플의 성적 활동, 친밀감 수준, 그리고 서로에게 헌신에 대한 인식 변화를 도울 수 있다.

참고문헌

Albury, K., & Byron, P. (2014). Queering sexting and sexualisation. *Media International Australia Incorporating Culture and Policy, 153*, 138-147. doi: 10.1177/1329878X1415300116.

Bauer, S., Okon, E., Meermann, R., & Kordy, H. (2012). Technology-enhanced maintenance of treatment gains in eating disorders: Efficacy of an intervention delivered via text messaging. *Journal of Clinical and Consulting Psychology, 80*(4), 700-706. doi: 10.1037/a0028030.

Baxter, L. A., & Montgomery, B. M. (1996). *Relating: Dialogues and dialectics.* Guilford Press.

Bergdall, A. R., Kraft, J. M., Andes, K., Carter, M., Hatfield-Timajchy, K., & Hock-Long, L. (2012). Love and hooking up in the new millennium: Communication technology and relationships among urban African American and Puerto Rican young adults. *The Journal of Sex Research, 49*(6), 570-582. doi: 10.1080/00224499.2011.604748.

Best, P., Manktelow, R., & Taylor, B. (2014). Online communication, social media and adolescent wellbeing: a systematic narrative review. *Children and Youth Services Review, 41*, 27-36. doi: 10.1016/j.childyouth.2014.03.001.

Billedo, C. J., Kerkhof, P., & Finkenauer, C. (2015). The use of social networking sites for relationship maintenance in long-distance and geographically close romantic relationships. *Cyberpsychology, Behavior, and Social Networking, 18*(3), 152-157. doi: 10.1089/cyber.2014.0469.

Bilton, N. (2014, October 29). Tinder, the Fast-Growing Dating App, Taps an Age-Old Truth. Retrieved January 12, 2019, from www.nytimes.com/2014/10/30/fashion/tinder-the-fast-growing-dating-app-taps-an-age-old-truth.html.

Blumer, M., & Hertlein, K. M. (2015). *The Technology-Focused Genogram: A Tool for Exploring Intergenerational Family Communication Patterns around Technology Use.* In C. Bruess (Ed.), *Family communication in the age of digital and social media.* Peter Lang.

Blumer, M., Hertlein, K. M., & VandenBosch, M. (2015). Towards the development of educational core competencies for Couple and Family Therapy technology practices. *Contemporary Family*

Therapy, 37, 113-121. doi: 10.1111/j.1752-0606.2007.00042.x.

Cabecinha, M., Mercer, C., Gravningen, K., Aicken, C., Jones, K., Tanton, C., ⋯ Field, N. (2017). Finding sexual partners online: Prevalence and associations with sexual behaviour, STI diagnoses and other sexual health outcomes in the British population. *Sexually Transmitted Infections, 93*(8), 572-582. doi: 10.1136/sextrans-2016-052994.

Cacioppo, J. T., Cacioppo, S., Gonzaga, G. C., Ogburn, E. L., & Vander Weele, T. J. (2013). Marital satisfaction and break-ups differ across on-line and off-line meeting venues. *Proceedings of the National Academy of Sciences, 110*, 10135-10140. doi: 10.1073/pnas. 1222447110.

Caldwell, B., Bischoff, R., Derrig-Palumbo, K., & Liebert, J. (2017). *Best practices in the online practice of couple and family therapy.* Alexandria, VA: American Association for Marriage and Family Therapy. Retrieved February 21, 2019 from: www.aamft.org/Documents/Products/ AAMFT_Best_Practices_for_Online_MFT.pdf.

Campbell, K., Silva, L. C., & Wright, D. W. (2011). Rituals in unmarried couple relationships: An exploratory study. *Family and Consumer Sciences Research Journal, 40*(1), 45-57. doi: 10.1111/j.1552-3934.2011.02087.x.

Carnes, P. J. (2001). Cybersex, courtship, and escalating arousal: Factors in addictive sexual desire. *Sexual Addiction & Compulsivity, 8*, 45-78. doi: 10.1080/10720160127560.

Castano, P. M., Bynum, J., Andres, R., Lara, M., & Westhoff, C. (2012). Effect of daily text messages on oral contraceptive continuation. *Obstetrics & Gynecology, 119*(1), 14-20. doi: 10.1097/AOG.0b013e31823d4167.

Clayton, R. B., Nagurney, A., & Smith, J. R. (2013). Cheating, breakup, and divorce: Is Facebook use to blame? *Cyberpsychology, Behavior, and Social Networking, 16*(10), 717e720. doi: 10.1089/cyber.2012.0424.

Cooper, A., Delmonico, D., & Burg, R. (2000). Cybersex users, abusers, and compulsives: New findings and implications. *Sexual Addiction & Compulsivity, 7*, 5-30. doi: 10.1080/ 10720160008400205.

Cooper, A., Delmonico, D. L., Griffin-Shelley, E., & Mathy, R. M. (2004). Online sexual activity: An examination of potentially problematic behaviors. *Sexual Addiction & Compulsivity, 11*, 129-145. doi: 10.1080/10720160490882642.

Cooper, A., Griffin-Shelley, E., Delmonico, D. L., & Mathy, R. M. (2001). Online sexual problems: Assessment and predictive variables. *Sexual Addiction & Compulsivity, 8*, 267-286. doi: 10.1080/107201601753459964.

Cooper, A., Putnam, D. E., Planchon, L., & Boies, S. C. (1999). Online sexual compulsivity: Getting tangled in the net. *Sexual Addiction & Compulsivity, 6*, 79-104. doi: 10.1080/10720169908400182.

Currin, J. M., Jayne, C. N., Hammer, T. R., Brim, T., & Hubach, R. D. (2016). Explicitly pressing send: Impact of sexting on relationship satisfaction. *American Journal of Family Therapy, 44*(3), 143-154. doi: 10.1080/01926187. 2016.1145086.

Daneback, K., Ross, M. W., & Mansson, S. A. (2006). Characteristics and behaviors of sexual compulsives who use the Internet for sexual purposes. *Sexual Addiction & Compulsivity, 13*, 53-68. doi: 10.1080/10720160500529276.

Delmonico, D., & Carnes, P. (1999). Virtual sex addiction: When cybersex becomes the drug of choice. *CyberPsychology & Behavior, 2*, 457-463. doi: 10.1089/cpb.1999.2.457.

della Cava, M. R. (2004, April). Truth in advertising hits Internet dating. USA Today. Retrieved July 12, 2009, from www.usatoday.com/life/lifestyle/2004-04-19-web-dating_x.htm.

DeMaria, R., & Weeks, G. R. (1999). *Focused genograms.* Routledge.

Dew, B. (2006). From the altar to the Internet: Married men and their online sexual behavior. *Sexual Addiction & Compulsivity, 13*, 195-208. doi: 10.1080/10720160600870752.

Dietmar, C. (2005). Mobile communication in couple relationships. In K. Nyiri (Ed.), *A sense of place: The global and the local in mobile communication* (pp. 201-208). Passagen Verlag. Retrieved August 30, 2011, from www.phil-inst.hu/mobil/2004/Dietmar_webversion.pdf.

Doring, N. M., & Dietmar, C. (2003). Mediated communication in couple relationships: Approaches for theoretical modeling and first qualitative findings. Forum: *Qualitative Social Research, 4*(3). Retrieved August 30, 2011, from www.qualitative-research.net/index.php/fqs/article/viewArticle/676.

Duguay, S. (2016). Dressing up Tinderella: interrogating authenticity claims on the mobile dating app Tinder. *Information, Communication & Society, 20*(3), 351-367. doi: 10.1080/1369118X.2016.1168471.

Duran, R., Kelly, L., & Rotaru, T. (2011). Mobile phones in romantic relationships and the dialectic of autonomy versus connection. *Communication Quarterly, 59*(1), 19-36. doi: 10.1080/01463373.2011.541336.

Ellison, N. B., Heino, R. D., & Gibbs, J. L. (2006). Managing impressions online: Self-Presentation processes in the online dating environment. *Journal of Computer-Mediated Communication, 11*(2), 415-441, doi: 10.1111/j.1083-6101.2006.00020.x.

Elphinston, R. A., & Noller, P. (2011). Time to face it! Facebook intrusion and the implications for romantic jealousy and relationship satisfaction. *Cyberpsychology, Behavior, and Social Networking, 14*, 631-635. doi: 10.1089/cyber.2010.0318.

Fischler, M. (2007, September). Online dating putting you off? Try a matchmaker. The New York Times. Retrieved July 12, 2009, from www.nytimes.com/2007/09/30/fashion/weddings/30FIELD.html.

Fox, J., Osborn, J. L., & Warber, K. M. (2014). Relational dialectics and social networking sites: The role of facebook in romantic relationship escalation, maintenance, conflict, and dissolution. *Computers in Human Behavior, 35*, 527-534. doi: 10.1016/j.chb.2014.02.031.

Gibbs, J. L., Ellison, N. B., & Lai, C. (2010). First comes love, then comes Google: An investigation of uncertainty reduction strategies and self-disclosure in online dating. *Communication Research, 38*(1), 70-100. doi: 10.1177/0093650210377091.

Gershon, I. (2010). *The breakup 2.0: Disconnecting over new media.* Cornell University Press.

Goodman-Deane, J., Mieczakowski, A., Johnson, D., Goldhaber, T., & Clarkson, P. J. (2016). The impact of communication technologies on life and relationship satisfaction. *Computers in Human Behavior, 57*, 219-229. doi: 10.1016/j.chb.2015.11.053.

Greenwood, S., Perrin, A., & Duggan, M. (November 2016). Social media update 2016. *PEW Research Center; Information & Technology.* Retrieved September 29, 2018, from www.pewinternet.org/2016/11/11/social-media-update-2016/.

Grieve, R., Indian, M., Witteveen, K., Tolan, G. A., & Marrington, J. (2013). Face-to-face or Facebook: Can social connectedness be derived online? *Computers in Human Behavior, 29*, 604e609.

Grindr Team (2014). iOS development with test driven development, unit testing, and monitoring. Grindr Blog. Retrieved from http://grindr.com/blog/part-1-of-3-tech-talk-ios-developmentwith-test-driven-development-unit-tes.

Guadagno, R., Okdie, B., & Kruse, S. (2012). Dating deception: Gender, online dating, and exaggerated self-presentation. *Computers in Human Behavior, 28*(2), 642-647. doi: 10.1016/j.chb.2011.11.010.

Gudelunas, D. (2012). There's an app for that: The uses and gratifications of online social networks for gay men. *Sexuality & Culture, 16*(4), 347-365. doi: 10.1007/s12119-012-9127-4.

Hammick, J. K., & Lee, M. J. (2014). Do shy people feel less communication apprehension online? The effects of virtual reality on the relationship between personality characteristics and communication outcomes. *Computers in Human Behavior, 33*, 302-310. doi: 10.1016/j.chb.2013.01.046.

Harwood, J., Dooley, J., Scott, A., & Joiner, R. (2014). Constantly connected – The effects of smart-devices on mental health. *Computers in Human Behavior, 34*, 267-272. doi: 10.1016/j.chb.2014.02.006.

Hertlein, K. M. (2012). Digital dwelling: Technology in couple and family relationships. *Family Relations, 61*(3), 374-387. doi: 10.1111/j.1741-3729.2012.00702.x.

Hertlein, K. M., & Ancheta, K. (2014). Clinical application of the advantages of technology in couple and family therapy. *American Journal of Family Therapy, 42*(4), 313-324. doi:

10.1080/01926187.2013.866511.

Hertlein, K. M., & Blumer, M. L. C. (2013). *The Couple and Family Technology Framework: Intimate relationships in a digital age.* Routledge.

Hertlein, K. M., Dulley, C., Chang, J., Cloud, R., & Leon, D. (2017). Does absence of evidence mean evidence of absence? Managing the issue of partner surveillance in infidelity treatment. *Sexual and Relationship Therapy, 32*(3-4), 323-333. doi: 10.1080/14681994.2017.1397952.

Hertlein, K. M., & Hawkins, B. P. (2012). Online gaming issues in offline couple relationships: A primer for marriage and family therapists (MFTs). *Qualitative Report, 17*(8), 1. Retrieved from: https://nsuworks.nova.edu/tqr/vol.17/iss8/1/.

Hertlein, K. M., Nakamura, S., Arguello, P., & Langin, K. (2017). Sext-ual healing: Application of the couple and family technology framework to cases of sexual dysfunction. *Journal of Sex and Relationship Therapy, 32*(3-4), 345-353. doi: 10.1080/14681994.2017.1397949.

Hertlein, K. M., & Piercy, F. P. (2012). Essential elements of Internet infidelity treatment. *Journal of Marital and Family Therapy, 38*, 1-14. doi: 10.1111/j.1752-0606.2011.00275.x.

Hertlein, K. M., & Piercy, F. P. (2008). Treatment and assessment of Internet infidelity cases. *Journal of Marital and Family Therapy, 34*(4), 481-497. doi: 10.1111/j.1752-0606.2008.00090.x.

Hertlein, K. M., Shadid, C., & Steelman, S. M. (2015). Exploring perceptions of acceptability of sexting in same-sex, bisexual, heterosexual relationships and communities. *Journal of Couple & Relationship Therapy, 14*, 342-357. doi: 10.1080/15332691.2014.960547.

Hertlein, K. M., & Twist, M. L. C. (2018). Attachment to technology: The missing link. *Journal of Couple and Relationship Therapy, 17*(1), 2-6. doi: 10.1080/15332691.2017.1414530.

Hertlein, K. M., & Webster, M. (2008). Technology, relationships, and problems: A research synthesis. *Journal of Marital and Family Therapy, 34*(4), 445-460. doi: 10.1111/j.1752-0606.2008.00087.x.

Hootsuites, (2017). Digital trends in 2017: 106 pages of internet, mobile and social media data. *INSIGHTS.* Retrieved from https://thenextweb.com/insights/2017/01/24/digital-trends-2017-report-internet/.

Holloway, I. W., Rice, E., Gibbs, J., Winetrobe, H., Dunlap, S., & Rhoades, H. (2014). Acceptability of smartphone application-based HIV prevention among young men who have sex with men. *AIDS and Behavior, 18*, 285-296. doi: 10.1007/s10461-013-0671-1.

Jin, B., & Park, N. (2010). In-person contact begets calling and texting: Interpersonal motives for cell phone use, face-to-face interaction, and loneliness. *Cyberpsychology, Behavior and Social Networking, 13*(6), 611-618. doi: 10.1089/cyber.2009.0314.

Johnson, K., Vilceanu, M. O., & Pontes, M. C. (2017). Use of online dating websites and dating apps: Findings and implications for LGB populations. *Journal of Marketing Development and*

Competitiveness, 11(3), 60-66. doi: 10.1177/1461444814521595.

Jones, K., & Hertlein, K. M. (2012). Four key dimensions in distinguishing Internet infidelity from Internet and sex addiction: Concepts and clinical application. *American Journal of Family Therapy, 40*(2), 115-125. doi: 10.1080/01926187.2011.600677.

Lenhart, A. (2009). Teens and sexting: How and why minor teens are sending sexually suggestive nude or nearly nude images via text messaging. Retrieved February 21, 2019, from: www.pewinternet.org/Reports/2009/Teens-and-Sexting.aspx.

Lesonsky, R. (2011). Survey says: The call is coming from the bathroom. Retrieved 13.11.11, from: http://smallbusiness.aol.com/2011/04/07/survey-says-the-call-is-coming-frominside-the-bathroom/.

Liu, C., & Kuo, F. (2007). A study of Internet addiction through the lens of the interpersonal theory. *CyberPsychology, 10*(6), 799-804. doi: 10.1089/cpb.2007.9951.

Lo, S., Hsieh, A., & Chiu, Y. (2013). Contradictory deceptive behavior in online dating. *Computers in Human Behavior, 29*(4), 1755-1762. doi: 10.1016/j.chb.2013.02.010.

Macapagal, K., Coventry, R., Puckett, J. A., Phillips, G., & Mustanski, B. (2016). Geosocial networking app use among men who have sex with men in serious romantic relationships. *Archives of Sexual Behavior, 45*(6), 1513-1524. doi: 10.1007/s10508-016-0698-2.

Marshall, T. C. (2012). Facebook surveillance of former romantic partners: Associations with post breakup recovery and personal growth. *Cyberpsychology, Behavior, and Social Networking, 15*(10), 521-526. doi: 10.1089/cyber. 2012.0125.

Mowlabocus, S. (2010). *Gaydar culture: Gay men, technology and embodiment in the digital age.* Ashgate.

Ofcom Report. (2011). A nation addicted to smartphones. Retrieved 4.08.11 from http://consumers.ofcom.org.uk/2011/08/a-nation-addicted-to smartphones/?utm_source=Twitter&utm_medium=Tweet&utm_campaign=CMR2011cons.

Papp, L. M., Danielewicz, J., & Cayemberg, C. (2012). "Are we Facebook official?" Implications of dating partners' Facebook use and profiles for intimate relationship satisfaction. *Cyberpsychology, Behavior, and Social Networking, 15*, 85-90. doi: 10.1089/cyber.2011.0291.

Parker, T. S., Blackburn, K. M., Perry, M. S., & Hawks, J. M. (2012). Sexting as an intervention: Relationship satisfaction and motivation considerations. *The American Journal of Family Therapy, 41*(1), 1-12. doi: 10.1080/01926187.2011.635134.

Parker, T. S., Blackburn, K. M., Perry, M. S., & Hawks, J. M. (2013). Sexting as an intervention: Relationship satisfaction and motivation considerations. *American Journal of Family Therapy, 41*(1), 1-12. doi: 10.1080/01926187.2011.635134.

Paul, A. (2014). Is Online Better Than Offline for Meeting Partners? Depends: Are You Looking to

Marry or to Date? *Cyberpsychology, Behavior, and Social Networking, 17*(10), 664–667. doi: 10.1089/cyber.2014.0302.

Peters, C. S., & Malesky, A. (2008). Problematic usage among highly-engaged players of massively multiplayer online role playing games. *CyberPsychology & Behavior, 11*(4), 481–484. doi: 10.1089/cpb.2007.0140.

Pettigrew, J. (2009). Text messaging and connectedness within close interpersonal relationships. *Marriage and Family Review, 45*, 697–716. doi: 10.1080/01494920903224269.

Phillips, G. II., Magnus, M., Kuo, I., Rawls, A., Peterson, J., Jia, Y., ⋯ Greenberg, A. E. (2014). Use of geosocial networking (GSN) mobile phone applications to find men for sex by men who have sex with men (MSM) in Washington, DC. *AIDS and Behavior, 18*, 1630–1637. doi: 10.1007/s10461-014-0760-9.

Realbotix (2018). RealBotix. Retrieved February 2, 2019, from: https://realbotix.com.

Reid, D. J., & Reid, F. J. M. (2007). Text or talk? Social anxiety, loneliness, and divergent preferences for cell phone use. *CyberPsychology & Behavior, 10*(3), 424–435. doi: 10.1089/cpb.2006.9936.

Rice, E., Holloway, I., Winetrobe, H., Rhoades, H., Barman-Adhikari, A., Gibbs, J., ⋯ Dunlap, S. (2012). Sex risk among young men who have sex with men who use Grindr, a smartphone geosocial networking application. *Journal of AIDS & Clinical Research, 1*, 1–8. doi: 10.4172/2155-6113.S4-005.

Rosenfeld, M. (2018). Are Tinder and dating apps changing the dating and mating in the USA? In J. van Hook, S. McHale, & V. King (Eds.), *Families and technology* (pp. 103–120). Springer.

Rosenfeld, M. J., & Thomas, R. J. (2012). Searching for a mate: The rise of the Internet as a social intermediary. *American Sociological Review, 77*(4), 523–547. doi: 10.1177/0003122412448050.

Schneider, J. P. (2000). A qualitative study of cybersex participants: Gender differences, recovery issues, and implications for therapists. *Sexual Addiction & Compulsivity, 7*, 249–278. doi: 10.1080/10720160008403700.

Schneider, J. P., Weiss, R., & Samenow, C. (2012). Is it really cheating? Understanding the emotional reactions and clinical treatment of spouses and partners affected by cybersex infidelity. *Sexual Addiction & Compulsivity, 19*(1–2), 123–139. doi: 10.1080/10720162.2012.658344.

Sharabi, L. L., & Caughlin, J. P. (2017). What predicts first date success? A longitudinal study of modality switching in online dating. *Personal Relationships, 24*(2), 370–391. doi: 10.1111/pere.12188.

Shapiro, J. R., Bauer, S., Andrews, E., Pisetsky, E., Bulik-Sullivan, B., Hamer, R. M., & Bulik, C. M. (2010). Mobile therapy: Use of text-messaging in the treatment of bulimia nervosa.

International Journal of Eating Disorders, 43(6), 513-519. doi: 10.1002/eat.20744.

Shklovski, I., Kraut, R., & Rainie, L. (2004). The internet and social participation: contrasting cross-sectional and longitudinal analyses. *Journal of Computer-Mediated Communication, 10*(1). doi: 10.1111/j.1083-6101.2004.tb00226.x.

Smith, A. (2016). 15% of American adults have used online dating sites or mobile dating apps. *Pew Research Center.* Retrieved from: www.pewinternet.org/2016/02/11/15-percent-of-American-adults-have-used-online-dating-sites-or-mobile-dating-apps/.

Smith, A., & Anderson, M. (2016). 5 Facts about Online Dating. Retrieved from: www.pewresearch.org/fact-tank/2016/02/29/5-facts-about-online-dating/.

Smith, A., & Duggan, M. (2013). Online dating and relationships. *Pew Research Center.* Retrieved February 21, 2019, from: www.pewinternet.org/2013/10/21/online-dating-relationships/.

Spitzberg, B. H., & Hoobler, G. (2002). Cyberstalking and the technologies of interpersonal terrorism. *New Media & Society, 4,* 71-92. doi: 10.1177/14614440222226271.

Statista (2017). *Online dating: Statistics & facts.* Retrieved January 31, 2019 from: www.statista.com/topics/2158/online-dating/.

Sternberg, R. (1986). A triangular theory of love. *Psychological Review, 93*(2), 119-135. doi: 10.1037//0033-295X.93.2.119.

Strong, S., & Claiborn, C. (1982). *Change through interaction: Social psychological processes of counseling and psychotherapy.* Wiley.

Thornton, B., Faires, A., Robbins, M., & Rollins, E. (2014). The mere presence of a cell phone may be distracting implications for attention and task performance. *Social Psychology, 45,* 479-488. doi: 10.1027/1864-9335/a000216.

Tokunaga, R. S. (2011). Social networking site or social surveillance site? Understanding the use of interpersonal electronic surveillance in romantic relationships. *Computers in Human Behavior, 27,* 705-713. doi: 10.1016/j.chb.2010.08.01.

Toma, C., & Choi, M. (2015). The couple who Facebooks together, stays together: Facebook self-presentation and relationship longevity among college-aged dating couples. *Cyberpsychology, Behavior, and Social Networking, 18*(7), 367-372. doi: 10.1089/cyber.2015.0060.

Tong, S. T., & Walther, J. B. (2011). Relational maintenance and computer-mediated communication. In K. B. Wright & L. M. Webb (Eds.), *Computer-mediated communication in personal relationships* (pp. 98-118). Peter Lang.

Twist, M. L. C., Belous, C. K., Maier, C. A., & Bergdall, M. K. (2017). Considering technology-based ecological elements in lesbian, gay, and bisexual partnered relationships. *Sexual and Relationship Therapy, 32*(3/4), 291-308. doi: 10.1080/14681994.2017.1397945.

Utz, S., & Beukeboom, C. J. (2011). The role of social network sites in romantic relationships:

effects on jealousy and relationship happiness. *Journal of Computer-Mediated Communication, 16*, 511-527. doi: 10.1111/j.1083-6101. 2011.01552.x.

Van Dijck, J. (2007). *Mediated memories in the digital age.* Stanford University Press.

Wang, J., & Wang, H. (2011). The predictive effects of online communication on well-being among Chinese adolescents. *Psychology, 2*(4), 359e362. doi: 10.4236/psych.2011.24056.

Watkins, D. C., Smith, L. C., Kerber, K., Kuebler, J., & Himle, J. A. (2011). Email reminders as a self-management tool in depression: A needs assessment to determine patients' interests and preferences. *Journal of Telemedicine & Telecare, 17*(7), 378-381. doi: 10.1258/jtt.2011.110105.

Weeks, G., & Cross, C. (2004). The intersystem model of psychotherapy: An integrated systems approach. *Guidance and Counselling, 19*(2), 57-64.

Weisskirch, R. S., & Delevi, R. (2011). "Sexting" and adult romantic attachment. *Computers in Human Behavior, 27*(5), 1697-1701. doi: 10.1016/j.chb.2011.02.008.

제 **18**장

결론

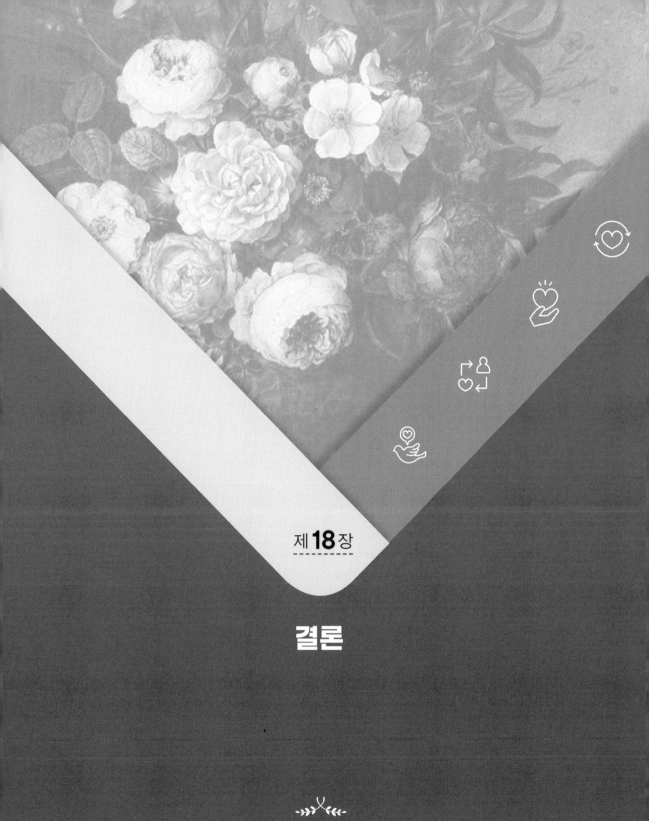

···Systemic Sex Therapy···

제18장

결론

Gerald R. Weeks · Nancy Gambescia, · Katherine M. Hertlein

1판부터 3판까지 『체계론적 관점에서의 성 치료』의 주요 목적은 세 가지이다. 첫째, 성 기능 장애의 원인과 치료를 이해하기 위한 이론적 접근법을 제시하는 것이다. 우리는 메타체계접근의 공식화를 일부 수정했다. 이 업데이트는 설명된 다섯 가지 영역에서 인간의 섹슈얼리티와 성 기능 장애의 모든 측면을 동시에 이해할 필요성을 강조한다. 새로운 통합 구성으로 부록이 추가되었다. 이 새로운 구조는 세대 간 영역에 대한 초점을 강화하고 친밀감과 섹슈얼리티 사이의 연결을 강화하는 것이다. 둘째, 모든 주요 성 기능 장애의 평가와 치료에서 이 접근법의 유용성을 입증하는 것이다. 치료를 다룬 장은 메타체계접근의 모든 영역에서 병리학적 요인이 어떻게 나타날 수 있는지, 그리고 각각 원인 요인을 가장 적절하게 다룰 수 있도록 치료가 어떻게 조정되는지를 명확하게 보여 준다. 여러 가지 원인으로 기능 이상을 살펴봄으로써, 치료에 대한 통합적이고 체계론적인 접근법을 제공하기 위해 다양한 치료 양식과 그 양식 내의 기술을 결합할 수 있다. 셋째, 성 치료에 대한 이전의 모든 문헌뿐만 아니라 이 도서의 암묵적인 목표는 성 치료 분야에서 개인적·인지적 행동에서 체계론적·관계적·통합적 행동으로의 패러다임 변화를 지속하는 것이다. 우리 작업의 상당 부분이 책으로 출간되었기 때문에 보통 문헌 평론에도 등장하지 않고, 저자들이 성 치료 분야와 그 분야 내 본문을 잘 모르는 한, 잘 인용되지도 않는다. 비록 우리의 글이 현재 CFT(Couple and Family Therapy)의 많은 훈련 프로그램에 사용되고 있지만, 성 치료 밖에서는 인정받지 못할 수도 있다.

비닉과 미나(Binik & Meana, 2009)는 성 치료에서 무엇이 부족한지에 대한 경종을 울린 최초의 작가 중 두 명이었다. 그들은 성 치료 분야가 통일된 기본 이론, 성 치료 분야에만 배타적인 일련의 구체적인 관행, 또는 증거에 근거한 관행을 가지고 있지 않다고 생각했다. 그러나 2009년까지 윅스(Weeks)와 그의 동료들은 발기부전, 성욕 부족, 그리고 다른 문제들을 이해하고 치료하면서 메타체계접근의 이용과 성 및 커플 치료의 통합에 대해 주장하는 세 편의 논문을 출판했다.

성 치료에 있어서 이론의 발전은 부진했다. 존스, 메네세스 다 실바와 솔로스키(Jones, Meneses da Silva, & Soloski, 2011)는 성 문제를 치료하기 위한 모델로 '성학적 체계 이론'을 개발했다. 이는 의료 분야, 특히 정신의학과 심리학 분야에서 사용되어 온 엥겔의 생물심리사회적 접근 방식과 매우 흡사하다. 성 치료를 위한 또 다른 엄격한 이론적 개념화는 더비, 펠러그-사지와 도런(Derby, Peleg-Sagy, & Doron, 2016)에 의해 개발되었다. 이 이론은 내담자의 어려움과 요구에 대한 심층적이고 통합적인 이해를 강조했다. 성의학을 제외시킨다면 이 두 이론 중 어느 것도 성 치료 분야에서 많은 관심을 끌지 못했을 것이다.

존스, 존슨, 웽글라인과 엘셔세이비(Jones, Johnson, Wenglein, & Elshershaby, 2018)는 15개 커플과 가족 치료 저널에 게재된 13,919개의 문헌에 대한 17년간의 연구를 분석 설명했다. 단지 137명만이 섹슈얼리티나 성 치료에 초점을 맞췄다. 그들의 리뷰는 1987년부터 우리가 다루어 온 많은 주제를 공개했는데, 성 문제의 관계학적 원인에 대한 집중 부족, 성 및 커플 치료의 통합 부족, CFT 프로그램의 성 치료의 훈련과 감독 부족이었다. 더 구체적으로 살펴보면, 연구 결과, 성과 커플의 통합에 관한 연구는 7개뿐이었고, 가장 이른 것은 2008년에 발표되었다. 이 리뷰는 1987년 초에 이러한 통합을 명시적으로 주장했던 우리가 집필했던 것과 같은 책을 포함시키지 않았다. 결혼과 가족 치료 분야가 지난 17년간 섹슈얼리티와 성 기능 장애의 역할에 대한 고려를 했다고 보기는 어렵다. 겨우 0.01%의 출만물만이 다루고 있었다. 존스, 존슨, 웽글라인과 엘셔세이비(2018) 연구의 주요 결론 중 하나는 CFT가 성적 문제를 체계론적인 관점에서 이해하고 치료할 수 있는 독특한 위치에 있다는 것이었다. 따라서 모든 CFT는 특히 성적인 친밀감에 대한 우려가 있을 때 내담자가 속한 모든 체계의 문제를 평가하고 치료하도록 훈련받아야 한다. 또한 수많은 논문이 생물심리사회적 접근, 의료적 접근과 대화 치료나 성 치료의 통합을 옹호하고 있다. 예를 들어, 킹스버그와 앨트호프(Kingsberg & Althof, 2018) 그리고 맥카시, 코먼과 콘(McCarthy, Koman, & Cohn, 2018)은 낮은 욕구를 치료하기 위한 생물심리사회적 접근법의 사용을 설명했다. 베리와 베리(Berry &

Berry, 2014)는 발기부전 치료에 통합 생물심리사회적 접근법이 필요하다고 분명하게 말했다. 또한, 홍준, 가오와 왕(Hongjun, Gao, & Wang, 2016)은 발기부전 관리에 파트너를 완전히 참여시키는 것이 중요하다고 논의했다. 그들은 이 문제를 이해하고 최고의 결과를 얻기 위해 커플이 함께 참여하는 것이 필수적이라고 생각했다(Mobley, Khera, & Baum, 2017).

수년 동안 성학의 의학화에 대한 논쟁이 있어 왔다. 앨머즈(Almas, 2016)는 2001년부터 2010년 사이에 이 논쟁에 대한 문헌 검토를 실시했다. 성의학을 정의하는 데 있어서 두 가지 흥미로운 관점이 처음 시작되었을 때부터 현재에 이르기까지 개념화 과정에서 자리 잡고 있다. 성의학은 주로 진단과 약리학적 개입을 통해 의사가 수행하는 것이라는 배타적인 정의가 있다. 성의학에 대한 훨씬 더 넓은 정의는 심리치료와 의학적 치료를 포함한다. 가장 중요한 것은 성적인 문제에 관한 가장 성공적인 접근이 성 치료 분야 내에서 생물심리사회학을 통합한다는 것을 인식하는 추세가 성의학계에서 나타나고 있다는 점이다.

앨트호프(2006)는 그가 결합 치료라고 부르는 것에 대한 개념적 패러다임을 개발한 최초의 저자이다. 그는 의학적 개입과 심리적 개입을 결합하면 최상의 결과를 얻을 수 있다고 믿었다. 그 이후로 성의학에 대한 배경을 가진 많은 저자가 생물심리사회적 접근법을 제안했다. 브로토와 그의 동료들(Brotto et al., 2016)은 성 기능 및 기능 장애의 심리적·대인관계 차원에 대해 논의했다. 생물심리사회학적 접근법은 베리와 베리(2013)가 성의학 분야 내 이론을 검토하면서 지지되었다. 마크와 래슬로(Mark & Lasslo, 2018)는 생물심리사회적 모델을 사용하여 성적 욕구가 장기적 관계에서 어떻게 유지되는지에 대한 연구를 수행했다. 여성의 성기-골반통증을 이해하기 위한 또 다른 놀라운 모델은 로젠과 버거론(Rosen & Bergeron, 2018)에 의해 발표되었는데, 여성의 통증 수위를 조절하는 능력이 "인간의 감정 조절"에 기초한다는 것을 발견했다(p. 1559). 그들은 고통을 개인주의적 관점에서 바라보기보다는 커플의 인식과 표현, 그리고 경험이 고통을 경험하는 방식의 핵심임을 제안했다. 분명히 성의학 관점을 가진 저자들이 심리학적 관점을 가진 저자보다 생물심리사회적 모델에 더 관심이 많았던 것으로 보인다.

생물심리사회적 모델은 생물학적·심리적·사회적 관심을 유도한다는 점에서 메타체계 접근과 유사하다. 그러나 메타체계접근은 성적 장애의 생성, 유지, 치료에 있어 커플의 역할을 이해하는 데 더 중점을 두고 있다. 이 접근법은 커플 및 성 치료의 필요성을 강조한다. 메타체계접근은 또한 우리를 섹슈얼리티와 성 기능 장애에 대한 세대 간 이해를 안내한다. 예를 들어, 한 세대에서 다음 세대로 전해지는 원가족 경험, 애착 유형과 섹슈얼리티에 대한 메시지 전달은 사랑, 성, 친밀감을 표현하는 데 중요한 역할을 할 수 있다. 마지막으로, 메타체계접근에서는 더 큰 문화적·정치적·사회적·종교적·환경적 체계가 섹슈얼리티를 학습하고 표현하는 방식에 영향을 미칠 수 있다. 치료사나 연구자는 모든 차원에서 섹슈얼리티를 이해하도록 영감을 받는다. 따라서 그것은 인간 경험의 모든 영역을 포괄하고 통합한다. 메타체계접근은 분명 야심 찬 모델이며, 성적 문제에 대한 우리의 이해와 치료에 직접적으로 관련이 있는 구체적인 초점을 가진 접근이다.

안타까운 현실은 대부분의 치료사가 커플 치료나 개인 치료와 같은 하나의 양식에 전문화되어 있고 그 안에서 선호하는 몇 가지 치료법에 익숙하다는 것이다. 이것은 우리가 그동안 심리치료사를 가르치고 감독한 결과이다. 수많은 접근법이 있지만 이러한 제한된 훈련으로 인해 치료사가 체계론적인 성·관계 문제의 복잡성을 해결할 준비가 되어 있지 않은 상태는 만성화되어 버렸다. 심리치료에 대한 단일 접근법의 한계를 알고 있는 치료사의 출판물, 교육, 감독을 통해 치료사의 개념 틀과 임상 목록의 확대에 도움을 줄 수 있어 다행이라 생각한다. 필라델피아에 있는 CFT를 위한 한 대학원 프로그램인 '관계를 위한 상담(Council for Relationships)'에서 성 치료 과정을 포함한 3개의 모든 과정이 메타체계접근을 사용하며 진행되었다. 이 프로그램은 치료사의 개인적 발전과 그들의 지식 기반 및 임상 목록의 확장을 촉진했다. 졸업생들은 실력 있는 임상가들이고 성관계와 관계 치료를 수행할 준비가 충분히 되어 있다. 점점 더 많은 치료사가 모든 내담자 치료체계에 대한 포괄적이고 통합적인 접근법의 가치를 인식함에 따라 메타체계접근이 미국 전역과 유럽에서 사용되고 있다.

참고문헌

Almas, E. (2016). Psychological treatment of sexual problems. Thematic analysis of guidelines and recommendations, based on a systematic literature review 2001-2010. *Sexual and Relationship Therapy, 31*(1), 54-69. doi: 10.1080/14681994.2015.1086739.

Althof, S. E. (2006). Sexual therapy in the age of pharmacotherapy. *Annual Review of Sex Research, 17*, 1-16. doi: 10.1080/10532528.2006.10559839.

Berry, M. D., & Berry, P. D. (2013). Contemporary treatment of sexual dysfunction: reexamining the biopsychosocial model. *Journal of Sexual Medicine, 10*(11), 2627-2643. doi: 10.1111/jsm.12273.

Berry, M. D., & Berry, P. D. (2014). Integrative approaches to the treatment of erectile dysfunction. *Current Sexual Health Reports, 6*(2), 114-123. doi: 10.1007/s11930-014-0012-z.

Binik, Y. M., & Meana, M. (2009). The future of sex therapy: specialization or marginalization? *Archives of Sexual Behavior, 38*(6), 1016-1027. doi: 10.1007/s10508-009-9475-9.

Brotto, L., Chivers, A., Millman, M., & Albert, L. (2016). Mindfulness-based sex therapy improves genital-subjective arousal concordance in women with sexual desire/arousal difficulties. *Archives of Sexual Behavior, 45*(8), 1907-1921.

Derby, D. S., Peleg-Sagy, T., & Doron, G. (2016). Schema therapy in sex therapy: A theoretical conceptualization. *Journal of Sex and Marital Therapy, 42*(7), 648-658. doi: 10.1080/0092623X.2015.1113586.

Engel, G. L. (1977). The need for a new medical model: A challenge for biomedicine. *Science, 196*, 129-136. doi: 10.1126/science.847460.

Engel, G. L. (1980). The clinical application of the biopsychosocial model. *American Journal of Psychiatry, 137*, 535-544. doi: 10.1176/ajp. 137.5.535.

Kingsberg, S. A., & Althof, S. E. (2018). Psychological management of hypoactive sexual desire disorder. *Textbook of Female Sexual Function and Dysfunction*, 53-57. doi: 10.1002/9781119266136.ch5.

Jones, A. C., Johnson, N. C., Wenglein, S., & Elshershaby, S. T. (2018). The state of sex research in MFT and family studies literature: A seventeen-year content analysis. *Journal of Marital and Family Therapy, 45*(2), 275-295, doi: 10.1111/jmft.12344.

Jones, K., Meneses da Silva, A., & Soloski, K. (2011). Sexological Systems Theory: an ecological model and assessment approach for sex therapy. *Sexual and Relationship Therapy, 26*(2), 127-144. doi: 10.1080/14681994.2011.574688.

Li, H., Gao, T., & Wang, R. (2016). The role of the sexual partner in managing erectile dysfunction. *Nature Reviews Urology, 13*(3), 168-177. doi: 10.1038/nrurol.2015.315.

Mark, K. P., & Lasslo, J. A. (2018). Maintaining sexual desire in long-term relationships: A systematic review and conceptual model. *The Journal of Sex Research, 55*(4-5), 563-581.

McCarthy, B., Koman, C. A., & Cohn, D. (2018). A psychobiosocial model for assessment, treatment, and relapse prevention for female sexual interest/arousal disorder. *Sexual and Relationship Therapy, 33*(3), 353-363. doi: 10.1080/14681994.2018.1462492.

Mobley, D. F., Khera, M., & Baum, N. (2017). Recent advances in the treatment of erectile dysfunction. *Postgraduate Medical Journal, 93*(1105), 679-685. doi: 10.1136/postgradmedj-2016-34073.

Rosen, N., & Bergeron, S. (2018). Genito-pelvic pain through a dyadic lens: Moving toward an interpersonal emotion regulation model of women's sexual dysfunction. *The Journal of Sex Research*, 1-22. doi: 10.1080/13548506.2011.64770.

Weeks, G., & Gambescia, N. (2000). *Erectile dysfunction: Integrating couple therapy, sex therapy, and medical treatment.* W. W. Norton.

Weeks, G., & Gambescia, N. (2002). *Hypoactive sexual desire: Integrating couple and sex therapy.* W. W. Norton.

Weeks, G., & Hof, L. (Eds.) (1987). *Integrating sex and marital therapy: A clinical guide.* W. W. Norton.

찾아보기

내용

편저자 소개

Katherine M. Hertlein, Ph.D.

네바다, 라스베이거스 대학교(University of Nevada, Las Vegas)의 의과대학 정신건강의학과 커플ㆍ가족 치료 프로그램의 교수이다. 퍼듀 대학교 캘루멧(Purdue University Calumet)에서 결혼ㆍ가족 치료 석사학위를, 버지니아 공과대학교(Virginia Tech)에서 결혼ㆍ가족 치료를 특화한 인간 발달 박사학위를 받았다. 그녀는 75편 이상의 소논문, 8권의 책, 그리고 50개 이상의 북 챕터를 출판했으며 커플 치료에 대한 개입, 건강 문제가 있는 내담자를 위한 개입, 외도문제 치료에 대한 전문서를 공동 편집했다.

Nancy Gambescia, Ph.D., CSTS

펜실베이니아주 필라델피아에 소재한 '관계협의회'의 성 치료 대학원 프로그램 책임자이며, 펜실베이니아 대학교의 페렐만 의과대학(Perelman School of Medicine at the University of Pennsylvania)의 정신의학과 임상조교수이다. 35년에 걸쳐 교육과 슈퍼비전, 개인과 커플을 상담한 경력을 가지고 있다. 미국결혼가족치료협회(AAMFT)의 임상연구원이자 인증된 슈퍼바이저이며, 미국성교육자상담치료협회(AASECT)의 임상회원, 공인된 성 치료사이다.

Gerald R. Weeks, Ph.D., ABPP, CST

네바다, 라스베이거스 대학교의 커플ㆍ가족 치료 프로그램의 명예 교수이다. 그는 심리학자이자 AAMFT의 임상회원 및 인증된 슈퍼바이저이다. 또한 미국가족심리학위원회(The American Board of Family Psychology)의 전문가이며, 수석 심사관이다. 개인ㆍ성ㆍ커플ㆍ가족 치료 분야의 '고전적인' 텍스트를 포함하여 26권의 책을 출판했다.

기고자 소개

Stephen J. Betchen, DSW.
뉴저지주의 체리힐에서 사설 상담실을 운영하고 있는 결혼 · 가족 치료사이다.

Lauren Creger
'대학 가는 것이 무서워요(College Scares Me)'라고 하는 사업체를 운영하며, 교육 컨설턴트로 가족들을 돕고 있다.

Edmond Davis
네바다, 라스베이거스 대학교 의과대학의 정신과 및 행동 건강학과의 커플 · 가족 치료 프로그램 대학원생이다.

Evan Fertel, M.A.
네바다, 라스베이거스 대학교의 임상심리학 박사 후보이다.

Stephen T. Fife, Ph.D.
텍사스 공과대학교의 부교수이자 결혼 · 가족 치료 전문가이다.

Sallie Foley, LMSW
성 치료사이자 성 교육자이다. 미시간성건강의학센터(Michigan Medical Center)의 전 소장이자 미시간 대학교(University of Michigan)의 성 건강 자격증 프로그램의 개발자이다.

Kathryn Hall, Ph.D.
뉴저지주 프린스턴에서 개인 치료를 하는 임상심리학자이다.

Katharine Haus
켄터키 대학교(Kentucky of University)의 건강 증진 프로그램의 대학원생이자 성 건강 증진 연구소의 연구 조교이다.

Jennifer Hillman, Ph.D., ABPP.
펜실베이니아 주립대학교의 벅스 칼리지(Berks College)의 심리학 교수로, 응용 심리학 프로그램에서 활동하고 있는 공인된 심리학자이자 노인심리학회에서 인증받은 ABPP(Fellow of the American Board of Professional Psychology) 회원이다.

Ashley Jones, M.D.

임상정신의학과 부교수이자 사우스 캐롤라이나 대학교(University of South Carolina Medical Group)의 산부인과 겸임교수이다.

Peggy J. Kleinplatz, Ph.D.

오타와 대학교(University of Ottawa)의 의과대학 교수이자 성·커플 치료 훈련 책임자이다.

Arlene (Ari) I. Lev LCSW-R, CASAC, CST

30년 이상 LGBTQ 커뮤니티를 위해 봉사해 온 사회복지사, 가족 치료사, 교육자, 활동가이다.

David J. Ley, Ph.D.

임상심리학자이자 AASECT의 인증 성 치료 슈퍼바이저로, 뉴멕시코주의 앨버커키에 거점을 두고 있으며 대규모 지역정신보건기관의 사무총장을 맡고 있다.

Kristen Mark, Ph.D.

켄터키 대학교의 성 건강 증진 연구소의 부교수 겸 책임자이다.

Caroline Maykut, Ph.D.

알래스카 놈(Nome)의 임상심리학자이다. 그녀의 관심 연구 분야는 성적 욕망을 개념화하고 평가하는 데 초점을 두고 있다.

Marita P. McCabe, Ph.D.

호주 멜버른에 있는 스윈번 대학교(Swinburne University)의 임상심리학 교수이자 건강 및 노화 연구 그룹의 팀장이다.

Marta Meana, Ph.D.

네바다, 라스베이거스 대학교의 총장이며 아너스 칼리지(Honors College)의 전 학장 겸 심리학 교수이다.

Margaret Nichols, Ph.D.

심리학자이며, AASECT의 인증 성 치료 슈퍼바이저, WPATH(World Professional Association for Transgender Health)의 인증 GEI(Global Education Institute) 제공자이다.

Rebecca Payne, M.D.

사우스 캐롤라이나 의료 그룹의 프리즈마 헬스 대학교(Prisma Health-University)의 임상정신의학과 부교수이다.

Kenneth Phelps, Ph.D.
사우스 캐롤라이나 의료 그룹의 프리즈마 헬스 대학교의 임상정신의학과 부교수이자 임상소아과 외래 교수이다.

Afarin Rajaei, M.S., LMFT
노스 캐롤라이나주의 이스트 캐롤라이나 대학교(East Carolina University)에서 의료 가족 치료 프로그램을 전공하고 있는 박사과정 학생이다.

Jane Ridley, B.A. PQSW
사회복지사로서 런던 경제 학교(London School of Economics)와 뉴캐슬 대학교(Newcastle University)에서 훈련받기 시작했으며, 정신의학연구소에서 동기들보다 나이가 많은 학생으로서 훈련을 받았다.

역자 소개

안미옥(Ahn, Mee Ock)
고려대학교 영어영문학과 학사
미국 트리니티 국제대학교(Trinity International University) 상담심리학 석사
미국 루터 세미너리(Luther Seminary) 목회상담학 박사
한국가족치료학회 부부가족상담전문가 슈퍼바이저
한국상담학회 부부가족상담 전문영역 슈퍼바이저
한국가족관계학회 가족상담사 슈퍼바이저
AAMFT Approved Supervisor
현 상명대학교 통합 심리치료 대학원 초빙교수
　　마음나루심리상담연구소 소장

최지원(Choi, Ji Won)
서울여자대학교 교육심리학과 학사
서울여자대학교 대학원 상담심리학 석사
서울여자대학교 대학원 상담 및 임상심리학 박사
한국상담심리학회 상담심리사 1급 슈퍼바이저
한국가족치료학회 부부가족상담전문가 슈퍼바이저
한국상담학회 전문상담사 1급 슈퍼바이저
한국내러티브상담학회 내러티브상담 슈퍼바이저
현 서울신학대학교 학생상담센터 교수

양지연(Yang, Ji Yeon)
덕성여자대학교 아동가족학과 학사
상명대학교 상담대학원 가족상담치료학 석사
연세대학교 연합신학대학원 상담코칭학 박사
한국가족치료학회 부부가족상담 전문가 2급
청소년상담사 2급
현 마음나루심리상담연구소 부부가족상담사

체계론적 관점에서의 성 치료
Systemic Sex Therapy, 3rd Edition

2024년 9월 5일 1판 1쇄 인쇄
2024년 9월 10일 1판 1쇄 발행

엮은이 • Katherine M. Hertlein · Nancy Gambescia · Gerald R. Weeks
옮긴이 • 안미옥 · 최지원 · 양지연
펴낸이 • 김진환
펴낸곳 • ㈜학지사
　　　　　04031 서울특별시 마포구 양화로 15길 20 마인드월드빌딩
대표전화 • 02-330-5114　팩스 • 02-324-2345
등록번호 • 제313-2006-000265호

홈페이지 • http://www.hakjisa.co.kr
인스타그램 • https://www.instagram.com/hakjisabook

ISBN 978-89-997-3198-3 93180

정가 26,000원

출판미디어기업 학지사

간호보건의학출판 **학지사메디컬** www.hakjisamd.co.kr
심리검사연구소 **인싸이트** www.inpsyt.co.kr
학술논문서비스 **뉴논문** www.newnonmun.com
교육연수원 **카운피아** www.counpia.com
대학교재전자책플랫폼 **캠퍼스북** www.campusbook.co.kr